本书为国家社科基金项目（07BZX032）最终成果

国家社科基金项目最终成果

科学技术文化与人文文化的关系

——来自西方哲学家的反思

刘开会　等著

人民出版社

责任编辑：杜文丽
封面设计：汪　莹
责任校对：张杰利

图书在版编目（CIP）数据

科学技术文化与人文文化的关系：来自西方哲学家的反思 / 刘开会 等著 .
　– 北京：人民出版社，2015.6
ISBN 978 – 7 – 01 – 014607 – 2

I. ①科…　II. ①刘…　III. ①西方哲学 – 研究　IV. ① B5

中国版本图书馆 CIP 数据核字（2015）第 051745 号

科学技术文化与人文文化的关系
KEXUE JISHU WENHUA YU RENWEN WENHUA DE GUANXI
——来自西方哲学家的反思

刘开会　等著

人民出版社 出版发行
（100706　北京市东城区隆福寺街 99 号）

北京文林印务有限公司印刷　新华书店经销

2015 年 6 月第 1 版　2015 年 6 月北京第 1 次印刷
开本：710 毫米 × 1000 毫米 1/16　印张：27.5
字数：490 千字

ISBN 978 – 7 – 01 – 014607 – 2　定价：68.50 元

邮购地址 100706　北京市东城区隆福寺街 99 号
人民东方图书销售中心　电话（010）65250042　65289539

目 录

引 言

西方科学技术文化和人文文化的历史追思

一

技术文化和科学主义是具有内在相关性的两个概念，科学主义是技术文化的因，技术文化是科学主义的果，科学主义必然派生出技术文化。关于科学主义，《韦氏英语大辞典》中的定义是："认为自然科学的方法应该被应用于包括哲学、人文科学和社会科学在内的一切研究领域的理论观点，断定只有这样的方法才能富有成果地应用于知识追求。"[①]《牛津英语辞典》中的定义是："一个经常用于贬义的词语。它指对科学知识和技术万能的一种概念。也指认为物理科学的那种研究方法可以代替哲学，特别是代替人的行为科学及社会科学等其他领域研究方法的那种观点。"[②] 当把科学主义的观点运用于文化现象时，一个社会的文化就必然是技术文化。技术文化只承认自然科学理论和方法的合法性，排斥其他一切理论和方法，反对或贬低超自然的、非实证的知识和价值，把一切都纳入到自然科学理论可以解释的范畴内，并且用自然科学的实证的，特别是数学的方法对待所有的社会和文化现象。

毫无疑问，科学主义和技术文化是近代文明的产物。17、18 世纪数学和机械力学的发展，促成了 18 世纪的工业革命；19 世纪的电学和化学理论，促成社会生活进入了电气化和化学化时代；20 世纪的相对论、微电子理论、信息理论和

① Philip Babcock Cove, *Websterer's Third New Dictionary*, Merriam Webster, 1976.

② J.A.Simpsion And E.S.Weiner, *The Oxford English Dictionary*, Vol.17, Oxford: Oxford University Press, 1989.

基因理论等重大科学理论的提出，促成了新的工业革命以及社会生活的全面变化，使世界进入了原子时代、电子时代以及其后的信息时代。特别值得注意的是，进入20世纪以来，由科学到技术、由技术到社会生活转变的周期越来越短，科学技术对人们生活方式和思维方式的影响越来越直接。人们不得不承认，当今的社会，是科学技术主导的社会，我们所面对的社会机制、生产方式、生活方式和思维方式，无不受到科学技术的深刻影响，现代社会离开了科学技术，就像中世纪离开了神，人们会感到无所适从。

在论及资产阶级出现使西方世界发生的变化时，马克思恩格斯曾谈到，“资产阶级在它的不到一百年的阶级统治中所创造的生产力，比过去一切世代创造的全部生产力还要多，还要大。”① 他们还谈到资产阶级在生产关系领域造成的变化：“资产阶级在它已经取得了统治的地方把一切封建的、宗法的和田园诗般的关系都破坏了。……它把宗教虔诚、骑士热忱、小市民伤感这些感情的神圣发作，淹没在利己主义打算的冰水之中。”② 当然，马克思恩格斯所说的资产阶级和科学技术是两个不同的概念，但是，它们并非没有任何关系。在马克思和恩格斯看来，资产阶级充当了科学技术向生产力和生产关系转化的载体。他们说：“资产阶级除非对生产工具，从而对生产关系，从而对全部社会关系不断地进行革命，否则就不能生存下去。反之，原封不动地保持旧的生产方式，却是过去的一切工业阶级生存的首要条件。生产的不断变革，一切社会状况不停的动荡，永远的不安定和变动，这就是资产阶级时代不同于过去一切时代的地方。”③

自然科学的发展虽然为科学主义和技术文化提供了丰厚的土壤，但自然科学并不必然导致科学主义。如上所述，科学主义的要义在于以自然科学的理论和方法排斥或取代其他的理论和方法，而自然科学本身仅仅以自然为研究对象，并不涉及它的论题以外的东西。把自然科学理论和研究方法变成一种主义，首先需要把它提升到世界观的高度，这是一项哲学的任务。有些自然科学家主张科学主义，或者是因为他们把某种自然科学理论上升为哲学理论，或者是因为他们受了科学主义哲学家的影响。从历史上看，科学主义和技术文化只是在某个时期（如19世纪前期和20世纪前期的欧洲、美国）在某些学派（如早期实证主义、马赫

---

① 《马克思恩格斯文集》第2卷，人民出版社2009年版，第36页。

② 《马克思恩格斯文集》第2卷，人民出版社2009年版，第33、34页。

③ 《马克思恩格斯文集》第2卷，人民出版社2009年版，第34页。

主义、逻辑实证主义、实用主义）中流行，从来就没有成为一统天下的理论和方法。人文主义思想仍然在工业化和后工业化时代的西方大行其道。

和科学主义与技术文化一样，人文主义和人文文化也是近代文明的产物。人文主义和人文文化同样具有内在联系：人文主义是因，人文文化是果。人文主义（Humanism）在不同的辞典中有不同的定义。英国《不列颠百科全书》中写道："人文主义指一种思想态度，它认为人和人的价值具有首要的意义，通常认为这种思想态度是文艺复兴文化的主题。……近年来人文主义一词常指强调个人价值而信仰上帝的思想体系。"①法国《拉鲁斯辞典》中写道："就这个词历史上最确切的含义而言，自1875年起，它是指一种文学和思想潮流，这个潮流是同古语言、古文学的复兴联系在一起的，在15世纪和16世纪时，这种潮流使欧洲的学者获得了关于古代真正著作和文明的尽可能准确、完整和感人的知识"②，"根据上述精神，我们可以说，把人和同人有关的事物看作是核心、尺度和最高目的的人生哲学，都是真正的人文主义。"③在中国《西方哲学英汉对照辞典》关于人文主义的词条中引用了克里斯特勒尔的话："'人文主义'一词多年来一直与文艺复兴运动及其他的古典研究相关，但近年来，它成为哲学和历史很多困惑的根源。在现今，几乎任何一种关涉人的价值的论述都被称作'人文主义'。"④综上所述可以看到，人文主义有狭义和广义之分。狭义的人文主义指文艺复兴时期的人文主义运动，其宗旨是歌颂人的伟大，宣扬人的智慧，提倡人的尊严，主张个性自由和享乐主义，以对抗神权统治和宗教文化。在这个时期，人文主义是近代科学的同盟军。广义的人文主义指以人为中心的各种哲学思潮，我们这里所指的就是这种广义的人文主义。随着资产阶级革命的胜利，科学主义取代宗教文化成为社会的强势话语，人文主义和人文文化才成了和科学主义与技术文化相对的概念。与文艺复兴时期的人文主义不同，现代意义的人文主义和人文文化主要反对科学主义在人文领域的扩张，它主张信仰、价值和审美的独立性，反对在这些领域推

① 《简明不列颠百科全书》第6卷，中国大百科全书出版社1986年版，第761页。

② 转引自杨寿堪等：《20世纪西方哲学科学主义与人文主义》，北京师范大学出版社2003年版，第276页。

③ 沈桓炎、燕宏远主编：《国外学者论人和人道主义》第1集，社会科学文献出版社1991年版，第785页。

④ 尼古拉斯·布宁、余纪元编：《西方哲学英汉对照辞典》，人民出版社2001年版，第450页。

行自然科学的理论和方法。在科学主义成为强势话语的时代，人文主义为了争得自身的合法性，不得不在理论和现实层面上同科学主义进行针锋相对的斗争。可以说，正是由于人文主义旷日持久的努力，西方的人文文化才得以免受科学主义和技术文化的颠覆，并在现代文明中与自然科学分庭抗礼，释放出自身独特的魅力。现代西方社会科学和宗教并存，高度的技术文明与高度的人文文明并存的局面，在很大程度上就是这种斗争的结果。

科学主义和人文主义是两种不同的文化观，但是它们之间并非只是对立的关系。首先，它们都来源于生活世界；其次，它们都是人类智慧的产物。它们的区别仅仅在于科学主义推崇自然科学的理论和方法，人文主义则推崇非自然科学的理论和方法。事实证明，自然科学的理论和方法只是人类的一种思维形式，它根本不能取代人类其他的思维形式；科学判断不能取代价值判断，更不能取代情感判断。把人的精神活动仅仅归结为科学思维形式是一种极其片面的认识，它不但不能反映精神的本质，在实践上也是绝对行不通的。因此，尽管科学的发展对传统信仰、传统道德、传统风俗和传统习惯造成了极大冲击，但它并没有磨灭人文文化。相反，随着自然科学本身的“祛魅”，它和文学、艺术等传统人文文化的一致之处也越来越被人们所发现和承认。如利科所说，科学和艺术都不是事物的简单复写，而是对事物的典型化的认识。因此，它们都是抽象性的认识，都需要想象，只是科学的抽象所针对的是自然现象，艺术以及宗教、历史等人文学科的抽象所针对的是社会现象和精神现象。同样地，人文主义也需要在一定程度上借鉴自然科学的理论和方法。例如，在政治学、法学、社会学、心理学中适当地采用自然科学的逻辑推理、实验证实、量化的效果检验是必要的和有益的。正因为如此，人文主义虽然批判科学主义，但并没有否定科学，即使是最激进的人文主义者，如尼采和马尔库塞，也并不认为科学一无是处，他们反对的仅仅是把自然科学的理论和方法扩大化、绝对化。从西方现代思想历史上看，科学主义和人文主义既有斗争的关系，也有相互借鉴的关系，这种彼此借鉴不但没有造成彼此的衰落，反而促进了各自的发展。

科学主义和技术文化，人文主义和人文文化是现代西方社会的产物，但其历史却是源远流长，从思想上追溯这两种主义必然追溯到古希腊时期。科学主义起源于希腊的理性主义，人文主义有的起源于希腊的非理性主义以及修辞学传统，有的则同样起源于希腊的理性主义，特别是亚里士多德的实践理性。早期希腊文化似乎和世界各国没有显著不同，都是以神话传说的形式为开端，用维柯的话说，这是一个“诗性智慧”的时代。只是特殊地理环境和异常丰富的想象力使希腊神话比其他各国更加生动、丰富和饶有趣味。传说希腊神话中有十二位大神，他们是天和地的创造者宙斯、天后希拉、太阳神阿波罗、海神波塞冬、智慧女神雅典娜、月神与狩猎女神阿耳忒弥斯、爱神阿弗洛蒂、战神阿瑞斯、火神与工匠之神赫淮斯托斯、神使赫尔墨斯、农神德墨特耳、灶神赫斯提亚。在古希腊，不仅和人们生产生活密切相关的自然物都以神灵的形式出现，而且在诸神之间以及神灵与人之间也进行着频繁的相互沟通。著名的荷马史诗《伊利亚特》和《奥德赛》就是这种关系的生动写照。

大约在奥菲教传入希腊以后，希腊人的文化发生了微妙的变化。奥菲教信奉两个世界，一个是表象的世界，一个是本质的世界。巴门尼德就是在奥菲教的影响下建立了他的哲学的。巴门尼德区分了真理之路和意见之路，真理之路是理性之路，它排除感觉知识。按照巴门尼德的看法，感觉知识是暂时的和可变的，真理是永恒不变的；真理之路是存在之路，意见之路是非存在之路，沿着意见之路前进人们将一无所获。希腊理性主义的确立还和几何学的创立密切相关。欧几里得几何学以它公认的明晰性和普遍性为希腊人提供了一个真理的范例：三角形的三个内角和等于两个直角，这种确定性同感性事物的流转性和多变性形成了鲜明对照。柏拉图就是从奥菲教和几何学得到启发的，他在奥菲教和几何学的基础上建立了真理级次理论，这个体系的最大特点就是轻视感性。柏拉图的真理级次按照艺术、感性、数学和理念顺序进行排列，艺术、感性属于意见性的知识，数学、理念属于真理性的知识。出于体系的需要，柏拉图对以荷马为代表的早期诗人大肆诋毁：“到此，我们可以把诗人捉住，把他和画家放在并排了。这是很公正的。因为像画家一样，诗人的创作是真实性很低的；因为像画家一样，他的创作是和心灵的低贱部分打交道的。因此我们完全有理由拒绝诗人进入治理良好的城邦。因为他的作用在于激励、培育和加强心灵的低贱部分，毁坏理性部分，就像在一个城邦里把政治权力交给坏人，让他们去危害好人一样。”① 他还通过“线喻说”和“洞喻说”说明真实的东西不属于现象世界而属于理念世界。从柏拉图开始，西方重视理念而轻视现实的观念形成了传统。

情欲和理性的关系也是柏拉图重点关注的问题。希腊神话中的性欲之神埃罗斯（Eros）传说是爱神阿弗洛蒂和战神阿瑞斯所生。埃罗斯是一个调皮的男孩，

① 柏拉图：《理想国》，郭斌和、张竹明译，商务印书馆 1996 年版，第 404 页。

有着一对闪闪发光的翅膀，他手握弓箭，被他金箭射中的人会产生爱情，被他铅箭射中的人会产生憎恶。尽管他蒙着眼睛，但没有任何人能逃避他的恶作剧。阿伽松（Agathon）赞美说："我们必须赞美埃罗斯本人，而不仅是他的才华。在所有值得称道的神灵中，他是最值得称道和最公平的。首先，他最年轻，是衰老的真正对手。正像赫西阿德所说，要是他一开始就在这儿，早先诸神之间的那些纷争就不会发生。自从他来到诸神中间，他们就一直平和地生活着……他到哪里，儒雅、风度和如花般绽放的美就到哪里：他是一切丑陋的敌人，不管是在身体、心灵还是何处，他所待的地方就是繁茂和芳香的地方。"① 在柏拉图笔下，埃罗斯仍然是生命的创造者和推动者。在《费德罗篇》中，柏拉图谈到爱是宇宙的一种原动力。不过，柏拉图不同意阿伽松笼统地谈论爱。埃罗斯是一种驱动力，它可能被导向肉体的快乐，也可能被导向社会和政治，还可能被导向真理和善。他区分了两种爱：情欲之爱和理性之爱，柏拉图贬低情欲而推崇理性。柏拉图承认情欲是人人都有的，是延续种族所必需的，最初，人们贪恋情人之美就是为了传宗接代。但是在柏拉图看来，情欲之爱比不上理性之爱，肉体之爱是暂时的，终究要腐朽的，精神之美是永恒不动的，只有和精神之美相结合，才会产生出真正的美德。柏拉图把两种爱比作两匹马，好马出于羞愧极力控制自己，坏马则极力向着躯体奔驰，提醒驭手肉体的快乐。灵魂之爱来自神灵，因此总是企图重铸神的形象，灵魂对宙斯的爱产生哲学家，对希拉的爱产生王者气质。当世上美丽的事物进入心灵时，灵魂的翅膀便开始张开。肉体之爱会使人变得懈怠和女人气，社会将变得猜忌和不和。柏拉图还谈到了两种癫狂：肉体之爱产生的癫狂会使人迷失真正的美德，精神之爱产生的癫狂则对人大有裨益。在《法律篇》中，柏拉图把灵魂定义为"自身运动的运动"，靠自己的运动推动天上、地上和海上的一切事物。在《斐多篇》中，灵魂被认为是单纯的，灵魂的神圣性就出于这种单纯性，所有感性的东西以及它们所伴随的快乐、痛苦、欲望则被归于肉体，肉体阻碍灵魂认识真理与实在。而在《理想国》里，柏拉图认为出自于神的灵魂是不朽的，作为第一因，它是永动的，是万物的推动者。

虽然柏拉图的每篇对话都是非常出色的修辞学素材，但是没有迹象表明柏拉图的学院设有修辞学课程，他的教学主要是关于绝对知识和超验的善。在《高尔

① W.K.C.Guthrie, *A History of Greek Philosophy*, Vol.4, London: Cambridge University Press, 1975, p.373.

吉亚篇》中，柏拉图谈到："于是，好的修辞家，也就是具有优秀知识的人，在任何言语和行动中将对目的了然于胸，以此去影响别人的心灵。……他将专注于让正确、适度和其他每一种美德在他的同胞们的心灵中产生，并去除他们那些相反的东西：不正确、过度和邪恶。"① 同《高尔吉亚篇》相比，《费德罗篇》里的态度似乎更加冷静。柏拉图不完全反对修辞学，只是认为修辞学只有和辩证法结伴才不至于沦为空洞的语言游戏。首先，要说服别人，自己就要知道真理；其次，不和真理结伴，修辞学就只是一种伪善的技巧，可以沦为彻头彻尾的骗术；最后，对心灵合适的讲话需要有心灵的知识，否则，论辩者最后也绝不会成功。

亚里士多德是希腊文化的集大成者。在知识问题上，亚里士多德继承了柏拉图的思想，即认为真理是普遍并具有必然性的知识。在《形而上学》中，亚里士多德批判了赫拉克利特一切皆流一切皆变的思想，指出从这种思想中不可能生发出真正的知识来。他明确划分了智慧的种类，认为最高的智慧就是关于永恒不变的实体的认识。和柏拉图不同的地方是，他所说的知识不再是仅仅具有抽象普遍性的理念，而是有差别性的普遍性。他把本体看作事物的公式并规定了本体的公式，即属加种差。

亚里士多德和柏拉图的区别不只表现在认识领域中，而且表现在实践领域中。正是在这个领域，亚里士多德给后来的人文主义者反对科学主义和技术文化提供了充足的理由。在《尼各马可伦理学》中，亚里士多德首次对学术作了分类，他把学术分为理论学术、实践学术和生产学术。理论学术包括数学、物理学、生物学、神学；实践学术包括政治学、伦理学；生产学术包括建筑学、艺术、工艺学、医学。在这里，亚里士多德特别论述了实践和技术以及科学的区别。他说："我们假定灵魂肯定和否定真的方式在数目上是五种，即技艺、科学、明智、智慧和努斯"②。按照亚里士多德的看法，技术（技艺）的特征有：(1) 其对象是可变的和可制作的事物；(2) 其本质在于生产或制作；(3) 受制作者的观念或计划的指导；(4) 它不是目的只是手段，目的在它以外。科学的特征是：(1) 科学的对象是不可改变的永恒的事物；(2) 科学知识是可以传授的；(3) 科学遵循严格的方法论原则。获得科学知识的方法有两种：归纳和演绎，归纳是从个别

---

① W.K.C.Guthrie, *A History of Greek Philosophy*, Vol.4, London: Cambridge University Press, 1975, p.414.

② 亚里士多德：《尼各马可伦理学》，苗力田译，中国人民大学出版社 2003 年版，第 121 页。

到一般，演绎是从一般到个别；（4）一切科学都具有可证明的形式。亚里士多德指出，实践的知识既不同于科学也不同于技术。亚里士多德把实践称为明智的智慧。首先，它不同于科学，它研究的对象是可以改变的。“明智不同于科学，是因为实践的题材包含着变化”；① 其次，它不同于技术。技术只能起到工具的作用，其本身不是目的，实践则带有自身的目的性。亚里士多德说：“明智是一种同善恶相关的、合乎逻辑的、求真的实践品质。”② 实践考虑的是对人的整个生活有益或有害的事，它不仅和普遍有关，也和个别有关。亚里士多德还明确指出，有知者并不一定有德，知识只是知的问题，实践则是行的问题。亚里士多德说，青年人可以在数学几何学方面表现出很好的天赋，但我们却无法在他们身上看到实践智慧的影响，这是因为实践的智慧需要日积月累，青年人所缺乏的恰恰是这种经验。

在亚里士多德那里，逻辑学、辩证法和修辞学并不属于上述三种学术中的任何一种，它们只是一些方法。逻辑学适用于一切学术，辩证法和修辞学则主要应用于实践领域和艺术领域。在《尼各马可伦理学》中，亚里士多德称修辞学为“政治的建筑学”，它主要是一种“说服的艺术”。但是在亚里士多德看来，修辞学也并非和理论的真和伦理的善不相关，理论的真和伦理的善是修辞学的内容，离开了这个内容，修辞学就会沦为一种空洞的诡辩。所以，在《修辞学》里，亚里士多德说，“让我们把修辞学（定义为）一种能力，在每一（特殊）情况下都能看到说服的恰当手段。”③

亚里士多德对修辞学的看法和他对艺术的看法息息相关。在他看来，既然修辞学通过恰当地使用逻辑、语法和措词能够说服听众，传达正义和各种美德，那么好的艺术的作用也大抵如此。艺术使用包括词汇在内的一切手段感染观众或听众，培养人的道德情操，把人们从现实层面的认识提升到理想层面。而柏拉图则是贬低艺术的，他认为艺术是对现实的摹仿，和真理隔着三层远。在亚里士多德看来，艺术摹仿现实又高于现实。在《诗学》中，亚里士多德指出：“诗人的职责不在于描述已发生的事，而在于描述可能发生的事，即按照或然律和必然律可能发生的事。……写诗这种活动比写历史更富于哲学意味，更被严肃地对待；

① 亚里士多德：《尼各马可伦理学》，苗力田译，中国人民大学出版社 2003 年版，第 123 页。

② 亚里士多德：《尼各马可伦理学》，苗力田译，中国人民大学出版社 2003 年版，第 123 页。

③ Aristotle, *On Rhetoric*, trans. by George, A. Kennedy, Oxford University Press, 2007, p.37.

因为诗所描述的事带有普遍性，历史则叙述个别的事。”[①] 正因为如此，艺术能表现理想的真和善。在谈到悲剧的时候，亚里士多德说：“既然悲剧是对于比一般人好的人的摹仿，诗人就应该向优秀的肖像画家学习；他们画出一个人的特殊面貌，求其相似而又比原来的人更美；诗人摹仿易怒的或不易怒的或诸如此类的气质的人（就他们的‘性格’而论），也必须求其相似而又善良，（顽固的‘性格’的例子）例如荷马写阿喀琉斯为人既善良而又与我们相似。”[②]

亚里士多德和柏拉图一样认为情感出自人的本性，但是和柏拉图不同的是，他没有企图用理性压抑情感，而是力图把理性和情感有机地统一起来。在《尼各马可伦理学》中，亚里士多德明确指出追求幸福是一切伦理的终极目的，人们的一切认识和一切行为，最终应当以获得幸福为归宿。从这一观点出发，亚里士多德主张把认识、道德和情感在幸福的基础上统一起来。悲剧艺术很好地表现了这种统一。在亚里士多德看来，悲剧是悲剧艺术家通过感人至深的情节打动观众的一种艺术形式，剧中人的悲惨故事会使观众产生怜悯和恐惧的情感，使他们认识到命运的残酷和冷峻。恐惧是对天命不可违的认知，同时又是一种发自内心的情感；怜悯则是出自对悲剧人物的同情，包含有深刻的道德内容。亚里士多德把史诗和悲剧进行了比较，他说：“如果悲剧在这几方面胜过史诗，……那么，显而易见，悲剧比史诗优越，因为它比史诗更容易达到它的目的。”[③]

亚里士多德的哲学为科学主义和人文主义都提供了极为宝贵的理论依据，可以说，后来科学主义和人文主义的对立，在很大程度上是肢解了亚里士多德哲学的结果。科学主义者和人文主义者各自抓住亚里士多德哲学的一个方面加以发展，才形成了二者势不两立的局面。不过，需要指出的是，人文主义者并不都是沿着柏拉图和亚里士多德所代表的希腊路径行进的，他们中的一些人也吸收了犹太教和基督教的信仰主义和神秘主义观点。

犹太教和基督教是西方人文主义者反对科学主义和技术文化的另一种思想资源。宗教本来就是信仰的产物，原始人在强大的自然力面前感到诚惶诚恐，于是产生了对自然的膜拜，他们相信自己的命运是受他们以外的某种未知的力量主宰的，他们把这种力量称为神灵。犹太教和基督教不过是系统化了的宗教信仰，这

① 亚里士多德：《诗学》，杨周翰译，人民文学出版社 1997 年版，第 28—29 页。

② 亚里士多德：《诗学》，杨周翰译，人民文学出版社 1997 年版，第 50 页。

③ 亚里士多德：《诗学》，杨周翰译，人民文学出版社 1997 年版，第 107 页。

里记录着从宇宙起源到人类归宿的所有故事，这些故事不可能靠理性解读，只有靠信仰者的内心体验。自从犹太教和基督教出现以后，在西方两千多年的历史中，西方人始终没有放弃自己的宗教信仰，相反他们的精神和文化无不打上了深深的宗教印记。西方人对中世纪的反感不是对宗教信仰的反感，而是对教会垄断宗教的解释权并实行政教合一的神权体制的反感，因为它压抑了人的自由和个性，造成了人为的不自由和不平等。正因为如此，才产生了16世纪的宗教改革运动。宗教改革运动不是信仰的力量的磨灭，而是它的进一步的释放。德国宗教改革的精神领袖马丁·路德重申奥古斯丁“因信称义”的思想，宣称上帝是一个没有感觉、没有理智的绝对意志，个人凭着自己的信仰，凭着对《圣经》的领悟，就可以实现与上帝的自由交往。胡斯邦·L.冈察雷斯评论说：“他们倾向于强调理性的局限性，并断言，虽然理性和知识都是好的，但是基督徒的基本态度应该是‘有学问的无知’的态度……这些神秘主义者，在经院哲学的最后垮台中，与他们的同时代人奥卡姆一样起了拆台的作用。”① 德国浪漫主义运动的代表人物施莱格尔和法国后现代哲学家列维纳斯，就是从宗教信仰主义和神秘主义中汲取思想资源，对抗希腊的理性主义和科学主义的范例。

二

科学主义和人文主义的关系是现代西方哲学的重要内容。弗兰西斯·培根的经验主义和笛卡尔的理性主义，奠定了科学主义和技术文化的基础。在培根看来，一切真实的都是可经验的，这种观点为近代实验科学奠定了理论基础。笛卡尔主张一切真实的东西都是先验的，这种观点为数学和逻辑学提供了理论根据。近代自然科学实际上就是沿着这两条路线发展起来的。尽管经验主义和理性主义之间存在着重大争论，但是在反对非理性的宗教信仰以及未经论证的价值观方面，二者又是一致的。由于培根和笛卡尔的奠基，科学主义在17世纪和18世纪一路凯歌行进，宗教信仰和各种非科学的理念迅速被排挤到边缘的位置。就在科学主义思潮蓬勃发展的时候，另一部分思想家则反其道而行之，站在了这种思潮的对立面上。他们大力鼓吹“诗性智慧”，强调主观感受和想象，主张退回到中

① 冈察雷斯：《基督教思想史》，金陵协和神学院2002年版，第637—638页。

世纪，表现出对中世纪神学的无比眷恋。他们用一种人文主义思潮来对抗科学主义思潮，这种思潮就是德国的浪漫主义。与其说他们思想顽固，倒不如说他们思想敏锐，因为他们深刻地洞见了科学主义造成的灵性的丧失和价值的缺失。

19 世纪，实证主义的出现使科学主义进入了一个新阶段，以孔德为代表的实证主义是它的典型表现形式。实证主义宣称只有可以实证的知识才是切实可靠的，它反对一切非实证的宗教和哲学体系。为了论证这种观点，实证主义建立了系统的理论体系。孔德把人类知识分成了三个阶段，即神学阶段，形而上学阶段和实证阶段，力图证实从神学到科学是人类历史和人类认识发展的必然规律。马赫提出了“要素”说，宣称中立性的“要素”是知识的绝对起点，“要素”既不是主观的也不是客观的，但却是有规则的。这种观点和同期的自然科学成果相吻合，因而受到了自然科学家的欢迎。在实证主义思潮的裹挟下，心理学、法学等传统的精神学科急速地向自然科学靠拢，人文学科面临着被科学主义攻占的重大危险。不过，这一时期的人文主义也不甘失败，叔本华、尼采等哲学家向科学主义发起了有力反击，他们用意志哲学对抗实证主义的理性主义。叔本华认为宇宙的本原是生命意志，其他的一切都是表象。生命意志主导着宇宙的一切，它也是人的本质，而理性仅仅是实现生命意志的工具。尼采主张宇宙的本质是权力意志，他尖锐地批判了自苏格拉底以来的理性主义，指出理性和科学从一开始就压抑了人的健康的生命本能，是对万物和人的摧残。

在“回到康德去”的口号下，19 世纪末形成了马堡学派和弗莱堡学派。马堡学派和弗莱堡学派被称为新康德主义。新康德主义者一方面对自然科学的成就大加赞赏；另一方面对科学主义把自然科学精神归结为实证精神深为不满。在他们看来，精神的本质是观念，无论是自然科学还是精神科学都以追求观念为最高目的。他们从认识论视角出发，着力论证观念的先验性。马堡学派的代表人物柯亨继承了康德哲学的总体架构，从理论理性、实践理性和纯粹情感三个方面阐释自然科学中的真、伦理学中的善和美学中的美的先验的观念性。不过，他们并不把这些观念看作柏拉图式的理念，即实际存在的本体，而仅仅把它们当成一种理想，一个“应当”来对待。他们认为，在现实和“应当”之间有一条无限的鸿沟，连接这条鸿沟的桥梁就是人的不断奋斗精神。弗莱堡学派以创立价值理论闻名于世。他们以康德的《实践理性批判》为蓝本，把科学、伦理、宗教、美学等人类文化成果称为价值。针对科学主义片面强调科学真理，弗莱堡学派指出，真理只是价值的一种而不是唯一的价值。不但如此，从人类实践活动的目的来看，自然科学真理应当服从人类的伦理价值。弗莱堡学派力图通过指出自然科学和历史科学只是研究旨趣和研究方法的不同，提升历史科学的地位，继而为除科学以外的其他人类文化价值辩护。总之，新康德主义在自然科学向人文领域大举扩张的时代捍卫了人文精神的独立性，他们的立场、观点和方法为后来的人文主义者提供了十分有益的借鉴。

胡塞尔的现象学和海德格尔的存在哲学把科学主义和人文主义的问题提高到了新的层次。他们实际上超越了二者的对立，力图在存在论的层面上把二者统一起来。胡塞尔给自己也给时代提出了建立统一的科学哲学的任务。不过，胡塞尔并不想让哲学统一于数学和物理科学模式，相反，他认为按照数学物理学的模式只会导致科学的危机。只有在一个新的基础上科学的哲学才能获得其合法性，这个基础就是现象学。在胡塞尔看来，现象是人类科学认识的唯一对象，数学和自然科学实际上也是关于现象的科学。数学和自然科学尽管在研究自然界方面取得了丰硕的成果，但它们却是非批判的：数学没有追问它自身合法性的根据是什么，自然科学陷入了危险的自然主义。更重要的是，数学和自然科学同人类文化的另一个重要领域——价值——毫不相关。他指出，心理学家不能用数学和物理学来解释精神现象，只有现象学才能对此作出科学的解释。胡塞尔提出了著名的本质还原的现象学方法，并把这种方法运用于数学、逻辑学、法学、历史学等不同的现象领域中，他通过先验还原表明，一切现象都统一于一个绝对的先验自我中。在西方现代哲学中，胡塞尔不但阻止了科学主义向人文领域的蔓延，为人文科学和人文文化争得了前所未有的话语权，而且阐明了自然科学和人文科学共同的认识论根源。在本体论上，他建立了主体性的权威。

海德格尔继承了胡塞尔的现象学方法，但不赞成胡塞尔以先验自我为根基的人学本体论，他以存在论哲学代替了胡塞尔的意识论哲学。海德格尔认为，对存在的追问优先于对在者的追问。存在是在者的根据，在者是存在的显现，存在不是认识的产物，相反认识是存在的产物。海德格尔同时也批判了科学主义和技术文化，认为它以对一种存在形式的揭示掩盖了根本性的存在。他指出，现代西方文化有其根深蒂固的形而上学根源，这种根源就是柏拉图以来的理性主义。海德格尔主张回到前苏格拉底时代的希腊哲学之思中去，在那里他看到了思与在的无间距同一性。最基本的存在是非科学的，这是海德格尔得出的最重要的结论。在胡塞尔和海德格尔之后，一场现象学运动在欧洲大陆迅速展开，西欧的人文主义文化得到了强有力的振兴。

只要科学技术对人们的现实生活发生着影响，科学主义和技术文化就有存在的土壤。西方科学主义和技术文化并没有因为现象学的出现戛然而止，继以孔德为代表的老实证主义之后，西方20世纪上半叶又出现了以皮尔士、詹姆士、杜威为代表的实用主义，以弗雷格、罗素和维特根斯坦为代表的分析哲学，以石里克、卡尔纳普为代表的逻辑实证主义，它们是当时科学主义的最新理论表现。

实用主义是一种具有鲜明美国特色的科学主义，它一方面看到了科学技术的巨大进步，相信未来世界是以科学思维主导的世界，极力主张用科学方法解释和解决当时存在的许多社会问题；另一方面又对纯粹理论科学不感兴趣，而仅仅注重科学的应用价值。实用主义哲学的核心就是强调真理和价值的有用性，试图用一种世俗化的理性否定和取代西方传统的纯粹理性。实用主义哲学家明确提出了“有用就是真理”的工具主义真理论，在他们看来，信仰、道德和艺术无一不是人们社会生活的工具。实用主义是科学主义走向技术哲学的一种重要形式，由于实用主义的“祛魅”，人们对超验价值的兴趣日益淡漠，西方传统的价值观不但失去了往日的灵光，甚至沦落为可以为各种行为辩护的公共说客。至少在美国，实用主义开启了用工具理性代替价值理性的先河，造成了现代社会的世俗化，以至引起了法兰克福学派的激烈批判。

和实用主义相比，分析哲学和逻辑实证主义是更加精致的科学主义。分析哲学从语言分析的角度力图证明只有科学命题才配享有真理的称号，其他一切命题都是似是而非的伪真理，它们并不描述实事，只是人们主观心意的反映，应当从科学领域中清除出去。罗素和早期维特根斯坦都认为，逻辑和事实具有同构关系，命题的意义在于表达事实，一个原子命题或基本命题就是一个事实的逻辑图画。分子命题或复杂命题是基本命题的真值函项，最终可以通过事实来验证。他们提出了命题意义的三个条件，即句法条件、逻辑条件和经验条件，只有满足这三个条件的命题才有意义。分析哲学认为，传统的形而上学和伦理学命题都不能完全满足这三个条件，特别是最后一条，因此它们既不是真的也不是假的，而是无意义的；很多日常语言也不能完全满足这三个条件，充满着模糊性和歧义，因此需要进行语言分析。分析哲学还为此建立了一套单义的符号语言作为意义分析的工具。逻辑实证主义进一步充实和发展了分析哲学的观点。为了捍卫科学的权威，逻辑实证主义者严格区分了意义、事实、分析、综合、真理、价值等基本概念，他们指出，有意义的命题是可能被事实验证的陈述，所有的科学陈述都是有意义的。如果一个命题已经被经验证实，那么它就是真的，如果没有被经验验证实，那么它就是假的，然而假命题也是有意义的，因为这并不排除它能被将来的经验所证实。只有形而上学的命题是没有意义的，因为它对事实什么也没说。此外，逻辑实证主义者还根据维特根斯坦没有私人语言的论断指出，形而上学和诗歌一样并不描述事实，只是反映个人的主观情感。为了消除语言歧义，他们主张用统一的物理语言规范各门科学。按照他们的说法，如果哲学不想重蹈传统形而上学的覆辙，它唯一要作的是澄清语言的意义，使语言更加精确。无可否认的是，分析哲学和逻辑实证主义的出现大大强化了科学主义的话语权，压缩了人文主义的地盘，贬低了人文文化的价值。不过，分析哲学和逻辑实证主义也存在自身的局限性：它关于可能性与现实性、超验性与经验性、分析与综合、人工语言与日常语言对立的观点不可能得到理论和现实的支持。分析哲学和逻辑实证主义最终受到了来自它们之内和之外的批判，从而不得不改弦易帜，走向了新实用主义的道路。

法兰克福学派的兴起是对科学主义的一次迎头痛击，也使技术文化和人文主义文化关系的研究步入了一个新阶段。随着科学技术的发展，科学主义和技术文化的后果越来越清晰地呈现在人们面前。科学技术的确促进了生产力的发展和人民生活水平的提高，但是人的精神面貌并没有得到相应的改善。在西方世界，人们普遍感到物质的富足和精神的匮乏。单调刻板的工作学习，无节制的消费，百无聊赖的业余生活，颓废的大众文化，人际关系的疏离与冷漠，自我的迷失，创造力的萎缩，这一切都使人们发出了一个共同的疑问：当今的社会是否病了？法兰克福学派的知识分子敏锐地抓住了这一点。他们指出，科学主义和技术文化已经从推动社会发展的进步力量异化为阻碍社会进步的反动力量。在当代西方世界，科学主义和技术文化变成了一种资产阶级的意识形态，成了他们赖以取得合法性的根据。他们用工具理性代替了价值理性，把人异化为单纯的物质动物，使其成了一种单向度的人。早期法兰克福学派的思想家主张恢复人类心灵中最原始的爱欲以拯救西方文化，以哈贝马斯为代表的后期法兰克福学派成员则看得更深入些。哈贝马斯认为，应该严格划定工具理性和价值理性的范围，工具理性只适用于一般的生产活动和社会管理，有关法律、道德、正义的问题则是价值理性的范畴，只能通过人与人的交往（沟通）来确定。哈贝马斯创立了以民主为核心的新型合理化理论，主张在科学、政治和社会之间建立一种自由沟通和互动的交往机制，这种机制的基础就是社会舆论。哈贝马斯完全肯定科学技术的重要作用，同时他又指出，当科学技术进入政治和社会领域时，必须通过公共舆论这一平台，以便权衡它的社会价值。同样，公共舆论也是政治和社会之间的平台，它能使国家和社会的关系处于一种合理的张力之中。

20 世纪 60 年代，以伽达默尔为代表的现代诠释学的出现为人文文化奠定了更加坚实的哲学基础。在胡塞尔的现象学和海德格尔存在论的基础上，伽达默尔对西方传统诠释学进行了彻底改造，使它成了精神科学的本体论。从人的存在方式出发，伽达默尔提出了这样的问题：精神是怎样发展的？文明是怎样传承的？对此，伽达默尔明确地回答：教化。所谓教化，就是精神使自身对象化，并通过对象化的精神认识自身。在伽达默尔看来，精神的生产过程与接受过程就是一个教化的过程。一切精神活动，包括科学、技术、法学、伦理、宗教、艺术都是教化的表现形式。和单纯强调理性认知的科学主义不同，伽达默尔认为，“共同感”是通过教化实现的，价值判断和审美判断尤其如此。在伽达默尔看来，共同感并不仅仅是一种情感，其中包含着奠基于实践的深刻的理智。在《真理与方法》中，伽达默尔论证了艺术真理和历史真理的存在形式，从而阐明了人类文明的基本存在形式，指出靠自然科学方法论说明精神科学无异于缘木求鱼。后期伽达默尔侧重于使诠释学成为一种实践哲学。根据亚里士多德的理论，伽达默尔区分了科学、技术和实践，指出科学关乎真的问题，技术关乎应用的问题，实践则关乎善的问题。在伽达默尔看来，善涉及人类生活最基本的方面，人类不仅要求真，更重要的是要求善，善甚至要对理论的“知”最终负责。善的获得只有主体间的交往才行，这个主体可能是传统，可能是其他团体或个人，总之，是一个他者。他的对话伦理就是要通过同他者的对话达到共识。

在诸多西方哲学流派强有力的冲击下，科学主义和技术文化终于得到了遏制，人文主义和人文文化争得了自己的话语权。不仅如此，一系列新的科学理论和科学假说，如非欧几何、哥德尔定理、模糊数学的发现也使得科学作为绝对真理的传统观念遭到了毁灭性的打击。20 世纪 60 年代以后，人们几乎看不到要求自然科学世界观和方法论一统天下的哲学思潮了。随着科学主义走下神坛，真理、价值的属性问题便成为哲学家思考的首要问题。后现代主义在这种情势下应运而生。各种后现代哲学思潮从不同的角度重新审视科学、文化及其二者的关系，并对此作出了不同的定位。

罗蒂是美国著名的后现代哲学家。作为原分析哲学营垒的一员，罗蒂从分析哲学的演化中不仅看到分析哲学基本原理的弊端，而且深挖了这种弊端的根源。在他看来，分析哲学的弊端来自西方哲学的源头——希腊哲学。从柏拉图开始，一种纯粹心灵的神话就始终统治着西方人的观念，而笛卡尔的自我，洛克的白板说，康德的纯粹理性概念，乃至现象学的本质和分析哲学的纯逻辑语言，无非都是纯粹心灵神话的翻版。这种观点认为，纯粹心灵作为纯粹的自然之镜能够洞穿宇宙，发现绝对真理，而罗蒂从各个方面揭露了这种认识的矛盾性和欺骗性。他指出，没有永恒的真理和永恒的价值，哲学也不是什么科学之科学。由此出发，罗蒂主张用一种“后哲学文化”取而代之。“后哲学文化”不是以宣扬绝对真理、绝对价值为己任，而是以启迪人的心智，解决实际问题为己任，他称这种和真理哲学相对的哲学为“教化哲学”。“后哲学文化”主张取消包括哲学在内的任何学科在文化中的中心特权，认为没有一种学科具有压制其他学科的话语权。在罗蒂看来，自然科学的发展不过是能够更多地解释和预见一些科学事实，它并不比人文科学解释社会和精神的事实更“客观”一些。同样，文学也并不低于科学。“后哲学文化”主张各个不同的领域、不同的学科、不同的人群和不同的个人之间相互对话，求同存异。“后哲学文化”的具体表现形式就是“反讽”文化。按照罗蒂的看法，“反讽”不关心“真理”、“正义”、“善”、“美”等终极语汇的使用，而关心“观点”、“辩证法”、“语言游戏”等艺术和诗学的语汇的使用，用警句、比喻、讽喻启迪人、教育人。它关注自由和创新，反对一切名目的形而上学。反讽主义者主张说服而不是压服，他们所说的“合理的”与其说是合乎逻辑的，不如说是有教养的。

法国是后现代主义思潮的策源地和中心。德里达、福柯、列维纳斯、利科、鲍德里亚、利奥塔等法国后现代哲学家如一波接一波的海浪猛烈地冲刷着现代主义脆弱的堤坝，直至将其销蚀、瓦解、穿透、摧毁，如今后现代思潮在西方文化的各个领域奔腾激荡，使得当代西方文化呈现出浓重的后现代色彩。

和罗蒂一样，德里达的矛头所向直指西方科学和文化的根基——他称之为在场的形而上学。在德里达看来，从柏拉图到胡塞尔，存在都是以在场的形式出现。然而，他指出，这种在场的形而上学却是一种神话。他从符号开始展开了对在场的形而上学的批判。在德里达看来，符号并不指称存在于符号体系之外的大写的所指，无论这个所指是理念、心灵、物质、上帝还是存在，这些在场的实体是不存在的，存在的只是在一定结构内的符号的游戏，所指是游戏的产物。而结构本身也不是唯一的、静止的、封闭的，它始终处在流动和开放的状态中。“延异”是德里达用来解构在场的形而上学的工具，也是德里达想建立的非哲学话语的目的。在德里达看来，“延异”比海德格尔的存在者—存在的关系更为原始。

用德里达的话说，“延异”（differance）具有两种含义，一方面它强调意义的区分，另一方面强调意义的延迟，直到其相反的意义出现。例如，在解构语音中心主义时，德里达强调没有符号的语音是不存在的，但德里达同样反对把书写绝对化。他指出，写作应该在接受主体能够理解其意义、内容和价值的声音面前抹去自己的痕迹。这样，在德里达看来，言语和书写只具有一种形式的差异，而没有任何更加根本的区别。他主张一切形式语言都是不同形式的游戏，因此，不仅科学语言没有自己的特权，而是一切语言都没有自己的特权。很显然，德里达主张文化的多元性与其之间相互借鉴。

列维纳斯对在场的形而上学进行了更加深入的批判。在他看来，在场的存在只是不在场的存在的踪迹，那不在场的存在才是最本源的。他把这种不在场的存在称为 ilya。ilya 是动词意义上的存在着，而不是名词意义上的存在或存在者。ilya 经过人的认同才能成为具有同一性的存在或存在者，然而这种存在或存在者是相对的。在列维纳斯看来，人的认识是有限的，他永远不能认识 ilya，对它只能敬畏，但 ilya 并不是永远也不显现，它通过人的面孔而显现自身。对自我来说，面孔是一个显现的他者，人对大写的存在的敬畏就要体现在对他者面孔的敬畏上。因此，列维纳斯认为伦理学是一种比存在论更原始的形而上学。列维纳斯主张尊重他者的他性，倾听他者的声音，服从他者的命令。他的观点为我们看待人与自然以及人与人的关系，开创了新的维度。

其他法国后现代哲学家对科学主义和人文主义的关系也分别作出了各自的解释。例如，埃吕尔认为人现在主要生活于技术环境中，科学、经济、政治都受技术的支配。技术有自己内在的逻辑，它甚至超出了人的控制能力。现代技术社会带来的社会进步远不如它所带来的问题多，它窒息了人的批判能力，使人和人类社会变成了技术的附庸。埃吕尔提出了面对技术社会人如何保持自己主人翁地位的问题，他期望人们以共同的价值观和共同行动来解决技术社会的难题。利奥塔从宇宙发生学的角度对技术的本质作了“进化论”的解释。他认为科学技术发展是地球演化过程中的一种“负熵”，即表现为一切自然系统走向复杂化的过程。技术把一种机械论标准强加在所有人的活动之上，其原则是寻求投入和产出的最佳关系。人类与其说是它的受益者不如说是它的工具。不过利奥塔对科学技术的发展并不悲观，他认为现代计算机网络通讯技术为人的自由发展提供了可操作性的平台，人们会通过网络就某个问题进行讨论，形成共识，但是根本改变人的技术型思维则必须超出技术。为此，他把希望寄托于艺术上，他认为只有在艺术创作中，人才能实现他的绝对自由的理想。福柯认为现代科学技术是一种强大权力，它是统治者维系自己统治的工具。在福柯看来，权力构建技术的过程也是对人的规训与塑造的过程，在这一过程中各种知识以整体的方式都参与了对人的塑造，把作为主体的人不断塑造成适合统治者需要的新客体。为了摆脱知识的强力控制，福柯设想出一种理想的生活模式——生存美学：不再考虑任何法律、规范和约束，不再顾及道德，在考虑他人快乐的情况下，实现自己的快乐。在这里，福柯强调的是个体通过自己的生存风格寻求通向美好生活方式的伦理途径。鲍德里亚深入分析了现代科学技术带来的生活方式和思维方式的新变化。在他看来，在当今的信息化时代，人们原则上可以通过技术手段复制任何东西。这种信息编码技术不同于传统技术的仿造与复制，它不是原件的"副本"而是又一个"原件"，这种复制出来的东西比任何真实的东西更加"真实"，可以说它是一种"超真实"。现代的电影、电视、电脑、MTV 等大众媒介都是它的表现形式。在"超真实"中，事物与符号、对象与再现、现实与幻觉之间的界限不复存在，存在的只是没有原形的符码。人们不是受自己的真实信念支配，而是受人造信码的支配。在这个没有事物只有符码的世界里，人们看起来拥有自由，实际上却比任何时候都更加不自由。另外，鲍德里亚指出，在这个高科技时代，人类正在犯追求完美的罪行，这种罪行就是对实在的"谋杀"。完美掩盖了真实生活，掩盖了差异和矛盾，恰恰是因为追求完美，科学技术到处留下了不完美的痕迹——病毒、笔误、病菌、灾难。斯蒂格勒则指出，人是一种待具性的存在者，所谓待具性，就是失去了某个肢体的躯体对某种外在于躯体的东西的依赖。他的先天不足要求他用技术手段来弥补，因此依靠技术是人的本性。他认为，人塑造了技术，技术也塑造了人，人与技术的存在方式是延异的。人为追求自由而追求技术，在追求技术时人又失去了自由。总而言之，当代人类面临着技术的悖论。

三

以上的追述仅仅是西方现代哲学家对技术文化与人文文化关系反思的一部分。可以说，技术文化与人文文化的关系构成了现代西方哲学的话语背景，任何哲学家都不可避免地要触及这个话题。这个问题之所以重要，首先是因为它涉及一系列根本的哲学问题。例如宇宙和人的关系问题、信仰和理性的关系问题、理性和非理性的关系问题、真理和价值的关系问题、语言与世界的关系问题，以及科学语言、日常语言、文学语言和宗教语言的关系问题，对各种不同文化评价的问题。这些问题分别属于哲学本体论、认识论、价值论、意义论、方法论等诸多层次。其次是因为它具有直接的现实意义。谁都知道，科学改变了世界，人类不可能再回到前科学的世界中去了。但是，这个处处弥漫着科学气息的世界，这个为科学所裹携的世界对人类究竟意味着什么？它是把人引向幸福的天国还是把人引向万劫不复的地狱？人类究竟通过科学争得了自由还是为科学所绑架，成了科学的牺牲品？任何人都可以列举无数的事例为自己所主张的观点辩护，因为科学的确大大强化了人对自然的话语权，拓宽了人的视野，增进了人的力量，为人类带来了巨大的物质利益和精神满足，但科学同样也带来了前所未有的弊病：生态的恶化，超验价值的丧失，人际关系的紧张，社会生活的机械化、世俗化和思维的单一化。科学技术放大了人和自然、民族和民族、文化和文化的矛盾，使得任何一种矛盾都足以导致一场毁灭性的战争。20 世纪高度发展的科学技术不是把传统战争发展到空前惨烈的程度吗？ 2011 年日本的大地震固然是自然的原因造成的，但是在一个地震频发的国度发展核电却显然不是自然造成的。设想地震引发的不是核泄漏，而是核爆炸，那么人类，至少是东亚国家，不是已经毁于日本人盲目的科学自负上了吗？科学所产生的直接与间接的负作用至少证明人们对科学和科学主义进行反思是必要的。现在可以说，不管科学技术为人们带来了多少好处，盲目的科学崇拜也比盲目的自然崇拜对人类更加有害。

同科学主义相比，人文主义包括更多的内涵。在人道主义的旗帜下麇集着众多的世界观和价值观，它曾以人性为依据拒绝科学主义的逻各斯中心主义，反对把人的问题纳入科学主义的模式，它的成就甚至超出了它自身涵括的范围。因为它不仅为文学的、历史的、宗教的，简言之，为非科学的话语做了奠基，而且为科学的话语做了奠基——科学也是人的产物，只不过是人的一种认识形式罢了。但是人文主义就不需要反思吗？人文主义的基础就比科学主义更加牢固吗？它在反对科学主义的逻各斯中心主义的时候不是也在宣扬一种人类中心主义吗？海德格尔明确拒绝给他的哲学贴上人道主义（人文主义）的标签。福柯指出人不过是 18 世纪后期以来现代认识型的产物，它存在于各种科学的夹缝中。随着新的认识型的出现，人必将消失，就像画在海边沙地上的一张脸。人文主义大写的人性虽然比科学主义大写的科学性内涵丰富，但是它同样以一种形而上学为依据，即以某种存在物作为最基本的存在，它的存在是其他存在物的基础和尺度：在中世纪被称为上帝的这种存在物在现代被称为人。这种人类中心主义和人类至上主义的观点在现实中的危害丝毫不逊于科学主义。当代大大小小的生态灾难就是在“人是目的”这个堂而皇之的口号下发生的。因为人是上帝，所以可以为所欲为。另外，一种抽象的人很可能是一种具体的霸权的遮羞布。福柯就是站在这个观点上揭露西方近代是怎样把一部分人当作疯人禁闭起来的。从哲学本体论上看，不仅科学不能充当最基本的存在物，人也不能。宇宙不是人造的，人却是宇宙创造的。对人来说，宇宙不是一个相对的他者，而是绝对的他者，在宇宙面前人应该有起码的自知之明，即人不但不能创造宇宙，也不能完全认识宇宙。对宇宙保持应有的敬畏是文明的标志。宇宙的价值是第一位的，人的价值是第二位的，在敬畏宇宙的前提下才能真正谈论人的价值，在尊重人类价值的前提下才能真正谈论科学的价值，如果把这个次序颠倒了，所能证明的不是人类的文明，而只是人类的无知和狂妄。

第一章

科学主义和技术文化的奠基：经验主义和唯理主义

经过文艺复兴和宗教改革运动的洗礼，自然科学展露出它的勃勃生机。在天文学领域，1543年哥白尼发表了《天体运行论》，以著名的“日心说”推翻了统治西方近两千年的托勒密的“地心说”，开始了一场名副其实的天文学革命。哥白尼的观点经过伽利略和开普勒的补充和完善，到牛顿时达到成熟。牛顿于1687年发表了《自然哲学的数学原理》，确证了哥白尼的日心说，使得哥白尼理论成了近代天文学不可动摇的经典理论。在力学领域，伽利略和牛顿进行了一场力学革命。1632年，伽利略发表了《关于托勒密和哥白尼两大世界体系的对话》，该书除了维护哥白尼的日心说以外，还记录了他的力学研究成果。他首创了动力学，提出了落体运动定律，即vt/2；牛顿则提出了万有引力定律。根据这个定律，一切物体的引力，都与它们的质量成正比，与它们距离的平方成反比。这个定律使亚里士多德关于天上物质和地上物质是两种不同物质的说法得到了彻底的颠覆。在数学领域也发生了一场数学革命。继耐普尔提出了对数的概念以后，笛卡尔创立了解析几何，牛顿和莱布尼茨创立了微积分。数学以其严密的体系和精确的运算结果赢得了人们的普遍信赖，其方法迅速在其他领域获得了运用。在生物学领域，比利时医生维萨里发表了《论人体构造》，奠定了人体解剖学的基础，巴黎大学医院医生塞尔维特提出了心肺之间血液循环的学说，哈维在此基础上进一步提出了完整的血液循环理论。这一系列的科学发现使中世纪的神学世界观发生了根本动摇，也迫使人们不得不把目光转向科学，人们看到，科学世界观取代神学世界观似乎是时代不可改变的潮流。

在自然科学脱离神学迈出自己坚定步伐的同时，哲学也不再甘心充当神学的婢女的角色。即使在中世纪，哲学也一再表明它与生俱来的希腊血统，它的理性品格使它更适合与自然科学联姻而不是与神学联姻。在正统教会组织机构连同它的基本信条日益受到诟病和质疑的时候，在科学以其强大的解释力和实践效果证明自己比神学更有权威的时候，为自然科学辩护而不是为神学辩护理所当然地成了哲学的首选。总结自然科学的经验，为自然科学提供理论基础被大多数哲学家们视为自己的光荣使命。欧洲近代经验论和唯理论哲学就是在这种背景下产生的。

经验论和唯理论虽然在诸多问题上存在争论，但是这种争论仅仅出自它们看待科学的视角不同。近代自然科学有两个最显著的特点，一个是它的实证性，一个是它的逻辑性。在对象方面，自然科学以自然世界为研究对象，它的结论总是要求实践的证实，这个特点成了经验主义哲学家关注的焦点。在理论方面，自然科学作为抽象思维的产物，无一不注重逻辑推理，数学就是这种推理的典范。这个特点成了唯理主义哲学家关注的焦点。“数学方法成了哲学学习的榜样，数学推理的清晰和明确、普遍和必然同样成了哲学追求的目标。他们认为哲学是上帝写在宇宙这本大书上的，除非我们弄懂了上帝的语言，否则我们就不能理解上帝，而这种语言恰恰就是数学，仿佛数学和自然科学之间有一种内在的对应关系。”① 只是因为两派哲学家暂时无法弥合他们之间的分歧，才有了他们之间的争论。在为科学辩护方面，他们之间是不存在任何争论的。

第一节　经验主义与科学

经验主义产生于英国，这是和英国人注重现实的民族特点分不开的。早在13、14世纪，英国就产生了罗吉尔·培根、邓司·司各脱、威廉·奥卡姆这样著名的唯名论哲学家。他们主张只有个别事物才是真实的，一般不过是人们构想的名称或符号。16、17世纪经验主义的代表人物弗兰西斯·培根、托马斯·霍布斯、约翰·洛克、乔治·贝克莱和大卫·休谟无一不是英国人。黑格尔在《小逻辑》中不无讽刺地谈到英国的经验主义。他说：“在英国，直至现在，哲学一名词通常都是指这一类学问而言。牛顿至今仍继续享受最伟大的哲学家的声誉。甚至科学仪器制造家也惯用哲学这一名词，将凡不能用电磁概括的种种仪器如寒暑表、风雨表之类，皆叫做哲学的仪器。不用说，木头铁片之类集合起来，是不

① 汪堂家等：《十七世纪形而上学》，人民出版社2005年版，“分卷序”第15页。

应该称为哲学的仪器的。”[①] 经验主义的确不允许理性的翅膀任意翱翔，而总是把它限定在经验的以太之中。但是黑格尔不知道，科学和经验的关系是鱼和水的关系。经验孕育了科学，科学提升了经验，离开了经验，科学将失去存在的理由从而成为子虚乌有的东西。经验主义正是科学精神的结晶，在为科学主义奠基方面，经验主义一点也不逊于唯理主义。

英国的经验主义者为科学理论奠基主要表现在以下四个方面。

第一，清除传统哲学的残余，明确科学认识的对象是经验对象。

弗兰西斯·培根是英国近代经验主义的创始人。他认为，哲学有三个研究对象：神学、自然哲学和人的哲学。在这三者之中，自然哲学是最主要的，只有研究自然，人们才能获得对事物的真知灼见。“人是自然的仆役和解释者，因此他所能做的和所能了解的，就是他在事实上或在思想上对于自然过程所见到的那么多。除此，他既不知道什么，也不能做什么。”[②] 在培根看来，人们要真正面向自然，就必须彻底地排除干扰，因为正是这些干扰妨碍着人们对自然进行如其所是的认识。培根认为这些干扰来自四个方面，他称为“四偶像”。

第一个偶像是“族类偶像”（idols of the tribe）。所谓“族类偶像”，是由于人的天性造成的。他说：“种族偶像植根于人的本性之中，也即植根于人这一族或这一类中。”[③] 培根说，人们在认识事物的过程中，并不总是“以宇宙的尺度为根据”，而是夹杂了人的主观倾向。例如当人们倾向于接受一种意见时，就把一切东西都搬来支持这种意见，而置相反的意见于不顾。在这方面，人的理智就像一面不平的镜子，由于不规则地接受光线，所以使事物的性质受到了歪曲。

第二个偶像是“洞穴偶像”（idols of the cave）。所谓“洞穴偶像”，是指由于每个人的环境、教养不同造成的偶像。他说：“‘洞穴偶像’是各人自己的偶像。因为每一个人（除了人类天性共有的错误之外）都各有其自己的洞穴”。[④]

第三个偶像是“市场偶像”（idols of the market）。所谓“市场偶像”，是由于

---

① 黑格尔：《小逻辑》，贺麟译，商务印书馆 1981 年版，第 46—47 页。

② 《十六——十八世纪西欧各国哲学》，北京大学哲学系外国哲学史教研室编译，商务印书馆 1975 年版，第 8—9 页。

③ Francis Bacon, *The New organon and Related Writings*, Edited with Introduction by Fulton H. Anderson, New York, 1960, p.48.

④ Francis Bacon, *The New organon and Related Writings*, Edited with Introduction by Fulton H. Anderson, New York, 1960, p.48.

人们相互交往，滥用概念和词语造成的。他说："它们（市场偶像）通过文字和名称的结合而进入理解力之中。人们相信自己的理性管制着文字，但同样真实的是文字亦起反作用于理解力；而正是这一点就使得哲学和科学成为诡辩性的和好不活跃的。"①

第四个偶像是"剧场偶像"（idols of the theatre）。所谓"剧场偶像"，是由于人们盲从各种错误思想体系造成的。他说："剧场偶像不是固有的，也不是隐秘地渗入理解力之中，而是由各种哲学体系的'剧本'和走入岔道的论证规律所公然印入人心而为人心接受进去的。"② 培根把哲学比作戏院，他说，"在这个戏院中，你可以看到你在世人戏院中看到的同样的表演。可以看到，为舞台而创作出来的故事，比历史上真的故事要更加紧凑，更加精致和更加令人满意。"③

在反对这四种偶像时，培根着力最多的是"剧场偶像"。在他看来，人们因循守旧，裹足不前的心态主要是受了传统哲学的禁锢。他说，一些人像着了魔似地崇拜古代，崇拜哲学中所谓伟大人物的权威，从而陷于粉饰某些作家的作品，增加他们的党羽的下贱的工作。他们不知道，知识就像水一样，不会升高到它所落下的水平。要称赞一个作家而又超过他乃是不可能的，他说："我们从希腊人那里得来的智慧只不过是知识的童年，具有儿童的特性而已；它能够谈说，但它不能够生产；因为它只富于争辩，而没有实际效果"④。培根相信现代人完全可以超出希腊人的水平，他深刻地指出，"真理是时间的女儿，不是权威的女儿。"⑤

霍布斯反对神学和传统哲学的态度更加坚决，在行动上比培根走得更远。他明确指出，"哲学排除神学"，"排除关于天使以及一切被认为既非物体，又非物体的特性的东西的学说"，"排除一切凭神的灵感或启示得来的知识"。在霍布斯

---

① Francis Bacon, *The New organon and Related Writings*, Edited with Introduction by Fulton H. Anderson, New York, 1960, p.49.

② Francis Bacon, *Bacon's Novum organum*, Edited with Introduction, Notes, Etc, By Fowler, Thomas, D.D., F.S.A. Oxford, 1888, p.218.

③ 《十六——十八世纪西欧各国哲学》，北京大学哲学系外国哲学史教研室编译，商务印书馆 1975 年版，第 23 页。

④ 《十六——十八世纪西欧各国哲学》，北京大学哲学系外国哲学史教研室编译，商务印书馆 1975 年版，第 2 页。

⑤ 《十六——十八世纪西欧各国哲学》，北京大学哲学系外国哲学史教研室编译，商务印书馆 1975 年版，第 32 页。

看来，神学家和经院哲学家宣扬的“无形的实体”、“抽象的本质”、“隐秘的质”之类的东西，都是“最荒谬的梦呓之语”，目的是阻止人们认识真正的自然。

第二，对经验对象作出符合自然科学的限定。

培根主张面向自然，按照自然的本来面目认识自然，但是在培根所处的时代，这个自然还带有浓厚的物活论色彩。培根眼里的自然物不但具有密度、重量、体积、温度、颜色等日常可感的各种属性，而且具有“激情”、“欲望”、“抵抗”、“摇摆”等拟人化的属性。在《新工具》中，培根列举了 19 种这样的属性。显然，培根所说的自然还不是自然科学意义上的自然。自然科学的自然是经过了科学抽象以后的自然，它注重的是自然对象中可以量化的属性。这是一个无色、无声、无嗅、无味的自然，是一个可以用同一的计量标准测度的自然，只有这样的自然才不会产生由个人主观感觉不同造成的“歧义”，才可以具有“普遍必然性”和“客观有效性”。这也就是后来的逻辑实证主义者宣称的“物理语言”所言说的东西。培根以后的经验主义哲学家在对自然进行界定的时候显然考虑到了这个因素，因此，他们对物质的界定，和培根有了显著的不同。

霍布斯谈到物体时指出，“物体是不依赖于我们思想的东西，与空间的某个部分相合或具有同样的广延”①。霍布斯也承认运动，用运动来解释事物的变化，不过，他不认为运动是物体的根本属性，他认为运动只是一种“偶性”。“任何一件静止的东西，若不是在它以外有别的物体以运动力图进入它的位置使它不再处于静止，即将永远静止。”同样，“任何一件运动的东西，除非在它以外有别的物体使它静止，即将永远运动。”②在霍布斯那里，运动就是简单的位置移动，就是不断地放弃一个位置又取得另一个位置。霍布斯认为物体有两类“偶性”，一类是物体“固有的偶性”；另一类是物体“特有的偶性。”“固有的偶性”是广延，它在任何时候都存在于物体之中。“特有的偶性”是色、声、味、运动、静止等偶性，它们只为一部分物体所具有，并且是可以改变的，例如当一个运动的物体静止下来时，运动的偶性就没有了。

---

① Thomas Hobbes, Sir William Molesworth, *Opera philosophica quae latine scripsit omnia: in unum corpus nunc primum collecta studio et*...（Volume 1）Collected by John Bohn, Henrietta Street, Covent Garden, London, 1966, p.9.

② 《十六——十八世纪西欧各国哲学》，北京大学哲学系外国哲学史教研室编译，商务印书馆 1975 年版，第 86 页。

洛克进一步发展了霍布斯的自然观，除了保留了一个不可知的“实体”之外，他眼中的自然，主要是作为认识论的对象出现的。不过，洛克仍然保留了霍布斯有关物体具有两种偶性的看法，并且作了详细的论证。洛克指出，任何物体都具有两种性质，即第一性质（Original or Primary qualities）和第二性质（Secondary qualities）。所谓第一性质，就是物质本身所具有的，如广延、形状、运动等特性；所谓第二性质，是第一性质（不同形体、不同运动的物质微粒）的变状在人们的感官上引起的色、声、味等感觉，这种性质依赖于第一性质。物体的这两种性质都能作用于人的感官，从而产生感觉和观念，但这两种性质所产生的观念却有很大的差别。第一性质的观念和它的原形完全相似，第二性质的观念则和它的原形完全不相似。在洛克看来，第二性质仅仅是物质微粒作用于我们感官时产生的主观感觉，在物体中并不存在这些东西。他说：“在观念中的所谓甜、蓝或暖不过是我们称为甜、蓝或暖的物体微妙分子底一种体积、形象和运动。”①经过霍布斯、洛克等经验主义者的“过滤”，传统上那个活生生的自然完全变成了作为数学和机械力学对象的自然，自然成了只有广延和力学运动的僵死的“物质”。

第三，提出从感性认识到理性认识的发展过程。

自然科学的研究对象是可实证的自然，然而自然科学并不是对自然的简单摹写，它要把杂多自然现象提升为单纯的、齐一性的东西。换句话说，自然科学的目的是指出自然规律。人们如何能从对单个对象的认识上升到对普遍和一般对象的认识，这个问题是摆在哲学家面前的首要问题。经验主义哲学家对这个问题的探索，形成了一套系统的经验主义的认识论。

经验主义的自然观必然是经验主义哲学家把感觉经验作为认识的起点。培根对这个起点如何达到对普遍性的认识这个终点提出了一个概括性的构想。培根认为，对事物的感觉是一切知识的源泉。感觉材料愈丰富、愈精确，对事物的认识愈容易、愈深入。然而光有经验还不够，科学认识的进展还要从感性到理性。他把单纯的经验主义者比作蚂蚁，他们只会收集材料；把单纯的理性主义者比作蜘蛛，他们只会吐丝筑网。培根认为真正的科学研究应该像蜜蜂。他说：“但是蜜蜂采取一种中间的道路。他从花园和田野里面的花采集材料，但是用他自己的一种力量来改变和消化这种材料。真正的哲学也应像这样。因为它既不只是或不主要是依靠心智的力量，但也不是从自然历史或机械实验中把材料收集起来，并且

---

① 洛克：《人类理解论》上册，关文运译，商务印书馆1959年版，第103页。

按照原来的样子把它整个保存在记忆中，它是把这种材料加以改变和消化而保存在理智中的。”①

在培根之后，洛克第一次详细论证了认识的起源、认识的过程以及知识的种类等问题，把培根的构想发展成完整的经验主义认识论，为科学提供了哲学基础。洛克的经验主义认识论学说是对科学所做的最大贡献。

在认识起源问题上，洛克提出了著名的“白板”说。他指出，“我们可以假定人心如白纸似的，没有一切标记，没有一切观念，”② 人的一切知识都是从经验得来的。洛克按照经验的来源把经验分为两类：感觉和反省。感觉是外物体作用于感官的结果，洛克称为外部经验。反省就是对于各种心灵活动的知觉，如怀疑、思维、信仰、意愿等，洛克称为内部经验。

洛克指出，人们最初通过外部和内部经验获得一些简单观念，有了这些简单观念之后，心灵就可以凭着自身的作用，对这些观念进行排列组合，形成新的复杂的观念。心灵在接受简单观念的时候是被动的，然而在构造复杂观念时是主动的。复杂观念一共有三种：表示存在物独立存在的实体观念，依附于实体观念的样式观念，以及把各种观念加以联结和比较的关系观念。洛克认为，人们的思维活动无非就是对简单观念加以组合和分离的活动，即综合活动和分析活动，这些活动并不反映事物的本质。

洛克不否认本质的存在，他把事物的真实本质称为“实在的本质”。不过他认为，这种本质是人们无法认识的。他说：“本质可以了解为一件事物的存在（being），这件事物之所以是这件事物就是凭着这个存在。这样，事物真正的、内在的，而一般说来（在实体方面）我们并不知道的，为事物的种种可发现的性质所依赖的那种构造，就可以称为事物的本质。”③ 除了这种“实在的本质”之外，事物还有一种“名义的本质”，就是事物的类或属。在洛克看来，世界上真实存在的只有个别事物，类或属是人的抽象思维的产物，它们不代表事物的真正本质。

洛克认为，由于人们是以不同的方式获得观念的，所以这些观念的明晰程度

① 《十六——十八世纪西欧各国哲学》，北京大学哲学系外国哲学史教研室编译，商务印书馆1975年版，第41页。

② 洛克：《人类理解论》上册，关文运译，商务印书馆1959年版，第96页。

③ 《十六——十八世纪西欧各国哲学》，北京大学哲学系外国哲学史教研室编译，商务印书馆1975年版，第411页。

是不一样的，有的清楚些，有的模糊些，这样，知识的明晰性和确定性就有了不同。他依照观念的明晰性把全部知识分为三个等级：第一等是直觉的知识，这是对两个观念的直接认知，不必借助于其他的观念，因此这种知识具有最高的确定性和最大的明晰性。第二等是证明的知识。这种知识需要以其他的观念为中介，它的明晰程度不如第一类。这种知识要可靠，必须以知觉的知识为基础，使推论的每一步都达到直觉的确定性。第三等是感觉的知识，即借助于外感官获得的知识。洛克认为，在三种知识中，这种知识是最不可靠的。

在对认识活动进行分析的基础上，洛克划定了人类知识的范围。在洛克看来，人类知识的范围远小于人们观念的范围。那些由人的心灵虚构的观念显然不属于知识的范畴，除此之外，人们关于实体的观念也难以称为知识。人们知道有些属性经常结合在一起出现，如金子和黄色，却不知道这种结合的根据。不过洛克指出，至少有两种知识是可靠的，那就是数学的知识和道德学的知识。数学、几何学的命题或者是直观的知识，或者是以直观为基础的推论的知识，这种知识以它的确定性和明晰性表明它们是真正的科学。在洛克看来，道德学的知识原则上也可以称为科学，因为一些道德观念也具有直觉的确定性，由此出发进行推论，就可以建立如同数学几何学一样确定和明晰的道德科学，尽管这项工作现在还没有开始。

贝克莱和休谟的经验主义理论是对洛克经验主义认识论的进一步发展。不过在发展中也暴露了经验主义的问题。贝克莱首先发现洛克关于两种性质的论述是不能自圆其说的。洛克认为第二性质和人的主观感觉有关，贝克莱问道，第一性质就和人的主观感觉无关吗？显然，所谓第一性质，同样离不开人的感觉。因此，他主张，洛克关于两种性质的划分是没有意义的。他认为感觉经验是唯一的存在，而“存在就是被感知”。

休谟对经验主义的认识论做了修缺补漏的工作。一方面，经过贝克莱的挑战，休谟不得不承认“存在就是被感知”的命题；另一方面，休谟又对贝克莱公然鼓吹上帝存在的论调十分不满。他坚持维护经验主义的纯洁性，并在这个前提下为自然科学辩护。休谟认为，一切知识源自于知觉，知觉分为两种：印象和观念。印象是较生动较活跃的知觉，它表现为人的视觉、听觉、触觉以及在当下获得的爱、恨等感觉；观念是较不生动较不活跃的知觉，它是对印象的回忆、映像和摹本。印象又分为简单的印象和复合的印象，简单印象是指各自独立的感觉；复合印象是由简单印象组合而成。依照印象，观念也分为简单的观念和复合的观念，简单观念是对简单印象的直接摹本；复合观念是一些简单观念的组合。①

休谟指出，从理论上讲，心灵可以任意联合和分离简单观念使之形成无数复杂观念，但在实际上，观念间的联系是受一些恒常的规则支配的，这些规则有类似关系、时空接近关系和因果关系。休谟重点谈论了因果关系。在他看来，人们关于事实的知识主要是根据因果关系观念得来的。休谟认为经验物体之间没有必然的关联，所谓因果关系只是人们心灵作用的缘故。人们总是凭着经验的习惯，当一个现象出现时就断定另一个现象会产生，比如看到火就联想到光和热。因此他认为因果关系来自人们的“习惯联想”。休谟指出因果关系没有逻辑的必然性，只有经验的或然性。在此基础上，休谟对知识进行了分类。他把洛克划分的三类知识归结为两类：观念关系的知识和事实的知识。他和洛克一样认为，数学的知识是观念关系的知识，具有直观的明晰性，是永远可靠、自明的知识；他把洛克所说的第三类知识，即感觉知识称为事实的知识，它们不具备必然性。

在休谟看来，不论是哪类知识，都仅仅囿于人们主观认识范围内，不能把它们作为独立于人的客观知识来看待。关于外在于知觉的实体，休谟说：“任何一个有判断能力的人从来都不会怀疑，当我们说‘这张桌子’或‘这棵树’的时候所指的那些东西，不外是我们心中的知觉……用什么论据可以证明，我们心中的知觉一定是由那些虽和这些知觉相似（如果是可能的），然而又是完全不同的外物唤醒的，而不是由心本身的能力，或者某种看不见的，无人知觉的精神的作用，或者是由我们更加无从知觉的一种别的原因产生的呢？”②关于上帝，人们既不能从观念中，也不能从事实上推出他的存在。因为前者只是观念的关系，并不蕴含事实上的存在。后者只能涉及经验物的存在，上帝则是经验以外的超验物。休谟的《人类理解研究》以这样的话结束：“我们如果相信这些原则，那我们在巡行各个图书馆时，将有如何大的破坏呢？我们如果在手里拿起一本书来，例如神学书或经院哲学书，那我们就可以问，其中包含着任何数和量方面的任何抽象推论么？没有。其中包含着关于实在实事和存在的任何经验的推论么？没有，那么我们就可以把它投在烈火里，因为它所包含的没有别的，只有诡辩和幻想。”③

---

① William Kelley, *A History of Modern philosop*hy, The Macmillan Company, New York, 1941, p.198.

② 休谟：《人类理解研究》，关文运译，商务印书馆 1981 年版，第 134—135 页。

③ 休谟：《人类理解研究》，关文运译，商务印书馆 1981 年版，第 145 页。

第四，提出科学的归纳法。

在上述英国经验主义者中，明确提出科学方法论的是培根。培根认为，在以往漫长的岁月中，人类科学认识发展是缓慢的。知识发展缓慢原因之一就在于缺乏科学的认识方法。他指责经院哲学和亚里士多德偏重演绎，把三段论式的论证看作构成知识的重要条件。他说，“三段论是由命题组成的，命题为字所组成，而字则是概念的符号。所以假如概念本身（这是事情的根子）是混乱的以及是过于草率地从事实中抽出来的，那么上层建筑就不可能坚固。因此我们唯一的希望乃在一个真正的归纳法。”①

培根的归纳法具体分为三步：一是广泛收集材料。准备一部充足、完善的自然和实验的历史，这是全部工作的基础。二是按他的“三表法”整理材料。所谓“三表法”就是在概括事物之前，注意“存在表”，即具有所考察的性质的例子；“差异表”，即具有近似情况，但却没有所研究性质的例子；“程度表”，即具有不同程度的例子。培根认为，列出了三个表，就做好了归纳的准备工作。三是归纳，把一切无关的非本质的东西去掉，揭示事物的本质和规律。培根归纳法的实质在于以对自然事物的观察和实验为基础整理经验材料，并进一步作拒绝和排斥的工作以后，最后得出关于事物形式（规律）的肯定的结论。

正如培根所说的，这是一种新的认识工具，新兴自然科学也的确在归纳的基础上得出过许多重要结论。但是培根不知道，他的这种方法和自然科学规律的全称命题之间，仍然是有很大的距离的。经验的普遍性和逻辑的必然性之间的关系只是在分析哲学家奎因以后，才得到了基本解决。

我们看到，这种被培根所开拓，被霍布斯和洛克所发展的自然观和当时自然科学的发展水平是完全一致的。英国经验主义既是对自然科学精神的初步总结，又是对自然科学精神的初步提升。经验主义准确地把握了科学的实证性特征，并对这个特征作了认识论的论证。根据科学的实证性，经验主义者构建了以感觉经验为基础的认识论体系。这个体系也为后来的哲学提供了思想基础，以孔德为代表的老实证主义，以罗素、维特根斯坦为代表的分析哲学，以石里克、卡尔纳普为代表的逻辑实证主义，以皮尔士、詹姆士、杜威为代表的实用主义等现代科学主义流派都从经验主义那里找到了宝贵的思想资源，它们可以看作经验主义的进

---

① Francis Bacon, *Bacon's Novum organum*, Edited with Introduction, Notes, etc. by Fowler, Thomas, D.D., F.S.A. Oxford, 1888, p.198.

一步发展。其他哲学流派也从经验主义那里得到了许多有益的启示。就其社会意义来说，经验主义无疑促进了科学的发展和普及。许多科学研究的确是本着经验主义的精神进行的。由于经验主义，世俗理性成为取代信仰的一种新的普遍的理性形式，人们的世界观和价值观也随之发生了重要变化。经验主义和唯理主义一起构成了那个时代的主旋律。然而，经验主义自身也存在着明显的时代局限。它的最主要的缺陷就是对科学理性的作用作了严重的低估。这种经验主义不但没有对个别经验和一般理论的关系作出严密的解释，也没有对逻辑的和心理的现象作出严格的区分。这些缺陷使得经验主义自身很快就走向了主观主义和怀疑论。休谟哲学是它的逻辑结局。康德在《未来形而上学导论》中指出，休谟哲学没有理解数学和自然科学的根据，贬低了自然科学真理性意义。他的《纯粹理性批判》不只是对唯理论的批判，也是对经验论的批判。

第二节　唯理主义与科学

和英国经验主义几乎同时出现的哲学流派是欧洲大陆的唯理主义。唯理主义和经验主义有着相同的时代背景和相同问题，它的代表人物勒奈·笛卡尔、别涅狄克特·斯宾诺莎和哥特弗里特·威廉·莱布尼兹也和经验主义的代表人物一样，对科学的发展前景充满信心。欧洲大陆的唯理主义是科学精神的另一种表现形式，它的任务同样是对科学精神作出哲学的诠释。不过，欧洲大陆唯理主义者并不看重科学的实证方面，他们看重的是科学的逻辑方面。在他们看来，如果一种体系拥有它的自明公理并且遵照逻辑法则由这些公理推出结论，那么它本身就会成为一种严格意义上的科学体系。科学不是经验的产物，经验只有偶然性而没有必然性，科学是人的先天认识能力的产物。唯理主义者把数学看作科学的典范，认为数学典型地体现了科学的先验理性原则。笛卡尔和莱布尼兹本身就是卓越的数学家，斯宾诺莎对几何学也有着精专的研究，从这一点来看，唯理主义者如此强调科学精神的先验性就不难理解了。

唯理主义对科学主义的奠基主要表现为以下两点：

第一，清除旧哲学的影响，指明科学认识的方法。

笛卡尔是唯理主义的创始人，为了清除旧哲学的影响，笛卡尔首先提出了普遍怀疑的哲学思路。笛卡尔指出，我们的感性认识是不可靠的，我们几何学和逻辑学的知识有时也会出错，我们的哲学一直处在争辩之中，这些都说明我们以往所有的知识都是可以怀疑的。那么还有没有确实可靠，不可怀疑的东西呢？他说，有一种东西是确实可靠，不可怀疑的，那就是“我在怀疑”这件事本身。我越是怀疑，就越不能怀疑我在怀疑。我在怀疑说明我在思想，我思是无可置疑的。笛卡尔借助普遍怀疑的方法推出了“我思故我在”的命题这是人人熟知的。他的目的是为他的知识论开辟一个没有争议的空间。在这之后笛卡尔借助上帝得出结论：凡是我们直观上清楚明白的知识都是确实可靠的知识。他认为人心也发现了某些共同意念，并由此构成各种解证，这些解证带着很大的确信，我们只要注意它们，它们就足以使我们不可能怀疑它们的真实。在《哲学原理》中，笛卡尔列举了数学和几何学的简单公式，如 3+2=5，三角形的三个内角等于两个直角来说明这一点。他还直截了当地说：“凡是我们清楚明白地设想到的东西所以可靠，只是因为有上帝存在，以为上帝是一个完满的实体，并且因为我们所有的一切都从上帝而来。由此可见，我们的观念或概念既然就其清楚明白而言，乃是从上帝而来的实在的东西，所以只能是真实的。”①

为了获得确实可靠的知识，笛卡尔提出了四条思维规则：第一条是只有清楚明白并且无可怀疑的东西，我们才能认其为真，其他的一切并不能断言为真。第二条是尽最大的可能，对一切观念进行彻底的分析，直到问题适宜得到完满的解决为止。第三条是按照简易的次序，从最容易认识的对象开始，一步一步地逐步上升，直到对最复杂对象的认识。第四条是在任何情况之下，都要尽量全面地考察，尽量普遍地复查，使之毫无遗漏。②笛卡尔的四条原则是参照数学提出的，直观、演绎、分析和综合是这四条原则的核心。笛卡尔对数学方法抱有极大的信任，他认为，数学所研究的“次序和度量”是各门学科共有的特性，各门学科都可以从研究次序和度量的数学中得出，全部的自然科学的研究都可以归结到数学上，都可看作数学的组成部分或数学科学。

斯宾诺莎赞同笛卡尔对知识确实性的看法，也坚信数学方法是一种普遍有效的方法。斯宾诺莎在《理智改进论》中提出了类似的思想，他说：“理智凭借天

---

① 《十六——十八世纪西欧各国哲学》，北京大学哲学系外国哲学史教研室编译，商务印书馆 1975 年版，第 151 页。

② René Descartes，*Discourse on Method*, trans. by Donald A. Cress，Hackett publishing company, 1980, p.10.

赋的力量，自己制造理智的工具，再借这种工具充实它的力量来制作别的新的理智的作品，再由这种理智的作品进而寻求更新的工具或更新的力量，如此一步一步地进展一直达到智慧的顶点为止。”① 在《伦理学》中，斯宾诺莎把知识分为三种：第一种是知觉的知识，在他看来，这种知识是由知觉而形成的模糊概念，并未经过理性的审视，因此只能称为意见。第二种是理智的知识，这种知识是通过理性的审视，对物体的特质具有共同概念和正确观念所得来的。第三种是直观的知识，这种知识是由理性直观事物的本质得来的知识。斯宾诺莎认为第二、第三种知识是真知识。

斯宾诺莎认为真知的标准有两个：内在的标准和外在的标准。内在的标准要求观念自身要清楚、明白、恰当；外在的标准要求观念与对象相符合。接着，他提出了自己唯理论的认识方法，其方法分为两步：一是寻求真观念，把真观念与非真观念、表象区分开来；二是根据真观念下定义，根据定义、公则去推论命题，由此建立知识体系。斯宾诺莎主张，不仅自然事物可以用几何学方法来研究，而且人的精神，包括人的理智和情感都出于自然的同一必然性，因而它们可以以几何学的方式来处理。《伦理学》一书就是按几何学的方式写成的。

作为一位杰出的数学家，莱布尼茨特别倚重数学，认为数学推理不仅给建立新的哲学体系带来了希望，而且为正确的思维提供了成熟的范例。在《综合科学序言》一文中莱布尼茨指出，“倘若我们能找到一些字或符号适宜于表述我们的全部思想，像算术表明数字或几何学的分析表明线那样明确和正确的话，我们就能在一切科目中，在它们符合推理的范围内，完成像在算术和几何学中所完成的东西。”②

莱布尼茨在肯定数学推理的范例之后，对数学的知识展开了探讨。首先，他认为数学知识是先验的。他指出：“全部算术和全部几何学都是天赋的和以潜在的方式存在我们心中的东西，所以我们只要注意地考虑并顺次安排好那已在心中的东西，就能在其中发现它们，而无需利用如何凭经验或旁人的传统学到的

---

① 《十六——十八世纪西欧各国哲学》，北京大学哲学系外国哲学史教研室编译，商务印书馆 1975 年版，第 237 页。

② 莱布尼茨：《莱布尼茨自然哲学著作选》，祖庆年译，中国社会科学出版社 1985 年版，第 12 页。

真理。”[①] 其次，数学推理是必然的真理。他指出：“必然的真理是天赋的并且是靠内在的东西来证明的，而不是像我们建立事实真理那样靠经验来建立的。”[②] 在莱布尼茨看来，真理有两种类型：即推理的真理和事实的真理，事实的真理是偶然的，只有推理的真理才是必然的。因为当一个真理为必然时，可以用分析的方法找出理由，最后把它归结到最原始的观念（或真理）。

莱布尼茨非常强调公理和定理的作用。他指出：“如果没有公理和已知的定理，则数学家们就会很难前进；因为在漫长的推理过程中，不时地停下来并且如像在路当中立下一些里程标注那样，是好的，这些也可以用来给别人作标记。”[③] 他又指出从公理和定理出发的推理过程必须坚持逻辑的方法。“事实上逻辑也是和几何学一样可做推证的，而且我们可以说几何学家的逻辑，或欧几里得在谈到命题时所解释和建立的那些论证方式，就是一般逻辑的一种特殊的扩充和推进。”[④] 在莱布尼茨看来，数学是逻辑的延伸。我们从他这里已经可以看出后来逻辑实证主义在数学和逻辑关系上的基本雏形。

第二，扩大科学理性的范围，以自明公理和演绎法为基础构建理性的形而上学。

唯理主义者在确认科学之路是一条真理之路以后，便力图把科学方法论扩大为一种形而上学，用科学主义的方法论认识一切现象，从而建立一种新的、纯粹理性的形而上学。笛卡尔、斯宾诺莎和莱布尼茨都在这个方面作出了不遗余力的努力。

笛卡尔把人类知识比作树。他说，“一切哲学就如一棵树似的，其中形而上学就是树根，物理学就是干，别的一切科学就是这个干上生出来的枝，这些枝可以分为主要的三种，就是药物学、机械学与伦理学。”[⑤] 为此，他把自己的哲学分为三部分：(1)“形而上学”部分。这一部分是关于超自然、超经验的事物的学说，主要研究心灵、上帝和物质等；(2) 物理学部分。这一部分是关于自然的学

① 莱布尼茨：《人类理智新论》，陈修斋译，商务印书馆 1982 年版，第 45 页。

② 莱布尼茨：《人类理智新论》，陈修斋译，商务印书馆 1982 年版，第 48 页。

③ 莱布尼茨：《人类理智新论》，陈修斋译，商务印书馆 1982 年版，第 495 页。

④ 莱布尼茨：《人类理智新论》，陈修斋译，商务印书馆 1982 年版，第 423 页。

⑤ René Descartes, *The Method, Meditations and Philosophy of Descartes*, Collected by Veitch, John, New York: Aladdin, 1901, p.292.

说，主要研究物质自然界的一般特征；（3）各门具体科学部分。这一部分包括维护人健康的医学、调节人情绪的伦理学以及制造工具的机械学等，带有明显的实用性。

在论述上帝存在时，笛卡尔运用了类似于中世纪安瑟伦的本体论证明。他谈到，我在怀疑，说明我是一个不完满的实体。但我心中分明有一个无限完满的上帝观念。这个观念不是从我的本性中来的，因为完满的东西不能从不完满的东西中得来。因此一定有一个更加完满的东西是我心中上帝观念的原因，这个东西必然是上帝本身。很显然，笛卡尔把上帝存在的命题也当作和数学命题一样的清楚明白地知识看待了。笛卡尔不仅借助于理智直观和演绎推理推出了上帝存在，也同样推出了物质的属性和心灵的属性。例如从物质的广延属性中，他推出了物质的无限性，物质和时间空间的关系，以及物质运动的绝对性与相对性的关系，等等。

斯宾诺莎试图建立一种具有泛神论色彩的理性主义哲学体系。他说，“自然本身就是上帝的力量，不过是另一名词而已。我们不明上帝的力量和我们不明自然，这两件事是相等的。”[①]在他看来，对自然法则的了解就是对上帝的了解。“我们对自然现象知道得越多，则我们对上帝也就有更多的了解。”[②]通过把上帝设定为单一的实体，斯宾诺莎克服了笛卡尔的二元论。笛卡尔认为心灵和物质是两种不同的实体，斯宾诺莎则把它们看作上帝的两种不同的属性，它们在上帝那里不再毫无关系，而是彼此平行，当心灵发生变化时，身体便发生相应的变化，反之也一样。斯宾诺莎还通过把大千事物设定为样式的方式解决了统一性和多样性的问题。但是这个体系完全是推论出来的。我们以他的实体学说为例。他说，实体是“在自身内并通过自身而被认识的东西。换言之，形成实体的概念无须借助他物的概念”[③]，“实体是无限的”。因为如果实体是有限的，它必定为另一个具有相同性质的实体所限制，这样，就会有两个具有相同属性的实体，这是说不通的。“实体不可分”。因为如果实体可分，则它的部分或者保留诡异无限的实体本性，或者失去它的绝对无限的实体本性。如果是前一种情况，则将有多数具有相同属性的实体，这是说不通的。如果是后一种情况，则绝对无限的实体将不会存在。

---

① 斯宾诺莎：《神学政治论》，温锡增译，商务印书馆 1981 年版，第 32—33 页。

② 斯宾诺莎：《神学政治论》，温锡增译，商务印书馆 1981 年版，第 68 页。

③ 斯宾诺莎：《伦理学》，贺麟译，商务印书馆 1997 年版，第 3 页。

“实体是自因”，因为实体是唯一的和无限的，所以在他之外不可能有别的原因。如此等等。斯宾诺莎还依据同样的程序，推论出属性、样式及其它们的特性。

在唯理主义哲学家中，莱布尼茨是最注重精神的能动性的哲学家。他不同意同时代哲学家对自然的机械论解释，在他看来，自然是自身能动的自然。大到宏观宇宙，小到微不足道的宇宙成分都有着自身的活力。为此，莱布尼茨创造了他的单子论哲学体系。

莱布尼茨认为，宇宙是由精神性的单子组成的。他说：“（单子）不是别的东西，只是一种组成复合物的单纯的实体，单纯，就是没有部分的意思”①。莱布尼茨认为，单子是能动的，其变化是由内在原因决定的。他说：“既然一个单纯实体的任何现在状态都自然地是它以前状态的后果，那么，现在中就包孕了未来。”② 每个单子都有知觉，只是知觉的程度不同。最低级的单子只有微小的知觉，最高级的单子具有完全明晰的知觉。单子是独立存在的，相互间不发生影响，但每个单子都像一面镜子似的表象全宇宙。“因为每一个单子既是一面以各自的方式反映宇宙的镜子，而宇宙又是被规范在一种完满的秩序中，所以在表象中，亦即在灵魂的知觉中，应当也有一种秩序。”③ 莱布尼茨指出，单子作为一个小宇宙，和整个单子构成的大宇宙是一致的。每个单子之所以在不和其他单子发生关系的情况下能够保持相互一致，是由于上帝再创造每一个单子的时候，就预先考虑好了它与其他单子的关系，他把这种由上帝创造的和谐叫作“预定和谐”。

莱布尼茨认为单子按其知觉的清楚和明晰程度可分为四等：最低一等的单子只有模糊不清的“微知觉”，如无机物、植物。较高一级的单子具有感性灵魂，有较清晰的知觉和记忆，如动物。更高一级的单子具有理性灵魂，这就是人类。最高级的单子具有最高的智慧，全知、全能，就是上帝，他创造了一切其他的单子。莱布尼茨认为，每一级和每一级单子之间，还有无数等级的单子，由此组成

① 《十六——十八世纪西欧各国哲学》，北京大学哲学系外国哲学史教研室编译，商务印书馆1975年版，第483页。

② G.W.Leibniz, *The Monadology and Other Philosophical Writings*, Translated With introduction and notes by Robert latta, M.A., D.Phil.(Edin.), London: Publisher to The university of Oxford, 1898, p.231.

③ 《十六——十八世纪西欧各国哲学》，北京大学哲学系外国哲学史教研室编译，商务印书馆1975年版，第494页。

一个连续的整体。

莱布尼茨在身心关系问题上的观点是他整个预定和谐学说的组成部分。莱布尼茨不同意笛卡尔的身心关系二元论，而主张它们是和谐一致的。他说："笛卡尔曾经承认灵魂不能给予形体以力量，因为在物质中永远有着同样数量的力。然而他认为灵魂可以改变形体的动向，不过这是由于在他的时代人们还不知道一条自然律，即物质中的全部动向本身也是守恒的。如果他知道了这条规律，他是会投入我的预定和谐体系的。"① 莱布尼茨认为，人作为特殊的物体由灵魂和肉体组成，"灵魂遵守它自身的规律，形体也遵守它自身的规律，它们的会合一致，是由于一切实体之间的预定的和谐，因为一切实体都是同一宇宙的表象。"②

在论述这些观点的时候，莱布尼茨的推论方式与笛卡尔和斯宾诺莎如出一辙。例如，当他设定单子是"单纯的点"以后，便根据这个设定进行推论：单子不占有空间，不可分。因为单子既然没有部分，所以它不可能占有空间，也不能通过组合形成，或者通过分解消灭，单子只能突然产生，突然消灭。"单子没有可供食物出入的窗子"。因为单子没有部分，所以不可能设想有什么东西进入它的内部，造成它的变化，如此等等。

不可否认，欧洲唯理主义提出了许多富有见地的思想。它弥补了经验主义的偏颇，对理性认识的形式、意义、价值进行了系统的研究，在把数学思维归结为逻辑思维，研究自然科学的逻辑形式方面，作出了重要的贡献。由于唯理主义对理性作用的强有力论证，理性取代了神性重新占据了哲学舞台，一切都要从理性出发加以思考，一切都要接受理性的检验成了一种时尚，不但科学的合法性第一次得到了社会普遍的认同，而且人们的认识也得到了普遍的提升。神学只有得到理性的支持才被认为是合法的，政治制度、法律条文、道德规范只有得到理性的支持才被认为是合理的。在那个时代，理性大有取代神学成为裁判一切的终审法庭之势。但唯理主义在试图把神学王国变成理性王国之时，它自身的局限性也越来越暴露出来。由于对经验的忽视，理性主义从一开始就具有独断论的特征。它貌似合理的论证往往同科学的结论南辕北辙，例如由莱布尼茨和沃尔夫共同创立

---

① G.W.Leibniz, *The Monadology and Other Philosopisal Writings*, Translate With introduction and notes by Robert latta, M.A., D.P.hil.(Edin.), London: Publisher to The university of Oxford, 1898, pp.263–264.

② 莱布尼茨：《人类理智新论》下册，陈修斋译，商务印书馆 1982 年版，第 10 页。

的理性宇宙论、理性心理学和理性神学就和当时的自然科学结论格格不入。康德明确地把这种理性主义称为独断论。他精辟地指出，唯理主义的致命缺陷就是脱离经验，使理性作了超验的运用。在《纯粹理性批判》中，康德用四个著名的二律背反揭露了这种片面的理性主义的荒谬。在《未来形而上学导论》中，康德进一步指出这种谬误的认识论根源。康德谈到，根据排中律，在两个相互矛盾的命题中必有一个是真的。然而，一个四方形是圆的和一个四方形不是圆的却没有一个是真的。它们之所以都错，是因为圆的四方形本身就是错的。由于唯理主义的越界，即超越了经验世界，所以形式逻辑对它来说是无效的，正如形式逻辑的排中律对圆的四方形是无效的一样。康德承认，是休谟的怀疑主义打破了他本人的独断主义迷梦，促使他对理性的作用重新进行思考。鉴于唯理主义的教训，康德始终坚守理性在知识领域只适用于现象界这一底线。在康德以后，科学才被限定在一个特殊的领域中，唯理主义设想的泛科学主义并没有获得一个理想的结局。

第二章

对理性主义说“不”：浪漫主义对理性主义的反叛

18世纪末，德国兴起了一股向传统挑战的浪漫主义思潮。浪漫派(Romantik)以施莱格尔兄弟为中心，其成员包括诗人瓦肯德罗尔、蒂克、诺瓦利斯，宗教思想家施莱尔马赫，哲学家谢林以及自然科学家卡尔·里特尔等人。他们的学说涉及哲学、文学、宗教、政治等各个方面，对当时的思想界造成了重大影响。与此同时，“浪漫主义”也具有了各种含混的意义。

“Romantik”这个词的形成要晚于它的形容词“Romantisch”。“Romantisch”指的是使人想起古老的骑士小说和游吟诗人时代的那些东西。从最早使用这个词的例子来看，“Romantisch”涉及幻想的领域，而且从一开始就带有反理性的意味。“Romantik”一词在德国出现较晚，它首先表示哥特式和中世纪的东西，后来才进入哲学、文学等领域。

1801年，奥·威·施莱格尔区分了浪漫派文学和古典文学，他将魏玛派文学定义为“古典主义”，而将自己的风格定义为“浪漫主义”。哥德也注意到了这个学派与自己的不同，他说：“我把‘古典的’叫作‘健康的’，把‘浪漫的’叫作‘病态的’，最近一些作品之所以是浪漫的，并不是因为新，而是因为病态、软弱。”① 德·斯太尔夫人说：“‘浪漫’这个词是新近传入德国的，是指以行吟诗人的歌唱为源头的诗，也就是骑士制度和基督教所产生的诗……人们有时把‘古典’当作完美的同义词。我在这里取另一个含义，即把古典诗看成古代的诗歌，而把浪漫诗看成某种意义上发源于骑士传统的诗歌。这同把世界划分成两个时代也是有关的：一个是基督教确立之前的时代，另一个是基督教确立之后。”②

---

① 爱克曼：《歌德谈话录》，朱光潜译，人民文学出版社1978年版，第188页。

② 德·斯太尔夫人：《德国的文学与艺术》，丁世中译，人民出版社1981年版，第47页。

浪漫主义实际上是由中产阶级发起的一场文化运动，它指责 18 世纪占统治地位的贵族文化把传统的艺术形式看作花言巧语和肤浅的艺术，主张艺术与生活相结合，即“人生与诗合一论”。弗·施莱格尔的《雅典娜神殿断片集》第 116 条被认为是浪漫派的纲领性文件。在这里他指出，浪漫诗是渐进的总汇诗。它的使命不仅在于重新统一诗的分离的种类，把诗与哲学和雄辩术沟通起来，而且它力求把诗和散文、天才和批评、艺术诗和自然诗时而混合起来，时而融汇于一体，把诗变成生活和社会，把生活和社会变成诗……[①] 德国浪漫派的诗哲们关注有限的个体生命是如何寻找自身的生存意义的问题。罗素说：“浪漫主义运动的特征总的来说，是用审美标准代替功利的标准。”[②] 自德国浪漫派开始，欧洲文化中形成了独特的审美人文主义方向，即审美不只关涉单纯的艺术，而且关涉人类生存的境遇。

在西方思想史上，17、18 世纪常被称作“理性的时代”或“启蒙的时代”，这个时代以弘扬和尊崇“理性”为特征。德国浪漫派则反其道而行之，公然打出“回到中世纪”的旗帜，对理性的批判不遗余力。浪漫派主张靠近生命的本源，反对以理性考察和对待世界。蒂克就借威廉·洛维尔之口喊出：“我恨那些人，他们用他们仿造的小太阳（即理性）照亮了每个舒适的阴暗角落，赶走了如此安稳地住在拱形的树荫下面的可爱的幻影。在我们的时代里，有过一种白天，但是浪漫主义的夜色和曙色要比这种阴云密布的天空和灰色光辉要更美。”[③] 正因为如此，浪漫主义运动在思想史上曾引起过极大的争议。很多学者对浪漫派嗤之以鼻，称其为思想的复古主义，然而现在看来，浪漫主义运动不过是对科学主义和技术文化主宰世界抗议的先声，它的主张随着科学主义和技术文化弊病的暴露而越来越彰显出其卓越的价值。

---

① 参见弗·施莱格尔：《断念集》（第 12 条），李伯杰译，生活·读书·新知三联书店 2003 年版。

② 罗素：《西方哲学史》，马元德译，商务印书馆 1982 年版，第 216 页。

③ 罗素：《西方哲学史》，马元德译，商务印书馆 1982 年版，第 29 页。

第一节　浪漫主义的思想渊源

17、18世纪，欧洲进入了理性主义时代。理性主义的两种形式：经验主义和唯理主义深刻影响着人们的思维方式。经验主义认为真实都是可经验的，它诉诸感觉和实验，反对玄虚空洞的神学和形而上学论证。唯理主义认为，普遍必然性的知识来源于人的天赋观念，只有数学那样清楚明白的知识才是真正可靠的。虽然经验论和唯理论为科学作了有力的辩护，但是人的生存意义问题却在他们那里失落了。启蒙运动打着理性的旗号反对宗教，认为社会进步的主要障碍就是宗教势力对人的精神的统治，要改变这种状况，必须树立理性和科学的权威。理性主义者将理性抬到了前所未有的地位，认为理性是衡量一切的尺度，不合乎理性的东西就没有存在的权利。但是理性真有那么大的功效吗？人的灵魂真的是只受理性的支配吗？德国浪漫派诗人对此表示深深的怀疑。他们自身的阅历以及他们从古代和中世纪找到大量的材料都使他们难以认同这种观点。在浪漫主义看来，理性不能代替人的内心体验，科学语言不能代替诗的灵性语言。于是他们推崇中世纪，表现出对“神学”的无比眷恋。他们强调主观感受和想象，注重内心的神秘体验。他们崇尚非理性和无意识，大力鼓吹天才说。

詹巴蒂斯塔·维柯是公认的德国浪漫派的始祖。卡西尔说，维柯的逻辑学“敢于突破数学与自然科学之范围，并且在数学与自然科学之外把自身的世界建构成为人文科学的逻辑，作为语言的、诗歌的和历史的逻辑”。①

维柯反对笛卡尔的理性主义思维方式。对笛卡尔哲学，他曾经在《新科学》中明确说道：“在这里我们不想学笛卡尔那样狡猾地吹嘘他的学习方法论，那只是为着抬高他自己的哲学和数学，来降低神和人的学问中的一切其他科目。”②在像笛卡尔那样倾尽全力于自然科学时，人们忽略了涉及人类心灵及其激情本性的那部分学说。针对笛卡尔片面强调理性，维柯引入了罗马人的共同感概念。他说：“共同意识（或常识）是一整个阶级、一整个人民集体、一整个民族乃至整个人类所共有的不假思索的判断”。③在维柯看来，一切民族的意识都安顿在这

① 卡西尔：《人文科学的逻辑》，关之尹译，上海译文出版社2004年版，第16页。

② 参见维柯：《新科学》，朱光潜译，人民文学出版社1987年版，“附录”。

③ 维柯：《新科学》，朱光潜译，人民文学出版社1987年版，第87页。

种共同感之上，共同感是一种实践的智慧，随着人类的不断变化而变化。同时，针对笛卡尔的演绎法，维柯强调古罗马的修辞学。在维柯看来，修辞学是面对整个丰富多彩的生活世界并教导真正的生活智慧的学问。

在维柯看来，诗既是共同感和修辞学的产物又是共同感和修辞学的最高表现。诗人所具有的诗性智慧建立在人的感性的想象力之上，它不是对感性事物的简单摹仿，它的本质是创造。维柯诉诸语源学指出，在拉丁语中，verum（真理）和 factum（创造物）是可互换的。[①]“诗人”在希腊文里就是“创造者”。从诗性智慧出发，按照“真理就是创造”的原则，维柯试图将自然科学、逻辑学、伦理学、经济学、政治学、法学统一起来，在他看来，它们都产生于同一个根源——形象。维柯的雄心是创建一种全人类的科学，所以他的哲学是一个在历史活动的各个方面用相互联系的方法来解释不断变化的人类活动的体系，他将人类科学不同领域统一起来的整体方法受到后人的重视。

同维柯一样，德国浪漫派哲人的关注点也侧重于实践理性领域，西方古代修辞学理论也是浪漫主义哲学理论的渊源。浪漫派十分重视演说家和诗人的“天性”，或者说其固有的能力，他们把灵感、热情和风采等看作是伟大杰作不可或缺的条件。弗·施莱格尔《雅典娜神殿断片集》中第 116 条断片中谈到“浪漫诗包罗了一切稍有诗意的东西，大到一个自身内又包含了许多其他体系的最宏大的体系，小至歌童轻声哼进他那纯朴歌声中的一个叹息，一个吻。”[②]他们都有着一种共同的心愿：就是恢复被理性主义思维压制了的人性。

德国浪漫主义思潮的另一种思想来源是神秘主义。神秘主义认为人同神或超自然力能够进行直接的交往，并借助这种交往领悟世界的秘密。神秘主义不是通过感觉和理性得到对客观事物的认识，而是靠个人修行当中出神迷狂的某种状态而获得满足。神秘主义的目标是“与神融为一体”，达到神人合一的出神状态，进入纯洁和幸福安宁的境界。

西方有着浓厚的神秘主义传统。柏拉图就曾论证过人的灵魂和善的理念合一时的迷狂状态。他说，尽可能地飞离这里，以便能与上帝相近。经过新柏拉图主义和奥古斯丁的发展，神秘主义普遍存在于各大哲学传统之中。在中世纪，信仰

---

① 利昂·庞帕编：《维柯著作选》，陆晓禾译，商务印书馆 1997 年版，第 83 页。

② 参见弗·施莱格尔：《雅典娜神殿断片集》（第 116 条），生活·读书·新知三联书店 2003 年版。

的理性化在托马斯·阿奎那的表述中得到了集中体现，但也有一些神学家不满于纯理性的表述，像德国的艾克哈特大师就回到了新柏拉图主义的神秘体验之中。在艾克哈特看来，上帝是不可思议、不可规定和不可通过理性来证明的精神实体，他存在于个人的沉思默想和神秘直观中，人只有通过“心灵之光”才能与上帝相融合。艾克哈特强调灵魂与上帝的交融是“无词无音的言说”，上帝的存在无须任何逻辑证明，他说：“上帝就是他的存在；我的存在变为我所爱，我所爱的必爱我，使我进入其怀抱，也就是说，把我纳入其自身，因为我应当属于它而非属于我自己。”①

艾克哈特的神秘主义对马丁·路德产生了重要影响。这位宗教改革领袖承袭了奥古斯丁的传统，表现出一种信仰至上的神秘主义。针对罗马教会在“救赎”问题上强调因善得救的不良动机（推销赎罪券），路德重申奥古斯丁“因信称义”的思想，突出上帝的恩典。路德把上帝描写成一个没有感觉、没有理性的绝对意志，他宣称只是信，就能使人称义，使人得救。路德一方面用信仰来否定人在实践上的自由，另一方面又用信仰给人带来精神上的自由。胡斯邦·L.冈察雷斯评论道：“他们倾向于强调理性的局限性，并断言，虽然理性知识都是好的，但是基督徒的基本态度应该是‘有学问的无知者’的态度……这些神秘主义者，在经院哲学的最后垮台中，与他们的同时代人奥卡姆一样起了拆台的作用。”②

德国浪漫派作家很多都有新教背景，在他们的作品里无不散发着浓郁的神秘主义气息，弗·施莱格尔沿着马丁·路德开创的“内在心性”的道路继续前行，认为世界的本原是“无限”，人凭借知性和逻辑无力认识它。他说：“人们通常所说的理性，只不过是理性的一个类别，一个浅薄而且乏味的种类。”③在浪漫派那里，宗教总是充满着初现的晨光和明媚的朝霞，只有通过宗教，才能真正开启人的心性。

德国浪漫主义之所以厚积而薄发，还与德国古典哲学有关。不能不承认，正是由于康德、费希特和谢林的浪漫气质，才在18世纪末催生出浪漫派的审美主义，成为魏玛古典主义的对立面。朱光潜先生说：“德国古典哲学本身就是哲学

① 艾克哈特：《论自我认识》，北京大学出版社1986年版，第185页。

② 胡斯邦·L.冈察雷斯：《基督教思想史》，金陵协和神学院2002年版，第637—638页。

③ 参见弗·施莱格尔：《批判断片集》（第103条），生活·读书·新知三联书店2003年版。

领域的浪漫运动，它成为文艺领域的浪漫运动的理论基础。”①

正如日本学者安倍能成所说：“康德是一个蓄水池，前两千年的水都流进了这个池中，后来的水又都是从这个池中流出去。”康德的批判哲学体系由“三大批判”组成，它们分别对应于“真”、“善”、“美”三个部分。康德在认识领域提出理性统摄一切的能动性原理将近代理性哲学推向了新的阶段，但与此同时，康德又限制理性的认识能力，认为理性为知识所立的法只适用于现象界而不适用于物自体。这样，康德就在现象和物自体之间划下了一条鸿沟。为了连结现象界和物自体，康德求助于审美理念。用康德的话说，审美理念只与情感有关。在康德看来，人可以借助审美愉悦把现象界和物自体两大领域联系起来，使人透过现象达到精神的自由。德国浪漫派学者正是在康德的影响下，提倡通过审美来达到对无限的把握。

费希特继承了康德关于主体能动性的思想，把自己的哲学称作知识学。只是和康德相比，费希特更加强调行动。他指出，自我不是存在而是行动，他说：“不仅要认识，而且要按照认识去行动，这就是你的使命。你在这里生存，不是为了对你自己作出无聊的冥想，或者为了对虔诚感作深刻的思考。不，你在这里生存，是为了行动，你的行动，才决定你的价值。”②费希特呼吁行动，是因为他认识到，理性的本性纯粹是实践的。费希特想要建立一种价值哲学，为人生的意义寻找基础，这也是德国浪漫派的基本诉求。黑格尔把弗·施莱格尔、诺瓦利斯和施莱尔马赫等浪漫派代表人物的思想说成是与费希特哲学相联系的主要形式。黑格尔指出，以弗·施莱格尔为首的浪漫派“曾经把这种无限的仰望看成美和宗教情感里的至高无上的东西”，这些倾向是从费希特的哲学里引申出来的。他批评施莱格尔“自我集中于自我本身，对于这自我，一切约束都撕破了，他只愿在自我欣赏的福境中生活着”；他批评施莱尔马赫是“自我在特有的世界观的主观性、个别性里，找到了它的最高虚幻性——宗教”；他指出诺瓦利斯步费希特后尘，“老是在想望仰慕之中”。③虽然黑格尔是从自己的哲学立场批评浪漫派

① 朱光潜：《西方美学史》，商务印书馆1963年版，第723页。

② 《十八世纪末——十九世纪初德国古典哲学》，北京大学哲学系外国哲学史教研室编译，商务印书馆1975年版，第79页。

③ 黑格尔：《哲学史演讲录》，贺麟、王太庆译，商务印书馆1978年版，第320、335、366、338页。

的，但是在这些批评中，我们也可以看到费希特哲学和德国浪漫主义之间的紧密联系。

谢林本身就是德国浪漫主义运动的一员。谢林的哲学不仅受到了浪漫派成员的影响，而且也深刻地影响了浪漫派。谢林以其特有的诗人气质和性格，以其浪漫的自然哲学和艺术哲学深深吸引了浪漫派的主要人物。谢林断言，像费希特那样以自我为出发点是不可能的。哲学的出发点应是比“自我”更高的东西，这种东西“本身既不能是主体，也不可能是客体，更不可能同时是这两者，而只能是绝对的同一性。”① 这种“绝对同一”就是“主体与客体”，“思维与存在”的绝对同一。在谢林看来，自然和人类意识都是某种非人为的、本原地存在着的精神所派生。自然就是这个精神的无意识发展，无意识创造，人之所以能认识、了解自然，是因为自然和人都是最高精神的表现，自然和人具有天生的亲和力，因而人与自然必然地符合一致。

谢林关于自然的思想极大地激发了浪漫派的想象，他们一直在思考如何使人类重返完美和谐的“家园”。在他们眼中，自然就是精神的家园，自然界到处洋溢着爱。弗·施莱格尔说：谁不用爱来认识自然，谁就不能认识自然。对浪漫派来说，自然的美感就是神秘感，诺瓦利斯甚至将自己和自然融为一体：在诺瓦利斯那里，到处都是奇迹，娇媚可爱的奇迹；他谛听花草树木的娓娓清谈，懂得含苞欲放的玫瑰的心事隐衷，他终于和整个大自然合而为一，等到秋风萧瑟，落叶纷纷，他也就憔悴而死。②

谢林对浪漫派的影响还表现在他对艺术哲学的高扬，这一点他和浪漫派“人生与诗的合一”的主张契合一致。对谢林来说，主体和客体都来源于绝对同一，只有凭借某种神秘直观（艺术直观）才能体验到它。谢林相信，艺术直观可以使我们认识自然界有意识活动与无意识活动的绝对同一性。意识发端于理智自身，最终以美感直观而结束。在谢林看来，自由与必然、有意识的能动性与无意识的能动性的同一只能在艺术中被自我、自身意识所认识，并且由此成为哲学的公设。他的整个唯心论体系在关于艺术的讨论中的完成与他对艺术的无限推崇是分不开的，他说：“理智直观的这种普遍承认的、无可否认的客观性，就是艺术本身。因为美感直观正是业已变得客观的理智直观”，“哲学虽然可以企

---

① 谢林：《先验唯心论体系》，梁志学、石泉译，商务印书馆 1977 年版，第 250 页。

② 海涅：《论浪漫派》，张玉书译，人民文学出版社 1979 年版，第 112 页。

及最崇高的事物，但仿佛仅仅是引导一少部分达到这一点；艺术则按照人的本来面貌引导全部的人来到达这一境地，即认识最崇高的事物”。[①] 由此可见，谢林和浪漫派的主张是共通的，他们都对自然与艺术抱有崇敬之意，都想为被理性扼杀的艺术争得一席之地，都试图在自然和艺术中为人的现实生活找到理想的存在依据。

第二节　诗的本体和诗的言说

18、19 世纪，欧洲各国渐次进入以工业文明为主要标志的资本主义历史进程。然而，资本主义的工业化过程也引起了一系列的社会问题：剧烈的阶级冲突，功利主义、拜金主义流行。人们蝇营狗苟，急功近利，失去了人性固有的情趣和灵性。在浪漫派哲人的眼里，当时的社会已经严重散文化了（在德语中，“散文”一词有庸俗、枯燥、刻板之意）。面对世界的“散文化”，德国的浪漫派提出了“浪漫化”的主张。诺瓦利斯说：“这个世界必须浪漫化，这样，人们才能找到世界的本意。浪漫化不是别的，就是质的生成。低级的自我通过浪漫化与更高、更完美的自我同一起来。所以，我们自己就如同这样一个质的生成飞跃的序列。然而，浪漫化过程还是很不明晰的，在我看来，把普遍的东西赋予更高的意义，使落俗套的东西披上神秘的外衣，使熟知的东西恢复未知的尊严，使有限的东西重归于无限，这就是浪漫化。”[②]“浪漫化”就是诗化，就是把诗的意境当作超越现实，解决人间一切矛盾而达到理想的自由境界，通过世俗人间诗意化，来弥合散文化世界造成的人格的分裂。

弗・施莱格尔和诺瓦利斯率先创立了自己的诗学。他们提出了两个不同的诗的概念，一个是文学意义上的诗，另一个是本体论意义上的诗。弗・施莱格尔说：“那些由人创造出来的作品或自然的造物具有诗歌的形式，背着诗歌的名分，但是就连最有概括性的思想也难以把它们全部包括。有一种无形无影无知觉的诗，它现身于植物中，在阳光中闪耀，在孩童脸上微笑，在青年人的韶华中泛着微光，在女性散发着爱的乳房上燃烧。与这种诗相比，那些徒具诗的形式、称号

① 谢林：《先验唯心论体系》，梁志学、石泉译，商务印书馆 1977 年版，第 273、274 页。

② 冯至：《冯至全集》，范大灿编，河北教育出版社 1999 年版，第 11 页。

是诗的东西又算什么？——这种诗才是原初的、真正的诗”，[①] 这种原初的、真正的诗是文学之诗的基础，“若没有这种诗，肯定也不会有言词组成的诗”。[②]

这种诗的内涵是什么呢？在《雅典娜神殿断片集》第 238 条中，弗·施莱格尔指出：“它的唯一和全部的内涵就是理想与现实的关系。这种诗按照类似的艺术语言，似乎必须叫作超验诗。它作为讽刺，从理想与现实的截然不同入手，作为哀歌，飘游在二者之间，作为牧歌，以二者的绝对同一而告结束。超验哲学如果不是批判的，不结合产品来描绘创造，在超验思想的体系中不同时包含超验思维的特性，便不为人们所重视，同样的，超验诗也应把现代诗人里屡见不鲜的超验材料和事先的练习，与艺术反思和美的自我反映结合起来，造就一种诗论，讨论诗的能力。在品达的作品中，在希腊人和希腊哀歌的断片中，在现代人中则是在歌德的作品中，有这种诗，在这种诗创造的每一个描绘中同时描绘自己，无论在什么地方都既是诗，又是诗的诗。”[③] 诺瓦利斯也认为万事万物都可以归结为诗，他说：“诗歌是真正绝对的真实，这是我的哲学的核心，愈有诗情，就愈真实”。[④]

超验的诗是一种宇宙元素，它来源于神，体现于万物，是宇宙的生命力和创造力的显现，它同样也存在于人心中。诗人通过诗化这个世界来创造一个完美的世界，把有限和无限联结在一起。诗成了至高无上的原则，哲学只不过是诗的工具和附属物，诗是世界的本质，也是人的本质，诗因此获得了本体存在的意义。弗·施莱格尔说：“所有艺术与科学最内在的奥秘属于诗。从那里生出一切，一切又必定回归那里。”[⑤] 诗是哲学的锁钥、目的和意义：哲学通过它的规律给诗施加理念的影响，而诗通过自己特有的与整体的联系来把握个体。诗构建美丽的社会，与生活连在一起，通过诗可以形成最高的互感互动，它是有限和无限最内在的统一。罗素说浪漫派是用审美的标准替代功利的标准，这个评价可谓一语中的，正是德国浪漫派开创了欧洲独特的审美人文主义的方向。

---

① 弗·施莱格尔：《浪漫派风格》，李伯杰译，华夏出版社 2005 年版，第 170 页。

② 弗·施莱格尔：《浪漫派风格》，李伯杰译，华夏出版社 2005 年版，第 170 页。

③ 参见弗·施莱格尔：《雅典娜神殿断片集》（第 433 条），李伯杰译，生活·读书·新知三联书店 2003 年版。

④ 刘小枫选编：《德语诗学文选》，华东师范大学出版社 2006 年版，第 279 页。

⑤ 弗·施莱格尔：《浪漫派风格》，华夏出版社 2005 年版，第 172 页。

德国浪漫派在本体诗中寻求超验，以此与散文化的世界对抗。勃兰兑斯说："诗与生活世界的关系这个大问题，对于它们深刻的不共戴天的矛盾的绝望，对于一种和解的不间断的追求。这就是从狂飙时期到德国浪漫主义结束时期的全部德国文学集团的秘密背景"。① 本体诗的世界是世俗世界的对立面，在诗意的世界中，思维和存在、理想与现实、有限和无限达到了绝对的同一。在浪漫派诗人那里，诗是一种真正的创造，这种创造力来自人类内在的心灵。费希特描述了诗人的创造过程，他说："诗人的国土是被挤入时代焦点之内的那个世界。他的计划和他的实施都应当是诗人的，这就是说，都应符合人的天性。他能运用一切，人必须把一切只同精神相混合，他必须从中创造出一个整体来。"②

世界的审美化必须以人的诗意化为根据，这是浪漫派多次呼吁"走向内心"的原因。诺瓦利斯说："我们梦想周游世界，这个世界难道不就在我们心中吗？我们不能探知自己精神的深度——神秘的道路是指向内心的。"③"诗是对感情、对整个内心世界的表现"，④ 施莱尔马赫也说道："人的心灵有一虔敬的迷醉般的狂喜，在这种状态中，整个灵魂都在有限和永恒的当下直接的情感中融化了。"⑤ 弗·施莱格尔把情感、想象作为依据来达到一个诗意世界。在浪漫派哲学看来，正是内在于人的情感和想象创造了诗意的世界，情感和想象也是精神上诗意化的动力。这样，情感和想象就有了科学理性无法达到的作用——使人真正成为现实和理想、有限和无限统一的人。在浪漫派诗人的诗歌中到处都洋溢着对情感和想象的赞美。弗·施莱格尔说："知性只能理解宇宙，让想象统治一切，你们就有了上帝，想象乃是人理解神性的器官。"⑥ 诺瓦利斯说："有一种对于诗的特殊的感受力，即我们身上的一种诗的情绪"。⑦

在浪漫派哲人看来，人性中最高最有价值的东西不是理性而是爱。感觉、推

---

① 勃兰兑斯：《十九世纪文学主流》（第二分册），刘半九译，人民文学出版社 1997 年版，第 37 页。

② 《欧美古典作家论现实主义和浪漫主义》，中国社会科学出版社 1980 年版，第 395 页。

③ 刘小枫：《诗化哲学》，华东师范大学出版社 2007 年版，第 70 页。

④ 《欧美古典作家论现实主义和浪漫主义》，中国社会科学出版社 1980 年版，第 396 页。

⑤ 转引自刘小枫：《诗化哲学》，华东师范大学出版社 2007 年版，第 70 页。

⑥ 参见弗·施莱格尔：《雅典娜神殿断片集》（第 433 条），李伯杰译，生活·读书·新知三联书店 2003 年版。

⑦ 《欧美古典作家论现实主义和浪漫主义》，中国社会科学出版社 1980 年版，第 392、397 页。

理、想象都与人的基本情感——爱相关，上帝本身就是爱。只有通过爱，人们才能认识自己，认识自然，认识上帝。弗·施莱格尔说：“永恒的生命和不可见的世界只能在上帝那里寻到。一切精神都生活在上帝的心中，他是个性的深渊，唯一无限的充实。”① 他认为在宗教那里可以变换所有感情的形式，如果没有宗教，美的艺术就不会是一个永远充溢着无限的诗。在浪漫派那里，上帝就是诗，诗就是宗教，宗教就是爱。

为了更好地理解浪漫派所谓的爱，我们还有必要论及诺瓦利斯的“魔化”说。诺瓦利斯认为精神就存在于自然之中，自然并非是纯粹的物质，而是生机盎然的自然。他用形象的语言表达了这种充满生机的自然：“草木是土地上最直率的语言；每片新叶，每朵奇葩，都是一个力图表现的秘密，而这秘密正因为它由于爱情和欢乐，既不能移动也不能讲话，于是也变成一株哑默的、宁静的植物。”② 面对这个喑哑的自然界，诺瓦利斯提出了“魔化”原则，即让这个喑哑的自然讲话。他说：“非我是自我的象征，而且仅仅是作为自我的理解。”人在现实世界中要实现永恒，除了要诗化自身，也要诗化自然。诺瓦利斯谈到了魔化自然的步骤：第一步是瞥视内心，这是对自我所作的分离性观照，但是如果就此驻足，那么就会半途而废。第二步是对外在的积极瞥视，这是对外部世界的自主的持久的观照。③ 像纯粹自我创造出一个非我，魔化创造出一个有诗意的世界。将主体的自我精神投射到自然界的客体中去，让诗成为真正的本体，使被物化的精神解放出来，重新获得生命。这样，存在和精神、有限和无限、主体和客体才能和谐一致。用诺瓦利斯的话说，魔化就是“以人的意志来利用经验世界的艺术”。④ 魔化既然涉及人的意志与实践，那么它的动力必然是爱。因此，爱是世界的本源，诺瓦利斯说：“爱是最高的实在，原始的根基，爱的理论是最高的科学。”⑤ 在诺瓦利斯那里，爱具有本体论的意义，他的“魔化”说从费希特的自我哲学出发，来构建一个诗意化的世界，但这个诗意的世界只是在人的心灵之中，所以并不等于费希特哲学由“自我”设定的“非我”。勃兰兑斯对二者的区别作了精辟的论述：

---

① 参见弗·施莱格尔：《断念集》（第 6 条），李伯杰译，生活·读书·新知三联书店 2003 年版。

② 吴琼：《西方美学史》，上海人民出版社 2000 年版，第 571 页。

③ 周国平：《诗人哲学家》，上海人民出版社 1987 年版，第 64 页。

④ 刘小枫：《诗化哲学》，华东师范大学出版社 2007 年版，第 81 页。

⑤ 刘小枫：《诗化哲学》，华东师范大学出版社 2007 年版，第 79 页。

"在费希特他们身上是抽象的、重新开创一切的自由，而在诺瓦利斯身上则是随心所欲的、挥发一切的幻想，这种幻想把自然和历史都溶解为象征和神话，以便能够自由地摆布一切外在事物，自由地沉溺于自我感受之中。"①

德国浪漫派追求诗的王国，但只有凭借语言，诗化才成为可能，诗的语言必须成为一种真正的言说。浪漫派哲人在论述诗的语言特殊性方面作了不懈的努力。弗·施莱格尔一直很重视语言的作用，他说："本能的语言是模糊而形象的。一旦被误解，就立即产生一种错误的倾向。一个个时代，一个个民族常常碰到这样的情况，并不比个人所遇到的少。"②他意识到无限的本体和有限的言说之间的矛盾，即无限用语言表达出来之后，立刻变得有限。诺瓦利斯也说思维就是语言，然而只有言说无限的语言，才产生内涵和功用，凡与无限没有关系的，则完全是空虚无用的。

为了解决无限和有限的矛盾，弗·施莱格尔引入了"反讽"这个古希腊修辞学术语。"反讽"的意思是反话或反语。弗·施莱格尔参照苏格拉底对"反讽"的用法，指出反讽是唯一完全有意识的伪装。在弗·施莱格尔那里，反讽是一种认识世界的独特的思维方式，一种消除无限与有限、主体与客体之间矛盾的诗意化手段。"在反讽中，一切都应当是诙谐的，一切都应当是严肃的，一切都坦白公开，肝胆相照，一切又都伪装得很深。它产生于生活艺术感与科学精神的结合，产生于完善的自然哲学与艺术哲学的融聚。它包含了并激励着一种感觉，一种无限与有限，一个完整的传达既不可能却又必要这样一个无休止的冲突的感觉。它是所有许可证里最自由的一张，因为借助于它，人们便超越自己；它还是最合法的，因为它是绝对必要的。"③

克尔凯郭尔曾说："反讽作为修辞是一个难解之谜。但近现代以来理论界对于反讽的浓厚兴趣却也一再证实——反讽是一种颇具文化意义和文学意义的现象。"④反讽的形式是悖理的，它要求人们用一种灵活的、运动的思维方式取代

---

① 参见勃兰兑斯：《十九世纪文学主流》（第二分册），刘半九译，人民文学出版社 1997 年版，第 186 页。

② 弗·施莱格尔：《雅典娜神殿断片集》（第 382 条），李伯杰译，生活·读书·新知三联书店 2003 年版。

③ 弗·施莱格尔：《批评断片集》（第 107 条），生活·读书·新知三联书店 2003 年版。

④ 米克：《论反讽》，周发祥译，昆仑出版社 1992 年版，第 1 页。

僵化的、静止的思维方式。弗·施莱格尔说，“反讽就是悖论的形式。而一切既是好的又是伟大的，就是悖论的。”① 在他看来，一切不能自我否定的，都是不自由，没有价值的。不能否定自己，思维将僵化，处于某种定势之中。反讽刚好可以医治这种疾病，因为它是对永恒的灵活性的清醒意识。反讽是一种否定性的创造力，它能够自己否定自己，将活的生命运用到思维之中。思维具有了活泼的生命，才能把握住不断运动的、活的诗意的世界。可以说，反讽对于弗·施莱格尔来说，就是使静态的东西进入运动，使存在的东西超越自身的能动原则。

反讽除了能打破思维定势，更重要的是能协调人自身感性和理性之间的关系。在弗·施莱格尔看来，人自身具有二重性：感性和理性。他在《论希腊诗研究》中写道：“人类是一个两性同体的物种，是神性和动物性的多义的混合体，这一点已经多次为人们所注意。人身上不可调和的矛盾、不可理喻的谜团，源于无限对立着的东西的组合。”②感性是盲目的，理性起着引导的作用，它领导并引导着盲目的感性，决定它的方向，规定整体的安排。失去理性，人将失去规则和方向。然而理性无论怎样训练有素，也只不过是欲求的帮手和译员，过度强调理性，人虽然可以得到规则和方向，却将失去自然。

在对希腊诗的研究中，弗· 施莱格尔认为二者在古希腊诗中达到了和谐统一。他说：“一个观念就是一个完美的反讽的概念，就是绝对对立的绝对综合，两个冲突着的思想自行产生着经常的交替。”③ 人能达到绝对的综合，也就达到了绝对的自由。因此，超越自己，达到绝对自由正是“反讽”的出发点。在动态的和谐之中，人们无限地趋向完善，正是在这里，展示了施莱格尔思想的人文主义精神实质。

反体系，强调“断片”也是浪漫派的显著特点。弗·施莱格尔说：“人们常把解释的确定性、科学描述的准确性称作系统性，而我只关心看法的完整性和内在的完美。多面性乃是通往全面道路，这还不清楚吗?”④ 浪漫派作者很少写严

---

① 米克：《论反讽》，周发祥译，昆仑出版社 1992 年版，第 1 页。

② 弗·施莱格尔：《浪漫派风格》，李伯杰译，华夏出版社 2005 年版，第 11 页。

③ 弗·施莱格尔：《浪漫派风格》，李伯杰译，华夏出版社 2005 年版，第 75 页。

④ 参见弗·施莱格尔：《雅典娜神殿断片集》（第 143 条），生活·读书·新知三联书店 2003 年版。

格意义上的学术论文，他们的思想精华大都是通过短小精悍的断片体现出来的。弗·施莱格尔说："断念是无限的、自主的、不断在自身内活动的、神圣的思想。"①

在这里，德国浪漫派赋予了断片形式更多的认知上的意义。在浪漫派哲人看来，断片是一种代替理性的活生生的语言形式，它是诗歌而不是逻辑，是综合的而不是分析的。因为断片可以容纳矛盾，所以它具有一种开放的形态，给新的思想提供了生存空间。断片用神秘的方式来表述，对结论不加任何论证，所以断片的形式也具有浓厚的神秘主义色彩。由此可见，浪漫派强调断片的形式和他们强调"反讽"是相辅相成的。

第三节　重申神话与宗教的价值

在维柯那里，就通过阐述"诗性智慧"发掘了被启蒙思想家埋没的神话价值。维柯指出，各异教民族的祖先就是人类的儿童。儿童的特点是无知、惊奇和形象化的思维。自然界的万千气象使他们惊讶不已，好奇心促使他们进行诗性的联想，惊奇的对象愈多、愈大，联想也就愈生动、愈活跃。最后，自然界在他们眼里就成了有生命、有意志的神话世界。维柯不仅关注神话的起源，而且关注神话的意义。他指出，异教民族的神话就是这些民族习俗真实可靠的历史，神话构成了一个民族的共同意识，因此可以从神话中发掘出一个民族的精神实质。在维柯看来，原始的人类完全处于情欲和暴力的支配下，出于对神的恐惧，才使得他们把自己动物式的情感收敛起来，过上真正的人的生活。神话是无知的女儿，也是知识的母亲。从神话中产生了东方的、希腊的、埃及的天文学，这种天文学难免幼稚，可是它锻炼了人的观察力，给本来没有名称的天体定下了名称。在神话中有许许多多和人们生活息息相关的神灵，有了它们，人们就可以计算年月，观察作物的生长。在当时，人们就是根据各种神灵认识事物的。

如果说维柯对神话的研究更多的是为了说明历史的真相，那么在德国浪漫派那里，对神话的重视则更多的是源于对人生意义的思考。在他们看来，神话是古代人类把握世界的最直接、最原始的方式，也是人类为自己的生活寻找意义的最

① 参见弗·施莱格尔：《断念集》（第10条），生活·读书·新知三联书店2003年版。

初表现，但在启蒙时代，神话被高举理性主义大旗的人看作是庸俗迷信而弃之如敝履。诚如尼采所说：“只要想一想这匆匆向前的科学精神的直接后果，我们就立刻宛如亲眼看到，神话如何被它毁灭，由于神话的毁灭，诗就被逐出理想的故土，从此无家可归。”①重返故土是德国浪漫派的精神追求，正是这一点使他们思考重建神话的问题。在《关于神话的演说》一文中，弗·施莱格尔一开始就指出现代诗和古代诗的不同：“我断言，缺少一个犹如神话之于古人那样的中心，现代诗在许多本质问题上都逊于古代诗，而这一切本质的东西都可以归结为一句话，这就是，因为我们没有神话。”②

神话既已消失，就必须创造新的神话。浪漫派要把新神话创造出来，那么新神话应该怎样创造呢？在浪漫派哲人看来，就是要重返自然。弗·施莱格尔说：“每一个神话都是用象形文字的方式来表达周围的自然，闪烁着想象和爱的光……神话有一个伟大的优点，凡是意识永远抓不住的，在神话中都可以通过感官和精神看到，并且被留下来，就像灵魂留在包围着它的肉体中一样。而灵魂正是通过肉体闪进我们的眼睛，对我们的耳朵说话。”③在浪漫派那里，自然是神秘的，充满了幻想，在自然中，人们有一种神秘的体验，在这种神秘的体验之中，人最终与自然融为一体。弗·施莱格尔说：“在想象与爱的升华中，每一个美的神话不是周围自然的象形文字式的表露又是什么呢？”④勃兰兑斯指出，“在浪漫主义者这里自然观侧重于幻想”。洪堡说：“古人只是当自然在微笑、表示友好并对他们有用的时候，才真正发现自然的美。浪漫主义者则相反：当自然对人们有用的时候，他们并不认为它美；他们发现自然在蛮荒状态中，当它在他们身上引起模糊的恐怖感的时候，才是最美的。”⑤

那么，新神话和旧神话有什么不同吗？在浪漫派哲人看来，新神话和旧神话最大的不同在于：旧神话是原始人自发创造的，而新神话则是诗人自觉创造的。施莱格尔说：“新神话则反其道而行之，人们必须从精神的最深处把它创造出来，

① 尼采：《悲剧的诞生》，周国平译，上海三联书店 1987 年版，第 73 页。

② 弗·施莱格尔：《浪漫派风格》，李伯杰译，华夏出版社 2005 年版，第 191 页。

③ 弗·施莱格尔：《浪漫派风格》，李伯杰译，华夏出版社 2005 年版，第 194 页。

④ 弗·施莱格尔：《雅典娜神殿断片集》，生活·读书·新知三联书店 2003 年版，第 235 页。

⑤ 勃兰兑斯：《十九世纪文学主流》（第二分册），刘半九译，人民文学出版社 1997 年版，第 139 页。

它必须是人力所为的作品中人为色彩最为浓重的，因为它的使命是要囊括一切作品，要成为一个新的温床和窗口，以容纳诗的古老而永恒的源泉，甚至包容那首无限的诗，即把其他所有的萌芽全都掩在自己身躯之下的那一首诗。”①可见，它是一种更高层次的创造。从浪漫派的立场来说，对神话的研究并不仅仅是为了把它当成一种艺术形式，而更多地是把神话作为寻找人生意义的桥梁。将有限的生命融入无限的生命之中是浪漫派的目的。自然科学的认识不能把握永恒无限的绝对同一体，为人生提供意义，因此，必须假定人有另一种能力去观照和领悟无限，以跨越横亘在现象和无限之间的鸿沟。新神话里所诉诸的想象和对上帝的爱正好可以解决这个矛盾。在新神话中人们可以寻找家园，使人类走上一条通向“绝对”或“上帝”的道路。离开了上帝，人将因为精神上的虚无而失去自身的存在。“永恒的生命和不可见的世界只能在上帝那里寻找。一切精神都生活在上帝心中，他是个性的深渊，唯一无限的充实。”②

神话和宗教是分不开的，施莱格尔说：“在语言的世界里，或在诸如此类的世界中，如在艺术的和文化教养的世界里，宗教必然显现为神话。”③浪漫派的很多代表人物都有新教背景：施莱格尔兄弟和施莱尔马赫都出生于新教牧师家庭，诺瓦利斯生于新教势力占主要地位的图林根地区，家族成员都属于虔敬派的兄弟会信徒，宗教对他们的影响是潜移默化的。但更为重要的是，对宗教的颂扬是德国浪漫派基本诉求的表现。诺瓦利斯认为只有宗教能拯救欧洲，他说：“这是美妙的辉煌时代，欧洲当时是一个基督教国家，基督精神栖息在这块充满人性的土地上。”④正如让·保尔所宣称的那样：“浪漫主义的诗歌也完全可以称作基督教诗歌。”⑤浪漫主义哲学建立在对于有限和无限的考量上，而对无限的完满状态的寻求只能在信仰的宗教世界中完成，所以他们“不得不生活在真正的未来和对上帝、对不朽的信仰之中”。⑥

在德国浪漫主义者当中，最能代表浪漫主义宗教观的无疑是神学家施莱尔马

① 弗·施莱格尔：《浪漫派风格》，李伯杰译，华夏出版社2005年版，第191页。

② 弗·施莱格尔：《雅典娜神殿断片集》，生活·读书·新知三联书店2003年版，第155页。

③ 弗·施莱格尔：《雅典娜神殿断片集》，生活·读书·新知三联书店2003年版，第159页。

④ 周国平：《诗人哲学家》，上海人民出版社1987年版，第76页。

⑤ 《欧美古典作家论现实主义和浪漫主义》，中国社会科学院外国文学研究所外国哲学研究资料丛刊编辑委员会编，中国社会科学出版社1983年版，第355页。

⑥ 周国平：《诗人哲学家》，上海人民出版社1987年版，第76页。

赫。他的神学被“正确地认为是对基督教的浪漫与开明的理解最有力最系统的说明”。① 施莱格尔、诺瓦利斯、谢林都因为施莱尔马赫的思想而同宗教有了联系，在施莱尔马赫的影响下，浪漫派才意识到宗教意识与诗性思维的内在关联。

施莱尔马赫所处的时代，基督教已经成为了人们批判的众矢之的，在基督教内部，路德开创的新教神学也分裂为正统主义和虔敬主义两派。正统派继承了托马斯主义的传统，强调理性对于信仰的重要意义，他们承认理性真理低于启示真理，但却坚持对信仰内容进行理性论证的必要性。虔敬派不满正统派的说法，他们认为正统主义阉割了路德神学的灵魂，把宗教变成了一堆繁琐的教条和教义，因此他们侧重于宗教生活的主观感受而不是客观规范。在虔敬派家庭中长大的施莱尔马赫，其心灵自然更多地亲近于虔敬派，他通过深入研究理性主义哲学，对正统主义的神学教条进行了大胆的怀疑和否定。

施莱尔马赫指出，宗教的本质不是思维和行动，而是直观和感情，它是对无限的东西的感受和爱好。从这条原则出发，施莱尔马赫首先致力于使宗教和理性的形而上学划清界限。他说：“宗教和形而上学和道德两者在本质和使用的一切方面都是相对立的。形而上学和道德在整个宇宙中只看到人是一切关系的中心，是一切存在的条件，是一切变化的根源；宗教主要在人身上，而并不是在一切其他个别的东西和有限的东西的身上看到无限，看到无限的足迹，看到无限的显现。”②

同理性主义的观点建立在普遍性原则上不同，施莱尔马赫的直观和情感建立在个体性原则上。他认为情感是直接的自我意识，也是感性和神性的结合体。他说：“人能给与人的最珍贵的东西莫过于他在心灵最深处对他自己所说的那些话，因为这给与他的是存在着的最伟大的东西……内在的真理保证了你的爱”③，“你总是在你心里知道你需要上帝比任何事都多，你难道不知道上帝也需要你吗？正因为你生命的意义，上帝需要你”。④ 在施莱尔马赫那里，上帝并不是形而上学和道德论所说的外在和主宰的“实体”，而是理想的人性本身。他说：“我们甚至可以说上帝和人类是不可分解的一对，是最初关系的传递者……两者之间被认为

---

① 利文斯顿：《现代基督教思想》，四川人民出版社 1992 年版，第 189 页。

② 卡岑巴赫：《施莱尔马赫》，任立译，中国社会科学出版社 1990 年版，第 64 页。

③ 卡岑巴赫：《施莱尔马赫》，任立译，中国社会科学出版社 1990 年版，第 87 页。

④ Schleiermacher, *On Religion*，中国社会科学出版社 1999 年版，第 82 页。

是爱。”[①]施莱尔马赫认为，就宗教情感而言，它必须是虔诚的，甚至可以说，虔诚感是宗教情感的最高形式。宗教情感是“超自然的，因为它们只是在宇宙直接发生作用的情况下，才是虔诚的。”[②]在施莱尔马赫那里，宗教是心灵的宗教。

毫无疑问，施莱尔马赫的情感主义宗教观和浪漫派其他成员是相互影响的。施莱尔马赫开创了从情感方面来界定宗教本质的先河。他的思想使人们在经历了启蒙运动对宗教的怀疑之后，又重新确立了宗教的信仰权威。对浪漫主义的宗教观，利文斯顿有一个精彩而准确的概括：“浪漫主义者们共同的感觉是，在自然界后边，有某种精神或生命力在起作用。自然里面的这种精神，如果你愿意也可以称之为上帝，它不是自然神论的钟表匠，毫无情感地超越于自己的创造物之上，而是内在于一切事物之中的生机勃勃的精神，是有创造力的爱神。万物在其中运动，并获得自己的存在。对于同这个无限的精神的交往的感受与渴望，赋予浪漫主义以一种独特的宗教情感。浪漫主义者觉得自己是一个更大精神的一个组成部分，因此他们就成了‘宗教性的人’之精萃的例证。”[③]

浪漫派哲人对神话和宗教的关注还有一个重要原因，那就是他们看到，神话、宗教和诗一样，有一个重要的语法特征，即它们的意义都出自隐喻和象征。施莱格尔在提出反讽说的时候，就意识到不可言说的东西与语言表达之间相矛盾，如何通过具体、有限的事物来表现无限的整体是他们一直思考的问题。而隐喻和象征恰好意味着感性现象和超感性意义的合一。在他们看来，诗是隐喻的也是象征的，神话和宗教也同样如此。弗·施莱格尔说：“一切美都是隐喻。那最高者正因为不可言传，所以只能隐喻地说出来。”[④]施莱格尔说：“神职人员就是只生活在不可见的世界中的人，对于他，所有可见事物只有寓意的真实性”。[⑤]从神话的象征隐喻的角度来看，古希腊神话中的酒神狄奥尼索斯就代表着人的自然本性和生命本原，所以我们也不难了解浪漫派哲人对酒神因素的重视了。

弗·施莱格尔试图通过神话的象征功能去解释超感性的世界。他说：“无论浪漫诗的机智还是一个神话，如果没有一种首创的原始性及不可模仿性，都是不

---

① Schleiermacher, *On Religion*，中国社会科学出版社 1999 年版，第 85 页。

② 卡岑巴赫：《施莱尔马赫》，任立译，中国社会科学出版社 1990 年版，第 92 页。

③ 利文斯顿：《现代基督教思想家》，四川人民出版社 1992 年版，第 159 页。

④ 弗·施莱格尔：《雅典娜神殿断片集》，生活·读书·新知三联书店 2003 年版，第 197 页。

⑤ 弗·施莱格尔：《雅典娜神殿断片集》，生活·读书·新知三联书店 2003 年版，第 153 页。

可能存在。这种东西是无法解释的，经历了种种变形之后，在质朴的沉思被颠倒和错乱的，或单纯的及愚昧的假象闪出微光的地方，它仍然让古老的自然和力量放出微光。因为诗的开端，就是中止理性地思维着的理性所走的路和所遵循的法则，把我们自己重新置于想象力创造的美的迷惘以及人类自然原初的混乱中去，除了五光十色的、熙熙攘攘的古代神祇之外，我还不知道还有什么更美的象征可以表现这种混乱。”①

浪漫派诗人对死亡抱有极高的敬畏感，在他们的诗中，丘冢、黑夜这些象征死亡的字眼随处可见。不过他们相信通过对上帝的信仰可以超越死亡，通向永恒。弗施莱格尔说：“在宗教里，人们可以随处都越来越深地钻进无限当中去”，②在浪漫派诗人那里，丘冢、黑夜等等并不意味着完结，而是象征着一种新生和希望，是通往神性国度的必经之路。诺瓦利斯写道：“死亡只赋予自私主义以终结。”③ 宗教使人跨越死亡，摆脱现实的世俗世界。

在追寻永恒的过程之中，宗教和诗结为一体：“诗的生命与力量在于诗从自身出发，从宗教那里撕得一块，然后回复到自身，并且占有这块宗教”。④ 所以，浪漫派对人之诗化的思考，对诗意栖居的向往都反映出人的宗教感，体现出基督教终极关怀的本真意义。

浪漫派哲人不仅继承了许多《圣经》中的传统象征，还创造了自己的新隐喻、新象征来表现自己的精神追求。在诺瓦利斯的小说《海因里希·冯·奥夫特丁根》里，海因里希天生就是个诗人，没有任何东西能够扰乱他内在的心性，主人公对世界和诗的认识便是通过某种神秘的感悟。小说一开始就描写了海因里希的梦境和梦中的“蓝花”。在诺瓦利斯那里，“蓝花”是个神秘的象征，包括了所能渴望的一切事物。然而，“蓝花”本身不可名状，不可言表，本身就是一种神秘的感知和向往。“蓝花”成了德国浪漫派的符号性代表。在其他代表人物中，神秘主义的氛围随处都能感受到，像蒂克戏剧中的泛神论为浪漫主义戏剧的基督教神秘主义性格开辟了道路。如勃兰克斯所说：“浪漫主义者对于一切都爱走极端，他们在理解心灵上也是这样。他们把心灵中一切沉思的、神秘的、幽暗的、不可解

---

① 弗·施莱格尔：《浪漫派风格》，李伯杰译，华夏出版社 2005 年版，第 195 页。

② 弗·施莱格尔：《雅典娜神殿断片集》，生活·读书·新知三联书店 2003 年版，第 158 页。

③ 周国平：《诗人哲学家》，上海人民出版社 1987 年版，第 65 页。

④ 弗·施莱格尔：《雅典娜神殿断片集》，生活·读书·新知三联书店 2003 年版，第 157 页。

说的东西拽出来。”①

关于德国浪漫派对基督教的理想化，让·保尔的论述可谓入木三分，他说：“如同世界末日到了似的，基督教消灭了整个世界以及它的全部魅力，把它压缩成了一座坟丘，一级登上天堂去的阶梯，用一个新的神鬼世界取代了这个感官世界。尘世消融成天国的未来了。在外在世界这样瓦解之后，还给诗的精神留下了什么呢？——留下的仅仅是外在世界瓦解于其中的内心世界而已。于是诗的精神便返归自身，进入它的黑夜之中，看见了神鬼。然而，有限仅只附着于形体之上，精神中的一切都是无限或不可终止的。所以，在诗的有限废墟上，便出现了一个繁荣昌盛的无限王国。天使、魔鬼、圣者、亡灵以及无限都没有身躯；为此，怪异和神秘莫测便敞开了它的深渊；于是代替希腊诗歌的明朗欢快而出现的，要么是无休止的渴望，要么是难以比喻的幸福，要么是茫茫无边的永劫，要么是自惊自扰的对鬼神的恐惧，要么是狂热而深沉的爱，要么是僧侣的彻底禁欲，以及柏拉图和新柏拉图哲学。”②

第四节　浪漫主义与灵魂启蒙

自从康德在 1784 年提出并回答“什么是启蒙”的问题之后，西方哲学就一直以不同的方式讨论这个问题，福柯甚至断言：“现代哲学，这正是试图对两个世纪以前如此冒失地提出的那个问题作出回答的哲学。”③

根据康德对“启蒙”的定义，启蒙乃是人类摆脱加之于自己的监护状态，不经别人引导，独立运用自己理智的能力。要敢于认识！要有勇气运用你自己的理智！这就是启蒙的口号。在启蒙思想所创立的一系列观念中，理性、自由、平等、进步的观念在启蒙运动中占有特殊的位置。启蒙思想家也无不为自己主张这些观念而感到骄傲和自豪。

从表面上看，德国浪漫派的确是对启蒙运动的反动。启蒙运动高举理性主义的大旗，反对宗教迷信，帮助人们从神学教条，基督教会和封建专制下解放出

---

① 勃兰克斯：《十九世纪文学主流》（第二分册），人民文学出版社 1997 年版，第 87 页。

② 《欧美古典作家论现实主义和浪漫主义》，中国社会科学出版社 1983 年版，第 355 页。

③ 杜小真选编：《福柯集》，上海远东出版社 2003 年版，第 528 页。

来，而德国浪漫派则疾呼“回到中世纪”，批判启蒙运动。奥·威·施莱格尔在《批判启蒙运动》中说：“启蒙运动在任何领域都是行程及半便嘎然而止。”① 难怪海涅说，浪漫主义“不是别的，就是中世纪文艺的复活。……这种文艺来自基督，它是一朵从基督的鲜血里萌生出来的苦难之花。”②但是，随着对浪漫派研究的深入，这种观点受到了越来越多的质疑。

实际上，德国浪漫派的作家都是受过启蒙精神熏陶的知识分子。当法国大革命爆发时，他们无不为之欢欣鼓舞。例如，法国革命爆发之后，图宾根成立了政治俱乐部，作为浪漫派成员之一的谢林是这个俱乐部中的活跃分子，经常发表演说，他还把马赛曲译成德文，激励德国人民的革命斗志。据说，在一个星期天的早晨，他和黑格尔一起种植了一颗象征法国革命的“自由之树”。其他浪漫派成员也是一样。弗·施莱格尔在读到法国启蒙思想家孔多塞的《人类精神进步的历史画卷素描》之后，马上写了一篇书评，由衷地赞叹道：“论著由于简朴、明快和高贵的写作方法，由于对真理和见识的真诚热情，由于对美德的纯情和由于对偏见、虚伪、压迫和迷信的高尚仇恨而给世人留下美好的印象。”③ 在《批评断片集》第 211 条，他说道：“法国大革命、费希特的《知识学》、歌德的《迈斯特》，是时代最伟大的倾向。”类似的话在德国浪漫派作家的著作中并非只是只言片语，可以说，对于法国大革命，浪漫派的学者大都持支持和赞赏的态度。

然而，法国启蒙思想家宣称的理性，却是有着严重片面性的概念。无论是经验主义的理性，还是唯理主义的理性，都带有浓厚的工具理性的意蕴。更重要的是，这种理性忽视了情感的作用，在解释人的行为和价值的时候，这种理性就显得苍白无力。德国浪漫派哲人敏感地察觉到启蒙运动宣扬这种理性所造成的后果。奥·施莱格尔说：“左右启蒙运动者的乃是经济的原则，所以这个原则也是精神的，只能解决尘世间事务的能力，即身陷于纯然的有限性的囹圄中的理智，启蒙运动者们在其间把它也投入了使用，并借此贸然直取理性最高的任务。”④

最令浪漫派哲人不能容忍的是拿破仑对德国的入侵。1795 年，法军在击败了普鲁士联军以后进入莱茵河左岸地区。1806 年，德意志完全处于法国征服者

① 孙凤城编选：《德国浪漫主义作品选》，人民文学出版社 1997 年版，第 375—376 页。

② 海涅：《论浪漫派》，张玉书译，人民文学出版社 1979 年版，第 5 页。

③ 弗·施莱格尔：《浪漫派风格》，华夏出版社 2005 年版，第 126 页。

④ 孙凤城编选：《德国浪漫主义作品选》，人民文学出版社 1997 年版，第 376 页。

的势力之下。拿破仑用强制手段把德国360多个小邦合并为38个，并在法军占领区强制推行“拿破仑法典”。在普法战争期间，包括浪漫派在内的德国知识分子发生了集体转向——由歌颂变为抨击。在他们看来，拿破仑是在自由的幌子下推行“革命的暴政”。他不但分裂了德意志的领土，而且亵渎了德国人的感情，摧毁了德意志的文化。为什么会产生这种“革命的暴政”呢？在浪漫派思想家看来，这是因为启蒙运动只重视冰冷的理性而不懂得信仰和爱。弗·施莱格尔把法国比喻成一个化学的民族，他说，“化学的感觉在法国人的身上最活跃，这个时代也是一个化学的时代，一切革命都是包罗万象的，但却不是有机的，而是化学的运动……继化学时代而来的，将是一个有机体的时代”。① 弗·施莱格尔宣称：“在法国，理性主义脱离了信仰和爱的环链，把它的破坏性的作用转向外部。在德国，与民族性格相仿，由于最高贵的力量在外部被束缚，绝对理性就转向内心。”②

在我们看来，这正是浪漫派对启蒙运动及其结果——法国大革命不满的原因。从这点出发，德国浪漫派积极地从中世纪发掘情感和信仰的资源便可以得到合理的解释。在德国受到外族入侵之时，他们对民族的认同和对传统文化的留恋固然是一个原因，但这并不是根本的原因。根本的原因是他们认为单纯的理性启蒙是肤浅的甚至是有害的，真正的启蒙应当是发自人们内心的启蒙，只有灵魂的文明才可能建立起真正的理想世界。蒂克说：“一个开化的民族尊敬自己的诗人，重新发掘、解释和搜集被遗忘的作家，怀着新的爱去复兴古老的作品，这一切并不是空洞懒惰的爱好，也不是单纯地敬重美本身，更不是爱慕虚荣及盲目的偏爱。”③

从弗·施莱格尔所说的“化学”和“有机体”的关系来看，他们并不想全盘否定启蒙运动，因为根据当时的认识，“有机体”阶段不是化学阶段的对立物，而是化学阶段的进一步发展。④

浪漫派思想家想发起一场人类灵魂的启蒙以弥补法国启蒙运动的不足。浪漫派对启蒙运动的第一个补充是用爱的精神补充契约精神。他们认为国家不仅要建

---

① 弗·施莱格尔：《雅典娜神殿断片集》，生活·读书·新知三联书店2003年版，第142页。

② 周国平：《诗人哲学家》，上海人民出版社1997年版，第91页。

③ 周国平：《诗人哲学家》，上海人民出版社1997年版，第413—414页。

④ 参见谢林的《先验唯心论体系》和黑格尔的《逻辑学》、《自然哲学》的有关论述。

立在契约的基础上，而且要建立在爱的基础上。对此，科佩尔·平森指出：“针对法国革命的民族概念，德意志已经提出了自己的民族概念，法国人认为，民族实际上是建立在契约的基础上，任何民族都是在个人自愿加入‘结盟’公约的基础上建立起来的。相反的，赫尔德和他以后的浪漫主义运动，则把民族视为一个有生命的存在，像其他的生物一样，也是从生命力的无意识的活动中产生的。”① 浪漫派哲人对启蒙运动的第二个补充是用人的内在的原自由补充外在的自由。浪漫派强调人内在的自由和生命力，在他们看来，这是个性的根基。启蒙运动主张人权、人的独立自由和平等，浪漫派思想家是完全赞成的，但是他们认为，人的外在的自由要建立在内在自由的基础上。离开了内在的自由，外在的自由将沦为任性。任性是一种动物式的情感宣泄而不是真正的自由。浪漫派从其提倡的个人主义出发，认为只有依赖于人的直觉和想象的力量才能建立独立的人格，实现人与人的平等。正如雷斯（H.S.Reiss）所说：“德国浪漫派只是将审美标准运用于政治，在他们看来，18 世纪忽视了人类的想象力和情感的权力，当前的人权理论只呼唤智力而不是情感。它们是否定的而不是积极的，一个牢固的政治理论必须考虑整个人类个体。”② 浪漫派对启蒙运动的第三个补充是用诗性的智慧补充理性的智慧。浪漫派哲人不否定理性的智慧，相反，在他们看来，理性的智慧是完全必要的。但是，他们也同时看到了理性智慧的有限性，只有出自情感的东西才是最本源、最真诚的东西，而对情感的培养只有靠艺术和宗教。弗·施莱格尔说得好：“启蒙运动到底存不存在？只有当人们在人的精神里即便不是通过艺术创造一个原则，一如我们世界体系中的太阳一样，但却任意地使之自由行动，只有这样，才能说启蒙运动是存在的。”③

如上所述，浪漫主义在西方文化中的发展由来已久，《荷马史诗》中的缪斯女神和古希腊崇尚的酒神一直与“逻各斯”传统相对立，虽然后来在“逻各斯”的排挤之下这一传统渐渐被忽视。直到德国浪漫派的兴起，浪漫精神才在思与诗两个方面达到一个全新的高度。康德确立了审美领域的合法性，费希特和谢林是浪漫派的重要成员，这都说明了浪漫主义是德国古典哲学发展的内在动力。可以说，浪漫主义对后世的影响是全方位的。尼采颂扬的酒神精神，海德格尔反复吟

① 科佩尔·平森：《德国近现代史》（上），商务印书馆 1989 年版，第 39 页。

② *The Political Ideas of The German Romantic Movement*, http.://www.blackwell-synergy.com.

③ 参见弗·施莱格尔：《断念集》（第 12 条），生活·读书·新知三联书店 2003 年版。

诵的“诗意的栖居”，马尔库塞的新感性，都与浪漫主义不无联系。正是在浪漫主义的影响之下，狄尔泰与伽达默尔等人寻找着通往精神科学的道路，寻求心灵交流和生命的自由创造，这构成了诠释学的重要特征。从福柯等后现代主义者对大写理性的批判中也可以看到在他们那里延续着的浪漫主义精神。时至今日，科学技术日新月异，然而人们的精神危机却愈演愈烈，这不能不引起人们的警觉。追求人性和社会的和谐是人类的理想，如何找到一条通往精神家园的康庄大道，德国浪漫派倡导的“诗化人生”或许值得借鉴。

第三章

科学主义的出场：孔德的实证论和马赫的中立一元论

19世纪中叶，黑格尔思辨哲学的太阳悄然沉没，取代它的是科学的太阳。常人并没有从那个思辨的太阳中感受到什么温暖，然而他们却实实在在地感到了科学太阳的热度。在他们看来，黑格尔哲学与其说是真理，不如说是精心编造的现代神话，它除了用形而上学的语言代替了神学的语言以外，并没有给人带来任何新的东西。相反，无论在精神上还是在现实中，科学都创造了生机盎然的世界，凡是被科学的太阳照耀的地方，都结出了丰硕的果实。人们相信科学是一种新的普适之光，正如他们过去曾经相信神学是一种普适之光一样。科学的胜利必然带来对科学的反思，科学主义就是对科学反思的一种表现。科学主义并不是科学，而是对科学精神的言说，它是一种高阶语言，把科学作为对象加以陈述。科学主义一方面是对科学精神的总结，另一方面也是对科学精神的提升，它把（自然）科学从局域性的学科提升到全局性的学科，科学精神也相应地变成了一种放之四海而皆准的普遍真理。孔德的实证主义哲学和马赫的经验批判主义是现代科学主义的最初形式。正是通过孔德和马赫等人的工作，科学才变成了一种主义，一种为其崇拜者和信奉者坚定不移地相信的世界观和价值观。

第一节 孔德的实证哲学

奥古斯特·孔德是实证主义的创始人，他把自己的哲学定名为实证的哲学。孔德的学生，法国哲学家E.利特瑞在《法兰西语言词典》中谈到实证主义时说："实证主义，指源于实证科学的一种科学体系，为奥古斯特·孔德所创立；这位哲学家把这个词特别用来与形而上学哲学相对立”。[①] 孔德坦言：“一切本质属性都包括在实证这个词中，我把这个词列入一种新哲学之首”。[②] 在拉丁语中，“实证”（postivus），意为“肯定”、“精确”、“确定”。孔德对“实证”这个概念的使用比原有的含义有所扩展。在他那里，“实证”意为“真实”、“有用”和“肯定”。

所谓真实是相对虚假而言的。孔德指出，“新哲学特征是一贯注重研究我们的智慧真正能及的事物。而不是撇开其童稚时期主要关心的无法渗透的秘密”。[③] 在孔德看来，有价值的思想必须以事实为基础，这不是要反对猜测，而是猜测必须以事实为根据，只有以事实为依据，猜测才是合理的。“有用”是相对无用而言的。孔德在《论实证精神》中主张，一种体系，一种学说只有面对现实，解决实际问题，才是有意义的。他说：“思辨对实践活动的方向性的应为之义，即思辨之目的，思辨之结果应与实践有着必要的关联。我们的一切思辨构想成为我们智慧的产物，用以满足我们的各种基本需要，思辨的智慧也应用指导人们的行动”[④]。“肯定”是与怀疑相对而言的。实证的肯定就是对事物性质的认识没有任何异议。孔德认为，“无穷的疑想”是人类的天性，但这种疑惑却蕴含着“肯定”，如果没有这个因素，人类就无法走出蒙昧的困境。在孔德那里，肯定还意味着精确，理论只有具有足够的精确度，才能有效地测出经验事物的性质。

孔德用实证哲学（philosophie positie）批判神学和形而上学，强调知识产生于感官体验，来源于对周围世界的观察。认为人所知的只是经验现象，或事实之间的不变的先后关系和相似关系，科学就是要寻求这些关系，用最简化的方式把它们表示出来，从而产生各种规律。孔德的实证主义不是“经验主义”，而是一种科学精神。孔德的实证主义瞄准的是“规律”，他说：“我们在这个过程中必须这样看待外部世界，它并不受任何意志所支配，而是服从于能够令我们作出充分预见的规律”。在他看来，科学绝不是简单的概念堆砌，“科学，实实在在寓于现象的诸规律之中；事实本身不管它是如何真实、众多，也只为科学提供必不可少的材料。然而，通过考察这些规律的恒常功用，我们可以毫不夸张地说：真正的

---

① 昂惹热·克勤默·马里埃蒂：《实证主义》，管震湖译，商务印书馆 2001 年版，第 132 页。

② 参见孔德：《实证主义概念》，J.H.Bridges 英译本，伦敦，1865 年版，第 8 页。

③ 孔德：《论实证精神》，黄建华译，译林出版社 2011 年版，第 36 页。

④ 孔德：《论实证精神》，黄建华译，译林出版社 2011 年版，第 25—27 页。

科学，远非单凭观察而成，它总是趋向于尽可能避免直接探索，而代之以合理的预测，后者从各方面来说都构成实证精神的主要特征，正如整个天文学研究将会令我们清楚地感受到的那样。”①

但孔德所说的规律并不是经验之外的规律。孔德认为规律是属于“经验现象”中的东西，也就是现象间的联系。在孔德看来，现象的规律是指某种“合乎常规的先后关系和相似关系”。举例来说，车子的轮胎与地面摩擦产生热，这就是一种经验的先后关系；而两物摩擦产生热，两手摩擦同样产生热，这就是经验的相似关系。这种关系只存在于经验中或感觉之间。孔德认为，科学的首要任务就是寻找发现经验中的这种“先后关系和相似关系”。同时，为了研究方便，科学还应当简化这种关系。例如，牛顿把力学中各种复杂的关系简化为万有引力定律。哲学家马赫的“思维经济原则”就来源于孔德的这一思想。

孔德相信规律的普遍性和重要性，却没有注意到规律与经验的关系问题。自然科学发现事物的规律是通过大量的经验观察总结而来的，然而人们如何能从零散的事实上升到具有全称判断的普遍命题却是一个严重的理论问题。归纳逻辑仅适用于少量的经验对象，而不适用于科学的对象，因为科学的对象通常是无限的。这一矛盾最终促使了新实证主义，即逻辑实证主义的出现。

孔德认为，实证精神的新颖之处在于它是一种兼容并蓄的理论，通过它可以达到秩序与进步间的平衡。秩序是人们从过去历史中继承的稳态结构，而进步则是趋向新的目标。从自然科学的角度看，这是近现代科学的思维模式。科学发现各种规律，建立起一个个相对稳定的解释系统，新的经验观察又为它提供不断进步的养料，促使科学系统的解体与再生。整个科学的目标是完成一个统一的解释系统。从政治的角度看，孔德对秩序与进步的追求反映了他的个人理想。通过一个个历史阶段最终实现他心目中的乌托邦，即以爱为核心的人人平等的共产主义。我们可以把他的这一论调称为温和的共产主义。

在孔德那里，实证科学是指各类有关事实的科学的总和，那些不能被证实也无法被推翻的东西是不包含在实证科学之内的。为了论证实证科学是一个有机的体系，孔德在《实证哲学教程》中提出了他的科学分类思想。他把科学依次分为数学、天文学、物理学、化学、生物学和社会学。他说这种分类是同人类的思维发展和人类的历史发展相一致的。最早出现的是最抽象，最简单的学科，然后是

---

① 孔德：《论实证精神》，黄建华译，译林出版社2011年版，第12页。

比较具体，比较复杂的学科，最后出现的学科是最具体最复杂的。它以先前一切学科为基础，只有当文明高度发展的时候，这种学科才会出现。在孔德看来，社会学就是这样的学科，它以最复杂的社会现象作为自己的研究对象，它是在上述五门学科的基础上形成的。

孔德把各门学科称为“基本科学集束中的主要纽结”。通过这些纽结，上述学科紧密联系在一起，并为社会学作了最终的理论准备。他说，“数学是其他实证科学必备之工具”，是“任何经济学的正常基础”，“任何科学教育，要是不从研究数学开始，就必定是根本上错误”。在他看来，天文学是主导生产实证体系的实证科学，“比其他任何科学更科学”。物理学和化学分别因其实验的可计量性，或易于观察而各具特色，这些都是研究社会现象的社会学所不可或缺的。生物学体现的有序协调“特别有利于进行比较分类”，① 并且，作为社会主体的人，是属于生物学研究范围的，因此社会学离不开生物学。② 孔德认为在他的时代，天文学、物理学、化学和生物学都先后进入了实证阶段，只有社会学还处于由形而上学阶段向实证阶段的过渡时期。只有运用理性的实证主义来改造社会，才能实现社会学向实证科学的过渡。他在《有关重组社会的计划》中明确指出：“可以认为实证哲学是重组社会的唯一基础”。在他看来，这个任务已经历史性地落到了实证主义的肩上。③

圣西门提出了社会发展的三阶段说，即宗教神学统治的时代，“假设体系”的时代和实证的时代。孔德在此基础上提出了他的社会发展的“三阶段论”。孔德自诩在研究人类智力发展时，发现了前人尚未发现的一条伟大的根本规律，“这条规律就是：我们的每一种主要观点，每一个知识部门，都先后经过三个不同的理论阶段：神学阶段，又名虚构阶段；形而上学阶段，又名抽象阶段；科学阶段，又名实证阶段。”④ 孔德谈到，神学阶段对应着人类文明的初曦，经历了从拜物教到多神论再到一神论的发展过程。一神论的代表是基督教，它是神学阶段人类思辨理性发展的集大成者。在神学阶段的末期，也就是自 14 世纪经院哲学

---

① 昂惹热·克勤默·马里埃蒂：《实证主义》，管震湖译，商务印书馆 2001 年版，第 19—21 页。

② 张小山：《孔德实证主义论略》，《汉江论坛》1996 年第 6 期。

③ 王养冲：《西方近代社会学思想的演进》，华东师范大学出版社 1996 年版，第 33—34 页。

④ 洪谦：《西方现代资产阶级哲学论著选集》，商务印书馆 1982 年版，第 31 页。

逐渐没落开始，思辨理性不再借助人格神的方式出现，而是以形而上学的概念表达为追求目标，完成概念在自身中的自我循环。孔德认为，形而上学阶段只是人类社会发展的一个过渡时期，该阶段的出现乃是为了填补神学阶段与实证阶段之间思辨理性发展的空缺。一旦人们认识到他们缺乏观察的空虚性时，理性也就自动迈入了以观察为基础的实证阶段。他认为人类发展的三阶段正是思辨理性自我觉醒的过程，然而理性只是在最后一个阶段才认识到经验观察的重要性，从时间上来看，这个阶段正对应着近现代经验科学的出现。

实证主义最初的目的是把握哲学和科学的关系，进而为知识寻找新的、稳定的基础。这一主题由时代的思想、理论条件所决定。

在当时，经过宗教改革和启蒙运动的冲击后，神意权威已跌至谷底，启蒙理性拒绝承认神意的合法性；但是与此同时，启蒙的负面因素也开始逐渐显现：启蒙理性主张人类理性足以形成新的认识基础，看法却从未统一；哲学上彼此对立的各种观点，既明证了人类理性思维不充分，又展露了传统之不可或缺。这就是知识的秩序和进化之间的矛盾关系。孔德认为，“人们不能够无视这么一种哲学的自发能力，即能在同时要求秩序与进化之间达成至今仍求而未得的基本协调”①。哲学需要一种新的基础来统一进化与秩序。孔德认为实证哲学符合该要求，因为它使用自然的力学观点研究人类社会，力学解决存在和运动的问题，而社会实在和历史的关系与之相似，“为此只需将与其性质完全相符的趋势推广到社会现象即可”②。实证哲学从自然秩序出发，延伸到人类领域，更能够体现知识的秩序和进化之间的共同发展。

对于秩序，孔德认为，之所以需要在神意和启蒙理性之外寻求新的哲学基础，是因为启蒙理性、尤其是形而上学并不具备完全清除神学残余、实现有序化的能力。孔德站在实证哲学的立场，对形而上学提出了严厉批判；认为它追求绝对化、终极知识，认为它源自人类早期对一神教的崇拜，是“人类理性不成熟的状态”。③孔德认为，形而上学不依靠感性经验而只进行抽象推理，因而就性质而言，“它只能自发地进行精神方面尤其是社会方面的批判行动或摧毁行动，而绝不能建立任何属于自己的东西”，因而不具有创建性。对孔德而言，传统形而

① 孔德：《论实证精神》，黄建华译，译林出版社 2011 年版，第 40 页。

② 孔德：《论实证精神》，黄建华译，译林出版社 2011 年版，第 40 页。

③ 孔德：《论实证精神》，黄建华译，译林出版社 2011 年版，第 9 页。

上学缺乏一种动态的历史观点，本身倾向于一种“否定哲学”，不能使社会“有序化”[①]，不能应对实证哲学所面对的进化与秩序问题，它不过是“被瓦解的软弱无力的神学残余”[②]，将阻碍哲学对哲学基础的探求，必须被摒弃。所以，新的哲学，“就其性质来说，它的使命重要的是组织，而不是破坏”[③]。这也就是对秩序的把握。孔德认为实证哲学是从现实出发的，从自然规律出发来对人类认识进行系统的观察和研究，完全不同于形而上学的纯粹抽象推理，所以能够把握秩序的稳定性。

关于进化问题：一方面，孔德认为，传统哲学在知识的探讨上，只限于对世界的批判和认识，没有看到人类认识在进化，“从精神角度或从社会角度来看，它们的历史变化主要是愈来愈不适用”[④]，要真正了解人类认识的进化，必须对它作出估量，了解进化的目标，以及人类个体和整体在进化之间的相互影响。另一方面，当时理论界对自然和社会的发展普遍持进化的观点，例如康德关于太阳系起源和发展的理论，拉马克的物种进化、孔多塞的社会有机体理论……这形成了一个普遍概念：“在人类社会和自然界之中没有恒常和固定的东西，事物都在变化过程之中”[⑤]，这意味着，科学追求的和发现的，不是固定性而是过程。因此实证哲学必然关注进化，从社会运动中概括出变化和发展法则。

同时，孔德认为，他的社会发展“三阶段论”和个人智力的发展是一致的，并且前者从后者那里得到了证实。他说：“我们每一个人回忆自己历史时，岂不是记得自己在主要的看法方面，曾经相继地经过三个阶段：在童年时期是神学家，在青年时期是形而上学家，在壮年时期是物理学家吗?”[⑥]童年与青年时期是天真的，无法认清事物的真相，以模糊为特点。而成年人则是成熟的，其特点是

---

① 克里斯· 希林、菲利普·梅勒：《社会学何为》，李康译，北京大学出版社 2009 年版，第 31 页。

② 孔德：《论实证精神》，黄建华译，译林出版社 2011 年版，第 8 页。

③ 谢向阳、淦家辉：《什么是孔德的实证主义》，王养冲：《 西方近代社会学思想的演进》，华东师范大学出版社 1996 年版，第 37—38 页。

④ 孔德：《论实证精神》，黄建华译，译林出版社 2011 年版，第 41 页。

⑤ 康福斯：《反对实证主义和实用主义》，瞿菊农、舒贻上等译，生活·读书·新知三联书店 1955 年版，第 50—51 页。

⑥ 《西方现代资产阶级哲学论著选辑》，商务印书馆 1964 年版，第 27 页。

清晰，这也就是神学和形而上学与实证的区别。

有意思的是，按照孔德统一科学的构想，所有的科学发展都是为了实证社会学的出现。在他看来科学的目的不在于中立地认识宇宙的规律与自然的运行模式，而在于逐步地控制自然从而使人成为真正社会性的人。孔德认为一切科学都是与人相关的，其目的是为了满足人的需要，同时受人的理智、情感的支配。科学的产生、消亡都无法离开人的实践活动而独立存在，可见科学是由人掌握的。科学实质就是一种人类学。他说："在协会看来，归根结底只有一门科学，即人类学。"

孔德并不是只会提出概念的思辨哲学家，他的目的是把社会学和现实连接起来，为改造社会提供理论武器。在孔德的社会学理论中，人性这个概念占有重要地位。他认为人性是社会的基础，人性的善恶能够决定社会性质的好坏。社会的变革就是由于人性的变革造成的。孔德相信社会总是在不断进步的，他说："无论对于个体或对于群体来说，总是要求不断的进步，也就是说两方面都趋向于尽可能使人类属性（或智慧与社会性的结合）超越本义的兽性"。①

在孔德看来，个人具有两种对立的本能：个人本能和社会本能。个人本能的表现是利己的倾向，社会本能的表现是利他的倾向，社会生活的起源就是个人利己本能和利他本能的调和。家庭就是个人本能和社会本能调和的结果。在社会中，最基本的是家庭关系，社会是家庭的总和。孔德主张每个社会团体都应该分工合作，促进社会的稳定发展。一旦社会出现问题，这时就应当用"普遍的爱"来解决，不能随意破坏现有的社会秩序。孔德强调，社会并不是个人简单的堆积，不是抽象的个人，它是一个有机的整体，是作为种种社会关系体现者而存在的，② 孔德的社会学的理想是实现人类社会的和谐统一。

孔德强调单纯的个人不能单独存在，只有人类整体中才有个人的存在和价值。他说："在社会广泛扩张的情况下，每个人都将重新获得对于永生倾向的正常满足，这种倾向最初只能靠幻想而达到，而今后这样的幻想与我们的精神进化并不相容，个体只能通过群体延续下去，因而会趋向于尽可能与群体融为一体"。③ 个人和社会的紧密结合使得个人生存与社会秩序都有了保障，个人的终

---

① 孔德：《论实证精神》，黄建华译，译林出版社 2001 年版，第 40 页。

② 孔德：《论实证精神》，黄建华译，译林出版社 2001 年版，第 78 页。

③ 孔德：《论实证精神》，黄建华译，译林出版社 2001 年版，第 53 页。

极关怀有了落脚点，个人永生的希望从此被寄予人类永生中。孔德把人类当作最高的存在物，主张人们应该要像崇拜上帝一样去崇拜人类。正是受到终极关怀的牵引，孔德突出了情感与道德的地位："现代综合的最终条件是，不但不能忽视思想和行为领域，而且，必须包括道德领域。"①

孔德指出，道德的认知与发展必须建立在客观基础之上，道德的统一既依赖于个人也依赖于社会，个人没有道德的遗传能力，道德的认知必须依赖于对外间秩序的服从，而发现外间秩序是知识的功能。因此，在孔德看来，知识的综合可以解决道德综合的难题。"任何忽视外间世界，仅仅考虑人的道德天性的设想，对于无论个人还是群体的幸福都没有什么影响。因为幸福大多依赖于人与周围环境的关系。除此之外，应该考虑到人的本性是不完美的。自私之心深藏于内心深处，其力量往往大于社会同情心。只有以外间世界的经济力来维系社会本能，才能控制自私的本能。"②

特别要强调的是：孔德认为，在知识与道德的相互作用中，道德是居于首要地位的。毫无疑问，知识的实证综合固然需要以对客观秩序的把握为基础，但如果任由智力毫无限制的发展，智力极有可能按照其固有的意向，趋于空想之中，这可能会使知识趋向于无用的或者不可解决的问题之中。因此，道德原则的影响是必要的，只有把智力限定在其基本职责即服务于社会同情心之中，才能保证智力的正确运用，才能使知识处于有益的合理范围内。在孔德看来，人们的生活是由人的本性推动的。人们的生活方式、生活质量与未来发展与人的本质力量的发展紧密相连。"人类本性的一致性的真正形成，既不能依赖于推理能力，也不能依赖行为能力。在个人生活中，更多地是在种族生活中，统一的基础像我在第四章表明的一定是感情。"③

孔德始终坚持事实与价值的一致，但他并不像所谓"自然主义谬误"一样，主张从事实中推出价值，而是主张价值本身就是一种事实。在他看来，基础自然科学研究具有十分重要的价值，它不仅是社会科学研究的基础，也是确立道德原则的基础。尽管科学研究不能从根本上解决社会危机和道德问题，但是，可以通过理解这些问题的特质，预见其结局，并通过在任何可能的地方进行或多或少的

---

① 孔德：《论实证精神》，黄建华译，译林出版社 2011 年版，第 14 页。

② 孔德：《论实证精神》，黄建华译，译林出版社 2011 年版，第 20 页。

③ 孔德：《论实证精神》，黄建华译，译林出版社 2011 年版，第 13 页。

干预来“摆脱各种宗教和形而上学偏见”,[①] 缓解并缩短危机，并促进社会和道德的进步。也就是说，“通过与人类知识的其他部分发生真正的联系，自然的道德可以扩展到人类生活中，包括个人的或集体的。在社会情感的直接的和连续的影响下，道德真正成为一种科学。”[②] 另外，孔德认为，虽然道德问题的研究是最有价值的，但是它带来的结果并不直接是道德的。因为道德分析所涉及的不是自己的行为，而是他人的行为。因而只有让知识服务于道德，道德对知识发展进行充分有效制衡，才有可能解决人类面临的理论的和实践的问题。当然，在孔德看来，无论是知识教育还是道德教育，都不能夸大其词，因为它们都“要服从于社会教育的需要。”

在孔德看来，实证道德体系与以往各种道德的最大不同在于，使社会情感超过个人情感，即把社会情感看作是一切健全道德的首要基础。孔德认为，只有以纯粹的人性为根基，以实证精神为指导，才能完成适应文明发展的道德重建。也就是说，“基于目前人类掌握的广泛经验而得出的不容置疑的证据，将会准确地确定每一个行动、每一种习惯、每一种倾向或感觉的直接或间接的实际影响（包括私的与公的）；由此，作为必然的结果，自然得出最符合普遍秩序的整体或特殊的行为准则，因而通常来说，最能促进个人的幸福。”[③]

这样，孔德的实证主义就从批判神学和形而上学出发，从自然规律入手进入到人类社会，进而延伸至对人类本身的幸福追求。虽然孔德的实证主义中包含了很多的矛盾和不一致，就如同科瑟勾画的孔德一样，他“既是第一个主要的社会学综合体系的创始人，也是悲哀的人道宗教教皇；既是社会学视野的开拓者（后人如果轻视这些观点就会使自己继承的精神遗产丧失殆尽），也是一个向木匠们和学术上的失败者布道的小老头；既是一个期望能够为人类的过去和未来描绘出一幅统一画面的激奋者，也是一个向沙皇建议加强检查制度，以防止出现颠覆性思想的胆怯老人。”[④] 这就是带给了我们无限新思路的孔德，一位在矛盾中不断探索的思想家。

---

① W.H. 牛顿－史密斯：《科学哲学指南》，成素梅、殷杰译，上海科技教育出版社 2006 年版，第 296 页。

② Comte Auguste, *A General View of Positivism*, Brown Reprint Library, 1971, p.100.

③ 孔德：《论实证精神》，黄建华译，译林出版社 2011 年版，第 50 页。

④ 周晓虹：《西方社会学历史与体系》第一卷，上海人民出版社 2002 年版，第 40 页。

第二节 马赫的中立一元论

孔德在其巨著《实证哲学教程》中，明确提出了“拒斥形而上学”的口号，事实上他首先是在否定了传统的形而上学的基础上开始了他实证主义的研究的。无独有偶，马赫在其名著《感觉的分析》的“导言”就是“反形而上学”。马赫主义与孔德的实证主义是一脉相承的，但他自己说“和孔德有些距离”。马赫在哲学史上的贡献在于他所奉行的彻底的经验主义原则和坚决的反形而上学倾向以及建立统一科学的天才构想。这些贡献直接导致了以维也纳学派为核心的逻辑实证主义。

作为一名自然科学家，马赫的哲学呈现出强烈的实证主义色彩。他继承了经验论传统，从彻底经验主义的角度看待自然科学，对牛顿的绝对时空观进行了批判。他不屑称自己为哲学家，一再宣称没有马赫哲学这种东西，并把自己的研究范围限定在自然科学的认识论领域。但是马赫又切切实实在现代哲学史上留下了浓重的一笔。他从彻底的经验主义立场出发对传统形而上学心、物概念的批判，他的“要素说”和“中立一元论”，他的“思维经济原则”，都对后来的科学主义学派产生了重大影响。由于孔德和马赫的奠基，逻辑实证主义的宏伟大厦才得以矗立起来。在总结自然科学的认识论基础，突出自然科学的基本特征，以及把自然科学的认识模式提升为一种最高模式方面，马赫哲学有着不可替代的作用。

马赫具有坚定的反形而上学立场。他说:“科学的任务不是别的，仅是对事实作概要的陈述。现在逐渐提倡的这个崭新见解，必然会指导我们彻底排除掉一切无聊的、无法用经验检验的假定，主要是在康德意义下的形而上学的假定。”① 在马赫看来，一切超验的形而上学问题都是毫无意义的假问题，理应从科学中清理出去。哲学家的任务就是要运用分析、批判的方法，“带头消除妨碍科学探索的假问题，而把其余的留给实证研究”。② 只有丢弃空洞的形而上学的假问题，科学才能取得基本的进步，他说:“科学于是放下了无用的、有害的负担，从而获得了更深刻的、更清楚的、能够对准新的和富有成效的任务的眼光。”③ 马赫之

① 马赫:《感觉的分析》，洪谦等译，商务印书馆 1986 年版，第 5 页。

② E.Mach, *Knowledge and Error*, D.Reidel, Dordrecht-Holland,1976, p.33.

③ E.Mach, *Knowledge and Error*, D.Reidel, Dordrecht-Holland, 1976, p.194.

所以提出反形而上学，目的在于为自然科学谋求一个坚实的经验基础，从而作出科学与非科学的明确区分，把人们从形而上学假问题的争论中解放出来，致力于真正的科学研究。

马赫曾叙述过他观点演变的过程：“在 1853 年，当我的青年时代，我的朴素的实在论世界观已经剧烈的为康德的《导言》所动摇，一两年后，我本能地认识到‘物自体’是多余的幻想，因而我转向潜在于康德哲学中的贝克莱观点。但是贝克莱的唯心论情调是与物理学研究不协调的。这种烦恼自从知道了赫尔巴特的数学心理学和费希纳的心理学之后，更加深了；可接受的事物与不可接受的事物的紧密联系显示出来了，康德培育的反形而上学倾向，赫尔巴特和费希纳的分析引导我接近休谟的观点。”[①] 从这段论述中可以看出，马赫认为那些把“物质”“精神”等形而上学概念当作解决一切问题的出发点的人，是毫无根据的。

为了克服传统的实体性形而上学，马赫提出了他的要素一元论，企图建立一种将各门自然科学统一起来的基础。马赫在 1867 年发表的讲演中就表达了自己对人文科学和自然科学对立状态的不满。他指出，对科学进行这种划分是“幼稚的和天真的”，这两种科学实际上都属于科学，应当把它们看作是同一种科学的两个不同的组成部分，至少在理论上应该是这样。马赫认为，科学应该统一起来，因为人类认识有统一的基础，就是感性知觉或要素。

马赫最初提到“要素”这一概念是在《动觉理论大纲》中。他说：“现象可以分解为要素”[②]，这里的要素实质上是指颜色、声音、滋味、气味等我们通常称为感觉的东西。在《感觉的分析》中，马赫进一步将要素分为三种，分别用字母 ABC……，KLM……和 αβγ……表示。他把通常被称为物体的，由颜色、声音等组成的复合体，称为 ABC……把那些构成人的身体的生理部分的复合体，如视网膜、心脏等称为 KLM……把意志、记忆、印象等内知觉构成的复合体称为 αβγ……在马赫看来，要素的这三个层次并不是独立存在的，例如，αβγ……可以与 KLM……直接联系。有时，αβγ……被视为自我，将 KLM……与 ABC……视为物质世界。初看起来，ABC……似乎是独立并对立于 αβγ……但这种独立只是相对的、暂时的。αβγ……与 ABC……之间以 KLM……为中介并相互影响，比如人的强烈思想可以变成行动，这就说明 αβγ……通过 KLM……的变化波及

① 石里克：《哲学家马赫》，《自然辩证法通讯》1988 年第 1 期。

② 马赫：《感觉的分析》，洪谦等译，商务印书馆 1986 年版，第 13 页。

ABC……反之亦然。例如，自然环境的变化可以引发人类身体出现明显的变化。马赫总结说："谁想把各门科学结合成为一个整体，谁就必须寻找一种在科学领域内部能坚持的概念，如果我们能将整个物质世界分解为一些要素，它们同时也是心理世界的要素，即一般称之为感觉的要素。如果更进一步将一切科学领域内同类要素结合，联系和相互依存的关系当作科学的唯一任务。那么，我们就有理由期待在这种概念的基础上形成一种统一的，一元的宇宙结构。同时摆脱恼人的引起思想紊乱的二元论"。①

马赫强调要素的中立性。要素既不是物性的，也不是心性的，而是超出心物对立的。马赫说："对于我的物理发现物的总和，现在我能够把这些发现物分析为不可再分析的要素：颜色、声音、压力、温度、气味、空间、时间，等等。这些要素既依赖于外部环境，也依赖于内部环境；当涉及内部环境时，而且只有在这种情况下，我们称这些要素为感觉。既然其他人的感觉对于我不是直接的所与，正如我的感觉对于他也不是直接的所与，那么我就有权把心理的要素看作与我分析为物理的要素的东西是相同的东西。因此，心理的东西和物理的东西有共同的要素而不是如通常所设想的那么决然对立"。②

马赫认为，要素呈现为物理的或心理的属性，是由于观察者的观察角度不同造成的。从心理的角度考察要素，要素就是"心理的"，从物理的角度考察要素，要素就是"物理的"。例如一支笔，从物理的角度，也就是从它与其他事物的关系中考察，笔就是"物理要素"的复合体。它在平常是直的，但在水中却是弯的，这时直与弯都是"物理要素"。如果从心理的角度，也就是从它与人的感官的关系角度考察，笔就是"心理要素"的复合体。那只像一条直线似的笔或弯曲得像要折断了的笔都是落在人们视网膜中的形象，这时直与弯就是"心理要素"。在马赫看来，无论把笔看作物理的复合体还是看作心理的复合体都是片面的，唯一正确的看法是它既非物理也非心理的，而是中性的。马赫认为，当他把要素看成中立的时候，他便克服了传统哲学将物质与精神对立起来的"二元论"，他说，这样一来，"感觉（现象）与物体的对立就消失了，只需考虑 αβγ……，ABC……，KLM……。"③"在感官生理学中，心理学和物理学的观察或评论深入

---

① 马赫：《感觉的分析》，洪谦等译，商务印书馆 1986 年版，第 240 页。

② E. Mach, *Knowledge and Error*, D. Reidel, Dordrecht-Holland, 1976, p.6.

③ 马赫：《感觉的分析》，洪谦等译，商务印书馆 1986 年版，第 17 页。

到它们相互接触的地方，因而使我们认识到新的事实，这种研究将不会产生一种心物二元论，而会产生一种包括有机的东西和无机的东西的科学，这种科学说明了这两个领域内的共同事实”。①

马赫说，通常，我们称之为“实体”的东西，是指“无条件的恒久性的东西”。“我们习惯于将手能随意摸到和眼能随意看到的物体当作恒久的，就是在我们的感觉能力所完全不能及的场合，我们还是易于保持这种观点。例如，我们完全不能摸到太阳和月亮，我们也许只见过一次而不能重见宇宙的某部分，或者说，我们是从别人的描述中知道宇宙的这部分的，但我们照样把它们看成是恒久的。”②把整个过去和整个未来当作恒久的，是应用这种方法时所采取的连贯的步骤。但是我们都知道，一种特殊的电的事实是不存在的，每一种电的事实都可以了解为力学的、化学的或热学的事实，进而可以说，一切物理事实最后都是由同样的感性要素诸如颜色、压力、空间、时间组成的，我们应用“电”这个名称，仅仅是使我们回忆起最初据以认识电的事实的一种特殊状态。所以，马赫明确指出，一种真实的、“无条件的恒久性”是不存在的。他说，“我认为仅有一类恒久性，它包括了一切发生的恒久性情况，即结合的恒久性或关系的恒久性。实体、物质并不是无条件恒久的东西。我们所谓的物质是各个要素（感觉）之间的某种合乎规律性的联系。一个人的不同感官的感觉，和不同的人的感觉一样，都是合乎规律地互相依存的。物质就是从这里产生的。”③物质不能被看作是无条件恒久性的，只有瞬息即逝的要素之间的结合规律才是恒久的。在这样的批判性阐明中，经验的概念完全代替了形而上学的东西。当那种僵死的、无效的、永存的、无法认识的物质概念为一种“恒久的规律”所代替时，科学并不会受到任何损失。马赫说我们这样做的目的，并不是要创造一种新的哲学，“而是要合乎各门实证科学在当前达到相互结合的要求”。④

应该看到，马赫不是把要素看作是“恒久的”，而是把要素之间的“关系”看作是“恒久的结合律”，是有着时代背景、思想传统的。自古希腊以降，以德谟克利特为代表的唯物主义哲学认为“原子”是物质的永恒的、不可毁灭的单位，

① 马赫：《感觉的分析》，洪谦等译，商务印书馆 1986 年版，第 80 页。

② 马赫：《感觉的分析》，洪谦等译，商务印书馆 1986 年版，第 254 页。

③ 马赫：《感觉的分析》，洪谦等译，商务印书馆 1986 年版，第 255 页。

④ 马赫：《感觉的分析》，洪谦等译，商务印书馆 1986 年版，第 255 页。

它们之间不能相互转化。对此现代物理学采取了明确反对德谟克利特而支持柏拉图和毕达哥拉斯的立场。“基本粒子”的确不是永恒的和不可毁灭的物质单位，而且它们实际上能够相互转化。物质“消失”后，我们得到的是“形式”，在量子论中，是波动，在相对论中，则是“曲率”。《科学史》的作者丹皮尔说，“我们所熟悉的自然图像的形式或范型，是我们最容易当作新观念加以接受的，而且这些观念由于被纳入这个形式，便成了‘自然规律’——由物理知识的主观方面产生出来的主观规律。所以认识论的方法，引导我们去研究的自然是公认的思想框子内的自然。”① 柏拉图的《蒂迈欧篇》中的基本粒子最终不是实体，而是数学形式。“万物皆数”，这是毕达哥拉斯的名言。在现代量子论中，基本粒子最后也还是数学形式，但具有更为复杂的性质。当然，现代科学的观点与古希腊柏拉图和毕达哥拉斯的观点的类似性还需要进一步探讨。量子力学的创始者海森伯在将原子物理学中的现代观点和希腊哲学作了类比之后说，“自牛顿以来，物理学中的恒定因素不是位形，或者几何形状，而是动力学定律。运动方程在任何时候都成立，它在这个意义上是永恒的，而几何形状，例如轨道，却是不断变化的。由此可见，代表基本粒子的一些数学形式将是某种永恒的物质运动律的一些解。实际上这是一个尚未解决的问题。物质的基本运动律还不知道，因此还不能用数学方法从这样一个定律推导出基本粒子的性质。但是处于目前状态的理论物理学似乎距离这个目的已不很遥远了，我们至少能够说，我们必须预期得到怎样一类定律。”② 在这里，海森伯所谓的“物质的基本运动律”与怀特海的存在于机体中的交互作用的持续模式、“思想位态”以及与马赫的“要素之间的函数依存关系”交相呼应，事实上他们追寻的是一个东西。

在《感觉的分析》的另一处，马赫再次强调了人类追寻这种“极其牢固”的“恒久的规律”的本能信念：当一个要素复合体中的一些要素为其他要素所替换时，一种结合的恒久性变成了另一种恒久性。在这样的情况下，最好能找到一种虽然有变化但自身仍然不变的恒久性。马赫说，R. 迈尔最先感觉到这个需要，并提出他的“力”的概念来满足这个需要。这个概念相当于力学家的“功”的概念，或更准确地说，相当于“能”的一般概念。迈尔设想这个“力”或“能”是绝对恒

---

① W.C. 丹皮尔：《科学史及其与哲学和宗教的关系》，广西师范大学出版社 2009 年版，第 1081 页。

② W. 海森伯：《物理学和哲学》，商务印书馆 1981 年版，第 36—37 页。

久不变的，“这样就回到那个极其牢固的和极其直觉的思想上去了。”① 马赫说，迈尔竭力追求用一般的哲学语言来完善他的表达方式。从这件事情可以看出，迈尔从一开始就是“不由自主地”和“本能地”为得到这样一个概念的强烈需要所驱迫。但是，只有当他把现有的物理学概念适应于事实和他的需要时，他才能取得成功。

那么，怎样追求要素的“恒久性”呢？当然要从整体论出发。马赫认为，“自然界是一个整体”，“我们对于自己的身体要素的精确生理学知识同时也是我们对于世界的物理学理解的重要基础。”② 马赫反复强调物理的东西和心理的东西的统一性，并从另一特殊角度加以考察。我们的心理生活，就我们把它理解为表象而论，是完全独立于物理过程之外的一个自成的世界，但是，这却是一个假象，这种假象起源于永远只有物理过程的一小部分痕迹活跃在表象中。决定这部分痕迹的情况是无比的复杂，因而我们不能指出它所据以发生的精确规则。为了要决定一个物理学家会把什么思想与某一个光学事实的观察联系起来，我们就必须知道他一切的经验，知道这些经验所遗留的印象的强度，知道影响过他的一般文化发展和技术文化发展的事实，最后，我们还必须考虑到他在那一时刻的心情。要做到这一点，就必须把整个最广义的、高度发展的物理学作为辅助科学来应用。现在让我们来考察一种相反的图景：我们第一次经验到的一个物理事实对我们是陌生的。这个事实发展的方式可能完全与它发生的方式不同，它的发展，在我们看来似乎并不是为任何事物所确定的，无论如何不能说是被明确地确定的。是什么东西使一个事实的发展得到确定的性质，这只能从心理的发展过程来理解。表象生活才把这个事实从它的孤立状态中解放出来，使它同其他大量的事实接触，由于需要同其他事实一致并由于排除了矛盾，这个事实才得到确定性。心理学是协助物理学的科学，两个科学领域互相支持，并且只有它们的结合才构成一门完备的科学。所以，在马赫看来，通常意义上的主体和客体的对立，是不存在的。表象会多少准确地摹写事实——这个问题和其他问题一样，是个自然科学的问题。

有了足够稳定的环境恒久性，就会产生一种相应的思想恒久性。我们的思想借助于自己的这种恒久性，推动我们补充那种只观察了部分的事实。这种补充事实的动力，不是来自刚被观察到的事实，也不是有意制造出来的，我们不需要任何动作，就可以在自己身上找到这种动力。它好似一种“外来的力量”，面对着

① 马赫：《感觉的分析》，洪谦等译，商务印书馆1986年版，第263页。

② 马赫：《感觉的分析》，洪谦等译，商务印书馆1986年版，第261页。

我们并始终伴随着我们，资助我们得到正好是我们需要的东西，从而使我们对事实作出补充。虽然这种“动力”是通过经验而发展的，但它所包含的东西比具体经验所包含的东西要多得多。它在一定程度上可以充实具体事实，使我们更多地了解事实。由于有了它，我们所看到的自然界的范围就比缺乏它所看到的要大得多。因为具有这种思想和动力的人，正好也是附加在具体事实上的自然界的一部分。用唯光论的话说，“感光”与“转换光”正好是“光”这个整体的自然界的一部分。但马赫又提示说，我们万万不可自命不凡认为这种“动力”是万无一失的，我们对这种动力的信赖，是建立在对我们的思想有屡验不爽的、充分适应的能力的基础上的。但是，这种思想在任何时刻都必须准备着被否定的可能性。

马赫批判了那种“僵硬的物质概念”，认为那种把物质看成是绝对常存的和永远不变的东西，实际上就破坏了物理学和心理学之间的联系。那种传统的原子观念仅仅是一些特殊的感性要素复合体，这样的复合体，只能在物理学和化学的狭小范围内才能看到。如果我们的研究涉及各个不同的特殊发展进程的相邻科学领域的互相结合问题，那么，应用一个传统的、狭隘的专门科学领域的有限概念是无法做到这一点的。他说，“如果我们将整个物质世界分解为一些要素，它们同时也是心理世界的要素，即一般称为感觉的要素，如果更进一步将一切科学领域内同类要素的结合、联系和相互依存关系的研究当作科学的唯一任务，那么，我们就有理由期待在这种概念的基础上形成一种统一的、一元论的宇宙结构，同时摆脱恼人的、引起思想紊乱的二元论。”①

马赫接着批判了所谓“物理学的成见”。这种成见是把物理学的观点搬到其他研究领域中造成的。在纯粹物理过程的研究中，我们习惯于应用抽象概念，常常粗心大意地完全忽视了作为这些概念的基础的感觉——要素。物理学家说，我到处见到的都是物体和物体的运动，而不是感觉，因此感觉必定是和我所接触的无数对象根本不同的东西。心理学家则说，感觉是第一性的东西。但是他认为，有一种神秘的、物理的东西对应于这种感觉——按照这种物理学成见，这种东西必定与感觉完全不同。然而，这种神秘的东西到底是什么呢？马赫说，“它是物质呢还是精神呢？或两者兼而有之呢？这种神秘的东西似乎是这样的：它有时是物质，有时是精神，它的存在完全为不可渗透的黑暗所掩盖，因而人们无从揭露其真面目……我相信后面的一说。我认为要素 ABC……是直接的、无可怀疑的

① 马赫:《感觉的分析》，洪谦等译，商务印书馆 1986 年版，第 240 页。

存在，而且在我看来，它们绝不会为以后的观察引起变化。因为观察本身最后总是以要素 ABC……的存在为根据的。”①

马赫认为，一切科学总是以事实在思想中的“模写”为其出发点的，当人们对其他要素的联系使用 αβγ……来模写时，就产生了科学。因此，马赫说，思想对事实的适应，是一切自然科学工作的目标。事实是由要素构成的，而思想适应事实就是指思想要适应要素之间的某种联系。马赫认为科学的任务，就是对要素作“最简易的”描述。他在《力学》中就明确指出，全部自然科学只能描述我们称之为感觉的要素复合。马赫认为因为人的生命短促，人的记忆能力有限，任何一项名副其实的知识，如果没有最大限度的思维经济，都是无法得到的。因此，可以把科学看成一个最小值的问题，这就是：花费尽可能少的思维，对事实作出尽可能最完善的陈述，这就是马赫的思维经济原则。

如果说“要素说”和“中立一元论”是马赫科学主义的哲学基础，那么“思维经济原则”则是马赫为科学话语权所作的最有力的哲学辩护。根据马赫的说法，他的这个原则是根据达尔文的进化论提出的。早在青年时代，马赫就熟知达尔文的进化论思想。他在 1883 年作的题为“论科学思想中的转化与适应”的演讲中曾扼要阐述过他的观点和达尔文进化论的关系。

马赫认为，人和其他生物一样，是环境的产物，只有适应环境，人才能生存，只有超越其他动物，人才能获得优先权。但个体的生命是有限的，个体的能力也是有限的。人之所以能在生存竞争中独占鳌头，一方面是由于人特有的社会性；另一方面就是由于人有突出的经济思维能力。马赫指出，我们接受的经验不是个人的独自经验，而是以往全部的人类经验。从石器时代、青铜器时代的简陋器皿到如今各种精密仪器的使用，都是人类集体智慧创造的。这些生产生活工具是在人类发展过程中逐渐完善起来的。

马赫指出，在人类最初获得关于自然界的知识时，就已经显示出了经济思维本性。由于人生命有限，知识的交流总是力求最少的脑力消耗来组织经验。语言本身就是一种经济手段，如“绘画”这个词就是不同大小、颜色、形式、风格的图画的经济思维符号，它能够节约经验，用较少的能量消耗作较多的事。工业的发展同样体现了经济思维原则。从最初的小手工业生产到现代的大机器生产，人们总是力图用最小的劳动获得最大的产出。马赫认为，和工业生产相比，科学最能体现经济

---

① 马赫：《感觉的分析》，洪谦等译，商务印书馆 1986 年版，第 36 页。

思维原则。工业生产需要消耗众多的原材料，并且生产出来的产品是有限的。科学则不同，科学知识的生产是没有止境的，并且科学知识可以为所有人共享。马赫在《热学原理》中说道："科学的经济比起任何其他经济来，有它的长处，这就是没有一方因科学而受损。"马赫认为，人们在科学活动中，甚至在整个人类认识活动过程中，都应当本着消耗最少的思维取得尽可能多的效果的原则行事。他指出，在当代，科学家和科学理论之间也存在生存竞争，只有那些坚持思维经济原则的科学家，那些创造出最简便、最经济的科学理论，才能脱颖而出，生存下来。

科学理论由语词、概念、命题构成，这些符号是语言的一部分，马赫认为，科学的目的就是运用它的语词、概念和命题来简化经验，达到节约的目的。数学就是语言符号的运算。数学演算具有显著的经济性，它能够最大限度地避免不必要的思维消耗。马赫认为，数学能够达到思维最大程度的抽象，因此他把严格的数学描述作为实现"经济思维"的基本途径。物理学中也处处体现这种原则。高斯的折射光学使我们不用对折射光系统中的每一个折射面单独讨论；力函数的出现使我们不必对力的各个分量进行研究。自然界只存在物质落体运动的不同现象，但自由落体定律则是我们在精神上对不同物质落体的一个简单扼要的模写，只要我们知道自由落体定律：vt=2gh，知道加速度，我们就可以根据这个定律对一切过去、现在、将来的自由落体现象毫不费力地加以模写。它不但节约了经验，甚至在一定程度上代替了经验。像自由落体定律这样的科学定律，不仅使我们在思想中预测和再现经验事实，它还是我们在经验的指导下给与我们期望的限制。有了这种限制，人们便不再盲目追求那些无法实现的东西，它提醒人们不要去做无用功，这本身也有一定的经济意义。因此，简单性和经济性是科学理论追求的最终目标。我们越是对经验事实采取最简单、最经济的模写，我们对所模写的对象也就能有越深入、越全面的认识。

马赫认为，科学的任务就是按照思维经济原则去描述经验事实中的依存关系。既然世界上一切经验事实都无非是一些中立的感觉要素，那么研究这些要素最简捷、最方便的办法就是把它们归结为感觉要素的函数关系。数学函数理论最适宜达到对经验要素的理解。数学函数 y=f（x）是表明在变化过程中，自变量 x 与应变量 y 之间的对应关系概念。y 是按照确定的关系随着 x 的变化而变化。在要素一元论中，马赫认为物理的和心理的东西没有明显的界限。因此，在论述函数关系时，马赫坚持认为一定会存在一种科学，可以同时适用于物理学和心理学领域。

马赫把他用来描述现象的函数法和传统的因果关系法作了对比。他指出，因果关系主张一定的原因产生一定的结果，这种观点没有考虑到多种复杂的因素。以质量为 M1 的物体吸引 M2 的物体为例，用因果关系来看，物体 M1 的引力是物体 M2 受到吸引而向 M1 运动的原因。M2 的运动也是受 M1 的引力影响而必然发生的结果，但这是不精确的。因为在物体 M1 与物体 M2 之间还存在着 A、B 等介质（如摩擦力、重力、加速度等），因果关系说忽视了介质 A、B 对物体 M2 运动的影响，也忽视了 M2 与其他要素的交换关系。通俗来看，M1 的引力确定不变，在光滑的玻璃上，M2 受到 M1 的引力开始运动。在运动过程中由于 M1 受到介质 A、B 影响小，所以会被吸引逐渐向 M2 靠近。但在粗糙的木板上，M2 有可能受到其他要素的影响，虽然受到 M1 的引力不变，却无法作出向 M1 作出靠近的运动。只有用函数概念才可以精确表示出 M2 向 M1 运动的整个过程。和因果关系的解释相比，函数概念可以按照事实情况任意设定变量的值，能够考察多种复杂因素。马赫指出："一个物体 K 的运动只有参照于其他物体 A、B、C……时才能加以判断。"① 马赫认为世界是以要素相互依存构成的，几何学则是以点、线、面等互相依存构成的。因此要素之间的依存性完全可以用数学函数加以理解。

马赫的上述思想，在西方思想界产生了很大的影响。其中影响最直接的，还是逻辑实证主义者。早在 1910 年，纽拉克就经常与同属维也纳学派的汉斯·汉恩以及菲利普·弗兰克讨论马赫的思想。受马赫的启发，纽拉克立志调和精神与物质的二元论。马赫把感觉称为要素也与纽拉克所倡导的物理主义不谋而合。在《世界的逻辑构造》中，卡尔纳普承认他的哲学分析以马赫的要素为归宿。② 他说："于是，分析导致了恩斯特·马赫所谓的要素。我利用这种方法也许受到马赫和现象论哲学家的影响。"③ 这里所说的方法就是应用数理逻辑的方法来发展马赫的现象论。马赫将要素解释为感觉，卡尔纳普在构造世界的过程中也采用了一种现象主义的语言。只是他认为："构造系统的真正的基本概念（例如科学系统中可还原的最终概念），并不是基本要素，而是基本关系。其所以如此，乃是根据了构造理论的一个基本的见解，即认为一个关系结构较其诸关系项是居先的。"④

---

① 马赫：《感觉的分析》，洪谦等译，商务印书馆 1986 年版，第 282 页。

② 马赫：《感觉的分析》，洪谦等译，商务印书馆 1986 年版，第 303 页。

③ J.T.Black More, *Ernst Mach, His Work, Life and Influence*, University of California Press, 1972, p.303.

④ Rudolf Carnap, *The Logical Structure of the World*, trans. by Rolf A. George, 1969, p. 13.

在这里，卡尔纳普明确表示要素的质性特征要让位于其关系特征。马赫的反形而上学态度被石里克和卡尔那普等人继承。卡尔纳普承认，他关于形而上学的陈述是无意义的陈述受了马赫的影响。马赫认为人的心理和动物的心理之间只有量的区别，而没有质的区别。是环境的变化促使人发展出与动物不同的认识能力。石里克同样认为人类对知识的渴求是出于物种保存的生物学需要。马赫统一科学的目标也被逻辑实证主义者继承下来，正如卡尔纳普所说："在我们维也纳小组的讨论中，主要在纽拉克的影响下，科学统一的原则成了我们共同的哲学观的主要观点之一"。[①] 和马赫一样，纽拉克认为经验科学分为各门学科，每门学科都有自己的专门术语不利于科学的发展。只是马赫要在感觉要素基础上建立统一的科学，而纽拉克和卡尔纳普则吸收了弗雷格和罗素的学说，主张在物理语言基础上建立统一的科学。逻辑实证主义者还把统一科学的志向付诸实践。1935 年，在法国索邦举行了第一届科学统一大会，通过了纽拉克提出的关于编辑《国际统一科学百科全书》的计划和卡尔纳普关于统一逻辑符号的提案。接着，又先后分别在哥本哈根、巴黎、剑桥、坎布里奇举行了四届国际科学统一大会。可见马赫的科学统一思想对逻辑实证主义的影响非常深远。

当然逻辑实证主义在构造世界之时较马赫的思想有一些进步之处：用逻辑实体代替感觉主体作为构造系统的基础，以明确的关系概念代替质性的概念作为认识论的基本概念。从逻辑分析的终极物——不可归约的基本对象出发进行的构造显然比从感觉出发进行的构造更加中立，也更为客观。然而，逻辑实证主义者们运用新的逻辑武器构造出的世界却不一定比马赫运用感觉构造出的世界更加牢固。对象的客观性只是通过逻辑分析的方法得到保证的。从认识论的角度上讲的话，卡尔纳普本人也不得不选择自我的心理基础作为构造系统的开端。

因此，马赫所面临的困难，即如何确保要素的中立性质的问题，逻辑实证主义的哲学家们也并未将之彻底解决。逻辑作为一种方法，只是将经验主义内部的还原系统厘清的手段，因而通过逻辑分析所得到的对象概念的客观性仍然不能获得一种超出经验主义的意义。因此，新实证主义较传统经验论的不同只在于它使用了另外一种构造世界的方法——逻辑的方法。用这种方法构造的世界只是使用另一套形而上学术语堆砌而成的大厦。

---

① Rudolf Carnap, *The Logical Structure of the World*, trans. by Rolf A. George, 1969, p. 13.

第 四 章

意志与理性的对决：尼采视野中的西方文化

在西方人文主义和理性主义的交锋中，尼采是一个悲剧英雄式的人物。他以生命意志同理性主义相抗衡，书写了一首令人荡气回肠的壮丽诗篇。他的人生也带有一种同命运抗争的悲剧精神。在现当代西方世界，尼采俨然已成了一个符号，一个反对科学主义和技术文化，弘扬人文精神和人文文化的精神象征。《西方现代诗性哲人文丛》的主编王岳川在《尼采文集》“序言”中写道：“他在宣判了古典哲学终结的同时，以其对‘意志’、‘生命’的绝对推崇开创了人本主义哲学，并影响到生命哲学、存在主义、弗洛伊德主义。这位站在世纪交点上高呼‘上帝已死’的‘新世纪’哲学家，给传统的理性主义哲学和基督教道德以致命的打击，并告诫人们应当重估一切价值，让人成为个体，遵照自己的意愿行事，并力求克服普通人的信念和习俗而成为超人。”① 王岳川还列举了20世纪受尼采影响的西方著名哲学家和作家，如狄尔泰、西美尔、斯宾格勒斯、马克斯·舍勒、弗洛伊德、海德格尔、德里达；茨威格、托马斯·曼、萧伯纳、黑塞、里尔克、纪德、杰克·伦敦等。他指出，“就尼采对20世纪的重大影响而言，他是可以同黑格尔、克尔凯戈尔和叔本华相匹敌的。他远远超越了同时代人，没有他和他的著作，20世纪的思想舞台也许就是另一番景象了。”②

---

① 王岳川编：《尼采文集》，周国平等译，青海人民出版社1995年版，“序言”第3页。

② 王岳川编：《尼采文集》，周国平等译，青海人民出版社1995年版，“序言”第3页。

第一节　生命精神与艺术

尼采对西方科学主义的统治多有不满，但是如何走出科学主义的樊篱，开创一条本真的人生之路却是他终生探索的课题。从尼采的处女作《悲剧的诞生》中，人们可以看到尼采受了两方面的启发，那就是叔本华的生命哲学和瓦格纳的艺术。从前者那里，尼采找到了坚实的本体——生命意志，从后者那里，尼采找到了这种本体最恰当的表达式——音乐。艺术和生命意志的结合成就了尼采哲学的辉煌，也是尼采哲学的最大特色。

德国哲学家叔本华是西方唯意志主义哲学的开山鼻祖。和西方多数近代哲学家强调理性明显不同的是，叔本华强调意志，准确地说，生命意志。他在《作为意志和表象的世界》中开宗明义地说："世界是我的表象。"① 然后接着说，比这一真理更加基本的是另一个真理："世界是我的意志。"② 他说，"唯有意志是自在之物。作为意志，它就绝不是表象，而是在种类上不同于表象的。它是一切表象，一切客体和现象，可见性、客体性之所出。它是个别事物的，同样也是整体的最内在的东西——内核。"③ 从物理物的排斥和吸引，到化学物的分解和化合；从动植物的生长和运动，到人的选择和行动；叔本华列举了诸多实事说明它们都是意志的表现形式。他说："——好比晨光熹微和正午的阳光共同有着日光者名字一样，那么在我们和在自然这同一的东西也共同有着意志这个名字；而这个名字就标志着既是世界中每一事物的存在自身，又是每一现象唯一的内核的那东西。"④

在叔本华看来，世界表面上受自然科学的规律支配，实际上它们受意志的支配。他举例说，电流沉睡在铜和锌中，它静静地躺在银的旁边，当三者置于适当的环境里，则立刻就会转化为火焰。一粒干燥的种子，经过三千年之久，仍保持着潜伏的生命力，当有利的环境来临时，便会生长起来成为一棵植物。人也不例

① 石冲白译：《叔本华》，杨一之校，商务印书馆 1984 年版，第 25 页。

② 石冲白译：《叔本华》，杨一之校，商务印书馆 1984 年版，第 27 页。

③ Schopenhauer, *The World As Will And Idea*, trans. by R.B.Haldane, the Ballantyne Press, 1883, p.142.

④ Schopenhauer, *The World As Will And Idea*, trans. by R.B.Haldane, the Ballantyne Press, 1883, p.153.

外。他问道，人们为了食物、为了婚姻、为了工作所作的激烈奋斗难道只属于思想吗？不是的。人表面上是为前面的某种东西牵着走，实际上是为背后的某种东西推着走。我们想得到一件东西，不是由于我们发现了需要它的种种理由，而是因为我们想要它。他说："所以认识，从根本上看来，不管是理性的认识也好，或只是直观的认识也好，本来都是从意志自身产生的。作为仅仅是一种辅助工具，一种'器械'，认识和身体的任何器官一样，也是维系个体存在和种族存在的工具之一。作为这种工具，认识[原]是属于意志客体化较高级别的本质的。"①

叔本华认为，理性和科学研究的不是世界的本体，而是现象世界的恒常的东西。这些东西只涉及有限的现象界规律，因此不必对它们大加推崇。叔本华把自然科学的研究叫作"形态学"和"事因学"，"形态学"研究事物的形态，借助概念概括出一般，以便把特殊事物纳入其中；"事因学"研究事物变化的法则，考察现象中不变的东西。这两者都没有触及事物的本质。他说："准此，即令是整个自然界的最完备的事因学说明，实际上也不过是罗列一些不能说明的［自然］力，……但是如此显现的诸力，因为它们的内在本质是事因学所服从的规律所达不到的，所以事因学只好长此任其不得说明而止于现象及现象的秩序而已。"②

叔本华从他的唯意志主义推出了他的人生哲学。在叔本华看来，如果世界被生存意志所驱策，那么对个人来说，生活就必定充斥着痛苦。因为意志本身就是欲望，而所欲的常常超过能达到的范围。他说："但是一切所欲求的基地却是需要缺陷，也就是痛苦；所以，人从来就是痛苦的，由于他的本质就是在痛苦的手心里的。如果相反，人们因为他易于获得的满足随即消除了他的可欲之物而缺少了欲求的对象，那么，可怕的空虚和无聊就会袭击他，即是说人的存在和生存本身就会成为他不可忍受的重负。所以人是在痛苦和无聊之间像钟摆一样的来回摆动着；事实上痛苦和无聊两者也就是人生的两种最后成分。"③不过意志还有另一面，那就是意志作为本质，作为宇宙的普遍存在，是无所谓快乐和痛苦的。叔本华谈到，正如自然界中的一切都是在新陈代谢中保持自身的存在一样，动植物个体的生灭也是为了族类的自我保存。看穿了这一点，人就可以从痛苦中超拔出来，以一种平静和淡漠的态度面对人生。

---

① Schopenhauer, *The World As Will And Idea*, trans. by R.B.Haldane, the Ballantyne Press, 1883, p.199.

② Schopenhauer, *The World As Will And Idea*, trans. by R.B.Haldane, the Ballantyne Press, 1883, p.238.

③ Schopenhauer, *The World As Will And Idea*, trans. by R.B.Haldane, the Ballantyne Press, 1883, p.402.

根据从个人角度和从普遍角度看意志的不同，叔本华指出了解脱意志痛苦之路。在他看来，个人摆脱痛苦人生只有两条道路，那就是艺术和宗教。叔本华认为，在人的众多的欲望中，只有审美欲望是超功利的，因为它只涉及事物的形式而不涉及事物的内容。所以，它给人带来的只能是快感。当人们沉浸在艺术创作和艺术欣赏中的时候，那些纷纷攘攘的东西就会离人远去，他们在日常事物中可遇而不可求的安宁就会在转瞬之间到来。他说，那时，在狱室中看太阳和在王宫中看太阳就没有什么分别了。叔本华还谈到了悲剧对人的灵魂的净化作用。他说："写出一种巨大不幸是悲剧里唯一基本的东西。"①悲剧的目的则在于使人认识命运的残酷，从而采取一种听天由命的态度。"所以我们在悲剧里看到那些最高尚的［人物］或是在漫长的斗争和痛苦之后，最后永远放弃了他们前此永远追求的目的，永远放弃了人生的一切享乐；或是自愿的，乐于为之而放弃这一切。"②当然，在叔本华看来，最根本的消除意志欲望的办法还是宗教。艺术的陶醉是短暂的，人不可能永远停留在艺术的审美境界中，只有宗教才能使人长期保持清心寡欲的生活状态。在谈到东方和西方的圣徒时，叔本华说："这些人的布道除了讲求纯洁的仁爱而外，还讲求彻底的清心寡欲，自愿的彻底贫困，真正的宁静无争，彻底漠然于人世的一切；讲求本人意志的逐渐寂灭和在上帝中再生，完全忘记本人而沉浸于对上帝的直观中，等等。"③

叔本华哲学像一座灯塔照亮了尼采思想的航程。尼采认为叔本华说出了宇宙的真谛：宇宙不是僵死的宇宙，在宇宙中到处都弥漫生命的气息，宇宙的本质是生命意志。这种生命意志是自然科学死板的规律所不能容纳的，只有在艺术中，在诗歌和音乐中，才能窥见宇宙的奥秘。同时，尼采也看到了叔本华哲学的局限，那就是叔本华以肯定生命意志开始，却以否定生命意志告终。在尼采看来，叔本华的人生哲学是消极的，叔本华陷入了悲观主义。在追溯《悲剧的诞生》的写作经过时，尼采表明了他和叔本华的分歧。他说："第一要义，即希腊人是怎样处理悲观主义的——他们用什么手段克服了悲观主义……悲剧正好证明，希腊人不是悲观主义者。在这一点上也正如在其他地方一样，叔本华又犯了错误。"④

---

① Schopenhauer, *The World As Will And Idea*, trans. by R.B.Haldane, the Ballantyne Press, 1883, p.328.

② Schopenhauer, *The World As Will And Idea*, trans. by R.B.Haldane, the Ballantyne Press, 1883, p.327.

③ Schopenhauer, *The World As Will And Idea*, trans. by R.B.Haldane, the Ballantyne Press, 1883, p.499.

④ 尼采：《权力意志》，张念东、凌素心译，商务印书馆 1994 年版，第 50 页。

尼采用乐观主义的生命意志代替了叔本华悲观主义的生命意志。

在尼采哲学的形成过程中，瓦格纳也起到了重要作用。作为后期浪漫主义代表之一，瓦格纳创作过不少脍炙人口的歌剧，如《婚礼》、《妖女》、《禁止的恋爱》、《漂泊的荷兰人》、《特莱斯坦和伊索尔德》、《名歌手》、《尼布龙根的指环》，等等。更重要的是，他的音乐思想给了尼采以莫大的启发。瓦格纳认为，音乐最主要的是表现思想而不是表现技巧，他的歌剧就是在这种思想的指导下创作出来的。他对希腊神话和希腊悲剧情有独钟，认为希腊悲剧是艺术的理想形式。诚然，尼采的艺术气质不是由于瓦格纳才养成的，而是他从小就养成的（尼采在童年时代就显示出对音乐和诗歌的偏爱，他还写过一本“奥林匹斯山上的诸神”在家里演出），但是瓦格纳的见解至少使尼采心目中多少是朦胧的东西变得迅速清晰起来。在瓦格纳的影响下，尼采把艺术，特别是音乐，上升到了人生观的高度。他在 1871 年写的《悲剧的诞生》的前言中，明确标明此书是献给理查·瓦格纳的。

《悲剧的诞生》是尼采哲学的起点。在这本书中，尼采诠释了古希腊人的两种人生态度：阿波罗精神和狄奥尼索斯精神。阿波罗是希腊人的太阳神，即光明之神。在阿波罗神的光照下，万物披上了一层美丽的面纱。尼采认为，希腊是一个敏感的民族，希腊人对宇宙和人生的惊险恐怖有着深刻的洞察，这一点反映在他们的神话里，奥林匹斯山上的诸神没有一个是尽善尽美的。在某种意义上说，宙斯也是一位邪恶之王。但是，希腊人没有被人生的痛苦压倒，相反，他们的生活处处洋溢着幸福和欢乐。希腊人乐观的生活态度和他们的阿波罗精神是分不开的。阿波罗精神给他们提供了一个梦幻的世界。和真实的世界相比，梦幻的世界也许是虚幻的，但是，正是因为希腊人拥有这个梦幻的世界，他们才没有被宇宙的惊险恐怖攫住，才对宇宙和人生充满了豁达和乐观。他说：“现在，奥利匹斯灵山仿佛对我们敞开，露出它的根基来了。希腊人认识了而且感觉到生存之可怖可惧；为了能生活下去，他们不得不在恐惧面前设想这灿烂的奥林匹斯之梦的诞生。”①

狄奥尼索斯是希腊人的酒神。在尼采眼里，狄奥尼索斯是希腊精神的更真实的写照。每当酒神祭到来的时候，希腊人便成群结队地外出游荡，他们载歌载

① Nietzsche, *The Birth of Tragedy and The Genealogy of Morals*, trans. by Francis Golffing, New York, 1956, p.219.

舞，浑然忘我，放纵情欲，烂醉如泥。在这个时候，他们打破了一切阿波罗法则，任由自己的性情尽情地宣泄。在尼采看来，酒神狄奥尼索斯代表了真正的生命意志。不过，尼采指出，不要把希腊人的狄奥尼索斯精神和野蛮人的兽欲混为一谈。在更多的情况下，希腊人是把他们的生命意志用在生活和战斗中，在狄奥尼索斯精神的激励下，希腊人创造了许多人间奇迹，悲剧就是其中之一。

尼采说，希腊悲剧是从萨提儿歌队开始的。萨提儿歌队的成员没有把自己当成一场戏剧的演员或观众，相反，他们把自己当成了众神之争的真正参与者。扮海神女儿的歌队要真的相信自己亲眼看见普罗米修斯，并且认为自己就是剧中的真神。正如萨提儿歌队一样，希腊的观众也把自己和剧中人紧紧融为一体。尼采说："这种魔力是一切戏剧艺术的先决条件。在这魔力下，酒神祭饮者看见自己变成萨提儿。而且，又以萨提儿的地位来关照神。也就是说，他在变化时看到身外的一个新幻象，这使他的心境达到了梦境的高峰。"①

尼采指出，希腊悲剧不是对生命意志的限制，而是对生命意志的高扬。悲剧作为悲剧，总是以悲剧英雄的痛苦和牺牲作为终结的。在悲剧诗人索福克勒斯笔下，俄狄浦斯纵然聪明过人，却命定受苦受难，可是诗人的目的并不是使人悲观失望，而是使人认识到这是一切创新应有的代价。他说："诗人意味深长地告诉我们：这个高尚的人并没有犯罪。一切法律，一切自然秩序，甚至这道德世界，都因他的行动而毁灭，甚至通过这行为产生一个更高的神秘的影响范围，它在旧世界的废墟上建立一个新世界。"② 尼采用牧歌中的牧童比喻人生虚假的喜剧态度，用萨提儿歌队比喻人生的悲剧态度。他说："性灵的内在真实与冒充为唯一实在的文明虚伪之间的差异，等同于事物永恒的核心，即物自体，与全部现象界之间的差异。正如悲剧以其超脱的慰藉指出：即使现象不断毁灭，生存之核心却万古长青；同样，萨提儿歌队的象征以比喻的手法业已表现了物自体与现象间的原始关系。"③

---

① Nietzsche, *The Birth of Tragedy and The Genealogy of Morals*, trans. by Francis Golffing New York, 1956, p.56.

② Nietzsche, *The Birth of Tragedy and The Genealogy of Morals*, trans. by Francis Golffing New York, 1956, p.60.

③ Nietzsche, *The Birth of Tragedy and The Genealogy of Morals*, trans. by Francis Golffing New York, 1956, p.53.

尼采特别强调希腊悲剧中的音乐要素。他指出，日神阿波罗带给人的是一种静态的美，希腊的雕刻艺术和绘画就源于这种精神。这种静态的美虽然给人以庄严的感觉，却不足以代表生命意志。生命意志不是静态的而是动态的，只有音乐才能表明这种狄奥尼索斯式的生命律动。在尼采高度评价音乐："因为音乐不像其他艺术，它不是现象的复制，而是意志本身的直接写照……对一切现象而言是物自体（意志之表象之世界）。"① 音乐也把日神的梦境和酒神的醉境有机地统一在一起，构成了希腊悲剧的核心和灵魂。音乐把人的想象力激发起来，去塑造那生动活泼的精神世界，并且以寓言的形式把它形象化，从而使人产生了对醉境的象征性直观，"在连续突变中，这个悲剧根源就放射出喜剧的幻境，这幻境完全是梦境，既是梦境，所以带有史诗的性质。然而，另一方面，它是醉境心情的具体化，并不就是梦境家乡的救济；反之，它显示个人的毁灭以及个人与万有根源的结合。"②

《悲剧的诞生》问世后尼采哲学发生了一定的变化，他对以狄奥尼索斯精神为代表的生命意志加以大力强化，从而形成了他的强力意志说和超人哲学，而他对艺术，尤其是音乐的看法相对来说就不那么突出了。人们看到，后期尼采对瓦格纳大肆抨击，这种抨击在《瓦格纳事件》中达到了顶峰。尼采称瓦格纳为"典型的颓废者"、"戏子"、"响尾蛇"，把瓦格纳看作现代性的一个典型案例。在《人性的，太人性的》一书中，尼采还谈到音乐并不触及"意志"和"物自体"。这是否意味着尼采本人放弃他原来对艺术的看法呢？在我们看来并非如此。在同样是他后期思想的代表作《权力意志》中尼采这样写道："要正确认识这篇文章（——指《瓦格纳事件》——笔者注）人们应当为音乐的命运担忧，就像为不愈合的伤口感到痛楚一样。——假如我为音乐担忧，那创痛到底是什么呢？创痛就是音乐被剥夺了它那圣化世界、肯定世界的性格，就是因为它成了颓废之音，不再是酒神狄俄倪索斯的笛声了。"③ 这里，人们很清楚地看到，尼采只是对瓦格纳个人看法的改变，他所谓音乐不再触及"意志"和"物自体"

---

① Nietzsche, *The Birth of Tragedy and The Genealogy of Morals*, trans. by Francis Golffing New York, 1956, p.99.

② Nietzsche, *The Birth of Tragedy and The Genealogy of Morals*, trans. by Francis Golffing New York, 1956, p.56.

③ 尼采：《权力意志》，张念东、凌素心译，商务印书馆 1994 年版，第 92 页。

也是针对现代音乐的异化来说的。也就是说，尼采本人始终在坚持他的处女作中的基本观点。

第二节　对柏拉图主义的批判

从《悲剧的诞生》起，尼采就把与柏拉图主义的抗衡视为自己的主要使命。可以说，尼采穷其一生所致力的就是这项工作。在尼采看来，柏拉图主义是欧洲文化史上不可原谅的错误，它软化了生命意志，造成了欧洲文化和欧洲人的全面颓废。整个西方文化都受到了柏拉图主义病毒的感染而呈现出一种羸弱的病态。尼采指出，两千年来的欧洲文明史，是一部地地道道的虚无主义的历史，欧洲人原始的生命力被这部漫长的历史消磨殆尽。为此，尼采不惜以重病的身体和孤独的精神同它作殊死的斗争，他的那些犀利的文字和声嘶力竭的呼喊使人仿佛看到了普罗米修斯被宙斯囚禁于高加索山时的情形。尼采希望有一支悲剧歌队和他一起呼出失落了的狄奥尼索斯精神，

尼采把悲剧精神的消失归咎于苏格拉底。随着苏格拉底的出场，希腊人的悲剧精神不见了，取而代之的是另一种文化，尼采称之为科学文化或亚历山大里亚文化。他说："为了授予苏格拉底以这样领导地位的荣誉，那只需认识他是一位前所未有人物的典型——理论家的典型。"[①]关于苏格拉底哲学的危害，尼采总结说："我们只需看看苏格拉底格言的恶果，他说'德即是知，犯罪是由于无知，有德的人是快乐的人。'悲剧的灭亡就是由于这三个乐观主义基本公式。"[②]尼采指出，自从苏格拉底时代以来，建立概念、判断、推理等手段被视为最值得赞美的天赋，甚至最崇高的美德也都导源为知识问题。苏格拉底相信宇宙间的一切都可以通过知识的途径来认识，他对知识抱有一种近乎癫狂的痴迷。尼采断言："如果说古代悲剧是因辩证的求知欲和科学的乐观主义之影响而离开了它的正轨，这件事实就会令我们断定理论的世界观与悲剧的世界观之间有着永恒的斗

① Nietzsche, *The Birth of Tragedy and The Genealogy of Morals*, trans. by Francis Golffing, New York, 1956, p.92.

② Nietzsche, *The Birth of Tragedy and The Genealogy of Morals*, trans. by Francis Golffing, New York, 1956, p.88.

争；唯有在科学精神已到了日暮途穷，它自命的普遍有效性被证明为毕竟有限之后，我们才能指望悲剧之再生。”①

由苏格拉底肇始的理性主义在柏拉图那里达到了系统化。柏拉图把世界一分为二，理念世界是真实的，现象世界是不真实的。正是这个“神话”对欧洲文明造成了巨大的危害。

尼采对柏拉图主义的批判，集中表现在基督教道德和现代理性主义的批判上。在尼采看来，基督教和现代理性主义都是柏拉图主义的表现形式。基督教是柏拉图理念论的必然产物。他说：“柏拉图虚构了一个理性世界，理性和逻辑功能所适合的世界——由此得出‘真实的’世界；宗教家虚构了一个‘神性的’世界——由此得出‘非自然化的、反自然的’世界。”② 柏拉图主义同样存在于现代。不管现代性在多大程度上反对柏拉图哲学，也不管现代性在什么意义上反对基督教，它的实质都是柏拉图主义，因为它把理性看作永恒不变的“真实世界”这一点和柏拉图一脉相承。尼采说，现代实证主义标榜自己与神学和形而上学决裂，但充其量，它也不过是一种“颠倒了的柏拉图主义”罢了。

尼采指出，柏拉图的两个世界论，为基督教的救赎理论提供了根据。从柏拉图的理念论出发，基督教不但虚构了一个完满的彼岸世界和一个不完满的此岸世界，而且指明了从后者到前者的通路——救赎。基督教神学思想的核心是罪与罚。按照基督教教义，生命是罪恶，人活着就应该受苦，痛苦是对生命的惩罚。基督教认为人生就是一个赎罪过程，这一过程甚至没有终结，它将一直延续到世界的末日。他说，面对这个过去的东西，基督教提出来的救赎方法是以现实生命的各种痛苦去解救，但结果是，痛苦不但没有获得减轻反倒不断增强。因为基督教中的罪是原罪，人类在有生之日注定无法得到洗刷和解脱，这样，生命便永远受到谴责和否定。尼采揭露说，“基督教一方面相信惩罚的力量，另一方面又相信宽恕的磨灭力量：两者都是宗教偏见的欺骗——惩罚并不能代表赎罪，宽恕也不能磨灭什么，覆水难收。某人遗忘了某事，这一点绝没有表明某事不再存在。一种行为会在人之内或人之外得出自己的结果，至于这种行为是否被视为受到了惩罚的、‘赎罪了的’、‘被宽恕了的’或者‘被磨灭了的’，那是无关紧要的，至

---

① Nietzsche, *The Birth of Tragedy and The Genealogy of Morals*, trans. by Francis Golffing, New York, 1956, p.104.

② 尼采：《权力意志》，孙周兴译，商务印书馆 2007 年版，第 1090 页。

于基督教是否在此期间把自己的案犯封为圣徒，那也是无关紧要的。”①

尼采指出，在基督教信仰与神学的各种形式中，存在着“牧师的欺骗”。这种欺骗把人拖离此世、拖向种种虚幻的超现实。“一种鼓吹‘爱’、鼓吹遏制自我肯定的学说和宗教，一种鼓吹忍辱负重、助人为乐、言行上的互惠的学说和宗教，在这些民众阶层内部可能具有最高的价值，即使以统治者的目光来看也是如此，因为它遏制对抗感、复仇感、嫉妒感，那些失败者的过于自然的情感，——它以谦卑和驯服为理想，把失败者身上的奴性、受统治、贫困、疾病和低贱品质神化了。这就说明了为什么每个时代占统治地位的阶级或种族和个人都要维护舍己为人的崇拜、低等人的福音、‘十字架上的上帝’。”②他说道：“我把基督教视为最为有害的引诱谎言，这种谎言存在至今，堪称邪恶的大谎言：我竭力提倡与它抗争。小市民道德即万物的尺度：这是文化迄今为止出现的最令人恶心的退化。再加上这种把上帝悬搁于人类之上的理念！”③

尼采认为，基督教道德实际上是一种奴隶的道德。基督教宣扬“同情”、“邻人之爱”，奴隶们正是根据基督教所宣扬的友谊、同情、宽恕等道德原则来为他们的卑下地位辩护的。他说，“更确切地讲，基督教就是适应于妇女、奴隶、非高贵阶层等大众的宗教。”④尼采说，基督教造就的基督徒，都是一些“家禽动物”、“羊群动物”或“柔弱的人类动物”。基督教宣扬这种奴隶道德的目的则是为了把人变成道德的奴隶。尼采在《反基督徒》中断然说道：“我们不应该美化和装饰基督教，因为它已断然向这种更高类型的人宣战；它已把这个类型的一切基本本能都置于诅咒之列；它从这些本能中拣出罪恶和恶魔；它认为坚强的人是典型的不可饶恕的人，是‘堕落者’。基督教与一切柔弱的和卑下的东西携手；它把一切与坚强生活中本能相矛盾的加以理想化以自保；它教人们相信精神的最高价值是有罪的东西，是陷入错误的东西，它用这种方式在精神上腐化最强者的理性。”⑤“什么比无论何种恶习更有害？——行动上对一切弱者和失败者的同情——基督教。”⑥

---

① 尼采：《权力意志》，孙周兴译，商务印书馆 2007 年版，第 1067 页。

② 尼采：《权力意志》，孙周兴译，商务印书馆 2007 年版，第 951 页。

③ 尼采：《尼采文集》第 3 卷，周国平译，青海人民出版社 1995 年版，第 568 页。

④ 尼采：《权力意志》，孙周兴译，商务印书馆 2007 年版，第 808 页。

⑤ Nietzsche, *The Antichrist*, Reprinted in The Portable Nietzsche, Penguin, 1954, 5 part.

⑥ 尼采：《权力意志》，孙周兴译，商务印书馆 2007 年版，第 904 页。

尼采指出，对待生命的痛苦可以有两种态度，一种是通过宣扬痛苦否定生命，磨灭生命意志，另一种是通过宣扬痛苦肯定生命，弘扬生命意志，基督教主张第一种，苏格拉底以前的希腊人则主张第二种。他说："生命不会通过使痛苦内化来摆脱痛苦，恰恰相反，酒神从生命之外的因素来肯定痛苦。于是狄奥尼索斯与基督教的对立发展为肯定生命（对生命极尽溢美之辞）与否定生命（对生命极尽贬低之能事）的对立。在酒神的受难中，人们只看到了肯定生命最极端的形式，而看不到减弱、反对或选择的可能。而基督教，则使人们的苦难变为一种痉挛和麻木，让苦难成为谴责生命和反对生命的手段，甚至成为检视生命是否正当以及消除矛盾的手段。"①

在尼采以前，对基督教的批判不乏其人，法国实证论者、德国社会主义者、英国达尔文学派都对基督教进行过尖锐的甚至是严厉的批判，可是在尼采看来，他们都不曾触动基督教的根基。他们既不知道基督教的起源也不懂得基督教的实质。尼采认为，要揭穿基督教，必须从谱系学的角度看待它，指出它和柏拉图主义的血肉联系。而要认识基督教的本质，则必须把它和生命意志相对照，这些人没有站在生命的高度控诉基督教，所以他们也不可能彻底地战而胜之。

中世纪以后，欧洲迎来了启蒙主义的大潮，启蒙主义把理性推崇到无以复加的程度。科学成了理性主义耀眼的明珠。当启蒙主义者高喊让一切都接受理性检验的时候，他们心目中实际上是让一切都接受科学的检验。在尼采看来，现代欧洲理性主义是柏拉图主义的继续，它所造成的结果并不比基督教更好。

尼采指出"我们所认识的唯一理性之物，就是人身上有一点理性"，② 世界上各种纷繁复杂的力量是没有理性的。理性起源于逻辑，尼采说，"逻辑曾被认为是一种减轻：作为表达的手段，——而不是作为真理——到后来，它却发挥了真理的作用。"③ 尼采认为，逻辑是生活必需的，它是有用的，是增强人们力量的工具，但它不是真理，因为它并不起源于存在，而是起源于可以致思的条件。这种条件指的是，似乎有什么东西是同自身相一致的。④ 他说，这个世界之所以表现为逻辑性，是因为我们事前就把这个世界逻辑化了。尼采揭露说，"逻辑对'真

① 尼采：《尼采反对瓦格纳》，卫茂平译，华东师范大学出版 2007 年版，第 5 页。

② 雅斯贝尔斯：《尼采其人其说》，鲁路译，社会科学文献出版社 2001 年版，第 228 页。

③ 尼采：《权力意志》，孙周兴译，商务印书馆 2007 年版，第 1305 页。

④ 雅斯贝尔斯：《尼采其人其说》，鲁路译，社会科学文献出版社 2001 年版，第 226 页。

实世界'的虚构是人类史上最大的谎言"，"'理性世界'是编造出来的。"[①]"世界之所以对我们呈现为一个'理性世界'，也是因为我们事先就用理性的眼光去看它了"。[②]

以理性为基础的数学和实验自然科学的显著成就，使许多西方思想家相信科学具有至上权威。他们把科学当作普遍有效的尺度和万能的工具，似乎一切都可以由科学来建立，一切都可以由科学来裁决。尼采则认为，科学无法给人指明生活的目标，更与人们的幸福无缘。他说："人们对真理的要求同人的福祉之间，没有先定的和谐。"[③]尼采指出，科学不是万能的，它不能解决自身的问题，即科学的价值问题。把无止境地追求"真理"作为科学的最高价值，为科学而科学，是一种虚无主义。在人们的生活中，"一件事情不合理性，这并不是反对存在的理由，而是它的某种意义之所在。"[④]尼采对科学的客观性也进行了反驳。他指出，知识永远不可能是无利害的，科学的客观性只是一种虚构。科学的最终目的应是人生。科学的价值存在于同人类其他目的和价值的关系中。解释这个世界的是我们的需要，尼采说道，"要是人类真的依自身的理性行事，即以自己的见解和知识作基础来行事，则人类早就毁灭了"[⑤]。

尼采十分注重价值问题，他不问"知识如何可能"，而问"为什么需要知识"。他指出，实证主义者对世界的解释是最苍白的。一种自诩追求真理的纯科学，只能从机械方面来解释人类世界。机械论的科学真理把我们生动活泼的世界变成了一个死板的无意义的世界。科学不能够帮助我们创造新的生活，相反它压制了自我创造的自由精神，无法帮助我们肯定生活的价值。尼采说："在一切理性种类（不断出现此类理性种类的苗头）那里，生命将归于失败，——生命变得漫无头绪。"[⑥]实证科学眼中的自然现象是不存在任何内在价值的。为了追求实证主义的客观性，我们付出了沉重的代价。它使我们远离了生动活泼的日常生活，把一个七情六欲的世界变成了一个神经生理学、物理学的标本陈列馆。启蒙主义者鼓吹

① 尼采：《偶像的黄昏》，周国平译，湖南人民出版 1987 年版，第 24 页。

② 尼采：《尼采与形而上学》，周国平译，湖南教育出版社 1990 年版，第 96 页。

③ 雅斯贝尔斯：《尼采其人其说》，鲁路译，社会科学文献出版社 2001 年版，第 188 页。

④ 雅斯贝尔斯：《尼采其人其说》，鲁路译，社会科学文献出版社 2001 年版，第 227 页。

⑤ 雅斯贝尔斯：《尼采其人其说》，鲁路译，社会科学文献出版社 2001 年版，第 227 页。

⑥ 尼采：《权力意志》，孙周兴译，商务印书馆 2007 年版，第 1068 页。

理性决定一切，尼采则反其道而行之，他说："巴门尼德说：'凡不存在的，就不能被思考'——我们则处于另一端，说：'凡能够被思考的东西，必定是一种虚构。'思想抓不住实在。"[①] 尼采认为，意识是人类的发明，只有身体是实实在在的。尼采呼吁，让身体自足地运转起来，让万事万物接受身体的检测，使身体成为行动的凭据和基础。真理和知识是身体的解释产品，这种知识不再从意识中产生，它产生于身体的疼痛、欢乐或者苦楚、笑声或者眼泪，它产生于身体的灵机一动。

依据同样的思想，尼采也批判了实证主义的历史观。以兰克为代表的实证史学主张以一种实证和批判的精神"客观地"研究历史，但尼采认为，这种科学的真正动机不是为了服务于生命，而是纯粹地为了追求知识。一旦对历史知识的追求超过了生命的接受限度，那么它就必将损害生命，因为它破坏了使生命得以健康成长的条件，而这种条件则恰恰是一种"非历史"的意识。尼采以动物为例，说明了这种"非历史"的意识对生命的意义。[②] 动物没有记忆，永远生活在当下的瞬间状态，而这种"遗忘"的本能恰恰保证了它能健康地生活。但人与动物不同，他拥有记忆，所以能够感觉到时间的生成和生命的流逝。这种历史主义使现代意识负荷了太多的历史知识，已经丧失了人生的可塑性力量："历史的过量侵害了生命的创造力。"[③] 一旦人完全被这种历史意识所主宰，那么他就将为虚无感所左右，彻底丧失生活的动力和目标，丧失人本有的生命力。

尼采不仅从现代科学中看到了柏拉图主义，而且从现代民主运动中看到了柏拉图主义。现代民主运动宣扬平等、自由、博爱，尼采认为，这和传统的基督教所宣扬的价值原则毫无二致。尼采宣称他发现了两种主要的道德类型："主人道德和奴隶道德。"[④] 所谓奴隶道德是指被他比作畜群的普通人、"下等人"所遵奉的道德。这些人缺乏旺盛的生命力和激情，没有奋发有为的生活理想和自我创造的愿望，他们把获得功利当作生活和行为的准则，把怜悯、同情、仁慈、宽恕等品德赞为美德，把强者和具有独立个性的个人当作恶人。他们害怕、嫉妒、仇视强者，企图通过把自己所遵奉的畜群道德原则当作绝对原则来对抗强者。基督教

---

① 尼采：《权力意志》，孙周兴译，商务印书馆 2007 年版，第 1068 页。

② 尼采：《历史的用途与滥用》，陈涛译，上海人民出版社 2000 年版，第 2 页。

③ 尼采：《历史对于人生的利弊》，姚可昆译，商务印书馆 2000 年版，第 73 页。

④ 尼采：《权力意志》，孙周兴译，商务印书馆 2007 年版，第 1222 页。

诚然是这种道德的始作俑者，但现代理性主义者也绝不逊色。现代理性派思想家、民主主义者乃至社会主义者无一例外地把他们所宣扬的平等、自由、博爱当作反对贵族、主人阶级、上等人的工具。尼采说道：“当心道德：它使我们自身贬值——当心同情：它使他人的困苦加重我们的负担——当心‘精神智慧’：它败坏性格，因为它使我们极其孤独，而孤独意味着无约束无义务”①。

尼采认为，一个“人人追求平等、人人也都事实平等”的社会，一个公意取代了神意，晨报取代了晨祷的社会，不但不是文明的进步，而且是人类堕落的极点。在这样一种“普遍同质”的现代社会，两千多年的西方文明历史彻底“终结”，因为西方人除了低贱的“畜群道德”和“末人”理想，除了贫乏而空洞的“权利”或“自由”之外，再也没有任何伟大的奋斗目标或生活信念。用尼采的话说，他们除了追求虚无，再也无所追求。既然已经失去生活的目标，那么现代人就只能选择低贱的犬儒主义，把卑下的“自我保存”作为自己的“幸福”或目标，他们是一群没有牧人的羊群，既不关心“统治”，也不关心“服从”；既没有贫困，也没有富裕。毫无疑问，这个末人社会正是柏拉图主义的现代变形：作为“上帝死了”的直接后果，末人就是从洛克到黑格尔以来所有现代性思想家所追求的目标，也是他们所要的“尘世的意义”。

从《悲剧的诞生》到《查拉图斯特拉如是说》，尼采完成了柏拉图主义历史的最后叙事。尼采解构了柏拉图、基督教和现代理性主义所谓的“真实世界”，指出了它的虚构性和欺骗性。在尼采眼里，“真实世界”已经是一个无用的、多余的理念。但假如废除了“真实世界”，那么我们是否应该像实证主义那样恢复那个“假象世界”呢？尼采的回答是：“绝对不是！”尼采深刻地指出，与“真实世界”一道，我们也废除了“假象世界”。因为所谓的“假象世界”恰恰是以“真实世界”为参照或根据的；倘若后者消失了，前者当然必然消失。

第三节　权力意志与永恒轮回

尼采在《快乐的科学》里宣布了上帝的死亡：在一个清晨，一个疯子手提一盏灯笼，来到市场上，他不停地大叫：“我找到上帝了！我找到上帝了！”一群不

① 尼采：《权力意志》，孙周兴译，商务印书馆 2007 年版，第 711 页。

信神的人围在他的身边，议论纷纷，哄然大笑。这个疯子突然闯进人群之中，他大声喊道："我老实对你们说，我们杀死了他——你和我！我们都是凶手！"①

尼采指出，上帝之死是人类历史上具有划时代意义的大事件。因为随着基督教上帝的信仰被摧毁，以这种信仰为基础的那些东西，例如全部欧洲人的道德，也要随之坍塌，这将引起巨大的、连续性的崩溃、毁灭和倾覆，推倒人们面前所矗立的一切。

尼采认为，在旧价值观崩溃以后，建立一种新价值观就成了当务之急，因为人不可能无价值地生活。然而，建立一种什么样的价值观呢？在尼采看来这种价值观显然不能是柏拉图主义的翻版，而只能是一种根本不同于柏拉图主义的价值观。尼采说，他对柏拉图主义的批判已经包含了这种价值观要素。他说："肯定地，我从你们那里拿去了上百种论调和你们道德的心爱玩具；你们现在气恼我，有如儿童之气恼。他们在海边玩耍——一个浪打来，把他们的玩具卷到深处：他们便哭泣。但相同的浪将给他们带来新的玩具，把色彩斑斓的贝壳展现给他们。"②

尼采给人们带来的这种色彩斑斓的价值观就是前苏格拉底的希腊人所信奉的生命意志。尼采指出，和柏拉图主义宣扬的天国的意志不同，生命意志来自大地。他在《查拉图斯特拉如是说》中屡次呼唤人们把目光从天国转向大地，倾听大地的声音。此外，尼采认为生命意志也不同于叔本华所说的生存意志。他说："他用这个公式：'生存意志'射向它，当然不会射中要害：这种意志——不存在！凡不存在者，就不能有意志；但凡已存在者——又如何对存在趋之若鹜！哪里有生命，哪里也有意志：可是，——我在这里教导说——不是向生命之意志，而是向权力之意志。"③这就是说，生命意志不应该理解为生命的存在，而应该理解为生命的权力或生命的力量。

首先，尼采认为，权力意志的核心不是保存，而是创造。生命是一种冲动、冲力、创造力，或者说一种不断自我表现、自我创造、自我扩张的倾向。这种意

---

① 王岳川编：《尼采文集》，周国平等译，青海人民出版社 1995 年版，"序言"第 246 页。

② Nietzsche, *Thus Spake Zarathustra*, trans. by Thomas Common, China social science publishing house, 1999, p.108.

③ Nietzsche, *Thus Spake Zarathustra*, trans. by Thomas Common, China social science publishing house, 1999, p.127.

志表现于内时，是为潜能，表现于外时，是为动能。他说："我需要以'权力意志'这个起点作为运动的本原。因此，运动不可能是受外部制约的——不是被引发的。"①"我把自己的意志概括为'原因'概念：(causa efficiens [作用因、动因] 与 causa finalis[目的因] 在基本构想上是一体的)。"② 在尼采看来"意志"本身就是要求超出自身的强大的东西，它是生命本身要求扩张、要求超越自身的意志。所以，"意志"不是"无"，而是"充溢"；是一种特殊的"有"，"意志"因其"充溢"而变得有"力量"。权力意志是价值的最高尺度，是一切价值的基础，是最高的价值尺度。权力意志可以衡量人类的一切精神文化价值。

其次，尼采认为，权力意志不是痛苦的意志，而是欢乐的意志。他说："'生命不值得'、'听天由命'、'为什么流眼泪呢'——这是一种软弱而伤感的思维方式。'一个快乐的怪物也胜于一个令人厌烦的感伤者。对任何一种健康人来说，生命的价值绝对不是以此类次要事物为尺度的。而且，一种痛苦的优势或许是可能的，但尽管如此，它却是一种强大的意志，一种对生命的肯定。"③ 将痛苦化作一种兴奋剂，在痛苦中肯定、完成生命的意义，这才是生命意志的真谛。因此，权力意志是肯定的、积极的。权力意志是一种巨大无比的力量，永远在流转移形，永远在回流，是一种不知满足，是不知厌倦和不知疲劳的。它是世界的动力和本源。"这个世界就是权力意志——岂有他！你们自己也是这个权力意志——岂有他！"④

尼采在他的权力意志的基础上建立起了他的"超人"的人生哲学。尼采强调，"超人是大地的意义"⑤。这种"大地的意义"在"永恒轮回中"得到了生动的描述。在尼采看来，大地不是了无生气的死板的物质，而是活生生的生命律动。在《查拉图斯特拉如是说》中，尼采借查拉图斯特拉之口，赞美了春之鲜活，夏之繁茂，秋之丰盈，冬之肃穆。时光流转，万物轮回。"万物去兮，万物归来；生存之轮永恒转动。万物灭绝兮，万物复繁盛，生存之年岁永恒轮回。万物破碎兮，万物

---

① 尼采：《权力意志》，孙周兴译，商务印书馆 2007 年版，第 1001 页。

② 尼采：《权力意志》，孙周兴译，商务印书馆 2007 年版，第 1002 页。

③ 尼采：《权力意志》，孙周兴译，商务印书馆 2007 年版，第 455 页。

④ 尼采：《权力意志》，孙周兴译，商务印书馆 2007 年版，第 496 页。

⑤ Nietzsche, *Thus Spake Zarathustra*, trans. by Thomas Common, China social science publishing house, 1999, p.28.

重整合；永恒建造那本就是相同的生存之家。一切都是相互分离的，一切又都在相互致意；永恒真理就是那本来就是的生存年轮。”① 在尼采看来，不死的是意志，有死的也是意志，正是在一个个意志的生生不息中，构成了大地的永恒，时间的永恒，生命的永恒。没有死亡就没有诞生，没有痛苦就没有欢乐。尼采认为，万物的竞争，是生命的竞争，生命力强大的吞噬生命力弱小的，乃是亘古不变的宇宙法则。竞争不会导致毁灭，而会导致生命力的更加兴盛。

正像宇宙万物都在不断地超越自己，奋发向上一样，人类也应当不断超越自己，成为超人。“上帝已死，我们现在希望超人诞生。”②“来，我叫你们作超人。”③ 在尼采看来，人类还远远没有完成它的历史使命，他说，人类正处在猿和超人之间。正如猿的目标是人类一样，人要完成从人到超人的过渡。那么如何完成这个过渡呢？尼采在《查拉图斯特拉如是说》中，提出了他著名的“精神三变”的隐喻。他说：“我给你们精神的三个隐喻：精神如何变成骆驼，这骆驼又如何变成狮子，最后变成婴儿。”④ 他指出，要实现“超人”的目标，人首先就需要骆驼的负重性格，骆驼屈下膝来，以便承载更多的重物，然后它迈开步伐，向旷野走去。长期的野性使它成了狮子。狮子是王者的标志，它是自由的，也是残忍的。为了胜利它同巨龙搏斗，那巨龙就是千年以来形成的“应当如此”。当狮子用它的“意志”战胜了巨龙以后，尼采说，它的下一个使命就是变成一个婴儿。婴儿是纯真的标志，是新的创造物的标志，也是成长的标志。如果说狮子展示了对传统价值说一声“不”的力量，那么婴儿则展示了一种新的正在成长的力量：“是。”它是在否定基础上的肯定，是在吸收、批判基础上的创造。

超人的意义首先在于对传统价值进行重新评估。人究竟应以什么样的方式生存？ 人又怎样表现出其价值？ 在尼采看来，隐藏在人的生命内部的一种“满溢的生命感和力量感”，也就是人类本来的内在自然生命力。尼采认为只有生命本身才是评判一切价值的标准，认为人类必须超越自我，树立一个高于自身的目

① Nietzsche, *Thus Spake Zarathustra*, trans. by Thomas Common, China social science publishing house, 1999, p.223.

② 尼采：《查拉图斯特拉如是说》，楚图南译，湖南人民出版社 1987 年版，第 32 页。

③ Nietzsche, *Thus Spake Zarathustra*, trans. by Thomas Common, China social science publishing house, 1999, p.28.

④ Nietzsche, *Thus Spake Zarathustra*, trans. by Thomas Common, China social science publishing house, 1999, p.43.

标，使人的生命本质高高扬起，才能真正体现人的价值。“什么是好的？——所有能提高人类身上的权力感、权力意志、权力本身的东西。什么是坏的？——所有来自虚弱的东西。什么是幸福？——关于权力在增长的感觉，——关于一种阻力被克服了的感觉。”①超人的意义还在于恢复人的本真的存在。这种本真的存在来自大地，它不再寄望于虚无缥缈的天国，它身上鸣发着大地的音响。它不再用虚饰、谎言和美丽的道德外衣包装自己。它不加掩饰地赞美身体的需要，身体的力量，身体的能量。它不是压抑而是弘扬一切有益于生命的东西。在尼采的著作中，的确可以随处找到他对“末人”、对“下等人”、对“民众”和民主的憎恨。例如，他说：“较高级的人要向民众宣战！庸碌之辈为了当家做主的目的到处伸手。一切纵容包庇和认‘人民’或‘女性’出人头地的做法，都等于赞成‘普遍选举权’，即赞成劣等人的统治。但是，我们必需报复，要把这全部家什（欧洲自基督教始）暴露无遗，交付审判。”②但是，在我们看来，与其说这是尼采对平民的憎恨，不如说是对柏拉图主义流毒的憎恨。婴儿不是一切人中最无知、最软弱的人吗？但尼采并不憎恨婴儿。因此，在尼采看来，人与其说是天然软弱的，不如说是天然生机勃勃的。人的软弱在很大程度上说是柏拉图主义的长期统治造成的。克服柏拉图主义，恢复人的本真的存在，就是对人的最大的爱。诚然，尼采认为，并不是所有的人都能够做超人，成为超人始终只能是少数，但问题在于，在尼采看来，人类应该按照这一方向发展。他理想中的人是肩负使命、富于生机和活力、敢于挑战和创新的人。总之，尼采是本着“道法自然”的精神提出他的超人学说的。在这种意义上说，尼采的超人学说是对大地的礼赞，对生命的礼赞，也是对人的礼赞。

我们习惯上认为，尼采的哲学是唯意志主义，尼采是一个反理性反科学的哲学家。其实尼采反对的是柏拉图主义影响下的理性主义文化：反对的是一种高高在上自以为可以认识绝对真理的科学。“人类生活中，理性是必需的。他那一丁点儿理性需要人去尽力争取，如果人要听天由命的话，这一丁点儿理性会愈发凋谢的。”③所以尼采要求人凭自己的理性尽力去掌握事物，而不是以天命为名义，舒舒服服地听命于各种情况。“通过严格的方法可以获得些许真理。”同样在尼采

① 尼采：《权力意志》，孙周兴译，商务印书馆 2007 年版，第 904 页。

② 尼采：《权力意志》，张念东、凌素心译，商务印书馆 1994 年版，第 125 页。

③ 雅斯贝尔斯：《尼采其人其说》，鲁路译，社会科学文献出版社 2001 年版，第 230 页。

看来，对科学的盲目崇拜只是宗教的一个浅薄替代品。但是对于正当的科学和科学知识，尼采不但不反对，而且还积极提倡。尼采曾在《快乐的科学》中表示“向物理学欢呼致敬”。[①] 尼采说，道德被崩溃以后，我们变得有些认不出自己了。在这种情况下，物理学便成了心灵的慰藉。道德被祛除以后，作为一种认知方式的科学又获得了新的魅力。科学不仅是一种同其他视角一样有价值的视角，从文化背景和对自然的控制方面看，它还是一种解释的实践活动。科学如正确地定位自己，就能够在知识领域发挥它的价值。实证科学的问题在于：它忘记了，自己只是基于某种特殊需要从一个特定的视角对世界所做的一种解释。

① Nietzsche, *The gay science*, trans. by Josefine Nauckhoff, New York: Cambridge University Press, 2001, 335 part.

第五章

理想·价值·符号文化：新康德主义的文化观

19世纪中叶，以物理学、生物学为代表的自然科学迅猛发展，并加紧向传统的人文学科领域渗透，心理学、社会学就是这种渗透的产物。心理学和社会学企图用自然科学的方法解释人的精神生活和社会生活，并最终把人的精神性和社会性还原为人的自然性和物质性。这种趋势引起了一些德国哲学家的不满。这些哲学家无论如何不能容忍用自然科学的方法解读人和人类社会，为捍卫人的独立性和精神的尊严，他们作了不懈的探索。他们反对实证主义、唯物主义等把精神物质化的哲学理论，反对把精神科学归结为自然科学。他们的思想资源总体来说当然还是古希腊哲学，但是鉴于黑格尔哲学的失败，他们认为古希腊以来的本体论学说已经过时了。为了寻找适合他们思想的当代哲学基础，他们不约而同地把目光转向了康德。康德哲学也带有古希腊哲学的本体论特征，例如，它设定了一个不可知的本体——自在之物，然而康德哲学的主要部分毕竟不是本体论的而是认识论的。在这些德国哲学家看来，康德哲学的基础是人，康德哲学捍卫了人的独立性和精神的尊严，同时也没有和自然科学相冲突。可以说，康德哲学一方面继承了希腊人对精神（理念）的追求，另一方面又抛弃了希腊人把思维等同于存在的形而上学思想。于是，他们提出了“回到康德去”的口号。这些哲学家被人们称为新康德主义者。新康德主义发端于19世纪下半叶，在19世纪末20世纪初主导了德国哲学界，是继德国古典哲学之后持续时间最长的哲学流派。新康德主义者因其研究的旨趣不同而分成了不同的学派，大家公认的新康德主义主要是马堡学派和弗莱堡学派。他们的共同特点是主张认识论的唯心主义，即强调理想、价值的观念性，认为这种观念性来自人的先天的理性形式，而并非来自所谓的物自体。新康德主义又被称为批判的唯心主义，它不但要批判与唯心主义相对的各种哲学流派，而且要批判传统唯心主义本身的形而上学性。新康德主义者对自然科学和精神科学都作了认真的反思，他们的观点对后来的哲学，特别是现象学和文化哲学产生了重大而深远的影响。

第一节　马堡学派的理想主义

康德在《纯粹理性批判》"第一版序言"中说，他的批判不是指对诸书籍诸体系的批判，而是指对理性认识能力的批判，这种批判关系到形而上学的可能性及其源流和范围。简言之，康德认为他的《纯粹理性批判》是对人的认识能力的批判，康德在该书中着力审查的是知识可能的条件问题。在《未来形而上学导论》中，康德说明了他的研究思路，那就是从数学和自然科学知识可能性的条件着手，由此来确定未来科学形而上学的可能性。康德从人类知识可能性的条件出发论述人类认识本质的思路对马堡学派的哲学家具有极大的启发意义。在他们看来，当今的自然科学成就无可争辩地说明了自然科学的价值，如果揭示出自然科学可能性的条件，那么就为科学知识的合法性提供了最终的根据。因此，马堡学派把自己的一个研究方向规定为探索科学知识条件的问题。解决问题的方法是从科学事实出发，揭示这种知识的客观的逻辑前提。他们也像康德一样发问：科学知识是如何可能的?

马堡学派之所以重提这个问题，是因为康德的回答已不再令他们满意。那托普在《康德和马堡学派》中写道："有人说马堡学派奉行正统的康德哲学，这种说法任何时候都没有坚实的根据，随着马堡学派的进一步发展，这种说法连一点儿最轻微的根据也失去了。"① 马堡学派的确没有奉行正统的康德哲学，而是大大发挥了它。

康德关于科学知识如何可能的回答是明确的，那就是用先天的认识形式整理后天的感觉材料。具体地说，用先天的时间空间整理感性材料，保证了数学几何学知识的普遍必然性；用先天的范畴整理感性对象，保证了自然科学知识的普遍必然性。马堡学派的哲学家认为，康德强调先天的认识形式是正确的，问题在于，康德对感觉材料和感性形式、感性形式和知性范畴作了截然二分。在他们看

---

① 那托普：《康德和马堡学派》，转引自 K.C. 巴克拉捷：《近代德国资产阶级哲学史纲要》，涂纪亮等译，中国社会科学出版社 1980 年版，第 176 页。

来，康德的这种看法是过时的，也是没有根据的。马堡学派利用19世纪下半叶以后的数学和物理学等自然科学的最新材料对康德哲学的上述观点进行了修正。

柯亨指出，康德没有对感性的作用以及它与思维的关系作出合适的说明。康德把感觉材料看作是在先的“所与”是不正确的，感觉材料不是预先给定的，而是从一开始就是被思维设定的。感觉并不单一，而是杂多的统一，所以感觉实际上是知觉。知觉也不是纯粹的存在，其中必然包含着思维的成分。柯亨指出，“感觉嘟嘟囔囔说不清楚（stammalt），思维头一个创造出词。感觉意味着一种模糊的意向；它指向何处呢？这首先由思维来说明。思维头一个给这种意向指出达到目的的方向。”① 人们通常认为感性对象是真实存在的，可是从科学的观点看，它们并不真实。它们其实是“问题的符号”，等待着我们去译解。感觉中呈现的光、颜色、声音、滋味、气味从科学上看是光波、声波、分子运动和电磁振动，而这些运动也是由纯粹思维造成的。祖瑞克说：“如果知识是指称现实的，那么对柯亨来说，作为可感材料组成部分的感觉，就其能够被数学地确定来说，仍然是必不可少的，可是在柯亨那里，感觉的所与成了数学和逻辑思维的要素。实在的给予，一般来说关于某物的给予，是思维的义务，而不是感觉的义务。”② 卡西尔指出，在科学中，原子这个概念不是现实的反映，而是思想的支点，它是一个科学假设，以便科学家说明有关的现象。其他的科学概念也是如此。思维既创造了对象的形式，又创造了对象的内容。他说，“随着物质的内容越来越清楚地被归结为由数学所创造、所检验的理想观念，物质本身就变成观念了。”③

马堡学派对康德的“物自体”也进行了重新解释。其代表人物柯亨、那托普、卡西尔都不否认自然界的存在，但是他们认为作为科学研究对象的自然界只能是科学阐释的自然界，离开这个自然界谈论所谓“自在之物”的绝对存在是没有意义的。康德假定在我们之外的物自体存在并且认为这个物自体是我们认识的来源，这给他自己造成了不必要的麻烦。因为，如果我们的认识来自这个“物自体”，那么我们就得承认物自体是我们认识的源泉，我们得按照物自体影响我们

---

① 柯亨：《纯粹认识的逻辑》，转引自K.C.巴克拉捷：《近代德国资产阶级哲学史纲要》，涂纪亮等译，中国社会科学出版社1980年版，第196页。

② *Hermann Cohen's Critical Idealism*, Reinier Munk（eds.）, Springer, 2005, p.15.

③ 卡西尔：《认识和现实》，转引自K.C.巴克拉捷：《近代德国资产阶级哲学史纲要》，涂纪亮等译，中国社会科学出版社1980年版，第214页。

的方式去认识。这样一来，“人为自然立法”这个康德的基本命题就变得自相矛盾了。马堡学派反对在存在论意义上使用物自体概念，只认可在认识论意义上使用这个概念。他们指出，作为科学与认识对象的“自然界”是由主体所认识、由数学与自然科学所阐述的，它同自然科学一样是人类思维的产物，并不是思维以外的东西。在认识论的意义上，“物自体”是作为整体的经验，但这种经验不能被直观，只能被思维。柯亨说，“这就是作为观念的‘自在之物’的意义。”① 因此，在认识论上物自体是一个本身并不创造知识，只是调整人们认识的“调节观念”。它是知识的界限，知识每前进一步，它就后退一步。

康德把数学看作科学知识的典范，在《纯粹理性批判》中，他首先进行的就是对数学几何学的先天认识形式的论证。新康德主义者从当时的科学材料出发，对数学的作用作了进一步的提升。他们认为严格的科学知识或者是数学知识，或者是数学知识的应用，或者是参照数学模式创造出来的。在柯亨看来，数学是纯粹知性的逻辑，是纯粹思维的产物。那么，纯粹思维是如何创造存在的呢？柯亨认为，存在是由数学的无穷小创造出来的。祖瑞克说：在柯亨看来，“为什么把对象看作实在（即带有质的实在）的逻辑—认识论的理由基于无穷小单位 dx，无穷小产生了实在的事实”②，“柯亨的出发点是康德的‘知觉预感原理’，根据这个原理，‘在所有表象范围内，作为感觉对象的实在具有一个内含的量，即具有一个度’。为了产生一个新的实在性概念，柯亨把康德的这个原理重构为内含量原理或者说预感性原理，这样做的一个重要的动机是由心理—物理学、特别是由能够测度感觉的量这种新的期盼提供的。出于这个目的而被使用的数学‘无穷小方法’，对于柯亨来说成了获取知识过程中思维扮演主要角色的一个范式，实际上，对他来说，这是一个最新科学的决定性的方法论发展。”③

“无穷小”概念来自牛顿和莱布尼茨。牛顿的流数术有三个主要概念：量的瞬时（0），流量的瞬时（X0）和流数的瞬时（X′0）。莱布尼茨从数学分析入手，把差别作为无穷小去规定，他用 dx 表示新的计算法，而 dx 是 x 的起源，它代表了无穷。柯亨认为，自然科学的一般规律都可以归结为数量关系，自然科学的研

① 柯亨：《康德的经验学说》，转引自 K.C. 巴克拉捷：《近代德国资产阶级哲学史纲要》，涂纪亮等译，中国社会科学出版社 1980 年版，第 186 页。

② *Hermann Cohen's Critical Idealism*, Reinier Munk (eds.), Springer, 2005, p.15.

③ *Hermann Cohen's Critical Idealism*, Reinier Munk (eds.), Springer, 2005, p.14.

究对象都可以用某种特定的数学公式来表示。无穷小概念是自然科学的基础，因而可以说决定着物理变化及其过程。物体自身的运动和进程意味着具有连续性，且连续性又是由无限多具有时空的无穷小因素构成的。认识的过程同样是如此，人所感觉到的事物都可以用原子和分子运动、波状运动以及以太的运动来解释。用无穷小解释感觉到的事物是恰如其分的，热的感觉可以归结为水银柱的高度，声音的感觉可以归结为弦的长度，颜色的感觉可以归结为光线的长度，这些度量都是根据无穷小推演出来的。事物的实在性可以还原为无穷小概念的实在性，被认识的对象世界都应当且只能从作为数的基本概念无穷小中找到自己的实在性。用无穷小方法考察对象世界，把对象世界表示为永远创造着的、不断发展的无限，赋予了实在性以新的含义，无穷小构成了柯亨意义上纯粹认识的“逻辑”。

马堡学派认为，数学方法还可以用来证明物理学家眼中的“物质”。这种“物质”，如原子、分子，并不是被感觉到的实在，而只是一种假设，这种假设只有用数学无穷小的推演才能证明。卡西尔认为数学是对实在的认识所必需的、基本的理智方法。在柯亨看来，数学方法是自然科学的基本方法，自然科学不过是继续和发展数学所发挥的方法论原则。祖瑞克说：在柯亨看来，“按照这个方法论概念，对知识可能性或有效性条件的检验，随着现存的科学知识，即以数学和科学为标志的知识，就开始了。”① 以柯亨为代表的马堡学派发挥康德先验形式是获得物理知识的条件的观点，认为先验逻辑是创造任何知识的条件，自然科学作为先验逻辑的形式创造着对象世界，一切对象都是纯粹思维的产物，知识的形式与内容均属于纯粹思维的创造。

马堡学派代表人物柯亨认为自然科学知识是纯粹思维创造的，但在他看来，纯粹思维只是纯粹意识的一种形式，不是唯一的形式。除了纯粹思维以外，纯粹意识还包括纯粹意志和纯粹情感。纯粹意志和纯粹情感是伦理学、美学的先天认识论基础。柯亨摹仿康德，把自己的主要著作定名为《纯粹认识的逻辑》、《纯粹意志的伦理学》和《纯粹情感的美学》。和康德一样，他把认识、价值和审美看作统一的纯粹意识的表现形式。

在柯亨看来，伦理学是关于人性之基础的科学。正如在自然科学中纯粹理性创造了感性对象一样，在伦理学中，纯粹意志创造了伦理学的对象。柯亨认为纯粹意志并不出自人的天然情感，而是出自人的实践理性。伦理学的对象不是“是

---

① *Hermann Cohen's Critical Idealism*, Reinier Munk（eds.）, Springer, 2005, p.18.

如此”，而是“应如此”。柯亨指出，伦理学研究以先验规范形式表现出来的纯粹的“应当”。伦理学的目的是使人成为高尚的人，纯粹的人。柯亨承认他的伦理学和现实生活存在着强烈的反差，在现实生活中，人对人的歧视、奴役、暴力、杀戮等现象是司空见惯的，但柯亨坚持认为，这并不是否认伦理学作为先验理念科学的理由。难道能够因为现实中有人杀人放火就认为杀人放火是合理的吗？难道能够因为在现实中人和人是不平等的就放弃对平等的追求吗？柯亨赞同康德关于实践理性产生出绝对命令的说法，在康德那里实践理性是指人超越他的感性欲望，追求绝对无条件的价值的能力，在柯亨看来，只有假定人有这种不同于动物的能力，才能解释人的各种道德行为。

但是在追溯意志的伦理基础时，柯亨的观点和康德有重要不同。康德认为，意志的基础是个人的自我意识，即内在的自由，从内在的自由出发产生出意志自律。这种个人的自我意识完全与他人无关。柯亨则指出，首先，个人的自我意识并不是纯粹内在的，它一定会表现出来。纯粹意志不同于纯粹思维，纯粹思维可以不付诸行动，但纯粹意志则不能离开行动，不能设想一种没有行动的纯粹意志。其次，自我意识是在和他人的交往中形成的。柯亨不承认有什么独立于社会的个人，在他看来，人总是生活在社会中。他写道：“自我意识的伦理问题是一个纯粹意志的问题。然而，纯粹意志是在行动中实现的。并且就像我们在法律行为中所见到的，有两个主体属于这种行动。对于意志和对于行动来说，自我意识并不意味着作为唯一一个人的自我意识。自我不是在很大程度上包括他人，而是在很大程度上关乎他人。”①

柯亨认为，由于纯粹意志的这两个特点，在伦理学的意义上人与人的关系首先表现为法的关系。法是一种社会契约，它以规范的形式规定了人们的行为准则。正如在自然科学中纯粹思维为自然立了法一样，在伦理科学中，纯粹意志为人的行为立了法。在理想的政治生活中，人和人之间的关系是一种法的关系。理想的个人不是自然人，而是“法人”(legal person)。一个人的行为是不是合理的，应当由法庭来裁判。法律是由国家制定的，不过在柯亨看来，国家是个人纯粹意志的集中表现，是一个大写的人。在理想的社会中，个人道德与国家的（伦理）目的是一致的。柯亨申明，这种一致当然仅仅是一个“应当”，一个“自在之物”，人们只能朝着这个目标前进而不可能完全实现。那么在现实中如果遇到以国家意

---

① *Hermann Cohen's Critical Idealism*, Reinier Munk (eds.), Springer, 2005, p.206.

志表现出来的法律不公平、不正义的情况，个人应当如何行事呢？在《纯粹意志的伦理学》中，柯亨举了苏格拉底的例子。苏格拉底知道自己无罪，可是他仍然服从了雅典法院的判决，他维护了法律的神圣性质，同时也把自己提高到道德理念的高度。①

柯亨坚持理想和现实的二分不仅受了康德的影响，而且受了犹太教的影响。作为犹太裔德国人，柯亨对犹太教有一种天然的亲近感，他参加过犹太教读书班，认真研读过犹太教教义以及迈蒙尼德等犹太哲学大家的著作，在犹太教熏陶下，柯亨坚信一个永恒幸福、正义的理想王国终归要实现。

柯亨认为，宗教和伦理有着不可分割的关系。康德曾经指出，只有假定意志自由，人才能不受自然本能的支配；只有假定灵魂不死，人才能持续不断地向着理想的道德王国前进；只有假定上帝存在，人才能保证崇高的道德理想必将会实现。意志自由、灵魂不死和上帝存在这三个宗教信条虽然不能作出形而上学的证明，但却是道德生活所必需的。柯亨更加强调宗教的作用。在柯亨看来，宗教是伦理学的理论支撑和实践依据。肯尼斯·希斯金（Kenneth Seeskin）在谈到这一点时指出，柯亨认为，“没有伦理学，宗教将会变成迷信，而没有宗教，伦理学则将因为不能给我们提出无限的任务而不可能存在。”②

首先，柯亨认为，伦理只告诉人应当如何行事及不应当如何行事，却没有告诉人们为什么善有善报恶有恶报，只有宗教能够回答这个问题。全能的上帝决定了人做好事终将得到奖励，做坏事终将得到惩罚。不假定一个赏善罚恶的上帝，人们就不会持之以恒地积德行善，也不会从自己所做的恶行中获得根本性的解脱。犹太教坚信一个上帝，这个上帝是唯一的创造者，也是真善美的最高体现。在犹太教里，人是上帝的创造物，这就决定了人有一种向善的本性，柯亨说：“人的概念在于他的精神，这种精神是神圣的，因此，恶不能摧毁人的精神，人的概念。”③但是，犹太教又告诉我们，和上帝相比，人是不完善的，这是因为人

---

① 转引自 K.C. 巴克拉捷：《近代德国资产阶级哲学史纲要》，涂纪亮等译，中国社会科学出版社 1980 年版，第 238 页。

② Kenneth Seeskin, *How to Read Religion of Reason*, Hermmann Cohn, in Religion of Reason, Out of the Sources of Judaism, trans. by Simon Kaplan, Scholars Press Atlanta Georgia, America, 1995, p.32.

③ Hermmann Cohn, *Religion of Reason*, *Out of the Sources of Judaism*, trans. by Simon Kaplan, Scholars Press Atlanta Georgia, America, 1995, p.103.

的自由使人常常作出一些僭越的事情。因为恶不是出自人的本性，所以当人作出恶行的时候，他才有可能忏悔，重新皈依上帝；同样地，作为人的整体的人类社会才有可能克服自身的恶，走向上帝所规定的千年王国。没有这个大前提，伦理学就会始终停留在人类学的框架里，人为什么必须按照伦理学的原则行事就会得不到深层的揭示。不过，柯亨像康德一样避免对上帝作实体性的解释，而仅仅把上帝当成一个"理念"来看待。柯亨说，如果有人问人为什么会爱一个"观念"，"对此人们应当回应说：人除了观念以外，难道还能爱什么别的吗？难道人爱的，即使从感性上说，不就是一个理想的人，就是一个人的理念吗？"①

其次，宗教之爱是人类之爱的基础。柯亨指出，伦理学是以人性为主旨的，它以绝对命令的形式颁布了人应当做什么和不应当做什么。这种以规范形式出现的行为准则对每个人来说都是共同的。一个人按照伦理学的要求行事毫无疑问是一个伦理的人。但柯亨指出，一个人即使完全按照伦理信条行事，他仍然有可能是一个冷酷的人，因为他缺乏爱。伦理学只能把个人当作普遍规范下的一个个案来对待。当一个人遭遇不幸的时候，不仅我有义务帮助他，任何人也都有义务帮助他。这里的我和他可以由任意一个人来代替。伦理学只涉及一般性的行为准则，宗教则把人的伦理行为建立在爱的基础上。在犹太教看来，人对人的爱出自人对上帝的爱，有了人对上帝的爱，才会有人类之爱。柯亨说："与上帝之爱相应的对上帝的爱，必须有在社会上对他的同胞的爱这个基础。"②因此，在柯亨看来，宗教构成了伦理信条的深层依据。他说："人对上帝的爱就是对道德理念的爱。"③

再次，柯亨认为，只有宗教才能使人达到真正的自我意识。柯亨同意康德所说的，伦理学的根据是意志自律。但在柯亨看来，所谓意志自律，无非就是个人对自己的责任和义务的意识。这种意识表现在对外和对内两个方面：对外是自我对他人的责任和义务的意识，对内是自我的圣化。要达到这种意义上的自律，靠

① Hermmann Cohn, *Religion of Reason*, *Out of the Sources of Judaism*, trans. by Simon Kaplan, Scholars Press Atlanta Georgia, America, 1995, p.160.

② Hermmann Cohn, *Religion of Reason*, *Out of the Sources of Judaism*, trans. by Simon Kaplan, Scholars Press Atlanta Georgia, America, 1995, p.160.

③ Hermmann Cohn, *Religion of Reason*, *Out of the Sources of Judaism*, trans. by Simon Kaplan, Scholars Press Atlanta Georgia, America, 1995, p.160.

伦理学是不行的，只有靠宗教。犹太教主张，人要爱上帝就要把每一个人都当成自己的兄弟姐妹来看待。在这里，人不再是一般的无差别的人，而是具体的活生生的人，例如异族人、陌生者、贫民、孤儿、寡妇，等等。在面对这些人时，伦理上抽象的人才会变成一个个生动的和我面对的你，我—他关系才会变成我—你关系。柯亨指出，只有在面对你的时候，才会有真正的自我意识，因为只有在这时，我才是唯一的，不可替代的，而不再是抽象的人下面的一个元素。

此外，犹太教还指出了人圣化自身的途径。犹太教认为，人的恶是不可避免的。恶固然是消极的，但是除了消极作用以外，它还有一种积极作用，就是使人形成罪感的意识，从而促使人向上帝忏悔。柯亨反对基督教以及其他宗教认为恶是遗传的说法，主张恶是作恶者自己造成的。既然恶是自己造成的，那么，无论是献祭牺牲还是牧师的祈祷，都不能代替作恶者本人的忏悔。柯亨说："忏悔是自我圣化。悔罪可以有各种意义，转向深度的自身并检查全部生活，以及最后，转向，即返回并创造新的生活方式，这一切意义都在自我圣化中集中在一起。它包含着忏悔必须让自身成为真我的新的创造力和方向。圣化是目的，自我的圣化是唯一的手段。"① 一个人没有罪感，就不会有忏悔，而没有忏悔，就不会有自我圣化，只有不断地进行这种自我圣化，才能接近纯粹的自我。柯亨认为，离开了犹太教的这些主张，对人的自律行为进行解释几乎是不可能的。当然，在柯亨看来这种忏悔必须在公众中进行，也就是在犹太人大会上进行。因为只有这样，才能表明他的行为和普遍的道德准则相一致。这和在法庭上被告的申辩是同样的道理。

美学问题是柯亨哲学体系的一个重要方面。柯亨认为，美是人的纯粹情感产物。美的意识是一种特殊形式的意识，这种特殊性在于它既超越科学和伦理的界限，又把二者联系起来。审美没有独立的对象，人们的审美对象仍然是自然界和人类社会。但是，审美意识既不研究自然之是，也不研究人类社会之应当，而是把二者联系起来，把它们当作一个统一的整体来看待。审美对象是人的自然（nature of man）和自然的人（man of nature）。在柯亨看来，这是一种纯粹的理想状态。正因为如此，它也只能是人的纯粹情感的产物。审美意识虽然以科学和伦理知识为基础，却又独立于二者，因此是第三种意识形式。审美意识的产物是艺

① Hermmann Cohn, *Religion of Reason*, *Out of the Sources of Judaism*, trans. by Simon Kaplan, Scholars Press Atlanta Georgia, America, 1995, p.205.

术。任何艺术作品都是自然和人性的统一，即使一幅单纯的风景画，也内在地包含着人性。这种统一最典型的表现是造型艺术。柯亨说："艺术怎样实现这种统一？在这方面，造型艺术是极有教益的：它以人的形象生产了这种统一。这个形象不是单纯的形体，就像它不是单纯的灵魂一样。这个形象是灵魂和形体的统一。纯粹情感就这样表明了它是生产性的。从客体的内容看，这一点就一目了然了。这个客体的全部内在性显然就是这个形象（……）。生产以寻求客体的形式进行，纯粹情感以寻求主体的方式进行。如果说这个客体的灵魂必须成为生产的内容，那么其主体就必须内在地包含在这个客体中。"①

柯亨认为，在美学中存在着两种重要的相互关系（correlation），一种是无限的审美理想和有限的艺术作品的关系，一种是崇高和心意（humour）的关系。在柯亨看来，美的理想是人和自然的统一，然而这种统一却是通过有限的艺术家和有限的艺术作品实现的。任何艺术家以及任何艺术作品都不可能完全实现这种统一，这就决定了艺术是一种无限趋近于审美理念的过程。正如在自然科学中人们无限趋近于自然之是，在伦理学中人们无限趋近于社会之应当一样，在美学中人们无限趋近于二者的统一。如果审美任务在某个特定的艺术家和某个特定的艺术作品中得到了完全的实现，那就意味着审美意识的终结。在柯亨看来，自然科学、伦理学和美学都是意识的形式，意识的本质不是形而上学所说的僵死的存在，而是运动。由于任何艺术形式和艺术作品总是在某一方面揭示了审美理想，所以人们总是能够在这种艺术形式和艺术作品中体验到美，获得审美愉悦。同样地，由于任何艺术形式和艺术作品都不能完全体现审美理念，所以新的艺术形式和艺术作品出现是必然的，不可避免的。

和第一个问题有关，在美学中还存在着崇高和心意的关系问题。柯亨认为，既然美是自然和人性的统一，那么艺术品就不能只表现其中的一个方面而忽视另一个方面。康德认为美的最高表现形式是崇高，在柯亨看来，这种观点是不全面的。柯亨不否认无限的大自然会使人产生一种崇高感，可是崇高只是美的一个方面，美的另一个方面是心意。和崇高主要表现为人的自然冲动不同，心意主要表现为人的伦理冲动。在柯亨看来，人作为人天然是不完满的，可是人又有天然向着完满的冲动。艺术的一种特殊功能，就是表现这种超越的冲动。艺术能够把丑的东西变成美的，是因为艺术能够表现人的心意。柯亨说："丑是一个美的问题

① *Hermann Cohen's Critical Idealism*, Reinier Munk（eds.）, Springer, 2005, p.287.

吗？心意发现并给出了答案。丑并不总是丑的：它变成了美的活动，它就是美的活动。美本身不是艺术的对象；它只是一个理念，一个一般的要求和信仰，一个纯粹情感的方法论任务。这个任务首先通过崇高完成；但恰恰又必然是以心意的方式完成的。因为人性大量地和强有力地是在丑中暴露的。如果爱不包括对丑的爱，那就不是真实的爱。爱包括它，改变它：使它成为美的活动。爱理解丑，把爱的力量渗透于其中。这样，萨提儿就变成了艾洛斯。爱能提升动物，其方式是让动物成为人。”①

柯亨把达芬奇和伦勃朗的绘画看作表现心意的杰作。达芬奇的《蒙娜丽莎》以一个女人的微笑征服了所有的观众。蒙娜丽莎不是神，也不是女英雄，只是一个平凡的女人，但她的微笑却透露出不平凡。在柯亨看来，这种微笑来自心灵深处，它表现的是善性。善性本来是上帝的属性，在达芬奇笔下却通过一个平凡的女性表达出来了。蒙娜丽莎通过她的面孔，准确地说通过她的嘴和眼，放射出神圣的精神。蒙娜丽莎的微笑是暂时的，但是渗透在这种微笑中的精神却是永恒的。在柯亨看来，达芬奇的《蒙娜丽莎》出色地表现了灵与肉的统一。至于伦勃朗，柯亨把他看作是化丑为美的大师。他特别欣赏伦勃朗以亨德丽吉·斯多芬（Hendrikje Stoffels）为题的画作。亨德丽吉原来是一个女仆，在伦勃朗的画作中，她的眼睛里经常是泪水汪汪。柯亨说：“这是悲伤（……）但不是惆怅和悲哀的悲伤，而只是一种内在的精神平和的放射。人们可以设想，这里有一种美学上的美的超越，这里有一种通常的艺术作品所不能比肩的人类之爱，和任何人的行为与任何人的作品相比，这种人类之爱达到了炉火纯青的程度。”② 柯亨认为，在这些画作里充分体现了伦勃朗对弱者的同情。

总之，面对科学主义对人文领域的侵蚀，马堡学派的哲学家挺身而出，承担起捍卫人类特有的精神尊严的任务。他们并不反对科学，相反，他们致力于把人类精神提升到科学的高度。但是他们对科学的理解和科学主义者截然不同。他们反对把科学世俗化，在他们看来，科学是人类精神的体现，真正的科学精神是超验的而不是经验的，是理想的而不是现实的，是动态的而不是静态的。在新的形势下，他们试图探索精神的特点和精神运动的逻辑。他们的理论尽管有很多不完美之处，但绝不是一无是处。那种认为马堡学派的观点已经完全过时了的观点是

① *Hermann Cohen's Critical Idealism*, Reinier Munk（eds.）, Springer, 2005, p.292.

② *Hermann Cohen's Critical Idealism*, Reinier Munk（eds.）, Springer, 2005, p.301.

没有根据的。胡塞尔正是在马堡学派研究的基础上建立了他的现象学体系。从这个意义上可以说，胡塞尔是新康德主义精神的真正继承者。

第二节　弗莱堡学派的价值主义

和马堡学派一样，弗莱堡学派侧重于认识论问题的研究。他们也反对对科学作实证主义和经验主义的解释，在他们看来科学只和人的先验认识能力有关而和人的经验对象无关。不过，他们的兴趣主要不在自然科学方面，而在历史科学方面。文德尔班在研读康德的著作时发现，康德对科学的界定主要参照了牛顿的观点，即普遍必然性和必然性是科学的唯一标准，那些不具有普遍必然性的东西是不能称为科学的。按照这个标准，历史学就被排除在科学以外了。历史学至多只能算是经验科学。历史学的对象是个别人和个别事件，同时这些人和事件大多是偶然出现的，不可重复的，因此也谈不上什么规律。这样的东西怎么称得上是严格的科学呢？基于对康德的不满，文德尔班致力于为历史学正名。文德尔班同意康德的说法的前一半，即科学以普遍性和必然性为标准，却不同意康德说法的后一半，即个别性和一次性的东西不具有普遍性和必然性。个别性、一次性的事物如何同时具有普遍性和必然性呢？文德尔班从基督教中得到了启示。上帝创世是唯一的，也是普遍必然的，作为上帝化身的耶稣基督是唯一的，也是普遍必然的。文德尔班由此认为，个别性和一次性的东西也可以具有普遍必然性，不过这种普遍必然性不是规律，而是价值。弗莱堡学派的代表人物文德尔班、李凯尔特都把价值范畴作为哲学的根本范畴，认为哲学的对象就是价值。文德尔班说："哲学只有作为普遍有效的价值的科学才能继续存在。文化价值的普遍有效性便是哲学的对象。"①李凯尔特说："哲学把价值领域留给自己，它认为价值领域是自己真正的领地，哲学的目的就是研究这些作为价值的价值，探讨它们的意义，把它们纳入一切价值的普遍的、合目的的联系之中。"②

弗莱堡学派强调价值，是受了洛采的影响。洛采把世界划分成普遍规律领域、经验事实领域和价值领域。洛采提出，世界之"所是"是自然科学关注的对象，

① 文德尔班：《哲学史教程》下卷，罗达仁译，商务印书馆 1997 年版，第 927—928 页。

② 王玉樑：《价值哲学——从自发到自觉》，人民出版社 2006 年版，第 53 页。

世界的“应当所是”是哲学关注的对象。洛采把价值置于逻辑学和形而上学之上，认为“应当所是”是“所是”的基础。在洛采看来，概念的真理性就在于它的意义，而价值则是意义的标准。他把人及其生活的意义看成是哲学最需要研究的问题。洛采的这些思想深深地影响了文德尔班和李凯尔特。文德尔班说：“由于洛采果断地提高价值观的地位，甚至将它置逻辑学和形而上学（以及伦理学）之顶端，激起了许多关于‘价值论’（哲学中一门新基础学科）的种种倡议。”①

文德尔班把整个世界分成两个不同的世界，即事实的世界和价值的世界。在他看来，事实世界是现象的世界，属于主体的表象；价值世界是本体的世界，但这个本体并不是客体，而是康德所说的主体的一种公设。文德尔班说：“必须区分应当和存在，价值与实在。规范与实在的合一，则一切价值将终止。无论是价值的肯定或否定的特性均以这种区分为前提条件。”②

与两个世界相适应，文德尔班认为有两种不同的知识：事实的知识与价值的知识。一切关于事实知识的命题都表示两种表象内容的相互归属的关系，它们属于一般的逻辑判断，回答“什么是”的问题。一切关于价值知识的命题则表示估价意识（主体）和被估价的对象的关系，是主体对于对象的一种评价，回答“什么应当是”的问题。事实命题是从属于价值命题的——事实命题要以价值观念为根据，因为任何知识的标准都是价值。文德尔班认为自然研究和历史研究的逻辑前提都是经验事实，两者的不同之处在于如何看待事实。自然科学家研究个别事实为的是认识抽象的规律，而历史学家对过去的事物进行描绘是为了发现其中的价值。

文德尔班描述了价值的特点。首先，价值是能满足人的需要，能引起人的快感的东西。他说，“每种价值首先意味着满足某种需要或引起某种快感的东西。”③其次，价值是由意志与情感决定的，“价值不论肯定方面或否定方面，绝不能作为对象本身的特性，它是相对于一个估价的心灵而言……，抽开意志与情感，就不会有价值这个东西。”④最后，价值是评价主体与评价对象相互关系的总和，属

① 文德尔班：《哲学史教程》下卷，罗达仁译，商务印书馆 1997 年版，第 927 页。

② 杜任之：《现代西方著名哲学家评传》（续集），生活 · 读书 · 新知三联书店 1983 年版，第 38 页。

③ 杜任之：《现代西方著名哲学家评传》（续集），生活 · 读书 · 新知三联书店 1983 年版，第 35 页。

④ Wilhelm Windelband, *An Introduction to Philosophy*, trans. by Joseph Mc. Cabe, London, T. Fisher Unwin Ltd, 1921, p.143.

于关系范畴。他认为“价值只存在于进行评价的意识的关系中。”① 当然，就文德尔班所描述的这些特点，人们很难看到其中包含着康德意义上的绝对命令，即看不到其中有什么使人“应当如此”的理由。众所周知，康德正是为了论证价值的先验性，才否定了感性和情感的东西而把价值当作纯粹的实践理性的产物来看待。文德尔班也知道，要推出“什么应当是”，就要以一定的价值标准为前提。有鉴于此，文德尔班在区分了事实和价值之后，又进一步区分了个体的价值和群体的价值。

文德尔班认为有两种价值：一种是与特定主体的特定意识相应的价值，即特殊价值；另一种是与一般主体的普遍意识相应的价值，即普遍价值。他认为观念在个人意识中是暂时的，对某些观点表示赞成或不赞成，把它们看成真的或假的，只能代表个人的观点。价值不能以个人的感觉为依据，而应当以一般主体的普遍意识为依据。价值只有具有普遍有效性时才能作出有效评价和正确判断。

具有普遍性的价值在文德尔班那里被称为“规范价值”。他说：“哲学并不把这些价值当作事实而当作规范来看待。因此哲学必须把自己的使命当作‘立法’来发扬——但这立法之法不是哲学可随意指令之法，而是哲学所发现和理解的理性之法。”② 把价值称作“理性之法”，说明文德尔班依然遵循康德的价值观，只不过康德始终强调的价值的先验性被文德尔班关于价值特点的说明削弱了。同样受到削弱的还有康德的道德律，文德尔班把它看作来自具有心理学色彩的良心。他说：“我们认为这种伦理学规则凌驾于个别人的个人感情之上的东西。众所公认的标准是一种正确的标准，个人的决定必须服从它，必须与它一致。从这里，我们可以看出良心的心理学性质，它是一般意识在个别人中的声音，我们由之而引出个人对它的服从规律。”③

李凯尔特的价值观是文德尔班价值观的发展。他把价值作为哲学的根本范畴来看待，认为价值虽然不是哲学的唯一对象，但无疑是哲学的主要对象。李凯尔特是从价值与世界的关系展开自己的论述的。他指出哲学的对象是作为整体的世界。通常认为这个世界是由主体和客体组成的这种看法并不全面，主体和客体都

---

① 杜任之：《现代西方著名哲学家评传》（续集），生活·读书·新知三联书店 1983 年版，第 35—36 页。

② 文德尔班：《哲学史教程》下卷，罗达仁译，商务印书馆 1997 年版，第 927 页。

③ 转引自刘放桐：《新编现代西方哲学》，人民出版社 2000 年版，第 86 页。

属于现实的王国，即存在于时空中的事物。世界除了现实之外，还有一部分，就是价值。世界是由现实王国和价值王国共同组成的，是现实和价值的总和。在李凯尔特看来，价值是非现实的，它不存在于时空中，但它仍然存在，它是作为观念的存在物。处于时空中的东西必然有产生和消失，而价值则不会随着这些物理范畴一同产生和消失。显然，它属于康德所说的先验之物。李凯尔特追随康德，认为价值的普遍有效性就来自它的先验性。

李凯尔特认为，只有当哲学研究现实王国和价值王国以及它们如何统一的问题时，才能称得上是真正意义上的哲学。在李凯尔特看来，把现实王国和价值王国联系起来的是一种特殊的认识活动，这种活动就是判断活动或评价活动。他指出，判断活动或评价活动作为人的生理心理活动，仍然属于现实王国，这种活动存在于时空中，可以用生物学和心理学的原理加以解释。问题在于，判断活动的内容——它所指向的意义，是非现实的、观念的。通过评价活动，人们可以从现实王国走向价值王国。

判断活动或评价活动或者是肯定，或者是否定，价值正是人们肯定或否定的根据。李凯尔特说，"如果我们在这一点上明确了，我们还可以知道——单纯从认识论的视角上看——科学概念形成的客观性究竟意味着什么。它完全依靠价值的有效性，认知主体正是靠这种有效性在知识过程中确定立场。如果这些价值是有效的，那么由此形成的概念就在科学上是客观的。是的，它们拥有所要求的最大的客观性。反之，如果这些价值是无效的，我们就不可以谈论什么科学的客观性了。"① 价值使我们的判断具有绝对的必然性，这种必然性不是心理的强制，也不是因果的必然性，而是逻辑的必然性。这种必然性是"应当"的必然性，它要求我们不得不承认或否认。李凯尔特提到，"义务意识的意志"就是康德所说的"绝对命令"。此应做之事是无条件的、绝对的，"这种应做之事要求得到认可，而且这不是一种相对或者'假设的'认可，而是一种绝对的认可，因为这涉及一种绝对有效的价值认可。"②

与文德尔班把世界划分为自然世界与价值世界相似，李凯尔特把世界现象划分为自然现象和文化现象。李凯尔特说："自然产物是自然而然地由土地里生长

① Heinrich Rickert, *The Limits of Concept Formation in Natural Science*, edited and translated by Guy Oakes, Combridge Univeisity Press, 1986, p.220.

② 李凯尔特：《李凯尔特的历史哲学》，涂纪亮译，北京大学出版社 2007 年版，第 204 页。

出来的东西，文化产物是人们播种之后从土地里生长出来的。根据这点自然是那些从自身中成长起来的、'诞生出来的'任其自生自长的东西的总和。与自然对立，文化或者是人们按照预计目的直接产生出来的，或者虽然已经是现存的，但至少是由于它们所固有的价值而为人们所特意地保存着。"①

李凯尔特扩大了康德价值概念的内涵。在康德那里，真理与义务、认识与价值没有任何关系，它们一个属于认识领域，一个属于实践领域。自然科学以真理为目的，它属于求真的认识领域，绝不涉及价值问题。李凯尔特则认为，自然科学只是在表面上和价值无关，当自然科学家致力于形成概念的时候，他的确并不考虑这些概念的价值。但是，从深层意义上看，自然科学研究来自求真的意志，这种求真的意志也是一种"应当"的意志，因而属于价值范畴。他说："科学只有在求真的意志之上才能出现。因此，此种意志不再是逻辑的而是元逻辑的。真理的价值并不建立在意志上。但是因为真理是一种要求承认的价值，所以真实的科学是建立在意求这种价值的意志之上。"②在李凯尔特看来，由于每个科学家都把求真作为自己研究的最终目的，所以他们具有共同的价值取向。在科学研究中，某些科学家的结论会被否定，但是这并不重要，重要的是，科学家在研究过程中，会朝着具有普遍必然性的真理方向不断前进。

李凯尔特指出，由于自然科学家以及具有自然科学倾向的哲学家长期以追求真理为目的，他们会形成一种成见，似乎只有进行这种纯理论的研究才是真正的科学研究。他们不知道，自然科学只是实践价值的一种形式，但绝不是唯一的形式。除了自然科学以外，经济的、法律的、伦理的、宗教的、审美的价值也是人们追求的普遍价值形式。从人类历史上看，这些价值一直引领着人类文明不断向前发展。"因此，从这个角度看，自然科学的先验可能只是历史的先验的一个特殊案例。"③康德仅仅把价值看作人类理性王国的一个省份，李凯尔特则把它看作理性王国的全体。

李凯尔特借用经济学术语，把人创造的文化价值称为财富。"价值是文化对

① 李凯尔特：《文化科学与自然科学》，涂纪亮译，商务印书馆 1986 年版，第 14 页。

② Heinrich Rickert, *The Limits of Concept Formation in Natural Science*, edited and translated by Guy Oakes, Combridge Univeisity Press, 1986, p.231.

③ Heinrich Rickert, *The Limits of Concept Formation in Natural Science*, edited and translated by Guy Oakes, Combridge Univeisity Press, 1986, p.225.

象所固有的，因此我们把文化对象称为财富”，[①]这些财富包括科学、经济、伦理、宗教、家庭、国家，等等。一部人类文化史就是这些财富的创造、保存和发展的历史。他说：“真理的理论价值以历史发展之流的形式结晶于科学之中，只有从科学出发才能达到这些价值。伦理是和历史地发展着的社会生活财富如婚姻关系、国家、民族等连接着的。美学是从艺术的历史多样性中去考察艺术的。对于哲学的其余部分，我们也可以这么说，这些部分表面上……与历史生活没有联系，可是，毫无疑问，它们的存在却有赖于历史生活：因为，如果历史宗教不向宗教哲学提出它所分析的那一切问题，那么宗教哲学有什么事情可做呢？”[②]李凯尔特认为，从历史上看，所有这些财富都是在一定历史阶段和一定范围内形成的，但是从价值来看，这种价值是绝对的。李凯尔特说：“科学绝没有把人们对于那些在规范方面普遍的价值以及对为实现价值和实现意义服务的现实生活所持的看法，看作某种就主观随意性这种意义而言的、纯粹个人的东西，这个假定已经通过具有义务意识的意志所具有的那些价值的绝对有效性得到保证，因为正如附着于这种意志之上的价值必然是有效的那样，现实与这种价值的联系也是必然的。”[③]

李凯尔特认为，自然科学和人文科学虽然都是为了获得价值，但是在方法上毕竟有所不同。自然科学关注的是适用于自然的一般规律，所以自然科学采用的是一般化的方法。这种方法是以“简化”的方式实现的。李凯尔特指出，自然在我们面前表现为在空间和时间中无限众多的形成物，并且这些形成物具有无限众多的意义。从逻辑的观点看，这些形成物既是外延上的杂多，又是内涵上的杂多，科学正是为了克服这些杂多而产生的。科学认识是一种“简化”的认识——从词中就可以看出科学的本质：那就是借助词的外延克服现实的外延的杂多，借助词的内涵克服现实的内涵的杂多。自然科学的任务是对现实进行简化。数学就是对现实进行简化的范例，它置现象界的多样性于不顾，把一切都看作同质的数字，从而达到对现象界的数量关系作出解释的目的。自然科学诸学科，如物理学、化学、生物学等，都在对现实进行简化。自然科学通过“简化”的方法，形成普遍的概念，从而达到观念性的认识。自然科学的价值不在于它的对象是自然

① 李凯尔特：《文化科学与自然科学》，涂纪亮译，商务印书馆 1986 年版，第 21 页。

② 转引自 K.C. 巴克拉捷：《近代德国资产阶级哲学史纲要》，涂纪亮等译，中国社会科学出版社 1980 年版，第 313 页。

③ 李凯尔特：《李凯尔特的历史哲学》，涂纪亮译，北京大学出版社 2007 年版，第 204 页。

界，而在于它把自然作为手段，满足了价值的真正要求——“应当”。李凯尔特借用柏格森的比喻说，自然科学只缝制一套对保罗和彼得都同样适合的现成的衣服，因为这套衣服并不是按这两个人的体形裁的。

在李凯尔特看来，由于自然科学的任务是对现实进行简化，因而自然科学的本质真正说来不是现实而是观念。这种科学越发展，离开现实就越远。他说：“我们的自然科学理论和主张发展得越完善，我们就和唯一的、可知觉的、个别的，换句话说，真实的现实，离得越远。所以这一点越发变得确定，即现实的具体的实在性和个别性脱离了我们的把握。”①“我们只有通过直接的生活才能接近现实的全部内容，而绝不能通过自然科学的概念的手段。”②

历史研究所使用的方法则不同。如果说自然科学的方法是尽可能地脱离现实，那么历史科学的方法则是尽可能地接近现实。前者使用的是普遍化方法，后者使用的是个别化的方法。李凯尔特说，历史科学从一开始就是把出现在时空中的、一次性的现实事物作为自己的研究对象。当然，出现在时空中的、一次性的现实事物在人类历史中也是无数的，在这种研究中，历史学家也要不可避免地进行选择，他们也要像自然科学家那样区分本质性的东西和非本质性的东西。那么，历史学家是根据什么区分本质性的东西和非本质性的东西呢？李凯尔特举了煤和金刚石的例子。他说，这块煤和这颗金刚石都是个别的、单一的事物，为什么人们重视金刚石而不重视煤呢？这是因为这块煤是可以用其他的煤替代，而这颗金刚石则是不可替代的。不可替代性是历史学家区分本质性和非本质性的事物的一个重要标志。历史学家不是在一般意义上研究个别事物（individuality），而是在特殊意义上研究个别事物，即它不可再分，不可替代（in-dividuality）。人类历史中，有些事物是不能作为普遍概念的特殊范例看待的，相反，它们自身具有独特的价值。文艺复兴，宗教改革，1789 年的法国大革命，弗里德里希 · 威廉第五辞去王位，等等，就是这样具有独特价值的事物，历史科学正是把这些作为自己的研究任务。说威廉第五辞去王位是重要的，哪个裁缝为他缝制了一件什么样的衣服是不重要的，正是依据它们的价值作出的区分。

① Heinrich Rickert, *The Limits of Concept Formation in Natural Science*, edited and translated by Guy Oakes, Combridge Univeisity Press, 1986, p.39.

② Heinrich Rickert, *The Limits of Concept Formation in Natural Science*, edited and translated by Guy Oakes, Combridge Univeisity Press, 1986, p.39.

李凯尔特指出，自然科学和历史科学的区分不是本体论的区分，仅仅是认识论和方法论的区分。从研究对象来看，自然科学和历史科学面对的是同一个世界，它们都以自然界和人为研究对象；从研究的目的来看，它们都是为了获得价值。它们的不同仅仅在于研究旨趣的不同。因此，不能说自然科学高于历史科学或历史科学高于自然科学。但是，从整个人类文化史来看，自然科学是从属于历史科学的。因为，人们的认识旨趣归根到底是为人们的实践旨趣服务的。离开了自然科学的预设，历史照样可以前进，但是离开了历史的预设（价值的预设），自然科学研究就会迷失方向，从而完全失去它的意义。

李凯尔特致力于为历史科学和人类文化正名，是有着很强的针对性的。他和其他新康德主义者一样，深刻意识到了精神科学的危机。在《自然科学概念形成的界限》中，李凯尔特明确指出，在德国古典唯心主义衰落以后，只有为数极少的人对精神科学认真进行哲学反思，“与此相反，所有本真的科学从根本上说是自然科学的观念，这种‘自然科学世界观’的信念，再次成了普遍性的看法，甚至连没有明确意识到这一点的思想家也受这种看法的支配。”① 在李凯尔特看来，不管是用心理学的方法研究心灵，还是用社会学的方法研究历史，本质上都是把自然科学的方法移植到精神领域，把人的精神自然化。李凯尔特并不反对自然科学，但是他反对用自然科学方法论对待精神科学，特别是历史学，他认为这只能导致精神科学的贫困化。他说：“我们将要详细说明，自然科学式的历史研究就是一项根本不可能的，逻辑上矛盾的任务。”②

李凯尔特把主张在历史科学中采用自然科学方法论的种种理论称为“自然主义”。这些理论包括孔德的实证主义、新达尔文主义以及心理学的文化理论。孔德声称他的方法是严格科学的方法，这种方法是实证的，即它只关注事实和规律，而从不关注事实背后的东西。李凯尔特指出，孔德从未按照严格的自然科学方法行事，事实上，他的理论是一种价值理论而不是一种科学理论。例如，他的社会发展三阶段论就是根据他自己的价值观杜撰出来的。孔德没有考虑“发展”这个词意味着什么。在李凯尔特看来，发展是一个价值概念，只有预设了某种目

---

① Heinrich Rickert, *The Limits of Concept Formation in Natural Science*, edited and translated by Guy Oakes, Combridge Univeisity Press, 1986, p.14.

② Heinrich Rickert, *The Limits of Concept Formation in Natural Science*, edited and translated by Guy Oakes, Combridge Univeisity Press, 1986, p.26.

的才谈得上"发展"，而在单纯的事实中则只有变化，没有发展。孔德混淆了"必须如此"和"应当如此"。自然科学的规律对于它所涵盖的一切对象是普遍适用的，它讲的是"必须如此"，而精神科学的价值并不强调它对一切对象普遍有效，所以它讲的只是"应当如此"。孔德把实证科学作为他心目中的"应当"，这才杜撰出了他的社会发展理论。他说，"因此，即使孔德的'规律'是有效的，他用来解释历史的这个根据也不是自然的概念，而只是自然科学的文化概念。"① 李凯尔特指出，孔德的历史理论和黑格尔的历史理论一样，是形而上学的理论，只不过和黑格尔相比，这种理论更加肤浅和更加贫乏。黑格尔的历史哲学尚能解释广泛的人类文化，孔德的实证主义历史观则除了狭隘的自然科学以外，什么也解释不了。

在一些人看来，达尔文的进化论是解释人类社会发展的有力武器。根据达尔文的理论，物种的发展是一个自然选择过程，自然界通过适者生存法则淘汰了落后物种，保留了先进物种，整个自然界以及人类社会就这样在新陈代谢中不断发展。李凯尔特对这种观点也给予了坚决的驳斥。他指出，进化论的观点对于历史科学来说是完全无用的。首先，按照这种理论，每一个阶段都是它后续阶段的先行者，也就是说，它的价值仅仅在于为后面的发展留出地盘，这样一来，它的本原的意义就不见了。任何历史事件都有自身特殊的价值，进化论恰恰不能解释这种特殊性。其次，进化论把每一个现实阶段都看成是必然的，也就是说，所有经过自然选择的东西都是最好的，这样一来，所有现实的东西就没有价值上的优劣可言了。如果一切现实的东西都是本质性的，那就等于说没有什么是本质性的东西。最后，进化论不能视为一种严格的科学理论。首尾一贯科学理论在价值上总是中立的，它并不认为有机体有什么高低之分。进化论中有一种隐藏的目的论，但是即使从这里也不能推出功能上最完善的生物就是价值上最完满的生物。当进化论把功能上最完善的生物当成价值上最完满的事物时，实际上是混淆了存在概念和价值概念，从而不是纯自然科学了。他说："因此，正是从自然科学的角度看，这种观点必须被拒绝。"②

还有一些人想用心理学理论来解释历史，在李凯尔特看来，这也是一种自然

① Heinrich Rickert, *The Limits of Concept Formation in Natural Science*, edited and translated by Guy Oakes, Combridge Univeisity Press, 1986, p.26.

② Heinrich Rickert, *The Limits of Concept Formation in Natural Science*, edited and translated by Guy Oakes, Combridge Univeisity Press, 1986, p.188.

主义。这些人认为，各民族心理活动的差别，决定了他们文化上的差别。例如，威尔康德特（Vierkandt）就曾在他的著作中把原始人的思维活动称为“联想式的”，把有文化的人的思维活动称为“统觉式的”，似乎“统觉式”的思维一定比“联想式”的思维更高级。李凯尔特指出，有文化的民族和原始民族的思维方式有一定的差别，这可能是一个事实。但是思维方式的不同并不等于价值的不同，因为思维方式本身是没有高低之分的。我们不能用思维方式的不同解释文化的不同，正如我们不能用肉体的不同解释文化的不同一样。由此可以看出，单纯的心理学是无助于解释价值问题的。只有和文化上的价值联系起来，思维方式才具有历史意义，然而，这已经超出了单纯心理学的范围。认为心理活动的不同决定了文化的不同，恰恰是暗中设定了一种价值理论的结果。然而，如上所述，价值属于人类文化的范畴，而不属于心理学的范畴。李凯尔特说，威尔康德特的著作包含了许多有见地的思想，假如他不把心理学问题和价值问题混为一谈，他的书本来可以写得更好。

综上所述，可以看到，在反对科学主义，捍卫人文精神方面，弗莱堡学派同样作出了不可磨灭的贡献。这种贡献不仅在于他们以原创性的价值理论为历史学、伦理学等精神科学重新奠定了理论基础，而且在于他们的观点为后来的许多重要的人文文化理论开了先河。他们把意义和人们的心理活动进行切割无疑对胡塞尔具有极大的启发价值，他们对孔德实证主义的批判也为区分工具理性和价值理性提供了有益的借鉴。毋庸讳言，弗莱堡学派的观点不论从哪方面看都是不完善的，但是在当时的历史背景下，他们能够在理论上作出一些重要突破，就已经是非常难能可贵的了。

第三节　卡西尔符号形式的哲学

在新康德主义各流派中，卡西尔的思想是独树一帜的。卡西尔本来是马堡学派的一员，自从建立了他的“文化哲学体系”以后，他的立场已与马堡学派的立场相去甚远。当代诠释学家伽达默尔说：“卡西尔把新康德主义的狭窄出发点亦即自然科学的事实，扩张成了一种符号形式的哲学，它不仅囊括了自然科学和人文研究，而且意欲为作为一个整体的人类文化活动提供一个先验的基础。”①

① 卡西尔：《人论》，甘阳译，上海译文出版社 2004 年版，第 2 页。

卡西尔强调康德三大批判的整体性视域。在他看来，知识、道德和美学都是人类精神的宝贵财富，它们之间既不绝对排斥，又不绝对同一，而是既对立又统一的辩证关系。它们共同构成了人特有的符号文化形式。他说："在这里我们没有任何义务去证明人的实体的统一性。人不再被看作是自在地存在着并且可以被他自身所认识的一种单纯的实体。他的统一性被看作是一种功能的统一性。这样一种统一性并不预先假定组成这种统一性的各种不同成分具有同质性。它不仅承认，甚至要求它的各构成部分具有复杂性和多样性。因为这是辩证的统一，是对立面的和平共处。"① 由于卡西尔站在一个更广阔的视野中看问题，他的观点也比其他新康德主义代表人物的观点更全面、更深刻、具有包容性。

卡西尔思想的发展大体分为认识论、文化哲学与人类学三个阶段。认识论阶段以《实体与功能》为代表，这时他深受柯亨的影响，侧重于从数学方法着手分析自然科学的认识论问题。文化哲学阶段以《符号形式的哲学》为代表，这时他把符号形式作为主要研究对象，创立了他的"文化哲学体系"。人类学阶段则又以《人论》为代表，这本书既是《符号形式的哲学》的摘要，同时又对他过去的观点进行了新的阐发。

卡西尔指出，人所直接面对的是一个符号的世界，人是通过符号与世界打交道的。他说："他是如此地使自己被包围在语言的形式、艺术的想象、神话的符号以及宗教的仪式之中，以致除非凭借这些人为的媒介物的中介，他就不可能看见或认识任何东西。"② 由于有了符号，人可以对环境作出动物不可能作出的积极的应对。借助符号，人构成了一个同质的、普遍的空间，这个空间大大超过了一般生物的"有机体空间"。以这种独特的空间形式为媒介，人才形成了一个系统的宇宙秩序的概念。同样地，借助符号，人构成了由现在、过去和将来组成的一维时间。从而人有了对事物连续性和统一性的认识，有了历史和理想。卡西尔认为，和动物相比，人不仅生活在一个现实的世界中，而且生活在一个可能的世界中。符号把人带入了一个意义的王国，一个幻想的王国，一个宗教的王国，一个科学的王国。没有符号，这一切都是不可想象的。

在《符号形式的哲学》第四卷中，卡西尔提出了符号的三种功能：表达、表象和认知。在卡西尔看来，表达符号主要与人的情感有关，神话、宗教和艺术等

① 卡西尔：《人论》，甘阳译，上海译文出版社 1985 年版，第 282 页。

② 卡西尔：《人论》，甘阳译，上海译文出版社 1985 年版，第 33 页。

符号形式都具有情感表达的功能。表象符号主要与知觉有关，它是人对外界现象的整体性知觉的手段，通过符号的表象功能，外界对象才能作为现象为人们所了解。认知主要与意义有关，认知符号都是具有普遍性的概念或范畴，人们的抽象思维，特别是科学思维，就是借助于这些认知符号进行的。卡西尔说："我们区分了'表达'、'表象'、'意义'的维度，用这个三分法作为一种关系观念的系统。由此可以说明我们确立和阐明了神话形式、语言形式和纯知识形式的独有特点。尽管有意识地将它们区别开来并作为不同的维度，但'自然'世界延伸到这些维度，并活跃和运动在它们之中，贯穿和渗透着表达、表象、意义的三种符号功能。"①

卡西尔强调符号的整体性。在《符号形式的哲学》第四卷中，他说："整体并非产生于它的部分，而是整体制定部分并赋予它们根本的意义。"② 卡西尔的整体性思想，既来自黑格尔哲学，也来自结构主义语言学以及与之相关的格式塔心理学。他在该书第三部分谈到，对整体性要从黑格尔"真理是全体"的格言方面去理解。在《人论》中，卡西尔说在洪堡以后，语言的结构问题越来越引起人们的注意。索绪尔指出语言是普遍的，而言语是特殊的，在对语言的科学分析中，重要的是找出它的一般规则，即语言的基本结构的同一性。以特鲁别茨柯伊为代表的新布拉格结构主义强调，语言是一个系统，每一种方言都有自己的结构，在选用不同的因素时，不同的语言就反映了自己独有的特性。格式塔心理学也指出，人的认识是整体性的，对部分的确定需要以整体性的确定为前提。

卡西尔在强调符号的整体性时，并不排斥人类符号形式的多样性。在卡西尔看来，人类文化是一个有机体，各种符号形式就是这个有机体的活的组成部分。神话的、宗教的、语言的、艺术的、历史的、科学的符号形式各自有不同的功能，它们共同构成了人性和人类文明，人类就生活在各种符号和各种符号形式构成的统一体中。卡西尔说："人是既参与这一过程又意识到这一过程的存在；神话、宗教、艺术、科学不过是人在其对生命的意识和反省解释中所迈出的不同

---

① Ernst Cassirer, "The Metaphysics of John Michael Krios and Donald Phillip Verene", *The Philosophy of Symbolic Forms*, Vol4. trans. by Krios, New Haven and London, Yale University Press, 1996, pp.5-6.

② 卡西尔：《语言与神话》，于晓等译，生活·读书·新知三联书店 1988 年版，第 239 页。

步伐。它们中的每一个，都是具有其自身折射角的人类经验之镜子。”①在《人论》中，卡西尔把人类文化比作人类符号之网。他说，我们生活在一个符号的宇宙中，“语言、神话、艺术、宗教则是这个符号宇宙的各部分，它们是织成符号之网的不同的丝线，是人类经验的交织之网。”②人通过符号构造对象世界和自我的世界并赋予世界以意义，这就是人类与其他生物的根本不同之处。

符号的多样性特点凸显了文化现象比自然现象更复杂，这个特点也要求有不同于自然科学方法的研究方法。卡西尔认为，对文化现象的研究绝不仅限于对它的原因和结果的分析，它还要求对人类文化活动的形式及其后面隐藏的意义进行分析，要求对文化的本质进行确定：各种符号形式的本质是什么，符号形式之间的关系如何，它们与人的关系又如何。最后还须探讨人在符号活动中的符号意识。卡西尔认为，对符号形式的研究，主要是人文科学的工作，人文科学的对象就是研究和揭示符号的功能。他说，“正如康德所说，自然科学教导吾人如何拼阅（buchotabieren, spell）现象，以便把这些现象诠读（lesen）为经验，而人文科学则教导人们去诠释符号，以求使吾人能够把隐藏于其中的内容揭示——也就是说，把这些符号所由出的生命再度展现于吾人前面。”③

卡西尔以拉斐尔的油画《雅典学园》为例指出了人文科学对象的三个层次。油画上的颜色指谓某一对象，具有表达功能。当人们观赏这幅油画时，他们不会把这些色彩单纯地作为油彩去理解，而是会把它理解为一个对象内容，即两个哲学家之间对话的场景。然而对象内容还不是油画的真正意义所在，因为《雅典学园》不只是亚里士多德和柏拉图对话这一历史情景的简单再现，它还包含拉斐尔本人的思想。卡西尔把对作者意图的表达叫作“位格表达”。卡西尔说：“这三个层次：即是说，物理存在之层次，对象表现之层次和位格表达之层次（die Dimension des Physischen Daseins, des Gegenständlich-Dargestellten, des Persölich-Ausgedrückten），乃决定了‘作品’得以成为‘作品’（Werk）而不只是单纯的‘结果’（Wirkung）所必须具备的，也是使得这意义的艺术作品不单属于‘自然’（Natur），而更属于‘人文’（Kultur）的必要条件。”④这三个层次缺少任何一个，人类文化

① 卡西尔：《符号·神话·文化》，李小兵译，东方出版社1988年版，第142页。
② 卡西尔：《人论》，甘阳译，上海译文出版社1985年版，第33页。
③ 卡西尔：《人文科学的逻辑》，关子尹译，上海译文出版社2004年版，第138页。
④ 卡西尔：《人文科学的逻辑》，关子尹译，上海译文出版社2004年版，第71页。

就只是一个平面图像，不能真正显示人类文化的纵深。人文科学最重要的是涉及位格，位格的特点在于表达人的诉求。在卡西尔看来，人文科学固然需要借助自然世界的质料才能表达或表现某些内容，但人文科学的最终目的是要揭示人本身，而人本身是存在于人的各种文化活动中的。

卡西尔还指出了人文科学对象的“普遍性”和自然科学对象的“普遍性”的不同。自然科学对象的普遍性是概念的普遍性，一条定理、一项定律，通过它就可以解释各种自然现象，而人文科学的对象的普遍性只能是一种功能意义上的普遍性。例如，“文艺复兴人”就是源于功能意义上的统一。卡西尔说：“无论他们（文艺复兴人）彼此之间是如何地对立迥异，或甚至因为这些对立，他们却共同站立在某一特别的观念上的相关性上，也就是说，他们之中的每一个都以其自己的方式参与缔造上述我们一般所谓的文艺复兴的‘精神’或文艺复兴的文化。”① 他们一起参与了共同的使命，而此使命使他们代表了文艺复兴的精神。卡西尔说，人文科学并不追求性质上或法则上的恒常性，而是意义上的恒常性。

卡西尔从人是符号动物这一命题出发来阐释他对人及各种人类文化关系的看法。他说，人的问题是哲学的最高问题，古往今来的哲学家对这个问题给出过不同的答案，但是却并没有从根本上解决这个问题。卡西尔指出，生物学家乌克威尔提出，所有生命体都有一套感受器系统和效应器系统，二者相互协作与平衡，共同维护生命体的存在。人除了具有所有生物都具有的感受系统和效应系统之外，还具有一个符号系统，正是这个系统决定了人和动物的根本差别。他说，“与其他动物相比，人不仅生活在更为宽广的实在之中，而且可以说，他还生活在新的实在之维中。”② 他认为从这个意义上讲，人是一种符号动物。卡西尔说，要是给人的本性下定义的话，那只能是一种功能性的定义。人的突出特征是人的劳作，正是人类活动的体系规定并划定了“人性的圆周”，神话、艺术、语言、历史、科学都是人类劳作的产物，它们是人类文化这个圆的组成部分和各个扇面。人性意味着在它的各种形式中尽管存在差别，但都是向着一个共同的目标而努力。根据人是符号动物的观点，卡西尔对上述人类劳作的产物作了详细的和卓有见地的表述和分析。

---

① 卡西尔：《人文科学的逻辑》，关子尹译，上海译文出版社 2004 年版，第 71 页。

② 卡西尔：《人论》，甘阳译，上海译文出版社 1985 年版，第 34 页。

卡西尔指出，神话属于原始人的世界。原始人绝不缺乏把握事物的经验能力，但是在他们关于自然与生命的概念中，所有经验上的区别都被一种更强烈的情感淹没了，他们相信有一种生命一体化沟通了多种多样的生命形式。对于原始人来说，自然成了一个巨大的生命社会。在自然物和生物之间，在生物和人之间，在活人和死人之间以及在人和神之间，绝对没有不可跨越的鸿沟，一切都以交感的形式存在。"整体的交感"乃是神话最坚实的基础之一。卡西尔认为，宗教是在神话的基础上发展起来的，从原始人粗糙的神话到希腊人格神的神话，再到后来的一神教宗教，是一个有机的发展过程。卡西尔把从神话到宗教的发展看作人的精神的发展。他说："一切较成熟的宗教必须完成的最大奇迹之一，就是要从最原始的概念和最粗糙的迷信之粗糙素材中提取它们的新品质，提取出它们对生活的伦理解释和宗教解释。"①

在卡西尔看来，语言和人性有着密不可分的关系。卡西尔不赞成对语言的生物学解释和历史的解释，而是赞成德国哲学家威廉·洪堡的看法，即语言是一种"世界观"。他说："洪堡的著作不仅在语言学思想中是一个引人注目的进步，它也标志着语言学史上的一个新纪元。"②卡西尔吸收了以特鲁别茨柯伊为代表的布拉格结构主义语言学家的看法，即语言不是词和语音的集合，而是一个结构，一个系统。这个结构或系统不能用物理的因果性或历史的因果性加以描述，只能从结构和功能的方面对其加以描述。卡西尔指出，语言的统一性是功能的统一性，每种语言形式都有其特定的功能，因此没有一种语言可以代替其他的语言。同科学语言相比，日常语言显得比较模糊，但是在一定的情况下，这种语言完全能够满足人们日常生活的需要，没有必要发展其他语言形式。他说，在印第安人的部落里"共相"既无可能也无必要。

艺术在卡西尔那里也被给予了高度关注。在卡西尔看来，艺术是一种特殊类型的文化形式，它的作用是其他文化形式所不能替代的。他说："不管是语言还是艺术都不是给予我们对事物或行动的单纯摹仿；它们二者都是表现。但是，一种在激发美感的形式媒介中的表现，是大不同于一种言语的或概念的表现的。"③只有把艺术理解为我们的思想、想象和情感的一种特殊倾向，才能理解

① 卡西尔：《人论》，甘阳译，上海译文出版社 1985 年版，第 133 页。

② 卡西尔：《人论》，甘阳译，上海译文出版社 1985 年版，第 155 页。

③ 卡西尔：《人论》，甘阳译，上海译文出版社 1985 年版，第 212 页。

艺术。艺术是一种什么样的文化形式呢？卡西尔认为，艺术是通过形象化的手段来表现事物的。他说，“有着一种概念的深层，同样，也有一种纯形象的深层。前者靠科学来发现，后者则在艺术中展现。”① 因为艺术和科学是在完全不同的平面上所进行的人类行为，所以它们既不能相互归结，也不能相互反对。正如对科学要以科学的态度从事一样，对艺术也要以艺术的态度从事。卡西尔指出，语言和科学是对实在的缩写，而艺术则是对实在的夸张，艺术是以象征性的手法表现实在的。他说：“游戏给与我们的是虚幻的形象，艺术给与我们的则是一种新类型的真实——这种真实，不是经验事物的真实，而是纯形式的真实。”② 艺术是客观与主观，再现与表现的连续统一，它对实在的再现不是靠概念而是靠直观。卡西尔提到，在艺术中，“我们不是生活在事物的直接实在性之中，而是生活在诸空间形式的节奏之中，生活在各种色彩的和谐和反差之中，生活在明暗的协调之中。”③ 艺术是观念、想象以及情感的综合统一，只有如此才能领会艺术的真正意义与功能。卡西尔反对艺术是单纯娱乐的观点，它的任务是“给世界以秩序”。他说：“科学在思想中给我们以秩序，道德在行动中给我们以秩序，艺术则在对可见、可触、可听的外观之把握中给我们以秩序。”④ 也就是说，艺术从对实在的理想表现中反观实在。

卡西尔认为，在人类符号化的世界中，历史也是一个不可或缺的层面。卡西尔批评了兰克等历史学家把历史定义为“与事实相一致”的观点。他说：“但是，历史事实是什么呢？一切事实的真实都包含着理论的真实。”⑤ 历史学家并不是为了历史而研究历史，他们研究历史是为了总结过去，指导将来。他说：“历史学家不可能遇到未来的事件，他只能解释过去。但是人类生活乃是一个有机体，在它之中所有的成分都是相互包含相互解释的。因此对过去的新的理解同时也就给与我们对未来的新的展望。而这种展望反过来成了理智生活和社会生活的一种动力。”⑥ 卡西尔还指出，属于过去的那些事实并不仅仅是事实，因为它的意义需要

---

① 卡西尔：《人论》，甘阳译，上海译文出版社 1985 年版，第 215 页。

② 卡西尔：《人论》，甘阳译，上海译文出版社 1985 年版，第 209 页。

③ 卡西尔：《人论》，甘阳译，上海译文出版社 2004 年版，第 210 页。

④ 卡西尔：《人论》，甘阳译，上海译文出版社 1985 年版，第 213 页。

⑤ 卡西尔：《人论》，甘阳译，上海译文出版社 1985 年版，第 221 页。

⑥ 卡西尔：《人论》，甘阳译，上海译文出版社 1985 年版，第 226 页。

人们去揭示和解释。而这种解释的意义总是随着时代的发展而发展的。他以苏格拉底的形象变化为例说，有色诺芬和柏拉图的苏格拉底，也有新斯多葛派的苏格拉底，还有怀疑论派的、神秘主义派的、威力论派的和浪漫派的苏格拉底，它们是完全不一样的。然而它们都不是不真实的。它们每一个都使我们看见了一个新的方面，看到了历史上的苏格拉底及其理智道德面貌的一个新方面。卡西尔的这种观点和伽达默尔在《真理与方法中》提出的诠释学特别是历史诠释学观点是完全一致的，以致我们很难说伽达默尔的观点没有受卡西尔的影响。

在肯定以上所有符号文化的同时，卡西尔没有忘记指出科学是人类文化的最高成就。卡西尔说："几乎所有的自然科学都不得不经过一个神话阶段。在科学思想的历史上，炼金术先于化学，占星术先于天文学。科学只有靠着引入一种新的尺度和不同的逻辑的真理标准，才能超越这些最初的阶段。"①那么科学究竟比炼金术或占星术优越在哪里呢？卡西尔说，科学的优越性在于它用的是一套专门的符号：数的符号。这套符号体系没有自己的实体存在，却具有真正的系统秩序和清晰而明确的结构法则。"一个单个的数只是一个一般的系统系列中的一个单个的位置而已。它不具有它自己的存在，没有自足的实在（self-contained reality），它的意义是由它在整个数列中所占的位置来决定的。"②根据康德的思想，当自然科学家把数学清晰和明确的结构法则运用于自然界的时候，自然现象就以清晰而明确的面貌对我们呈现出来了。卡西尔说，在自然对象都处于数的管辖方面，古典物理学和现代物理学没有根本的分歧，化学经过缓慢的发展，最后也承认了数的权力。数学作为一种符号体系，是人类理智的产物，但这并不意味着数不是客观的。它们对自然现象具有普遍的有效性，只是"它们（数学的观念要素）的客观性的核心不能再在给定的特殊内容之中寻找，而必须在纯粹系统的结构关系中，即在联系的复合体的真理（truth）与有效之中寻找。"③

卡西尔对人类文化活动的先验形式的论述是详尽的，其旨在说明在各个符号形式中，人们所能做的不过是建造一个使人类经验能够被他所理解和揭示，联结和组织，综合化和普遍化的符号宇宙，为人类文化活动寻找依据。在卡西尔看

---

① Ernst Cassirer, *An Essay on Man*, New Haven, Yale University Press, 1947, p.208.

② 卡西尔：《人论》，甘阳译，上海译文出版社 2004 年版，第 212 页。

③ Ernst Cassirer, "The Philosophy of Symbolic Forms", Vol.3, *The Phenomenon of Knowledge*, New Haven: Yale University Press, 1985, p.400.

来，人类的活动不仅是对实在的科学抽象，还包括对实在的想象、情感表达、夸张等符号，人类的活动不仅创造了唯一的科学符号形式，还包括神话的、宗教的、语言的、艺术的、历史的等符号形式。随着人类文化活动的不断进展，这些符号和符号形式也在人的自由创造中不断地增添和创新。人类活动是一幅理性与非理性相互交织的画卷，因为“人性的特征正是在于，他并不局限于对实在只采取一种特定的唯一的态度，而是能够选择他的着眼点，从而既能看出事物的这一面样子，又能看出事物的那一面样子。”①

卡西尔符号哲学的影响是广泛的。他在科学方面的观点，受到了石里克、弗朗克等逻辑实证主义者的高度评价；他对语言的研究，超出了分析哲学对语言仅作意义分析的狭隘视域，凸显了语言的多种功能；对美学的论述使他成了符号美学的开路先锋。在哲学视域上，他实际上采用了现象学和诠释学的视角，因此对胡塞尔的现象学和伽达默尔的诠释学均有重大影响。刘大基指出：卡西尔的文化哲学“与以胡塞尔为代表的现象学思潮总不会仅只是名称上的巧合，它们之间必然存在着某些内在的联系”②，“卡西勒的文化哲学，实质上就是一种解释学，不仅在字面意义上，而且在现实的方法论主张上。”③从我们的观点看，卡西尔的符号哲学是对科学主义和人文主义的重新整合。他的观点不但避免了二者的片面性，而且在新的基础上肯定了二者的价值，对整体性地看待自然科学与各种人类文化的关系具有重大意义。科学技术和人文文化本来都是人类精神的创造物，它们共同构成了人类文明，它们之间的关系应如车之两轮、鸟之两翼一样是互补的，对任何一个方面的强调与对任何一个方面的偏废，都会对人类文明造成致命的伤害。

---

① 卡西尔：《人论》，甘阳译，上海译文出版社2004年版，第35页。

② 刘大基：《人类文化及生命形式——恩·卡西勒、苏珊·朗格研究》，中国社会科学出版社1990年版，第203页。

③ 刘大基：《人类文化及生命形式——恩·卡西勒、苏珊·朗格研究》，中国社会科学出版社1990年版，第77页。

第六章

一种超出自然科学视野的大科学观构想：胡塞尔的现象学及其影响

在现代西方哲学中，胡塞尔是最早对以自然科学模式为代表的文化观进行彻底反思的哲学家之一。在进行这种反思的过程中，他创建了具有深刻意义和广泛影响的现象学哲学，为超越自然科学模式的局限，建立以人为主体的大科学观做出了不朽的贡献。可以说，在胡塞尔以后，伦理观、历史观、宗教观等精神领域的理论才真正摆脱了对自然科学模式的依赖，具有了自己新的合法性依据。也正是在胡塞尔的启发下，舍勒、海德格尔、萨特、梅劳·庞蒂、利科、列维纳斯等一代哲学大家才脱颖而出，从而引领了当代思想界的翻天覆地的变化。尽管胡塞尔本人的现象学哲学的真理性现在依然在争论中，但是他作为自然科学模式的批判者、超越自然科学模式的创始者和奠基人的角色却是不容抹煞的。

第一节　对自然科学本源的追问及其成果

在胡塞尔生活的时代，以数学和自然科学为代表的科学主义正在急速向传统的人文领域扩张。黑格尔思辨哲学的解体和自然科学在各个实证领域的胜利强化了人们对自然科学思维方式的信仰，人们不再相信人的有限的认识能力能够把握绝对真理，经验主义的实证方法得到了包括哲学家在内的绝大多数人的普遍认同。换句话说，自然科学的实证模式被认为是唯一正确有效的模式。人们在努力按照实证模式建构自己的体系，胡塞尔的老师布伦塔诺就是这方面的重要代表。在 1866 年的教师资格论文中，布伦塔诺提出，“哲学的真正方法无非是自然科学的方法”[①]，他认为，当哲学以自然科学的实证模式为楷模时，哲学中的争论才会烟消云散，哲学才会获得稳步的、循序渐进的发展。布伦塔诺像孔德一样把各门学科的关系看作依次发生的关系，数学、物理学、化学、生理学和心理学就是这样的发展序列。尽管布伦塔诺后来看到心理学有着自己独特的对象和研究方法，但他始终认为在发生学上，心理学和生理学甚至物理学有着无法摆脱的相互依赖关系。

胡塞尔本人最初也对自然科学的成就羡慕不已，对自然科学的方法和结论深信不疑。但胡塞尔是一个具有彻底批判精神的思想家，当他发现自然科学的概念缺乏严格的明晰性的时候，他就决心对自然科学的真理性进行追问。正是在这种追问中，他发现了自然科学模式的特点和局限性，特别是在用自然科学模式说明精神的起源和本质时对精神的严重贬低和扭曲。在这个过程中，胡塞尔逐渐形成了自己的研究方法和研究体系，那就是著名的现象学方法论和本体论。他用现象学的观点对自然科学和人文科学进行了彻底的重新阐释，明确提出了在思维和存在关系上思维的本体论性质，树立了精神的绝对权威。胡塞尔并没有否定自然科学的方法和结论，而是把自然科学放到了它应有的位置上，即它是人类精神的一种表现形式，自然科学在认识自然现象方面仍然是绝对有效的，但是胡塞尔否定自然科学的实证模式是唯一的认识模式。胡塞尔不仅像康德和狄尔泰那样，努力为精神科学争地盘，而且说明了自然科学的精神本质，确立了精神科学对自然科学的优先性地位。总之，他用一种大科学主义代替了狭隘的自然科学实证论。

胡塞尔对自然科学的追问肇始于他对数学的追问。很明显，以伽利略为代表的现代自然科学是建立在现代数学的基础上的。伽利略本人曾经说过，自然这本大书是用数学的语言写成的，不懂数学，就不可能真正认识自然。不过在胡塞尔看来，数学家只是在构造和应用数学，他们并没有考虑过数学的基础问题，数学当然不是无源之水和无本之木，它或者来自自然界，或者来自人们的思维，这个问题不是无关紧要，因为对它的解释不仅关系数学的真理性，而且关系自然科学的真理性。胡塞尔的《算术哲学》就是企图为这个问题提供一个明确的答案。这个时期的胡塞尔像他的老师布伦塔诺一样，试图用心理学解释数学的来源问题。胡塞尔对数学有着极为深厚的造诣，他认为，虽然数学取得了很大成绩，但是它

---

① 转引自泰奥多·德布尔:《胡塞尔思想的发展》，李河译，生活·读书·新知三联书店 1995 年版，第 100 页。

的一些概念仍然是模糊不清的，数学是人们心理活动的产物，因此需要从心理学上加以澄清。他先从集合数谈起。他说，集合数的形成和人们的兴趣密切相关，“唯有当总体的兴趣和总体的观察包含着不同的内容并使他们趋于这种兴趣的时候，一种组合才会出现。”通过心理学的集合联想，人们可以把自然界的各种不同的对象作为一个总体看待，从而构成一个复数概念。自然界的对象总是个别存在物，复数作为一般性的范畴，一个共性的东西，不存在于自然界中，只存在于人们的心理活动中，它是一种“高阶活动”的产物。从认识论上来看，胡塞尔之所以把数学归之于心理学，也是受了布伦塔诺的影响。布伦塔诺把知觉活动区分为外知觉和内知觉，认为只有内知觉的对象才具有内在的明证性，外知觉的对象是相对的和可变的，严格说来它们只是一种假象。不过，胡塞尔这种对数学的看法很快就受到了弗雷格的批判。弗雷格责备胡塞尔没有划清逻辑的东西和心理的东西的界限。逻辑的东西是先验的，2+2=4，三角形的三个内角和等于 180 度不以任何人的意志为转移，无论人们的环境和文化有什么不同，他们在这些问题上是不会有争议的。然而心理的问题是经验的，经验的东西存在于时空之中，受环境和人们的认识能力局限，不可能达到无条件的绝对真理。弗雷格在批评胡塞尔把数学的抽象归结为心理学的注意力时不无嘲笑地说，“月亮在心理上是否多少带有一些重量呢?”

作为彻底的真理探索者的胡塞尔接受了弗雷格的批判并开始对他的《算术哲学》思路重新进行反思。一方面，胡塞尔坚信所有的思维规律都具有一种思维形式；另一方面，他又坚信数学原理连同其结果都是先验的，不以人的意志为转移的。如何解决这个问题呢?经过长时间的思考以后，胡塞尔出版了他的《逻辑研究》，在这里他提出了“纯粹心理学”或“描述心理学”的概念。他明确指出，和经验心理学不同，描述心理学是一门先天科学，它要确立那些“纯粹以观念为根据的法则”，它所致力的是一种有关本质的分析，它是一门关于“本质的科学”。《逻辑研究》对《算术哲学》的内容大体上做了以下修改：第一，明确区分了指向个别物的个别意识和指向普遍物的一般意识。尽管胡塞尔仍然坚持集合数和人们的集合活动有关的观点，不过他指出，造成集合数的是一般或本质的意识。胡塞尔称之为“范畴知觉”。在胡塞尔看来，一个不以知觉活动为基础的范畴是不可想象的，但是对于一般物的知觉不同于对个别物的知觉，它是对一个共相即范畴的知觉。范畴知觉并不比个别知觉更神秘，例如人们在个别物中不但能感觉到个别物的红色，也能感觉到一般的红色。在几何学中这种情况尤为明显。在黑板上画出的三角形不仅是个别的三角形，而且是作为一般的三角形的范例出现的，换句话说，人们透过这个个别的三角形看到了一般的三角形。胡塞尔突破了传统哲学关于感觉只能感知个别物的看法，这时的他已明确意识到意识是一个具有多种分支的意向功能系统。意识不仅能指向个别的经验对象，而且能指向一般的对象，当意识超越个别经验对象指向一般的时候，感觉内容不过是意识构造超验世界的原材料。第二，数属于先验的范畴，数的根源不应在人们的集合活动中寻找，而应当从这种集合活动的对象中去寻找。集合数的形成固然需要依靠人们的集合活动，但是数本身的本质性却不取决于这种集合活动而取决于它的含义。集合活动只是数学真理性的必要条件而不是它的充分条件，这正如白的根源不在于白的感觉中，而在于白的感觉对象中一样。胡塞尔以算术的 4 为例指出，这个 4 是一个“种”概念，它是观念性的。作为一个绝对的数目，它适用于一切可用 4 表示的具体事物，就其本身的意义来说，4 并不以对它作出判断的人的意志为转移，尽管它需要通过人的判断这个中介来表达。胡塞尔进一步指出，算术本身关心的不是心理活动，而是观念存在物，因此那种认为它们可以互相交流的想法是非常荒谬的。

胡塞尔对意识的深入钻研不但使他对数学的认识发生了重大变化，而且使他对逻辑学的认识豁然开朗。在胡塞尔看来，逻辑和数学之间并没有实质性的不同，逻辑符号和数学符号一样是一个个规范的意义单位，它不是经验的而是先验的；逻辑符号同样不以对它作出判断的人的心理活动为转移；逻辑推演也和数学推演一样遵循先验的程序。不过，在逻辑和数学的关系上，胡塞尔认为逻辑学比数学更基本，因为数学不过是用数学符号表现出来的逻辑学，在这个意义上，也可以把数学看作是应用逻辑。这时的胡塞尔已经充分认识到，不仅数学，一切真正的科学都是以逻辑学为基础的，因为逻辑学为真正的科学提供了它得以成立的条件。他说：“因而我设定这样一个前提：人们不愿满足于将纯粹逻辑学仅仅建设成一种数学学科式的、具有素朴效用的定律系统，而是去追求与这些定律有关的哲学明晰性，即：明察在这些定律的观念——可能运用中起作用的认识方式本质以及随同它们一起构成的意义给予（Sinngebung）和客观有效性的本质。”①

在《逻辑研究》中，胡塞尔为逻辑学作出了这样的界定：“纯粹逻辑学是观念规律和理论的科学系统，这些规律和理论纯粹建基于观念含义范畴的意义之

① 胡塞尔：《逻辑研究》第二卷，倪梁康译，上海译文出版社 1999 年版，第 1—2 页。

中，也就是说，建基于基本概念之中，这些概念是所有科学的共有财富，因为它们以最一般的方式规定着那些使科学在客观方面得以成为科学的东西，即理论的统一性。”① 对逻辑学的基本概念进行现象学的澄清无疑是《逻辑研究》的主要任务，在完成这项任务的过程中，胡塞尔付出了大量的劳动。对逻辑的认识论澄清不仅需要剥离传统上对逻辑范畴的错误或片面的理解，更主要的是通过明晰的论证，为逻辑的真理性提供一个无可争议的论证。

在《逻辑研究》第六章研究的“引论”中，胡塞尔说明了他用现象学方法阐明逻辑真理性的大体思路，那就是从对表述含义的澄清开始，进入到认识论领域意义的意向本质的研究，然后再论证逻辑——这种特殊的认识活动——的认识论基础，证明所有的逻辑形式都是奠基在一种认识形式之上的。这种认识形式就是范畴直观。

胡塞尔指出，陈述的意义不同于感知的意义，即使没有相应的感知，一个陈述仍然可以是有意义的。但是，陈述的意义最终要回归到感知上。首先，陈述的意义是建立在感知的基础上的。名称的意义在于指称，然而指称无非是感知对象的符号，它来源于感知，专有名词特别清楚地表明了这一点。胡塞尔说，当我们说到汉斯和柏林的时候，我们就是把这些符号附加到所指物上。其次，陈述的意义最终需要由感知来充实。所有意向的客体化行为都指向某个对象，而所有其他的意向行为都奠基于客体化行为之中。在客体化意向行为中，符号意向行为需由直观性行为来充实，只有这样，陈述的意义才能得到完满的实现。意义不必依附于直观，但意义的实现则需要依附于直观，在直观的充实中，意义才能获得明证性。明证性来源于相即性感知，即意义意向和直观对象的合一。

胡塞尔指出了逻辑规律，如矛盾律的现象学基础。当某人的客体化陈述在直观中得到充实的时候，他就有了一个明证性观念，这意味着陈述所具有的含义意向和对事态本身的感知之间完全相合。正是这种相即性感知，使得不同的人不可能对同一个陈述得出不同的理解。因为，如果 A 是明证的，这就意味着 A 不仅仅被意指，而且它正是作为这个被意指的东西现实地被给与，它是直接当下地被给与的。那么，对于另一个人来说，这同一个 A 怎么可能同样被意指，又被一个直接当下化的非 A 排挤掉呢？

胡塞尔进一步指出，感知并不意味着只是对个体事物的感知，对于诸如逻辑

① 胡塞尔：《逻辑研究》第二卷，倪梁康译，上海译文出版社 1999 年版，第 255 页。

范畴这样的普遍物，人们同样是可以感知的。胡塞尔说，当我们对着一张白纸说这是白的时候，这里说的仅仅是白这个观念的一部分，换句话说，白并不就是这张纸的白，一切白的东西都在白的范围之中。显然，在白中还有一种多余，一种形式，是这张纸的白所包含不了的。关于观念的感知也即胡塞尔所说的范畴直观，胡塞尔的论证是，如果我们把这张纸的白看作白的一个范例，那么就可以通过这个范例看到一个普遍的白，在这里，这张纸的白起着一种指证的作用。

胡塞尔指出，逻辑范畴如存在、不存在；一、多；原因、结果；如果、那么、并且、或者等并没有与它们相应的感知对象，它们既不存在于外感知中也不存在于内感知中，但是，这并不意味着它们是不可直观的。在“金是黄的”这个陈述句中，“是”（存在）是没有其直观对象的，但是在充实中，“是”连同金和黄都得到了展示，即不仅金和黄的含义自身显现出来，而且“金—是—黄的”的含义也自身显现出来。其他的范畴也是一样，例如“总和”在一个现实的聚合中被给与，我们因而能形成“总和”的直观。胡塞尔由此得出的结论是，逻辑形式也会得到直观的充实，只不过这种充实是在“事实状态”中整体展示出来的。胡塞尔说：“所以，在一般常用的话语中，总和、不确定的多数、全数、数目、选项、谓语（“公正—存在”）实事状态都成为‘对象’，那些使它们作为被给予而显示出来的行为则成为‘感知’。”① 胡塞尔对狭义的感知和广义的感知作了区分，狭义的感知是对个别物的感知，广义的感知是对范畴的感知。狭义的感知对象是实在的对象，广义的感知对象是观念的对象。他指出，实在的对象是最底层的对象，观念的对象是高层的对象。胡塞尔指出，有什么样的（意向）行为就会有什么样的对象，在感知问题上也是一样。指向个别物的意向行为和指向范畴的意向行为是不同的，对范畴的感知是一种新的意向行为，它不能还原为对个别物的意向性行为，因此，它的意向对象也是一种不同于个别物的对象。

胡塞尔指出，范畴连接形式从属于行为—综合方式，即在综合的、在感性行为之上建立起来的一种形式，随着综合形式的构造会产生出对象的新的含义，这时，对象还是原来的对象，但是在综合的立意形式中，它的含义发生了变化。A在B的左边，A比B更明亮等都是由于这种新的意向性行为造成的。胡塞尔说：“对象并不带着新的实在规定性显现出来，它作为这同一个而矗立于此，但却是以新的方式。由于被纳入到范畴关系之中，因而它在其中获得一个确定的位置和

① 胡塞尔：《逻辑研究》第二卷，倪梁康译，上海译文出版社1999年版，第144页。

角色，一个联系环节的角色，尤其是一个主语环节或宾语环节的角色；而这就是以现象学的方式宣示出来的区别。”①

胡塞尔十分注意划清认识行为和认识对象的区别，他指出，每一个建立在内感性上的抽象都是一个感性的抽象，因为它无非是指对感觉的感觉，相反，每一个建立在被奠基行为本身上的抽象则是一个范畴抽象。我感知一所房屋，在对这个感知的反思中，我构成我“感知”这个概念，但如果我观向房屋，就是说，我利用这个感知本身作为抽象的奠基性行为，那么这里产生的便是“房屋”这个概念。胡塞尔认为，构造范畴的被奠基行为可以有不同的形式。范畴可以成为新的连结、联系或认同的对象，由此构成了纯粹含义的学说，与此相联系的是一个纯粹的范畴直观的学说，我们在简单的范畴直观基础上向着越来越新和越来越复杂的系列进展。这样，范畴直观就成了新的范畴直观的基础。胡塞尔认为逻辑体系的程序是：“在绝对的意义上，奠基性的感性为那些建立于其上的范畴形式的行为提供了材料”。② 在相对的意义上，奠基性行为为一般的客体构成了材料，这里的相对是指相对于那些在被奠基的行为中为这些客体所新增生的范畴形式。

胡塞尔区分了含义的区域和直观的区域。含义的区域比直观的区域要广泛得多，含义的区域包含有许多缺乏实在性和可能性的复合含义，这些含义是不能直观的。此外，范畴类型和范畴直观类型也是不同的，并非每一个范畴类型都有与之相对应的范畴直观类型，例如，“一个是非A的A”，“所有的A是B并且某个A不是B”，等等。每一个本真的范畴形式都会有一个特有的符号形式与之相符，但是不能反过来说，每一个特有的符号形式都有一个本真的范畴形式与之相符。胡塞尔指出，和本真与非本真的范畴形式相对应的是本真的和非本真的思维行为。非本真的思维行为就是陈述的符号意向，本真的思维行为就是相符合的充实。根据以上论述，胡塞尔指出，判断可以有本真和非本真的判断。胡塞尔说：“于是，判断的概念便通过陈述意向和充实的共同点，亦即通过作为质性和意向质料之统一的意向本质而得到规定。”③

尽管逻辑学家和经验心理学家都在使用概念、判断、推理等字眼，但他们在使用这些字眼时的意义实际上是完全不同的。心理学家在使用这些词汇的时候指

① 胡塞尔：《逻辑研究》第二卷，倪梁康译，上海译文出版社1999年版，第157—158页。

② 胡塞尔：《逻辑研究》第二卷，倪梁康译，上海译文出版社1999年版，第186页。

③ 胡塞尔：《逻辑研究》第二卷，倪梁康译，上海译文出版社1999年版，第197页。

的是人们的心理活动，而逻辑学家们在使用这些词汇的时候指的是它们的意义。在逻辑学家那里，“概念”是一个标准的意义单位，而不是形成概念的人内心的心理活动。逻辑学家在谈论S是P的判断时，他讲的是在各种断定活动中都共同的“命题的意义”。“我的判断行为是一个短暂的体验，它产生又消失。但陈述所陈述的东西，‘一个三角形的三条垂直线相交于一点’这个内容不是一个产生又消失的东西。……它是一个在严格语义上的同一之物，它是同一个几何学真理。”① 推理也是如此。推理不是指心理学家所说的心理活动，而是指在前提中所蕴含的必然结论。与此同时，胡塞尔还区分了事实的法则和观念的法则。事实的法则是以事实即感觉的心理联系为根据的，它所得出的结论是表面的和有限的，观念的法则是以观念即内在的明证性为根据的，它不是从事实中得来的，而是从观念中得来的，即使没有相应的事实，观念的法则仍然有效。逻辑法则是观念的法则，因为它具有内在的明证性，所以才具有先验的有效性。

胡塞尔在对于诸如复数等一般概念的解释中，明确了单个意识和一般意识的区别，概念的意义和心理活动的区别，这就使他批判把观念活动归结于心理活动的经验主义心理学有了深厚的底蕴。正因为如此，胡塞尔在《逻辑研究》中才对经验主义心理学进行了严厉的批判。胡塞尔指出，首先，经验心理学即使从它自己的标准来看也是非科学的。“两个彼此矛盾的命题不能共存”这个命题不能诉诸人们的经验意识，因为在经验意识中，总会有人相信矛盾是真实的，甚至黑格尔这样的哲学家也认为矛盾是正常而合理的。其次，即使在经验意识中找出了这样的证据，我们所得到的仍然是或然的而不是必然的结论。经验的法则具有不精确性特点，这种不精确性是经验的本质决定的。经验不能超越实事性的范围，一般性的命题不是事实性的命题，而是可能性的命题，它在任何时间任何地点都是适用的。如果逻辑法则是心理学法则的一部分，那么它必然分有心理学法则的不精确性从而成为或然性的法则，这样，一切建立在逻辑学法则上的科学也就不可能成为本质必然性的科学了。最后，经验心理学将经验上的原因与辩护的根据混淆起来，抹煞了事实和规范的区别。断言一种想法是如何产生的并没有告诉我们它必然是真的。一个观念的真不取决于它来自某一事实，而取决于它符合某一规范，只有从某一规范的角度看某一观念是真的它才是真的。

在《逻辑研究》中，胡塞尔意识到在经验主义心理学的路径上解决先验的观

---

① 胡塞尔：《逻辑研究》第二卷，倪梁康译，上海译文出版社1999年版，第45—46页。

念问题是行不通的，那么，为什么经验主义心理学会犯这种混淆了两种不同论域的错误呢？对此胡塞尔进行了深刻的反思。他认为，心理学家的错误，是由于他们模仿自然科学的模式造成的。他们用自然科学家看待物理现象的方式看待心理现象，即把它看作另一类实存的对象，并且这种实存的心理现象依赖于物理的对象。他们没有意识到这两类现象的本质区别，更没有对存在和意识的关系进行深层的反思。心理学家用对心理现象原因的研究代替了对这类现象的本质分析，而诉诸生理的物理的原因丝毫无助于阐释观念本身的真理性问题。胡塞尔在《逻辑研究》中揭露了心理学家使用了大量的含糊概念，例如意识、表象、判断、推理等，这些概念在他们那里具有双重的甚至是多重的含义。在胡塞尔看来，要捍卫数学的和逻辑学的真理，不能只满足于揭露传统心理学和认识论中的错误，还必须进行根本上的重建工作。

1910 年，胡塞尔出版了他的《作为严格的科学》，这本书可以看作他的思想进程的一个新的坐标点。在这里，他以心理学为主攻方向，澄清了自然科学模式的基本错误并指明了今后的研究方向。胡塞尔认为，自然科学模式的基本错误是把意识和观念自然化。他说，自然主义者只看到自然，而且这个自然被看作是服从精密的自然法则的自然。胡塞尔指出，这种理解的“自然”一般并不适于为观念的法则提供根据。经验主义心理学是自然科学把观念自然化的典型表现和主要理论形式，所以胡塞尔通过揭示经验主义心理学的非科学性来指出把精神自然化的错误。首先，作为事实性的科学，心理学不适于作为哲学以及其他规范科学的根据。他说，心理学的任务是在自然的心理联系中研究各种心理要素，并且认为心理事件是属于自然的，它和动物机体有一种因果联系。这种心理学的根本特征是抛开对意识的直接、纯粹的分析而诉诸某些意识的原因，这是一种本末倒置的做法。他说，“进一步说，如果知识理论要研究意识与存在的关系问题，它只能将存在作为意识的相关者（correlate）、作为被按照意识的方式‘意向’的某种东西置于眼前：作为被知觉、被记忆、被期望、被描画地再现、被想象、被同一、被区分、被评说、被估价的东西，等等。因而很清楚，这种研究同时必须朝向关于意识本质的科学知识，朝向意识本身按其本质所‘是’的东西。”① 正是这种关于意识本质所是的研究，导致了胡塞尔先验现象学的出现。

其次，胡塞尔指出，心理学的概念是不精确的。心理学使用的范畴都是从日

① 胡塞尔：《现象学与哲学的危机》，吕祥译，国际文化出版社 1988 年版，第 80 页。

常语言中来的，它们没有经过严格概念分析，是非科学的，要在这些非科学的范畴之上建立精确的科学体系是不可能的。他说，人们对事物的认识无不受着人们概念储备的影响，这些概念是否正确，是否科学，决定着人们对事物本身的认识。胡塞尔指出心理学在以下两个方面是非科学的，“即，一方面如果它要穿透到对心理学的真正理解，它实际上就是非科学的；另一方面，在关于精神的未被澄清的观念的不足导致把问题搞得模糊不清并且仅仅导向表面结果的所有事情中，它也同样是非科学的。”① 胡塞尔把精神的自然化称为一种“朴素性”。这种朴素性从哲学的角度看包含着许多无法克服的困难。例如，意识和外在对象的关系问题，意识如何超越自身而“切中”它的对象？在实践上则会导致非常严重的后果，其中最重要的后果就是忽视了精神的作用，歪曲、贬低甚至抹煞了精神科学。

对数学和逻辑学的阐释使胡塞尔坚信，伽利略所开创的近代自然科学绝不是在描述所谓的自然本身，而是在描述一个观念化了的理想世界。因为，近代科学的自然界实际上是一种数学化了的自然界，由于伽利略把自然数学化，“自然本身变成了一种数学的流形。”② 在胡塞尔的晚期著作中，特别是在《欧洲科学的危机和超越论现象学》中，他对自然科学的世界观进行了详尽的分析和评论。

胡塞尔指出，在近代自然科学中，每一个物都有它的“物体性”，尽管有些物不是物体性的，但是也都被物体化了。这就是说，每一个物都首先被理解成了一个空间上的存在。这种对世界的认识是以普遍的抽象为前提的，显然，这是一种数学几何学式的认识方式。胡塞尔认为，对自然进行这种数学的处理是必要的。首先，它达到了日常经验所达不到的精确性。日常经验具有的模糊和不确定往往使人们不能达到预想的结果，经验的理想化就是达到精确性。只有在任何情况下用同样的手段都达到同样的目的，才能保证人们在实践上的成功。只有数学化了的自然科学才做到了这一点。其次，它具有互主体性。如果在任意的场合其他人做到和我具有一致的世界经验，那么首先就必须以某种同一的东西为前提，这就需要对物体进行空间上和时间上的量化，几何学和数学是这种量化的最好手段。胡塞尔指出，自然科学将所有自然物体都还原为“广延”，而置它们的其他

① 胡塞尔：《现象学与哲学的危机》，吕祥译，国际文化出版社 1988 年版，第 85 页。

② 胡塞尔：《欧洲科学的危机与超越论现象学》，王炳文译，商务印书馆 2001 年版，第 34 页。

特征于不顾，这就使得对它们进行数学计算有了可能。元素，元素的组合和分解，只有在数学和几何学的基础上才能进行。此外，对事物形态空间分布上的同一性和时间顺序上的同一性的强调，也都是在数学、几何学的基础上作出的。由于进行了这种抽象，任何人在观察和分析这些物体时都不会产生异议。此外，从历史上看，对自然数学化也有它的必然性。胡塞尔说到，在古希腊，“无限性被发现出来了，而且首先是以将量、数值、数、图形、直线、极点、平面等等理念化的形式发现的。自然，空间，时间，变成了可以在理想上无限延伸，并且可以在理想上无限分割的东西。由土地测量技术产生出几何学，由计数技术产生出算术，由日常的力学产生出数学的力学，等等。尽管并没有明确地将它当作前提，直观的自然变成了数学的世界，数学的自然科学的世界。”①

胡塞尔认为，当代自然科学尽管和近代自然科学有一些重要差别，可是其基础并没有发生根本性的变化。经典物理学是以数学化的物理学为代表的，按照经典物理学的看法，自然是作为实在的、在空间和时间上定位的、分离的或连续的要素的全体而存在的。这样，对自然的要素和复合体的一义的数学计算才有可能。新物理学不是按照坐标的方式对要素加以定位，而是按照类型学的方式对要素加以定位。任何最终要素上的运动和变化，都取决于它们所属的类型，只有在同复合体的关系中，个别要素及其运动和变化才能得到最终的解释。在新物理学中，世界被看作一个整体，它的每一部分也被看作一个整体，这样一直划分下去，直到最后的整体。任何个别发生的东西，虽然依据其个别性是不可计算的，不过仍然可以从它和整体的关系中得以理解。在整体结构和个别事件之间存在着一种必然的因果关系。胡塞尔指出，新的物理学的基础仍然是数学的计算，他说，例如在量子物理学中，原子就被规定为个体—类型的统一体，它是由分子这个“太阳系”的运动和变化所决定的。所以，即使是分子物理学，也是按照几何学的方式讨论的。

胡塞尔对自然科学的来源进行了深刻的揭示，他指出，自然科学来源于生活世界，数学几何学来自土地的测量，生活世界是自然科学的基础。

胡塞尔对近代自然科学的成就给予了充分肯定，称它为“人类精神的胜利”。② 他说，“近代精密自然科学的始终如一的发展结果，是在以技术方式对自

① 胡塞尔：《欧洲科学的危机与超越论现象学》，王炳文译，商务印书馆 2001 年版，第 396 页。

② 胡塞尔：《欧洲科学的危机与超越论现象学》，王炳文译，商务印书馆 2001 年版，第 399 页。

然的支配中的一场真正革命。”[①]不过，和对自然科学的赞誉相比，胡塞尔对它的局限性给予了更多的关注。在胡塞尔看来，自然科学最重要的失误，是把精神自然化了。他称伽利略既是一个发现的天才，又是一个掩盖的天才。当伽利略把数学化了的自然说成是自然本身的时候，他忘记了自然科学的成就是以科学家为代表的人类精神的成就。胡塞尔指出，自然科学家所说的自然其实是经过自然科学家抽象的观念化了的自然，这种自然是精神的相关项，其根源应当从人类精神中去寻找，而不应当从所谓外在的自然界中去寻找。胡塞尔明确指出自然科学的研究不能代替精神科学的研究。他说：“尽管通过规定包含在评价、意愿这样的经验中的身体功能，心理学能够将经验客观化并且依靠归纳法来处理它，但它也能够这样研究目的、价值准则吗？它能够这样来研究作为某种‘配置’（disposition）的理性吗？”[②]心理学可以叫作心理现象的统计学，“但是，正如同样也具有不少价值的知识的道德统计学并不是一种道德科学一样，这种心理学也不是一种真正的心理学”。[③]

第二节　胡塞尔的大科学观构想

在1927年的《现象学》中胡塞尔说：“一旦我们的理论兴趣放弃了这种自然观点并且在普遍的目光中朝向意识生活，即在其中世界只是对我们而言，为我们现存的‘这个’世界的意识生活，我们便处于一种新的认识境界之中了。”[④]在胡塞尔看来，要放弃习以为常的自然观点，最主要的是要进行一种意识的还原工作。但是，胡塞尔一开始只是把这种工作当成一种方法论来对待，只是到后来，他才意识到这其实关乎到哲学的根本问题，是一项严肃的哲学本体论的任务。在《算术哲学》中，尽管胡塞尔追溯了数学的心理学来源问题，他却没有进一步追问心理现象的来源问题，在这里他可以说是有意识地对这个问题存而不论，用他

---

① 胡塞尔：《欧洲科学的危机与超越论现象学》，王炳文译，商务印书馆2001年版，第369页。

② 胡塞尔：《现象学与哲学的危机》，吕祥译，国际文化出版社1988年版，第169页。

③ 胡塞尔：《现象学与哲学的危机》，吕祥译，国际文化出版社1988年版，第170页。

④ 倪梁康主编：《面对实事本身》，东方出版社2000年版，第93页。

后来的话说，就是“加了括弧”。在《逻辑研究》中，他实际上仍然搁置了对这个问题的讨论。胡塞尔在此没有明确指出意识是和人的身体相关的意识还是一种独立的超验的意识。但是这个问题是不可能长久地弃之不顾的。在讨论物理学的科学性时，这个问题便会尖锐地摆在他的面前。物理科学的内容究竟是自然的内容还是意识的内容？当胡塞尔对数学、逻辑学进行了日益深入的研究以后，他越来越坚信自然科学是一种人的精神的构成物，由此出发可以广义地说，一切现象世界都是人的精神的构成物，这里没有精神以外的东西的地盘。胡塞尔把人的认识以外的东西叫作超越物。

笛卡尔哲学是胡塞尔进行现象学哲学反思的起点。胡塞尔说，“现象学必须将他作为真正的哲学始祖来予以尊敬。”①从笛卡尔那里，胡塞尔看到了真正的科学起点。他认为真正的科学应当是一种具有自身明证性的学问，但是自然科学远未达到这种明证性。自然科学以为外部世界是一种自明的存在，把这一点作为它的不言而喻的出发点，其实，这个外部世界是可疑的，人们甚至可以把假象也看作真实的存在。笛卡尔最先看到了这一点。他提出了普遍怀疑的原则，即对一切不具有自身明证性的东西加以质疑，只把那些绝对无可置疑的东西当作真实的东西加以接受。胡塞尔完全同意并彻底贯彻了笛卡尔的这一思想。

胡塞尔指出，把思作为自明的起点这无疑是笛卡尔的伟大贡献，可以说，一切哲学乃至一切认识，只有从这个起点出发，才能走向真理。不过，在胡塞尔看来，笛卡尔没有把他的原则贯彻到底，这主要表现在，虽然笛卡尔在理论上承认思的明证性，在实际上，他却没有真正怀疑他的怀疑对象的客观存在。笛卡尔借助上帝，重新肯定了外部世界的存在，这实际上是背叛了他的哲学基础，并因此使自己处在了一种尴尬的自相矛盾的境地，即一方面认为对象是由思引起的，另一方面，认为思又是由对象引起的。在胡塞尔看来，提出这样的问题是没有意义的：我如何走出我的意识之岛，在我意识中作为明见体验出现的东西如何能够获得客观的意义？因为一切对象都是思想的对象，而不可能是超越思想的超越物。我知觉、我回忆、我期待、我描述、我断定、我想象等同时必然伴随有它们的对象物，从这个意义上说，对象物只是由思想建构起来的。意识和意识对象的关系是，意识对象是意识的相关物。胡塞尔说，当他指出对象是意识的相关物时，他并没有否定意识对象的存在，只是改变了日常朴素意识对对象的看法。这所房子

① 倪梁康主编：《面对实事本身》，东方出版社2000年版，第106页。

的实在性对我来说是无可置疑的，因为它具有我的直观的明证。此外，笛卡尔对心灵的认识也不彻底，他没有对经验的心灵和先验的心灵作出区分，这个心灵固然是“我思”的代名词，但是，这个“我”究竟是经验心理学上的我，还是先验现象学上的我仍然是极其模糊的，这种模糊性导致了休谟的怀疑论。胡塞尔认为，要把笛卡尔的原则贯彻到底，就必须对思，即意识，进行彻底的澄清。胡塞尔给自己提出的问题是：我们为什么要把意识当作所与物来接受？作为所与物，意识的标准是什么？正是以笛卡尔的我思为基础，在《纯粹现象学与现象学的哲学观念》（以下简称《观念》）中，胡塞尔建构了彻底的以先验意识为基础的先验现象学。

在《观念》I中，胡塞尔首先进行了对自然态度的排除工作。他指出，自然科学的对象实际上是经验的对象，无论自然科学家把自然对象归结为原子、分子或其他什么东西，最终都是为了说明人们可感知的自然现象。作为经验对象的自然当然和人的意识有关，可是自然科学家却没有对意识进行现象学意义上的研究，而只是进行生理物理学方面的研究，即从因果关系方面解释意识的起源和作用。这种研究没有看到意识的自主性，它当然不能解释意识的本质。当自然对象作为经验对象对人们显现的时候，它们是作为变化的甚至是矛盾的现象出现在人们面前的，在原则上，旧的现象总会为新的现象所代替，和先前现象相反的现象的出现不仅是可能的甚至是必然的。当相反的现象出现在人们意识中的时候，人们便会发生意识上的困惑，就不能辨别事情的真伪，用胡塞尔的话说，就会发生世界“爆炸”的情况。可见，在经验基础上建立起来的朴素的世界信念，是不足以支撑科学认识的大厦的。胡塞尔指出，一部分科学家虽然认识到经验现象的相对性，可是他们把它看成某种绝对实在的表象，即看作某种大写的实体的图画或符号。在胡塞尔看来，所谓第一性质和第二性质的学说就是这种观点的表现。譬如，在洛克看来，色声香味这些东西虽然有其客观来源，但归根结底是人们的主观感受，并不反映事物的真实存在。胡塞尔批评了这种图画理论或符号理论。他指出，图画理论或符号理论的要害在于，它并不把现象看作是某物的自身反映，而是看作是某物的他物反映，图画或符号所意指的是某种不是它自身的东西。但现象永远是某物的自身显现，现象不是假象，第二性质和第一性质一样，也具有感觉直观的明证性。相反，那个大写的实体则是十分可疑的，因为它超出了一切现象之外，也就是超出了所有的认识之外，假定一种非经验的东西的绝对存在，在胡塞尔看来，就像假定一种圆的方一样，是绝对违背常理的。

胡塞尔不仅排除了朴素的自然观，而且排除了神，排除了逻辑、数学、关于质料的观念学科等一切超验的学科以及与之相关的本体论。在他看来，神不过是和物质相对的另一绝对实在，他的存在与否超越了意识的范围，是不可证明的。其他的观念学科尽管有一定的合法性，但不具有原初的合法性（明证性）。例如，几何学是在几条原初的自明公理上演绎出来的观念体系，它对具有空间形态的事物是普遍适用的，然而它本身并不具有自足性，它的合法性需要比它更为基本的关于意识本质的合法性理论加以保证。现象学就是关于纯粹意识的观念科学，现象学不应采用几何学的方法，相反，几何学的合法性则必须通过现象学的理论加以说明。

“排除”显然是一种意识活动。在胡塞尔看来，即使我们把全部世界都排除出去，或者说都“悬置”起来，意识仍然是现象学排除的剩余物，通过“排除”显现出来的正是“意识”。所有的意识都关乎“我”，因为所有的意识都是我思的表现。不过，胡塞尔认为，这个“我”不是实体意义上的我，而是功能意义上的“我”，和笛卡尔显著不同的是，胡塞尔对意识的研究并不涉及自我的实际存在。如果问非实体意义上的我思如何存在，那么胡塞尔的回答是，它显现在意识的行为样式中。他说，正如几何学家的活动造就了几何学，但几何学家却不出现在几何学原理中一样，纯粹意识的活动主体——我——也不应出现在意识中。作为自我意识的“自我”不是一个实体，但它也不是纯粹的抽象，它出现在不同样式的意识活动中：我知觉某物，我回忆某物，我想象某物，我评价某物，我意愿某物……自我就存在于知觉、回忆、想象、评价、意愿等行为样式中，自我通过它的活动形式而显现它的存在。正因为如此，胡塞尔把他的现象学意义上的意识称为“纯粹意识”。

通过“排除”，胡塞尔完成了他的现象学还原，即把一切都纳入到“纯粹意识”的范畴中。在这项工作完成以后，胡塞尔便着手对“纯粹意识”进行现象学的描述和分析。他指出，“纯粹意识”是唯一超越性的，它不是一种经验意识，而是一种经过先验还原以后显现的先验意识。这种意识的存在具有内在的明证性，通过反思，我们就会对它的存在有一种明晰的直观。在胡塞尔的术语中，反思不是和直观相对立的概念，而是直观的一种形式，即一种向内的看。在这种看中，意识把自身作为对象进行考察，描述它的活动方式和活动内容。正是通过反思这个切入点，胡塞尔提出了他的著名的意向性理论。

胡塞尔指出，意识是纯粹自我的活动，但它不是一种空的活动，意识活动总是要指向一定的对象，这一点无论对于经验意识还是对于纯粹意识都是同样的：意识总是对某物的意识。二者的不同之处在于，经验意识指向的是经验对象，纯粹意识指向的是观念的对象，和经验意识对应的是经验的世界，和纯粹意识对应的是观念的世界。经过先验还原以后，世界仍然是原来的世界，只不过它的超验意义上的实在性被清除了，它变成了我的意识内的对象。他说，我面前的那所房屋仍然像它以前一样呈现在我们面前，不过这时我们只把它看作我们意识的对象。那个实在的房屋可以烧毁，但我们意识的房屋却不会因此而毁坏，它仍然完好地存在于我的意识中。他说："于是，不是朴素地生活在经验中并理论地探索经验的东西，超验的自然，我们造成'现象学还原'。换句话说，不是朴素地造成关于我们的自然的行为——构成带有某种超验的意指的意识，并被潜在于其中的动机把我们吸引到造成某种超验的更新的意指——不是这样，我们对所有这些意指'置之不理'，我们'不参与到其中'，我们把我们的把捉和理论探索放到有其自身绝对存在的纯粹意识上来。于是这就是被设想为'现象学剩余物'的所留下的东西，尽管我们排除了整个世界连同其中的物理物、生命体、包括我们在内的人类。严格地说，我们没有失去什么反而获得了一个绝对的在的全体，准确地讲，它把世界上一切的超验物都构建于自身，包含于自身之中。"①

胡塞尔意向性理论的核心内容是意识的形式、对象及其二者的关系。在胡塞尔那里，意识的形式指意识活动（act）的方式（mode）和样式（characteristic）；意识的对象指意识的对象化物，他分别用 Noese 和 noema 来表示。至于二者的关系，在胡塞尔看来，意向质料是意向形式的映现，有什么样的意向形式，就有什么样的意向质料。在《观念》I 中，胡塞尔着重谈了两种意向形式，一是信念的方式，二是中立的方式。在信念的方式中胡塞尔区分了原初信念（protodoxa）和变式的信念。这两种的共同点是，"它们是存在—意指"，"意指的活动"。② 他指出，原初的信念来自当下直观，在这种直观中包含着对直观对象存在的确信。而其他信念则是这种原初信念的变式。这些变式的信念包括可能、大概、提问、怀疑、否定，等等。随着信念样式的改变，其质料也发生了相应的变化，即从原

① Edmund Husserl, *Ideas Pertaining To A Pure Phenomenology And To A Phenomenological Philosophy*, First Book, trans. by Fkersten, Martinus Nijhoff Publishers, 1981, p.113.

② Edmund Husserl, *Ideas Pertaining To A Pure Phenomenology And To A Phenomenological Philosophy*, First Book, trans. by Fkersten, Martinus Nijhoff Publishers, 1981, p.250.

来对对象存在的信念变成了对对象的可能、大概、怀疑和取消的信念。

和信念方式不同的是中立的方式。在胡塞尔看来，中立信念也是原初信念的变式，不过这种方式的特点是，不包含对对象存在与否的意指，而只是“想到”(thought of)，他说：“(这种变式）并不取消，并不‘造成’什么：把事情束之高阁，‘悬置’它，‘让事情未决’，然后有一种未决的事情，在‘沉浸’中生产，或‘仅仅接受’生产的事情而‘对它无所作为’。”① 胡塞尔把这种中立方式称作反思。回忆和想象是中立方式的体现。胡塞尔认为，从意向的对象方面看，中立的方式不涉及对象的存在，只是把对象图画式地呈现出来。它描绘（depicture）对象而不是断定对象，因此它并不涉及对象的存在与不存在，正确与错误。他说：“这种描绘的图画—对象既不以存在也不以非存在，也不以任何其他意指方式呈现给我们；或者毋宁说，这是对它的存在的意识，不过在这种存在的中性变式中，它是准存在地呈现。”②

胡塞尔认为，意指方式在现象学时间中表现为现在意识，中立化在现象学时间中表现为过去的和将来的意识，它们共同构成了作为整体的现象学时间。现象学时间是意识的存在方式。胡塞尔指出，在信念行为和中立化行为的关系中，信念行为具有优先性。信念行为是意指行为，始终意指对象的存在，即使是似乎、可能、否定等意指行为的变式，也都以变式的形式意指对象的存在。因此，在胡塞尔看来，信念的方式在全部意识行为中始终占有优先地位。中立化方式和信念方式并不是格格不入的，在意识态度转变以后，中立化方式可以转化为信念的方式。

胡塞尔区分了奠基行为和被奠基行为。所谓奠基行为是指以当下知觉为中心的行为，所谓被奠基行为，是建立在知觉活动基础上的行为。胡塞尔把奠基性行为叫作初阶行为，而把被奠基行为叫作高阶行为。在被奠基行为中，除了复杂的认知行为以外，还包括情感的行为和意志的行为。在胡塞尔看来，价值判断就是一种高阶行为，它不仅涉及事物的存在断定，而且涉及对这个存在物的价值的断定。因此，我知觉某物和我评价某物的意义是不同的，我知觉某物仅仅是把握某

---

① Edmund Husserl, *Ideas Pertaining To A Pure Phenomenology And To A Phenomenological Philosophy*, First Book, trans. by Fkersten, Martinus Nijhoff Publishers, 1981, p.258.

② Edmund Husserl, *Ideas Pertaining To A Pure Phenomenology And To A Phenomenological Philosophy*, First Book, trans. by Fkersten, Martinus Nijhoff Publishers, 1981, p.262.

物，而我评价某物则不仅把某物看作某物，同时还包含着对它的价值认知。情绪的和价值的意向活动是高阶意向活动，而知觉的意向活动是初阶意向活动。高阶意向活动奠基于初阶意向活动。胡塞尔说："一方面，有一种类似于信念方式的新样式，但同时，在其内容中拥有它们本身信念—逻辑的意指可能性；另一方面，随着新的运动也就有了新的'理解'和一种新的意义构成，它奠基于并与此同时包含着意向。新的意义在全新的意义维度上发生；由于它，没有仅仅是事情的新的确定性部分形成，相反是价值的事情，价值性，或有价值的具体对象：美和丑、好和坏；使用对象，艺术品、机器、书、行动、业绩，等等的形成。"①

胡塞尔认为，和初阶活动一样，高阶活动也有它们相应的逻辑的和语法的表达式，其中信念在综合述谓命题中得到表达，非信念的综合命题可能不出现作为"和""或者"等综合意指的名词，但是它的动词同样可以表达综合意指活动。例如，母亲对她所有的子女的爱就是一种综合的爱。这种爱就其指向每一个子女来说是多向放射式的，就其作为统一的爱来说又是单一的。

胡塞尔认为，任何意识活动，都伴随有相应的客观化，如知觉活动构成知觉对象，记忆活动指向记忆的对象，想象活动指向想象的对象，等等。即使是中立性方式的活动，也潜在地构成它们的意向对象。胡塞尔认为，价值的、意志的综合活动对象是有别于综合认知对象的另一类对象，他特别指出："无需强调仔细地进行这种分析对于认识价值的和实践的客观化，意义以及表达方式，因而对于伦理的，美学的概念和认识以及那些在观念上与之相类似的东西有多么的重要。"②

胡塞尔指出，意识作为绝对的意识有一个出发点，它在这个出发点的基础上逐步走向综合。但意识的发展不是机械的相加，而是一个累积的过程，当意识转向新的主题的时候，过去的不是被弃之不顾，而是非主题化地存在于意识之中。胡塞尔还在语义上区分了作为整体的意向对象（Object）和作为意识方式或意识样式的意向对象（Noema）。他指出，作为整体的意向对象是同一的和不变的，而作为意识方式或意识样式的意向对象是多样的和可变的，但是这二者并不

① Edmund Husserl, *Ideas Pertaining To A Pure Phenomenology And To A Phenomenological Philosophy*, First Book, trans. by Fkersten, Martinus Nijhoff Publishers, 1981, p.277.

② Edmund Husserl, *Ideas Pertaining To A Pure Phenomenology And To A Phenomenological Philosophy*, First Book, trans. by Fkersten, Martinus Nijhoff Publishers, 1981, p.290.

矛盾，同一的和统一的意向对象存在于连续性的Noema中，那可变的、不同的作为意向方式和样式的对象分别构成了同一和统一的意向对象的部分或片断，它们是连续地或综合地展示同一个对象。由于意义总是意向性地意指某物，所以无意义或无内容就等于说意识没有与它相关的对象。

胡塞尔把判断的形式和他的意义理论联系在一起，用意义的生成来解释逻辑判断的形式。他指出，不同的意识活动具有不同的对象，这些不同的意向对象正是它们意指的内容或意义。意识活动有分解的、综合的、假设的，它们分别以不同的逻辑形式表达出来。一个综合活动的意指是一种积累的结果，例如，“这是一个黑色的，墨水瓶，这个黑墨水瓶不是白的，如果是白的，那就不是黑的。”在这每一步中，我们都获得了新的意义。他认为，意指，包括综合意指，都是信念的方式，逻辑形式无非是信念方式以逻辑句法的形式表达出来。例如，假设的信念有假设的表达式，疑问的信念有疑问的表达式，否定的信念有否定的表达式。反过来说，每一种逻辑表达式都是一种信念方式的表达。胡塞尔批评逻辑学家只是孤立地研究逻辑形式，而没有从意向和意向对象的关系上研究逻辑问题。

在胡塞尔看来，正因为所有的对象都是实际的和可能的意象对象，所以它只能存在于意识中，意识对象的意义或意指都要由或多或少的直观的内容来充实。胡塞尔认为，在原初的直观所与中，意指获得了它的原初的合法性基础。人们称为理性的或信念的确定性的东西，就是建立在这种亲知的基础上。也正因为如此，人们把缺乏这种亲知的信念称为盲目的、模糊的和混淆的。不过，对于原初的直观，胡塞尔也区分了两种本质上不同的形式：一种是经验的直观，另一种是理性的直观。二者的区别是，第一种直观的对象是个别物，第二种直观的对象是普遍物。胡塞尔指出，在我们的经验直观中，直观对象虽然也是亲知（itself in person）所与，但它只是此时此刻的所与，因此是不充分的，经验的直观要直观到“事情本身”，就要连续不断地进行，原来经验直观中的空缺由后继的直观来充实。但这种直观可能存在相互抵触的情况，所以，经验的直观不能把握“事情本身”。理性的直观对象是观念的东西，它并不局限于经验对象，它是对一切可能的对象的直观，因此是充分的。胡塞尔说：“真理显然是和原初信念，和确定性信念相关的完满的理性样式。”[①] 真理以原初对象为证据，胡塞尔认为，非原初

① Edmund Husserl, *Ideas Pertaining To A Pure Phenomenology And To A Phenomenological Philosophy*, First Book, trans. by Fkersten, Martinus Nijhoff Publishers, 1981, p.334.

直观对象在次一级的意义上也可以作为证据，例如记忆的对象，不过，记忆的对象的合法性归根结底也来自原初的直观。胡塞尔说："就本质的必然性来说（存在于无条件的观念的普遍性的先验性中），每一个'真的存在'对象，都有一个可能的意识的观念，在其中对象原初地并因而以完全充分的方式被把握，反过来说，如果这种可能性被保证，那么相关的对象就是存在的。"①

在《观念》II 中，胡塞尔明确指出科学主义的态度是一种朴素的态度，它不能摆脱对自然的盲目信仰，不能解释精神的自由，束缚了人的精神。他指出，狄尔泰、布伦塔诺、文德尔班、李凯尔特这些思想家，虽然看到了自然科学的实证主义方法的局限性，但是仍然没有同这种态度实行彻底决裂，他们一方面强调精神的独立自主性，另一方面又对自然的存在坚信不疑。《观念》II 的主旨就是阐释人文科学对于自然科学的优先性。在胡塞尔看来，自然科学和人文科学一样，都是人的精神的产物，它们的区别仅仅在于，自然科学家把精神外化于对象物上，他们专注于描述自然物的各种物理属性以及在各种物理现象中直观物的同一性并以相应的范畴对这些同一性进行固定。自然科学家从不关注主体性的精神，他们在对物的观察中存在着一种精神的遗忘。人文科学则相反，人文科学家把外在的精神内在化，从人的内在意识出发解释意识的对象化物。人文科学家在这样做时当然也会涉及自然现象，但是他们同样把这些现象理解为人的精神的对象化。就一切意识对象都和意识主体——大写的自我——相关而言，人文科学家的看法显然比自然科学家的看法更深刻，更基本。

胡塞尔指出，作为特殊物体的人，不能仅仅作为一般的自然对象来研究。人有灵魂和精神，正如康德所指出的那样，灵魂不是实体，它并不寄居于身体的某个部分中，因此实在论地理解灵魂是错误的。在胡塞尔看来，灵魂是一种功能性的东西，它是生命体的能力，对于人来说它就是人的能力。这种能力表现在它能开启身体的活动，它是自我的自主性和能动性的表现。胡塞尔指出，精神是建立在灵魂基础上的一种高级能力。精神从根本上说带有意向性特征。当精神明确地意指一个对象物的时候，就意味着它能把握这个对象物，作用于这个对象物。因此，精神集中体现自我的自由。

胡塞尔认为，人文科学的对象主要是人——个体的人以及由个体的人组成的

---

① Edmund Husserl, *Ideas Pertaining To A Pure Phenomenology And To A Phenomenological Philosophy*, First Book, trans. by Fkersten, Martinus Nijhoff Publishers, 1981, p.341.

社会。每一个个人都是一个独特的自我，他有他的独特的意识，有他的观察、思考、意愿、行为的方式和这种独特的“我思”相对应的是他的独特的周围世界。同样的对象世界因人的个体性而呈现出多种多样的面貌。胡塞尔说：“每个自我都具有它的自我—生活，但每个自我也是一个个人，一个个体，一个明白的个体。”① 胡塞尔指出，人的个体性一方面可以通过他的一系列的显现，即一系列的行为来加以考察；另一方面可以通过移情来加以把握。人的行为表现在他的身体行为上，这是他的生命体验的表达，我们可以通过特殊的行为特征来理解它的独特的自我。

意识是一个包罗万象的全体，既包括意识本身又包括意识对象。现象学只是把普通人认为的“客观”对象变成了现象。在胡塞尔的晚期著作中，他对认识形式的分类给予了空前未有的重视。所谓意识的类型学，包括意识对象的类型学和意识形式的类型学。在胡塞尔看来，世界、物质、自然科学的各个分支，意识本身的各个分支，以及自我、历史、社会等，都可以作意识的类型学研究。其研究方法是多样性变更，即在其多样性中发现其同一性。

他从意识对象的类型出发追溯意识的类型。例如，在《哲学与欧洲人的危机》中，胡塞尔就区分了欧洲人的文化类型和东方人的文化类型。在这里胡塞尔指出，从公元前7—5世纪出现的希腊文化是一种理性主义的文化。它是为理论而理论的，从这种文化中传承下来的欧洲文化也以理论，即观念性的东西，作为它的最高目的。这种文化当然也涉及实践，但这种实践是理论应用到实践中去，而不是为实践而实践。这种理性主义文化不仅造就了哲学家和各种技术专家，而且造就了一种理想性的人格，一种文化的共同体，求真是这个共同体的唯一特征。与此相反，东方人的文化则是一种实践的文化。胡塞尔说，不是说这种文化不涉及理论，而是说它的理论是为实践的目的而构造出来的，是为实用的目的服务的。在胡塞尔看来，理论型的文化有两个显著特点，那就是带有批判性和求真性。由于必须将整个经验托付给观念的、理想的准则，人们便养成了一种批判的习惯，“实践不能再从朴素的日常经验与传统之中提取自己的准则，而必须从客观的真实之中提取”，② 这样，理想的真实就成为一种绝对的

① Edmund Husserl, *Ideas Pertaining To A Pure Phenomenology And To A Phenomenological Philosophy*, First Book, trans. by Fkersten, Martinus Nijhoff Publishers, 1981, p.399.

② 胡塞尔：《现象学与哲学的危机》，吕祥译，国际文化出版社1988年版，第157页。

价值。

在 1929 年出版的《先验现象学引论》中，胡塞尔试图建构一种先验自我学。他说："用前人的话来说，本我具有一个巨大的、天生的先天，而且整个现象学或哲学家方法上先进的纯粹自身思义便是对这个天生的先天及其无限多样性的揭示。"① 对一个人来说，自我是始终如一的。自我的同一性包括自我的三个时间维度的同一，即过去、现在和将来。自我的现在表现在知觉上，但每一个个别的知觉都不是孤立的，它们彼此衔接，构成了一条赫拉克利特之河，正是借助这种统一，先验的本我才存在。感知在前进着并且描绘出一个期待的视域，这个视域指示着这个被感知物的将来。此外还有回忆，每一个回忆都指示一个过去的完整链条。当下、期待和回忆构成了一个意识的综合结构，它受意识的综合规律的统治。胡塞尔认为，在意识整体中可以再分为感知类型、回忆类型、滞留类型等。我们可以描述这些类型并对每一种类型探究它的意象结构，还可以探究不同类型的转化。我也可以从意识对象方面来发问，这一对象何以是同一的对象。作为空间中的所与之物，是意向的同一之物，同一个六面体可以通过表象、回忆、期待对我来说呈现为同一的东西，这种同一性始终在我之中并且通过我而被直观到。如果本我在计数和计算，在描述自然和进行推理，那么它也就注定构造了它的对象。本我不但以现实的形式存在，而且以可能的形式存在。和可能的本我相关的任何对象都是一个作为可能的经验之大全的对象。这个可能的经验对象是观念的因而也是先验的，然而这个观念的对象可以由经验加以充实，这就决定了它对一切可能的经验对象都有效。胡塞尔认为，本我是变中的不变，它具有相对固定的信念和习惯，这一点构成了本我稳定的人格特征，而本我具体的意向则是在不断变化的，它构成了本我的流动性的一面。胡塞尔认为，本我自身是发展的。"本我的自为自身存在是在不断的自身构造中的存在，这种自身构造是所有那些所谓超越的构造、世界对象性的构造的基础"。② 可能正是由于这一点，萨特才说胡塞尔给人的自由留下了充足的地盘。

胡塞尔认为，根据先验现象学的观点，只有本我的存在是具有绝对明证性的，但是这并不排除他我的存在，他我和世界一样具有无可置疑的明证性，因为他我也是本我的相关项，只不过和一般的他物相比，这个他我具有和我一样的主

① 倪梁康主编：《面对实事本身》，东方出版社 2000 年版，第 131 页。

② 倪梁康主编：《面对实事本身》，东方出版社 2000 年版，第 128 页。

体性。我可以通过移情设想他我的性质：他我也会把我当作一个客体，他我也有和我一样的感觉、思维、情感、行动的能力等，因此本我和他我的关系不是主客体的关系，而是互主体的关系。胡塞尔说："先验主体性正是随此而扩展为交互主体性，扩展为交互主体——先验的社会性，它是整个交互主体的自然和世界的先验基地，而且同样也是所有观念对象性的交互主体存在的先验基地。"①在个人和社会的关系上，胡塞尔主张二者的有机统一。个人通过自身沉思可以超越它自身的朴素性和有限性，做到在意识中充分把握自身，这个时候，他会按照理念的意志行事，这种出自自身的行为就是康德所说的自律。自由的、自律的本我毕竟和他人处在一种互补的关系中。社会是一个人际关系的整体，个人的自由和自律是自由公正的社会关系建立的前提条件，自由公正的社会关系反过来可以保障个人的自由和自律。根据这种关系建立的社会就是一个理想社会。理想的人和理想的社会不是对立的而是统一的。

在《欧洲科学的危机和超越论现象学》中，胡塞尔刻意强调了"生活世界"这一概念。在胡塞尔看来，一切观念性的东西最终都是从生活世界中生发出来的，生活世界是一切认识的源泉。胡塞尔提出"生活世界"的概念不是要否定他的早期学说——只有观念的东西才是真的，而是要说明观念的东西的形成过程。生活世界的历史无非是一部精神的发展史，胡塞尔强调生活世界的目的很明显，那就是把观念的真理性和观念的历史性结合起来，使他的体系更加系统化和更加自洽。胡塞尔指出，生活世界的最一般的结构包含两个方面，一方面是事物，另一方面是意识。从先验现象学的观点出发，胡塞尔强调意识的绝对优先性。他说："与此相反，超越论说：预先给定的生活世界的存在意义是主观的构成物，是正在经历着的生活的，前科学的生活的成就。"②胡塞尔肯定了神话、宗教等的历史地位，例如，在谈到希腊人的世界时他提到，"更充分地说，希腊人历史上的周围世界，并不是在我们意义上的客观世界，而是他们的'世界表象'，就是说，是他们自己的主观有效性，以及所有其中对他们有效的现实的东西，其中包括例如诸神、诸精灵，等等"③。

---

① 倪梁康主编：《面对实事本身》，东方出版社 2000 年版，第 138 页。

② 胡塞尔：《欧洲科学的危机与超越论现象学》，王炳文译，商务印书馆 2001 年版，第 87 页。

③ 胡塞尔：《欧洲科学的危机与超越论现象学》，王炳文译，商务印书馆 2001 年版，第 370—371 页。

第三节　深远意义和重大影响

海涅曾经把康德的《纯粹理性批判》比作砍下自然神论头颅的大刀，在康德的批判之后，自然神论便悄然沉寂了。胡塞尔对自然科学方法论的批判所起的作用丝毫也不逊于康德。甚嚣尘上的科学实证主义思潮在经过胡塞尔批判之后终于得到了强有力的遏止，人文主义思潮在欧洲则蓬蓬勃勃地兴盛起来。一种被称作“现象学运动”的新人文主义思潮迅速席卷欧洲，并且在第二次世界大战后扩展到北美大陆，迄今仍然发挥着重要影响。著名现象学社会学家舒兹说：“现象学宣称它是一种关于处于生活世界之中的人的哲学，它能够以一种严格的科学方式说明这个生活世界的意义。它的论题与人们具体证明和说明先验主体性的意识活动（Bewusstseinsleistungen）——这种生活世界就是在这些意识活动中构造的——有关。”① 至少在胡塞尔的追随者那里，这种说法是毫不夸张的。

胡塞尔哲学最重要的贡献，是他的“先验的还原”，通过这种还原，胡塞尔确立了人的彻底的哲学主体性地位。马悌尤斯说：“对于胡塞尔来说，‘回到’先验意识的最终建构性的起源根据中去的东西，因而‘回到绝对主体性’中去的东西，就构成了一门对所有东西都能加以澄清和提供根据的第一哲学的核心。”② 此外，胡塞尔始终坚持的“面向事情本身”及其本质直观的方法也具有划时代的认识论和方法论意义。从此以后，对事物的发问不是以“它是什么？”的形式出现，而是以“它怎样是？”的形式出现。从事情的变化和发展过程中求其所是成了人们强有力的认识工具。

胡塞尔现象学的意义还可以从它的影响表现出来。倪梁康在《面对事情本身》的“编者引论”中提到了近三十位著名现象学家或受到现象学影响的思想家，其中包括现象学社会学和人类学创始人舍勒，基本本体论哲学家海德格尔，法国存在主义代表人物萨特和梅劳·庞蒂，现代诠释学主要代表伽达默尔、利科，以及后现代哲学家列维纳斯、德里达等，至于在胡塞尔哲学专门研究方面或在某一专门领域作出贡献的现象学家，则更是不胜枚举。胡塞尔的现象学引导一代学者走上了学术之路，他们在上路之后有的进一步丰富和繁荣了现象学，使现象学领域

① 倪梁康主编：《面对实事本身》，东方出版社 2000 年版，第 475 页。

② 倪梁康主编：《面对实事本身》，东方出版社 2000 年版，第 294 页。

更加扩大，内容更加丰富；有的把现象学和其他思想相嫁接，衍生出新的学派；有的则看到了它的局限性，转而批评这种现象学。不过，即使是批评胡塞尔现象学的哲学家，也没有对他的思想全盘否定，而是——用黑格尔的话说——进行了扬弃。在胡塞尔的现象学之后出现的欧洲人文思潮的复兴，充分显示了这种思想的深刻内涵和巨大活力。我们以下列举的几位只是和我们的主题密切相关的哲学家，从他们身上我们似乎可以看到，一种现代西方人文文化，是如何在胡塞尔哲学的肥沃土壤上繁荣滋长起来的。

马克斯·舍勒（Max Scheler, 1874—1928）是胡塞尔同时代的德国著名现象学家，当胡塞尔的现象学思想刚刚形成的时候，他就以惊人的敏感把握了这种思想的实质，并且用现象学的观点研究和解释他所关心的重大问题——价值问题、宗教问题、人的问题等，创立了价值伦理学和宗教现象学，并且最终创立了哲学人类学。斯皮格伯格（H.Spiegelberg）指出："毫无疑问地，在20年代，当海德格尚未出现的时候，在德国哲学界的眼目中的晒勒（舍勒——笔者注）是占有现象学第二把交椅的；实际上，他不止是一个新学派的一位成员，而是当时光焰万丈的哲学泰斗。"①

舍勒1901年和胡塞尔相识，1907年在慕尼黑大学参加现象学研讨班，1910年和1911年访问哥廷根大学时开始对胡塞尔的某些观点提出批评，1916年在《伦理学中的形式主义和实质价值论伦理学》中公开表明自己和胡塞尔的不同之处，这一过程表明他的思想日渐成熟。但舍勒从未全盘否定胡塞尔及其现象学。斯皮格伯格把舍勒的现象学的主要特征概括为三点：(1）彻底体验的直观经验；(2）注意本质，对实存问题存而不论；(3）留意先验，即留意本质之间的基本联系。② 很明显，这些都源自胡塞尔的思想。至于他们的分歧，主要在于胡塞尔侧重现象学的纯理论建构，舍勒则侧重于用现象学方法解决具体问题，而且在解决这些问题的时候难免采纳一些非现象学的观点。

本质直观无疑是舍勒从胡塞尔那里继承下来的一笔宝贵的哲学遗产。舍勒强调，现象学的对象是一个特殊类型的"事实"王国，现象学无非是"对有关事实的内涵和意义的深入体会"③。它无需外在的标准，它的唯一标准就是对事情如其

① 赫伯特·斯皮格伯格：《现象学史》，李良贵译，（台湾）中正书局1971年版，第275页。

② 赫伯特·斯皮格伯格：《现象学史》，李良贵译，（台湾）中正书局1971年版，第292页。

③ 刘小枫选编：《舍勒选集》上卷，上海三联书店1999年版，第51页。

所是的说明。舍勒指出，现象学不同于唯理论也不同于经验论，唯理论不谈事实，经验论不谈先验，现象学的对象则既是先验的又是事实的。因为在现象学看来，对一个运动的本质有效的东西，同样也对这个可观察的运动有效。换句话说，一种类型的本质，同样也是这种类型中的个体的本质。舍勒指出，现象学优先于认识论，因为任何认识都是建立在所与事实的基础上的，认识的绝对标准始终是事实情况的自身所与，他说，“任何一门主张对象是在认识方法中才受到规定，甚或才被制造出来的认识理论，都是一种与认识的明证意义相背的东西”①。

在舍勒看来，现象学为一切科学奠定基础，具体科学要成为真正的科学，必须以现象学的方式加以建构。他把现象学的研究对象称为绝对此在，把各门具体科学的研究对象称为相对此在，在他看来，研究绝对此在的现象学当然不同于研究相对此在的其他科学，但其他科学可以看作现象学的一个区域阶段。就其他科学也有自身的特殊本质来说，现象学完全承认各门具体科学的相对独立性，不仅现象学不能取代各门具体科学的研究，各门具体科学之间也不能相互取代。在现象学本质直观的基础上，舍勒比较了自然认识和科学认识的差别。他指出，人们的自然认识取决于他们共同的组织，科学认识则取决于对象先验的一般本质。在充盈性方面，自然世界观比科学世界观更丰富，而在深度方面，科学世界观则具有自然世界观无可比拟的广阔性和无限性。舍勒认为，每门科学都有它们自身单一的符号体系，它是对周围世界的一种抽象认识。在这个意义上，科学是象征性的认识，当科学家以为凭一种单一的符号体系就可以规定生活世界的时候，从现象学的观点看，这既是本末倒置的，又是片面的。事实是，事情本身先于科学设定，只有先有物体广延上的热胀冷缩的本质事实，才会有物理学家的热胀冷缩定律。另外，现象学认为同一的对象可以根据奠基次序作出不同的解释。他说：“英国物理学派的卓越贡献就在于，他们一方面坚持认为，我们只能力学地理解自然，然而却又明察到并且证明了，即使我们只能想象制作唯一的一个力学模式，并且借助于它来理解事实，但我们仍能制作无数其他的力学模式，并且借助于它们同样能够很好地理解事实。”②

当舍勒把胡塞尔的现象学方法运用于精神科学的时候，他首先发现的就是康德形式主义伦理观的空洞性。康德把他的伦理学设定为一门关于单纯形式的科

① 刘小枫选编：《舍勒选集》上卷，上海三联书店 1999 年版，第 71 页。

② 刘小枫选编：《舍勒选集》上卷，上海三联书店 1999 年版，第 108 页。

学，把情感视为主观的经验排斥在他的理性伦理学之外，在舍勒看来，这是受了古希腊理性—感性传统的二元对立影响的结果，其后果是使他的伦理学丧失了所有实质性的内容，成了抽象的先验唯心主义。针对康德他指出："精神的感受活动，它的偏好与偏恶，它的爱与恨具有自己的先验内涵，这些内涵与纯粹思维规律一样独立于归纳经验。在精神的感受活动这里和在纯粹思维那里一样，都存在着对行为及其质料的本质直观，存在着对它们的奠基和联系的本质直观。"①正是在这种思想的基础上舍勒建立了以爱为核心的价值论体系。他指出，爱是情感活动的中心，事物的价值首先是通过爱的活动才显露出来的，如果爱的对象是物，物的价值便显露出来，如果爱的对象是人，人的价值便显露出来，但爱不是一种静观状态，而是从低级向高级发展的价值活动。依据胡塞尔的奠基次序的观点，舍勒把价值分为感性价值、实用价值、生命价值、精神价值和宗教价值五种事实，并对其中的每一种价值形式都进行了详尽的现象学描述。在舍勒看来，知识之真、伦理之善、艺术之美、宗教之圣，都是价值，价值有它的内容和形式，不存在无内容的幸福，人们正是在追求这些理想的价值内容时才实现了自己的理想人格。

海德格尔是受胡塞尔影响最大的哲学家之一。早在 1909 年海德格尔在弗莱堡大学学习期间，他就通读了胡塞尔的《哲学研究》两卷本。胡塞尔在 1916 年接替李凯尔特主持弗莱堡大学哲学讲座后，海德格尔成了胡塞尔的学生和同事。他们一起编辑了《现象学哲学年鉴》。胡塞尔视海德格尔为自己最出色的弟子，直至海德格尔《存在与时间》发表以前，胡塞尔还在不遗余力地为海德格尔提供帮助。他把自己未发表的文稿供海德格尔参考，为这本书的出版做了多方面的斡旋工作。为了感谢胡塞尔的帮助，海德格尔也在该书的扉页上写着："谨以此书献给埃德蒙特·胡塞尔，致以友情和敬意。"

从《存在与时间》来看，海德格尔受胡塞尔的影响主要表现在三个方面。第一，受胡塞尔"悬置"方法的影响，只把本真自明的东西作为出发点或切入点。胡塞尔认为，现象学作为科学，不能建基在那些非自明的东西上，只能建基在本真自明的东西的基础上，这种东西就是我思。我思是经过现象学还原以后唯一的剩余物，它具有无可怀疑的自明性。在把无可置疑的自明性作为论证的出发点的问题上，海德格尔和胡塞尔是一致的。不过，海德格尔没有把我思作为他的《存

① 刘小枫选编：《舍勒选集》上卷，上海三联书店 1999 年版，第 28 页。

在与时间》的切入点，而是把我在作为切入点，因为在他看来，我在是比我思更为基本更为自明的东西。在我在的基础上，海德格尔确立了人与世界的基本关系，即世界是我在的相关项。他说："只有当此在存在……才'有'存在。当此在不生存的时候，那时，'独立性'也就不'在'，'自在'也就不'在'。那时，诸如此类的东西就既不是可领会的，也不是不可领会的。那时，世内存在者就既不是可揭示的，也不能蔽而不露。那时就既不能说存在者存在，也不能说存在者不存在。现在——只要当存在之领会在，并因而对现成性的领会在——当然可以说：那时存在者还得继续存在下去。"①第二，受胡塞尔意向性学说的影响研究此在的生存方式。胡塞尔认为意识具有意向性，意向对象是意向活动所建构的对象，并且意识在现象学的时间意义上具有统一性。海德格尔明确指出，时间是此在的生存论方式，在此在的三个时间维度中，将来是关键的。此在总是先行筹划自己的未来，从未来出发把自己抛入世界并且和在者与其他此在照面。先行筹划造成了此在的曾在和现在，而作为此在筹划对象的世界和他人，也随着此在筹划方式的不同而显现为不同的存在样式。第三，受胡塞尔本质还原的影响，从在者的存在方式中追问存在本身。胡塞尔著名的本质还原就是通过意向对象多样性变更的方式直观其中的本质同一性，即所谓变中的不变。海德格尔在把本质视为在变中展示同一性的问题上，和胡塞尔一脉相承，他只是把胡塞尔意向和意向对象的关系变成了存在和存在者的关系。在《存在与时间》中，海德格尔对现象学（phenomenology）作出了这样的界定：所谓现象（phenomena），就是显象，就是事情自己把自己呈报出来，自己显示自己。所谓逻辑（logy），就是言谈，言谈具有让人看的意思。所以，"现象学是说：αποφαινεσθαι τα φαινομενα：让人从显现的东西本身那里如它从其本身所显现的那样来看它。"②海德格尔把变动的在者和不变的存在作了区分，明确了他的哲学是追问存在本身而不是普通的在者。在这本书里，他的追问就是此在本真的存在方式而不是此在的日常经验形态。

后期海德格尔和胡塞尔的意识论现象学拉开了更大距离。他基本上不再谈论胡塞尔视为核心概念的意向性问题，远离了《存在与时间》中此在的本体论，胡

---

① 海德格尔：《存在与时间》，陈嘉映、王庆节译，生活·读书·新知三联书店 2006 年版，第 244 页。

② 海德格尔：《存在与时间》，陈嘉映、王庆节译，生活·读书·新知三联书店 2006 年版，第 41 页。

塞尔建立统一的大科学观的构想早已为海德格尔所抛弃，他甚至摒弃了胡塞尔的本质直观观念，寄望于胡塞尔从未想到的诗性语言以言说存在的真谛。但是我们说，即使在晚期，胡塞尔影子在海德格尔的思想中仍然挥之不去。胡塞尔的基本信条“面对事情本身”始终是海德格尔的座右铭。他把真理解释为“去蔽”，用追问前苏格拉底的希腊人的生存方式的方法追问人和世界的本真关系，这些都应该看作对胡塞尔学说的继承和发展。正如晚年他在《我通向现象学之路》中所说：“现象学的哲学时代似乎已经过去了，它已经作为过去的东西与其他的哲学学派一起仅仅被记录在历史中，但从现象学的最本己的方面来说，现象学并不是一个学派。它是不时地自我改变并因此而持存着的思的可能性，即能够符合有待于思的东西的召唤。如果现象学是这样地为人们所理解和坚持的话，那么它作为一个哲学标题就可以不复存在了，但是它会有益于思的事情，而这种思的事情的敞开状态依然是一种秘密。”①

1929 年，胡塞尔受法国哲学会的邀请，先后两次在巴黎大学发表演讲，他的演讲以《笛卡尔的沉思》为名于 1931 年正式发表。本书重点阐述了他的先验现象学观点，对法国思想界产生了重要影响，从此法国诞生了一批杰出的现象学家，萨特就是在读了这部书之后才决心走现象学哲学之路的。1933 年，萨特专程来到柏林向胡塞尔学习，当时的哲学讲座虽已由海德格尔接替，但海德格尔的存在论现象学对他产生了更为直接的影响，不过他始终没有否定胡塞尔的思想价值。萨特从胡塞尔那里找到了从人的内部世界，即从人的意识出发研究人的存在，研究世界的道路。

首先，萨特十分认同胡塞尔的说法：人所生活的世界是由于人的意识活动才获得意义和价值的。他把物称为“自在的存在”，把人称为“自为的存在”。他曾说：由于人的实在，才有物的实在，人是借万物显示自己的手段。由于我们存在于世界之中，才产生了繁纷复杂的关系；这棵树和那一角天空之间建立了一种关系的是我们。多亏了我们，那已经沉睡了几千年的星星，这一弯新月和碧绿的河流才显出协调的景色。这个风景，如果我们弃之不顾，它就失去见证者，停滞在永恒的默默无闻状态中。而“人的实在分泌出一种使自己独立出来的虚无，对于这种可能性，笛卡尔继斯多葛派之后，把它称作自由。”②其次，萨特继承了胡塞

① 孙周兴选编：《海德格尔选集》下卷，上海三联书店 1996 年版，第 1288 页。

② 萨特：《存在与虚无》，陈宣良等译，生活·读书·新知三联书店 1987 年版，第 55 页。

尔意识的流动性和统一性的观点并以此作为人的自由的根据。胡塞尔主张人的意识是流动变化的，所以意识表现为现象学上的时间，只有通过时间，一个人才能把现在、过去和未来联系起来，从而获得对自我和意向对象同一性的认识。萨特根据意识的流动性强调人的自由，根据意识的同一性强调人的本质。他主张，人们总是在意识的流变中认识世界，改造世界，把物化为我的对象，意识同时也由于这种流变不断地超越自己，达到新的意识。所以，人永远不是他所是的东西。萨特继承了胡塞尔本质还原的哲学方法，从人的存在方式出发说明人的特殊性。他说，人没有先天的本质，本质无非是意向对象变中的不变，根据胡塞尔的本质还原，他指出普罗斯特的天才就表现在普罗斯特的作品中，拉辛的天才就表现在拉辛的悲剧中。人是什么完全是由他的一系列行动造成的。最后，在自我和他人的关系上萨特也从胡塞尔的观点出发加以阐释。胡塞尔首先从自我的意向性（注视）中建构了他人的概念——他人是我的直观对象，自我通过移情对这个对象加以反思，从而认识到他人也是像我一样的主体，在此基础上胡塞尔提出了主体间性和共同的生活世界的观念。萨特也从胡塞尔的注视谈论自我和他人的关系，和胡塞尔唯一不同的是，胡塞尔强调的是自我和他人的同一性，萨特则强调自我和他人差异性。他指出，当我在注视他人的时候，我会发现我的诸对象不是朝着我的方向集合，而是朝着他人的方向集合，“因此，他人在世界中的显现相当于整个宇宙的被凝固的潜移，相当于世界在我造成的集中下面同时暗中进行的中心偏移。”① 更重要的是，在他人成为我的注视对象的时候，我也会成为他人的注视对象，我在他人中的对象化并不取决于我。如果我感到羞耻，那是因为我在他人的注视中保留着某种无规定性，某种不可预料性，这些新的特性不仅是因为我不能认识他人，尤其是因为他人也是自由的。正因为萨特看到了胡塞尔哲学和僵死的实证主义对人的研究的根本区别，所以他才这样说道：“胡塞尔重新把恐怖和可爱置于事物之中。他把艺术家和先知们的世界重新交还给我们：既是可怕的、敌意的、危险的，也有恩赐和爱的庇护。”②

胡塞尔的现象学还影响了法国另一位著名思想家，萨特的同学兼同事梅劳·庞蒂。梅劳·庞蒂 1926 年考入巴黎高师，比萨特低两级。他 1929 年开始接触胡塞尔的现象学，从此刻苦攻读胡塞尔的著作，1938 年他在访问比利时期间

① 萨特：《存在与虚无》，陈宣良等译，生活·读书·新知三联书店 1987 年版，第 339 页。

② 倪梁康主编：《面对实事本身》，东方出版社 2000 年版，第 648 页。

还特意到卢汶大学胡塞尔档案馆阅读胡塞尔未发表过的书稿。随着研究的深入，梅劳·庞蒂对现象学有了越来越深刻的认识，现象学成了他观察理论与现实问题的基本方法。

梅劳·庞蒂采纳了胡塞尔本质直观的观点，认为唯有知觉才是一切认识的基础。知觉具有原初的明证性，他说："知觉不是世界的一个科学，那甚至不是一个行动，不是有意的立场的采取，它是一个基础，在这基础之上，一切行动都脱离出来，而以它为前提。"[①]我们的生活世界首先是作为知觉对象呈现给我们的。梅劳·庞蒂认为，和知觉相比，科学是第二位的，用他的话说，科学只是它"第二次的表现"。科学是对生活世界的一种规定和解释，但不是一切规定和解释，而且科学最终还要返回到生活世界。梅劳·庞蒂还采纳了胡塞尔意向建构了意向对象的观点，认为世界的意义是人赋予的。他也像胡塞尔一样主张对事物的本质不应分析和解释，只应描述。在如何解决共同的意向和共同的意向对象的问题上，他同样主张主体间性。他认为作为纯粹意识，个别个体之间是没有区别的，通过沟通，他们就可以达到共识。他说，"世界就是我们所表象的那个同一的世界，而我们不是像人或经验的主体那样，而是全都是一道单一的明智的光，我们参加到'一'里而不把'一'分掉。"[②]胡塞尔晚期转向类型学的研究，在《哲学和欧洲人的危机》中他曾比较了欧洲人的观念和其他人，特别是中国人的观念的区别。这里他引入了历史，从希腊开始说明欧洲人和非欧洲人的本质的不同。胡塞尔的这个视角对梅劳·庞蒂也有极大的启发。他强调，和古典理解的本质不同，胡塞尔主张的是"一种发生的现象学"，所谓"发生的现象学"就是要从一切现象和现象间的一切联系中去理解现象，发现现象的本质。

当然，梅劳·庞蒂清楚地知道，世界不仅是意向的对象，它也是行动的对象，特别是海德格尔从此在的存在方式入手解释人以后，他的这种看法就更加坚定了。不过，梅劳·庞蒂认为海德格尔的观点和胡塞尔的观点并不矛盾，他反复引用胡塞尔在《观念》II 中的论述。在那里胡塞尔指出，身体的我和心灵的我并不是两个自我，而是同一个自我，准确地说，心灵通过身体作用于生活世界，并显示出与其他物体不同的能动性。根据这种观点，梅劳·庞蒂提出了他的身体的现象学。他指出，人既不是主体也不是客体，而是二者的统一，即主—客体。这

---

① 倪梁康主编：《面对实事本身》，东方出版社 2000 年版，第 715 页。

② 倪梁康主编：《面对实事本身》，东方出版社 2000 年版，第 716 页。

个作为主体—客体的自我一方面和世界相联系，是千千万万事物中的一个；另一方面，又是世界的中心，通过他的有意识、有目的的行动认识和改造世界。他说："将我的探察活动各环节联系起来、将物之各面相联系起来，以及将这两系列联系起来的意向性，并非心灵主体的联结活动，也非对象之纯粹的联系，而是我作为肉身主体所从事的、由运动的一段落到另一段落的过渡，原则上这一过渡永远是可能的，因为我是这一称为身体的知觉动物和运动动物。"① 从身体的现象学出发，梅劳·庞蒂解释了人的自由和不自由。他认为，人一方面是自由的，他总是在不断地筹划世界，赋予世界以意义；另一方面，作为世界的一部分，他又总是受着事物的限制，所以人既是自由的又是被决定的，既是主动的又是被动的。不过，在人和世界的总的关系上，梅劳·庞蒂的观点始终是明确的，那就是胡塞尔所说的，世界是自我的相关项。

瓦尔登费尔茨说，"法国的现象学随利科而进入到巩固充实阶段"。倪梁康对这句话的解释是，由于利科，"法国现象学了解了自己的可能性和局限性，并学会了去回应例如来自精神分析、结构主义和分析哲学方面的挑战。"② 在我们看来，利科实际上不是面对各种挑战捍卫了现象学，而是融合了精神分析、结构主义和分析哲学的观点，创立了自己独特的现象学的诠释学，并引起了现象学的法国式嬗变。

利科是 20 世纪 40 年代在德军的俘虏营里接触到胡塞尔的现象学的，在那里，他和另一位法国哲学家米凯尔· 杜弗连一起研究胡塞尔的现象学和雅斯贝尔斯的存在哲学。1949 年，利科出版了他的第一本现象学专著：《关于意志的哲学》第一卷。到了 50 年代，他在斯特拉斯堡大学期间翻译出版了胡塞尔的《观念》，在巴黎大学期间创建并领导了胡塞尔现象学研究中心，出版了《胡塞尔文库》。1960 年，他出版了《关于意志的哲学》第二卷。很显然，在利科的早期学术生涯中，胡塞尔的现象学是他的主要研究方向。但是，即使在早期，利科也不是拘泥于胡塞尔的既有观点和结论，而是在学习中创新，在肯定中否定，用黑格尔的话说，他是抱着扬弃的态度对待这位思想家的。

在研究胡塞尔现象学的过程中，利科建构了具有自己特色的意志论现象学。在《意志现象学的方法与任务》（1952）一文中，利科一方面对胡塞尔的意识现

---

① 倪梁康主编：《面对实事本身》，东方出版社 2000 年版，第 740 页。

② 倪梁康主编：《面对实事本身》，东方出版社 2000 年版，第 32 页。

象学进行了充分肯定，指出它在反对实证主义自然观上的成功和它的普遍的方法论意义；另一方面又敏锐地看到胡塞尔意识论现象学的局限性，指出它不能洞察一种本源性的现象——意志。胡塞尔认为意志是一种复杂的高阶行为，它奠基于直观之上。利科对此指出，意识的绝对性本身就是非批判的，它缺乏一种“第二级层”的反思。在意识之前还有一种无意识行为，这种行为依附于“我意欲”之上。他说，胡塞尔认为情感和意志体验奠基于表象，这种看法似乎来自“逻辑主义的偏见”，并没有在生活实践的反省中得到验证。根据胡塞尔的行为样式理论，利科指出意志其实是一种源始的行为样式，它既包括有意识行为，也包括无意识行为，例如激情就是其中的一种。激情是意志的变式，它的相关项也是非客观化的，它不是指向一种客观化的意义核心，而是指向一种意向性的“空无”，只有意志的现象学能够对此作出本真的解释。他指出，意识的现象学在揭示了意识及其世界的时候同时把意志的激情模态放到括弧里去了，“对‘虚空性’的注解将是这一第二层反思的转折点……也许这种透过‘虚空性’进入存在论的道路，较诸在理论意识层面寻找现象的存在论意涵，其成果更为丰富。”①我们看到，正是由于利科这种批判性的继承，才使得他在以后的时期得以广泛吸收结构主义、弗洛伊德的精神分析理论和分析哲学的成果，建立了他的以象征性符号分析著称的现象学诠释学，从而在人文领域，特别在文学和宗教领域，创造了更大的辉煌。

列维纳斯是法国最早接触现象学的思想家之一，也是对胡塞尔最不“忠实”的信徒之一。1923 年在大学学习期间，他就开始阅读胡塞尔的《逻辑研究》，认为胡塞尔给他提供了“新思维的可能性”。1928 年，他在弗莱堡大学聆听了胡塞尔的哲学讲座“关于现象学和心理学”与“主体间性的建构”。1930 年，他撰写了题为《胡塞尔现象学中的意向理论》的博士论文并因此获得法国国籍。1931 年，他翻译出版了胡塞尔的《笛卡尔的沉思》，这本译著对在法国传播现象学起到了不小的作用。在研究胡塞尔现象学的过程中，列维纳斯也接触了海德格尔哲学并对后者有了更深刻的印象。在聆听了胡塞尔的哲学讲座之后，他接着又聆听了海德格尔的哲学讲座。1929 年他作为研究生旁听了海德格尔和卡西尔的“达沃斯辩论”。海德格尔在纳粹执政期间的表现以及列维纳斯的家庭背景及经历，使列维纳斯对海德格尔由好感逐步转向反感，他的犹太教信仰也使他和胡塞尔与海德格尔宣扬的绝对意识或绝对存在的哲学格格不入。列维纳斯的哲学既不是意识

① 倪梁康主编：《面对实事本身》，东方出版社 2000 年版，第 869 页。

本体论也不是存在本体论，而是它们的对立面，严格地说，他反对自古希腊以来的一切本体论而主张他者的形而上学。不过，在方法上，列维纳斯还是借鉴了胡塞尔的本质直观，例如从自我与他者的存在形式上论证他者的本质，以致威尔德（John Wild）在《总体性与无限性》的英文本导言中把列维纳斯的哲学称为“他者的现象学”①。

列维纳斯最早的哲学著作也是从存在（being）谈起。不过，他理解的存在和传统存在论有显著的不同。在《存在与存在者》和《时间与他者》中，他把存在称为 ilya，即在此（there is）。“在此”仅仅意味着动词意义上的“存在着”，而不是名词意义上的存在者和存在，他把这种存在描述为赫拉克利特式的河流。这种流动着的存在由于人的认同而成为存在者。列维纳斯认为，人的认同是必要的，却不是根本的，存在不会由于人的认同而失去它的流动性。人只能认识和同化存在的一少部分，因此，存在的真正意义是信仰的对象而不是知识的对象。列维纳斯指出，人是一种存在者，人对人的最直接的认识方式就是面孔。因此人和人的关系首先表现为面孔和面孔的关系。列维纳斯指出，他者不能归入我的认识范畴，他者所栖居的世界完全不同于我的世界，他者始终带有不同于我的他性。了解他者当然要读懂他者的语言并与他者对话，不过其前提是我必须把我的世界向他敞开。列维纳斯认为，只有克服自我中心主义才能实现和他者真正的沟通，但这也意味着对他者的请求作出真正的应对。在《总体性与无限性》中，列维纳斯谈到他者是一种高度，这种高度就是上帝。在他看来，自我向着这种高度提升同时就是对自我的自我主义的超越。只有超越了自我的自我主义，才能达到真正的我性，即我的唯一性。然而我的唯一性无非是指我对他人责任的自觉。在《塔木德四讲》中，列维纳斯说：“神——不论其最终的也可以说不加掩饰的意义是什么——在人类的意识中（尤其在犹太人的经验中），显露出价值的‘衣着’，而且这种衣着与它的本性或超本性别无二致。因此，我认为，不论神明（Divin）的终极经验及其宗教的或哲学的终极意义是什么，它们都不能脱离倒数第二个音节（即 Divin 中的 vie，指生命和生活——中译者）。”② 用现象学的方法批判胡塞尔和海德格尔的观点是列维纳斯的一大特色，从中我们也可以看到胡塞尔现象学本身的意义和局限性。

---

① Levinas, *Totality and Infinity*, trans. by Alphonso Lingis, Martinus Nijhoff Pablishers, 1979, p.13.

② 列维纳斯：《塔木德四讲》，关宝艳译，商务印书馆 2002 年版，第 17 页。

第七章

有用就是真理：杜威对科学与文化的实用主义解读

实用主义是技术文化的一种重要形式，其标志就是把科学和价值解读为行之有效的认识工具和行为工具。实用主义者主张通过人的行为结果证明事物的真理和价值。他们把行动理解为人对环境的连续性的适应过程，在这个过程中，环境和人呈现为相互依存的函数关系，即环境随着人的改变而改变，人也随着环境的改变而改变。在实用主义者看来，没有什么一成不变的东西，真理和价值也仅仅具有相对的意义。因此，有用性是真理和价值的唯一标准。在实用主义出现以前，科学和绝对真理与绝对价值还是相联系的，由于实用主义对科学的解读，科学和这些所谓传统的形而上学彻底脱钩，而传统真理观和价值观也因为失去科学的阵地遭到了毁灭性的打击，人们不再关心永恒真理和永恒正义之类的东西，在他们看来，这些都是毫无意义的空洞说教，他们唯一关心的，就是利用自然为自身谋福利。随着实用主义的出现和扩展，科学和价值的功利化趋势愈来愈明显，至少在美国，真理和价值的工具主义有了越来越广泛的地盘。从这个意义上说，现代西方文化发展成为以技术文化为特色的文化是和实用主义的流行分不开的。

实用主义有一个发展过程。它的创始人皮尔斯主要还是坚持科学的客观主义立场的，然而在他的后继者詹姆士和杜威那里，科学的技术化趋势就越来越明显了。詹姆士明确宣称真理是工具，是达到人们行为目的的一种手段。杜威则是这种工具主义真理观的最大继承者和最有力的弘扬者。杜威把一切真理、价值都当作工具来看待，从而颠覆了西方传统文化。本章只对杜威的思想做一个大体的评介。

第一节　对科学主义世界观的继承与发展

杜威接受了达尔文的进化论思想，认为自然是不断进化的，人是自然进化过程中的一个部分或一个阶段。与此同时，黑格尔从自然到精神的发展过程的思想也给了杜威有益的启示。杜威通过黑格尔认识到，任何主张割裂自我与社会、精神与肉体、自然与上帝的观点都是不真的。在杜威看来，道德与利益、利己主义与利他主义的对立也是一样。他拒绝自利一定是不道德的说法，不同意权威与自由、自我与社会是对立的这种古典二元论，认为权威是历史造成的，是一种集体的并制度化了的权力，它主要是一个限制和控制的系统，而个人则代表着对运动和变化的渴望。

在《论确定性》一书中，杜威批评了希腊哲学。杜威认为，古人面对的是一个神秘莫测和动荡不安的世界，他们希望过安定幸福的生活，因此寻求确定性是古人的一贯追求，然而只有希腊人才找到了确定性的根源。欧几里得几何告诉人们，三角形的边角关系永远是确定的，并不随着时间地点的变化而变化，它们是属于理想性的东西。在欧氏几何的基础上，柏拉图和亚里士多德进一步确立了形式的至高无上地位。希腊思想的基本特征就是把确定性和理想性（观念性）等同起来。希腊人轻视变化，认为人们从变化中只能得到意见，于是，他们就在感性世界以外，找到了一个理念世界，在那里找到了自己的精神寓所。希腊人把世界彻底二元化了，一方面是变化无定的感性世界，另一方面是永恒不变的理念世界，前者属于现象领域，后者属于观念领域，前者是虚妄的，后者是真实的，前者是低下的，后者是高贵的。杜威认为，希腊思想对西方思想的影响是决定性的，可以说，整个西方思想都是建立在希腊人开启的本体论幻象上面，直到如今这种思想还在许多人的头脑中作祟。杜威指出，希腊人认为通过内在的反省活动就可以把握高级的真理是错误的，世界必须要自然地加以理解，就是把它理解为一个人和环境不断相互作用的过程。在这个过程中，思想只能得到试探性的或可能性的真理。杜威在古希腊哲学中发现了三个严重缺点：首先是它歪曲了真正的精神活动，把精神活动看作是可以脱离人的社会实践的一种独立实体的功能。其次是它虚构了一个知识对象，即永恒不变的存在（being）。这个存在先于人们的认识和行动，人们的认识和行动只有符合这个先验的存在才是正确的。最后是它认为人能够脱离他的生活环境实现自我超越。杜威认为，心灵的功能不是纯思，而是要应对实践的需要。

和希腊思想相反，杜威认为人是一个在自然和社会环境中活动的有机体。心灵活动是理解、适应并最终控制流动和变化的自然。在人和自然的相互作用中，人的理智能力，即思维、分析、想象、计划和控制自然进程的能力也在不断增长，自然环境愈不确定，对人的思想能力的发展就愈有利。

在杜威看来，认识的真正起点是知觉。在知觉问题上，杜威对传统的知觉对象和知觉主体都进行了实用主义的改造。知觉对象不是现成存在的客体，而是人们有意识地选择的结果。他说，人们并不是对任何东西都产生知觉，人们对哪些对象有知觉哪些对象没有知觉完全取决于他们行为的目的，即取决于他们行动的需要。他们按照不同的目的对事物进行关注，产生了不同的知觉，因此知觉不能做心理学意义上的平均化理解。例如，对于写字的人来说，他对打字机的知觉就是从它对写字的效用中产生的。在杜威看来，知觉不是人的一种天赋能力，而是后天培养的结果。知觉是人们应对环境的工具，人们的知觉领域越宽广，说明人们应对环境的手段越多。他说，"我指出，我们只是根据它们的反应以及这种反应的效果来意识到刺激。"① 在知觉主体上，杜威也批评了把知觉孤立化的观点。在批判所谓知觉的"周边化"理论时他说，在生理学上没有什么表面的和内在的身体之分，相反，身体的内在部分和周边部分，是相互作用的，它们共同构成了一个有机的整体，当周边的知觉发生之后，肌体的内在部分就会整体性地对知觉发生影响。因此，从来就没有什么单纯的知觉，所谓知觉，只是一个整体的合力的组成部分。

杜威把人的认识能力的发展看作一个过程，在杜威看来，习惯是人们最经常的认识方式。杜威并不否认还有比习惯更根本的东西，那就是冲动。冲动是一种本能力量，是人们一切行动的源泉和动力。然而，在实际生活中，人们的行为很少受纯冲动的支配。这是因为，从一开始，社会的力量就对人的纯冲动进行了约束和引导。当一个儿童本能地发泄他的情绪的时候，他的父母立刻就会以斥责或赞许的方式对这个儿童的行为作出反应，从而使他的下一次行为和先前的行为有了不同。社会力量对冲动改造的过程就是习惯的形成过程。当然，习惯的养成还与人的特殊的实践领域有关。总之，在杜威看来，习惯是过去的经验在人们头脑

① John Dewey, *Experience and Nature*, Open Court Publishing Company, Chicago: London, 1926, pp.336-337.

中的积淀。杜威指出，习惯有两种意义，从否定的意义上看，习惯把人们固定在一种行为模式上，人们为习惯所引导，以为合乎习惯的就是对的，使人们因循守旧。从肯定的方面看，习惯是经验的结晶，人们的习惯越多，他们的视野就越宽广。有经验的工匠、水手，各个行业的行家里手，总是能够不假思索地做出各种决断，而且这些决断大多数还是正确的。不过，杜威指出，习惯毕竟不是理解，因为它并不停下来思考、观察和回忆，它只是顺其自然，习惯是为了适应环境。杜威认为，虽然思考并不是在习惯的基础上产生的，但思考和习惯也不是完全脱节的。“思考是戏剧性地（在想象中）复制各种互相竞争的可能的行动线索。”① 这些行动线索中就包括习惯的做法。杜威说，“进一步说，理性不是挑战冲动和习惯的相反的力量。理性作为名词意味着同情、好奇、钻研、试验、坦诚、追求和审视等多种性情的愉快结合。”②

杜威指出，在简单的知觉向理论发展的进程中，符号起了十分关键的作用。从某种意义上说，语言作为符号系统，也是人和动物区分的根本标志。符号是人类历史上的一次重大事件，就像货币的出现是经济史上的一次重大事件一样。杜威认为，和动物自发的音响不同，语言是社会的产物。人们发明语言为的是传递信息，达到更好的相互沟通的目的。杜威认为词汇并不是简单地指称对象，而是意指对象的效用。“饥饿”意指吃饭的需要。从科学的角度看，符号也是科学形成的必要条件。有了符号，人们才摆脱了具体事物和环境的限制，走向一个无限宽广的领域。在几何学发明以前，希腊人只是实地操作，在几何学发明以后，他们才可以进行观念的操作，杜威说，由于几何学，希腊人实现了一次“智力转换”(intellectual diversion)，即从现实性的层面提升到了可能性的层面。一组符号预示着一种可能实施的活动。感性的水是分离的和有限的，人们不能从中看到它和其他的物质形式的统一性，通过把感性的水界定为 H_2O，人们就能发现它和其他物质形式的统一关系，他们就能够穿越复杂的和多种多样现象的全部范围了。

杜威十分注重理论的逻辑形式的研究。从实用的经验主义出发，杜威的逻辑观和古典的希腊逻辑观有着重要的区别。在希腊人看来，逻辑是一种先天的形式

① John Dewey, *Experience and Nature*, Open Court Publishing Company, Chicago: London, 1926, p.190.

② Joseph Ratner, *Intelligence in The Modern World*, John Dewey's Philosophy, Modern Library, p.759.

原理，从而是永恒不变的真理标准，只有符合逻辑的才是真的。实际上，逻辑只是指导人们行为的工具。逻辑规则也不是像亚里士多德所说的那样绝对。亚里士多德提出了归纳和演绎的基本原理，即归纳是从个别到一般，演绎是从一般到个别。但这两个特点并不适用于科学的逻辑，或者说，它们和科学的逻辑形式只有部分的和外表上的相似性。以数学为例，数学的演绎推理的确有从一般到个别的情况，但是也有完全相反的情况，即从个别到一般。数学家并不认为三段式会给他的论证增加什么力量。对于归纳来说，它们的区别就更大了。科学归纳的个别不是现存的东西，它是从既定目的出发选择出来的，同时，它还具有证据或证明的价值。从科学意义上的个别进展到的一般也不是抽象普遍性，而是相对的普遍性，也就是有限的普遍性。更重要的是，亚里士多德没有看到归纳和演绎是同一个逻辑进程中的两个不可分割的方面，任何探索过程都是这两个方面的统一。杜威指出，归纳包括复杂的实验性操作，它把一个既定的事实看作全部预想结果的一部分，从这个部分出发进行探索，构想出这个部分和其他部分的关系。这种构想本身是一种提示性的解决，因此它是以“如果……那么”式的假言命题为特征的。假设的价值在于使新的与料（data）与先前的与料相衔接，共同构成一个统一的整体，以便在现实中获得预想的结果。

在真理问题上，杜威反对传统的符合论，认为传统符合论是建立在思维和存在二分的基础上的，它首先将一个统一的事物加以割裂，然后提出两个独立的方面如何统一的问题，杜威讽刺说，这就好像把吃和食物分开来一样。实在论者争辩道，如果没有食物怎么会有吃呢？观念论者反驳说，如果人不吃食物，食物和非食物又有什么区别呢？他们不知道，正如呼吸离不开空气一样，吃和食物也是统一不可分的。我们生活在环境之中，环境和我们不是对立的而是统一的。我们不是对环境进行认识，而是在环境中进行认识，没有环境就没有认识，反过来也是一样，没有认识就无所谓环境。当然，在杜威看来，环境和我们的认识有时也会出现不统一的情况，在这种情况下的确有一个符合的问题，但这种符合不是静态的而是动态的。杜威用他的实用主义观点重新解释了认识和对象的符合问题。他采用了类似于詹姆士在森林中迷路的例子指出，在这里，现实是什么？现实不是迷路者当前看到的环境，因为这个环境对他来说已然如此，现实应该大于他目力所及的这块地方，和他整个的目的——回家——联系起来。只有同这个现实符合，他的思考才有意义。然而，这个“现实”对于当前的迷路者来说只能在观念中得到。他必须在观念上构想出一种地图那样的东西，把已知的东西——他现在的位置和未知的东西——他的家的位置联系起来，并以此安排他的行进路线，当然，他还必须把他的想法付诸实施。如果他获得了成功，那么我们便可以说他的思想符合了现实。在这里，“观念”和“现实”等于迷路者头脑里的计划在实践中获得了印证，而印证的标准就是行动的成功。他说：“我发现成功的观念和符合的观念具有某种惊人的相似之处。”①

杜威认为，真理是满足人们计划的手段，从这个意义上说，它是一种行动的能力。杜威反对永恒真理的说教，认为虽然任何真理理论、任何逻辑都有一定的实用范围，但从来也不是绝对的和永恒的。他说：“只是相对地说，它们才是不变的。当应用到新的事例上时，当作为与新的困难作斗争的资源时，最古老的真理被进行了某种再造。是的，正是通过这种应用和再造，真理才能获得其新鲜和活力。”②杜威特别强调真理的工具性质，指出人们并不因为一个东西是观念的就说它是真的，而是因为它在行动中获得了意想的效果才说它是真的。他说：“从这一点上看，证实和真理是同一件事情的两个名称。当我们把它看作一个过程；当观念延伸开来并把它成为真的一切暴露出来时，我们就称之为‘证实’。当我们把它当作生产，当作有目的的和强化了的过程时，我们就称之为‘真理’。”③

杜威把科学看作知识的样板，把科学方法看作一切真理的典范。他直截了当地说，“我们的结论建立在对自然科学的实验性探索中所发生的事情的分析上。”④杜威极其欣赏科学真理的严密性、实验性和实用性。《经验与自然》中，杜威提出了科学的四个特征。第一个特征是把可见对象的感性的质变成同一单位的不同数量。我们直接经验的事物具有不同的感性特质，这些特质是可变的和不可重复的，科学的第一要义就是把这些经验特质还原为同一的和稳定的质的不同的量，数学就是这样做的，物理学上的原子、生物学上的细胞都是如此。它们只是从量的关系上去考虑问题。第二个特征是已经把握的事物或事件作为另一个未经把握

① *The Philosophy of John Dewey*, selected and edited by Joseph Rattner, London George, Allen & Unwin, LTD, p.195.

② John Dewey, *The Influence of Darwin on Philosophy*, Henry holt and Company, New York, 1910, p.152.

③ John Dewey, *The Influence of Darwin on Philosophy*, Henry holt and Company, New York, 1910, pp.139-140.

④ *The Philosophy of John Dewey*, selected and edited by Joseph Rattner, London George Allen & Unwin, LTD, p.168.

的事物或事件的替代物，数学上的等式就是如此。第三个特征是把个别事物或事件分析为一些基本要素构成的组合体，并把组合体当作基本要素的意义单位，要素不具有独立的意义，只有参照组合体才是有意义的。第四个特征是确立关系或规律的核心地位，把不同的要素作为相同的关系项看待。要素是不同的和相对独立的，不过一个要素总是和另一些要素处于稳定的关系之中。数学公式在这里又一次充当了典范。在杜威看来，正是要素在关系中的稳定性和恒常性，使得科学规律获得了它的坚实的基础。[①] 杜威指出，科学规律是一般性的，当科学发展到一定程度以后，科学家甚至可以不参照外部事物而按照科学发展的逻辑自行运作。他们能够发现这部机器的缺点从而不断地加以改进，用更好的机器来代替原有的机器。

杜威指出，科学命题和日常命题一样都是建立主宾词的同一。不过科学命题要把日常单一的主词变成一组确定的特性，把日常单一的宾词变成一些要素的组合，然后再建立主宾词之间的联系。当普通人说这个 A 是 B 的时候，他只是做了一个陈述，当科学家说 A 是 B 的时候，他则要指出，在任何情况下如果有 mn，那么就有 B，在任何情况下如果有 op，那么就有 mn，而可操作的技术会告诉你，op 存在于 A 中，所以这个 A 就是 B。

杜威认为，科学的一般命题处在经验观察和科学实验的中间阶段，它的起点和终点都是经验。科学之所以需要一般命题是为了解决具体的实际问题。在杜威看来，科学命题归根到底只具有假说的性质。人们拥有的一般性命题如果不和实际问题相联系，就没有任何意义，如果它们要和实际问题相联系，那么就有一个选择的问题。在存在众多一般性命题的情况下，究竟需要选择什么一般性命题完全是由实际需要决定的。从这个意义上看，科学的一般性命题正是为了方便和担保个别经验命题的价值才建立的。

杜威十分重视科学实验的作用。他把自己的哲学称为“实验的经验主义”，一方面是为了和传统的唯心主义和经验主义哲学划清界限；另一方面也是为了表明他的哲学不同于牛顿式的近代科学观。在他看来，牛顿的物理学比起建立在感性特质之上的希腊科学思想是一大进步，他把感性特质分析为许多不可见的物质微粒——原子，并把数学的方法带入物理学的研究中，创造了著名的牛顿定律。

---

① John Dewey, *Experience and Nature*, Open Court Publishing Company, Chicago: London, 1926, pp.141-146.

不过，这位伟大的自然科学家依然秉承了某些希腊科学思想的衣钵，那就是认为只有不变动的东西才是最基本的。他的原子理论和绝对时空的思想就是建立在这种形而上学的基础上的。牛顿以后的自然科学，特别是爱因斯坦相对论、物理学的发展充分证明牛顿的观点已经过时。爱因斯坦的理论充分证明，没有什么一成不变的本体，包括广延、时间、空间在内的一切都是在不断运动中，并且对它们的认识都离不开人的参与。科学研究的结果并不是证明终极真理的存在，而是指导人们更经济、更有效地达到他们的实践目的。杜威在《论确定性》中总结了实验性研究的三个特征。第一个特征是所有的科学实验都带有明显的“做”的性质。现代科学研究从来不从事物的感性存在开始，而是从对感性事物的改变开始。对于现代科学来说，感性事物不是自明的，而是一个问题。科学研究的出发点就是通过行动改变这种表面上的自明性，把那些阻碍人们理解它的障碍去掉，从而使它的本质暴露出来。第二个特征是所有的科学实验都需要观念的指导。在杜威看来，自然科学中不存在盲目的实验，科学实验总是从一个观念出发的。然而观念也不是抽象的，它是由问题决定的，因此必须满足解决问题的条件。第三个特征是建立一个新经验境遇的框架，在这个框架中，经验对象具有彼此不同的关系并且这个新对象具有已知对象的属性。总之，在杜威看来，现代科学实验的目的不是为了服从自然而是为了控制自然，科学实验无非是达到这个目的的手段而已。

杜威指出，现代科学和传统科学的最大不同就是它不是旁观式地看待人和自然的关系，而是参与式地投身到人与自然的关系之中。在这方面，海森堡的测不准原理无疑给了杜威极大的启示。这个理论指出，当速率固定时，位置就会变得不确定，而当位置固定时，速率就会变得不确定。海森堡认为，这是因为观察者介入了高速运动的物体的结果。杜威指出，从哲学的观点看，人们不可能以一个旁观者的姿态认识自然，知的过程就是介入到未知事物中，把未知变成已知，知识仅仅是这个过程的产品。知识是一种行动的智慧，它不可能和实践相脱离，脱离实践，人们不仅不能行，而且不能知。在知识的作用方面，杜威举了医生的例子。当一个病人出现在医生面前时，医生的首要任务就是把病人看作一个有待解释的现象，他要从病人的症状中找到病人的病因。这时候，他会尽可能多地收集有关知识，并且从中选取他认为最可靠的知识来为病人治病。在这里，知识显然是医生行动的工具，知识的价值也只能表现在治病的效果上。如果医生的知识不能为病人治好病，甚至增加病人的痛苦，那么这显然不是知识的目的。在杜威看来，科学的最大特点就是它能为人的特殊行动提供理论指导，而不是仅仅把特殊事例纳入一般规律的项下。从这个角度出发，杜威认为应用科学要高于纯粹科学，应用科学意味着自然事件之间更广泛的相互作用，距离和障碍的消除，把新的起点和终点带入历史。

手段和目的是同一个现实的两个方面，从长远看是目的，从近期看是手段，目的是一系列行为的集合，手段是这个集合体中的一个个单独的行动。他说："在心中有目的意味着在我们合理地形成促使我们行动的某些清楚的观念之前，从不停止思考我们下一步行动。"①

杜威接受了乔治·H. 米德（Geurge.H.Mead）的观点，自我意识不是来自内省，而是来自谈话中的沟通。在杜威看来，思维始终以需要为转移，思想是被周围的特殊环境推动的。其环境的不确定和不稳定给人们提供了"问题的境遇"，有了问题的境遇，能动的思维便开始探索。杜威把这种功能性的描述定义为"工具主义"。杜威和詹姆士不同的地方在于，他更加重视知识对公共的善的作用而不是个人的成功。他和皮尔士一样强调知识的长远效果，按照他的看法，科学知识是知识的典范。他相信，科学会使真正的知识成为可能。哲学的任务就是解释自然科学的成果。杜威指望探索自然的科学知识能够为一切生活领域提供真正的知识。他把自然科学中的实验方法当作一种普遍的方法论来看待，从假说到验证是解决冲突的最好方式。杜威认为，如果没有思维的介入，自然本身是不可知的。和古典哲学不同，杜威认为思维不是现实的复写，也不是自证的和自身一致的逻辑，而是它在介入经验对象时所产生的效果。由于知识是由其效果决定的，杜威认为，知识属于未来而不是现在。

杜威的科学主义世界观是那个时代精神的敏感的体现。毋庸置疑，科学以它的成就极大地改变了传统世界。与哲学的、宗教的世界观相比，科学世界观显示了自身的魅力。科学似乎没有自己的本体论预设，它似乎只有一种方法论的预设，那就是假设和求证。然而，科学理论总是能够获得比其他世界观更大的收获。传统哲学和神学世界观在科学面前显得苍白无力。宗教世界观的神创世界的说教经不起科学的检验，依附在它上面的价值观自然也就面临着严重的挑战。人们不再相信宇宙的宿命论，不再相信神的眷顾和惩罚，科学则给人们指出了一条认识世界和改造世界的阳关道。说到科学，20 世纪的科学已经大不同于 19 世纪，量子力学和相对论的出现使人们对真理和价值有了和古典时代截然不同的认识。

---

① John Dewey, *Human Nature and Conduct*, Carlton House, New York, 1922, p.36.

如果说在牛顿时代，人们还在追求亚里士多德的第一原理，那么在这个时代，这种追求似乎已经显得多余了。杜威就是在这种背景下提出他的实用主义理论的。杜威对科学带给人类社会的光明前景充满信心。但是，杜威没有想到的是，科学是不能取代上帝的位置的。现代科学说到底仍然是人对宇宙的一种认识和解释，科学是用一种符号给世界编码。科学的认识和解释尽管在一定范围内是有效的有力的，但是它只是人给宇宙描绘的一幅粗略的图画。宇宙远不是科学所能囊括的。当人把科学作为唯一真理和唯一价值，实际上是人在向宇宙行使自己的强力意志，这种强力意志不可避免地要遭遇宇宙的反抗。科学带给人的问题并不比非科学带给人的问题少。人需要科学，因为它是人的力量的展示，但是人更需要对科学进行反思，在反思中界定科学的意义和界限。对科学的反思不可能是科学，只有超出科学，才能对科学有一个清醒的认识。

第二节 科学主义伦理观与宗教观

杜威的伦理观是典型的实用主义伦理观。这种伦理观不仅带有突出的科学主义的印记，而且带有鲜明的美国特色。尽管杜威的实用主义伦理观受到了很多学者的质疑，但不容否认的是，它在实践中却一直受到广泛的青睐，直到如今还是一些国家、团体和个人的行为准则。对杜威的伦理观的批判不仅是对一种价值理论的批判，更重要的是对一些元伦理学问题的澄清，因为正是杜威的实用主义伦理观，使伦理的本质被模糊起来或遮蔽起来了。

和传统的目的论伦理和规范论伦理不同，杜威主张工具主义的伦理理论。在杜威看来，伦理理论本身并没有价值，伦理的价值在于为另一个价值服务，即使人更好地生活。伦理学和其他科学一样，是人们的实践工具，一种伦理如果不能达到这个目的，就不是一种好的伦理，甚至是一种无用的伦理。

杜威企图把科学方法论直接植入价值领域。在他看来，有两种科学方法对于研究人的行为是十分必要的，一种是心理学，另一种是社会学。按照杜威的理解，有关道德问题的讨论离不开探寻行为者的意向、动机、选择，而这些都与人格有关，如果人格最终要在道德判断中显现出来，那么只有正确陈述构成人格的那些客观要素才能把握这些判断。心理学在研究人格方面取得了很大的成就，“心理学分析是一种工具，通过它，人格从对其直接经验的价值的关注转变为一个客观的，科学的事实。”[①]心理学不是陈述单个的人格，而是把人格的直接经验归结为性情、态度等的系列，从这些要素的关系上把握它。如果说每一种道德理论关于意识的陈述都彰显了一种关系性质，那么其真理性最终就要由心理分析来检验，就像每种物理现象最终都必须满足在物理分析中彰显的物理学的一般条件一样。和心理学侧重研究构成人格的内在条件不同，社会科学研究人的行为的外在环境。杜威指出，道德判断的对象或构成判断的条件不是外在的、冷漠的、与行为者无关的对象，而是和行为者息息相关的对象，可以说它就是对象化了的行为者。社会科学认为个人道德判断的条件是社会环境，而社会环境当然要靠社会分析的方法来描述。社会科学的陈述和心理学的陈述是一样的，都是从要素的关系方面把握整体。在杜威看来，其他科学对理解道德问题也是很有助益的，因此，凡是能够采用的应当尽量采用。杜威说：“在使用‘科学的’这个术语时，我们需要首先把重点放在方法上，然后再放在与方法有关的结果上。”[②]

杜威认为，伦理问题和科学问题一样，来自“问题的境遇”。在他看来，当事情一帆风顺的时候，是不会有道德问题出现的，只有“当人们遇到了这样的情况，其中不同的欲望包含着相反的善，而实现它们的不同途径在道德上似乎又都是合理的时候，它就出现了。”[③]例如，当一个国家向另一个国家宣战的时候，一个人可能从爱国的情绪出发支持政府的决定，也可能从杀人是不正义的情绪出发抵制政府的决定，正是这种相互对立的情绪促使他进行道德思考，因此道德理论归根到底产生于实践的需要。

那么，在问题的境遇中，人们又是如何作出选择的呢？在这个问题上杜威突出了反思的作用。杜威指出，当人们面临这种两难境遇的时候，他就需要进行比较，即通过设想不同行为的不同结果，选择对人的长远利益更有利的那一种。反思是杜威伦理学中的一个重要概念。他把自己的伦理学称为“反思的伦理学”以区别于功利主义的“直观的”伦理学。不过，杜威的反思亦不同于传统哲学的

① *The Philosophy of John Dewey*, selected and edited by Joseph Rattner, London George Allen & Unwin, LTD, p.336.

② *The Philosophy of John Dewey*, selected and edited by Joseph Rattner, London George Allen & Unwin, LTD, p.322.

③ John Dewey, *Ethics*, Henry Holt and Company, New York, 1936, p.173.

抽象思维，他所说的反思只不过是一种利弊的权衡。他说："因此，道德理论是在一个既定的行为中对于周边情境的分析的观察，——它是在观念中的行动"。① 例如，在一个汽车司机决定是否罢工的问题上，那个汽车司机就要比较究竟是他的工作重要（他参加罢工有可能被他的老板开除），还是维护所有汽车工人的利益重要。在杜威看来，只有经过思考以后才能作出明智的和富有成效的决定。当然，这种决定的结果还要放到实践中检验。

杜威把自己的道德理论称为实验性的。他说，和先验的方法不同，"另一种方法可以称作实验性的。这意味着反思的现实性要求对特殊境遇的观察，而不是固定于先验的原则上；意味着必须鼓励而不是勉强容忍自由探索以及出版和讨论的自由；意味着在不同的时间和地点必须有机会采用不同的尺度以便其效果可以被观察和相互比较。"② 当然，这也就意味着结果的相对性。在一种情境下人们认为是好的东西在另一种情境下人们可能认为是坏的。杜威并不认为这种相对性是坏事，因为，既然没有先验的道德尺度，一种理论和一种行为是好的还是坏的只能由人的行动的结果来检验。他说，"比较级和最高级仅仅是通向行动的肯定程度的道路。最坏或恶是被拒绝了的善。在思考中，在作出选择之前，没有作为恶本身的恶呈现出来"③。

杜威认为，伦理行为是人为达到某种目的自愿的或主动的行为，它既不是上帝强加于人的道德信条，也不是传统或统治者发布的权威命令，真正的道德是以人的自觉自愿为基础的。正因为如此，它的目的自然也可以由他的行为结果来检验。杜威把他的可检验的目的称作"预期目的"(end-in-view)。他声称，这种"预期目的"一方面不同于单纯的情绪，因为它是人为自己广泛的利益设定的一个长远目标；另一方面也不同于单纯的理性，因为它仍然是以情绪作为基础的，单纯的理性将不能产生任何道德或不道德的行动。更重要的是，"预期目的"和它的实现手段密切相关。他说："在严格的意义上，一个预期目的是一个当下行为的手段；当下的行为不是一个遥远目的的手段。人们射箭不是因为靶子存在，而是

① *The Philosophy of John Dewey*, selected and edited by Joseph Rattner, London George Allen & Unwin, LTD, p.310.

② *Intelligence in The Modern World*, John Dewey's Philosophy, (eds.) Joseph Ratner, Modern Library, p.755.

③ John Dewey, *Human Nature and Conduct*, Carlton House, New York, 1922, p.278.

他们树立靶子以便其投或者射将更有效和更有益。”①

杜威不否定权威，只是否定对权威的顶礼膜拜。无论什么权威都只能起到工具的作用。杜威说，在科学探索中，科学家也是从前人的理论出发的，直到前人的理论被证伪之前，他始终假定它是正确的，然而当新的实验证伪了先前的原理以后，科学家就立刻转而采用新的原理以解释新的事实。对杜威来说，“我们称为道德律的东西恰恰就是这种分析的工具”②。

杜威的实用主义哲学思维决定了他必然反对割裂物质和精神，反对其中一方的任意夸大，这也就决定了他在伦理学上具有以下特点：

杜威伦理学的特点之一是他强调道德的开放性。

杜威认为，道德既是在经验的基础上形成的，那么它就会随着经验的发展而发展，没有一成不变的道德。神学家们把道德看作神的旨意，形而上学家同样把道德和人们的生活世界割裂开来，他们只不过是把神学家此岸世界与彼岸世界的区分变成了理念和现实的区分。此外，从社会原因看，普通人基本上从事体力劳动，只有少数统治者和自由民才从事精神劳动，他们当然认为自己比从事物质劳动的大众更高贵。这种贬低肉体贬低世俗的看法被西方人延续下来，并且不断的强化，以致造成了当今的局面。在近代科学出现以后，这种局面才得到了一定程度的改观。科学不承认永恒不变的真理，只承认可以受到检验的真理，科学用过程的重要性取代了结果的重要性。科学的方法不是先验的而是经验的。但是在道德领域，这种由希腊人造成的积习始终没有得到改变。

杜威指出，道德是社会生活的产物，不同的社会和不同的文化会有不同的道德。从社会历史来看，原始部落的道德是建立在习惯的基础上的，部落首领和祭司是命令的发布者，普通部落成员是它的执行者。由于这种执行并非出自人的自我意识，因此不能算作严格意义上的道德行为。真正的道德意识是经过了以色列人的宗教反省、希腊人的理性反思和罗马人的法权条款才逐渐形成的。从个人意识的发展来看，人的行为首先是由欲望促动的，然后才加入了理性的因素。当社会处于相对稳定的状态时，传统和习惯的价值观在人们的行动中起着主导作用。但是这种稳定状态不会一直延续下去。经济的发展、认识的进步、战争等会使人

① John Dewey, *Human Nature and Conduct*, Carlton House, New York, 1922, p.226.

② *The Philosophy of John Dewey*, selected and edited by Joseph Rattner, London George Allen & Unwin, LTD, p.314.

们先前认为理所当然的东西发生动摇。这时会有少数人从变革了的现实出发提出对旧道德的质疑，并用新的理念和行动打破原有的道德信条，开创出新道德。这些人一开始被普通人看作离经叛道，但由于他们的思想与社会发展相一致，到后来就会变成社会公认的道德准则，成为人们习惯性的道德理念。他说："什么真话，什么诚实，什么宽容，什么自尊都随着每一次理智的变化，随着每一个见解加入到人和事物的关系中而变化。"①

杜威认为伦理问题和义务与责任问题密切相关，义务与自由是自我的最高表现形式。自由在实践的和道德的意义上与学识与人格的改变有关。杜威认为，人是可以改变的，他说，除非彻底的僵化，我们总是能够破除旧习惯，形成新习惯。就人能够成为不同的他自己来说，他能够具有不同的欲望与选择。潜在的自由是天赋，但现实的自由不是天赋的而是获得的，当我们认识到发展的可能性并对问题持一种开放态度，我们就会获得现实的自由。杜威认为，在自我发展的每一阶段，都有一个旧的自我和一个新的自我。旧的自我是已经完成了的自我，新的自我是正在形成的自我，每一种自愿的行为都是人格的重塑，人格的同一性存在于发展的连续性之中，杜威说："在严格的意义上，自我不可能是静止不动的；它是变化，变得更好或更坏。"②把一种目的说成是终极的只能起到阻止人的发展的作用。对一个人的自身来说，如果他把思想和欲望寄托在自身发展上而不是寄托在外在目标上，那么他就能够发现新的自由和幸福。

杜威认为美国人正处在道德的转型期。资本与劳动、战争与和平、民族主义与国际主义、竞争与合作、民主与专制等新问题正摆在美国人民面前，要求美国人以破旧立新的态度，对这些问题作出回答。杜威认为，当代道德的理想形式是个人自由与国家意志的统一，这种统一是真正的民主社会的特征。他说："民主作为一种道德理念于是便是统一历史上常常是对立起来的两个观念：一方面是个人自由，另一方面是提升公共的善。"③在杜威看来，一切创新首先都是来自个人，尊重个人社会才有充分的活力。民主社会要努力创造个人施展才华的条件，消除个人发展的障碍，绝不允许借口社会牺牲个人利益，废除社会的特权和垄

---

① *The Philosophy of John Dewey*, selected and edited by Joseph Rattner, London George Allen & Unwin, LTD, p.317.

② John Dewey, *Ethics*, Henry Holt and Company, New York, 1936, p.340.

③ John Dewey, *Ethics*, Henry Holt and Company, New York, 1936, p.388.

断。与此同时，杜威也强调，个人行为效果始终建立在公共福祉上，普遍的美好生活是判断个人行为和禀赋的价值标准。① 但是在杜威看来，这仅仅是一种理想。他说，对于这种理想，在现实中没有什么捷径可走，没有什么命定的道路可以确保人们可以一劳永逸地达到这个目标。在现实中人们只能在不断探索中逐渐接近它。

杜威伦理学的特点之二是具有兼容性。

第一，在道德是集体的还是个人的问题上，杜威主张道德既是集体的也是个人的。杜威并不否认道德是个人的行为，因为道德目的是个人的，道德行为主体是个人的，道德的适用对象也是个人的。不过，杜威也指出，道德的素材是集体的，道德的标准是集体的。他说："完整的道德性只有当个人认识到正义或自由地选择善，真心实意地投身于它的实现，并寻求每个社会成员都享有的不断的社会发展时才能实现。" ②

第二，在道德是情绪的还是理性的问题上，杜威认为道德既是情绪的也是理性的。他说，"在道德上没有什么欲望和思想的区分，因为正是思想和欲望的统一构成了志愿性行为。" ③ 杜威认为情绪是道德的基础，任何道德或不道德的行为都是由情绪促动的。没有冲动，人的行动就会失去动力。但是他也指出，从情绪出发，只会满足追求本能的、眼前的、片面的需求，而不会满足人的理性的、长远的和全面的需求，因此道德必须接受理性的指导。理性不是像欲望那样直接指向对象，而是把这个欲望兑现以后所产生的结果放在一个更大的背景中去思考，例如儿童在要求吃东西的时候，父母教导他应让客人先吃，否则就是对客人的不尊重。

第三，在目的伦理和责任伦理的关系上，杜威主张二者的统一。杜威指出，目的伦理出自希腊传统，亚里士多德认为幸福是人的伦理行为的目的，最根本的幸福是个人幸福和城邦幸福的统一。义务伦理出自罗马传统，其特点是强调律令的至上性。康德的义务伦理是近代的主要代表。康德认为和幸福相比，伦理的道德律令是第一位的。道德律令体现了人的真正本质，即理性的自由。在杜威看来，目的伦理和义务伦理其实并不矛盾。幸福的确是人的道德行为的根本动因。

---

① John Dewey, *Ethics*, Henry Holt and Company, New York, 1936, p.382.

② John Dewey, *Ethics*, Henry Holt and Company, New York, 1936, p.66.

③ John Dewey, *Ethics*, Henry Holt and Company, New York, 1936, p.202.

如果人们不是为了追求幸福，那么有什么理由让他们自觉自愿地从事某项活动呢？离开了幸福人的行为就会成为无源之水、无本之木。他说："幸福不是美德的奖赏而是美德本身。"① 在杜威看来，问题不是道德行为是不是为了幸福，而是为了那种幸福，即个人眼前的幸福和长远的幸福，以及个人幸福和他人幸福的关系。杜威指出，康德强调道德律令的重要并不是完全否定幸福，而是告诉我们，个人追求行为只有在和他人幸福不抵触的情况下才能使他获得最大的幸福。康德的义务伦理是从人的社会性出发考虑问题的。

第四，在利己和利他的关系上，杜威强调二者的统一。没有人可以脱离社会而独立生活，人们建立伦理学的目的就是为了协调人际关系。无疑，个人首先是从自己的利益出发，然后才兼顾他人利益，他对他人关照的强度是与他人与他关系的密切程度成正比的。因此，完全的利他主义在理论上是没有根据的。不过，完全的利己主义同样是没有根据的。特别是为了自己的利益伤害他人、损害他人的行为不但会破坏社会和谐，从而和伦理的理论原则根本矛盾，而且反过来也不会使自己真正幸福。杜威指出，纯粹利己主义的行为是自相矛盾的。"因为我们每一个人都是一个社会群体的成员，并因为脱离它的组成部分的自我后者就不会存在，所以除非同时理智地看待我们自己的美好和成长，否则就不会有富有成果的社会利益。"②

第五，外在的道德行为和内在的道德人格的关系上，杜威同样主张二者的统一。在这个问题上，杜威批评了康德的唯动机论和功利主义者的唯效果论。杜威认为人的行为是他的人格的外在表现，有什么样的人格就会有什么样的行为。他说："行为的宽度（就其道德价值而不是就其历史效果来说）是由行动者的视野测度的。"③ 我们不能像功利主义者边沁那样以一种不变的幸福感作为道德的尺度，因为各种不同的人有不同的幸福，一个守财奴的幸福绝对不同于一个慈善者的幸福。我们也不能像康德那样单纯地强调人的动机而置他的行为效果于不顾。他得出的一个结论，即行为和人格是严格相关的，贯穿于行为系列的连续性、一致性态度和习性的恒久统一性的表达。

---

① John Dewey, *Ethics*, Henry Holt and Company, New York, 1936, p.336.

② John Dewey, *Ethics*, Henry Holt and Company, New York, 1936, p.333.

③ *The Philosophy of John Dewey*, selected and edited by Joseph Rattner, London George Allen Unwin, LTD, p.314.

杜威的伦理观究竟是发展还是倒退在西方始终是一个很有争议的问题。美国新实用主义者罗蒂对杜威赞不绝口。在《哲学与自然之镜》中罗蒂写道："我希望我们现在已有可能把人们曾经加与杜威的'相对主义'和'非理性主义'的指责，仅仅看作他批评过的哲学传统的不自觉的自卫反射。如果我们认真看待杜威、维特根斯坦和海德格尔对镜子形象所作的批评，这类指责就不值一驳了。"① 罗蒂说，"按我的观点，杜威、赛拉斯和费耶阿本德的伟大功绩在于，他们指向了一条通向非认识论的哲学之路，并部分地作出了示范，从而它也是一条放弃了对先验性怀抱任何希望的道路。"② 相反，许多美国现代思想家则认为，杜威的伦理观存在许多致命缺陷。布尔克（Burke）对杜威相对主义价值观提出了尖锐的批评，他指出，虽然我们知道一件事的形成过程，但是过程并不等于价值，在评判它的价值时，我们还得诉诸其他的标准。如果过程等于价值，就会出现悖论。例如，假定我们知道如何使人变胖、变瘦与变得不胖不瘦，可是要评论哪一个更有价值，我们就得超越胖瘦问题。假如我们说瘦可以使人跑得快，这是肯定瘦的理由，然而跑得快有什么价值又得找出新的理由，如此类推，我们就永远不会知道什么是真正的价值了。在谈到杜威关于理智是价值的仲裁者时布尔克写到："假如成功的仲裁者是理智，评价出于它自身，凭着它的创造，价值测度自身的成功，难道这不是对实用主义相对性思维的干涉吗？难道它不是和'纯'理智，一种绝对，十分的相似吗？我们去除了不动的推动者；但是在它的位置上我们又放置了自我裁判的裁判者，自我测度的测度者，一种如此善的善，以至于它能觉察它自身的善性。"③ 迪金斯说，"杜威关于伦理学的著作也许始终是实用主义哲学中最为薄弱的一支。"④ 仅就杜威的伦理学来说，"尽管它宣称给了，但是实际上并没有给我们以认识命令性的道德义务的方法，因为价值判断只有在我们经验了善以后才能作出。它并没有给我们节制人类事物的权威性原则，因为人的生存是以不可消除的经验的偶然性为特征的。它并没有给我们可以促动心灵的真理，

① 罗蒂：《哲学和自然之镜》，李幼蒸译，商务印书馆 2004 年版，第 10 页。

② 罗蒂：《哲学和自然之镜》，李幼蒸译，商务印书馆 2004 年版，第 356 页。

③ John Patrick Diggins, *The Promise of Pragmatism*, the University of Chicago press, Chicago and London, 1994, p.247.

④ John Patrick Diggins, *The Promise of Pragmatism*, the University of Chicago press, Chicago and London, 1994, p.242.

因为心灵本身是无力理解向心灵敞开的真理的。它没有给我们提供作出当下决断的基础，因为所有可证实的命题都是参照将来的。简言之，它没有给我们判断的标准，因为没有什么权威赋予这个标准。”①针对罗蒂对实用主义的赞扬，迪金斯说：“实用主义也许为自己的自治和创新而骄傲，杜威对第一次和第二次世界大战的态度却告诉我们，美国哲学需要多一点儿的谦虚。”②

我们认为围绕杜威伦理观的争论双方都有一定的道理，也都有一定的片面性。罗蒂充分看到了传统认识论和道德论的弊端，即夸大了真理和价值的适用范围，把有条件的东西说成了无条件的东西。传统哲学鼓吹无限真理和永恒价值无论在理论上还是在实践上都是站不住脚的。真理作为人对外部世界的认识离不开认识主体自身的认识能力，这种认识能力在任何时候都受认识者的时代、环境和自身的知识水平的限制。从现实上看，迄今还没有什么真理没有经历发展过程而成为一劳永逸的东西，价值也是一样。作为人们行为准则的价值判断从来不是无限的、无条件的，而是有限的和有条件的。不同的时代、不同的民族、不同的文化形态有不同的价值规范和行为守则这是不争的事实，用不着多费笔墨就可以说清楚。奴隶制在希腊曾经被认为是天经地义的，在现代则被认为是违反人性的。酷刑在封建社会被认为是对犯罪应有的惩罚，现在则被认为是对正义的践踏而被全面废止。但是，这些并不能证明其反对者的责难是完全错误的。承认真理和道德的有条件性和相对性并不意味着它们就完全是经验的和实验性的东西。科学观念和伦理理念不是经验归纳的产物，而是思维的产物，不是经验的总结而是经验的升华，所以不能用局部的经验来证实和证伪。勿杀人、勿偷窃、勿奸淫等道德戒律以及仁爱、勇敢、理智、宽容、慷慨、节制、谦虚等个人美德之所以成为世界公认的伦理原则和行为规范，是因为它们是建立有序的人际关系的基本准则，正义、民主的社会制度则是保证这些道德信条得以实行的前提条件。伦理是人类从社会实践中升华出来的理想性的理念，正如数学模型是从实践中升华出来的对某种事物的关系形式的理想表达一样。黑格尔说过，美是理念的感性表现。在我们看来，科学定律和道德准则也是这样。理想当然要和经验结合才能具有现实意

① John Patrick Diggins, *The Promise of Pragmatism*, the University of Chicago press, Chicago and London, 1994, p.248.

② John Patrick Diggins, *The Promise of Pragmatism*, the University of Chicago press, Chicago and London, 1994, p.249.

义，但是这种结合不是让理想迁就现实，而是通过让现实不断接近理想使现实得到改造。从现实到理想是一个永无止境的过程。伦理理念既是发展的，在相当长的时间内又是相对固定的，这是因为从人类历史长河来看，没有一成不变的行为模式，但是从局部上看，一种行为模式一旦被普遍认同，它就具有了正义性和权威性，不是一些人能够随意更改的东西。在新的伦理观被普遍承认之前，旧的伦理准则和行为规范是不可能被推翻的。杜威和罗蒂只看到了伦理的相对性，布尔克和迪金斯则在否认伦理的相对性时似乎又在呼唤传统哲学的绝对性，这两种看法在我们看来都是不可取的。

早在青年时代，科学与信仰的矛盾就深深困扰着杜威，设法弥合这种分裂是他一生致力的主要工作。杜威清楚地看到近代自然科学革命对宗教信仰的重大冲击。他在《共同信仰》一书中指出，近代天文学不仅影响了宗教的宇宙起源说，也影响了教义中涉及这个问题的历史事件。地理学的发现驱逐了创世说神话。生物学使宗教信仰中占核心地位的心灵和精神概念产生了革命性的变化，这些观念曾经是罪恶、救赎和不朽等宗教信条的寄居地。人类学对人和历史事件做出了完全不同于基督教的解释。心理学对不寻常的心理现象的起源给出了和超自然的宗教解释不同的自然的解释。自然科学不但改变了世界，也改变了人们的认识。在自然科学的强力冲击下，旧的宗教被日益边缘化，充其量只存在于极少数顽固的虔信者心里，如果不除旧布新，等待它的只有被淘汰的命运。但是，杜威认为，旧宗教的日益衰微不意味着宗教本身缺乏真理和价值意义，而仅仅意味着它没有跟上时代发展的步伐。在他看来，问题不是保留或取消宗教，而是如何调解现实与宗教的矛盾。

杜威认为，宗教是一种复杂的社会现象。他说，牛津辞典虽然告诉我们宗教是人对控制他们命运的那种超自然力的服从、尊敬和崇拜，却没有告诉我们那种超自然力究竟是什么。从历史上看，人们对超自然力的理解有着极大的不同，从神、鬼、祖先到生殖器都是人们敬畏和崇拜的对象。既然人对超自然力的理解五花八门，那么就没有必要区分什么是严格意义上的宗教，什么是非严格意义上的宗教了。杜威认为，要理解宗教现象，重要的是要区分名词意义上的宗教和形容词意义上的宗教。名词意义上的宗教（religion）指的是制度化的组织与系统化的信仰，形容词意义上的“宗教”（religious）则仅指对某种对象、目的或理想的一种态度。如果人们对一种对象、一种目的或理想产生了服从、尊敬和崇拜心理，那么就可以广义地说，他们对它抱有宗教的态度。在杜威看来，宗教态度是宗教体制和宗教教义产生的基础，只有先有形容词意义上的宗教，才可能有名词意义上的宗教。

那么这种“宗教的”态度又是如何产生的呢？在杜威看来，它产生于对某种不可见对象的神秘体验。原始人由于对自然力的畏惧，便产生了他们的宗教情结。现代科学技术虽然减轻了人们的这种情结，可是由于人们毕竟不能完全支配自然力，所以关于自然的神秘体验依然在人们内心深处存在着。不仅如此，对某项原因的探索，某段诗句的阅读，某个哲学问题的反思，都可能引发神秘的宗教体验。他说：“没有理由否认被称为神秘的体验存在。相反，有一切理由认为，它们以一定的强度经常出现，以致可以被看作是发生在体验运动的某个节点上的正常展示。”① 宗教体验往往发生在生活中的重大时刻，由于这种体验，一个人可能突然改变自己的生活轨迹。

不过，杜威并不是无条件地支持宗教的神秘体验说。相反，在杜威看来，各种神秘体验只是科学研究的对象，而不是不可破解之谜。他说，闪电对前人来说是神秘的，可是现在它对我们来说已经没有任何神秘性可言了。杜威更反对把神秘体验作为反对科学维护传统宗教体制和教义的借口。他指出，有些人为当代物理学概念发生的重大变化而欢欣鼓舞，似乎从中找到了宗教的真实和科学不真的根据，但他们不知道，“科学不是由某些特殊主题的对象构成的。它是由一种方法，由一种以经过检验和正在经受检验的探索的名义而转变信念的方法构成的。它的主题随着它的方法的改进而发展，这不是它的耻辱，而是它的光荣。”② 和科学的理智方法相比，宗教的神秘体验仅仅是个人的有限体验，它缺乏公开性和公共性。

杜威指出，人们对不可见对象的体验是和想象分不开的，可以说，只有借助想象，人们才能认识那个不可见的对象并把自己和那个不可见的对象联系起来。桑塔亚那曾经把宗教体验和诗的想象性体验相提并论，杜威对此表示赞同。他并且补充说，诗是对一部分事物的想象体验，宗教态度则是对完整的自我以及它和宇宙关系的总体性的想象体验。

在杜威看来，人们在想象中把自己和那个不可见的力联系起来并产生了对它的服从、尊敬和崇拜的心理未必是消极的。人对自然可能采取的态度有三种：适

---

① John Dewey, *Common Faith*, New Haven: Yale University Press, 1934, p.37.

② John Dewey, *Common Faith*, New Haven: Yale University Press, 1934, p.38.

应（accommodation）、适合（adaptation）和调整（adjustment）。其中适合，特别是调整，表示人们主动参与到与未知的力的关系中去，力图达到自己和那种力的和谐统一。实际上，人建立在想象基础上的这种统一正是他们积极处理和自然关系的一种形式。宗教的态度既不同于无所作为的宿命论，也不同于盲目乐观的浪漫主义，它是人对待自己唯一明智的态度。只有狂妄自大的唯物论者和唯我主义者，才认为人可以不受自然制约，对自然为所欲为。他说，无神论者和超自然主义者有一点是共同的，那就是他们都把人孤立起来。超自然主义者把人看作宇宙的中心和宇宙中一切事物的顶点，从人出发，自然或者被谴责，或者被忽视。唯物主义者更是缺乏对自然的虔诚，诗人经常强调的人和自然的联系在他们看来无足轻重。用上帝或神灵观念统一人和自然会防止人的孤立感、失望感和挑衅感。他说："我们的成功依赖于自然的合作。当人性建立在作为一个更大的整体的一个组成部分上的时候，人性的尊严感就和它的敬畏感与崇敬感一样是宗教性的。"① 杜威还指出，由于宗教的态度涉及人和自然的整体关系，所以在外延上比科学和道德的范围更广，它支撑着人们的认知精神和价值感，引导着人们从黑暗走向光明。宗教体验出自对一种超越人的力量的信仰，它是人们向着更好的方面努力的动力。

杜威认为，人和自然和谐统一的信仰是一种理想，但理想并不等于空想。虽然人不能完全达到和自然的和谐统一，但部分地达到总是可能的，这种部分地达到的手段就是人的参与。杜威指出，现实世界是一个善恶混杂的世界，祛除其中的恶而弘扬其中的善就是理想，这种理想只能通过人的努力才能实现。在自然和社会中有一种力量产生并支持着这个理想。从这个观点出发，杜威反对宗教鼓吹的坐等救世主拯救的消极无为理论。他驳斥了新近宗教神学家为宗教辩护的种种借口，例如人的本性是自私、偏邪，因此不能靠自身的力量获得拯救，只能靠超自然的救世主等，他指出，这种说法和早先宗教鼓吹的人不能认识自然所以只能等待自然的恩赐一样，是社会和科学发展的阻力。现实中诚然到处都可以看到恶的现象，在杜威看来，这些恶恰好是人们实现善的动力。如果现实世界的一切都是十全十美的，那就没有理想存在的必要了。

杜威指出，理想一开始总是模糊的、不确定的，但是在和环境的相互作用中它会变得愈来愈清晰和确定。"成为有待实现的目的的新价值首先以晦暗的不

---

① John Dewey, *Common Faith*, New Haven: Yale University Press, 1934, p.25.

确定的形式出现。随着这些价值在行动中的落实和推进，它们才变得确定和连贯。”①一种理想如果能够改变人的生活境遇，增进人的福利、安全和社会正义它就会得到人们的首肯，从而变为现实。现实也会因为这种理想的实现而得到改变。“目标和现实环境的相互作用改进和检验理想；环境也同时得到改变。”②

杜威认为宗教信仰首先是个人的事情，人们信仰什么应当取决于个人的信念。他说，他本人同意把自然和人的努力的最高统一称为上帝，但这绝不排斥其他人采用另外的名称来称呼它。在他看来，新教改革派反对繁琐的宗教礼仪，主张个人和上帝直接沟通是一种解放，不过他也指出，人是社会的人，因此个人信仰不只与个人选择有关，更与社会的文化氛围有关。在杜威看来，一个人或一个团体无论信仰什么，总之都是向往好的和善的东西，因此不同的人或人群应当在这个意义上团结起来，共同对付环境的挑战。杜威主张不同的人、不同的文化应当相互沟通，他说：“除了某种隐喻的意义以外，不管我们实际上是否都是兄弟，我们至少都在同一条船上跨越波涛汹涌的海洋。这一事实在宗教上的潜在意义是无穷的。”③杜威认为宗教团体在这方面应当发挥特殊的作用。宗教团体应当更加关心现实问题，关心战争问题、贫困问题、政治腐败问题、社会不公问题等，而不应当用空洞的说教安慰人们，使他们寄希望于虚无缥缈的来世。他说：“对社会变革感兴趣的当代神学家和与此同时又是超自然力的代表是骑在两匹背道而驰的马上。”④

杜威的宗教观听起来不无道理，但是实际上是阉割了宗教的灵魂。宗教的灵魂是神秘，是对人无法企及的无限之物的信仰和崇拜，因此敬畏感始终是宗教的基础。杜威把宗教对象世俗化为一种美好的理想，并且把人们对这种理想的虔诚都说成是宗教的，这样他就抹煞了此岸世界和彼岸世界的界限，宗教的神秘性也就随之消失了。杜威的宗教观是矛盾的。既然人人都可以选择自己的宗教，就和人人都可以选择价值一样，那么人们如何能有共同的信仰？没有共同的信仰人们如何能够心心相印？杜威寄望于理性，其实是寄望于科学来改变人类的命运，但

---

① John Dewey, *Common Faith*, New Haven: Yale University Press, 1934, p.50.

② *Intelligence in The Modern World*, John Dewey's Philosophy, (eds.) Joseph Ratner, Modern Library, p.1024.

③ John Dewey, *Common Faith*, New Haven: Yale University Press, 1934, p.84.

④ John Dewey, *Common Faith*, New Haven: Yale University Press, 1934, p.79.

是科学仅仅是工具，科学永远不能变成人类的价值尺度。对原子的揭示并不意味着它一定会促进社会进步，科学的工具理性一定要建筑在价值理性的基础上。杜威认为精神的力量一定要有物质的力量做后盾，这当然是有道理的，但是相反的论点更有道理，那就是，物质的力量如果没有精神的力量去引导，同样会变成对人类的巨大威胁。

第三节　新经验主义艺术观

和以康德为代表的古典主义美学理论相反，杜威强调艺术的经验性。在杜威看来，艺术既不是天才的创造，也不是自然美和人性美的简单反映，而是一种特有的经验形式，和任何经验一样，它是认识和改造世界的工具。杜威指出，人要生存和发展，就不可避免地要和周围环境发生关系。人们的认识和行动时常滞后于自然界的发展，然而他们又努力恢复与自然界的平衡，这种从不平衡再到平衡的过程使得人和自然呈现为一种动态的相互作用关系，经验是人和环境相互作用的产物。

杜威认为，审美经验和人们日常所说的经验是一致的。日常所说的经验是一个完整的过程，有它的起点和终点，因而具有单一性，然而这种单一性又不是单纯性，它把各种因素组合在其中，简言之，它是多样性的统一。审美经验和日常经验唯一的区别，就是它比日常经验更加纯粹地体现了经验的这些特质。杜威说："假如'经验'一词不是在哲学文献中被如此经常地误用，假如它不是如此经常地被用来提示经验的真正本质是混杂的和不纯的，那么我们可以说审美经验就是纯粹的经验。"①

杜威认为，自然界万千的气象，特别是它的律动，是产生美感的基础。昼夜的交替、寒暑的轮回、潮汐的涌退、生命的代谢以及人自身生命中的睡与醒、饥与饱、工作与休息等是艺术最直接的素材，它们先于诗歌、绘画、建筑和音乐而存在并且使得这些艺术形式得以可能。人加入到自然的律动中，久而久之，他们不但力图使自身的生活与自然的律动协调一致，而且把这些律动带入到它们不曾出现的地方，即带入到歌唱、舞蹈、诗歌、戏剧中。但是杜威又指出，艺术不是

---

① John Dewey, *Arts As Experience*, Miniton, Balch & Company, New York, 1934, p.274.

自然律动与和谐的简单模仿，而是对这些律动的再生产。

为了突出艺术的再生产特质，杜威刻意区分了表达和（通常意义的）表现。他说，艺术总是表达性的而不是表现性的，表达是一种有意识的活动。杜威把艺术和儿童的玩耍作了比较，他指出，艺术是一种游戏(game)。游戏和玩耍(play)的区别就在于它有明确目的和规则。艺术家为了实现他的目的，有意识地把色彩、光线、语音、文字、韵律作出搭配，“当画家把油彩置于画布上，或者设想它放在那里时，他的观念和情感也就就绪了。当作家在遣词造句中把要说的东西编辑在一起时，他自己的观念就获得了可观察的形式。”①值得指出的是，杜威还把表达和环境的压力联系在一起，一帆风顺的环境是不会产生艺术的，困难和危险对艺术创作具有特殊的意义，他说：“除非被抛进骚动和喧嚣中，一种冲动并不能导致表达。”②“从词源学上说，表达（ex-press）就是挤出来，压出来。”③

杜威认为，艺术的再生产表现在客观和主观两个方面。在客观方面，它使对象（质料）变成了手段，在主观方面，它使目的变成了现实。而且，通过艺术的中介，主客观双方都发生了变化，从而形成了新的统一体。建筑艺术最为典型地体现了这一点。在建筑艺术中，质料已经不再是天然的素材，它们变成了人们居住、防御和崇拜的媒介，人们的目的不仅通过这些媒介（住宅、堡垒、庙宇）得到了实现，他们自己的生活方式也因此发生了改变。

正因为艺术融多种要素为一体，所以杜威认为，作为艺术活动的结果，艺术品也体现了多方面的统一。

第一，艺术品是主观和客观的统一。按照杜威的说法，艺术品是一种存在于对象中的观念。观念并非天然就是艺术，除非借助于材料使它表达出来，然而观念一经被艺术地表达，就不是原来意义上的观念了。杜威以凡高对法国罗纳河铁桥的描写来说明这一点。凡高在给他兄弟的信中写道：“我对罗纳——这座特兰凯塔耶的铁桥有一种看法。在我眼里，天空和河流是艾苦酒的颜色，埠头上一片淡紫色的阴影，倚在凭栏上的人物是黑黝黝的，在鲜艳的桔黄色并带点儿孔雀绿的背景中，铁桥呈现一片深蓝。”④杜威指出，凡高对罗纳铁桥的描写以及他的有

① John Dewey, *Arts As Experience*, Miniton, Balch & Company, New York, 1934, p.75.

② John Dewey, *Arts As Experience*, Miniton, Balch & Company, New York, 1934, p.65.

③ John Dewey, *Arts As Experience*, Miniton, Balch & Company, New York, 1934, p.64.

④ John Dewey, *Arts As Experience*, Miniton, Balch & Company, New York, 1934, pp.85-86.

关画作既不是对这座铁桥的表现，也不是他凄凉心绪的写照，而是二者的交融。在杜威看来，在艺术品中区分主观和客观是毫无价值的。

第二，艺术品是个性和共性的统一。杜威认为，艺术是个人的，也是集体的。就艺术品来说，它渗透着个人的目的和情趣，具有鲜明的个性特征。然而，艺术赖以产生的生活环境是集体的，艺术的题材是集体的，而且，当艺术品的意义和价值为人接受的时候，这些东西也会变成集体的。杜威指出，虽然艺术和科学都是人们认识世界的手段，但是它们的认识方式是不同的。科学是借助陈述把个别提升到一般，艺术则是以具象的形式表达一般。他说："混乱的生活场面在艺术经验中变得容易理解：然而，不是像反思和科学那样以概念的形式使事情变得容易理解，而是通过清晰的、连贯的、强烈的和'印象深刻的'经验方式展示它们的意义。"① 中世纪画家的作品大多数以宗教为题材，然而拜占庭、俄罗斯、哥特和早期意大利画家在表现这个题材时的风格却是不同的，正是通过这些富有个性的表达，宗教教义才获得了活生生的意义，而不再是僵死的教条。

第三，艺术品是形式和质料、形式和实体的统一。杜威指出，艺术是一种特殊的语言。任何语言都存在说什么和怎样说的问题，艺术也不例外。说什么涉及实体，怎样说涉及形式。杜威反对质料和形式的分离，他说，形式质料的关系不是车子承载着货物的关系，而是母亲承载着婴儿的关系，婴儿是母体本身的组成部分。在杜威看来，一种形式除非借助一种恰当的质料表现出来，否则永远不会成为一件艺术品。正因为艺术的质料是艺术形式的有机组成部分，所以"一幅水彩绘出的图画在性质上不同于一幅油彩绘出的图画。美学效果内在地属于它们的媒介；当另外的媒介替代它时，我们所拥有的就不是一个艺术对象而是一个侏儒"。② 杜威指出，对媒介的敏感是一切艺术创作和审美观的核心。而实体无非是质料的形式化，他说，"因此，除非在反思中，形式和实体是不能作出区分的"③。

第四，艺术品是情趣、认识和行动的统一。杜威指出，艺术首先是一种活动，它的动词意义大于它的名词意义。但是，艺术的生产同时也伴随着审美的观

① John Dewey, *Arts As Experience*, Miniton, Balch & Company, New York, 1934, p.290.

② John Dewey, *Arts As Experience*, Miniton, Balch & Company, New York, 1934, p.197.

③ John Dewey, *Arts As Experience*, Miniton, Balch & Company, New York, 1934, p.109.

察，在艺术创作的每一步，艺术家都要对上一步和下一步要有清楚的了解，这就是艺术家的思想。诚然，艺术家不用符号去思想，但这不等于艺术家不在思想。他说："直接用色彩、音调、形象去思想在技术上和用语词思想是不同的。但是只有迷信才认为，因为绘画和交响乐的意义不能变成语词，或诗歌不能变成散文，思想就会被后者所垄断。如果语词能恰当地表达所有的意义，那么绘画和诗歌的艺术就将不复存在了。"①此外，任何艺术创作过程始终都贯穿着作者的情趣，一种没有情趣的活动只是一种劳动。在杜威看来，在真正艺术活动中这三种成分虽然各有所指，但却是统一而不可分的。"在鲜活的经验中不可能把实践的、情绪的和理智的东西相互分开并把一种属性置于其他的样式之上。情绪把各部分联合成一个单一的整体：'理智'无非是说出了经验具有意义这个事实；'实际的'指机体与周围的事件和对象的相互作用。"②

杜威认为，统一是需要抽象的。不管是在自然还是在人类社会中，事物大多以分散的形式呈现在人们面前，因此，任何艺术都需要 Drawing，即从具体经验中抽取一些东西以便把分散的材料组织在一起。没有抽象，艺术就会以单纯模仿的方式，创造一个表现"事情本身"的神话。他指出，一幅好的绘画的标准绝不是它忠实地再现了原形，而是使某种理想得到了完满的表达。杜威谈到，音乐家总是用数字作为他们作品的标题（如贝多芬的第五交响曲），画家总是用模糊的名称命名他们的画作（如晨曦中的河流），艺术家这样做似乎是为了避免人们把他们的作品与日常经验中的事件或场景混为一谈。当有人指责马蒂尼，说他从未见过像他画中那样的女人时，马蒂尼说，"夫人，这不是一个女人，这是一幅画。"③在杜威看来，艺术的抽象可以使人超越现实的层面而达到理想的层面，因此任何好的艺术品都会使人得到极大的满足。雷诺阿的《浴女》就是一幅杰出的画作，它生动地展现了人体美但又不会因此使人产生肉欲的联想。雷诺阿把肉体的物理部分用生动的色彩展示出来，并把它与丰饶自然背景联系起来，从而体现了生命之美。任何抽象都具有一种解放的作用，把人们从日常的经验限制中，从传统中解放出来，并把人带入一个新的境界中。杜威指出，悲剧会给人造成一种和解感的秘密就在于，它使特殊的题材脱离了实际境界而进入了一个新的境界

① John Dewey, *Arts As Experience*, Miniton, Balch & Company, New York, 1934, p.74.

② John Dewey, *Arts As Experience*, Miniton, Balch & Company, New York, 1934, p.55.

③ John Dewey, *Arts As Experience*, Miniton, Balch & Company, New York, 1934, p.113.

中，“它成了一个新的质的设计的质的部分。”①

正因为如此，杜威特别看重想象在艺术中的作用。在杜威看来，想象是把过去的经验和当前现实联系起来的一种能动的创造力。想象虽然不是艺术的专利，然而想象却是典型地表现在艺术中。他指出，虽然艺术家的想象在一开始和幻想与梦游没有多大区别，但实际上二者是截然不同的，无据的想象或梦游始终存在于幻想者个人的意识中，艺术家则需要用材料把他们的观念表达出来。他以法国画家马蒂斯的《生命的欢乐》为例指出，这幅画作的确是虚构出来的，但是它又是现实的艺术品。它以颜色为媒介展示了空间、线条以及光和色彩的韵律。杜威说，“不管艺术品的材料带有怎样的想象性，只有在它成了有秩序、有组织的时候它才能从幻想状态变成艺术作品，而只有当目的支配了材料的选择和进展时，才会产生这种效果。”②

杜威强调艺术的流动性和创新性，反对艺术创作的平庸化和艺术评论的模式化。在杜威看来，每一种艺术品都应当是富有特色的，与众不同的，它们应当是一条川流不息的河流而不应当是一个平静的池塘。杜威指出，人们并不是在同一个静止的自然和静止的社会打交道，而是在同一个运动的自然和运动的社会打交道，自然中的韵律也好，社会中的生活节奏也好，实际上都体现着一种关系性质，这种关系，简言之，就是动力和阻力。动力总是在克服阻力的过程中表现出来的，没有阻力就没有动力。只有在战胜了各种艰难险阻之后，人们才会产生由衷的快感。丰收后的喜悦，战斗胜利后的狂欢，历经了狂风巨浪的洗礼到达彼岸后的兴奋都说明了这一点。正因为如此，艺术家并不把例外和逆境看作不正常的情况，他们千方百计地把这些纳入到自己的作品中。绘画中颜色的冲突、音乐中声调的不和谐、诗歌中韵律的错位，都是艺术家经常采用的手段，莎士比亚甚至在他的悲剧中穿插有喜剧的情节，他们的做法不但没有影响他们作品的审美效果，反而增强了这种效果。因此，任何真正的艺术家总是不拘一格的，他们知道，没有创新就没有艺术。

杜威不赞成心理学家把精神分成感性的、理性的和情感的，在他看来，只有在人和环境的关系被阻断以后，统一的经验才会分成感觉、感情、欲望、目的、知识、意志这些片断。他也不赞成评论家对艺术品所做的固定分类，例如把建

---

① John Dewey, *Arts As Experience*, Miniton, Balch & Company, New York, 1934, p.96.

② John Dewey, *Arts As Experience*, Miniton, Balch & Company, New York, 1934, p.276.

筑、绘画、雕塑说成是空间性的，把音乐说成是时间性的。在他看来，固定分类对理解艺术品的审美内容毫无裨益，它既不能告诉我们从艺术品中能看到什么，也不能告诉我们怎样去看、去听、去欣赏，相反，它会限制艺术的创作和欣赏，把它们束缚在几种一成不变的模式中。杜威指出，在艺术中从来没有单纯的空间和时间，在音乐中，坠落和提升、高潮和低潮、加速和减速、紧张和松弛、突然闯入和逐渐渗透，没有这些，经验中体积、厚度、形象、距离和方向的变化将是不可想象的。同样，在建筑中也有节奏和韵律，一幢美的建筑不但各个组成部分错落有致，而且只要通过由外而内，由内而外的细致观察，人们就会体会到它在光线和色彩下的变化。强行给艺术进行分类就会造成人为地强调艺术的某一部分特质而忽略了其他特质。杜威强调，对艺术不应作实体性的理解，而应作功能性的理解，即不同的艺术手段会达到不同的目的，如城堡、教堂和戏院特别适合表达历史的凝重浑厚，雕塑特别适合表达人们对伟人和英雄的仰慕，音乐特别适合表达流动的和节奏性的事物，等等。他说："空间性是质量和体积，正如时间性是持续，而不是抽象的绵延一样。声音和色彩一样有收缩和扩张，色彩和声音一样有上升和下降。"①

生活在现代工业化社会中的杜威不仅亲眼目睹了科学和工业的巨大成就，也亲身感受到了由于科学技术的侵入给人们带来的巨大的社会问题，这其中最主要的就是事实和价值的分离。在人和自然的关系上，自然科学无疑占有主导地位，在观念上，人们却受着传统价值观的支配。自然科学的新概念与传统观念的并驾齐驱强化了自然与精神、心灵与肉体的对立。在他看来，笛卡尔和洛克的二元论既是科学与价值对立的反映，又反过来影响到现代生活的方方面面。设法弥合事实与价值的鸿沟是杜威终生思考的课题。

杜威指出，在现代世界，艺术被封闭在博物馆、收藏馆中，成了远离经验世界的独立王国，这是一个特殊时代所造成的特殊现象，它是民族主义和帝国主义的标志。不仅那些典型的收藏家都是资本家，而且国家和大公司也热心于艺术馆和博物馆的建造，这一方面是为了宣扬他们的文治武功，另一方面也是为给人们留下他们对文明特别热衷的印象。由于现代社会的生产是大机器生产，艺术则不可能被艺术家批量制造，因此被排斥在工商业社会发展主流之外。艺术家本人也不屑与利益阶层为伍，他们把艺术品当成独立人格的象征，甘于超然物外孤芳自

---

① John Dewey, *Arts As Experience*, Miniton, Balch & Company, New York, 1934, p.210.

赏，这些就是艺术与生活世界隔绝的主要社会原因。

杜威认为，如果说一般的产品是为人们的眼前利益服务的，那么艺术则既是为人们的眼前利益服务的，又是为人们的长远利益服务的。艺术品作为一种劳动产品，当然是为了满足人们的需要，任何艺术品都会给人们带来精神上的愉悦。但艺术的作用还远不止于此，艺术还有它的社会职能。杜威谈到，在雅典，艺术和人们的实际生活如此地紧密相关，以至于为艺术而艺术是不可思议的。绘画、雕塑和建筑有机地合为一体，就像建筑与它为之服务的社会目的有机地合为一体一样。音乐和歌唱是仪式和庆典的有机组成部分，其中承载着群体生活的意义。戏剧是群体的历史和传说的生动展现，它和体育一样，教导人们弘扬群体的传统，牢记过去的光荣，增加他们的公民自豪感。在中世纪，教会和教义诚然有着不可忽视的作用，然而普通人是通过艺术而不是什么别的形式来了解它们的价值的。那些震撼人心的宗教故事，那种血红的葡萄酒的颜色不能不在信徒心中产生神圣感和畏惧感。在圣礼、仪式和庆典中，音乐和绘画的美学色彩多于其他任何东西。教会和教士们从不讳言他们的权威和艺术的联系，他们无不借助艺术渲染来强化自己的社会地位。

杜威是这样概括美学的社会价值的，“审美经验是文明生活的彰显、记录和弘扬，是加速它发展的手段，也是一种文明的质量的最高尺度。”① 在杜威看来，一个民族的精神集中体现在她的文化上。希腊文明表现在她的诗歌、戏剧和神殿上；埃及文明表现在她的陵墓、庙宇和文学上。他指出，如果说社会习惯总是包含着比表面上统一的行为方式更多的东西，那是因为它们充满着故事及其所传承的意义。他说，“从一种文明到另一种文明的文化上的以及在文化中的延续更多地是以艺术为条件而不是以别的什么东西为条件的。”② 特洛伊战争只存在于荷马史诗中，美诺的文明只存在于它的艺术中。和一般的语言与行动的交往相比，艺术具有独特的优势，因为，“它们以最生动的形式把价值带入了经验。”③

杜威把艺术的价值具体归结为两个方面。第一，它是各个民族、各个国家和人民相互理解相互联系的纽带。杜威指出，文化也是有个性的，希腊文化、拜占庭文化、中国文化、黑人文化等就是个性的体现。文化之间的隔阂是造成各种纠

① John Dewey, *Arts As Experience*, Miniton, Balch & Company, New York, 1934, p.326.

② John Dewey, *Arts As Experience*, Miniton, Balch & Company, New York, 1934, p.327.

③ John Dewey, *Arts As Experience*, Miniton, Balch & Company, New York, 1934, p.328.

纷和误解的根源，解决这个问题的办法是友谊。知识虽然能够给我们提供信息，帮助我们增进对外来人们的理解，但它不能使人们产生友谊感和亲密感，使人们产生友谊感和亲密感的只有艺术。在艺术中，我们对那些遥远而陌生的文明会有一种感同身受的感觉，也正是这种感觉才能拓宽和加深我们自己的经验，使我们学会用他们的耳朵听，用他们的眼睛看。杜威说："当我们进入到黑人或波利尼西亚人的艺术精神中去的时候，障碍就消除了，限制性偏见就化解了。"①

第二，它能弥补当代价值观的缺位。杜威并不认为科学和艺术是对立的，相反在他看来，如果处理得当，它们二者完全可以相得益彰。科学技术创造的新材料是新的艺术形式产生的条件，科学之思有助于打破传统思维方式的禁锢，给艺术家开辟一个更加广大的视野。从这个方面看，艺术家应该利用科学技术的成果而不是对它采取抵制的态度。在杜威看来，当代社会事实与价值的对立主要是由于落后的价值观造成的。他指出，自古希腊以来，轻视肉体和轻视体力劳动的看法就形成了，这种看法是如此地根深蒂固，以至于现在大多数人，甚至哲学家和科学家也没有根本改变。不过杜威也不得不承认，科学和工业事实上对艺术起了排斥的作用。传统生产是手工生产，工匠会以审美的态度对待自己的产品，现代生产是大机器生产，机械化使工人不能把自己的劳动和美直接等同起来。此外，这种现代的大机器生产的确也刺激了人们的财富欲望，人们主要是为了自己的私利工作而不再关心社会的整体利益。杜威指出，仅仅改善人们的工作条件和生活条件尚不足以消除这种二元对立，改变这一状况的根本出路在于使科学技术人性化以及改变人们的价值观念。

杜威认为，在改变人们价值观念的问题上，艺术起着决定性的作用。杜威不反对艺术家个人的作品对社会的影响，但是在他看来，艺术的作用主要不是表现在艺术家个人的作品包含着多少道德内涵上，而是表现在艺术所特有的功能上。如上所述，杜威认为艺术品能以感性的方式活生生地展示理想的内容，这种内容本身就起着对现实的批判作用。杜威指出，迄今为止人们只要求艺术适合道德，殊不知，道德更应该适合艺术。道德只不过是把过去的行为以命令的形式规范下来，而艺术则既是旧观念的批判者又是新的观念的创造者。把艺术品和道德直接挂起钩来，把艺术当作道德的婢女看待实际上是降低了艺术的价值。现实只有参照理想才能暴露出自己的不足，才能找到自己前进的方向。他引用雪莱的话说，

---

① John Dewey, *Arts As Experience*, Miniton, Balch & Company, New York, 1934, p.334.

诗歌是善的伟大工具，在这个意义上，艺术比道德性更加道德。他说："那些非现实的又是可以实现的可能性的感觉，在同现实情况相对照时，就是对后者可能作出的最'彻底'的批判。"① 他赞同雪莱的说法，"诗人是文明社会的奠基者。"② 不过在他看来，这种说法还应该更扩大些，应该包括所有真正的艺术家。

杜威和海德格尔在许多看法上有着共同之处。他们都看到了科学和工业入侵给人们的思想和行动所造成的巨大影响，都认识到事实和价值的分离是当今社会的最大症结所在，都把这种危机的根源归咎为从柏拉图开始的希腊哲学，都把改变这种状况的希望寄托在艺术领域。即使在科学技术的看法上，他们也不是没有相似的地方，海德格尔承认技术之思是一种思的方式，而且这种思在很大程度上是不可避免的；杜威则在对科学技术寄予厚望的同时，也看到这种思难以作为现代社会的价值支撑。不难看出，是共同的"问题境遇"导致了他们有如此多的共同或相似之处。当传统价值观在科学和工业的大潮面前日益土崩瓦解，自然科学的新思维又不足以给人提供充足的精神食粮时，人们除了把希望寄托在艺术上之外，还有什么别的出路吗？

事实上，从康德开始，人们就已经明确地把人类的精神寄托在艺术上了。在康德以后，无论是浪漫主义美学家还是古典唯心主义者，都极力弘扬艺术的特殊性，鼓吹美的天才论。他们这样做，无非是要在自然科学的地盘之外，为精神争得一块神圣的领地。"凡是由艺术所统治的地方，美的法则在起作用，而且实在的界限被突破。这就是'理想王国'，这个理想王国反对一切限制，也反对国家和社会所给予的道德约束。"③ 他们把希望寄托于艺术，是由艺术的特点决定的。伽达默尔指出，按照康德的看法，"我们只要说：关于美的论述确实不存在于某个特定的知性概念被想象力机械地被感性化的地方，而是想象力与知性更自由地相协调的地方。但是，想象力的这种创造性的造就并非在它绝对自由的地方（如面对阿拉贝斯克的蜿蜒曲线）是最丰富的，而是在想象力活动于某个游戏空间里的地方才是最丰富的，而这样一种游戏空间与其说是被知性的统一欲作为界限而对想象力设立的，毋宁说是知性的统一欲为促进想象力的活动而预先规定的。"④

① John Dewey, *Arts As Experience*, Miniton, Balch & Company, New York, 1934, p.346.

② John Dewey, *Arts As Experience*, Miniton, Balch & Company, New York, 1934, p.346.

③ 伽达默尔：《真理与方法》，洪汉鼎译，上海译文出版社 1999 年版，第 160 页。

④ 伽达默尔：《真理与方法》，洪汉鼎译，上海译文出版社 1999 年版，第 60 页。

就是说，艺术能够通过想象力的自由创造性活动，拓宽知性设定的统一的意义空间，从而实现现实和理想的对接。和康德一样，杜威也把艺术看作既不脱离知性，又不局限于知性游戏空间的一种能动的活动。

值得指出的是，康德以后的美学家和思想家是沿着一条“上升”的路径行进的，在他们那里，艺术是一块超越世俗生活和科学理性之外的飞地。他们提倡所谓的“审美区分”，不仅把艺术和现实生活割裂开来，而且把自然美和艺术美割裂开来，把艺术创作和艺术表现，艺术欣赏割裂开来，把艺术完全孤立化了。与此相反，杜威的艺术理论则是沿着一条“下降”的路径行进的。杜威艺术观的一个突出特点，就是把艺术重新带回到生活世界。杜威反对艺术的神秘主义，强调艺术与日常经验的紧密联系，明确指出了艺术的起源和功能，实现了伽达默尔主张的“审美无区分”。杜威关于自然与社会中的韵律与和谐是艺术的基础的看法是令人信服的，他关于艺术是各种经验要素的统一的观点也是富有创见的。他对艺术观念上的抽象性、理想性和现实上的具体性、生动性论述准确地把握了艺术的特质。他对艺术的流动性与创新性的强调同样体现了他对艺术特质的深刻理解。

杜威艺术观的总体倾向仍然是传统的，他坚持亚里士多德的观点：艺术以可能性的形式再现现实；相信艺术理想性，主张能指和所指的统一。由于杜威采取了反形而上学的态度，他的艺术观也表现出了许多后现代的特征。他或者根本否定传统的形而上学的概念和范畴，或者消解它的意义，把它转化为新的含义。例如，他认为艺术没有形而上学意义上的本质，所谓本质无非就是去掉那些无关紧要的东西而保留题材（subject-matter）必不可少的东西，因此凡是恰当地表现主题的东西都是本质的东西，没有必要去附和某种既定的模式。再如，他说，在日常语汇中，心灵（mind）这个词根本不是指称那种独立的精神实体，心灵意味着关照、关心、在意、听从，等等。这些说法连同杜威反对固定分类，主张艺术的世俗性、流动性、多元性、创新性的观点显然为后现代主义的艺术理论开了先河。贝斯特和科尔纳写道：“统一艺术中多种多样的后现代运动的一个重要特征是：它们是内爆的和非差别化的。这就是说它们指责、摧毁、解构、颠覆和滑稽地模仿传统意义上被确定的界限，例如高雅艺术和低级艺术、现实和虚幻、艺术家和观众以及各种各样艺术媒介自身”，“不同风格的嬉戏还意味着另一个后现代文化形式的关键特征：拒绝结构、秩序、连续性和因果联系而赞赏无序、混乱、偶然性、非连续性以及随即的或侥幸的游戏的动因。”[①] 把杜威的艺术观与贝斯特和科尔纳谈到的后现代艺术观进行比较就可以看出它们之间的相似性。

杜威艺术观中这两种因素的混合在很大程度上反映了他的实用主义哲学的局限性，这种局限性在价值问题上表现得尤其突出。在杜威看来，价值和真理一样，都是行动的工具。所有的行为都存在着好与坏的可能性，道德就是对这些可能性的评价。在思考中，在作出选择之前，不存在什么坏或恶的问题，直到这种行动被拒绝，它才对评价者表现为坏或恶。但这种好坏善恶只是在这种特殊情况下是如此，而不是在任何情况下都是如此，因此它只是一种相对性的评价。杜威说：“因为没有最后的药方来决定这个问题，所有的道德判断都是试验性的并要视情况作出修正。”[②] 对此人们不免问道，如果在行动之前并不存在价值问题，那么艺术家在进行创作的时候又怎能体现出他要表达的是什么呢？正像狄更斯所说的那样，杜威在反对传统形而上学的时候，把孩子和脏水一同倒掉了。因此，尽管杜威的艺术观是他实用主义哲学中最为精彩的部分，有许多值得称道的见解，但由于他实用主义工具理性的价值观，使得他那些即使是最出色的论述，也难以经受严格的理论检验。

---

① 斯蒂芬·贝斯特、道格拉斯·科尔纳：《后现代的转向》，陈刚等译，南京大学出版社 2004 年版，第 173 页。

② *The Philosophy of John Dewey*, selected and edited by Joseph Ratner, London George Allen & Unwin, LTD, p.318.

第八章

现代科学主义的典型：逻辑实证主义

逻辑实证主义是继以孔德为代表的老实证主义和弗雷格、罗素、维特根斯坦的早期分析哲学之后出现的一种新科学主义哲学流派，它以当时最新科学发展成果为依据论证科学的真理性和价值性。逻辑实证主义把科学当作知识的样板和最高的知识体系，排斥一切非科学理论和学说，尤其排斥传统的形而上学，把一切不符合它的意义标准的东西都称作没有意义的伪问题或伪命题。逻辑实证主义试图把数理逻辑和经验主义原则相结合，建立统一的知识体系，把人类知识真正建立在科学的基础上。逻辑实证主义在历史上的影响是双重的：一方面，逻辑实证主义根据自然科学的发展系统地阐释了科学精神，通过它的阐释，人们对现代科学的特点有了更加明晰的认识，促成了把科学作为专门研究对象的科学哲学的出现；另一方面又对科学精神作了更加片面化的理解。它不仅把科学和非科学对立起来，而且把认识论和本体论、认识和实践对立起来。随着科学研究的深入和社会的发展，逻辑实证主义在理论和实践中的片面性也日益暴露出来，受到了哲学家以及各种其他专家的批判。这个学派也因为外部的和内部的原因而解体，它的成员大部分转移到美国，后来逐渐与实用主义合流而形成了逻辑实用主义。

第一节　意义与证实

逻辑实证主义亦称维也纳学派（或逻辑经验主义），一般来说是指由石里克发起，以论证和弘扬科学主义为宗旨的学术圈。1922 年，莫里茨·石里克应邀到维也纳大学接任归纳科学哲学教席。在接受教职后不久，石里克就在他的学生魏斯曼和费格尔的建议下组织了一个学术研讨班，每逢周四晚上举办学术讨论会，人称“石里克学圈”。参加讨论会的学者不仅人数众多，而且来自不同的研究领域。参加者包括石里克的学生和一些对哲学感兴趣的学者，魏斯曼、卡尔纳普、纽拉特、费格尔、克拉夫特以及考夫曼等都是讨论会的常客。此外，数学家哈恩、门格尔和哥德尔也不时与会。石里克本人是一名精通物理学的哲学家，他丰富的哲学知识弥补了一些成员在系统分析能力上的不足，而他的物理学专业背景又使得自然科学家们对他倍感亲切。石里克还是爱因斯坦相对论的权威解释者，所有这些都使得学派的成员对这位精神领袖充满敬意。在这个学术圈的基础上，1928 年成立了由石里克担任主席的马赫协会。该协会不仅与柏林经验哲学学会共同承担了《认识》杂志的编辑任务，而且于次年发表了题为《科学的世界概念：维也纳学派》的文章。从此，该学术圈便被正式定名为维也纳学派。逻辑实证主义指这个学派的特点。在维也纳之外，还存在着以赖欣巴赫为代表的柏林学派、以塔尔斯基为代表的华沙学派以及艾耶尔等人在英国的活动。因为他们的基本主张相似，所以他们也属于广义的逻辑实证主义学派。

逻辑实证主义者继承了以孔德为代表的老实证主义者的传统，他们强调知识的经验性和实证性，反对一切形而上学，坚决维护自然科学的权威，不过，逻辑实证主义者对老实证主义者也有重大发展，这种发展主要表现在以现代符号逻辑为工具，结合最新自然科学成果来论证老实证主义的原则。汉恩、纽拉特和卡尔纳普在谈到逻辑实证主义的特点时写道：“第一，它是经验主义的和实证主义的，只有来自经验的知识，这种知识是建立在直接所予的基础之上的。第二，科学的世界概念是以一定的方法即逻辑分析的运用为标志的，科学工作努力的目标是通过将逻辑分析应用于经验材料达到统一科学。”① 这里的第一点可以看作对老实证主义的继承，第二点可以看作对老实证主义的发展。

逻辑实证主义者试图从对“意义”的分析着手，通过划清有意义的命题和无意义的命题的界限说明知识合法性的根据。逻辑实证主义者指出，语言由句子所组成，有些句子可以称为陈述或命题。陈述就是一个判断，它意味着对事态有所断定。不是所有的句子都可以称为陈述。句子可以分为有意义的和无意义的两种，只有有意义的句子才可以叫作陈述；无意义的句子“只不过是我们所不能把握的一串字眼……这样一串字眼仅仅是‘没有意义的’记号的组合，一串连续的

① 汉恩、纽拉特、卡尔纳普：《科学的世界概念：维也纳学派》，转引自陈波、韩林合主编：《逻辑与语言》，东方出版社 2005 年版，第 204 页。

音响或纸上的一排符号。”① 无意义的句子是一些伪陈述。真陈述是指符合语言的逻辑句法的句子，“伪陈述是指在语言学上并不违反语言规则因此看来像是陈述那样的语句，例如‘恺撒是一个素数’。”② 伪陈述又分为两类：“一类是包含一个被误认为有意义的词，另一类是组成句子的词虽有意义，但是以一种违反词法的方式凑在一起因而并不构成一个有意义的陈述。”③ 有意义的句子即命题又包括逻辑的与经验的两种。前者并不表示对事实的断定，它们凭借语言内部的逻辑规则就可以为真；后者则因为对事实有所断定而必须通过经验证实其真假。

根据逻辑命题和经验命题的不同，逻辑实证主义者进一步区分了知识的可证实性和实际证实的不同。石里克在《意义与证实》一文中对此做了明确表述。石里克说：“陈述一个句子的意义，就等于陈述使用这个句子的规则，这也就是陈述证实（或否证）这个句子的方式。一个命题的意义，就是证实它的方法。”④ 他指出，一个命题具有意义不在于它已经得到证实，而在于它具有证实的可能性，这种可能性是逻辑的可能性。他说：“同意义相联系的证实可能性不能是经验可能性；它是不能事后建立的，你必须先肯定它，然后才能考察经验情况，探讨情况是否允许证实，或者在何种条件下允许证实。当你要想知道一个命题是不是真的时候（这是科学家的事情），经验的情况是极其重要的，但是对于命题的意义（这是哲学家的事情），经验的情况是不能有任何影响的。……必须强调指出，当我们讲到可证实性时，是指证实的逻辑可能性，除此以外，没有任何别的意思。”⑤ 他举例说，“一颗遥远的行星上是否存在生命”之类的问题，虽然以现在的科技水平是无法得到证实的，但这种问题却是有意义的，因为人们可以从逻辑上设想一个证实它的方法。总之，在逻辑实证主义者看来，意义的可证实性在于满足意义的条件，它是逻辑的而不是经验的，至于意义的实际证实则是一种经验

---

① 石里克：《意义与证实》，转引自陈波、韩林合主编：《逻辑与语言》，东方出版社 2005 年版，第 216 页。

② 克拉夫特：《维也纳学派》，李步楼、陈维杭译，商务印书馆 1999 年版，第 37 页。

③ 卡尔纳普：《通过语言的逻辑分析清除形而上学》，转引自陈波、韩林合主编：《逻辑与语言》，东方出版社 2005 年版，第 249—250 页。

④ 石里克：《意义与证实》，转引自陈波、韩林合主编：《逻辑与语言》，东方出版社 2005 年版，第 218 页。

⑤ 石里克：《意义与证实》，转引自陈波、韩林合主编：《逻辑与语言》，东方出版社 2005 年版，第 226 页。

的事情。

把知识的实际证实原则改为可能证实原则，使得逻辑实证主义的意义证实标准明显地放宽了。这个观点比老实证主义的观点更加切合科学的特点，因为许多科学命题都不是当下经验所能证实的，严格地说，科学具有假说的性质，正因为如此，它才带有预见性。如果把证实原则仅仅局限于实际证实，那么大部分科学命题就会因为不能实际证实而成为所谓无意义的命题。

语言是思想的表达，思想应用概念对实在的东西进行标示。在自然语言中，这种标示并不是一对一的关系，而是多对一的关系，即多个用于标示的概念对应着同一个被标示的对象。石里克认为，科学认识的对象要求准确性和明晰性。科学对象的精确性在于，始终能够明确断定某一事实能否归入某一定义（判断）。反过来说，如果"一个判断一义地标示一组事实，那么该判断就是真的。"① 在逻辑实证主义者看来，尽管多种语言符号都可以表示同一个对象，但这些标示对象的概念互相之间应该具有转换关系，不同符号系统转换的规则就是逻辑。因此不管有多少种不同的自然语言，又不管这些符号的物质外壳究竟是声音、是手势，还是密码文字，这些语言都具有某种共同的结构，这就是语言的逻辑结构。如果把这一结构抽象出来，就可以建立一种在形式上简化和完善的语言。用这种语言的生成法所得到的语句都将是有意义的，因为它通过严格的逻辑约束来堵塞无意义的命题产生的通道。"逻辑分析却只涉及指称功能。并没有从心理学和社会学的观点来研究语言，所研究的仅仅涉及符号化系统的一般情况，这里所说的'语言'指的正好就是这种符号化的系统。"② 自然语言的缺点在于它不仅具有表达指称的功能，还要用来表达情感和态度。

语言的逻辑结构并不等于自然语言的语法，因为根据语法规则生成的句子并不一定符合逻辑，它们可能是不合逻辑的甚至是胡说。符合逻辑句法的语句都是有意义的，不论是以意义为根据的分析命题还是以事实为根据的综合命题，都是有意义的命题。前者根据意义分析被证明符合思想表达式之间的推演关系，后者则不仅符合逻辑，而且因为对现实的经验世界有所陈述而可以为事实证实或证伪。

---

① Moritz Schlick, *General Theory of Knowledge*, trans. by Albert E.Blumberg, New York, 1974, p.60.

② 克拉夫：《维也纳学派》，李步楼、陈维杭译，商务印书馆 1999 年版，第 32 页。

在逻辑实证主义者看来，任何理论体系都表现为一系列概念的集合。如果某种理论是纯逻辑的，那么从初始概念出发，经过逻辑推导，就可以把这个理论构造出来。逻辑实证主义认为，严格说来，只有命题才有意义，所谓概念其实是一个命题的“非饱和符号”或它的缩写的形式，因此，我们可以用一陈述把它完整地表达出来。用一个命题形式表达一个概念，就是给概念下定义。逻辑实证主义者指出，传统的定义法是种加属差的方法，这个方法虽然是不错的，但却不是最好的。许多科学命题就不是以这种方法下定义的。例如，对于什么是“质数”这个问题，数学家的定义是“X 是一个质数 =Df^{X} 是一个数，它只能被 X 和 1 整除”。这个定义首先把“质数”看作数学系统中的一个命题，然后根据这个命题在系统中的用法对它加以界定，即把它翻译为另一个和它等值但却不包含这个命题的命题。逻辑实证主义者把这种定义称为“用法定义”。

逻辑实证主义者认为，根据“用法定义”，我们不但可以给一个概念（命题）下定义，而且可以从一个概念（命题）推出另一个新的概念（命题）。然后又从这个新的概念（命题）出发，一步步地推导出整个概念（命题）体系。全部数学几何学的概念就是这样推导出来的。他们指出，弗雷格和罗素已经构建了一个数理逻辑体系，并且成功地把数理逻辑的方法运用于数学分析，指出纯数学的一切概念都可以从一个或几个基本的逻辑概念中引导出来。罗素和怀特海还试图把逻辑分析方法运用于“非逻辑的对象”。罗素认为，世界是由许多独立的原子事实构成的，陈述原子事实的是原子命题。原子事实之间有一些关系，对这些关系进行陈述的是分子命题。分子命题是原子命题的真值函项。在理论上一切知识都可以在原子命题和它们的真值函项的复合体中得到陈述。如果我们认识了所有的原子事实，那么我们就能通过逻辑推出一切其他的真理。这些真理不仅在逻辑上是有意义的，而且在经验中同样是有意义的。因为在逻辑和事实之间具有同构关系。

在弗雷格、罗素、怀特海和早期维特根斯坦的启发下，逻辑实证主义者试图构造一个统一的科学知识体系。他们认为这是他们的当务之急。因为，科学的发展已经超越了单一学科的范围，化学知识不能离开物理学的知识，化学和物理学的知识更不能离开数学的知识。事实上，现代科学研究已经形成了由许多不同学科共同组成的学科群。如果一门学科的概念或命题不能翻译为（还原为）另一门学科的概念或命题，那么现代科学就是不能设想的。既然罗素等人已经开始把现代符号逻辑运用于科学以及经验知识中，那么就没有理由不把这项工作继续进行下去。

卡尔纳普的《世界的逻辑构造》就是这种思想的典型表现。在这部著作一开头卡尔纳普就写道："本书研究的目的是提出一个关于对象或概念的认识论的逻辑的系统，提出一个'构造系统'。"① 他明确指出，"由于科学的对象被安排在构造总系统中，各门科学同时也就被看作一个总科学的不同分支而纳入一个系统。"②

有人认为逻辑只是概念间相互转换的规则，因此，如果将逻辑的方法贯彻到底，那是无法脱离语言分析范围的。按照这种方法所进行的构造永远只是将一个概念还原为另一概念，而不是将一个对象还原为另一个对象。也就是说，用这种方法只能构造出概念，而不能构造出对象。然而在卡尔纳普的构造系统中，从概念出发的构造与从对象出发的构造在逻辑上却是一回事。这种断定是从他所采用的方法中得到保证的，这个方法就是外延的方法。他说："由此得出一个普遍的结论：不存在内涵命题。一切命题都是外延命题。在每个语句中，由命题加以判断的对象(无论是一个狭义的对象还是一个命题，一个命题函项或别的什么东西)的符号可代之以具有相同意谓的人和符号，即使这个符号具有不同的意义。"③ 卡尔纳普早期像维特根斯坦一样认为，逻辑和事实具有同构关系，把事实符号代入逻辑符号，它所显示的就是事实之间的关系。

卡尔钠普把世界分成心理的、物理的、精神的三大领域，他力图从最简单的"基本要素"和"基本关系"出发把这三大领域构造出来。在卡尔纳普看来，这些要素和关系可以应用于现实世界从而使现实世界获得一种精确的构造。卡尔纳普把自我心理范围内的"原初经验"作为基本要素，从对这些基本要素的逻辑推导中建构了自我的心理世界，在这个世界的基础上又通过逻辑推导建构了物理世界和他人的世界，在他人世界的基础上通过逻辑推导建构了精神世界。卡尔纳普指出，一切命题以及由这些命题所建构的事实世界都是在基本要素和基本关系的基础上建构起来的，因此它们的意义最终可以通过还原为这些基本要素和关系加以保证。外延方法的使用确保了系统的可还原性。从基本对象出发，由于可还原性具有传递的性质，因此构造系统的一切复杂对象都可以间接地构造出来。他

① 卡尔纳普：《世界的逻辑构造》，陈启伟译，上海译文出版社 1999 年版，第 3 页。

② 卡尔纳普：《世界的逻辑构造》，陈启伟译，上海译文出版社 1999 年版，第 321 页。

③ 卡尔纳普：《世界的逻辑构造》，陈启伟译，上海译文出版社 1999 年版，第 90 页。

说:“现在我们要把各种不同的对象种类纳入一个系统。构造系统的次序是由下面这一事实决定的，即对象 a 总是可以在先于它的对象 b、c……的基础上构造出来。换言之，a 必可还原到 b、c……。”①

逻辑实证主义者虽然认为演绎逻辑对于科学具有无可置疑的重要性，但是他们并不认为演绎逻辑是唯一的逻辑形式。在演绎逻辑之外还有一种重要的逻辑形式，那就是归纳逻辑。归纳逻辑是传统逻辑的一部分，但是由于休谟提出的问题，它的科学性受到了严重挑战。休谟是从因果关系命题出发对归纳逻辑发难的。他指出，因果关系命题不是一个先验命题，而是一个经验命题，而经验命题不具有普遍必然性。人们通常所说的因果关系，例如太阳晒引起石头热，不过是人们通过归纳法获得的习惯性联想。在逻辑实证主义者看来，休谟问题的核心在于，因果命题的前件并不蕴含它的后件，所以二者之间没有逻辑上的相关性。这种没有逻辑相关性的命题还是一个逻辑命题吗？如果像休谟所说的，因果关系命题是人们的心理联想，没有任何科学性可言，那么许多建立在归纳法之上的科学结论也就没有任何可信性，和那些武断的、想入非非的话语就没有什么区别了。事实显然不是这样的。所以，逻辑实证主义者力图在新的基础上回答休谟的挑战，为归纳逻辑辩护。

赖欣巴赫试图通过对概率的研究来拯救归纳原则。赖欣巴赫指出，休谟提出的问题可以用概率论来解决。他说:“我们能够证明，把概率演算应用到物理现实，从而应用到所有经验科学时，非分析假定均可归结为一个假定，即归纳推理假定。而我们能够对于这种推理给予一种解释，这个问题从休谟以来就被认为是认识论的中心问题。得到这个解释，是通过把归纳推理纳入概率逻辑的框架中并证明它代表一种渐进方法，这种方法在作出预言时具有必要条件的特点。”②

赖欣巴赫认为，概率有它的逻辑结构。概率是两类元素之间的逻辑关系。他把这种关系称为概率蕴涵。他用表达式:p（　）表示概率度。概率有它的公理，根据这些公理可以推导出概率演算的所有定理。按照赖欣巴赫的理解，概率可以解释为频率。他说:“按照我们的解释，任何序列只要事件的频率收敛于一个极

① 卡尔纳普:《世界的逻辑构造》，陈启伟译，上海译文出版社 1999 年版，第 91 页。

② 赖欣巴赫:《概率概念的逻辑基础》，转引自洪谦主编:《逻辑经验主义》，商务印书馆 1989 年版，第 410 页。

限，就是概率序列。事实表明，如果采用概率的频率解释，那么概率演算的所有公理都可以证明是重言式［tautology］。”① 赖欣巴赫认为，以上说明已经很好地解决了概率的逻辑属性问题。

在极限值已定的情况下，频率越高，概率越大。赖欣巴赫把它称为“渐进原则”。这个原则的认定他称之为“渐进认定”。赖欣巴赫认为，概率不仅适用于事件序列，也适用于单个的事件。例如，对于“明天天气是否晴朗”的问题。对这个问题我们虽然无所知，但是我们可以进行概率认定。假如根据“渐进原则”明天晴朗的概率是百分之八十，那么我们就相信明天是晴天。赖欣巴赫指出，构成概率极限值的元素不是单一的，而是多种的。他用 fn 标示极限值，说明极限值有 n 个元素。既然极限值是由 n 个元素构成的，那就说明过去那种非真即假的二值逻辑是不够的，只有多值逻辑才能对概率问题作出解释。但是和演绎逻辑不同的是，概率逻辑不包含真值，也就是从概率中推出的结论不保证它是真的，它只是一个有用的工具。

赖欣巴赫指出，因为极限值包含 n 个元素，所以人们可以对它进行多次认定。每一次认定都是一个新的级次的认定。二级是对一级认定的认定（包括修正），三级认定是对二级认定的认定（包括修正），如此等等。例如，我们初次认定气压低是下雨的原因，在二级认定中我们看到，除了气压低以外，空气的湿度也是下雨的原因，我们就会说，气压和空气湿度都是下雨的原因。不过赖欣巴赫也看到，极限值有两种可能，一种可能是有限的，一种可能是无限的。如果极限值的元素是无限的，那么概率论就是无效的。因为对无限元素的极限值人们是无法认定的。在这种情况下，谈论概率就没有意义了。也就是说，频率极限只有在我们知道这个极限的情况下才是适用的，对于无限广大的自然界来说，我们通常并不知道一个序列的极限。他说，在这种情况下我们面临一种选择，或者选择极限值是无限的，从而把事件序列看成主观任意决定的，或者选择极限值是有限的，从而根据概率原则行事，保证我们的行为不是盲目的，它可以使我们在大多数情况下成功。他相信，对于有理智的人，他们是会选择后者的。

逻辑实证主义者从对意义的分析着手对知识问题作出了界定。根据这个界定，他们研究了知识的形式和根据。他们所说的知识完全是以自然科学为模式

① 赖欣巴赫：《概率概念的逻辑基础》，转引自洪谦主编：《逻辑经验主义》，商务印书馆 1989 年版，第 393 页。

的。这种知识理论不可避免地存在许多问题，逻辑实证主义者并没有回避这些问题，可以说，这个学派正是在不断提出和解决问题的过程中发展的。

第二节　科学主义的问题与解决

卡尔纳普起初认为根据基本要素和基本关系就可以构造出严格科学的知识体系，然而令他没有想到的是，对基本要素的选择却成了问题，并且这个问题引起了维也纳学派内部关于“原录语句”的争论。

演绎推理依靠命题的转换，即确定一个陈述的意义，必须把它转换成另一个陈述，但这种转换必须有个终点，否则就会陷入像鸡生蛋蛋生鸡那样的循环论证。逻辑学把这个无须论证的陈述称为“自明公理”，科学上相当于“自明公理”的东西，逻辑实证主义者称为“原录语句”。克拉夫特说：“原录语句”被认为是描述最简单的可知事况而不包含任何通过给与进行解释所得到的语句。因此，它们被认为是标示直接所与的语句。① 问题是，哪些语句可以充当“原录语句”。石里克主张，只有一个人亲自证实的东西才具有无可争辩的确实性，因此只有观察陈述才有资格充当“原录语句”。卡尔纳普在写作《世界的逻辑构造》时也持有相似的看法。纽拉特则不同意这种观点。纽拉特认为，任何一种记录都必须是主体间性的，亦即至少两个说话者都能理解的语言。为此，他举了“荒岛上的鲁宾逊”的例子。鲁宾逊如果想将自己昨天的记录与今天的记录联系起来，他就必须使用一种主体间性的语言。因为如果他碰巧失忆了，那么他就必须像看待别人的故事那样来看待他自己曾经写下的那些记录内容。这个例子说明：一个人与他自己记录陈述的距离和他与别人的陈述的距离一样远。现在的鲁宾逊和以前的鲁宾逊的关系与鲁宾逊和星期五之间的关系是同样的。因此纽拉特主张使用一种物理主义语言来构造记录陈述。例如：今天，7 月 27 日，我正忙于自己和其他人的记录。应该被改写为：“奥托·纽拉特在 1932 年 7 月 27 日上午 10 点的记录：「奥托·纽拉特在 9 点 55 分的言语思维是：（奥托·纽拉特在 9 点 40 分和 9 点 54 分之间忙于纽拉特所作的一个记录和卡隆所作的一个记录，这两个记录都包含如下两个句子……）」。”纽拉特把这种陈述称为物理主义的陈述。

① 参见克拉夫特：《维也纳学派》，李步楼、陈维杭译，商务印书馆 1999 年版，第 106 页。

经过争论，逻辑实证主义者达到了一种共识，那就是，统一科学的语言是这样的语言："这种语言必须满足两个要求：第一，它必须是一种主体间的语言，即这样一种语言，它是每个人都能理解的，它的符号对于所有的人都具有相同的意义。第二，它必须是一种通用的语言，可以表达任何一件事实。"①。维特根斯坦论证了私人语言的不可能。私人语言不存在并不等于私人思维不存在，只不过是有意义地谈论私人思维的可能性不存在。语言是主体间的、可交流的符号，每个人会有各不相同的思维，但若要让别人理解自己的思维，就必须进入语言这个主体间的符号世界，这个符号世界就是物理的世界。"思想与实在的一致和谐就在于：如果我错误地说某物是红的，那么不管怎么说，它就不是红的。而当我想要向别人说明'那不是红的'这个句子中'红的'一词时，我确实指的是某个红的东西。"② 从这段话中，我们可以看出，"红的东西"的实在性不是质的实在性，而是由主体间的可交流性提供的一种结构性的实在。说一个东西是物理的，并不是在作出某种形而上的关于事物质性的承诺，而只是在指出有这样一种结构性的关系存在。这种结构性的关系就是语言的物理主义本质。而主体间的世界之所以是物理主义的世界，只在于它是一个不能逃脱物理主义的语言大网的世界。现代物理学给解释各种物理现象提供了一个普遍的语言架构，通过这个架构，人们对待各种事物和状态就不会发生分歧了。但是，问题在于，物理学语言能够和心理学的、社会学的以及各种精神科学的语言实现互译吗？逻辑实证主义者起初相信这种互译是可以实现的，行为主义者为此进行了种种探讨，可是后来他们发现，心理学基本概念很难作出纯粹行为主义的定义。例如，"X 先生现在发怒了"就不可能用一组有限的物理学陈述来代替。

然而建立统一的科学知识体系的困难还不止这些。那些高度抽象的自然科学理论如何证实的问题也是摆在逻辑实证主义者面前的一个难题。卡尔纳普在《科学的基础与心理学及精神分析》一文中指出，物理学中的电子、原子、电磁场或引力场之类的概念，心理学中的内驱力和潜能的概念，它们指称的事件和特点是不可观察的，因此"要求一切理论语词都应能在观察语言的语词基础上来下定义，

① 施太格缪勒：《当代哲学主流》上册，王炳文、燕宏远、张金言等译，商务印书馆 1986 年版，第 407 页。

② Ludwig Wittgenstein, *Philosophical Investigations*, trans. by G.E.M.Anscombe, USA, 2001, p.108.

以及要求理论句子都应能翻译成观察语言”的标准是“太强了”。为了弱化这个早期实证主义的意义标准，卡尔纳普区分了“观察语言”(Lo）和“理论语言”(Lt)。卡尔纳普提出了“观察语言”的五项要求，如“对原始描述名词的可观察性要求”，“对非原始名词的不同程度的严格性的要求”，“唯名论的要求”（那些变词的值必须是具体的、可观察的对象），等等。而“理论语言”（Lt）的要求则比它弱得多。卡尔纳普提出了“理论语言”的三条约定（C)，并指出：“系统T本身是一个未经解释的公设系统。Vt的名词由于这样的事实而只得到一种间接的和不完全的解释，即这些名词中有一些是凭规则C与观察语词相联系的，而VT的余下的名词是凭T的公设和先前那些名词相联系的。”①（Vt指理论词汇——笔者注）这就是说，只要理论语言（Lt）中的某些原始词汇是可以和观察语言相联系，并且其他词汇符合约定规则（C）的要求，那么这个理论就被认为是可证实的，从而是有意义的。

在研究观察语言和理论语言的过程中，卡尔纳普发现，有些名词是很难归并到这两类语言中去的，他把这类名词叫作“倾向名词”。所谓“倾向名词”是指每当条件S对一事物成立时，该事物便会作出反应R。“弹性”、“可溶性”“脆”等都是倾向名词的范例。卡尔纳普认为，“倾向名词”是从原始名词中派生出来的，它们有的可以纳入观察语言，有的可以纳入理论语言。但是对这些名词下定义是较为困难的。他说：“只有当它们在原始名词的基础上，用一种外延式的显定义来下定义，即既不包含逻辑的，也不包含因果的模态词才行。”②例如“弹性”一词就是指这样一种趋向：每当把它稍加改变然后放松（S）时，它就恢复原状(R)。一种观察语言如果引入了“倾向名词”，它就成了扩充的观察语言。扩充语言就是把趋向名词当作新谓词引入的语言。卡尔纳普认为所有的趋向名词都具有可观察性和可检验性。如果我们创造了检验条件（S）并观察是否有结果（R）就可以确定它是否是一个趋向名词。卡尔纳普把这种方法称为“操作定义”。

当“趋向名词”被纳入理论语言时，它就成了理论语言的一部分。然而如何区分理论名词和趋向名词又成了一个问题。卡尔纳普提出，“趋向名词”在理论

① 卡尔纳普：《理论概念的方法论性质》，转引自洪谦主编：《逻辑经验主义》，商务印书馆1989年版，第148页。

② 卡尔纳普：《理论概念的方法论性质》，转引自洪谦主编：《逻辑经验主义》，商务印书馆1989年版，第166页。

语言中仍然具有操作性，因而可以和原始名词相联系。但“理论名词”则很少具有这样的操作性。例如“质量”、“温度”等这些离原始名词最近的名词，只是在很小的范围内它们才和原始名词相联系，质量太小或太大就不能和原始名词相联系了。“电子”“薛定谔函数”等就更是这样的了。不过，卡尔纳普关于“趋向名词”具有可观察性和可检验性的断言也不是没有疑问的。施太格缪勒在《当代哲学主流》中举例说，“X 在水中是可溶解的”可以用“无论何时，只要 X 放进水里，它就溶解”来定义，然而这是把一个在逻辑上是假前提的条件句当作了真前提的条件句。按照这个定义，“就必须把从来没有放进水中的东西也说成是可溶解于水的，这当然不是这个定义所应有的意义。”① 施太格缪勒认为，卡尔纳普为趋向性名词以及比这更复杂的理论名词下定义的种种努力都是失败的，这也是他不得不一再放宽理论的可证实性看法的原因。

不仅建立在演绎逻辑基础上的科学体系是有争议的，而且建立在概率论基础上的科学体系也是有争议的。赖欣巴赫在提出以概率论解决非分析的科学理论以后，就遇到了波普尔的反驳。波普尔认为，科学上的全称命题是不能通过归纳得出来的。“所有的天鹅都是白的”包括一切时间地点的天鹅，用归纳法证实这个命题是不可能的。归纳最多只涉及过去的事实，而全称命题还要包括未来。概率论不能解释全称命题，因为根据概率论，命题的真是由它的经验的子命题的真决定的。假定它的经验的子命题真的概率是二分之一，难道我们由此可以说有一个半对半错的全称命题吗？波普尔认为，全称命题不能证实，只能证伪。如果有一只天鹅不是白的，我们就可以把它作为一个单称的存在句记录下来，由此推论出“有非白色的天鹅”，而这与“没有非白色的天鹅”在逻辑上是矛盾的。按照波普尔的观点，归纳推理这个概念本身就是成问题的。它既不能从演绎中得来（否则它就成了分析的了），也不能从经验得来（因为归纳推理是以一般命题的形式表述的，经验不可能证明一般命题）。因此，归纳推理只能是从归纳的方法中推论出来的。但是这样做只会导致无穷倒退，即归纳原则要由另一个归纳原则来保证，而这另一个归纳原则因为是归纳出来的，又要由第三个归纳原则来保证，如此等等。

卡尔纳普决心捍卫归纳逻辑的逻辑属性，但是他又认为概率论的解释并不到

① 施太格缪勒：《当代哲学主流》上册，王炳文、燕宏远、张金言等译，商务印书馆 1986 年版，第 465 页。

位。施太格缪勒指出："Carnap不否认统计学或然性的概念，他只是把它同归纳或然性的概念严格区别开来。统计学或然性的基本命题永远是（既不能证实也不能证伪）假设，而归纳或然性的命题却从来不是假设的命题，而是在其为真的情况下，可在逻辑上加以证明，在其为假的情况下，可在逻辑上加以反驳。而且，归纳或然性与对象语言的统计学或然性相反，是一个元语言的概念：其中所谈的是关于一个形式的科学语言的句子。"①

卡尔纳普把演绎逻辑和归纳逻辑作了对比。他指出，演绎逻辑和归纳逻辑的共同之处有三点：第一，都是给出一个前提，要求从这个前提出发作出一个结论。在演绎逻辑中，给出的前提是作为推论基础的句子，要求是结论为这个句子所蕴涵并适合一定目的。在归纳逻辑中，给出的前提是一个高度证实的句子，要求是依据这个句子作出一个假说并适合一定目的。第二，从前提到结论都要经过一个推导过程，这个过程是人主观进行的但要遵循规则。在演绎逻辑中，从前提到结论必须进行推论。在归纳逻辑中，有的需要运算，有的需要推论。无论是推论还是计算，规则都没有告诉人下一步应该如何操作，它只是告诉人哪些步骤是允许的，哪些步骤是不允许的，因此都需要人发挥主观能动性。第三，都要检查给定的证明。在演绎逻辑中，需要检查给定的证明是否符合逻辑规则。检查有对象语言和元语言之分，元语言是对象语言的基础。归纳逻辑也需要检查证明是否符合逻辑基础，也有对象语言和元语言之分，用文字表达式表达属于对象语言，用数值表达式表达就属于元语言。从以上对比中卡尔纳普得出结论：归纳逻辑的定理并不仅仅是关于定量的计算方法，它也是语义理论的一部分。他说："如果我们不去考察这两种证明所用到的定义，而是去考察其中所用到的推理形式，我们就会发现，它们在两者之中是一样的。"②

卡尔纳普在论证归纳理论逻辑属性的基础上进一步深化了他的归纳理论，他提出了一系列归纳理论的逻辑公理，并且指出按照归纳原则形式人们就可以作出合理决定。但是争论并没有结束。施太格缪勒指出："这一理论的说明带来三重困难：第一，它虽无形式上的矛盾（如Popper所认为的那样），却有内容上的矛

① 施太格缪勒：《归纳问题：休谟提出的挑战和当前的回答》，转引自洪谦主编：《逻辑经验主义》，商务印书馆1989年版，第267页。

② 卡尔纳普：《理论概念的方法论性质》，转引自洪谦主编：《逻辑经验主义》，商务印书馆1989年版，第338页。

盾；第二，部分蕴涵概念陷入循环论证；第三，不可能解决Hume的问题。”① 无论如何，卡尔纳普对归纳理论的论证有它的不完善之处，但是进一步讨论归纳逻辑问题已经超出了本章的论证范围了。

第三节　科学主义与形而上学

坚持科学主义和反对形而上学是一枚硬币的两面。所有的逻辑实证主义哲学家都是反对形而上学的。逻辑实证主义者认为形而上学的命题没有科学价值，因为它不是知识。在他们看来，知识是属于理论的范畴，具有自己的规范和标准。知识不但要求对实在有所诉说，而且要求具有主体间性。知识是主体间可交流的理论。例如“花是由分子组成的”这样的科学命题；任何理解这个命题意义的人都会同意这种陈述，他们之间不会发生歧义。而传统的形而上学命题则与此相反，它们不但没有对实在有所诉说，也不具有主体间性。没有任何一个人能证明“上帝存在”、“灵魂不死”等形而上学命题，它们既不能被经验所证实，也不能为经验所证伪，因为它们根本就不是经验命题。

为了达到把形而上学从科学的话语中清除出去的目的，逻辑实证主义者对传统哲学进行了认真分析。他们认为，传统哲学之所以陷入形而上学的窠臼，是因为它在有意义的语汇之外，另外构想出了实体、实在、本质之类的没有意义的语汇。

第一，关于外部世界的实在性问题，石里克是这样陈述他的观点的。一方面，他不同意马赫主义者的世界“要素论”。马赫主义者把世界还原为一些中性的要素，如颜色、声音、滋味、气味等，认为对象就是这些要素的组合，而认识也无非是对这些组合物的认识。石里克不同意这种观点。在石里克看来，世界不只是由这些所与物构成的，必须承认在所与物之外，还有一些非所与的东西。这是因为人的认识不是连续的，当人们对某物没有意识的时候，人们说那些东西不存在是十分荒谬的。此外，人对事物的感觉具有相对性，例如从不同的时间地点看事物，事物会对人呈现不同的所与。在这种情况下，怎样确定哪个是唯一正确

---

① 施太格缪勒：《归纳问题：休谟提出的挑战和当前的回答》，转引自洪谦主编：《逻辑经验主义》，商务印书馆1989年版，第259页。

的所与呢？另一方面，他又不同意康德“自在之物”的形而上学。在他看来，康德在人的认识之外设定一个既不可证实也不可证伪的“自在之物”是完全没有意义的。石里克说：“只有一个实在。任何实在范围之内的东西，它的存在以及它的本质，原则上都同样可以进入我们的认识。这种实在只有一小部分是对我们的所与。而其余部分则不是所与。但是由此产生的主观和客观的之间的区分只有偶然的性质。它不是像本质与现象之间那样被设想为根本的区分——我们已认识到，这样的分开是不可能的。”① 石里克指出，承认在所与之外还有一些非所与的东西，存在是指所与并不是一切，非所与的东西是存在的，并不等于承认“自在之物”。构成非所与的那些东西虽然感官不能认识，但科学可以认识。科学不是原封不动地接受感官的所与物，而是在新的基础上对所与物进行重构。正因为如此，它能把所与物看作是一些非所与物的表现。例如，把颜色看成一定的波长的表现。石里克说：“世界在多大程度上是可知的，它也就在多大程度上是统一的。世界的统一性只能通过它是可知的这一事实显示出来。”② 康德把存在和本质完全割裂开来，认为本质永远在存在之外，这是错误的，在理论上也是没有根据的。

卡尔纳普也认为科学认识的对象是对普通认识对象的重构。在他看来这种对世界的重构说到底是一种概念的构造，因此只有对象的结构才可以进入科学认识。科学的真理是结构性的真理，在科学结构以外是否存在着对象的实质或本体之类的东西，是科学所不能回答的。他说：“一个科学的描述只能包括对象的结构（秩序结构），而不包括它们的‘本质’。把人们在语言中联系起来的是结构的表达式，这种表达式表达了人们共同具有的知识的内容。”③“实在概念（就其独立于认识着的意识的意义而言）不属于（理性的）科学，而属于形而上学。”④

第二，关于心和物的关系问题。逻辑实证主义者指出，心物关系问题是传统哲学的重要内容，对这个问题的讨论并不是全无意义的。石里克认为，传统哲学

---

① Moritz Schlick, *General Theory of Knowledge*, trans. by Albert E.Blumberg, New York, 1974, p.244.

② Moritz Schlick, *General Theory of Knowledge*, trans. by Albert E.Blumberg, New York, 1974, p.333.

③ 汉恩、纽拉特、卡尔纳普：《科学的世界概念：维也纳学派》，转引自陈波、韩林合主编：《逻辑与语言》，东方出版社 2005 年版，第 205 页。

④ 卡尔纳普：《世界的逻辑构造》，陈启伟译，上海译文出版社 1999 年版，第 314 页。

的错误在于，认为心或物是独立存在的实体，它们二者是绝对对立的。“心”是指和意识内容等同的直接所与的东西，而物是指一种实际，即用自然科学的时空量的系统来指称的实际。但是，在石里克看来，它们实际上不是对立的。他说：“我们宁可说，时空概念可以描述任何一种任意的实际，这种实际毫无例外地也包含有意识的实际且我们还通过所谓‘心的’概念来描述这后一种实际这个事实并不引起任何思辨的困难，也不产生物的和心的之间的任何对立。”① 因此，石里克说：“我们宁可这样说，这两类性质完全可以被认为是等值的。”②

卡尔纳普进一步指出，传统形而上学是以“实质的”说话方式来讨论这个问题的，如果采用“形式的”说话方式，那么心和物的关系就成了有意义的问题。所谓“形式的”说话方式，简单地说，就是指符合逻辑句法规则并且可以通过观察加以检验的说话方式；所谓“实质的”说话方式，是就指不符合逻辑句法规则并不能通过观察加以检验的说话方式。卡尔纳普举例说，“这根木头支柱很坚固”，“A 先生现在很激动”，是两种不同的陈述，前者被认为是谈论物理性质的句子，后者被认为是谈论心理性质的句子。然而这两种句子都可以翻译成物理主义的语言。对于前者，我们可以说，这根木头支柱，在微小的压力下，变形很小，在重压之下就有某种弯曲，但不折断。对于后者我们可以说，A 先生的身体（特别是它的中枢神经系统）由于感情激动和不能令人满意地回答问题，具有脉搏快和呼吸急促的表现，而且在某种刺激下更甚。可见，心理学的句子和物理学的句子并没有本质的不同。但形而上学家不满足于用这种方式说话。他们说，这个柱子不仅具有上面描述的物理结构，而且还有某种力，正是这种力，才使得这个柱子成为坚固的。同样，他们说，A 先生除了物理性的身体因素外，还有某种“意识”或本质，激动就是由此看出的。卡尔纳普说，除了用物理主义语言检验“这根木头支柱很坚固”和“A 先生现在很激动”以外，不可能再有其他的检验方式。那些“实质的”说话方式不同于物理主义语言“力”“意识”等，是不可检验的，因而是无意义的。他说：“系统语言的每一个句子，都有相应的某个物理语言的某个句子，所以这两种句子是可以互译的。这篇文章的目的正是要表

① 石里克：《普通认识论》，转引自洪谦主编：《逻辑经验主义》，商务印书馆 1989 年版，第 433—434 页。

② 石里克：《普通认识论》，转引自洪谦主编：《逻辑经验主义》，商务印书馆 1989 年版，第 430 页。

明，对于心理学的句子来说，就是如此。”[1] 他接着说，“如果根据物理语言的普遍性，把物理语言用作科学的系统语言，那么，所有的科学都会成为物理学。形而上学也就成为无意义的而被抛弃。”[2]

第三，关于形而上学的错误及其存在的原因问题。卡尔纳普果断地断言，一切形而上学的话语都是无意义的。他指出，形而上学的话语有两个错误，一个错误在于形而上学的词没有指称或者指称不明确。例如“本原”这个词本来是指一物引起另一物或一物依赖另一物，这种引起或依赖关系是可观察的。然而形而上学的“本原”一词却不具有这种可观察性（否则它就成了经验语词）。所以，它没有指称。“神”这个词的指称则不明确。在神话故事中，它有时指物质性的东西，神有身体、有形象、有权力；有时指精神性的东西，神有智慧、有品德、有幸福。这些尽管是假的，但却是有意义的。但“神”还出现在形而上学中，这时它是没有指称的，这时的神作为超验的对象，绝不出现在经验中，它既不可证实也不可证伪，人们甚至找不出它在句法中的位置。另一个错误在于形而上学的句子。形而上学的句子不是违反句法规则，就是违反类型规则。笛卡尔的“我思故我在”是第一类的例子，因为存在只能与谓词连用而不能与主词连用。第二类的例子是黑格尔和海德格尔。卡尔纳普说，某些谓词应该用在某类对象上，他们却用到了这些对象的谓词上。

形而上学的话语既然是无意义的，为什么这种东西还会长期存在呢？为什么那么多的有识之士满腔热忱、殚心竭虑地去研究它呢？卡尔纳普的回答是，形而上学是一个人对他人生态度的表达。他说：“我们发现形而上学的起源也是出于需要表达人生态度，表达人对于环境、对于社会、对于他所献身的事业、对于他所遭逢的不幸的感情反应和意志反应。”[3] 在卡尔纳普看来，形而上学家所作的工作其实就是艺术家所作的工作，艺术家通过他的作品表达他自身的情感，形而上学家也是一样。只不过在表达人生的情感时，艺术家使用了恰当的手段，而形而上学家则使用了不恰当的手段。形而上学家对理论怀有强烈的热情，但是他们又

① 卡尔纳普：《世界的逻辑构造》，陈启伟译，上海译文出版社 1999 年版，第 476 页。

② 卡尔纳普：《使用物理语言的心理学》，转引自洪谦主编：《逻辑经验主义》，商务印书馆 1989 年版，第 476 页。

③ 卡尔纳普：《通过语言的分析消除形而上学》，转引自洪谦主编：《逻辑经验主义》，商务印书馆 1989 年版，第 34 页。

不研究科学，他们的话语在科学上一钱不值，所以他们表达的只是他们个人的主观愿望。然而，在表达这种愿望时，他们又采用了不适当的手段，所以在卡尔纳普看来，形而上学实际上是一种非驴非马的东西。他不无嘲讽地说道："形而上学家是没有音乐才能的音乐家。相反，他们有的是在理论环境里工作的强烈爱好。但是形而上学家既不在科学领域里发挥这种爱好，又不能满足意识表达的要求，倒是混淆了这两个方面，创造一种对知识既无贡献、对人生态度的表现又不相宜的结构。"①

卡尔纳普不仅否定形而上学，而且否定一切价值哲学，包括伦理学和美学。在卡尔纳普看来，伦理学和美学与形而上学的话语没有什么不同，它们也不能被证实或证伪，因此也是无意义的。他说："因为价值或规范的客观有效性（甚至按照价值哲学家的意见）是不能用经验证实的，也不能从经验陈述中推出来；因此它是根本不能（用有意义的陈述）断言的。换句话说：要么给'善'和'美'以及规范科学里所用的其他谓词的应用指出一些经验标准，要么不指出。如果是第一种情况，包含这样一个谓词的陈述就变成了一个事实判断，而不是一个价值判断；如果是第二种情况，它就变成了一个假陈述。根本不可能构成一个表达价值判断的陈述。"②在逻辑实证论者看来，各种传统的哲学体系，只是产生了一系列无意义的争论而已。

在推崇科学，否定形而上学和一切价值哲学的基础上，逻辑实证主义者提出了改造哲学的任务。逻辑实证主义者指出，哲学不是知识，它没有独立的研究对象，哲学的材料是科学的诸多理论命题，它的任务就是澄清科学理论的意义，以便确定理论的真假。因此，哲学只是一种活动。石里克说："我们现在认识到哲学不是一种知识体系，而是一种活动的体系，这一点积极表现了当代的伟大转变的特征；哲学就是那种确定或发现命题意义的活动。哲学使命题得到澄清，科学命题得到证实。"③

---

① 卡尔纳普：《通过语言的分析消除形而上学》，转引自洪谦主编：《逻辑经验主义》，商务印书馆 1989 年版，第 35 页。

② 卡尔纳普：《通过语言的分析消除形而上学》，转引自洪谦主编：《逻辑经验主义》，商务印书馆 1989 年版，第 32 页。

③ 石里克：《哲学的转变》，转引自洪谦主编：《逻辑经验主义》，商务印书馆 1989 年版，第 9 页。

作为精通自然科学的哲学家，逻辑实证主义者对科学的赞美是可以理解的，他们对科学的思维形式所作的深入研究也是值得肯定的。问题在于，在他们把科学提升为唯一知识形式的时候，他们同样陷入了独断主义，陷入了黑格尔所说的“坏的形而上学”。

对逻辑实证主义基本观点的挑战首先来自它的内部，亨普尔就是其中之一。亨普尔师从赖欣巴赫，哈勒说他是“维也纳学圈的建设性的批评者和支持者。”① 亨普尔强调理论的相对独立性，认为科学理论通常是“通过发明假说作为对所研究问题的试探性解答，然后将这些假说付诸经验而得到的。”② 亨普尔反对绝对的证实，也反对绝对的证伪。他说：“总而言之，用可完全核实性或可完全证伪性来解释可检验性判据是不恰当的，因为它们从一个角度说过于狭隘，从另一个角度说又过于宽泛，因为它们都违背基本要求A。”③ 他试图用概率理论来拯救归纳原则。认为资料对假说的支持强度可以用概率来表示。

如果不存在完全的证实或证伪，单个命题之中的逻辑成份与经验成份之间的界限也就模糊了。逻辑实证主义者认为一个命题的意义或者在于它在逻辑上是可证实的，或者在于它在经验上是可证实的，亨普尔则说：“然而，我却不大相信，这个笼统的观念有可能改述成一条准确的普遍的判据，（a）在有纯逻辑意义的陈述与有经验意义的陈述之间，（b）在确有认识意义思维句子与确无此种意义的句子之间，划定截然分明的界线。”④ 在亨普尔看来，孤立地谈论一个词或一个句子的经验意义是不正确的，在科学理论中，为了从一个词或一个句子推出某种可观察现象，非得把它同其他的词或句子甚至是整个体系联系起来不可。为此，他指出，确定一个表达式的“经验意义”需要考虑两个因素。第一，该表达式所属的语言框架。语言框架的规则决定了从一个给定的陈述中可以推出什么句子。第二，该表达式的上下文。任何句子都不是孤立的，一个表达式的上下文构成了这个表达式的支持链。亨普尔举了光线在引力场中偏斜的相对论，他说，要能推出

---

① 哈勒：《新实证主义》，韩林合译，商务印书馆 1998 年版，第 97 页。

② 亨普尔：《自然科学的哲学》，张华夏译，中国人民大学出版社 2006 年版，第 26 页。

③ 亨普尔：《经验主义的认识意义标准：问题与变化》，转引自洪谦主编：《逻辑经验主义》，商务印书馆 1989 年版，第 108 页。

④ 亨普尔：《经验主义的认识意义标准：问题与变化》，转引自洪谦主编：《逻辑经验主义》，商务印书馆 1989 年版，第 103 页。

这个可观察的论断，就非得把它和一套天文学理论和光学理论联系起来不可。

亨普尔的观点具有深刻的内涵。这些内涵远远超出了科学主义的狭隘视野。从亨普尔的观点出发，一方面可以通向被逻辑实证主义者嗤之以鼻的形而上学；另一方面也可以通向逻辑实证主义者不屑一顾的实用主义。奎因就是在亨普尔这些观点的启发下从而提出他的整体主义思想的。奎因的整体主义思想提出以后，逻辑实证主义作为一个哲学学派便不得不退出历史舞台，让位于新型的逻辑实用主义了。

奎因在《经验论的两个教条》中向逻辑实证主义两个最核心的部分，即分析真理与综合真理的区别和"还原论"发起了冲击。分析的真理，在逻辑实证主义者看来，是不依赖事实的真理；综合的真理，是以事实为根据的真理。奎因指出，通常对分析的真理的解释是，在定义词被定义词之间具有同义性，因此它们是等值的。例如，"单身汉是没有结婚的男人"。但"同义性"则是大有疑问的。严格地说，只有"单身汉是单身汉"才是同义的，而"单身汉是没有结婚的男人"则不是同义的。他指出，下定义不是为了确定"同义性"，而是为了使被定义词的意义得到精练或改进。实际上，并不是只有一个词才可以为另一个词下定义，而是若干个词都可以为另一个词下定义。之所以选择一个词而不选择另一个词，是由"特优语境"决定的。只有在"特优语境"这个前提下才可以说一个词和另一个词是同义的。奎因指出，由此可见，两个词是否同义，不是由分析决定的，而是由语言的使用决定的，或者说，是经验地决定的。此外，人们还可以单纯为了缩写的目的使一个符号和另一个符号成为同义的，例如数学系统和逻辑系统的符号。人们在一种语境使用数学符号，在另一种语境下使用逻辑符号，在第三种语境下共同使用两种符号，这样做除了节约的目的以外，再没有其他的解释了。换句话说，定义词和被定义词的同义性是实用地决定的。

在论证了分析的真理和综合的真理之间并不存在泾渭分明的界限以后，奎因把问题引向了更深的层次，那就是，以卡尔纳普为代表的"还原论"从根本上说是不成立的。如上所述，卡尔纳普主张，从一个初始的观察命题出发，按照一定的逻辑规则进行演绎推理，就可以构造出一个科学的知识体系来。因为初始命题和其后的命题如果符合语义规则，就可以互相替换。在奎因看来，不从一个理论整体出发，谈论语义规则和谈论"分析"一样是没有意义的。他以数学体系说明这个问题。奎因说，在数学体系中，相对于公设的一个给定的集合体，很容易说明什么是一个公设，但相对于这个集合体的各个部分，那就很难说明哪些是公设哪些不是公设。因为由一个有穷的陈述集合组成的"公设"和另一个由有穷的陈述组成的“公设”没有任何区别。他说：“但从这个观点（即从整体——笔者注）看来，对于L（语言——笔者注）的真陈述的一个子类的任何突出都不比另一个子类的突出本质上更是一个语义规则；如果‘分析的’意指‘根据语义规则是真的’，没有任何L的真陈述是排除其他陈述而成为分析的。”① 在奎因看来，任何理论都是以整体的形式出现的，所谓语义规则也是通过这个整体表现出来的。理论以整体的形式面对经验世界，但是这并不意味着整体中任何一个陈述或一组陈述都直接面对经验的法庭。奎因把理论体系比作一个“力场”，这个“力场”有它的核心和边缘。只是在这个“力场”边缘，才和经验发生直接的关系。依照这种看法，任何一个理论体系中的任何单独的陈述，都不能直接地被经验证实或证伪。以往的经验主义者（还原论者）认为一个命题的真在于它能够为经验所证实的说法自然就是没有根据的了。

必须指出，如果奎因到此为止，那么他的观点卡尔纳普还是能够接受的。从某种意义上说，卡尔纳普也是一个整体论者，他也主张从整体出发看待局部，也认为理论科学中的大部分命题是经验所不能直接证实的。然而奎因并没有到此止步。他还进一步论证了以下几点：

第一，如果一个理论体系的边缘和经验发生了冲突，那就要考虑对这个体系进行再调整。因为经验对于一个理论体系是如此地不充分，以至于究竟要调整的是这个体系中的个别陈述，还是整个规则仍然是不确定的。按照奎因的看法，由于一个理论系统是整体地和经验发生关系，所以没有什么陈述会享有被分析哲学所赋予的那种在一切可能的世界都真的特权。没有什么陈述是免于受到修改的，包括逻辑规律。人们倾向于在系统受到冲击时首先调整经验陈述，只是出于一种方便的选择，而不是绝对必须这样做。

第二，如果一个理论体系的大部分陈述都不和经验发生直接关系，那就只能把这种理论视为一个假说，这个假说和其他的假说相比，除了更有用或更有效之外，再也没有任何其他的理由。对此，奎因作了明确的表述。他说：“物理对象作为方便的中介物被概念地引进这局面中来——不是用根据经验的定义，只作为不可简约的假定物，在认识论上可以同Homer史诗中的诸神相比。就我自己而言，作为非专业的物理学家，我确实相信物理对象而不相信Homer的诸神；而且我认

① 奎因：《经验论的两个教条》，转引自洪谦主编：《逻辑经验主义》，商务印书馆1989年版，第637页。

为不那样相信便是科学上的错误。但就认识论的立足点而言，物理对象和诸神只是程度上、而非种类上的不同。这两种东西只作为文化的假定物进入我们的概念。物理对象的神话在认识论上优于大多数其他的神话的理由在于：它作为把一个容易管理的结构插入经验之流中的手段，已经证明是比其他神话更奏效的。"① 在这里，奎因对实证主义的意义理论作了实用主义的诠释。

第三，如果证实不能被看成是一劳永逸的工作，那么就不存在现实世界与可能世界的界限；而如果逻辑规律也是可以修改的，那么也就不存在可能的世界与不可能的世界的界限。这就等于说，有意义与无意义的区别至多只能是相对的。从这个观点出发，形而上学的命题就不可以因为没有可证实性而被简单地斥为无意义的。奎因明确表示当把意义赋予外延性的陈述整体时必然要涉及形而上学。他说："本体论方面的倒退，让我们想起了真及其类似的概念，——如，满足、命名等——的语义学方面现已为人熟知的倒退。从塔尔斯基的工作中，我们了解到，在这种意义上，一个理论的语义学是如何有规则地要求一种在某种程度上更具包容性的理论的。这一相似性也许不应该让我们感到吃惊，因为本体论和满足都是指称问题。无论如何，由于其难以捉摸性，由于其不时出现的空虚性（除非相对于一个更宽广的背景），在某种突然相当清楚并且甚至是宽容的意义上，真和本体论可以说属于超验的形而上学。"②

第四，把分析陈述和综合陈述截然二分本身就是得不到经验支持的形而上学。奎因说："认为有这样一条界线可划，这是经验论者的一个并非来自经验的教条，一个形而上学的信条。"③ 在奎因看来，分析陈述和综合陈述的对立显然来自康德的先天分析判断和后天综合判断的对立，所以逻辑实证主义不过是康德哲学的一个变种。它只是宣称抛弃形而上学，但实际上并没有也不能摆脱形而上学。虽然卡尔纳普后来不再坚持他的还原论观点，但是他的整个体系仍然是建立在分析和综合的区别这个形而上学的信条基础上的。奎因指出："Carnap

① 奎因：《经验论的两个教条》，转引自洪谦主编：《逻辑经验主义》，商务印书馆 1989 年版，第 695—696 页。

② 奎因：《本体论的相对性》，转引自陈波、韩林合主编：《逻辑与语言》，东方出版社 2005 年版，第 447 页。

③ 奎因：《经验论的两个教条》，转引自洪谦主编：《逻辑经验主义》，商务印书馆 1989 年版，第 689 页。

已经认识到：只是由于假定了分析和综合陈述之间的绝对区别，他才能够为本体论问题和科学假说保持双重的标准；我不消再说一次这个区别是我不能接受的。”①

逻辑实证主义作为一场历经几十年的哲学运动，随着奎因对经验主义的两个教条的批判迅速走向没落。但是与其说这种没落是奎因和他的先驱者如亨普尔、杜恒（P. Duhen）等人批判的结果，不如说是这种理论本身的缺陷造成的。逻辑实证主义者都是具有严格科学精神的哲学家和科学家，他们并不以为自己的理论是一成不变的教条，他们时刻注意对自己的理论加以修正。正因为如此，逻辑实证主义表现为一个发展着的体系。卡尔纳普本人观点的变化就是一个例证。但是，自然科学的严密体系以及它在许多领域的成功运用使得逻辑实证主义者产生了一个幻觉，那就是自然科学模式是唯一正确的知识模式，并试图用这种模式取代其他的认识模式。他们不但把自然科学模式突出出来，而且把一切和这种模式相抵触的认识和知识对立起来，从而忘记了自然科学本身也有一个历史发展过程，忘记了科学只是一个历史现象。由于这种遗忘，逻辑实证主义者就割断了自然科学与它的真正诞生地——生活世界的联系。在逻辑实证主义者眼里，世界不再是一个活生生的世界，而是一个被逻辑或数学编了码的世界，认识也不再是人对生活世界的理解和解释，而是打着理性的旗号对世界的一种生硬的格式化。因此，这种看法无论对世界和对认识来说都是片面的。

逻辑实证主义所主张的科学主义对世界来说是片面的，是因为我们所面对的世界是非编码的。无论是逻辑的、数学的还是物理学的认识形式只能对某些世界现象勾画出一个近似的图像，而永远不能把世界所有的现象一览无余地囊括在其中。即使是勾画这样一种图像，也需要诉诸人的多种能力，包括人的想象力。逻辑实证主义者以为单纯靠人的推理能力就能正确地认识这个世界，显然是十分天真的。逻辑实证主义所主张的科学主义对认识来说是片面的，是因为认识远不只是逻辑这一种形式。认识是对这个世界以及人本身的理解和解释，因此人对世界的任何理解和解释，包括语言的和非语言的、形象的和抽象的、情感的和理性的、陈述的和隐喻的、宗教的和世俗的，都是人的认识形式。在许多情况下，各

① 奎因：《经验论的两个教条》，转引自陈波、韩林合主编：《逻辑经验主义》，商务印书馆1989年版，第697页。

种认识形式都不是单一出现的，而是交叉出现的。各种认识形式之间既有区别又有联系，既相互对立又相互影响，这才是认识的实际情况。当卡尔纳普嘲讽形而上学家缺乏科学家的严格精神和艺术家的表现手段的时候，他肯定没有想到他自己也存在着某种缺乏，那就是缺乏形而上学家的宏大视野，缺乏对世界和认识的全面理解。正是这种缺乏，导致了他自己的理论乃至整个逻辑实证主义的淡出。逻辑实证主义作为一种既深刻又片面的学派就这样定格在了历史中，定格在了人们的记忆中。

其实，逻辑实证主义的哲学家研究科学认识论的初衷只是为了让科学理论化，从而使它精确化、纯化，然而科学一旦拥有了认识论的特权，就有成为意识形态的危险。晚年胡塞尔和法兰克福学派都曾对这个问题进行过深入探讨。对这些问题的具体分析已经超出了本章的研究范围。这里只是想指出，当我们强调科学意义和价值的时候，逻辑实证主义的教训是我们不能不汲取的。

第九章

从科学世界到生活世界：维特根斯坦哲学思想的嬗变

维特根斯坦是杰出的现代哲学家，他的学术思想分为明显的两个时期。在前期，他和罗素共同创立了逻辑原子主义哲学，在后期，他提出了语言意义的用法理论。这两个时期的思想都对现代西方哲学产生了重大影响。逻辑实证主义者把前期维特根斯坦视为他们的思想先驱，日常语言学派和后现代哲学家则把后期维特根斯坦看作他们的理论向导。从某种意义上说，维特根斯坦是现代分析哲学的理论缩影，他的哲学思想的转变反映了分析哲学思想的转变。通过对维特根斯坦哲学思想的阐释，我们既可以从一个侧面看到现代西方哲学从科学主义立场开始的蜕变，同时，我们也可以看到现代人文主义又是如何在这种蜕变中化蛹成蝶的。

第一节　语言学的转向和分析哲学的源起

20 世纪初，西方哲学发生了一次重大的哲学转向，即语言学转向，而分析哲学正是这次转向的先导者。

早在这次转向发生之前，西方哲学就已经经历了一次转向，那就是认识论转向。在古希腊和中世纪，哲学家们主要关心本体论问题，他们着力研究什么是最基本的存在。在他们看来，这个问题是一切问题的核心，解决了这个问题，其他的问题就可以迎刃而解了。以笛卡尔为代表的近代哲学家虽然没有放弃对本体论问题的研究，但是他们认为，要回答这个问题，首先要研究认识论问题，即研究人的认识的方式、范围、程度和可靠性。在近代哲学家看来，研究存在本身而不研究人的认识能力无异于缘木求鱼。

哲学家们对认识论问题的看法各有不同，大致可以划分为经验论和唯理论两大派别，从而构建了一个又一个哲学体系，然而，他们不但没有形成统一的意见，反而再次陷入了类似经院哲学的无休止的争论中。黑格尔在《哲学史讲演录》中曾经批评对待哲学史的一种"肤浅"的看法，这种看法认为"它是一个死人的王国，这王国不仅充满着肉体死亡了的个人，而且充满着已经推翻了的和精神上死亡了的系统，在这里面，每一个杀死了另一个，并且埋葬了另一个。"① 但是，具有讽刺意味的是，黑格尔哲学的解体却强化了这种"肤浅"的看法，在人们看来，黑格尔连同他的哲学体系不过是在这个死人的王国里徒然增加了一具新的尸骸而已。

在 19 世纪，哲学经历了一次真正的危机。人们在哲学中看不到任何光明，很多人甚至对哲学有没有存在的必要也怀疑起来了。布伦塔诺对哲学发出了这样的哀叹："几乎普遍认为，它是在把肉眼凡胎无法透视的玄秘意境作为它所选择的目标。……大多数人相信，哲学，严格地说来不能看作是科学，他们宁愿把它看作接近于占星术或者炼丹术"。② 在这种情况下，一些哲学家决心放弃传统哲学的本体论和认识论思路，为哲学寻找新的出路。哲学的出路在哪里？关于这个问题，大部分哲学家不约而同地作出了回答：按照科学的模式改造哲学，使哲学科学化。孔德的实证主义、布伦塔诺和胡塞尔的现象学都是使哲学科学化的尝试，他们之间的不同仅仅在于，科学的基本特征是什么以及如何使哲学科学化。

分析哲学也是这种趋势的产物。分析哲学家力图从语言分析着手改造哲学，使哲学科学化。分析哲学把语言作为研究对象，对各种语言形式，包括数学语言、自然科学语言、日常语言和形而上学语言进行逻辑分析，从而指出其有意义或无意义、真或假。分析哲学有广义和狭义之分，广义的分析哲学认为哲学就是语言分析的各种哲学流派，包括逻辑原子主义、逻辑实证主义、逻辑实用主义和日常语言学派。狭义的分析哲学则仅指它的初始阶段，即弗雷格的符号逻辑、罗素和早期维特根斯坦的逻辑原子主义以及摩尔的日常语言哲学。这个哲学流派明确宣称把语言作为哲学研究对象，从而开始了西方哲学的语言学转向。

分析哲学的出现是科学发展的产物，也是科学主义的表现形式。分析哲学的出现和数学有着直接的关系。分析哲学的创始人弗雷格和罗素或者本身就是数

---

① 黑格尔：《哲学史讲演录》第一卷，贺麟、王太庆译，商务印书馆 1981 年版，第 21—22 页。

② 转引自斯鲁格：《弗雷格》，江怡译，中国社会科学出版社 1989 年版，第 83 页。

学家，或者对数学十分精通。弗雷格1873年在哥廷根大学因数学方面的研究获得了哲学博士学位，他论文的题目是“论在几何平面上对想象图像的几何表述”。罗素自小就对数学有着特别的偏爱。在剑桥三一学院学习时，罗素拿到的是数学奖学金。弗雷格在晚年是这样描述他是如何从数学研究转向逻辑研究的。他说：“我开始是搞数学。在我看来，这门科学急需更好的基础。……语言逻辑的不完善对这种研究是一个障碍。我在《概念文字》中寻求弥补。所以，我就从数学转向了逻辑。”① 罗素和弗雷格相似，他相信在数学中有真理，通过对数学的逻辑基础的研究，人们会建立起一种统一的，不存在争议的知识体系。他说：“数学是——我相信——永恒和确定真理的信仰的主要源泉，也是对超感性的理性世界之信仰的主要来源。几何学处理真正的圆，但任何可感的物体都不真正是圆的；无论我们多么仔细地使用圆规作图，仍然会存在瑕疵和不规则之处。这表明了如下的观点，即所有完美的论证只是适用于与可感物体相反的理想物体；进而显而易见的结论就是，思想比感觉更高贵，并且思想的对象比感觉感知的对象更真实。”②

实际上，从伽利略和笛卡尔时代开始，数学就被公认为是科学知识的样板。在人们看来，从初等数学到高等数学，从数学到几何学，它的每一个公理都具有绝对的明晰性，它的每一步运算都具有严格的逻辑性，而且数学理论是可实证的理论，数学理论的经验运用充分显示出它是一门精确的、经得起实践检验的科学。莱布尼兹曾经设想以数学为基础建立一种普遍的语言，借助这种语言，所有推理的错误都成为计算的错误，这种普遍语言能够很快消除错误从而大大提升人的精神能力。新康德主义的马堡学派更是把数学提到了前所未有的高度。在柯亨看来，数学方法是自然科学的基本方法，自然科学不过是继续和发展了数学所发挥的方法论原则。数学方法不仅可以对量化的事物和事态进行精密的计算，还可以用来证明物理学家眼中的“物质”。这种“物质”，如原子、分子，并不是被感觉到的实在，而只是一种“假设”，这种假设只有用数学无穷小的推演才能证明。新康德主义者甚至断言，数学不是发现了一个世界，而是创造了一个世界。从这方面看，分析哲学从数学着手致力于使哲学科学化不是偶然的，而是有着充分理由和深厚的传统的。

但是，分析哲学并不是西方近代传统的简单继续，它是一个全新的哲学流

① H. Hermes, *Nachgelassene Schriften*, Hamburge, 1969, p.273.

② Bertrand Russell, *A History of Western Philosophy*, New York: Simon and Schuster, 1945, p.37.

派。第一，分析哲学不是像新康德主义所做的那样，直接地把科学理论，特别是物理学理论归结为数学理论，而是致力于数学的基础——逻辑的研究。在分析哲学家看来，数学是一种语言，不过这种语言以数和形的形式显示着另一种语言，那就是逻辑。逻辑是数学的基础，数学是逻辑的运用。逻辑不仅是数学语言的基础，也是一切语言的基础。因为语言作为思维的表达，总是以服从逻辑为前提的。人们不能非逻辑地思想，从而不能非逻辑地言说。如果能够把隐藏在数学语言背后的逻辑揭示出来，那么原则上就可以把一切语言背后的逻辑形式揭示出来。弗雷格对此有着清楚的表达。他说："我们可以把算数的、几何学的、化学的符号看作是莱布尼兹思想在个别领域的实现。这里建议的概念文字为这些符号增加了一种新的符号，而且这种新符号处于中心的位置，它与所有其他符号邻接。因此由此出发着手填补现存形式语言的空缺，把它们迄今分离的诸领域结合成一个单一的形式语言的领域，并且扩展到迄今缺少这样一种形式语言的领域是很有希望成功的。"① 弗雷格这里所说的概念文字就是一种形式化语言，即数理逻辑或者说符号逻辑。

第二，分析哲学通过对数学的逻辑形式的研究创建了这种新的逻辑。弗雷格是最早致力于总结数学背后的逻辑形式的哲学家，他的《概念文字》的副标题是"一种模仿数学语言构造的纯思维的形式语言"。这项工作的成果就是建立了现代数理逻辑的雏形。弗雷格把数学的函数概念引入逻辑并发展了量词理论；他区别了对象语言（演算里的语言）和语法语言（讲述演算所使用的语言）；他从集合论的角度利用"遗传性"定义了数的序列；他还论证了一些演算规则，如分离规则等。这样，弗雷格就基本建立了一个完整的逻辑演算体系。王路在谈到弗雷格的贡献时指出，传统逻辑由于使用自然语言，把逻辑学、心理学和认识论的内容混杂在一起，使它的发展十分缓慢，"弗雷格的概念文字则为逻辑提供了一种可以精确描述包括复杂概念的命题形式和精确表述推理形式的形式语言，这是一种用关系符号补充数学形式语言而构造的逻辑的形式语言，它使逻辑从此走上形式化的道路。"② 罗素在弗雷格的基础上对数理逻辑进行了进一步的修改和补充。他

① 弗雷格：《弗雷格哲学论著选集》，王路译、王炳文校，商务印书馆 1994 年版，"译者序"，第 3 页。

② 弗雷格：《弗雷格哲学论著选集》，王路译、王炳文校，商务印书馆 1994 年版，"译者序"，第 14 页。

和怀特海合著的三大卷《数学原理》在用逻辑说明数学方面作出了重要贡献。罗素和怀特海认为，从先前的逻辑公理中不能直接推导出数学，他们在原来的逻辑公理中又增加了两个新公理，即无穷公理和选择公理（乘法公理），这样就推导出康托尔集合论、一般算数和大部分数学。

第三，分析哲学家利用符号逻辑这一新工具进行对科学语言、日常语言和形而上学语言的分析，开展了一场规范语言的活动。弗雷格很早就看到无论在科学中还是在日常生活中，语言的不规范都是妨碍人们正确思维的主要因素。在“论概念文字的科学根据”一文中，他把日常语言比作人手，把逻辑语言比作机器手，他说人手虽然能做很多工作，但是它的工作质量却远不能和任何机器手相比。机器手的部件是坚硬的，没有人手的灵活性，但正因为如此，它才能作出精度极高的产品。用符号语言代替日常语言同样是出于满足语言精确性的需要。他说：“日常语言也不能满足我们的要求。我们需要一个符号系统，这个符号系统排除任何歧义，内容不能脱离这个系统和严格的逻辑形式。”①

在规范语言方面典型的例子就是罗素的摹状词理论。罗素认为，日常语言中有许多句子以其表面上的语法形式掩盖了它真正的逻辑形式，带有摹状词的句子就是其中之一。他说摹状词和专名不同，专名有三个特点：（1）直接指称说话者亲知的对象；（2）能够保证所指称对象的存在；（3）是一个没有内部结构的简单符号，它直接指称一个个体，这个个体就是它的意义。摹状词恰好相反：（1）不直接指称说话者亲知的对象，只是描述对象的特征；（2）不能保证对象的存在；（3）是一个具有内部结构的复杂符号。罗素指出，摹状词其实只是一个不完全符号，为了揭示摹状词的真实意义，必须对摹状词进行分析，具体方法就是通过定义法消除摹状词，把一个包含有摹状词的命题还原为一个没有摹状词出现的命题函项。譬如，“《威弗利》的作者存在”这句话可分析为：

（1）至少有一个人写了《威弗利》；

（2）至多有一个人写了《威弗利》；

（3）恰恰有一个人写了《威弗利》。

这样，摹状词“《威弗利》的作者”就被这三个短句消除了。它表明了原来句子中真实的逻辑形式，即初看起来似乎是一个单称语句，实际上是一个复杂的

---

① 弗雷格：《弗雷格哲学论著选集》，王路译、王炳文校，商务印书馆 1994 年版，第 40 页。

命题形式，一个由几个简单命题构成的合取命题。

罗素还谈到如何分析带有限定性摹状词的句子。例如语句 The cube is small，他认为应该分析为断言正好存在一个正方体，并且它是小的。这样的语句在一阶逻辑中的表达式是：$\exists x(\mathrm{Cube}(x)\land\forall y(\mathrm{Cube}(y)\rightarrow y=x)\land\mathrm{Small}(x))$。根据这个分析，如果没有正方体，或者多于一个正方体，或者只存在一个不小的正方体，那么该语句就是假的。在罗素的分析中，诸如 The A is a B 的句子将被翻译成：$\exists x(A)x)\land\forall y(A(y)\rightarrow x=y)\land B(x))$。以上分析被称为罗素的限定摹状词分析。

罗素的摹状词理论为日常语言的逻辑分析提供了一个样板。这一理论成功地说明，命题的真正意义是由逻辑结构决定的，需要经过逻辑分析才能揭示其结构和意义。对命题进行逻辑分析是避免日常语言表达引起矛盾和混乱的有效方法。

第四，根据新创立的符号逻辑，分析哲学家主张对传统哲学进行改造。他们宣称传统哲学是形而上学，它的命题都是无意义的伪命题，必须彻底改造传统哲学并建立一种新的哲学。这种新哲学或者既是逻辑的又是经验的（罗素），或者干脆就不把它称之为哲学，而称之为一种活动，它的任务就是进行语言分析（维特根斯坦）。这里我们只简单介绍罗素的哲学思想，早期维特根斯坦的哲学思想将留在下一节进行阐释。

符号逻辑是从一些最简单的公理出发，根据逻辑规则推导出来的命题系统。按照这个原则，罗素建立了他的逻辑原子主义哲学。他说："我称自己的学说为逻辑原子主义的理由是因为我想在分析中取得的作为分析中的最终剩余物的原子并非物质原子而是逻辑原子。某些这样的原子就是我称为'殊相'的东西（诸如很小的颜色片、声音、瞬间的事物），而还有一些原子是谓词或者关系等。其要旨在于我想取得的那种原子不是物理分析的原子，而是逻辑分析的原子。"①

罗素认为世界是由许多事实组成的。他所说的事实不是事物，而是某物具有某种属性或某物与他物具有某种关系。在罗素看来，说某物就是某物并不能构成一个命题，只有说某物具有某种属性或某物与他物具有某种关系才能构成一个命题。显然，罗素是从逻辑的需要出发来界定事实的。

罗素指出，事实可以分解为最基本的原子事实。原子事实是构成世界的原始

① 罗素：《逻辑与知识》，苑莉均译，商务印书馆 1996 年版，第 215—216 页。

材料，也是分析方法所能达到的最基本的复合实体。罗素还指出，事实就是事实，它无所谓真和假。真和假不存在于事实中，而存在于表达事实的命题中。如果一个命题和它所陈述的事实相符它便是真的，否则就是假的。命题是对事实的断定，所以存在真假问题。

罗素认为，和原子事实相对应的命题就是原子命题。原子命题是最基本的命题单位，它的特点包括：(1) 一个原子命题不能从另一个原子命题中推出；(2) 一个原子命题只有一个动词。原子命题的职能就是陈述原子事实。

罗素指出，世界是由一个一个的原子事实组成的，这些事实之间的关系是外在的。不过尽管事实之间的关系是外在的，人们毕竟还是可以陈述这些关系，譬如，“如果天下雨，那么我就带上我的伞”。这里，人们用逻辑连词“如果……那么”把两个原子命题连接起来，用以陈述两个原子事实的关系。

罗素把两个或两个以上的原子命题由联合而形成的综合命题称为分子命题。分子命题的特点是必须有“并且”、“如果……那么”、“非”等逻辑连词。他指出，分子命题是原子命题的真值函项，即分子命题的真和假，取决于原子命题的真和假。

罗素认为，原子命题的真假需要和原子事实相参照，但分子命题的真假则不必直接参照原子事实，只要通过逻辑演算就可以确定。为此，他制订了一个确定分子命题真假的真值表。例如，如果以 P、Q 分别作为一个原子命题，那么合取命题中只有当 P、Q 皆真时才方为真；析取命题中只有当 P、Q 皆假时才方为假；蕴含命题只有在 P 真、Q 假时才为假，其余皆为真；等值命题只有在 P、Q 皆真、皆假时才方为真，其余皆为假，等等。

在罗素看来，从理论上说，一切知识都可以在原子命题和它们的真值函项的复合体中得到陈述。他认为只有当我们认识所有的原子事实，并且也认识到除了我们所知道的以外再没有其他的原子事实了，这时我们在理论上就能通过逻辑推出一切其他的真理。

罗素后来又提出了“中性一元论”用以补充和完善他的逻辑原子主义体系。所谓“中性一元论”，就是认为任何事实都是经验的事实，都可以还原为经验。罗素说：“物理学一直在使物质的物质性减弱，而心理学则一直在使精神的精神性减弱。……因此物理学和心理学一直在从两端彼此靠拢，使得威廉·詹姆士对‘意识’的批判中所暗示的‘中性一元论’之说更有可能成立了。精神与物质的区别是从宗教转到哲学中来的，尽管在过去一段长时间内这种区别似乎还有确实的理由。”①

从詹姆士的经验主义出发，罗素把最简单的经验要素称为“事素”（他也称为“感觉与料”）。他认为无论是物理学的还是心理学的研究都是对这些中性的“事素”的解释，二者只不过是用不同的语词陈述着同样的经验事实，因此二者并没有根本的区别。

在《物的分析》和《西方哲学史》等著作中，罗素力图消除传统哲学中的物质实体。他指出，现代物理学以四维时空代替了经典物理学的时空概念。在现代物理学中，已经找不到界限分明的单个物体，而只有一片片急速变化的现象。只有用高度抽象的数学公式才能表示它们的性质和关系。这些数学公式是人记述事物的一种方式，所以不能离开人谈事物存在的形式。他说：“爱因斯坦以事素代替了粒子；各事素和其他各事素之间有一种‘间隔’的关系，可以按不同的方式把这种关系分解成一个时间因素和一个空间因素。这些不同方式的选择是任意的，其中哪一种方式在理论上也不比其他任何方式更为可取。”②

在《心的分析》中，罗素致力于消除心灵实体。他把心灵视为一种感觉经验的逻辑构造，其做法是把心理过程归结为生理过程。他认为传统哲学的心灵离开了经验，是一种不可靠的推论的结果。我们所能知道的是心理现象，这种心理现象是一些可观察的经验。他说：“于是我们确定其他人们‘知道’什么，在这种意义上所称的‘知道’是他们物理行为中一种举例的现象，包括所说的和所写的语句在内。瓦特孙力言没有理由假定他们的知识是超过这种行为中所指示的习惯的任何东西：所以他人具有一点叫作‘心’或‘思想’的非物理的东西的推论是没有根据的。”③

在罗素看来，凡是不属于“事素”的事物，即传统哲学所说的实体，都属于应该用“奥卡姆剃刀”剔除的东西之列，完全没有保留的必要。

从以上介绍中我们看到，罗素是按照科学的模式来改造哲学的。在他看来科学有两个特点，一个是它的逻辑性，一个是它的经验性（实证性），哲学只有符合这两条原则，才能成为真正的知识。罗素在《西方哲学史》中把这个观点表述

① 罗素：《西方哲学史》下卷，何兆武，李约瑟译，商务印书馆 1976 年版，第 394 页。

② 罗素：《西方哲学史》下卷，何兆武、李约瑟译，商务印书馆 1976 年版，第 393 页。

③ 罗素：《心的分析》，李季译，商务印书馆 1964 年版，第 16 页。

得十分明确，以至于我们可以直接引用他的原话而不用附加额外的解释。他说：“以上我谈的是现代分析经验主义的梗概；这种经验主义与洛克、贝克莱和休谟的经验主义的不同在于它结合数学，并且发展了一种有力的逻辑技术。从而对某些问题便能得出明确的答案，这种答案与其说有哲学的性质，不如说有科学的性质。现代分析经验主义和体系缔造者们的各派哲学比起来，有利条件是能够一次一个地处理问题，而不必一举就创造关于全宇宙的一整套理论。在这点上，它的方法和科学的方法相似。我毫不怀疑，只要可能有哲学知识，哲学知识非靠这样的方法来探求不可；我也毫不怀疑，借这种方法，许多古来的问题是完全可以解决的。”①

第二节　早期维特根斯坦的科学主义：给世界划界

如果说弗雷格和罗素为分析哲学做了培土奠基的工作，那么维特格斯坦则为分析哲学打造了一块丰碑。维特根斯坦的《逻辑哲学论》是一部公认的分析哲学的经典之作，在这部著作中，维特根斯坦一方面承继了弗雷格和罗素的基本思想，另一方面纠正了他们的错误和失误。经过维特根斯坦的改造，分析哲学以一种清晰、严谨、似乎无可挑剔的科学方法论的形态呈现在世人面前，从而加速了哲学科学化的进程。

《逻辑哲学论》的主旨是通过语言分析给世界划界。关于这一点，他在该书的序言里表述得十分清楚。他说：“它的全部意义似乎可以概括如下：凡可以说出的东西就可以清楚地说出，对于那些不可说的东西，因而就必须沉默。”②在维特根斯坦编写这部书的时候，他的心目中有两个世界：一个是科学的世界，一个是信仰的世界。前一个世界是事实的世界，后一个世界是超验的世界；对于前一个世界，人们可以清楚地说出，而对于后一个世界，人们则只能把它藏匿于心中，一旦说出就会因为违反逻辑而成为荒谬的事情。

维特根斯坦的《逻辑哲学论》由一系列排列有序的格言式短句组成，他把这些短句分成了七个部分。每个部分都有一个表示阐述重点的命题。在这七个命题

① 罗素：《西方哲学史》下卷，何兆武、李约瑟译，商务印书馆1976年版，第395页。

② L. Wittgenstein, *Tractatus Logico-Philosophicus*, London: Routledge and Kegan Paul, 1955, p.27.

中，维特根斯坦用了六个命题来阐释可以说出的东西，只用了一个命题来阐释不可说出只能沉默的东西。从这种结构中可以看出，本书的重点是放在对事实世界即科学世界的阐释上。

一、可以说出的东西——事实的世界

维特根斯坦在《逻辑哲学论》中开宗明义地指出："世界是事实的总和。"（1.1）[①]"世界是由事实——所有的事实——所规定的。"（1.11）"世界是事实的总和"，这种说法带有强烈的实证色彩。这意味着维特根斯坦从一开始就进行了某种排除。他排除了一切非实证的东西，换句话说，只有可以实证的东西才被包括在他的世界之中。 在谈到世界是事实的世界的时候，维特根斯坦还把事实和对象（事物）作了严格的区分。他说事实可以单独存在，对象（事物）则不可以单独存在，只能作为事实的组成部分而存在。

维特根斯坦独立存在的单个事实称为原子事实。[②] 他说："那发生的东西，即事实——这是原子事实的存在。"（1.21）原子事实虽然是独立的，但却是有结构的。他说："原子事实是一些对象（实体、事物）的结合。"（2.01）"在原子事实中，对象一个接着一个，就像一条链子那样。"（2.03）"对象在原子事实中相互衔接的方式就是原子事实的结构。"（2.032）

维特根斯坦谈论原子事实，是为了进一步引出逻辑空间这个概念。在维特根斯坦看来，逻辑空间是对象的连接方式的根据。所谓"逻辑空间"，就是对象的连接在逻辑上的可能性。在维特根斯坦看来，一个对象总是以一定的方式和其他的对象相联接。正是对象不同的连接方式，才造成了不同的原子事实。在一定范围内，一个对象和其他对象的连接是偶然的或者说是自由的，然而从根本上说，对象之间的连接方式却不是偶然的而是必然的，因为对象以什么方式相连接是由它们的逻辑空间决定的。他说："一个视野范围里的微粒，虽然它不必是红的，但必须有某种颜色，也就是说它是由颜色空间所环绕的，音调必须有某种音高，触觉的对象必须有某种硬度等等。"（2.031）我们可以说看一个对象的颜色，但不可以说看一个对象的声音，同样，我们可以说听一个对象的声音，但不可以说听一个对象的颜色，这就是说，对象的逻辑空间限制着对象

---

① 以下凡引用《逻辑哲学论》中的内容有序号的则只标明其原有序号。

② 本书所引用的英文版原文是"atomic facts"，也有翻译成"基本事实"或"事态"的。

的连接方式。

如果说“世界是事实的总和”，那么，语言就是命题的总和。在维特根斯坦看来，语言是由一个一个命题组成的。命题可以分为原子命题和分子命题。“原子命题是由名称组成的”（4.22），但名称不能独立存在，只能作为原子命题的组成部分而存在。维特根斯坦说，“名称只有在原子命题的情境中才出现于命题中”（4.23）；“我们对于命题的分析一定要达到由名称直接结合而成的原子命题”（4.221）。原子命题通过逻辑连词相结合，就构成了分子命题。和罗素一样，维特根斯坦认为分子命题是原子命题的真值函项，即分子命题的真和假取决于原子命题的真和假。

维特根斯坦认为，语言的任务在于陈述事实。单个命题陈述的是原子事实，语言的总体所陈述的是事实的世界。为了论证语言为什么能陈述世界，维特根斯坦提出了他著名的“图画理论”。

任何人都承认，图画能够描绘事实，但是很少有人思考为什么图画能够描绘事实。维特根斯坦指出，一幅图画之所以能够描绘一个事实，是因为“一幅图画是实在的一个模型。”（2.12）进一步说，一幅图画成为实在的一个模型在于两点：第一，在这幅图画中有相应于对象的成分；第二，在这幅图画中有相应于对象之间的关系。一幅地图就是一个明显的例证，在一幅地图中，对象以及对象之间的关系都被明确无误地描绘出来。

当然，语言不是图像，譬如说，语言不像一幅水彩画那样以具象的形式描绘事实，而是以语音或文字的形式陈述事实。语言是事实的一幅抽象的图画。作为一幅抽象的图画，语言和事实之间存在着某种一致性。维特根斯坦指出，事实成分之间具有某种逻辑关系，命题成分之间也具有某种逻辑关系。一个命题之所以能够陈述一个事实，就在于同一种逻辑关系共同存在于二者之中，这就是说，命题和事实之间存在着逻辑上的同构性。“任何图画，无论具有什么形式，为了能够完全——正确地或者错误地——表述实在而必须和实在拥有的共同的东西，就是逻辑形式，也即实在的形式。”（2，18）

按照维特根斯坦的说法，在命题中，“简单指号在命题中的配置，与对象在事况中的配置相对应”（3.21），具体地说，一个名称代表一个对象，另一个名称代表另一个对象，它们彼此连接，以此陈述一个原子事实。而分子命题不过是通过逻辑连词把两个或两个以上的原子命题结合起来，陈述一个复杂事实的图画而已。

根据维特根斯坦的表述，我们可以把他的图画理论用以下图式表示：

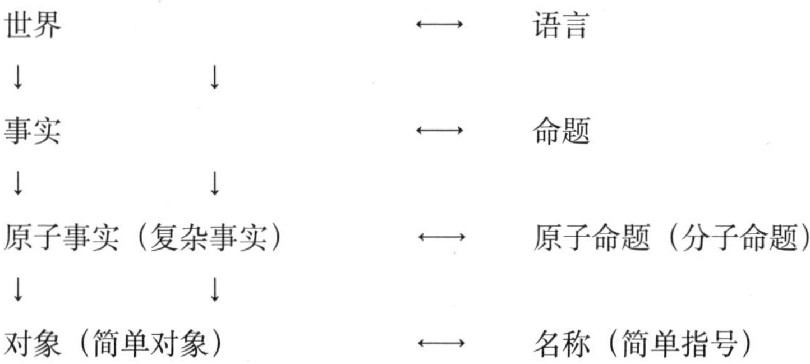

维特根斯坦的图画理论提出以后，许多问题都有了明确的答案。例如，关于含义与指称问题。维特根斯坦指出，指号有指称而没有含义，命题有含义而没有指称。因为，在维特根斯坦的图画理论中，只有原子命题才能描述原子事实，单独的指号（名称）是不能描述原子事实的，它只能作为原子命题的组成部分而存在。指号的作用是指称对象，命题的作用是描述对象的性质和对象间的关系。所以指号只有指称，而命题由于并不指称对象而只是描述对象的性质和关系，所以它只有含义而没有指称。

再如，关于命题的意义和命题的真值问题。维特根斯坦指出，命题本身并没有真假，“命题只是因为是实在的图画，才可能是真的或者是假的”(4.06)，因此，命题的真假在于它是否与实在相一致。“如果原子命题是真的，那么原子事实就存在；如果它是假的，那么原子事实就不存在。”（4.25）同样，“由原子命题构成的分子命题（也即复合命题）也可以描述一个复合物。一个关于复合物的命题同关于其组成部分的命题具有一种内在的关系”(3.24)，也就是说，分子命题是“与原子命题的真值可能性符合和不符合的表达式”（4.4）。这样原子事实与原子命题、复杂事实与分子命题（复合命题）就严格对应了起来。

维特根斯坦说，命题无论真假，都是有意义的。因为一个假命题虽然和实在不一致，但它只要处在逻辑空间允许的范围中，它就是有意义的。这个命题虽然不是一幅现实的图画，但却是一幅可能的图画。“苏格拉底是没有智慧的”是一个假命题，但是在逻辑上却是一个有意义的命题，因为这种可能性是存在的。如果苏格拉底生活在另一种环境下，他可能就是没有智慧的。每一幅原子命题图画都代表一个可能的原子事实，或者说逻辑空间中一种可能的情形。

命题是如何表达思想的呢？维特根斯坦指出，“在命题中，思想可以被这样表达，使得思想的对象与命题指号的要素相对应”（3.2）。反过来说，我们的思想只能是符合逻辑的思想，“我们不可能思想任何非逻辑的东西，因为那样的话我们就不得不非逻辑地思想了。”（3.03）由此，我们就看到，在维特根斯坦那里，语言、命题和思想具有实质上的内在一致性。

二、不可以说的东西：逻辑的和超验的

维特根斯坦的图画理论有两个最鲜明的观点：一是命题只有符合逻辑才是有意义的；二是命题的真假只有同事实相参照才是可确定的。根据这两个观点，维特根斯坦划定了世界的界限。在维特根斯坦看来，语言合理地言说的界限就是合理地言说的世界的界限，而所谓合理地言说，一是指语言要符合逻辑，二是指语言必须对世界——现实的或可能的——有所言说。

为了进一步说明语言的界限就是世界的界限，维特根斯坦提出了他独具特色的“唯我论”。他说：“唯我论所意味的是相当正确的，只是它不能被说出来，只能使自己显示出来。”（5.62）谈到唯我论，人们自然会想到贝克莱。在贝克莱那里，作为感知主体的自我是世界的界限。但维特根斯坦的“唯我论”和贝克莱的唯我论不同，他是反对贝克莱把实体性的自我当作世界的界限的。维特根斯坦说：“不存在现代心理学所理解的灵魂、主体等东西。”（5.5421）“很清楚，‘A相信P’，‘A认为P’，‘A说P’都具有‘P说P’的形式。”（5.542）这就是说，初看起来是一个人在言说一个命题，实际上这个命题是在一个理论体系中存在的。在理论体系中有一个命题P，它作了如此表述（P）。不过，维特根斯坦虽然反对贝克莱式的唯我论，他却承认语言主体的存在。在他看来，这个语言主体在逻辑上的承担者就是语言的逻辑主体。语言不是天然的，它是人造的。我们可以说语言的主体是人，然而这个“人”不是指张三李四，而是指一个国家、一个民族、一个社会或者说整个人类。这些概念都是类概念，根据维特根斯坦的理论，这些一般性的谓词可以理解为特殊命题的真值函项。就是说，它们是从一些特殊命题中推导出来的。维特根斯坦主张，语言的存在显示了语言主体的存在。为此，他举了眼睛的例子。眼睛可以看世界，但不可以看自己，我们可以从眼睛看到的世界推断眼睛的存在。语言也是这样，“我的语言的界限意味着我的世界的界限。”（5.6）那么，为什么我的语言的界限意味着我的世界的界限呢？维特根斯坦说，这是因为“我们不能想我们所不能想的，我们不能想的我们也不能言说”

(5.61)。联系到前面他关于我们不能非逻辑地思想，我们不能非逻辑地言说的话语，他所说的语言的界限就是世界的界限就完全可以理解了。

维特根斯坦并没有认为可说的东西就是一切，在可说的东西之外还有不可说的东西。维特根斯坦对他的一位朋友说："这部书的观点是一种伦理学的观点。我一度想写在序言里的一句话，事实上并没有写。但现在我要在这里把它给你写出来，因为它对你来说也许是了解这部著作的一把钥匙。当时我要写的是：我的著作由两部分组成：写在这里的再加上所有我没写的。正是这第二部分是重要的部分。"①

那么，哪些属于维特根斯坦所谓不可说的呢？在《逻辑哲学论》中，他提到了以下三种：

第一种，逻辑、数学以及自然科学规律。在维特根斯坦看来，逻辑命题都是重言式。所有的重言命题都没有对事实作出断定。逻辑的真只从符号本身就可以识别出来，既不需要由经验来证实，也不需要由经验来证伪。维特根斯坦说："先验地提出所有真的逻辑命题的描述是可能的。"（6.125）逻辑对事实什么都没有言说，它只是显示了语言和世界共有的东西。"逻辑命题是重言的事实显示语言和世界的形式的——逻辑的特性。它的组成部分以这种方式连接在一起构成的重言式表示它的组成部分的逻辑。"(6.12)。维特根斯坦指出，逻辑命题不可言说，是因为要言说逻辑，就要有一种不同于逻辑的语言，"为了能够描述逻辑形式，我们应该使我们自己和命题处于逻辑之外，就是说处于世界之外"。(4.12) 这显然是不可能的。维特根斯坦认为，数学命题也和逻辑命题一样，是不同于经验科学的形式学说，数学命题和逻辑命题的区别，仅仅在于"逻辑命题用重言式所显示的世界逻辑，数学用方程式显示出来。"（6.22）至于自然科学规律，维特根斯坦指出，它其实并不是自然本身的规律，"而是一个规律的形式。"(6.32) 准确地说，是人赋予自然的一些逻辑规律。这样，自然规律当然也是不可言说的了。

第二种，哲学。维特根斯坦认为，"哲学不是一门自然科学"(4.111)，哲学谈论的世界不是自然科学的世界。哲学以世界的整体为对象，然而世界的整体却并不是事实。这正如单个的人是事实，而人类却不是事实一样。哲学的命题不是事实的图画，它不是对事实的言说，因此谈不上真和假的问题。哲学的命题不是

① M.K. 穆尼茨：《当代分析哲学》，张汝伦译，复旦大学出版社 1986 年版，第 210 页。

虚假的，而是无意义的。不仅肯定的哲学是这样，否定的哲学也是这样。维特根斯坦说："怀疑论并不是不可辩驳的，而是明显无意义的，当它试图提出怀疑的时候，那里并没有被问的问题。因为如果怀疑能够存在，那就只有一个问题存在，如果有一个问题存在，那就只有一个答案存在，而一个答案若存在，那就只有某事能被言说。"（6.51）维特根斯坦认为，传统哲学的问题与"是否善比美更同一"的问题属于同一个类型。他主张清除传统哲学，把哲学变成一种澄清语言意义的活动。他说："哲学的目的在于思想的逻辑的澄清。哲学不是理论体系而是一种活动。"（4.112）

第三种，伦理学（美学）。维特根斯坦认为，伦理学的命题既不属于陈述事实的科学命题，也不属于纯粹重言式的逻辑命题，因此在他看来，伦理学命题并不是真正的命题，只是徒然具有命题的形式而已。伦理学命题陈述的是一些超验的价值，这些价值可能比事实的东西更高级，但是，却是不可言说的。维特根斯坦说："伦理学是不可说的。伦理学是超验的。（伦理和美学是一个东西）"（6.421）这是因为"命题不可能表达任何更高的东西"（6.42）。"如果存在一种有价值的价值，那么它必定处在一切发生的和既存的东西之外。因为一切发生的和既存的东西都是偶然的。使这种有价值的价值成为非偶然的那个东西不能处在世界之中，因为那样的话那个东西本身又会是偶然的了。"（6.41）

从以上概述中可以看到，维特根斯坦把弗雷格和罗素开创的分析哲学大大向前推进了。他的图画理论不但清晰地说明了思想、语言和事实世界的关系，而且澄清了弗雷格和罗素的一些模糊论点，使分析哲学显得更有说服力。维特根斯坦把语言分析作为切入点，完满地完成了给世界划界的任务。这种划界是推崇自然科学的科学主义者梦寐以求的事情。维特根斯坦通过给世界划界，论证了科学语言的合法性。从肯定的方面说，它证明唯有科学语言才是可以言说的语言。从否定的方面说，它剥夺了一切非科学语言的话语权。也许，维特根斯坦承认在可说的东西之外还有不可言说的东西，是想为不可言说的东西保留一块地盘，从现有的资料来看，人们可以不怀疑这种动机的真诚性。维特根斯坦的确对宗教与道德怀有真诚的感情。然而，一旦把科学语言作为合法性的唯一尺度，那些非科学的语言势必要陷入非常尴尬的境地。按照维特根斯坦的说法，那些宗教的、伦理的东西不但不能说，甚至连想也是不能想的。因为"我们不能想我们所不能想的东西，因此我们也不能说出我们所不能想的东西。"（5.61）既然如此，他还有什么理由断言不可言说的东西存在呢？也许，当维特根斯坦在谈到伦理学是一种更高级的存在物时，他在为自己无力为它辩护而感到些许的歉意。

罗素曾经讲过这样一个故事，有一次他发现维特根斯坦陷入一种沉思状态，于是罗素问他："你到底在思考什么——逻辑，还是自己的罪孽?"维特根斯坦则回答："兼而有之。"[①]显而易见，维特根斯坦的回答可以很好地概括其在《逻辑哲学论》中所表明的观点：可说的知识与不可说的信仰。通过对语言进行逻辑分析，他划定了知识与信仰的界限，而对于信仰（罪）的思考则贯穿了其整个哲学生涯与全部的人生。

第三节　后期维特根斯坦：回归生活世界

维特根斯坦在完成了《逻辑哲学论》的写作时，他对自己写出的东西是志得意满的。他声称，这里"所陈述的思想的真理性，在我看来则是无可置疑和断然确定的。因此，我认为，问题已经在根本上彻底解决了"[②]，于是在写完《逻辑哲学论》之后，他就告别了哲学研究，开始了他闲暇而浪漫的常人生活。但是，一部思想著作的真理性，并不以它的作者的主观感觉为转移，它还要经受思想的检验和历史的检验。

《逻辑哲学论》当然不乏赞扬者，但是也有批评者，维特根斯坦更在意听取不同的声音。兰姆赛（Ramsey）和斯拉法（Sraffa）的批评，对维特根斯坦思想的转变起了重要作用。据说有一次在火车上，斯拉法做了一个在意大利那不勒斯表示轻蔑和讨厌的意思的动作，然后问维特根斯坦，那个动作的逻辑形式是什么，维特根斯坦对此无言以对。斯拉法的举例使维特根斯坦感到，认为命题和它所描述的东西一定有相同的"形式"是不合理的，这就动摇了他对于图画理论的信心。[③]在维也纳期间，维特根斯坦结识了维也纳小组的创始人石里克并和其中的一些成员进行过多次交谈，在谈话过程中，他发现由逻辑构造世界的想法是十分荒谬的。更重要的是，在1928年春天，他听了数学家布劳威尔题为"数

① Bertrand Russell, *Autobiography*, Vol. 2, London: George Allen & Unwin, 1967, p.99.

② L.Wittgenstein, *Tractatus Logico-Philosophicus*, London: Routledge and Kegan Paul, 1955, p.29.

③ 诺尔曼·马尔康姆：《回忆维特根斯坦》，李步楼、贺绍甲译，商务印书馆1984年版，第59—60页。

学、科学和语言”的演讲，布劳威尔反对把数学归结为逻辑，认为数学的抽象和日常语言的使用有密切关系。这次讲演促使维特根斯坦对他的早期思想进行重新审视。

维特根斯坦的伟大，不仅在于他能够敏锐洞察别人理论中的问题，更在于，他能够敏锐洞察自己理论中的问题，并且用一种更加完善的理论取而代之。当维特根斯坦发现自己图画理论的错误和不足之处时，他也很快找到了纠正这些错误和不足的办法。在这时的维特根斯坦看来，对语言意义的苦苦寻觅其实是一种十分愚蠢的行为，正所谓“众里寻他千百度，蓦然回首，那人却在灯火阑珊处。”语言本来就是从生活世界中产生的，把它放回生活世界，一切问题就都烟消云散了。纠正语言错误的办法不是用一种统一的规范强行限制语言的使用，而是让它在自然状态中如其所是地使用。维特根斯坦认为，正是形而上学俘虏了语言，把这只苍蝇强行放到了捕蝇瓶里，现在的任务是，让苍蝇从捕蝇瓶里飞出来，飞回到生活世界里去。

总之，在维特根斯坦告别学院生活，过着日常生活的几年里，他的视角也发生了改变，这种改变可以归结为，他不再用逻辑来规范生活世界，而是用生活世界来说明逻辑。生活世界是逻辑的源泉，因此，不是生活世界要适应逻辑，而是逻辑要适应生活世界。只有从生活世界出发，思想、语言、科学、逻辑等才能得到合理的解释。维特根斯坦思想转变的过程被记录在《蓝色笔记本》和《综色笔记本》中，而这种转变的结果则集中表现在《哲学研究》中。

与前期哲学把语言看作世界的图画不同，在后期哲学中，他把语言看作“游戏”，他用“语言游戏说”取代了前期的图画说，“语言变成了语言游戏的聚结”①。在维特根斯坦看来，游戏并没有统一的本质，因此不能为游戏下一个统一的定义。他在《哲学研究》中举了棋类游戏、纸牌类游戏、球类游戏等不同的游戏形式，指出这些游戏活动没有共同的规则，它们之间只有相似性而没有共同性，因此只能从“家族相似”的角度去看待它们。“语言游戏”也是这样。如果非要追问什么是“语言游戏”，那么维特根斯坦说，“语言游戏”就是指“由语言和行动（指与语言交织在一起的那些行动）所组成的整体。”（第 7 节）② 当然，这不是对

① 贾可・辛提卡：《维特根斯坦》，方旭东译，中华书局 2002 年版，第 40 页。

② L. Wittgenstein, *Philosophical Investigations*, Oxford: Basil Blackwell, 1958. 以下凡引用《哲学研究》的内容，有小节号码的就只注明其小节号码。

语言游戏的定义，而是对语言性质的描述。

“语言游戏”说是建立在维特根斯坦对日常语言深刻的洞察之上的。在维特根斯坦看来，语言是人们认识世界和认识自身的工具。语言作为工具，有着多种多样的功能，既可以传递信息，又可以表达情感；既可以描述事实，又可以制造谎言。但是，无论语言在日常生活中有多少种功能，它的根本功能只能有一种，那就是使用。语言的意义是在使用中获得的，只有使用才是测量语言意义的标准。在维特根斯坦看来，如果说一种语言是无意义的，那只能说明它在日常生活中是不能使用的。

维特根斯坦在《哲学研究》一开始就谈到人们是如何在使用中学习语言的。他提到建筑工及其助手给建筑材料命名(第2节）以及儿童跟着老师学习词语(第6节）的例子。这些例子的共同特征就是，通过实指性活动，参与者达到了学习和使用词语的目的，至于说这一活动是否唤起了人们心中关于这些词语的意象，在他看来并不重要。

如前所述，在《逻辑哲学论》中维特根斯坦用“图画”将世界和语言联系在一起，在《哲学研究》中，他则用“语言游戏”将二者联系在一起。在《哲学研究》的前言部分，维特根斯坦建议把他的这本书和《逻辑哲学论》一起阅读，理由是，新的思想只有同旧的思想方式相对照，并且以旧的思想方式为背景，才能得到正确的理解。陈嘉映把“图画”和“语言游戏”作了比较，他指出，“在图画理论里，语言从根本上是一种反映，而语言游戏则说，语言首先是一种活动，是和其他行为举止编织在一起的一种活动。在图画说里，是一条边相切方式的接触，而语言游戏却是语言和现实难分彼此的大面积交织。在图画说里，世界和语言仿佛一开始都是已经制成的、现成的，而语言游戏却是生长出来的，而且不断生长、变化”①。对此，我们还可以补充说，图画理论注重的是语言的同一性，游戏理论注重的是语言的差异性与多样性。总之，在图画理论里，维特根斯坦是用静态的眼光看待语言和世界的关系的，而在游戏理论中，他改用动态的眼光看待语言和世界的关系。尽管早期维特根斯坦就明确表示出对形而上学的厌恶，但是当时他还没有意识到他自己并没有摆脱形而上学的束缚。他把语言的功能仅仅限制在对事实世界的摹写上，就是一种形而上学的独断。正是这种形而上学的独断，使得他连兰姆赛提出的那种简单的日常生活中的问题都感到无力应对，这就足以表现

① 陈嘉映：《语言哲学》，北京大学出版社2003年版，第167页。

出他的理论的局限性。

在《哲学研究》中，维特根斯坦特别强调语言和生活形式的相关性。他说，“想象一种语言就意味着想象一种生活形式”（第19节），“语言的述说乃是一种活动，或者是一种生活形式的一个部分”（第23节）。他指出，词语在不同的语言游戏中有不同的意义与作用，而不同的生活形式则决定了不同的语言游戏。如果说语言游戏是一枝鲜花，那么生活形式就是这枝鲜花生存的土壤。生活形式是语言游戏的基础，任何语言游戏只能在它所在的那个生活形式中才能得到理解，离开了生活形式，语言就成了无源之水，无本之木。他指出，生活形式是我们“不得不接受的东西、那种被给与我们的东西。”① 他还举例说，如果一个考察者到一个陌生的国度，他完全不懂那里的语言，那么他也就无从理解那种语言在什么情况下是有意义的，在什么情况下是无意义的了（第206节）。如果生活形式发生了改变，我们的语言活动也就不得不随之发生改变。

在《逻辑哲学论》中，维特根斯坦强调的是用一种科学的方法来处理语言与世界及其关系，实际上他是想要规范语言的使用，从而使之脱离形而上学的束缚，因此寻求语言中确定的规则就显得尤为重要。在《哲学研究》中，无论是“语言游戏”还是“家族相似”，维特根斯坦更注重语言的正确及正当使用，对语言规则的寻求已经不是其主要目的。但是对于语言规则的探究仍然是他这一时期的一个重要主题之一。维特根斯坦在《哲学研究》的不少小节都涉及了对于语言规则的讨论，② 主要集中于第78—85节。在这一部分，维特根斯坦的主要观点是，规则并不是确定的，如何遵守规则以及规则存在的意义取决于语言的使用。

卢格（Andrew Lugg）认为，就“在任何地方都要由规则来作出约束”③ 而言，意义与理解并不需要我们的词语受到完全的限制。正如认为“一个模糊的概念根本[不是]概念”（第71节）是错误的一样，认为一个“模糊的”规则不是规则也是错误的。认为按照规则游戏——或者词语的运用——在各种可能的情形下都是确定的，这是没有意义的。完全的限制是不可能的，因为不可能“塞住所有的裂缝”（第84节）。

---

① L. Wittgenstein, *Philosophical Investigations*, Oxford: Basil Blackwell, 1958, p.226.

② 比如第21、29、32、33、34、39、41、49、56、70、99、142、198、201、202、206、219、224、225、230、241、296、301、306、318、320、430、440等节。

③ Andrew Lugg, *Wittgenstein's Investigations 1-133*, A Guide and Interpretation, Routledge, 2000, pp.145-146.

每当引入新的规则来消除运用旧规则产生的怀疑时，新的怀疑就会产生——此刻是关于新规则如何应用的。如果对于玩游戏或者意指某物来说需要完全的限制，那么游戏也就不能进行了。认为游戏、词语的使用或者其他诸如此类的东西是完全由规则确定的，这是想要跨越“误解这一深渊的边缘”（第 81 节）。

他指出，要记住的事情是，规则只是“放在那儿”（第 85 节），不存在确定规则如何被遵守（或者一个自我解释的路标）之类的东西。规则不能确定自身的运用，却总是能用不止一种的方式来解释。甚至某个词语用法的一个简单规则也没有规定应当如何遵守它。“使‘游戏’这一词语适用于涉及技巧、运气和耐力的竞争性活动”，并未确定它自身的运用，就好像一个指向巴黎的路标，并未确定它应当如何被遵从一样。规则没有告诉我们“竞争性”应当被理解为包含争斗，而不是合作，就好像指向巴黎的路标没有告诉我们要朝着手指的方向行走，而不是朝着相反的方向。像实指定义一样，规则和路标“在每一个场合中，都能作出各种各样的解释”（第 28 节）。以下论述是毫无异议的，即使得我们竭力朝着其指向的地方行走的标记确定了其运用。遵从这样的标记是一种自然现象，就如同月亮绕着地球运行，地球绕着太阳运行一样。这不是一种涉及说明的现象，更不用说是一种可以明确称赞或者指责的现象。

由于维特根斯坦把语言建立在“生活形式”的基础上，“语言游戏”在他那里也就具有了实践意义。在维特根斯坦的后期哲学特别是《哲学研究》中，语言已经不再是一种单纯的理论形式，而是一种实践活动，语言的意义在于它在实践中的用法。维特根斯坦认为，语言不仅是表达的手段，而且语言本身就是生活，让语言回归生活形式就是把语言与人的存在紧密联系在一起。至此，维特根斯坦把语言从“天上”重新拉回到“人间”，随着这种新观点的确立，他对语言的“逻辑关怀”也被“人文关怀”所取代了。

早期维特根斯坦对科学充满了信任，这从《逻辑哲学论》断言科学语言是唯一可以清楚地说出的语言中看出来。但是在后期，他对科学的意义和价值发生了怀疑。在《哲学研究》的前言中，维特根斯坦不无感伤地说，“我把这些东西发表出来是心存疑虑的。尽管本书是如此贫乏，这个时代又是如此黑暗，它的大部分内容应当给这个或那个人的头脑带来光明并非是不可能的——但是，当然，这似乎是不可能的”①。在《文化与价值》的前言中维特根斯坦更加明确地说：“本书是为那

① 参见 L. Wittgenstein, *Philosophical Investigations*, Oxford: Basil Blackwell, 1958。

些与贯穿于本书之中的精神志趣相投的读者们所写的，我相信这种精神不同于欧洲和美国这些主流文明所体现出的精神。这种文明的精神体现在工业、建筑、音乐之中，体现在我们这个时代的法西斯主义和社会主义之中，而它与本作者的精神是格格不入，志趣相反的。"①很明显，让维特根斯坦产生担忧的正是以欧洲文明与美国文明为代表的西方现代文明，而西方现代文明的基础正是我们今天依然推崇的现代西方科技文明，对于前者的担忧，也正是对于后者的一种更深层的担忧。

维特根斯坦并不反对科学技术的作用，但是他反对对于科学技术方法的滥用。在他看来，现代社会陷入了科学万能论的神话之中。相信科学万能论的人认为，科学是人类的救世主，它让人类从无知走向睿智，从野蛮走向文明，"科学：使人们发财致富以及贫困潦倒。这一方法把所有其他一切置之一旁，与此相比，它们全都是微不足道的，至多只不过处于初始阶段"②。维特根斯坦则认为盲目的科学崇拜只会让人类更加愚昧。他说："如果勒南（Renan）认为科学解释能增强惊奇的程度，那么勒南本人也是原始的。似乎闪电在今天比两千年前更为常见，或者更加不会令人感到惊奇，为了获得惊奇的感觉，人类——也许各个民族——必须清醒过来。科学是一种使之重新入睡的手段。"③

维特根斯坦也指出了科学技术给人类可能带来的危险。科学技术助长了人类对于普遍性与实证性的渴望，但是它却使人远离了赖以生存的崇高之物和精神。从这种意义上看，科学技术的发展只会导致人性终结，他说道："奇怪的是，我们倾向于认为文明——房屋、街道、汽车等——使人与他的本原、崇高之物和永恒之物等分离开来。在我们看来，仿佛我们的文明环境以及其中的树木、植物都被随便地包裹在玻璃纸之内，仿佛与一切伟大之物、与上帝隔离开来，这是一幅强加于我们的奇怪图画。"④他指出，有人认为科学和工业的进步会成为现代世界中最持久的东西，科学和工业最终会使世界统一起来，但是他们没有看到，这种统一是以战争的方式强加给人类的。"因为，科学和工业的确决定了战争，或者说大致如此。"⑤维特根斯坦甚至激进地写道：

---

① 参见 L.Wittgenstein, *Philosophical Investigations*, Oxford: Basil Blackwell, 1958, p.8。

② L.Wittgenstein, *Culture and Value*, Oxford: Basil Blackwell, 1980, p.69.

③ L.Wittgenstein, *Culture and Value*, Oxford: Basil Blackwell, 1980, p.7.

④ L.Wittgenstein, *Culture and Value*, Oxford: Basil Blackwell, 1980, p.57.

⑤ L.Wittgenstein, *Culture and Value*, Oxford: Basil Blackwell, 1980, p.72.

“相信下面这些说法并不荒谬：科学技术时代是人类末日的开端；有关巨大进步的想法如同真理最终将被认识这种想法一样，都只是海市蜃楼；科学知识中没有任何美好的或者令人称心如意的东西；在追求科学知识的过程中人类将会落入陷阱。”①

和他对科学态度形成鲜明对照的是他对宗教的与日俱增的关怀。应当说，宗教是维特根斯坦一生关注的主题，虽然他不是一个正式的宗教徒，但是却具有强烈的宗教情结。他自小就接受正规的宗教教育，他的家族充满着浓厚的宗教氛围。1919 年维特根斯坦从战俘营获释之后，曾打算以后从事牧师工作，只是因为担任牧师职务需要在神学院学习四年，他才放弃了这个念头。1926 年，他又一度打算献身于修道院。1931 年他在挪威海边的小木屋里居住期间，经常做祷告，并且写出了一本忏悔录。维特根斯坦的犹太人血统对他自卑、孤僻与悲观性格的产生也是至关重要的。正如马尔康姆所说，“任何一个密切接近维特根斯坦的人都一定会觉察到他有一种情绪，即认为我们的生活是丑恶的，我们的心灵处于黑暗之中——这是一种往往接近绝望的情绪”②。此外，维特根斯坦对于宗教的关注也源于其前辈和同时代的人的影响。冯・赖特指出，“维特根斯坦从哲学、宗教和诗歌的边缘领域的作家那里受到的影响，较之从严格意义上的哲学家那里受到的影响更为深些。前者之中有奥古斯丁、克尔凯郭尔（Kierkegaard）、陀思妥耶夫斯基（Dostoevsky）和托尔斯泰（Tolstoy）”③。当然，像叔本华（Schopenhauer）、詹姆斯（James）这样的哲学家也对他的宗教观产生了很大影响。不过，尽管如此，在维特根斯坦写作《逻辑哲学论》的时候，他的这种宗教情结还是没有得到应有的发挥。由于他的科学主义语言观的限制，他不得不把宗教话语放到不可言说的东西之列而被迫保持沉默。只是当维特根斯坦把语言看作生活形式的时候，他对宗教的言说才变得名正言顺了。他的学生和朋友马尔康姆（Malcolm）说道，“在某种意义上说，他身上具有宗教的可能性。我相信他是把宗教看成一种‘生活形式’（这里借用《哲学研究》中的一个用语），他自己并未参与这种生活形式，但他同情它，并对它发生很大兴趣。对那些参与宗教生活的

① L. Wittgenstein, *Culture and Value*, Oxford: Basil Blackwell, 1980, p.64.

② L. Wittgenstein, *Culture and Value*, Oxford: Basil Blackwell, 1980, p.63.

③ 诺尔曼・马尔康姆：《回忆维特根斯坦》，李步楼、贺绍甲译，商务印书馆 1984 年版，第 17 页。

人，他是尊敬的”[①]。

维特根斯坦对于宗教的关注主要体现在他关于信仰和理性的观点中。信仰和理性虽然是一个陈旧的话题，但是在维特根斯坦这里依然是中心议题之一。首先，他反对用理性来为宗教信仰寻找证明。他认为，“……信仰是我的心灵、我的灵魂所需要的，而不是我的思辨的理性所需要的”[②]。甚至他认为对于宗教信仰的论证不仅是不需要的，而且也是不可能的。对此他说道，“宗教说：做这件事！——那样地想！但是宗教不能对此作出论证。而且，一旦它试图作出这种论证，它就会引起反感；因为对于它提出的每个理由，都存在着一个无可反驳的对立理由”[③]。当然他也反对从历史的角度去证明基督教信仰的正确或者错误。他说，“人们一直认为，基督教基于某种历史基础……这并不是基于历史的基础，就像是通常的对历史事实信念可以作为基础一样。我们这里有一种不同于通常历史事实信念的历史事实信念，即使如此也不能把它们看作是历史的、经验的命题。有信仰的人并没有使用通常用于任何历史命题的怀疑，特别是对久远历史命题的怀疑”[④]。马尔康姆也记载说：“有一次我向他引述了克尔凯郭尔关于这方面的言论：‘既然我知道基督拯救了我，那么基督怎么会不存在呢？’维特根斯坦感慨地说：‘你瞧，这不是一个证明什么东西的问题！’。”[⑤]毫无疑问他是一个彻底的信仰主义者，但他不是神学家，甚至不能被说成是宗教哲学家。

其次，他认为，宗教虽然不能用理性来证明，但却是立足于激情的。他说：“正如你不能锻压冷却了的铁那样，你也不能用智慧把你的生活安排妥当。……智慧没有激情。与此相反，克尔凯郭尔却把信仰称为一种激情。”[⑥]因此，他总结

---

① 诺尔曼·马尔康姆：《回忆维特根斯坦》，李步楼、贺绍甲译，商务印书馆1984年版，第62页。

② L.Wittgenstein, *Culture and Value*, Oxford: Basil Blackwell, 1980, p.38.

③ L.Wittgenstein, *Culture and Value*, Oxford: Basil Blackwell, 1980, p.34.

④ 维特根斯坦：《维特根斯坦全集》第12卷，江怡译，河北教育出版社2003年版，第384—385页。

⑤ 诺尔曼·马尔康姆：《回忆维特根斯坦》，李步楼、贺绍甲译，商务印书馆1984年版，第61—62页。

⑥ Wittgenstein, *Culture and Value*, Oxford: Basil Blackwell, 1980, p.61. 很明显，维特根斯坦的这一观点来源于克尔凯郭尔，后者曾经说，“基督教是精神；精神是内在性：内在性是主观性；主观性本质上是激情，在其最大程度上是对永福的一种无限的和个体关切的激情”，参见S. Kierkegaard, *Concluding Unscientific Postscript,* Princeton, Princeton University, 1992, p.33。

说，“在我看来，宗教信仰仿佛只不过类似于对一个参考系的热情信奉。因此，尽管它是一种信仰，但其实这是一种生活方式或者是一种对生活作出评价的方式。信仰就是满怀热情地抓住这种看法”①。基于这种观点，当然他也反对任何有关宗教信仰的繁琐的仪式与教条。他说，“必须严格避免一切宗教仪式（如高级僧侣那种发出声响的接吻），因为这种仪式很快变得腐朽。当然，接吻也是一种仪式，而它不会变得腐朽。不过，只允许像接吻那样真诚的仪式：使精神显示出来，这是一种巨大的诱惑”②。对于那种死板的教条，维特根斯坦也是难以接受的，他认为这是一种束缚。“如果人们，譬如说，把某些图形式的命题规定为人们依据的思考的教条，而且不是以此规定人们的思想，而是以此充分控制一切思考的表达方式，那么这种做法就会产生一种非常特殊的结果。人们将生活在一种绝对的、露骨的暴政之下，尽管还不能说他们是不自由的。我认为天主教的所作所为在某种程度上与此相似。……强迫自己按部就班地思考，这对我来说是一种折磨。”③

综上所述，维特根斯坦在其后期思想中的语言哲学和文化哲学中深刻地反映出了一个人文主义者的良心与胸怀，我们可以毫不夸张地说，他是他那个时代的一只孤独而焦急的“牛虻”。如果说他的前期思想让我们看到了一个天才的维特根斯坦，那么他的后期思想则让我们看到一个使我们产生巨大共鸣而倍感亲切的维特根斯坦。

毫无疑问，维特根斯坦是20世纪最重要的哲学家之一。他的前期哲学影响了逻辑实证主义（逻辑经验主义），他的后期哲学影响了日常语言学派。正如马尔康姆所说，“一个思想家在一生的不同时期，造成两个具有高度独创性的思想体系，每一个体系都是多年紧张劳作的成果，都以一种优美有力的风格表达出来，都对当代哲学产生巨大影响，而第二个体系却是批评和驳斥第一个体系的——这种演变在哲学史上也许是独一无二的”④。如前文所述，尽管他没有受过严格的哲学训练，尽管他对亚里士多德和康德知之甚少，但是我们却有足够的理

---

① Wittgenstein, *Culture and Value*, Oxford: Basil Blackwell, 1980, p.73.

② Wittgenstein, *Culture and Value*, Oxford: Basil Blackwell, 1980, pp.10–11.

③ Wittgenstein, *Culture and Value*, Oxford: Basil Blackwell, 1980, pp.32–33.

④ 诺尔曼·马尔康姆：《回忆维特根斯坦》，李步楼、贺绍甲译，商务印书馆1984年版，第113页。

由说，他是一位天才。对此，罗素曾经说过这样一则轶事：维特根斯坦有一天跑到他那里，问他说，“你看我是不是一个十足的白痴?”罗素不知道为什么他要这样问，维特根斯坦则回答说：“如果我是，我就去当一个飞艇驾驶员，但如果我不是，我将成为一个哲学家”，罗素于是要他写一篇论文，只要写他自己感兴趣的题目就行，维特根斯坦不久把论文拿来了，罗素说，“我刚读完第一句，就相信他是个天才”①，而且认为他是“传统上认为的天才人物的最完美的范例”②。的确，他是一位天才，一位思考“逻辑与罪”的天才，他履行了一个天才的天职。③

---

① Bertrand Russell, *Autobiography*, vol 2, London: George Allen & Unwin, 1967, p.99.

② Bertrand Russell, *Autobiography*, vol 2, London: George Allen & Unwin, 1967, pp.98−99.

③ 参见 R. Monk, Ludwig Wittgenstein,*The Duty of Genius,* London: Jonathan Cape,1990。事实上，维特根斯坦除了受到一些诸如叔本华这样的哲学家影响之外，一代怪才奥托·魏宁格（Otto Weininger）对他的影响也极大，在魏宁格看来，“逻辑和伦理从根本上说是同一个东西：它们无非是对自己的职责”，而维特根斯坦终其一生正是这样实践着魏宁格的理论。参见《维特根斯坦：走出语言囚笼》，第 17—18 页。

第十章

无家可归与返乡之旅：海德格尔对技术文化的批判与对人文文化的建构

海德格尔是著名的当代西方哲学家，他对西方文化的深刻反思在现代哲学家中是很少有人能够企及的。在海德格尔看来，现代西方文化已经沦落为一种不折不扣的技术文化，处在这种技术文化中的人全然遗忘了存在的根基，生活在一种无家可归的迷失状态中。西方技术文化虽然是近代西方社会的产物，但是它的根子在西方形而上学，只有弃绝形而上学之思，才能摆脱技术文化的桎梏，使人本真地生存。海德格尔认为，弃绝形而上学不是将它弃之不顾，同时用一种新的其他之学来取而代之，而是要继续追思形而上学之思所没有思及的东西，即存在本身。存在之思起始于希腊人，那个时代，在希腊人中展示着一种存在的澄明。因此，本真的生存之路实际上是一次返乡之旅，迷途知返是摆在现代人面前的唯一出路。当然，海德格尔也看到，在现代技术文化占支配地位的语境下重返前柏拉图和亚里士多德时代的希腊之思是困难的，然而，他又认为这并非是不可能的。在海德格尔看来，人本身就是建基在存在上的存在者，所以他不可能对存在之呼声始终充耳不闻，实际上诗人之诗就是对存在之呼声的呼应。哲学家像诗人那样运思同样可以达到存在的澄明，对存在之声作出回应。诗和思的珠联璧合将展示一种崭新的人文文化，这种文化不是像技术文化那样把人促逼到一种狭隘的座架中，使人无可奈何地生存，而是把人放置到存在的坚实基地上，使人在一个广袤的空间中栖居。人作为存在的开放者与守护者与存在融为一体，现代文化与古老的希腊文化遥相呼应，这是海德格尔为我们展示的一幅虚幻而又真实的蓝图。

第一节　技术时代的追思

我们生活在一个技术的时代，技术文化对人们来说已经成了司空见惯的事情。在这个时代，人们为技术所宰制，沉溺于技术为人打造的空间中而听任技术对人的派遣。电影电视技术、交通和特殊飞行技术、通讯技术、医疗技术、食品技术以及形形色色的其他技术使人的位置变得愈来愈狭窄。海德格尔说："以任何一种形态出现的技术设备装置每时每时地都在给人施加压力，种种强力束缚、困扰着人们——这些力量早就超过人的意志和决断能力，因为它们并非由人作成的。"①

在我们生活的这个技术的时代，多数人对技术的本质浑然不觉。当问到什么是技术的时候，他们往往回答，技术是合目的的工具，或者技术是人的行为。海德格尔说，这种回答当然不错，但是不错的东西并不等于真实的东西。追问什么是技术就是追问技术的本质，因为本质是事物自身如其所是的显现。但是什么是技术的本质呢？海德格尔说，就像树的本质不是一棵树一样，技术的本质也不是什么技术因素，对于技术本质的答案必须到技术之外去寻找。

海德格尔认为，对技术本质的追问要从技术的源头开始。"技术是合目的的工具"这句话表明在工具和它的结果之间存在着一种因果关系，但是因果关系却不限于工具与目的的关系。如何理解因果关系，是我们本真地理解技术本质的起点。在这方面，希腊人为我们提供了源始的指引。希腊人把原因理解为质料因、形式因、目的因、结果因，在他们看来，这四种原因是招致事物在场的方式。"四种招致方式把某物带入显现中。它们使某物进入在场而出现。它们把某物释放到在场中，并因而使之启动，也即使之进入其完成了的到达之中。"②"招致……进入在场"，在希腊人那里就是"引发"和"产出"。海德格尔援引柏拉图《会饮篇》中的话说，"对总是从不在场者向在场过渡和发生的东西来说，每一种引发都是

① 海德格尔：《泰然任之》，《海德格尔选集》下卷，孙周兴选编，上海三联书店1996年版，第1237页。

② 海德格尔：《技术的追问》，《海德格尔选集》下卷，孙周兴选编，上海三联书店1996年版，第929页。

ποιησιs，都是产出（Her-vor-bringen）。”① 产出既包括自然（physis）的产出，也包括人工的产出，在希腊人看来，自然是最高意义上的产出，因为涌现着的在场者从它本身中得到凸显，和这种产出相比，人工意义上的产出是第二位的，因为它是通过一个它者，譬如一个工匠或艺术家而被带出的。从希腊人的视角看，技术显然属于这第二种意义上的产出。

产出是一种解蔽的方式。“产出从遮蔽状态而来进入无蔽状态而带出”，希腊人称之为“去蔽”。因此，“技术是一种去蔽的样式。技术总是出现在去蔽与遮蔽发生的地方，这也是真理发生之处。”②

现代技术同样是一种解蔽的方式，不过，海德格尔认为，现代技术和古代技术有很大的不同。现代技术不再是一种“引发”意义上的产出，而是“摆置”。（在孙周兴中译本中该词后来被译为“集置”，本书考虑到所引用中译本已定型，故未加改动——笔者注）“引发”意义上的产出庇护着它所从出的东西，“摆置”则是“促逼”（Herausfordern）式地把它所从出的东西带入在场。在现代技术中起支配作用的解蔽是一种“促逼”，即人类向自然提出蛮横的要求，要求自然提供本身能被开采和贮藏的能量。海德格尔说，在以前的农业生产中，农民的耕作包含着关心和照料，他们“把种子交给生长之力，并且守护着种子的发育”③。现代农业则不同，农业成了机械化的食物工业，它在促逼式地摆置着自然。在现代技术中，一切都是被“摆置”好了的，如土地为了矿石被摆置，矿石为了铀被摆置，铀为了原子能被摆置，至于原子能究竟对人是有害还是有利，人们是不明就里的。

海德格尔指出，现代技术不仅摆置了自然，而且摆置了人。表面上人是现代技术的制造者和控制者，实际上人则受现代技术的控制。他说，“护林人已被订造到纤维素的可订造中去了，纤维素被纸张的需求所促逼，纸张则被送交给报纸和画刊。而报纸和画刊摆置着公众意见，使之去挥霍印刷品，以便能够为一种被订造的意见安排所订造。”④

---

① 海德格尔：《技术的追问》，《海德格尔选集》下卷，孙周兴选编，上海三联书店 1996 年版，第 929 页。

② George Pattison, *Routledge Philosophy Guidebook to the Later Heidegger*, Routledge, 2000, p.53.

③ 海德格尔：《演讲与论文集》，孙周兴译，生活 · 读书 · 新知三联书店 2005 年版，第 13 页。

④ 海德格尔：《技术的追问》，《海德格尔选集》下卷，孙周兴选编，上海三联书店 1996 年版，第 936 页。

海德格尔把现代技术对包括人在内的自然的摆置称为“座架”(Gestell)，他说，“座架（Ge-stell）意味着对那种摆置（Stellen）的聚集，这种摆置摆置着人，也即促逼着人，使人以订造方式把现实当作持存物来解蔽。座架意味着那种解蔽方式，此种解蔽方式在现代技术之本质中起着支配作用，而其本身不是什么技术因素。”①

在这个技术的时代，科学也被带入到座架之中。首先，技术是科学的基础，不是现代技术在现代科学的本质之中，而是现代科学在现代技术的本质(即座架)之中；其次，科学本身不再追问真理，而是着眼于所能得到的利益。科学其实是一种技术性的思维，它把包括人在内的自然变成了可被利用的东西。

海德格尔认为，和对技术的本质一样，人们对科学的本质同样茫然无知。当问到什么是科学的时候，他们会回答说，科学是现实之物的理论。然而，“科学是现实之物的理论”的说法只是现代人的看法，它既不适合于中世纪，更不适合于古希腊。什么是“现实之物”？海德格尔说，“现实之物”（Wirkliches）含有“起作用”的意思，起作用意味着“做”。在希腊，“做”不仅意指人的活动，同时也指自然的活动。“做”的确切含义是“放置”。海德格尔说，自然从自身中带出、带来、产生某物，把某物带入在场之中，就是放置。从这个方面看现实之物，“现实之物就是起作用者、被作用者：进入在场的产生者和被产生者”②。什么是“理论”(Theorie)？在希腊人那里，“理论”和“外观”有密切的联系。柏拉图就把在场者在其中表明自身所是的那个外观称为本质。因此，希腊人所说的“理论”是指“观看到在场者在其中显现的那个外观，并且通过这种看而保持对此外观的看。”③海德格尔指出，在希腊人那里，理论家和实践家是有区别的，理论家是作为观看者的一种生活方式，实践家是作为献身于行动和生产的生活方式。然而，这种区别是相对的，因为在希腊人看来，纯粹观看着的生活是最高的“做”。理论无须借助于什么外力就可达到自身的完善形态，因为它自身就是这样一种完善的形态。

海德格尔说，罗马人把希腊人的“理论”翻译为 contemplatio，在德语中对

① 海德格尔：《技术的追问》，《海德格尔选集》下卷，孙周兴选编，上海三联书店 1996 年版，第 938 页。

② 海德格尔：《科学与沉思》，《海德格尔选集》下卷，孙周兴选编，上海三联书店 1996 年版，第 959 页。

③ 海德格尔：《科学与沉思》，《海德格尔选集》下卷，孙周兴选编，上海三联书店 1996 年版，第 962 页。

应于这个词的是观察（Betrachtung）。所谓观察，在拉丁语中就是追求（Trachten）即处理、加工的意思。如果在拉丁语“观察”的意义上对待“理论”，那么它和希腊语意义上的“理论”就大相径庭了。然而，现代科学正是在这个意义上去理解“理论”的。在现代科学中，理论绝不像希腊人理解的那样是纯粹的观看，而是对现实之物的一种极端干预性的加工。人们所说的现实之物，就是受到这种加工以后的对置之物。“科学调节（stellen）着现实之物。它使现实之物自身在各种情况下各自展示为受作用物，即展示在被设定的原因所造成的各种可预测的结果之中的受作用物。现实之物在其对置性中被确定了。由此产生出对象的区域，科学的观察可以以它的方式追踪这些对象。”① 在海德格尔看来，现代科学的各门学科，如数学、物理学、化学、生物学、生理学、历史学、社会学等就是科学所追踪的对象区域。

海德格尔指出，现代科学的基本特点就是它的估算性。所谓“估算”并不仅仅指数学上的计算，而是广义地指一种测算。他说：“广义上的、本质意义上的计算是指：估计到某物、将某物列入观察范围、指望某物，也就是期待着某物。”② 所有的现代科学都具有测算的性质，它们之间的区别只是测算方法上的区别。海德格尔说，传统物理学的测算方法不同于现代物理学的测算方法。在传统物理学中，物体的运动状态都既可以在地点上，又可以在运动量上受到规定；在现代原子物理学中，一个运动状态或者是在地点上，或者是在运动状态上受到规定，二者不可兼得。但是，现代物理学本质上也是测算，他引用海森堡的话说，“能够记录一个唯一的基本方程式，从这个方程式出发导出所有基本粒子的特性，并且因此而导出物质一般的状况”③，这是现代物理学的观点的要求。可见，现代物理学只不过是用一种新的测算方法代替了传统物理学的测算方法而已。

数学成为现代科学中的基本学科不是偶然的，而是由现代科学的本质，即

---

① 海德格尔：《科学与沉思》，《海德格尔选集》下卷，孙周兴选编，上海三联书店 1996 年版，第 966 页。

② 海德格尔：《科学与沉思》，《海德格尔选集》下卷，孙周兴选编，上海三联书店 1996 年版，第 967 页。

③ 海德格尔：《科学与沉思》，《海德格尔选集》下卷，孙周兴选编，上海三联书店 1996 年版，第 969 页。

由科学的干预性思维决定的。如上所述，干预性思维的表现形式就是测算性思维，数学则是一种典型的测算形式。由于现代科学中的物不再是自然中自身涌现的物，而是在对置性中被带入在场的物，所以这种物必然带有人的筹划的性质。物理学把物筹划在位置、时间、质量和作用力中，在这里，没有一个位置优先于其他的位置，没有一种运动和运动方向优先于其他的运动和运动方向，没有一个时间点优先于其他的时间点，每一种力都取决于在单位时间内位置变化的量中产生的东西。因此，它也就使得对物的本质性规定方式的普遍同一的尺度成为可能，即使得数字式的测量成为可能。数学是现代科学作为现代科学的必要条件和本质性特征。海德格尔说："毋宁说：数学，而且是一种特殊的数学，能够发生作用而且必定发生作用，乃是数学筹划的结果。笛卡尔之创立解析几何，牛顿之创立微积分，莱布尼茨之同时创立微分——所有这些新鲜东西，狭义上的数学，唯有在数学的思维特征的基础上才是可能的，才首先是必然的。"① 在海德格尔看来，以数学为标志的自然科学只能称其为精确的科学而不能称为严格的科学。他说："数学的自然科学的严格性乃是精确性（Exaktheit），……与之相反，一切精神科学，甚至于一切关于生命的科学，恰恰为了保持严格性才必然成为非精确的科学。"②

海德格尔指出，现代科学研究的特点是企业性活动，研究所具有企业的性质。在这里，首先是划定对象的区域，其次是利用各种方法对结果进行检验和传达，最后是在此基础上进行劳动力的调换。各种科研人员的严格分工和密切协作保证了研究工作的成功。所谓成功，就是使在场者达到一个可靠的状态，并且以这种状态同人遭遇，现实之物对人来说表现为对象。但是随着这种成功，具有独立思维的学者消失了。他说："所以科学的现代的企业活动特性的决定性展开也造就了另一类人。学者消失了。他被不断从事研究活动的研究者取而代之了。"③ 研究者的课题是出版商确定的，他只要完成出版商下达的任务就行了。在这种情

---

① 海德格尔：《现代科学、形而上学和数学》，《海德格尔选集》下卷，孙周兴选编，上海三联书店 1996 年版，第 871—872 页。

② 海德格尔：《世界图像的时代》，《海德格尔选集》下卷，孙周兴选编，上海三联书店 1996 年版，第 889 页。

③ 海德格尔：《世界图像的时代》，《海德格尔选集》下卷，孙周兴选编，上海三联书店 1996 年版，第 894 页。

况下，研究者和技术人员没有什么不同。“研究者必然自发地涌向根本意义上的技术人员的本质形态的范围中。只有这样，他才能保持活动能力，从而才能在其时代意义上确实地存在，不至于落伍。”①

从现象上看，现代科学与现代技术是相互支持、相互促进的关系。一方面，有了现代精密自然科学的帮助，现代技术远非以前的技术所能匹敌；另一方面，精密的现代技术又向自然科学的发展提供了实验设备上的支持。譬如说，由技术所造之器具，在很大程度上会影响到实验物理学叩问自然的方式。但是从本质上看，现代科学乃是从属于现代技术的。他说，在时间上，现代自然科学开始于 17 世纪，而电动机技术是 18 世纪后半叶才发展起来的，“不过，对历史学的论断来说晚出的现代技术，从在其中起支配作用的本质来说则是历史上早先的东西。”②海德格尔认为，现代科学从一开始就处于现代技术的座架之中，它受这个座架的支配作用所促逼，满足座架摆置自然的要求。座架要求自然的可订造性，于是现代科学就提供了一个图像化的，可供订造的自然。现代技术必须应用自然科学，于是现代科学就成了现代技术的开路先锋。他说：“现代物理学的自然理论并不只是技术的开路先锋，而是现代技术之本质的开路先锋。因为那种进入到订造着的解蔽之中的促逼着的聚集早已在物理学中起支配作用了。”③

在海德格尔看来，处于技术座架中的人和自然都受到了座架的摆置，但是受到座架危害最大的还是人。自从现代科学技术出现以来，人们有一种印象，似乎人的周围世界的一切存在物都是人的制品，人可以认识一切和支配一切。当人进行筹划的时候，他首先是从功利性的角度进行思维的。譬如，在筹建一座工厂时，他要考虑的是这个工厂的投入和产出。这是一种计算性思维。“计算性思维权衡利弊。它权衡进一步的新的可能性，权衡前途更为远大而同时更为廉价的多种可能性。计算性思维唆使人不停地投机。计算性思维从不停息，达不到沉思。计算性思维不是沉思之思，不是思索在一切存在者中起支配作用的意义（Sinn）

---

① 海德格尔：《世界图像的时代》，《海德格尔选集》下卷，孙周兴选编，上海三联书店 1996 年版，第 894 页。

② 海德格尔：《技术的追问》，《海德格尔选》下卷，孙周兴选编，上海三联书店 1996 年版，第 940 页。

③ 海德格尔：《技术的追问》，《海德格尔选集》下卷，孙周兴选编，上海三联书店 1996 年版，第 940 页。

的那种思想。”[①] 这种思维的后果是使人脱离了与存在的本真关系，使人处于无家可归的状态。海德格尔说：“但实际上，今天人类恰恰无论在哪里都不再碰到自身，亦即他的本质。”[②]

计算性思维首先产生于 17 世纪的欧洲，然后以越来越快的速度在世界上蔓延开来，现如今已经统治了整个地球。正是这种计算性思维把人带入了一个热核时代。这个时代最显著的标志是原子弹。原子弹可以毁灭人类，这是人人都知道的，人们因此而想方设法避免核战争的爆发。然而人们不知道的是，即使原子战争不爆发，人类的命运也是无法预测的，这是因为人仍然受着以现代技术为导向的座架的控制。海德格尔说，许多德国人在战争期间失去了家乡，他们是被逐出故土的人。还有无数其他的人，他们是主动离开家乡，投入到大城市的洪流中。那些没有离开家乡的人的处境并不比离家出走的人更好，“他们也无家，比那些被逐出家乡的还要严重几倍。”[③] 他们对广播、电影、画报的热衷——这些既是技术的产物又是技术统治人的表现——更甚于对家乡的土地和蓝天白云的热衷，他们的脚跟并没有真正站立在其脚下的大地上。在这种意义上，他们同样是无家可归的人。

海德格尔认为，通常人们所提出的克服技术的意见并没有切中要害。在功利主义和人类学的解释看来，“对人的生活的不利的后果是作为技术的要克服的东西”，而克服的办法是提高人的责任心、义务感，即用道德来克服技术。[④] 海德格尔指出，这些克服技术的观点没有认识到真正需要克服的东西。座架的真正危险在于，它以订造的解蔽方式遮蔽了其他的解蔽方式。海德格尔说：“然而，座架不仅仅在人与其自身和一切存在者的关系上危害着人。作为命运，座架指引着那具有订造方式的解蔽。这种订造占统治地位之处，它便驱除任何另一种解蔽的可能性。”[⑤] 如上所

---

① 海德格尔：《泰然任之》，《海德格尔选集》下卷，孙周兴选编，上海三联书店 1996 年版，第 1233 页。

② 海德格尔：《技术的追问》，《海德格尔选集》下卷，孙周兴选编，上海三联书店 1996 年版，第 945 页。

③ 海德格尔：《泰然任之》，《海德格尔选集》下卷，孙周兴选编，上海三联书店 1996 年版，第 1234—1235 页。

④ 参见冈特・绍伊博尔德：《海德格尔分析新时代的科技》，宋祖良译，中国社会科学出版社 1993 年版，第 211—214 页。

⑤ 海德格尔：《技术的追问》，《海德格尔选集》下卷，孙周兴选编，上海三联书店 1996 年版，第 945 页。

述，海德格尔认为技术是一种去敝的方式，这种去敝方式把存在者从遮蔽状态带入在场状态。被座架解蔽的物对人来说是一种明明白白的在场，这种在场和人们对物的表象是一致的。由于物符合人们的表象，所以人们认为自己对物的认识是正确的。但是，海德格尔指出，正确的东西不等于真实的东西。真实的东西是来自自然的东西。“科学的表象绝不能改变自然的本质，因为自然的对置性自始就只是自然展现自身的一种方式。”[①]他提醒人们，作为现代性的去蔽方式，技术在揭蔽的同时也在遮蔽。人们因为看不到技术的遮蔽，才会将技术的危害作为一种似乎可以随意消除的东西。因为看不到技术的遮蔽性，才会将技术给我们揭示的事物维度当作事物的全部。换句话说，在海德格尔看来，环境污染、核弹威胁还不是技术的真正危险之所在，如果命运以座架的方式支配着，那才是真正的危险。

海德格尔指出，事实上，没有任何个人和团体能让“原子时代的历史过程刹车或加以引导”[②]。也就是说，人并不能完全操控技术的命运。对待这个时代，海德格尔主张采取“泰然任之”的态度。乔治·费提森认为，“泰然任之”就是“要保持人类与技术之间的宽松关系，就是要求我们不可被技术及技术的成就所吸引，而是要对技术的本质保有我们自己的眼界。”[③]在我们看来，这种解释有一定的道理，但是没有触及海德格尔核心的东西。海德格尔的“泰然任之”包含有对命运的高度自信，这种自信可以用圣经《旧约全书：约伯记》第五章中的话来表示：“因为他打破，又缠裹；他击伤，用手医治。”黑格尔把这句话翻译为“击伤的是他的手，医伤的也是他的手。”[④]海德格尔相信，命运既然把我们带入这个时代，那么它也必将把我们带出这个时代。他引用荷尔德林的诗句说：“但哪里有危险，哪里也有救。”[⑤]海德格尔认为，命运的救渡来自两个方面：一个方面是，技术归根结底来自于自然，从这个方面看，技术的本质中必然蕴含着救渡，只要返回技术发生的地方，就会找到救渡的希望。他说：“据此，我们就必须再度追

---

① 海德格尔：《演讲与论文集》，孙周兴译，生活·读书·新知三联书店 2005 年版，第 57 页。

② 冈特·绍伊博尔德：《海德格尔分析新时代的科技》，宋祖良译，中国社会科学出版社 1993 年版，第 220 页。

③ George Pattiso, *Routledge Philosophy Guidebook to the Later Heidegger*, Routledge, 2000, p.71.

④ 黑格尔：《小逻辑》，贺麟译，商务印书馆 1980 年版，第 89 页。

⑤ 海德格尔：《技术的追问》，《海德格尔选集》下卷，孙周兴选编，上海三联书店 1996 年版，第 946 页。

问技术……救渡乃根植并发育于技术之本质中。”①

在海德格尔看来，技术和艺术是同源的，如果脱离座架促逼着我们的思维，如果我们把技术的思维变成艺术的运思，那么一条澄明之路就向我们敞开了。另一个方面是，事实上作为技术座架之基础的形而上学之思已经走到了尽头。尼采对形而上学的挑战就是一个证明。尼采把形而上学称为虚无主义，他要对形而上学作价值的重估。海德格尔认为，尼采所强调的强力意志仍然是从价值的角度出发的，他还没有彻底摆脱形而上学，但是尼采是最后一个形而上学家，尼采哲学预示了形而上学的终结。一种非形而上学之思正在酝酿发酵之中，所以未来的时代必将是一个后形而上学的时代。随着这个时代的到来，技术文化作为一种时代的产物将会彻底退出历史舞台。

第二节　技术文化与形而上学

在《世界图像的时代》中，海德格尔列举了技术时代的五大现象。第一种现象是科学，第二种现象是机械技术，第三种现象是美学化的艺术，第四种现象是作为文化理解的人类活动，第五种现象是弃神。这五种现象既相互区别又相互联系，它们共同构成了技术时代的时代特征。在海德格尔看来，科学和技术源于表象性的思维；美学化的艺术、作为文化理解的人类活动和弃神源于人的主体性。而这两者则共同来自笛卡尔哲学。笛卡尔哲学作为一种现代的形而上学，是技术时代的思想基础，反过来说，上述五大现象是现代形而上学的表现形式。因此，海德格尔认为，追问技术文化不能不追问形而上学；追问技术文化不能不追问以笛卡尔哲学为起源和主要代表的现代形而上学。对技术文化的克服只有在超越了形而上学之思的情况下才是可能的。

在《形而上学是什么?》中，海德格尔从论证一个貌似奇怪的问题开始：哲学为什么要追问无？他指出，对于科学性思维来说，无是被排除在它的视野之外的。无什么也不是，没有任何考察价值。这个问题同样被排斥在逻辑之外。对于逻辑学来说，无同样什么也不是，考察无便假定了无的存在，而

① 海德格尔：《技术的追问》，《海德格尔选集》下卷，孙周兴选编，上海三联书店1996年版，第947页。

断定不存在的无存在从逻辑上说是一种自相矛盾。虽然科学和逻辑对无弃之如敝履，然而人们又总是被无缠绕着，那就是，此在总是时不时地说“不”。他说：“此在之为不的行为所渗透的状态，就确证了那种持续不断的、但又晦暗不明的无之可敞开状态，即源始地仅仅由畏才揭示出来的无之可敞开状态。”① 在畏中，无得到了特别的彰显。在这篇文章里，他又重申了《存在与时间》中的观点：畏不是怕，怕有怕的对象，畏则没有任何对象，但是在畏中，世界整体却变得全无意蕴。由此可见，畏是对世界整体的否定。海德格尔指出，无的确不存在于世界的任何地方，但是它是人的一种能力，一种超越个别事物的超越性。有了这种无的能力，人才会说不，才会进行否定。有了这种能力，人才会进行追问。而否定乃是肯定的前提，人具有否定个别事物的超越性，他才能把世界作为一个整体来肯定。形而上学的出现，就是建立在人的这种“无”的能力之上的。他说：“形而上学这个名称源自希腊文的 μετα τα φυδυκα。这个奇特的名称后来被解说为一种追问的标志，即一种 μετα —trans—‘超出’存在者之为存在者的追问的标志。” ② 既然形而上学是人的能力，那么就可以说，自从有了人类，就有了形而上学，甚至可以说，人就是形而上学的动物。海德格尔在这篇文章里的确就是这样认为的。他说：“只有当人之此在把自身嵌入无中时，人之此在才能对存在者有所作为。对存在者的超出活动发生在此在之本质中。但这种超出活动就是形而上学本身。这也就意味着：形而上学属于‘人的本性’。……形而上学是此在中的一种基本发生。形而上学就是此在本身。” ③

《形而上学是什么?》发表于1929年。在30年代，海德格尔的观点发生了重要变化。在同样以形而上学为题的《形而上学导论》（1935）中，海德格尔不再提形而上学是人的本性，而是把形而上学看作一个历史阶段。这个阶段开始于柏拉图和亚里士多德，终结于尼采。此后，海德格尔一再强调，“形而上学是存在本身的历史的一个时代。” ④ “形而上学就是柏拉图主义。”⑤ 海德格尔观点的变化，反映

---

① Martin Heidegger, *Pathmarks*, （eds.） William Mc Neill, Cambridge University Press, 1998, p.93.

② Martin Heidegger, *Pathmarks*, （eds.） William Mc Neill, Cambridge University Press, 1998, p.93.

③ Martin Heidegger, *Pathmarks*, （eds.） William Mc Neill, Cambridge University Press, 1998, p.96.

④ 海德格尔：《尼采的话“上帝死了”》，《海德格尔选集》下卷，孙周兴选编，上海三联书店1996年版，第817页。

⑤ 海德格尔：《哲学的终结和思的任务》，《海德格尔选集》下卷，孙周兴选编，上海三联书店1996年版，第1244页。

了他的思想的深化。在后期海德格尔看来，形而上学固然是一种追问，一种思的态度，不过，形而上学思得并不彻底。形而上学只思及存在者的整体，而没有思及存在本身。他在《形而上学导论》中说："而'在的问题'在对在者本身进行形而上学的追问的意义之下恰恰就不以在为主题来进行追问了，在依旧被遗忘。"①

海德格尔认为，形而上学是从一个伟大时代的终结之处开始的，这个终结之处就是柏拉图和亚里士多德的哲学。柏拉图和亚里士多德哲学包含着对本真存在理解的偏离，正是这种偏离，拉开了形而上学的序幕。在海德格尔看来，柏拉图和亚里士多德各自犯下了一个不可原谅的错误，那就是，柏拉图把存在变成了理念，亚里士多德则把真理变成了正确性。

在《形而上学导论》中海德格尔指出，一般人们是在"现实当前"、"经常现存"、"正在进行"、"属于"、"呈现"、"上任"、"露面"等多种含义上使用 ist（是或存在——笔者注）这个词的，在这些相关的众多含义中，有一股"确定的气息"贯穿在其中。这股"确定的气息"透露了它的本质，那就是在场，坚持与持久，停留与出现在一个范围内。他指出，在古希腊，人们谈到存在的时候，他们所指的这个存在不是别的，就是自然。当然，希腊人眼中的自然和现代人眼中的自然是大不相同的。在希腊，"φυσιs（自然）是指卓然自立这回事，是指停留在自身中展开自身这回事。在这样起的作用中，静与动就从原始的统一中又闭又开又隐又显了。"②

然而柏拉图忽视了存在的"在起来"这回事，仅仅从静态的在场，即从外观方面来看待存在。海德格尔说，从"在起来"这回事看空间，是现象收取了空间，促成一切属于空间者出现，而从静态的在场看，现象只是从完备的空间中被观看一番。举个例子来说，这就好像从一支正在行进的军队中抽身出来，从很远的地方看它，把它看得像静止的一样。在海德格尔看来，这种静态的、观看地看待存在的结果，只能导致把存在看成一个在者，一个东西，从而使存在的本质遭到遮蔽。不仅如此，柏拉图还把存在的观念绝对化，认为只有这个存在，这个 ιδεα（外观）是真实的，从而导致把存在和存在者，及本质和现象割裂开来，对立起来。他说，"此时现象又从理念那儿获得另一种意义。现象者，现象这回事，都不再是 ψυσιs，不再是起来起作用，也不再是外观之展示自身，而乃现象这回事就是模本之出现。只要这个模本是绝对达不到它的原型的，那么这个现象

① 海德格尔：《形而上学导论》，熊伟、王庆杰译，商务印书馆 1996 年版，第 20 页。

② 海德格尔：《形而上学导论》，熊伟、王庆杰译，商务印书馆 1996 年版，第 61 页。

者就仅只是现象这回事，其实是一个表象，就是说现在是一种缺陷。现在 ὂν 和 ψαινσμενον 分离开了。”①

海德格尔把逻各斯的本真含义的偏离归结到亚里士多德。他说，在人们谈到逻各斯时，往往指的是说话、思考、理性、判断、学说、规律等，可是在古希腊，这些却不是这个词的本义。希腊人所说的逻各斯是和谈话及其相关含义没有直接关系的“采集”。在引用了荷马，特别是赫拉克利特的话语之后，海德格尔说：“……λογos 在此的意思既不是意义，也不是词，也不是学说，甚至不是‘一个学说的意义’。而乃是：经常在自身中起作用的原始地采集着的集中。”② 自然本身就是“采集着的集中”，它是多样性的统一。因此，严格地说，λογos 与 φυσιs 是同义的。当然，“采集着的集中”也表现在人的语言中。语言具有“使公开”的意思，它把自然多样性的统一展示出来，让人看见。不过，海德格尔指出，语言之所以具有采集着的集中的功能，完全是倾听了存在的呼声，因而是存在通过语言道说自身，而不是语言在道说。海德格尔说：“开端处逻各斯在作为采集而发生了无蔽境界，在建立到此无蔽境界中去并为之效力。现在则倒过来，作为说出话来的逻各斯成为在正确性的意义之下的真理之处所了。于是有了亚里士多德的话，其意认为作为说出话来的逻各斯就是可以是真是假的东西。”③ 作为言说着的逻各斯总要说出点什么来，如这样和那样状态的，这样和那样大小的，这样和那样关联的。由于这些都是从作为说的逻各斯中产生出来的，这样关于在者的诸多规定就又变成追究范畴及其条理的学说了。正是在此偏离的基础上，亚里士多德不仅创造了逻辑和范畴，而且还创造了逻辑的规律，即矛盾律。

在海德格尔看来，在形而上学发展史上起着关键作用的人物是笛卡尔。笛卡尔可以算作现代形而上学的开山。他说：“最早是在笛卡尔的形而上学中，存在者被规定为表象的对象性，真理被规定为表象的确定性了。……整个现代形而上学，包括尼采的形而上学，始终保持在由笛卡尔所开创的存在者阐释和真理阐释的道路上。”④ 笛卡尔提出的“我思故我在”开创了表象性思维的先河，那就是

---

① 海德格尔：《形而上学导论》，熊伟、王庆杰译，商务印书馆 1996 年版，第 184 页。

② 海德格尔：《形而上学导论》，熊伟、王庆杰译，商务印书馆 1996 年版，第 129 页。

③ 海德格尔：《形而上学导论》，熊伟、王庆杰译，商务印书馆 1996 年版，第 185—186 页。

④ 海德格尔：《世界图像的时代》，《海德格尔选集》下卷，孙周兴选编，上海三联书店 1996 年版，第 896 页。

把思看成主体，把在看成对象（表象）。思成了在的发源地和根据。在海德格尔看来，尽管柏拉图和亚里士多德偏离了存在的真义，他们毕竟还是在古希腊的原义上阐释存在和逻各斯。在谈到柏拉图和亚里士多德的历史地位时，海德格尔不无尊敬地写道：代表一个时代终结的人物终究还是伟大的，柏拉图和亚里士多德就是这样的人。笛卡尔就不同了，如果说柏拉图和亚里士多德是偏离，那么笛卡尔则是不折不扣的背离。海德格尔说："与希腊的觉知不同，现代的表象意指着完全不同的东西。这种表象的含义最早由 repraesentatio 一词表达出来了。表象在这里的意思是：把现存之物当作某种对立之物带到自身面前来，使之关涉于自身，即关涉于表象者，并且把它强行纳入到这种与作为决定性领域的自身的关联之中。"①

不过，海德格尔并没有把笛卡尔的形而上学看作笛卡尔本人心血来潮的产物，而是把它看作一个时代的思维方式。在《关于物的追问——康德关于先验原理的学说》中，海德格尔总结了数学因素的六大本质特征。这些特征从大体上而言，即心灵先行作出一种关于物之为物的筹划，在这种作为公理的筹划中假定了人应该如何看待物和如何评价物，即规定了物的本质。因而自然不再是决定物体的运动形式和位置的物体自在的能力，而是在筹划中所显示出来的东西。具体地说，就是单一的，可计算的位置、时空与质量大小。海德格尔指出，笛卡尔哲学的实质是对这种思维方式的形而上学论证。笛卡尔把自己的主要著作定名为《第一哲学的沉思》说明它不是什么知识论，而是以物之为物性的追问方式对存在者之存在的追问。他的"清楚明白"无非是为数学话语作哲学的铺垫，而"我思故我在"则是为了论证"清楚明白"的思对一切存在的优先性。海德格尔说："在'我设定'（Ich setze）中，作为设定者的'我'被一起和预先设定为已经摆在眼前的东西，即存在者。存在者之存在是从作为设定之确定性的'我在'那里得到规定的。"② 海德格尔指出，笛卡尔哲学之所以成为一个时代的思维方式，一种形而上学，是因为中世纪哲学严重禁锢了人，在数学的筹划中不仅有一种思想解放，同时还有一种对自由的自我进行约束的新的经验构成。笛卡尔的自我是大写的人类

---

① 海德格尔：《世界图像的时代》，《海德格尔选集》下卷，孙周兴选编，上海三联书店 1996 年版，第 901 页。

② 海德格尔：《现代科学、形而上学和数学》，《海德格尔选集》下卷，孙周兴选编，上海三联书店 1996 年版，第 881 页。

理性，只有这个理性才是一切事物的尺度和法庭。

在海德格尔看来，形而上学有两个最显著的特点，一个是根据理念来解释现实，另一个是根据价值来衡量世界。他说："柏拉图洞穴比喻中所叙述的故事描绘出现在和将来依然在由西方所烙印的人类历史中真正发生的事件的景象：人在作为表象之正确性的真理之本质意义上根据'理念'来思考一切存在者，并且根据'价值'来估价一切现实。唯一的和首要的决定性事情，并非何种理念和何种价值被设定了，而是人们根本上是根据'理念'来解释'现实'，根本上是根据'价值'来衡量'世界'。"①

海德格尔认为希腊人眼中真正的存在是自然，自然是指停留在自身中展开自身这回事。在者在自然中绽出式的出场以及从这种在场中隐退是自然的动态的方面；自然在这种出场与隐退中保持自身的持存性是自然静态的方面。自然是静与动的原始的统一。但从柏拉图开始，自然的动态的方面不见了，只剩下了一个 ιδεα（外观）。在柏拉图那里，这个"外观"一方面是自然的外观，另一方面也是对人呈现的外观。久而久之，人们习惯于从外观的角度，从人的观看的角度看自然，于是外观就成了表象，而真理就成了认识与这个"外观"的"符合"。亚里士多德进一步断言真和假不存在于自然中，只存在于人的认识中，于是真理就变成了一种人的事情。亚里士多德还把逻各斯变成了逻辑，这样就把一切非逻辑的东西都排除在真理之外了。现代人把世界看作图像，把真理看作命题与图像的"符合"是和柏拉图、亚里士多德的形而上学一脉相承的。只是现代人把这种以人为中心的自然观发展到了极致。现代人的自然观完全违背了自然的本性，这种真理观表面上达到了自然的无蔽状态，实际上却是对自然的更大的遮蔽。这种自然观和认识论上的偏离就解释了现代人为什么不再把自然看作自己栖身的家园，而是看作人摆置的对象，解释了为什么世界变成了受座架支配的技术世界，同时也就解释了为什么现代科学成为这个技术世界的开路先锋。

在海德格尔看来，现代人的价值观也和柏拉图不无干系。在"洞喻说"中，柏拉图把最高的理念比作太阳，比作善。诚然，柏拉图所说的太阳还是指自然的澄明，但是这个术语，无疑是最适合于人观看的。柏拉图确立了善的理念对其他事物的优先性，这就使得人们首先从外观上寻找那个可以充当为善的理念，"对

① Martin Heidegger, *Pathmarks*, (eds.) William McNeill, Cambridge University Press, 1998, p.182.

于现代观念来说，‘善的理念’这个术语太容易引人误入歧途。”① 如果人们把理念的本质理解为主观表象，那么人们就会在“善的理念”中找到现成的价值。至于这种价值是民族主义还是国际主义，是集体主义还是个人主义，是享乐主义还是禁欲主义在海德格尔看来并不重要，因为它们都是以人为中心而不是以存在为中心。重要的是，要从根本上改变这种以人为中心的价值观。海德格尔说：“然而，如果价值不能让存在成其为存在，让存在作为存在本身而存在，那么，所谓的克服首先就是虚无主义的完成。因为现在，形而上学不仅不思存在本身，而且对这种存在的不思还被掩盖在一种假象之中，仿佛它由于把存在评价为价值就以最隆重的方式思考了存在，以至于一切存在之问都变得多余的了。”②

形而上学有它的起源和高潮，自然就有它的没落和终结。在海德格尔看来，尼采哲学就是形而上学的尾声。海德格尔在《尼采的话“上帝死了”》一文中写道：“这一番指明工作将揭示西方形而上学的一个阶段，它也许是形而上学的最终阶段，因为就形而上学通过尼采而在某种程度上自行丧失了它本己的本质可能性而言，我们不再能够看到形而上学的其他什么可能性了。”③

那么，海德格尔又是在哪里看到形而上学在尼采哲学中具有垂死征兆的呢？他是在尼采的价值哲学中。海德格尔认为，一方面，尼采的价值哲学是形而上学最彻底、最有说服力的形式；另一方面，又是形而上学的最终形式，是形而上学的逻辑终局。

海德格尔从尼采所说的上帝之死开始论证形而上学的这种历史命运。他指出，尼采说的上帝之死并不意味着此后将没有人相信宗教，世界将是无神论的世界了。尼采说的上帝之死意味着形而上学的死亡。按照海德格尔的说法，形而上学的基本结构就是一个超感性世界和一个感性世界的对立，随着上帝之死，这种二元对立也就失效了，因为没有任何证据使人相信那些先天实体了，甚至连人们一向推崇的真、善、美也失去了它们彼岸的理想性。海德格尔说：“但现在，由于出现了这样的洞识，即，理想世界是绝不能在实在世界内实现的，于是，那些

---

① Martin Heidegger, *Pathmarks*, (eds.) William McNeill, Cambridge University Press, 1998, p.175.

② 海德格尔：《尼采的话“上帝死了”》，《海德格尔选集》下卷，孙周兴选编，上海三联书店1996年版，第811—812页。

③ 海德格尔：《尼采的话“上帝死了”》，《海德格尔选集》下卷，孙周兴选编，上海三联书店1996年版，第763页。

最高价值就已然自行废黜了。”①海德格尔指出，尼采虽然看到传统形而上学价值观的死亡并揭示了传统价值观的虚无性，他自己却依然没有摆脱形而上学的窠臼。尼采用强力意志的价值哲学取代了传统的价值哲学，但价值哲学本身就是一种形而上学。他说：“尽管尼采对形而上学做了彻底的颠倒和重估工作，但当他把在强力意志中为意志的保存而固定下来的东西径直叫做存在或存在者或真理时，他还是停留在形而上学传统的百折不挠的道路中。”②

形而上学从柏拉图和亚里士多德开始，经过笛卡尔到尼采走过了一段漫长的行程，那么形而上学的本质是什么呢？在海德格尔看来，形而上学的本质就是人道主义。“每一种人道主义或者建基于一种形而上学中，或者它本身就成了这样一种形而上学的根据。……因此之故，尤其从人之本质如何被规定的方式着眼，一切形而上学的特性都表现在：形而上学是‘人道主义的’。与此相应，任何一种人道主义就都是形而上学的。”③在海德格尔看来，人道主义就是从人的视角看问题，一切都围绕着人旋转的哲学。这种哲学不是建立在自然的基础上，而是建立在人的基础上，完全违背了天道。所有当代社会的弊病，从根本上说都是由人道代替天道引起的。

第三节　立足于存在视野的人文文化

海德格尔从尼采哲学中看到了传统形而上学的“自行废黜”，从而预感到构建一种新型的人文文化的迫切需要。传统形而上学的核心是人道主义，但是从人道主义中是不可能构建起人的真正的人文文化来的。在海德格尔看来，人道主义是人的一种自恋症，人在对自我的迷恋中迷失了他的存在的根基。人道主义使人成了无根的人。海德格尔说，他在《存在与时间》中就提出了反人道主义的思想，这种思想并不是赞成非人道，维护非人性，贬低人的尊严，“这种思想反对

---

① 海德格尔：《尼采的话“上帝死了”》，《海德格尔选集》下卷，孙周兴选编，上海三联书店1996年版，第776页。

② 海德格尔：《尼采的话“上帝死了”》，《海德格尔选集》下卷，孙周兴选编，上海三联书店1996年版，第793页。

③ Martin Heidegger, *Pathmarks*, (eds.) William McNeill, Cambridge University Press, 1998, p.245.

人道主义，是因为人道主义把人之人道放得不够高。”① 人道主义不但没有从存在的角度来思物，也没有从存在的角度来思人，在人道主义中始终存在着一种“在的遗忘”。

海德格尔指出，要结束人的流离失所、无家可归的情况，必须把人安置在存在的根基上，从存在的角度来思人。从存在的角度来思人，人是一种绽出式的存在，即把自身展现为一个自身能在的在者。人的绽出式的存在表现在人的筹划中。但是，海德格尔说，“在筹划中抛者不是人，而是存在本身，是把人发送到作为其本质的此在的绽出之生存中去的存在本身。”② 人是受天命的差遣被抛到此的，因此，人之筹划应归属于存在的筹划，人之澄明应看作存在自身澄明的表现。用我们的话说，是自然造就了人，是自然使人成了宇宙的精华，万物的灵长。海德格尔说，存在之澄明允诺着通向存在的切近处，在这个切近处，居住着作为绽出式的生存者的人。

人是存在的产物，人的澄明是存在的自身澄明的表现，这是海德格尔构建新型人文文化立论的基点。海德格尔对语言的阐释、对诗和思的阐释、对艺术的阐释、对建筑的阐释，总而言之，对新型人文文化的阐释，只有从这个基点出发才可以得到理解。

在海德格尔看来，语言是人的筹划的一种极其重要的形式。在《存在与时间》中海德格尔就谈到，此在对世界的筹划离不开语言，此在的现身和领会只有通过语言才能表现出来，没有语言的现身和领会是不可理解的。在后期海德格尔哲学中，更加彰显了对语言的重视。不过，这时的海德格尔主要不是从人的角度，而是从存在的角度来谈论语言的。语言和存在有什么关系呢？在《关于人道主义的书信》中海德格尔说：“语言是存在之家。人居住在语言的寓所中。思想者和作诗者乃是这个寓所的看护者。”③

在《语言的本质》中，海德格尔对“语言是存在之家”作了系统的阐释。在海德格尔看来，“语言是存在之家”的第一种含义是，存在是在语言中达于在场的。语言是对物的命名，从这个意义上说，任何存在者的存在都居住于词语之中。格奥尔格在《词语》一诗的末尾写道：“词语破碎处，无物可存在。”海德格

① Martin Heidegger, *Pathmarks*, (eds.) William McNeill, Cambridge University Press, 1998, p.251.

② Martin Heidegger, *Pathmarks*, (eds.) William McNeill, Cambridge University Press, 1998, p.257.

③ Martin Heidegger, *Pathmarks*, (eds.) William McNeill, Cambridge University Press, 1998, p.239.

尔把它改成了“词语缺失处，无物存在”。海德格尔指出，语言把存在者带到了在场的澄明中，在语言中，物才作为它所是的东西显现出来。在现在这个技术时代，人们对语言的理解和以上的理解大相径庭，他们并不认为语言和存在有什么本质的联系。人造卫星、火箭、原子弹、反应堆之类的东西并不依赖于人们对它们的命名，语言和存在物的关系完全是一种外在的关系。但是，他说，如若没有技术时代的语言，如若不是技术时代的语言把人设置到它的指令中，如何会有人造卫星之类的东西呢？可见，就是在技术时代，语言也是一种存在之家，存在者始终被安顿在使它是其所是的语言中。

“语言是存在之家”的第二种含义是语言开创了作为“家”的世界。在海德格尔的后期思想中，世界是和大地相对而言的。大地是存在的自行锁闭之处，世界则是存在绽出的澄明之处。语言把存在者从幽暗之处带入澄明之处，便是把存在者从大地带入了世界。世界包含四个地带，这四个地带是天、地、神、人。语言使它们相互面对，从而形成了一个四方体，或者说一个四维的整体。那么，语言是如何把存在者从大地带入世界的呢？海德格尔认为是通过“道说”实现的。他指出，语言之说不是一般的说，而是“道说”。“道说”可以理解为大道之说。语言之所以能够把世界的四个地带带到近旁，因为这四个地带是从一个“同一者”（das Shelbe）中生发出来的，这个“同一者”就是大道。正是大道使得天、地、神、人这四个维度向着道说聚集，反过来说，通过“道说”，我们可以理解这四个维度是如何相互切近的。他说，“道说（sagen）在古代斯堪的那维亚语中叫作Sagan，意思就是显示（zeigen）：让显现（erscheinen lassen），既澄明又遮蔽着之际开放亦即端呈出我们所谓的世界。”①

“语言是存在之家”的第三种含义是，语言是存在所建构的家，本质的语言是存在的语言，而不是狭义的人的语言。海德格尔说，我们可以把语言的本质表述为：“语言的本质：本质的语言。”这里重要的是弄清什么是本质的语言。海德格尔指出，人们说语言是人的语言，这当然是不错的，人们甚至可以从生理学的角度说明人是如何“说”语言的。语言可以归结为舌头的颤动，语言的旋律和节奏可以追溯到语言与歌唱的关系。但是，这些“正确”的东西真的说出了语言的本质吗？没有。语言的本质和人的发音器官无关，倒是和一种语言有关，这种语

① 海德格尔：《语言的本质》，《海德格尔选集》下卷，孙周兴选编，上海三联书店1996年版，第1103页。

言就是方言。方言的差异不在于语言器官的差异，而在于说话的地方的差异。语言器官出自身体，身体出自大地，方言的不同在于人们所栖居的地域的不同。荷尔德林在赞美诗《日耳曼人》中把语言比喻为“口之花朵”，海德格尔借此说道：“如果把词语称为口之花朵或口之花，那么，我们便倾听到语言之音的大地一般的涌现。从何处涌现出来？从那种在其中发生着让世界显现这样一回事情的道说（Sagen）中。音（das Lauten）从鸣响（das Läuten）中发出，从那种召唤着的聚集中发出，这种对敞开者（das Offene）敞开的聚集让世界在物那里显现出来。”[①] 在阐释了语言的本质之后，海德格尔明确指出：“于是，语言就绝不单纯是人的一种能力。语言之本质属于那使四个世界地带‘相互面对’的开辟道路的运动的最本己的东西（das Eigenste）。”[②]

在海德格尔哲学中，语言首先是和诗联系在一起的。诗是一种语言，但又不是普通的语言，用海德格尔的话说，诗是一种“原语言”。他说：“诗乃是一个历史性民族的原语言（Ursprache）。”[③] 这种“原语言”正是他在《语言的本质》中所强调的“本质的语言”。海德格尔认为，语言的本质要从诗中去寻觅。荷尔德林是海德格尔特别推重的一位诗人，他认为荷尔德林的诗恰恰是“诗化了诗的本质”。[④] 在《荷尔德林和诗歌的本质》中，海德格尔通常总是先引用荷尔德林的诗句，然后再加以诠释。

海德格尔认为，诗是一种创建。诗通过命名诸神、命名在诗中是其所是的事物而开启存在，使存在者得到显现。他指出，存在和存在者的本质是不能被计算出来或者从现成的事物中推演出来的，而是通过诗的命名创建出来的。诗的命名是一种召唤，这种召唤把它所召唤的东西带到在场，带到近旁，带到指定的位置，也就是带到世界之中。在《语言》中，海德格尔援引乔治·特拉克尔的《冬夜》，指明诗是如何把天、地、人、神召唤到世界之中的。特拉克尔的原诗如下：

---

① 海德格尔：《语言的本质》，《海德格尔选集》下卷，孙周兴选编，上海三联书店 1996 年版，第 1112 页。

② 海德格尔：《语言的本质》，《海德格尔选集》下卷，孙周兴选编，上海三联书店 1996 年版，第 1118—1119 页。

③ 海德格尔：《荷尔德林和诗歌的本质》，《海德格尔选集》上卷，孙周兴选编，上海三联书店 1996 年版，第 319 页。

④ 海德格尔：《荷尔德林和诗歌的本质》，《海德格尔选集》上卷，孙周兴选编，上海三联书店 1996 年版，第 310 页。

雪花在窗外轻轻拂扬，
晚祷的钟声悠悠鸣响，
屋子已准备完好
餐桌上为众人摆下了盛筵。

只有少量漫游者，
从幽暗路径中走向大门。
金光闪烁的恩惠之树
吮吸着大地中的寒露。

漫游者静静地跨进；
痛苦已把门槛化成石头。
在清澄光华的照映中
是桌上的面包和美酒。

海德格尔对这首诗几乎作了逐字逐句的阐释，在我们看来他下面的这段话集中阐释了诗的召唤作用。他说："落雪把人带入暮色苍茫的天空之下。晚祷钟声的鸣响把终有一死的人带到神面前。屋子和桌子把人与大地结合起来。这些被命名的物，也即被召唤的物，把天、地、人、神四方聚集于自身。这四方是一种原始统一的并存。物让四方的四重整体（das Geviert der Vier）栖留于自身。这种聚集着的让栖留（versammelndes Verweilenlasen）乃是物之物化（das Dingen der dingen）。我们把在物之物化中栖留的天、地、人、神的统一的四重整体称为世界（Welt）。"① 诗就是通过这种方式创建了世界的。

海德格尔借用荷尔德林的诗句指出，诗人的灵感来自自然。"自然并非在某某地方还有它的力量之封地。它是力量源泉本身。力量之本质由自然之无所不在而得规定，荷尔德林称之为'强大圣美的自然'。"② 自然的混沌中包含着一种巨

① Martin Heidegger, *Poetry, Language, Thought,* trans. by Albert Hofstadter, Harper & Row Publishers, 1975, p.199.

② 海德格尔：《荷尔德林和诗歌的本质》，《海德格尔选集》上卷，孙周兴选编，上海三联书店 1996 年版，第 331 页。

大的张裂，这是黑暗与光明的张裂，由于这个张裂，敞开领域才开启自身。诗人领悟到并在破晓中捕捉到了这个张裂，从而分享了自然的神圣灵光。他借助这个灵光道说存在的澄明，于是诗人也敞开地处于敞开领域中，这个敞开领域从“天穹高处直抵幽幽深渊”，因此诗人拥有一种彻里彻外的澄明。诗人的道说是神圣的，是因为“强大而又圣美、令人惊叹而又无所不在的自然拥抱着诗人。”① 诗人的诗句是对自然的应合，这就是诗的本质。

海德格尔指出，诗人不仅说到了存在的澄明，而且把这种澄明发送到大地之子们那里。他是用诗歌来发送存在的澄明的。诗的灵魂在歌唱中飘荡，游动在天空和大地中间，也游动在诸民族中间。诗通过对诸神和事物本质的命名，为人的此在设置了一个固定的基础，从此，人才能“诗意地栖居”。海德格尔说：“‘诗意地栖居’意味：置身于诸神的当前之中，受到物之本质切近的震颤。”② 海德格尔的表述使我们想起维柯。维柯在他的《新科学》中谈到，原始的诸异教民族，都是用诗性的文字说话的诗人。他们通过对神的命名建立了自己的天文学，通过对神的命名计算年月，观察作物的生长。法罗收集了拉丁的、希腊的神名，发现竟然各有三万种之多。这些神名涉及古代身体的、精神的、经济的、民政的各方面需要，人们就是根据各种神灵认识事物的。“诗人介于神人之间，在形式上酷似尼采所说的超人……尽管如此，诗人不单单是自己意义宇宙的创造者，他们还是超出他们理解能力之外的意义和真理的承担者。”③

理解了海德格尔对诗的看法，也就容易理解他对艺术的看法了。海德格尔在《艺术作品的本源》中说：“作为存在者之澄明和遮蔽，真理乃通过诗意创造而发生。凡艺术都是让存在者本身之真理到达而发生；一切艺术本质上都是诗(Dichtung)。”④ 在海德格尔看来，建筑艺术、绘画艺术、音乐艺术等都是诗意的创造，诗不仅是语言的本质，也是艺术的本质。

为什么说上述艺术创造都是诗意的创造呢？海德格尔指出，本质的语言是诗

① 海德格尔：《荷尔德林和诗歌的本质》，《海德格尔选集》上卷，孙周兴选编，上海三联书店 1996 年版，第 332 页。

② 海德格尔：《荷尔德林和诗歌的本质》，《海德格尔选集》上卷，孙周兴选编，上海三联书店 1996 年版，第 319 页。

③ George Pattison, *Routledge Philosophy Guidebook to the Later Heidegger*, Routledge, 2000, p.171.

④ Martin Heidegger, *Poetry, Language, Thought*, trans. by Albert Hofstadter, Harper & Row Publishers, 1975, p.72.

的语言，诗的道说把不可道说的东西带给世界，建筑艺术、绘画艺术、音乐艺术已经发生在并且始终发生在这种道说的敞开领域中了。它们以各自的方式遵循着诗的路径，“它们是在存在者之澄明范围内的各有特色的诗意创作，而存在者之澄明早已不知不觉地在语言中发生了。”①

遵循着诗的路径，绘画把存在者的存在带入在场。海德格尔用梵高的画作《农夫的鞋》说明绘画是如何以它的方式做着诗的事情的。一双农鞋在没有进入梵高的绘画时只不过是一个普通的器具，器具的唯一作用就是它的有用性。但是，海德格尔说，在梵高的绘画中，这双硬邦邦、沉甸甸的破旧农鞋却聚集着单调的田垄上湿润而肥沃的泥土，聚集着在寒风料峭的田垄上农妇坚韧而迟缓的脚步，聚集着大地对成熟的谷物的宁静的馈赠，聚集着对面包的焦虑以及战胜了贫困的喜悦，它甚至隐含着分娩时的阵痛和死亡逼近时的战栗。这器具属于大地，在农妇的世界中得以保存。农鞋——这个在者——的存在，它的真实本质，就这样在梵高的绘画中被开启出来了。在这个世界中，存在的真理(无蔽）自行显现。是“艺术作品使我们知道了真实的鞋是什么。”②

遵循着诗的路径，建筑艺术把存在者的存在带入在场。海德格尔用希腊神庙说明建筑艺术是如何以它的方式做着诗的事情的。一座希腊神庙静静地屹立在巨石遍布的山谷中。它通过圆柱式门厅让神的形象进入神圣的领域。神庙里居住着神，神在神庙中在场。通向四方的道路向神庙聚集，这些道路关联着人的诞生和死亡、灾祸和福祉、胜利和耻辱、忍耐和堕落，关联着人类的存在和人类的命运。神庙坐落在坚硬的岩石上，它无声地承受着席卷而来的猛烈风暴。它使白昼的光明和黑夜的幽暗显露出来。它的泰然宁静映衬了海潮的凶猛，天空的辽阔。由于它的存在，环境——树木和草地，兀鹰和公牛，蛇和蟋蟀——才得到鲜明的彰显。天、地、神、人在神庙中汇集，“神庙作品，矗立在那里，开启着世界，同时把这世界重又置回到大地之中”。③

---

① Martin Heidegger, *Poetry*, *Language, Thought*, trans. by Albert Hofstadter, Harper & Row Publishers, 1975, p.74.

② Martin Heidegger, *Poetry*, *Language, Thought*, trans. by Albert Hofstadter, Harper & Row Publishers, 1975, p.35.

③ Martin Heidegger, *Poetry, Language, Thought,* trans. by Albert Hofstadter, Harper & Row Publishers, 1975, p.42.

在海德格尔看来，虽然艺术的本质是本质的诗，但是和诗相比，艺术有它的特点。他说，“建立一个世界和制造大地，乃是作品之为作品存在的两个基本特征。”① 艺术是通过把大地带出大地而建立世界，同时又把世界带回大地而制造大地。艺术需要质料，质料来自大地。但大地是闭锁的，世界则是敞开的。大地自身并不会形成一个世界。石头没有世界，树木没有世界，吃草的牛羊也没有世界，是“作品把大地本身挪入一个世界敞开领域中，并使之保持于其中。作品让大地成为大地（Das Werk lässt die Erde eine Erde sein）。”② 作品把大地带出了大地，带到了世界的澄明中，但作品并没有脱离大地，作品始终置身于大地之中，我们从梵高的农鞋和希腊的神庙中可以看出作品就置身在大地之上，在这个意义上，作品又把世界带回大地。这种带出和带回的过程就是建立和制造。

海德格尔认为，艺术建立世界和制造大地，因此便和真理有一种本质的关联。在谈到艺术的本质时，他说：“艺术的本质就应该是‘存在者的真理自行设置入作品’(das Sich-ins-Werk-Setzen der Wahrheit des Seienden)。” ③ 真理，在现代人看来就是正确性，亦即对象与人的认识形式相符合。海德格尔指出，这种真理观虽然是不错的，但不是本真的。本真的真理是比“不错”更加源始的东西，希腊人称这种东西为 Αληθεια（Aletheia），即去蔽或无蔽。没有大地的澄明，人如何能够“正确”地“观”那个对象，对象又如何能够与人的认识形式相符合？然而，海德格尔认为大地是闭锁的，世界是敞开的，艺术把大地带入敞开领域，带入世界，这个世界不能容忍任何锁闭，但大地是庇护者，它总是倾向于把世界摄入它自身并扣留在它自身之中。这样，在世界和大地之间就存在一种永恒的“争执”。要使大地进入世界，就需要去蔽。艺术，首先是语言的艺术——诗，就是去蔽的实现。就像诗一样，其他艺术也把在者带入世界的澄明之域中，因此，艺术是一种本真的真理。那么，为什么不说艺术是真理，而说存在者的真理自行设

① Martin Heidegger, *Poetry, Language, Thought,* trans. by Albert Hofstadter, Harper & Row Publishers, 1975, p.48.

② Martin Heidegger, *Poetry, Language, Thought,* trans. by Albert Hofstadter, Harper & Row Publishers, 1975, p.46.

③ Martin Heidegger, *Poetry, Language, Thought,* trans. by Albert Hofstadter, Harper & Row Publishers, 1975, p.36.

置入艺术呢？那是因为在海德格尔看来，大地的闭锁并不排斥它自身有一种澄明的光亮。他说，“倘若不是存在者之无蔽已经把我们置入一种光亮领域——而一切存在者在这种光亮中站立起来，又从这种光亮那里撤回自身——那么，我们凭我们所有正确的观念，就可能一事无成，我们甚至也不能先行假定，我们所指向的东西已经显而易见了。”① 如果说诗人是捕捉到了自然的神圣灵光从而道说自然的澄明，那么其他的艺术家也是如此。

海德格尔不但从存在的视角道说了艺术，而且还道说了艺术作品与器具的联系和区别。他指出，作品与器具确具有共同之处，希腊人就用同一个词 τεχγη 来表示技术和艺术，用同一个名称 τεχγιτηs 来称呼手工艺家和艺术家。因为无论是艺术品还是器具都是制造出来的，手工艺人和艺术家则是制造者。但是艺术毕竟不是器具。艺术作品和器具的区别在于，艺术品及其制造者要服从艺术的本质，即真理，而器具及其制造者则以实用为目的。这个原因决定了艺术和器具的另一个不同之处，那就是，器具“消耗”大地的材料，艺术不是消耗材料，而是把材料保存在作品中，这些材料在作品中不但仍然鲜明，甚至更加鲜明。

艺术作品是人制作的，当然需要保存，保存艺术作品的也是人。可是海德格尔却说，“相反，作品最本己的现实性，只有当作品在通过它自身而发生的真理得到保藏之际才起作用。”② 海德格尔当然不是否认艺术品需要人来保存，他的意思是说，艺术品是否需要得到保存，主要是由艺术品本身的真理性决定的，一件本真的艺术品注定要受到保存，因为其中的真理吸引人们去保存它，传承它，而保存它的人，则通过以真理的归属关系形成了历史性的共同此在。伽达默尔对海德格尔的这种看法极为赞同。他在《真理与方法》中写道：“艺术的万神庙并非一种把自身呈现给纯粹审美意识的无时间的现时性，而是历史地实现自身的人类精神的集体业绩。”③

海德格尔对语言的阐释、对诗的阐释、对艺术的阐释，归根到底是为人类提

① Martin Heidegger, *Poetry, Language, Thought,* trans. by Albert Hofstadter, Harper & Row Publishers, 1975, p.52.

② Martin Heidegger, *Poetry, Language, Thought,* trans. by Albert Hofstadter, Harper & Row Publishers, 1975, p.68.

③ 伽达默尔：《真理与方法》上卷，洪汉鼎译，上海译文出版社 1999 年版，第 124 页。

供一个精神家园，以便人类在形而上学终结之后，在它所制造的一片废墟上能够安顿下来，并且安顿在坚实的寓所中。不过，他并不认为只有精神的家园就够了，人们毕竟生活在一个现实的世界中。那么人们应该怎样对待现实呢？海德格尔的回答是：要“诗意地栖居”。所谓诗意地栖居，在我们看来还有把诗（包括艺术）的真理带入现实，使现实世界成为一个真正澄明的世界，而不是一个被技术的座架遮蔽的世界的意义。他的这一思想集中体现在《筑·居·思》中。

在这篇文章中海德格尔引用古高地德语 buan，指出“筑造”这个词在古德语的意思中就是栖居。“筑造原始地意味着栖居”，① 人能够筑造，是因为人能够栖居。栖居是人存在于大地上的存在方式。为栖居而筑造在海德格尔看来是筑造的本质。但是栖居的本质又是什么呢？海德格尔认为，栖居不仅意味着居住，更意味着爱护和保养，“栖居的基本特征就是这种保护。” ②

人存在于大地之上，天空之下，大地是承受者，在大地上有岩石和水流，植物和动物。天空高悬在人的头上，在天空有日月运行，群星闪烁，四季轮转，昼夜交替，有白云的漂浮和天穹的湛蓝深远。人还与诸神为伴，诸神是神性之暗示的使者。此外，还有终有一死的人。终有一死的人作为“大地之子”，和天、地、神、共同构成了一个四重整体。人栖居在这个四重整体中，他的使命就是保护这个四重整体。

在海德格尔看来，从这种视野上看待筑造，筑造就获得了它的积极的意义。筑造就是建立和保养。海德格尔以桥为例说明筑造的积极意义是什么。桥把大地聚集为河流四周的风景，桥任河水漂流而去，桥也为终有一死的人提供道路，作为飞架起来的通道，桥聚集在诸神面前。总之，“桥以其方式把天、地、神、人聚集于自身。” ③ 桥是人造的，但桥的积极意义在于对于四重整体的应和。对四种整体的应和是桥的意义所在，也是一切建筑的意义所在。

海德格尔指出，从桥的意义也可以看出生产的意义。他说，生产在希腊语

---

① Martin Heidegger, *Poetry*, *Language, Thought,* trans. by Albert Hofstadter, Harper & Row Publishers, 1975, p.147.

② Martin Heidegger, *Poetry*, *Language, Thought,* trans. by Albert Hofstadter, Harper & Row Publishers, 1975, p.149.

③ Martin Heidegger, *Poetry*, *Language, Thought,* trans. by Albert Hofstadter, Harper & Row Publishers, 1975, p.153.

中叫作 τεχνη，它的意思是“这样或那样地让某物作为此物或彼物进入在场者中显现出来。”[①] 桥的生产就是这种“让显现”的表现。但生产的目的是“让栖居”，而“让栖居”的目的则是对四重整体的建立和庇护。

海德格尔说：“真正的栖居困境乃在于：终有一死者总是重新去寻求栖居的本质，他们首先必须学会栖居。倘若人的无家可归状态就在于人还根本没有把真正的栖居困境当作困境来思考，那又如何呢？可是，一旦人去思考无家可归状态，它就已经不再是什么不幸了。正确思之并且好好牢记，这种无家可归状态乃是把终有一死者唤入栖居中的唯一呼声。”[②] 现代性的危机呼唤着一条使人真正栖居的返乡之路。

自从海德格尔哲学面世以来，他的哲学就成了人们关注的焦点。萨特从对海德格尔的解读中读出了人道主义，并且写出了著名的《存在主义是一种人道主义》一文。现在看来，这种解读可以说是南辕北辙。海德格尔的早期哲学，特别是他的《存在与时间》的确是以人为主题的，但是他关注的重心却不是人而是存在。人只是存在的切入点。如果说萨特在《存在与时间》出版之际得出这个结论人们尚不会感到奇怪，那么在海德格尔的后续著作陆续出版之后再坚持这种观点，人们就不得不认为萨特是有意识地背道而驰了。大多数学者认为存在问题是海德格尔一生关注的主题。例如，夏尔·吉尼翁（Charles Guignon）说：“在其漫长的哲学生涯中，最让海德格尔痴迷的问题，可以简约地陈述为：存在的意义是什么？存在论，就其最广意义而言，是海德格尔纵贯其一生的一个主要关切点。”[③] 伽达默尔说：“他的核心的哲学兴趣点在于将存在本身构想成一个真理事件。”[④] 比梅尔认为，海德格尔的思想核心包含两个方面，“它既是对存在的探索，又是对 aletheia（无蔽）的探索。”[⑤] 国内大多数学者也对这种看法

---

① Martin Heidegger, *Poetry*, *Language, Thought,* trans. by Albert Hofstadter, Harper & Row Publishers, 1975, p.159.

② Martin Heidegger, *Poetry*, *Language, Thought,* trans. by Albert Hofstadter, Harper & Row Publishers, 1975, p.161.

③ 夏尔·吉尼翁：《剑桥哲学研究指针·海德格尔》（英文版），生活·读书·新知三联书店 2006 年版，第 42 页。

④ Hans-Georg Gadamer, *Heidegger's Ways*, trans. by John W. Stanley, State University of New York Press, 1994, p.105.

⑤ 比梅尔：《海德格尔》，刘鑫、刘英译，商务印书馆 1996 年版，第 30 页。

表示认同。

存在问题是海德格尔一生关注的主题无疑是正确的，海德格尔自己也是这样宣称的。但是，仅仅指出存在问题是海德格尔哲学的核心问题还不够，因为海德格尔之所以孜孜以求地研究存在问题，是为人们本真地栖居开辟一条路，准确地说，指出一条返乡之路。技术时代造成的无家可归是海德格尔最为关心的问题，把人们带回到可靠的家园则是海德格尔的最终目的。他对技术文化的批判，对新的人文文化的建构，都是从无家可归这个最为现实的问题出发的。正因为如此，存在问题才成了他一生关注的主题。追问本真的存在是追问本真的生活的前提。因此，对存在的追问绝不是一个单纯的学术问题，而是一个严肃而又紧迫的现实问题，海德格尔把它置于决定人类命运的高度。

在一片布满森林的旷古荒原上开辟道路是极其艰难的，幸运的是古人已经为我们做了开路的工作，但是迷路则是十分危险的。在海德格尔看来，现在的问题主要不是开路的问题，而是迷路的问题。迷途知返是人类的唯一出路。因此，海德格尔所做的工作准确地说不是开路，而是引路，他本人的著作就是引路的路标。海德格尔生前在给自己全集所写的引言的草稿中明确写道："全集将以不同方式显示出，在对多义的存在问题所做的变动不居的追问的道路之野上的一种行进。"① 他在《路标》中讲到，"让我们在未来的岁月里一如既往地漫游在通向存在之邻的道路上"②。海德格尔曾说，自己的作品是"道路——而非著作"(Wege—nicht Werke)。而其作品中有不少是以路为标题的，如《路标》、《林中路》、《走向语言之途》，在他的著作中更是频频出现"路"的字眼。如"大道"、"道说"、"我们走上了何种歧途"等。

可以说，海德格尔对技术文化的批判就是对现代性的批判。不过我们不能把海德格尔对现代性的批判狭义地理解成要真正地返回古代，正如我们不能把他对人道主义的批判理解成赞同野蛮，把他对理性主义的批判理解成赞同非理性主义一样。海德格尔在《筑·居·思》中就说道："指出黑森林里的一座农家院落，这绝不意味着，我们应该并且能够回归到这座院落的筑造过程那里，不如说，我

① 转引自孙周兴：《说不可说之神秘——海德格尔后期思想研究》，上海三联书店 1994 年版，第 1 页。

② 转引自孙周兴：《说不可说之神秘——海德格尔后期思想研究》，上海三联书店 1994 年版，第 2 页。

们是要用一种曾在的(gewesenen）栖居来阐明栖居如何能够筑造。”① 海德格尔不是全盘否定现代性，而是把现代性看作人类去蔽的一种迷失的方式，在他看来重要的是走出现代性，而走出现代性意味着现代性之后，海德格尔相信这个后现代的时代是一定会到来的。

当今的世界面临着现代性的困境，然而我们看到，一种不可遏止的后现代思潮正在西方社会兴起。建设性的后现代主义正在努力实现海德格尔“人诗意地栖居”的理想。我们想，海德格尔哲学的意义大概就在于此吧。如果说哲学是一个时代的精神的精华，那么海德格尔哲学的意义则超出了他所生活的 20 世纪，所以，对他的哲学应该再加上一个“大”字，它是一个大时代的精神的精华。

① Martin Heidegger, *Poetry, Language, Thought,* trans. by Albert Hofstadter, Harper & Row Publishers, 1975, p.160.

第十一章

天使还是撒旦：法兰克福学派对技术文化的态度

西方科学技术批判思潮的兴起同19世纪、20世纪西方社会所经历的文化危机有着直接的关联。第二次世界大战以后科学迅猛发展，技术不断进步，社会经济迅速提升，发达国家的人们普遍享受到了科学技术带来的富裕与繁荣。但是这些并没有同时给人带来全面的自由和解放，相反，在现代技术世界中，人受制于自己的创造物并丧失了超越的维度。如原子能的破坏性发展，生物圈的污染，大大小小的战争，等等。一方面是技术的高度进步，另一方面则是人性的倒退，西方文明究竟出了什么问题？该如何解决这一现象？法兰克福学派的理论家们从人本主义立场出发，对此展开了深入的思考。他们认为技术虽然成功解决了经济领域里的诸多问题，但它在解决人的问题时却是失败的。他们主张抛弃技术文化的模式，发展一种新的人类文化模式。

第一节　法兰克福学派的思想资源

与任何新的学说一样，法兰克福学派的批判理论也是在吸收前人思想精华的基础之上形成的。

从文化根源上看：德国地处东西欧之间，没有被“罗马化”，从而形成了自己独特的文化传统，即“德意志民族文化的浪漫主义、唯美主义、理想主义、自然主义、精神至上主义、反理性主义、救赎主义以及对生命意志的张扬和对个体自由的崇尚”。[①] 这就使它拥有了一种对科学技术文化作出另类反应的精神资源。

① 衣俊卿：《20世纪的文化批判》，中央编译出版社2003年版，第119页。

同时，欧洲文学和思想史上以卢梭、歌德、席勒、狄尔泰等人为代表的浪漫主义思潮，也对法兰克福学派的思想家们发生了重要的影响。法兰克福学派的成员大都向往大自然和中世纪田园牧歌式的宁静生活，主张回到自然的怀抱。此外，德国宗教文化传统尤其是犹太教中的灵魂拯救、超世俗的乌托邦主义和救赎意识，也是德国文化整体的有机组成部分，其中孕育着对理性、对科学技术等世俗有限之物的超越和批判。

从理论来源上看：法兰克福学派继承和发展了马克思的异化理论，韦伯的合理化理论和卢卡奇的物化理论。

马克思在《资本论》中从商品入手，从总体上描述了资本主义社会。他从对商品关系的剖析出发，发现了资本主义社会的异化现象。马克思提出了四重异化，即劳动异化、劳动产品异化、人的本质的异化、人与人关系的异化。法兰克福学派认为，马克思的异化理论蕴含着深刻的文化哲学视野：对人的自觉的实践本质的理解和对资本主义生产方式的批判。异化理论在最广泛的意义上揭露了在当代资本主义条件下主客体关系的性质。他们提出要以马克思的异化理论为基础，发展一种具体的批判理论，但他们又认为马克思对异化的分析和揭露主要局限在劳动生产方面。而在当代，异化超出了劳动生产领域，扩展到社会生活的方方面面，已衍生成全面异化，社会发生全面异化的根源就是现代科学技术。因此，法兰克福学派放弃了从政治经济学的角度分析、批判资本主义的马克思主义立场，转而选择了另一种角度，即从意识形态和文化领域分析资本主义的韦伯立场。

马克斯·韦伯提出的现代社会合理化理论，是法兰克福学派科学技术批判最为直接、最为重要的理论源泉。韦伯的合理化理论继承了黑格尔的理性是事物的本质和内在规律性的思想，他把哲学中“理性”（reason）范畴放到了社会学理论框架之内，并称之为“合理性”（rationality）。韦伯把合理性的行动区分为“工具合理性”与“价值合理性”。工具合理性指一种强调手段的合适性和有效性而不重视目的恰当与否的合理性；价值合理性则是指一种强调、意识和价值的合理性。在韦伯看来，“西方社会的现代化表现为特有的合理化、理智化过程。现代西方社会生活的本质特征是一切行为都单纯以工具—目的合理性为取向。西方文明的全部成就皆源于目的合理性的追求”。[①] 因此韦伯认为，西方现代社会合理

① 艾四林：《哈贝马斯对韦伯合理性理论的改造》，《求是学刊》1994 年第 1 期。

化所经历的是一个价值理性不断萎缩，而工具理性不断扩展的演变过程。“理性的发展、科学技术的发展不再服从于灵魂得救和精神的需要，而是直接地服从于经济发展和政治统治的现实需要”。① 科学技术在西方由灵魂拯救的工具，异化为奴役人和束缚人的手段，手段的合理性和工具的合理性取得了绝对的胜利，人进入到了一种理性的“钢铁牢笼”。

法兰克福学派的科学技术批判理论正是循着这一路径而展开的。在《启蒙辩证法》中，霍克海默和阿多诺提出的基本论断是：工艺的基本原理就是统治的基本原理。马尔库塞提出了“不合理的合理性”的命题，即当代发达工业社会在本质上是不合理的，但它在一切社会现象上所表现出来的却又是合理的。哈贝马斯也循着这一路径对韦伯的合理化理论进行了改造和发展，并且指出“社会的不断‘合理化’与科学技术发展的制度化密切相关。”由此可以看出，法兰克福学派的科学技术批判理论与韦伯的合理化理论有内在的继承性。

物化不仅是经济学的中心问题，而且也是涉及整个资本主义社会结构的核心问题。在卢卡奇那里，所谓“物化”有两层意思：就商品生产中人与人的关系表现为物与物的关系而言，物化是一种非人化，这是第一层；另一层是，人通过劳动创造的物反过来控制了人。这两重意思揭示出现代社会中必然出现的两种相反而又紧密相连的现象：人的价值的丧失和物的价值的上升。因此，物化也可以说是一种非人化。在卢卡奇看来，物化现象的集中表现便是商品拜物教。卢卡奇认为商品拜物教在现代社会中无处不在，物化现象渗透在整个现代社会生活中，其突出的表现就是国家形式和法律制度。正如韦伯所描述的那样，商品生产中合理化原则和可计算性原则渗透到国家制度中，促使官僚制度的形成。

法兰克福学派的理论家从卢卡奇对物化同现代社会理性化结合的分析中看到了技术操纵所产生的统治效应，并将卢卡奇对“物化”的批判深化为对“统治”的批判。他们认为资本主义社会是一个物化世界，物化的根源是现存技术对人的统治，科学技术先验地具有奴役人控制人的性质。法兰克福学派的理论家们，从霍克海默到哈贝马斯，都展开了对技术统治的批判。霍克海默与阿多诺的《启蒙辩证法》、马尔库塞的《单向度的人》、哈贝马斯的《作为意识形态的技术与科学》，这些具有代表性的科学技术批判理论，都明显受到卢卡奇物化理论的影响，它们是对卢卡奇物化理论的继承与深化。

---

① 衣俊卿：《20 世纪的文化批判》，中央编译出版社 2003 年版，第 116 页。

法兰克福学派的理论家对现代社会的分析所依据的是马克思对资本主义的批判和韦伯对理性化的分析，但正如多德所说的，“批判理论比马克思更加强调现代资本主义的主观性和文化特色，同时又不像韦伯那样认为理性化过程将沿袭一条预定的道路发展”。[①] 法兰克福学派的理论家们同意韦伯的观点：现代社会理性化的主要特点是手段优越于目的，但他们不同意把理性化的结果看成是一种宿命，他们将现代社会的理性化过程与资本主义的发展联系起来，但又不把现代社会的工具理性扩张归结为资本主义的经济活动，因为那样会把理性化过程看成客观的生产活动的产物，而这是一种宿命论，因此法兰克福学派致力于探索其他的解释路径。他们继承德国古典唯心主义传统，强调理性的自主与自由，强调理性与主观性的密切联系，从而主张从文化和价值两方面来分析批判现代社会的理性化。

第二节　对当代资本主义社会的批判

一、对工具理性的批判

工具理性是由席美尔（Georg Simmmel，1858—1918）、马克斯·韦伯等人奠基的现代资本主义观念指认的核心范畴。舍勒（Max Scheler，1874—1928）对之进行了最初的批判，而卢卡奇对技术理性的批评成为法兰克福学派的逻辑起点。工具理性是人类特有的一种计算和思考的能力，它是指对达成目的可资运用手段的估价，为了追求一个设定的目标并设法预测其可能的后果，它必然重视手段和程序的可计算性。自启蒙运动以来，工具理性逐渐扩张到了西方社会的各个层面。

韦伯对工具理性的看法是西方学者考察工具理性扩张原因的一个重要视角。韦伯认为，在近代西方社会发展中，新教伦理特别是加尔文教的预定论信条所产生的恐惧和内心孤独感激发出了强烈的经济活动动机，加尔文主义者对于利益的史无前例的合理追求来自于一种对宗教教诲的感情或心理反应；追求经济上的繁

① 尼格尔·多德：《社会理论与现代性》，陶传进译，社会科学文献出版社2002年版，第67页。

荣以荣耀上帝，并支持一种自己成为上帝选民的内心信念。新教伦理激发了工具理性的增长，工具理性的增长又促进了资本家的活动和国家的经济功能。同时，现代工业资本主义的扩张必然伴有世界的“祛魅”，即生活的不断智识化和合理化，然而，可惜的是由于世界的祛魅而消失的正是第一次导致现代社会产生的那些价值和观念。

在韦伯看来，工具理性的特征就是把世界理解为工具，将事实与价值、工具理性与价值理性分离开来，以自然科学模式来考察、衡量知识，以定量化、形式化作为知识的标准。工具理性是一种单面的或者肯定性的思维，是维护现实统治的工具，它排除了思维的批判性和否定性，其本质就是统治的合理性。在文化层面，知识的专门化使传统的世界观分裂为基于计算的各种不同学科，工具理性的扩张导致管理机构的官僚化和人的“铁笼”的出现。具体表现在：宗教的理性化，使其摆脱了各种神秘的巫术力量，而其所具有的可计算、可人为控制的特征，促进了人的行为方式和社会组织的发展。在制度上，理性化体现为经济生活和国家管理中的科层化、官僚化，“在科层制中，形式规则占据了支配性地位，个人无法按照自己的信仰、理想价值自由行动，合理性的计算把每个人变成了机器上的螺丝钉。在这种情形下，人们所关心的更多的只是如何取得更大的权益，理想、信仰通通被抛诸脑后。”①

沿着韦伯的理论传统，法兰克福学派对理性蜕变为工具理性进行了系统而深刻的论述。霍克海默和阿多诺在《启蒙辩证法》中指出了启蒙理性的悖论：“启蒙的根本目标就是要使人们摆脱恐惧，树立自主。但是，被彻底启蒙的世界却被笼罩在一片因胜利而招致的灾难之中”。② 理性蜕变为工具理性的深层根源是数学原则、形式逻辑的盛行，“形式逻辑……为启蒙思想家提供了算计世界的公式……数字成了启蒙精神的准则”。③

在法兰克福学派的思想家们看来，工具理性的扩张趋势是可以扭转的，社会进步的可能性在于非理性力量的挖掘和释放。“理性包含着非理性的一面，……

① 王威海：《摆脱现代性社会两难困境》，辽海出版社 1999 年版，第 257 页。

② 霍克海默、阿多诺：《启蒙辩证法》，渠敬东、曹卫东译，上海人民出版社 2006 年版，第 1 页。

③ 霍克海默、阿多诺：《启蒙辩证法》，渠敬东、曹卫东译，上海人民出版社 2006 年版，第 5 页。

它是由冲动和内驱力构成”,[①] 现代社会冲动和内驱力受到工具理性的压抑，是因为理性总是在标榜自己拥有绝对性，而且理性去实践它的绝对性的时候压抑了社会的非理性的一面。但工具理性本身是人类意识和行动的工具，它是具体的，因而总是与特定社会的经济和文化相关联。对于霍克海默而言，人类劳动内在地包含了社会与自然调和的条件，通过集体性的社会行动就能提供一个真正发挥人类潜能的前提，造就人与自然和谐的美好社会。马尔库塞认为，人类劳动是世界真实性的基础，劳动本身内含了冲动和内驱力，在文明发展的一定阶段，冲动和内驱力必须被压抑。到了现代社会，因为存在过多的压抑，冲动与内驱力获得了释放的基础。在这个意义上，社会进步取决于非理性力量的释放。

二、对启蒙精神及文化工业的批判

《启蒙辩证法》在法兰克福学派发展史上具有里程碑的意义，这部著作的核心就是对启蒙精神以及资本主义文化工业的论述与批判。

“启蒙”一词在英语中是Enlightenment（法语为Lummières，德语为Aufklrung），它的意思是阐明、澄清、照亮。相对于启蒙运动而言，启蒙是个经常使用却难以界定的概念。一般说来，启蒙既是一种智慧，又是一种思想范式和文化样态。启蒙如同光的产物，而智慧本应是一种对光之澄明的追索。古希腊的先哲们用智慧驱散罩在自己之外的世界上的种种蒙蔽，因为智慧（Sophia）是某种明亮的东西（pharos），它可以揭开宇宙的面纱，让光透过去，让宇宙的真相大白于天下，于是便从phoos（光）中引申出了去蔽除晦而通过思维认识进入光明的sophia（智慧）。作为一种思想范式和文化样态，启蒙是一个现代性的观念，因此也是一个体现理性精神的观念。“启蒙运动”作为专有名词，是指发生在17世纪和18世纪的欧洲，特别是英国、法国和德国的一次广泛而有力的思想运动，它为西方社会完成现代性转型作了先期准备。启蒙所包含的一个基本内容就是理性，所以时至今日仍然有人习惯地称启蒙时代为“理性时代”。

康德认为，启蒙是人类从不成熟走向成熟的出路，是一个将我们从不成熟状态解放出来的过程。启蒙意味着人自己能运用理性，标志着基于自由观念的自主意识的滥觞。相对于中世纪的基督教神学，这种自主意识一般可以理解为一种世

---

① 尼格尔·多德：《社会理论与现代性》，陶传进译，社会科学文献出版社2002年版，第80页。

俗化态度，即人们不再以神的意志指导其言行，而是借助理性理解世界和改变生活。这样，自由观念和自主意识联结在了一起，自由被理解为摆脱受支配的状态，只有通过对自由的实践和运用，人才能成为主体。由此可见，启蒙所催生的自由观念和自主意识中的权力意蕴表明，它们的实质是一种做主人的欲望。在传统社会中，社会规范的基础——真理，是由神圣的天命和意志规定的，而在启蒙社会，真理不再单纯是神的属性。情况转变为，人们将真理的要素——理性发掘出来，对理性的所有权决定了对其他事物的所有权，谁拥有理性谁就拥有整个世界。

霍克海默与阿多诺对启蒙的理解主要是指理性把人类从恐惧、迷信中解放出来并确立其支配权的进步观念："启蒙的纲领是要唤醒世界，祛除神话，并用知识代替幻想"。[①] 换句话说，启蒙的根本目标就是要使人成为自然和社会的主人。但是，他们认为启蒙的发展却和这个目的背道而驰，即人们并没有进入真正的人性状态，反而越发陷入了野蛮状态。在亲历了第二次世界大战的疯狂和野蛮之后，他们发现，在知识扩展了人的思想和活动范围之后，人的自主性、想象力和独立判断力减弱了，启蒙精神在技术、工具方面的发展伴随的是人性的缺失。这样一来，理性的进步就有取消它应该实现的真正目标——人的自由的危险。因此，霍克海默和阿多诺对启蒙理性已不再抱有幻想了，他们看到启蒙理性包含野蛮的种子并不是一种反常现象，而是现代性本身所固有的。科学理性的计算精神，技术的道德中立地位，社会管理的程序化趋势，正是这些现代性的形式合理性要素，使得启蒙辩证法生成了。由此，霍克海默与阿多诺对待现代性的态度也来了个大转弯，由现代性的乐观主义者变成了现代性的悲观主义者。与之相对应，其批判理论对现代性也采取了整体拒绝的态度。他们把对工具理性的批判扩大为对整个人类文明史的批判，把对启蒙的反思延伸到精神脱离自然的开蒙之初。

"艺术享受和手工劳动自打史前时代的那个世界起就分离开了。史诗中就包含着与其相应的理论。文化财富与遵令而行的劳动有着严格的呼应关系。而对自然进行的社会控制为二者奠定了不可抗拒的强制性基础"。[②] 通过对关于奥德修

① 霍克海默、阿多诺：《启蒙辩证法》，渠敬东、曹卫东译，上海人民出版社 2006 年版，第 1 页。

② 霍克海默、阿多诺：《启蒙辩证法》，渠敬东、曹卫东译，上海人民出版社 2006 年版，第 27 页。

斯神话的意义解读，霍克海默和阿多诺指出启蒙是近代以来的文化财富和劳动的源泉，但它并非是人类历史上所有文化及劳动的发端，与它在历史性方面更早对应的是神话。《启蒙辩证法》指出，人类文明来源于神话，而神话的基本原则是拟人化。一切神话都是原始人以不自觉的方式加工过的自然和社会形式本身。古代人通过幻想和想象把自然界和社会拟人化，神不但有人的形象和性格，而且有七情六欲，他们与人的区别仅仅在于可以长生不死，有超强的法术、智慧和神力。在霍克海默和阿多诺看来，神话的秘密就是主体向自然界渗透，它实质上反映了人类对自然界的征服，因此是一种粗糙的启蒙精神。"启蒙总是把神人同形论当作神话的基础，即用主体来折射自然界，由此看来，超自然物，比如精神和神灵都是人们自身畏惧自然现象的镜像。因而，许多神话人物都具有一种共同特征，即被还原为人类主体"。①

霍克海默和阿多诺认为，随着社会的发展，人类力图用更有效和更便利的方式来替代神话，而知识显然就是人类能够选择的唯一方式。从培根提出"知识就是力量"之时起，人们便把知识理解为人用来统治自然的权力。人们从自然中想学的就是如何利用自然，以便全面地统治自然，这种知识便是人们支配自然的实用性知识。它剔除了意义，放逐了形而上学，剩下只是征服作为自己对立面存在的自然的旨趣。因此，从对自然的认知来说，启蒙理性诉诸科学而不是巫术，它通过抽象还原和定量计算，将自然对象转变为在数学等式中可理解的东西，因为只有紧紧依靠这种确定性语言，才能合理地设计出现实可行的操作目标。近代以来的劳动通过知识所转生出的技术理性加强了人类对自然的控制，而文化也企图通过对自然的控制的描述来彰显人类理性精神的力量。神话中的奥德修斯运用理性克服了诱惑，其本身就蕴涵着人类对自身理性的推崇。在启蒙运动中，这种高扬理性的精神得到淋漓尽致的发挥，"启蒙对一切个体进行教育，从而尚未开化的整体获得自由，并作为统治力量支配万物，进而作用于人的存在和意识"。②然而，启蒙在使神话湮灭的同时，却使人类陷入到对自身理性的迷信之中。将科学的计算精神视作理性行使自身权利的主要途径，这使得工具理性成为启蒙在人

① 霍克海默、阿多诺：《启蒙辩证法》，渠敬东、曹卫东译，上海人民出版社 2006 年版，第 4 页。

② 霍克海默、阿多诺：《启蒙辩证法》，渠敬东、曹卫东译，上海人民出版社 2006 年版，第 33 页。

类社会中获得的主要成果。如此一来，启蒙在人们的精神世界造成了一种不易察觉的倒退，工具理性在社会中所形成的物质方面的自由表象其实已经远离自由的本义。“启蒙思想的概念本身已经包含着今天随处可见的倒退的萌芽。在这方面启蒙思想与相关历史形态和社会制度比较起来并不逊色，如果启蒙没有对这一倒退的环节进行反思，它就无法改变自身的命运了”。①

关于启蒙与神话的关系，《启蒙辩证法》有一句经典表达：神话已经是启蒙，启蒙蜕化为神话。“神话已经是启蒙”，意即指出启蒙与神话的同源性，启蒙的旨趣与神话的旨趣相同，都是要确立主体对自然的支配地位。而“启蒙蜕化为神话”，也就是说，启蒙只是人类自己造成的假象。

在理性主义观念与方法论的支撑下，认识自然、改造自然、征服自然成为现代文明追求的目标。从神话到逻辑符号，理性思维失去了自我审视的能力。理性的方法在使人得到更强的认识能力的同时，也使人变得越来越像一架思维机器：有用还是无用，高效率还是低效率成为人衡量事物是否有价值的尺度。在《否定的辩证法》中，阿多诺对因果性进行阐释时提到：“在对因果性的反思中，理性——在它控制了自然的地方，它就能在其中找到因果性——也逐渐意识到自身作为有吸引力性质的自然起源。在这种自我意识中，日益扩张的启蒙精神摆脱了向不加反思地赞同神话的堕落。启蒙的还原图式——‘这是人’——丧失了它的无限权力，因为人认识到自身是贪得无厌的还原对象”。② 在不断追求实用的过程中，人日益成为物质的奴隶，这个社会使得绝大多数人都无奈地用几乎整个生命去交换用来维持生命存在的物质，生命的意义也已经被货币、房子、车子所诠释，人的存在的意义已经彻底沦丧，真正的幸福越来越成为可望不可及的奢侈品。所有这一切都是启蒙在创造巨大物质财富时“馈赠”给人类的不幸的礼品，启蒙的光芒没有创造温暖，反而越来越冷峻，由于启蒙过分地自负于人的理性能力，人越来越变得妄自尊大！启蒙在消解了中世纪的神的统治之后，却使自己成为了另一种新的神话，科学主义、技术主义、工具理性、进步主义、人类中心主义、西方中心主义等都构成了启蒙神话的思想内容。在这些启蒙神话的内容所反

---

① 霍克海默、阿多诺：《启蒙辩证法》，渠敬东、曹卫东译，上海人民出版社 2006 年版，“前言”第 2—3 页。

② Theodorw, Adorno,*Negative dialectics*,trans. by E.B.Ashton, Seabury Press London and new York, 1973,p. 269.

映的现实社会中，可以看到启蒙试图通过技术中介来实现人类理性对自然的控制，技术在充当工业生产手段的同时也操纵着人类的文化生活。这就构成了早期法兰克福学派展开对文化工业批判的基础。

对文化工业的批判是法兰克福学派社会批判理论的一个重要组成部分。在法兰克福学派那里，“大众文化”、“肯定文化”、“工业文化”具有相同的含义。马尔库塞与霍克海默把大众文化概括为“肯定的文化”（affirmative Culture），“这种文化的特征是通过为人们提供一个不同于现实世界的幻想的精神世界而平息社会的内在反对性和反叛欲望，通过使人们在幻想中得到满足而美化和证明现存秩序，为现存辩护”。[①] 阿多诺和霍克海默把大众文化概括为“文化工业”（culture industry），它是指凭借现代科技手段大规模的复制、传播商品化了的、非创造性的文化产品的娱乐工业体系，在推销文化商品的同时操纵了大众意识。凭借现代技术和大众传媒，以独特的大众传播媒介，如电影电视、广播、报刊、杂志等操纵了非自发性的、物化的、虚假的文化，成为束缚大众意识的工具，并通过娱乐来欺骗大众，实现统治功能。

法兰克福学派对大众文化批判的内容主要体现在以下几个方面：

（1）大众文化具有欺骗性。霍克海默和阿多诺认为：“文化工业把娱乐变成了一种人人皆知的谎言，变成了宗教畅销书、心理电影以及妇女系列片都可以接受的胡言乱语，变成了得到人们一致赞同的令人尴尬的装饰，这样，现实生活中的真实情感便可以受到更加牢固的控制了”。[②] 大众文化以虚假的形象向人们提供了一个幻想的世界，使他们在幻想中得到满足，而不对现实进行反抗。这样大众就只能是被规定了需求的消费者，只能是文化工业的对象，其无论怎样都应该对大众文化为他们所提供的东西心满意足，而不应该提出任何的要求，作出任何的反抗。由于大众文化所具有的这种欺骗性，使人们形成了得过且过的思想。

（2）大众文化对民众具有控制性。文化工业最大的功效就是对大众进行控制，霍克海默和阿多诺提出了文化操纵（cultural manipulation）这一概念，他们认为，在资本主义社会中，文化工业就是艺术作为操纵的过程，文化工业的操纵

① 衣俊卿：《历史与乌托邦》，黑龙江教育出版社 1995 年版，第 127 页。

② 霍克海默、阿多诺：《启蒙辩证法》，渠敬东、曹卫东译，上海人民出版社 2006 年版，第 130 页。

功能已渗入经济社会生活的每一个部分，并产生了无时不在的影响。更进一步则看出，文化工业已经完全控制了人们的思想，实现了对大众的意识形态的操纵。“当人们谈论文化的时候，恰恰是在与文化作对。文化已经变成了一种很普通的说法，已经被带进了行政领域，具有了图式化、索引和分类的涵义。很明显，这也是一种工业化，结果，依据这种文化观念，文化已经变成了归类活动。所有知识生产领域也采用了同样的方式，服务于同样的目的，从晚上下班到次日早晨上班，所有这些都占据着人们的感受，与此同时，人们在一整天的劳动过程中，也留下了这样的印记。正是这种归类活动，以嘲讽的方式满足了同一文化的概念，而这一概念恰恰是人格哲学家们用来对抗大众文化的武器”。①

（3）大众文化具有意识形态功能。在霍克海默和阿多诺看来，文化工业其娱乐的真正意义是为社会进行辩护，在文化工业中，批判与敬畏消失了，机构鉴定取代了批判的职能。一方面，文化活动失去了为人们提供娱乐的消遣和给人们的精神享受的作用，变成了外部世界的扩展，劳作的延伸，旨在恢复精力以应付下一次工作，如对音乐的欣赏，不是目的，而只是手段。严肃的艺术在技术世界中不被人欣赏，因为这样的艺术不能给人们带来享乐；另一方面，文化工业决定了娱乐商品的生产，它控制、规范着文化消费者的需要，成为支配人的闲暇时间与幸福的力量，从而成为极权主义、法西斯主义控制大众舆论、操纵人们心理意识的强有力的手段。

（4）大众文化扼杀了个性和创造性。法兰克福学派认为，晚期资本主义大众文化的又一个重要特征就是文化艺术的商品化，它的商品性特征摧残了文化艺术的创造精神和自由本质的个性。文化艺术已经和商品紧密结合在一起，通俗文化、电影、流行音乐、艺术、广告等大众文化产品的生产和消费被价值规律所统摄，纳入了市场交换的轨道，大众文化变成了产业，生产大众文化产品就是为了消费。它为了确保消费市场，获得经济效益，以使文化艺术的创作服务于市场的需要，而剥夺了文化艺术作品的个性，使文化艺术的创造性受到限制，其基本特征就是批量生产、复制、单一性、标准化，这种同质性的文化限制了人的思维想象能力，使人的创造能力严重受挫。

霍克海默和阿多诺在谈及文化工业中的技术时说：“技术合理性已经变成了

① 霍克海默、阿多诺：《启蒙辩证法》，渠敬东、曹卫东译，上海人民出版社 2006 年版，第 118 页。

支配合理性本身。具有了社会异化于自身的强制本性”①。由技术理性发展出的工业文化成为被物化的社会的一个缩影。自从启蒙而来的理性的形式化过程不过是机械化生产方式的智力表达。“文化是一种充满悖论的商品。它完全遵循交换规律，以至于它不再可以交换；文化被盲目地使用，以至于它再也不能使用了。所以，文化与广告便混同了起来”②。文化工业在纷繁众多的产品表象下是统一的图式结构，这种统一结构通过消费给人们的意识造成一种物质方面的虚假满足并在潜移默化中同化人们的思维，它使大众认同这种统一结构，让人们处在同一性思维之中。由此，人们丧失了个体性，丧失了批判的思维和路径。“在工业文化中，个性就是一种幻象，这不仅是因为生产方式已经被标准化。个人只有与普遍性完全达成一致，他才能得到容忍，才是没有问题的”③。在这种个性融于普遍性的情况下，整个工业社会显示出稳定的特征和表面上的欣欣向荣与丰富多彩，然而，这并不能掩盖其是在技术控制之下的人性自由的被压抑。文化工业在不知不觉中束缚了大众的生活和思维，他们失去了自我选择的权利甚至能力，批判思维也早已销声匿迹。技术以其自身进步为手段，使人们附庸于文化工业下的不自由，并在自由的舒适生活的表象中得到巩固和强化。在文化工业社会中，大众感官的舒适与精神的堕落紧密联系，技术理性操纵着人们成为工业社会中一颗没有目的的棋子，思想与行为的机械化表征着技术的本质特点。这样的技术理性给艺术来带了毁灭，艺术在与机械复制、大众传媒结合的同时，商业化艺术开始实现自己的商品特质和交换历程。其所产生的艺术品不过在于同化大众的审美趣味，降低个人的品鉴能力，这与艺术的陶冶情操及开阔思维的初衷背道而驰。艺术的自主性和创造性也在文化工业中丧失殆尽。

在阿多诺看来，自从神话时代起，统治者就占有优越的条件，以其权力来实行或加强他们对组织的管理。在工业社会中，被统治的大众行使着社会生产系统赋予他们的职能，理性化劳动方式使大众脱离了自己的本质，这不过是来自启蒙

① 霍克海默、阿多诺：《启蒙辩证法》，渠敬东、曹卫东译，上海人民出版社2006年版，第108页。

② 霍克海默、阿多诺：《启蒙辩证法》，渠敬东、曹卫东译，上海人民出版社2006年版，第146页。

③ 霍克海默、阿多诺：《启蒙辩证法》，渠敬东、曹卫东译，上海人民出版社2006年版，第140页。

的欺骗所产生的文化工业的必然结果。在祛除了以往一切神话形式的文化工业下，人们毫不知晓自己被新的欺骗形式所统治，更毋论对其进行反抗了。新形式的社会权力和统治对文化工业产生强制作用，而被生产出的文化工业又是在不断维护和强化这种社会权力及其统治。在文化工业的总体性之下，所有文化工业都包含着重复的因素，并服务于现存制度的统治。“文化工业把人当成了类成员，当成了一种实在。今天，正因为每个人都可以代替其他人，所以他才具有人的特性：他是可以相互转变的，是一个复制品。作为一个人，他完全是无价值和无意义的。”①

文化工业的商品生产、市场交换和消费无不体现了它对大众进行的同一性控制，阿多诺对工业文化的批判也是基于其对同一性思维的批判而展开的。然而，如何开展对同一性思维的破除并进而打破文化工业的钢铁牢笼，以实现对人的自由本质的真正复归？这既是阿多诺自己所思考的，又是他留给我们去思考和解决的问题。

三、对“单向度文明”的批判

“单向度”是马尔库塞为了描绘当代发达资本主义社会现实而使用的一个词汇，是为了深刻揭露西方发达工业社会中人的异化状态而提出的。他认为当代资本主义社会的人已成为“单向度的人”了，即人们对于资本主义社会的各个方面的评价都只是肯定和认可，而不再具有批判性和否定性。

既然有一个“单向度”，就肯定有一个与之相对应的“双向度”(bi-dimensional)，弄清楚双向度的含义，对于理解马尔库塞的单向度是必要的。马尔库塞的权威研究者凯尔纳认为，马尔库塞的“双向度”思想假定主体与客体之间存在着某种对抗，以便主体能够在一个并不存在的世界中自由地感受到某种可能性，通过人类的实践活动，这种可能性又能够得到实现。同时，这个人类主体在客观世界面前又携带着自由、创造性与自我决定等传统品性，因此那种可能性的实现即意味着价值、审美目的之类的“第二品性”（Secondary qualities）能够得到培养，从而提高人类的生活。② 所谓“单向度”，凯尔纳的解释是，“用来描绘顺从现存的思

---

① 霍克海默、阿多诺：《启蒙辩证法》，渠敬东、曹卫东译，上海人民出版社 2006 年版，第 131 页。

② Douglas Kellner, *Herbert Marcuse and the Crisis of Marxism*, Berkeley: University of California Press, 1984, p.235.

想与行为之情势（a state of affairs）的一个概念，这种情势缺乏批判之维，也缺少超越于现存社会之上的选择之维与可能之维”。①

马尔库塞认为正常社会中的人有两个向度，即肯定社会现实并与现实社会保持一致的向度和否定、批判、超越现实的向度。而当今的资本主义社会已经蜕变成了一个新型的极权主义社会，它成功地压制了这个社会中的反对派和反对意见，压制了人内心的否定性、批判性和超越性，从而使这个社会成了单向度的社会，使生活在其中的人成了单向度的人。人们失去了否定性和批判性的原则，人们内心的批判性、超越性思想受到抑制，成为统治制度的消极工具。具体来说，单向度主要表现在以下几个方面：

（1）单向度的人。马尔库塞认为，当代工业社会的单向度首先就表现在人的“单向度”上。“单向度的人，即是丧失否定、批判和超越能力的人”。② 在马尔库塞看来，发达工业社会依靠高度发达的科学技术，的确使肮脏而强烈的肉体劳动减少了，而且为人们提供了大量消费品，使人们的需要得到扩大和满足，过上了表面上的幸福生活。但是，人们对这种物质需要极度的满足，并不是真正的需要的满足，而是虚假的满足。何谓真正的需要？在马尔库塞看来，真正的需要应该是真正意义上的自由。然而发达工业社会里最显著的特征就是它窒息了对自由的需要。“发达工业文明的奴隶是受到抬举的奴隶，但他们毕竟还是奴隶。因为是否是奴隶‘既不是由服从，也不是由工作难度，而是由人作为一种单纯的工具、人沦为物的状况’来决定的。作为一种工具、一种物而存在，是奴役状态的纯粹形式”。③

（2）生产生活领域的单向度。依靠高科技的发展给社会所带来的日益繁荣，使得西方发达工业社会获得了丰富的产品，在技术理性的操纵下，人的需要和生活方式渐渐走向一体化。如今，工人和老板能够享受同样的影视节目，参观同样的旅游景点，普通员工也能消费得起高级轿车并且能够阅读同样的报纸，“这种相似性并不表明阶级的消失，而是表明现存制度下的各种人在多大程度上分享着用以维持这种制度的需要和满足”。④ 这些现象的出现，使得以往那种在自由、平等

① Douglas Kellner, *Herbert Marcuse and the Crisis of Marxism*, Berkeley:University of California Press, 1984, p.235.

② 马尔库塞：《单向度的人》，刘继译，上海译文出版社 2006 年版，第 1 页。

③ 马尔库塞：《单向度的人》，刘继译，上海译文出版社 2006 年版，第 32 页。

④ 马尔库塞：《单向度的人》，刘继译，上海译文出版社 2006 年版，第 9 页。

的名义下提出抗议的生活基础没有了，被马克思称作资本主义“掘墓人”的无产阶级也心甘情愿地与曾经的敌手——资产阶级一起作为资本主义的官僚体制共同利益者而站在同一队伍中了。曾经被马克思称为“无产阶级”的这个词已成为一个神话概念，当代社会主义的现实状况也使得马克思主义的理想成为一个梦想。

（3）政治领域的单向度。马尔库塞将发达工业社会视作一个极权主义社会，“在这个社会里，传统的麻烦之点不是正被清除，就是正被隔离，引起动乱的因素也得到控制”。① 这说明了发达工业社会中的反对派、反对阶级已被消灭，社会政治变成了单向度的政治。虽然西方发达工业社会大力宣扬言论自由、思想自由和多元主义的民族制度，但所有这些都是虚假的；当代工业社会靠高生产、高消费维持着现存的统治秩序，因此它能够依靠科技来实现对国家结构组织的控制，从而有效地利用高生产率进行社会动员、组织来维持现存的政治体制。

（4）思想领域的单向度。马尔库塞认为工业社会的思想是受控制和操纵的单向度思想，而这种思想是“由政策的制定者及其新闻信息的提供者系统地推进的，他们的领域充满着自我生效的假设，这些被垄断的假设不断重复，最后变成令人昏昏欲睡的定义和命令。”② 现代社会的科学技术意识形态，对人进行全面的操纵和控制，使人丧失了“内心自由”和对现存制度的批判性。随着科学技术的发展，当代发达工业社会对意识形态的控制主要借助于这些所谓的“意识工业”的新手段，即通过电影、电视、广播、报纸等媒体来加强对人们心理的深层控制，以说教的方式使人们的自由意识和思想观念受到了严重的压抑，人们失去了判断力，从而形成了单向度的思想。

综上所述，“单向度”（One-Dimension）主要是从技术控制的后果角度标定发达工业社会的统治规范和支配模式的概念。它的基本含义是：发达工业社会以新的控制方式同化了社会中的反抗力量，消解了一切革命的企图，排除了一切异己存在的可能性，从而使这个社会中的所有人都认同这个社会，自觉地融入这个社会，成为其驯服的公民。其结果导致发达工业社会在一切方面——无论经济制度、政治制度还是科学、工艺、艺术、抑或哲学和日常思维，都趋向一个维度、一个色调、一种声音，也就是说，原本是批判、否定与维护、捍卫双峰对峙，现在变成维护、捍卫一峰独秀。社会与生活在这个社会中的人都丧失了一个向

① 马尔库塞：《单向度的人》，刘继译，上海译文出版社 2006 年版，第 19 页。

② 马尔库塞：《单向度的人》，刘继译，上海译文出版社 2006 年版，第 14 页。

度，只留下另一个向度，而丧失的那个向度就是具有创造性的社会批判的唯一原则——批判与否定的原则。显然，“单向度性”概念作为这种种表现的内在精髓，指的是一种起操纵和同化作用的、能使当代社会制度趋于稳定并进而促使广大民众失去批判与否定意识的“超然力”。从显现的层面上看，这种“超然力”的源泉是科学技术的控制功能；但从显现层面所依托的深度层面上看，这种“超然力”的根源是工具理性的泛滥。

第三节　对理性与文明的思考

理性，在英文中对应的单词是“reason”和“rationality”，在译成中文时既可以把“reason ”译成“理由”（作为主张、宣传和论点的根据），也可以译成“理性”，即人类提供理由的能力。“文明”（civilization）一词出自拉丁文 Civilis，本意是“都市的、市民的文化”，大约在 16 世纪被定义为个人修养的过程。

卡西尔在他的《启蒙哲学》中说：“在 17 世纪时期的大哲学家如笛卡尔、马勒布朗士、斯宾诺莎和莱布尼茨的体系里，理性是‘永恒真理’的王国，是人和神的头脑里共有的那些真理的王国。……到了现在，人们把理性看作是一种后天获得之物而非先天。它不是一座精神宝库，把真理像银币一样储存起来，而是一种引导我们去发现真理、建立真理和确定真理的独创性的理智力量，而经过这样确定的真理，是一切真实的确定性的种子和不可缺少的前提。整个 18 世纪就是在这种意义上理解理性的，即不是把它看作知识、原理和真理的容器，而是把它视为一种能力、一种力量，这种能力和力量只有通过它的作用和效力才能充分理解”。①

但是在马尔库塞眼里，理性和极权主义几乎是同义语，从古希腊开始，理性就是一种压抑本能的力量。他指出，在亚里士多德时代，西方就确立了把逻各斯视为存在的本质的思想。逻各斯就是理性。这种理性一直伴随着西方文明的发展。黑格尔通过绝对知识来调和主客体关系的努力仍然没有超过亚里士多德的“神的努斯”的范畴，马尔库塞说：“西方哲学以理念始，也以理念而终。无论在其开端（亚里士多德）还是在其终端（黑格尔）那里，最高形式的存在、最高形

① 卡西尔：《启蒙哲学》，顾伟铭、杨光仲、郑楚宣译，山东人民出版社 1988 年版，第 11 页。

式的理性和自由，都表现为努斯，表现为精神。无论在其开端还是终端，经验世界都是一种否定性的东西，是精神的或精神在世间的代表的材料和工具。……在开端与终端之间存在的，是作为统治的逻辑的理性的发展，即通过异化而达到的进步”。①

马尔库塞认为，要突破理性的统治，就必须对存在的本质重新作界定，“新的思想原则在此机构之外发展起来，它们具有不同的性质，服从不同的理性形式，不同的现实原则。这个变化，用形而上学的语言来表达，就是指存在的规定不再被看作逻各斯”。② 马尔库塞这里所说的“在此机构之外”的新思想原则，主要是指弗洛伊德的非理性主义。他说，为了“与以逻各斯为基础的存在观相抗衡，出现了一种以非逻辑东西即以抑制和快乐为根据的存在观。这股逆流也想努力表明其自身的逻各斯，即满足的逻辑”。③

在弗洛伊德看来，本能是比理性更为根本的东西，人的本性是由本能而不是由理性决定的。弗洛伊德把人的本能分为两类：性本能（爱的本能）和死亡本能（攻击性本能）。在弗洛伊德看来，文明是受压抑的性本能深化的产物。由于物质资料的缺乏和生存竞争，导致了人们把性本能转移到对社会有用的劳动上，从而产生了物质文明；而精神文明的产生，则是由于人们将性本能转移到为社会认可的活动和目标上，即从事科学、艺术创造活动的结果。可以说文明产生于性本能的压抑，或者说性本能的压抑、转移和升华创造了文明。

马尔库塞继承了弗洛伊德压抑性文明论的基本概念，并认为文明与文化具有可通约性。他说：“所谓文化，就是有条不紊地牺牲力比多，并把它强行转移到对社会有用的活动和表现上去”。④ 但是，马尔库塞并没有停留于此，他还力图发掘弗洛伊德文明论的哲学和社会学意义，并且用非压抑的性文明论改造弗洛伊德压抑的性文明论。他认为弗洛伊德之所以把文明与爱欲对立起来，关键在于“弗洛伊德没有在本能的生物变迁与社会历史变迁之间作出恰当的区分”，⑤ 把现存的现实原则与一般的现实原则等同起来了。

---

① 马尔库塞：《爱欲与文明》，黄勇、薛民译，上海译文出版社 2005 年版，第 89 页。

② 马尔库塞：《爱欲与文明》，黄勇、薛民译，上海译文出版社 2005 年版，第 90 页。

③ 马尔库塞：《爱欲与文明》，黄勇、薛民译，上海译文出版社 2005 年版，第 95 页。

④ 马尔库塞：《爱欲与文明》，黄勇、薛民译，上海译文出版社 2005 年版，“导言”第 1 页。

⑤ 马尔库塞：《爱欲与文明》，黄勇、薛民译，上海译文出版社 2005 年版，第 25 页。

在弗洛伊德的基础上，马尔库塞提出了基本压抑和额外压抑的概念，并相应地把文明也分为压抑性文明与非压抑性文明。所谓基本压抑就是指为了人类生存和建立文明而不得不对本能进行的压抑，从某种意义上说它是不可避免的，甚至是合理的。它所遵循的是现实原则。额外压抑是在一定的历史阶段上产生的，它是特定的统治集团在特定社会条件下维持自身利益的结果，所以是不合理的和可以避免的。它所遵循的是操作原则。

马尔库塞认为，在人类文明发展史上，基本压抑与额外压抑是始终交织在一起的，但在工业文明尚未出现时，由于生产力低下，物质生活资料稀缺，对人施加的压抑主要是为了保证人类能够生存下去；而到了工业文明阶段，科学技术高度发达，物质生活资料极大丰富，此时统治者主要是为了维护统治秩序而对人进行压抑。在发达工业社会，政治权力一方面通过技术手段控制生产维持自己的存在；另一方面，又通过技术手段控制人们的生活方式和思维方式，这样，技术控制就成了最有效的政治手段了。当一个社会的基本制度、关系和结构不能有效使用物质资源和精神资源、使人性充分发挥出来并使个人的真实需要得到满足时，那么这个社会就是病态的。

马尔库塞认为，尽管我们在操作原则支配下的资本主义文明中看到的是文明的进步与压抑的加剧的同步进行，但是这种不合理恰恰证明了操作原则的僵化，从而预示着一种新的文明产生的可能性，而这种文明就是非压抑性文明。正如资本主义文明通过操作原则改变了人的本能结构从而造成了人的异化一样，扬弃人的异化就需要进行本能的革命，这个本能的革命具体来说就是“爱欲解放论”。

马尔库塞明确区分爱欲（eros）和性欲（sexuality），并阐述了非压抑性升华的可能性。他说，性欲是对异性肉体占有的性冲动，是暂时的、特定区域的局部快乐，是涉及生殖的性活动；而爱欲不仅指性欲量的扩张，并且指性欲质的提高。所谓量的扩张指让爱欲的器官从限于生殖器官扩展到人的所有的有机器官，爱欲活动从性活动扩展到人的所有活动，爱欲的对象由对异性扩展到凡是能引起人的快感的所有对象。质的提高，就是指以爱欲获得为目的、最高内容的肉体范围内的快乐，而不是以此为工具获得除此以外的目的。爱欲包括性欲、食欲、娱乐等活动，摆脱了性欲的生殖至上性，扩展为创造文明，创造新的社会关系的力量，从追求局部的快感发展为追求整个生物机体的快乐，从生物内驱力变为文化内驱力。“在非压抑性条件下，性欲将‘成长为’爱欲，就是说，它将在有助于加强和扩大本能满足的持久的、扩展着的关系（包括工作关系）中走向自我升华”。①

爱欲的解放主要通过劳动释放出来，因为在他看来，在所有的爱欲活动中，劳动是最基本的爱欲活动，比起其他的爱欲活动，劳动更加体现追求快乐的本性，所以爱欲的解放就是劳动的解放。只有在非压抑性社会关系中，才能把为谋取生活必需品所进行的劳动时间——苦役降低到最低限度，克服异化劳动、把工作转变为消遣；使人在劳动中实现爱欲解放，获得真正的快乐。而只有摆脱为维护统治者利益而强加于他的所有活动的被动状态时，才能获得真正的自由。

马尔库塞认为要实现这种非压抑的文明，就要进行总体革命。在他看来，发达工业文明作为压抑性文明发展的顶峰，已经到了完全背离人的本质的地步，资本主义社会所面临的不是经济或是政治危机，而是人类本质的一场灾难，这就需要通过革命来消除资本主义社会的灾难。所谓“总体革命”是指革命发生在社会的所有方面，包括政治、经济、文化、社会关系、意识形态等方面的变革，它不仅注意所有制、国家政权等宏观问题，同时还注意夫妻关系、家庭教育等日常生活的微观问题，并努力创造一种新的文化，这种文化包括了人的生活、文化的一切方面。

革命的主体是新工人阶级。马尔库塞认为，随着科学技术的进步，非生产性劳动尤其是科学家的劳动在资本主义生产中起着举足轻重的作用，他们的劳动不再是为了追求单纯的物质利益，而是建立在爱欲基础上的人的真正自由。新工人阶级包括有两个部分：一部分是受过高等技术训练的、文化技术水平相当于或超过大学毕业生的青年工人；另一部分是资本主义企业中的科学家、工程师。而革命的目标则是人的自由发展。真正推动文明进步的是人的自由的自我实现，人将真正作为个体而存在，个人各自塑造着自己的生活。他们将使每一个人具有真正不同的需要、真正不同的满足方式，即具有自己的取舍自由。

随着近代理性主义的发展及其弊端的不断暴露，对它批判的声音就不绝于耳。在19世纪，尼采就开始对西方技术文明提出挑战，他反对源于苏格拉底式的文明，对苏格拉底式的对话进行了批判；胡塞尔指出科学主义的功能就在于把人与自然分离开了，造成主体与客体的断裂，因此提出生活世界的观念；海德格尔则把19世纪称为黑暗的世纪，赞扬尼采的观点，并要用基础本体论代替以前无根的本体论，指出人并不是简单的存在者，而是存在的看门人。法兰克福学派

① 马尔库塞：《爱欲与文明》，黄勇、薛民译，上海译文出版社2005年版，第172页。

的观点是对这些观点的延续，其揭露了西方工具理性主义的缺点，马尔库塞想用“爱欲”来代替工具理性文化，事实上这种爱欲文化也是一种古希腊文化。爱欲（eros）与希腊文明中的德性、美一样对人来说都的确是更为根本的东西，法兰克福学派从这种观点来论述是很有启发意义的。

法兰克福学派的批判理论使人们清楚认识到西方工具理性的危害，然而这种批判却具有一定程度的独断性和片面性。从理论来源上讲，马克思的异化理论是以对资本主义社会生产方式的分析为基础的，主要指向人在劳动领域的异化，而法兰克福学派将它发展为在现代社会条件下人的全面异化，并主要从文化及精神角度来理解人的自由，理论基础上有将异化概念泛化使用的倾向。他们对韦伯的理论继承侧重于对工具理性的借用和批判，缺乏对价值合理性的相关论述。同时，法兰克福学派将卢卡奇对物化现象的分析描述改造为对物化根源的探究，认为技术的统治是物化世界得以存在的根本，并由此将科学技术和大众文化作为自己理论批判的重点，就其技术统治占据意识形态的理论而言，存在一定的理论困境：技术统治对意识的全面占领不能够得到充分证明，而且如果一旦事实真的变为技术统治了一切，那么对工具理性的破除也就成为根本不可能的了。

霍克海默与阿多诺在对启蒙精神进行论述时伴随着对理性的分析，但总的来说，他们关于理性的观点是不全面的。由于对工具理性过于侧重，法兰克福学派的思想家很少提及理性的积极方面。在法兰克福学派那里，由启蒙运动发展至现在造就的技术统治的意识形态模式是工具理性过度发展的结果，但工具理性并非是理性走向的唯一道路，将工具理性完全否定也是值得商榷的。法兰克福学派对理性视角的片面化也使它在完成批判的同时，丧失了解决问题的理论维度。因此，在面对如何突破工具理性所带来的人们的社会困境时，法兰克福学派的思想家们缺乏有效甚至统一的前景瞻望，更毋论问题的解决了。

在 2008 年召开的“法兰克福学派在中国”的国际学术研讨会上，法兰克福歌德大学哲学系的霍耐特（Axel Honneth）教授提到，在欧洲的法兰克福学派研究开始渐渐看到批判理论在文化指向上的局限性。那么，法兰克福学派的批判在澄明问题的意义上究竟是否具有真正的力量？这需要历史的检验。但无论如何，正是早期法兰克福学派对社会的激烈批判才导致了哈贝马斯、福柯对自柏拉图以来的西方文明作出了颠覆性的思考。作为一种对人类文明发展在一定范围及特定时期内的反思理论及批判学说，它当然在人类文化中占有重要位置。

当前中国正处于社会主义现代化建设中，正经历着从农业文明向工业文明的过渡，在这期间，我们取得了举世瞩目的成就，但也付出了不小的代价，现如今工具理性依然占据着主流，法兰克福学派对现代西方社会中存在的弊端所进行的揭露，对于我们今天正在进行的这场社会主义现代化建设来说无疑有着重要的参考价值和借鉴意义。

第十二章

对目的理性的批判和对交往理性的建构：哈贝马斯对当代西方理性主义文化的思考

哈贝马斯是后期法兰克福学派的代表，他继承了法兰克福学派批判的理性主义传统，对发达资本主义社会的弊病进行了深刻的揭露和批判。不过，哈贝马斯并没有像早期法兰克福学派的代表人物那样，对西方现代资本主义采取全盘否定的态度，相反，他对造成当今资本主义现状的文化基础——理性主义，进行了深入的反思。哈贝马斯区分了目的理性和交往理性，认为当今西方社会的弊病主要是目的理性的无限扩张造成的。哈贝马斯主张以交往理性为基础重建西方理性主义文化，从而达到克服当今资本主义社会的弊病，建立新型的合理性社会的目的。为此，哈贝马斯提出了交往行为理论，这种理论是在吸收了 20 世纪中叶一系列最新哲学社会科学研究成果的基础上形成的，具有极大的理论意义和实践意义。可以说，哈贝马斯的交往行为理论代表了当代西方理性主义的新趋势，它和具有浓厚非理性主义色彩，对西方文化采取虚无主义态度的后现代哲学形成了鲜明对照。哈贝马斯新理性主义和西方后现代哲学思潮是当今西方思想文化领域两种引人注目的新动向，这两种动向的竞争将在很大程度上决定着西方后工业时代的面貌。

第一节　对技术文化的批判和分析

西方文化是以希腊哲学为源头的理性主义文化。西方社会的一切成就都和这种特有的理性主义文化有关。特别是近代以来，这种理性主义文化不仅催生了崭新的工业文明，而且几乎从根本上改变了整个世界的面貌。于是，在一些人看来，西方理性主义文化成了具有正统合法性的唯一标志。它被说成是一种普世之光，各种其他文化的微弱灵光和这种普世之光简直无法相提并论。但是，随着西方工业文明的发展，西方理性主义文化的弊病也日益暴露出来。在哈贝马斯之前，尼采、胡塞尔、海德格尔、马尔库塞等人就曾对这种文化进行过激烈而深刻的批判。哈贝马斯也加入到了这个批判的行列中。

在哈贝马斯看来，当今的西方文化正像胡塞尔所说的，偏离了希腊的理性主义，变成了一种唯科学技术是从的技术文化。技术文化已经从经济领域蔓延到政治领域，而且有进一步向社会生活的一切领域蔓延的趋势。在当今的政治领域，国家成了经济增长的助推器和调节器，保障经济的稳定增长成了政府的首要职能。“只要国家的活动旨在保障经济体制的稳定和发展，政治就带有一种独特的消极性质：政治是以消除功能失调和排除那些对制度具有危害性的冒险行为为导向，因此，政治不是以实现实践的目的为导向，而是以解决技术问题为导向。”① 国家致力于用行政手段解决技术问题，一方面削弱了它的实践职能，使它成了技术系统的一部分；另一方面也排除了广大群众的参与，这样，政治舆论就失去了作用。在哈贝马斯看来，社会生活的技术化对道德的摧残是致命的。他说，“反映在技术统治意识中的，不是道德联系的颠倒和解体（Diremption），而是作为生活联系的范畴——全部‘道德’的排除。”② 更加危险的是，技术文化会在人们心目中造成一种假象，似乎社会系统的发展只是由科技进步的逻辑决定的。他说：“在我看来，更为重要的是，技术统治论的命题作为隐性意识形态（als Hintergrundideologie），甚至可以渗透到非政治化的广大居民的意识中，并且可以使合法性的力量得到发展。这种意识形态独特的成就就是，它能使社会的自我理解（das Selbsteverstaendnis der Gesellschaft）同交往活动的坐标系以及同以符号为中介的相互作用的概念相分离，并且能够被科学的模式代替。”③

哈贝马斯指出，技术文化的合理化并没有消除西方社会人与人之间的紧张关系，仅仅使这种紧张关系改变了形式罢了。马克思关于早期资本主义生产关系事

---

① 哈贝马斯：《作为意识形态的技术与科学》，李黎、郭官义译，学林出版社 1999 年版，第 60 页。

② 哈贝马斯：《作为意识形态的技术与科学》，李黎、郭官义译，学林出版社 1999 年版，第 70 页。

③ 哈贝马斯：《作为意识形态的技术与科学》，李黎、郭官义译，学林出版社 1999 年版，第 63 页。

实上的不平等是阶级和阶级斗争根源的提法现在尽管已经不适用了，但是社会冲突的潜在根源并没有因此而消失，因为，技术文化的主宰者是资本家、官员和少数知识精英，广大群众，特别是生产者阶层、少数民族和妇女仍然处在社会的边缘，所以，今天的"阶级斗争"主要表现为集团文化的冲突。他说："集团的特殊差别依然以集团文化传统的形式和以相应差异形式继续存在；这种差异不仅表现在生活水平和生活习惯上，并且也表现在政治观点上。"①"冲突领域从阶级范围内转移到没有特权的生活领域内，绝不意味着严重的潜在冲突的消除。例如，美国的种族冲突就是这方面极其明显的例子"，②"女性主义坚持法律平等对待的解放意义，因为它所指向的是福利国家'分配性范式'所掩盖的依附性结构：构成统治的是这样一些建制性条件，它们阻止或妨碍人们参与决定她（他）们自己行动或这种行动的条件。"③

哈贝马斯还特别把批判的矛头指向了技术文化的理论表现形式——实证主义。实证主义不是把科学看作一种认识形式，而是看作唯一正确的认识形式。哈贝马斯指出，实证主义只承认真理的实证性，否认主体在认识中的决定性作用，从而取消了认识的反思性质，把认识论降级为狭隘的知识学。在《认识与兴趣》中，哈贝马斯说："我的研究目标是唯科学论的批判（die Kritik des Szientismus）。"④他揭露了老实证主义者孔德的自相矛盾。他说："在旧实证主义宣称形而上学所采取的立场是荒谬的同时，它也不得不自相矛盾地徘徊在本质和现象、世界的总体性和绝对知识、可能的多样性和认识的相对性的形而上学的对立中。"⑤在谈到马赫的"要素说"时哈贝马斯说："要素说，维护的是……'把他的自我视为无，并把自我归结为变化的要素的暂时结合'的战略。"⑥

哈贝马斯对实证主义的最新形态——分析哲学同样没有放过。他指出，分析哲学是一种命题形式分析，它不考虑说话者的言语意境、措辞及其语境，不考虑

① 哈贝马斯：《作为意识形态的技术与科学》，李黎、郭官义译，学林出版社1999年版，第67页。

② 哈贝马斯：《作为意识形态的技术与科学》，李黎、郭官义译，学林出版社1999年版，第67页。

③ Habermas, *Between Facts and Norms*, The MIT Press, 1996, p.420.

④ 哈贝马斯：《认识与兴趣》，李黎、郭官义译，学林出版社1999年版，第305页。

⑤ Habermas, *Knowledge and Human Interests*, Beacon Press, 1972, p.79.

⑥ Habermas, *Knowledge and Human Interests*, Beacon Press, 1972, p.85.

对话角色和所持立场，把语言抽象化、格式化了。分析哲学把语言归结为单一的表现事态的功能，只有对真值问题的处理方法还算得上是合理的，而正义问题、兴趣问题、甚至自我表现问题，都被排挤到理性范围之外去了。哈贝马斯以语用学来对抗分析哲学的语义学分析。例如，在批评拉姆齐（F.P.Ramsey）时哈贝马斯指出，一种事态是一种从假说上加以肯定的陈述内容。如果这种事态是一种有疑问的陈述内容，那就需要通过对话来确定。由此可见，事实无非是通过对话被肯定了的陈述内容。因此，“经验的客观性就在于它具有主体通性，并为人们所共有。”①哈贝马斯注意到德语世界和英语世界对分析哲学态度的变化，如阿佩尔（K.O.Aper）、施奈德尔巴赫（H.Schnädelbach）、图根哈特（E.Tugendhat）等人对分析哲学的批判和从后维特根斯坦开始，经过奥斯汀（Austin）、斯特劳森（Strawsan）、到塞尔（Searle）和翁德里希（Wunderlich）等人，分析哲学向生成语言学的转向，更加坚信用语用学代替分析哲学的语义学不仅是可能的，而且是必然的。

哈贝马斯虽然对技术文化进行了认真严肃的批判，但是，他却不赞成对西方理性主义文化采取全盘否定的态度。在他看来，当今西方社会技术文化的发展诚然像马尔库塞所说的那样，使人变得片面化，但是，这种文化的积极意义也是不容抹煞的。首先，西方技术文化的出现有它的必然性。哈贝马斯指出，西方技术文化不是什么人随心所欲地创造发明，而是来自一种“自下而上”的适应性压力。资本主义的生产方式一旦确立，便要求有相应的目的理性活动的子系统与它相适应。这些子系统包括劳动和经济组织、交通运输网络、法律允许的私人交换关系、从财政角度出发的国家官僚体制以及军事、教育、卫生乃至家庭等。因为，只有这些子系统协调有序的发展，才能保证生产力的持续增长和人民生活水平的不断提高。其次，他指出了这种文化的积极意义。他说：“资本主义生产方式比以往的生产方式优越，可以从以下两个方面加以阐述，即第一，它建立了一种使目的理性活动的子系统能够持续发展的经济机制；第二，它创立了经济的合法性；在这种经济的合法性下面，统治系统能够同这些不断前进的子系统的新的合理性要求相适应。”②

---

① 哈贝马斯：《后形而上学思想》，曹卫东、付根德译，译林出版社2001年版，第319页。

② 哈贝马斯：《作为意识形态的技术与科学》，李黎、郭官义译，学林出版社1999年版，第55页。

哈贝马斯指出，目的理性是有用的，现代社会建立了一套发达的经济系统，它在促进生产力的发展方面取得了无可置疑的成就。现代社会建立了一套程序化的行政管理系统，它能够在一定程度上调节社会矛盾，保障社会机体的稳定运行。在程序和方法上，交往理性既不能否定也不能代替目的理性。但是，单有目的理性仍然是不够的，因为人作为理性的存在物，还需要有自由、正义和尊严。在现代条件下，这些价值的获得离不开平等基础上的人际交往。哈贝马斯写道："毫无疑问，科学传授的是一种专门的能力（ein Spezifisches Koennen），但是，人们从科学中学到的支配（自然的）能力（das Verfuegenkoennen），与人们当时期待于有科学教养的人的生活能力和行动能力是不相同的（nicht das gleiche Leben-und Handelnkoennen）。"① 他说，即使科学技术拥有的维持合适生活愉快的物质条件达到了马克思所设想的共产主义那样一种规模，18 世纪启蒙运动和 19 世纪青年黑格尔派期待的那种社会解放也不一定会自动出现。因为，人们的实践活动，有着远比目的理性的成功更为丰富的内容。法的问题、伦理的问题、政治的问题，简言之，人们社会生活的规范问题，绝不是目的理性能够解决的，只有靠交往理性才能解决。

哈贝马斯认为，当今西方社会的弊端与其说是西方理性主义文化造成的，不如说是对理性主义片面的理解造成的。理性是一种与感性相对的思维形式，但是从功能的角度看，理性却不是单一的。亚里士多德曾把智慧分成理论智慧和实践智慧，康德也曾把理性分成理论理性和实践理性。在亚里士多德和康德的基础上，哈贝马斯把理性分成了目的理性和交往理性。目的理性是通过最佳手段和最佳策略，以达到系统整合的最优化和最有效性的活动。交往理性是一种语言性的、程序性的、主体间性的理性概念。它保证交往行为中的每一个参与者在对话中具有均等的权利，能自由、平等地投入辩论，并排除了各种强制，保证讨论的合理性、公正性。

在哈贝马斯看来，目的理性和交往理性存在着根本的区别。这些区别大体说来就是：目的理性适用于人的物质生产活动，交往理性适用于生活世界；目的理性涉及的是主客体关系，交往理性涉及的是主体间关系；目的理性指导行为的规则是技术规则，交往理性指导行为的规则是社会规范；目的理性以效益效果作

① 哈贝马斯：《作为意识形态的技术与科学》，李黎、郭官义译，学林出版社 1999 年版，第 90 页。

为合法性标准，交往理性以正义作为合法性标准；目的理性以生产力的发展为旨归，交往理性以人的自由解放为旨归。目的理性侵入交往理性领域，才造成了科学代替民主，功利主义代替自由、正义的严重后果。

为了进一步说明目的理性和交往理性的关系，哈贝马斯提出了他的系统——生活世界的二元社会理论。

哈贝马斯把社会分为系统和生活世界两个部分。生活世界是以交往行动为基础，以语言为媒介的社会领域，其内在结构包括三个要素：文化、社会、个性。哈贝马斯说："我把文化称为知识储存，当交往参与者相互关于一个世界上的某种事物获得理解时，他们就按照知识储存来加以解释。我把社会称之为合法的秩序，交往参与者通过这些合法的秩序，把他们的成员调节为社会集团，并从而巩固联合。我把个性理解为使一个主体在语言能力和行动能力方面具有的权限，就是说，使一个主体能够参与理解过程，并从而能论断自己的同一性。"① 在哈贝马斯看来，文化、社会和个性构成了生活世界的三维结构，各有其明确的范围，同时，三者之间又相互连接而形成了一个交错复杂的意义网络。文化贯穿于文化模式的理解过程，承担着文化传统的传承；社会贯穿在合法制度的协调运行过程之中，承担着社会整合的功能；个性则贯穿于个性结构的社会化过程，承担着个人社会化进程的责任。三者的功能相互交织构成了生活世界的内在属性。

系统在哈贝马斯看来是与"生活世界"相对应的概念。它按照目的理性的模式活动。② 社会系统可再分为经济子系统和政治子系统两大领域。经济子系统利用货币作为整合媒介，通过发展生产力，满足人们的物质生存需要；政治子系统运用权力作为整合媒介，协调生产关系，管理公众社会。需要注意的是，这里作为主要整合媒介的货币和权力，并不是在平等交往和对话协商的基础之上产生的，而均具有一种控制功能。

哈贝马斯认为，系统和生活世界是相互矛盾和相互依存的。一方面，生活世界是系统的基础，系统来源于生活世界并为其服务；另一方面，系统又有相对的独立性，系统以它特有的功能对生活世界产生反作用。"一种真正的社会进化理论，必须从交往行动理论的角度，把当今社会的基本矛盾理解为生活世界与系统

① 哈贝马斯：《交往行动理论》第二卷，洪佩郁译，重庆出版社 1994 年版，第 169 页。

② 哈贝马斯：《合法化危机》，刘北成译，上海人民出版社 2000 年版，第 13 页。

的矛盾，具体表现为：一方面，在科学技术和文化高度发达的当今社会，人们之间的交往成为了一切活动的基础，生活世界层面的社会整合构成了社会子系统再生产的杠杆，从而推动系统不断进行整合；另一方面，相对生活世界，经济、政治子系统尽管处于被动和消极的地位，但由于其自身再生产过程中体现着一种控制功能，经济、政治的子系统反过来却要去控制生活世界的发展。在哈贝马斯看来，生活世界——系统的双层结构模式既是社会进化的一对基本矛盾，又是诊疗当今社会之病象特别是晚期资本主义的一把钥匙。”①

哈贝马斯认为，作为公共领域根基的生活世界遭到系统（政治子系统和经济子系统）的入侵，系统的合理化模式同化甚至扭曲了建立在相互作用的交往实践基础之上的生活世界，是导致生活世界的技术化、物化的根本原因。

哈贝马斯指出，进入晚期资本主义社会以来，国家对经济系统的干预增加了，这不仅使得经济系统和政治系统之间的平衡被打破，而且由于经济和政治的一体化，使得公共领域以及绝大部分私人生活领域也越来越受到社会权力的挤压。公共领域的崩溃和私人生活的公开化，导致了生活世界和系统严重脱节。结果正如哈贝马斯所言，系统对生活世界的殖民化使文化再生产、社会整合以及个体社会化呈现出同一化特征。当原本丰富的个体行为被纳入到系统的管理和控制之后，个体作为文化传统解释者、社会规范形成参与者和社会化主体的区别被彻底抹杀。“自主的子系统的要求从外渗入生活世界，就好像殖民主义者侵入一个部落社会，并且强迫其同化”。②

由于系统对生活世界的侵蚀，社会整合水平明显下降。可操纵的媒介扭曲了人们的价值共识，作为行动主体的人丧失其自主性，反而沦为工具性的手段。人与人之间的语言沟通变成了利益交换，真正意义上的“对话”消失。哈贝马斯说：“结果，我们现在观察到、感受到、承受到一种‘溢出物’，一种由不再与物质再生产关系发生关系的体制所导致的蚕食。……已经合理化的生活世界基础正处于被打击的目标之内，危险的是生活世界本身的象征性再生。总之，阻碍物质再生产中危机的出现，是要以生活世界的病理化为代价的。”③

---

① 高宣扬：《哈贝马斯论》，（台北）远流出版社 1991 年版，第 265 页。

② Habermas, *The Theory of Communication Action,* Beacon Press, 1984, p.362.

③ 哈贝马斯：《现代性的地平线》，李安东等译，上海人民出版社 1997 年版，第 66 页。

第二节　构建交往行为理论

在哈贝马斯看来，“生活世界的殖民化”是晚期资本主义社会的必然病症，要想消除病根，就必须发掘出潜藏于生活世界中反抗系统入侵的能力。他认为在生活世界的交往行为中，理性能够通过释放自己的潜能，在与目的理性的抗衡中，阻止经济、政治子系统的势力向生活世界蔓延。由此出发，他为人类社会的未来精心设计了一张“理想的交往共同体”的蓝图，试图通过交往行为把社会整合起来，促使被经济、政治子系统控制的单向度的工具理性社会向全面发展的交往合理性社会转化，以实现他所说的“生活世界合理化”。

什么是交往行为？哈贝马斯说：“我把以符号为媒介的相互作用理解为交往行为。相互作用是按照必须遵守的规范进行的，而必须遵守的规范规定着相互的行为期待，并且必须得到至少两个行为的主体（人）的理解和承认。”①

为了突出交往行为和其他行为的区别，哈贝马斯在《交往行为理论》中特别区分出四种行为类型：第一种，目的性行为，又称作工具性行为，意指行为者在比较各种手段之后，选择最为理想的有效手段，实现某种目的的行为。第二种，规范调节的行为，指行为者作为社会关系的扮演者，以群体的共同价值和规范作为行为取向，同他所属的社会世界发生联系。第三种，戏剧式行为，行为者在公共场合有意识地展示自己的情感、品质、愿望等主观性的行为。第四种，交往行为，指行为者之间以语言符号为媒介的互动，即行为者以语言或符号为媒介相互沟通对世界的理解并协调彼此间关系，以期达成共识，最终能够在行动上达成一致。

哈贝马斯认为，这四种不同的行为侧重于不同世界并对应着相应的有效宣称。目的性（工具性）行为侧重客观世界，关心的是目的最终能否得以实现。规范调节的行为侧重于社会世界，关心的是规范的正确性。戏剧式行为侧重于主观世界，关心的是主观性行为的真诚性。这三种行为都以语言作为传播媒介，虽然能够分析人的特定行为类型，但都只是单方面地表现了语言的功能，并未包容理性的全部要求，因此具有一定的片面性。而在交往行为中，语言同时承担认

---

① 哈贝马斯：《作为意识形态的技术与科学》，李黎、郭官义译，学林出版社1999年版，第49页。

知、表达、协调功能，使理性能够统一于相互理解所达成的共识之中。在交往行为中，行为者“从他们自己所解释的生活世界的视野”①出发，“同时涉及客观世界、社会世界和主观世界中的事物，以研究共同的状况规定。”②因此，相对于前面三种行为，交往行为同时涉及它们所侧重的三种世界，在本质上更具合理性的要求。

哈贝马斯认为交往行为是一种以语言为媒介的相互沟通的行为。在哈贝马斯看来，人是社会动物，个人判断和意志的有效性不能脱离交往共同体。哈贝马斯否认存在一种自我意识的理性范式，他认为，语言是主体间能够获得一致性理解、合理性社会秩序得以建构的先决条件，“相互理解作为目的寓于人的语言中。”③交往就是主体间对话。进行对话的双方首先必须选择一种能够让对方理解自己的语言来进行表达，否则，对话就无法成立，交往行为的合理性更无从谈起。这就决定了交往理性具有程序性，并且必须强调程序的合理性。在哈贝马斯看来，程序就是在获得共识的对话过程中必须运用的操作规则。

哈贝马斯为交往活动确立了三条普遍有效性规则。他说：“任何处于交往活动中的人，在施行任何言语行为时，必须满足若干普遍有效性要求并假定它们可以被验证。”④这三条规则是：第一，真实性。这是指言语内容符合客观世界中的对象，说话者陈述的是真实的知识。第二，正确性。这是指言语内容符合社会世界的共同规范，互动者陈述的内容符合一定背景，是正确的。第三。真诚性。这是指言语内容符合主体的主观世界，说话者秉持真诚的态度，听者对其所说内容能够予以信任。哈贝马斯指出，目的行为只对真实性作出要求，规范调节行为只对正确性作出要求，戏剧行为只对真诚性作出要求，只有交往行为将真实性、正确性、真诚性这三条普遍有效规则相关联。这是因为交往行为反思地关涉客观世界、社会世界、主观世界，故而只有交往行为对普遍有效性原则均提出了要求。

在哈贝马斯看来，“主体间性”是交往理性的本质特征。所谓“主体间性”，

① 哈贝马斯：《作为意识形态的技术与科学》，李黎、郭官义译，学林出版社1999年版，第128页。

② 哈贝马斯：《作为意识形态的技术与科学》，李黎、郭官义译，学林出版社1999年版，第135页。

③ 哈贝马斯：《交往行动理论》第一卷，洪佩郁译，重庆出版社1994年版，第285页。

④ 哈贝马斯：《交往与社会进化》（英译本），重庆出版社1989年版，第2页。

就是自主的、平等的主体间的合理的交互关系或相互作用。哈贝马斯认为，笛卡尔通过“我思故我在”这一命题首次确立了主体性原则的哲学地位。但是，主体性原则强调的是主体与客体发生关系时，主体对客体的认识和控制，主要体现主体自身的能动性。而主体间性则侧重于交互主体之间在相互作用过程中表现出的和谐一致，强调主体之间通过语言符号的沟通，相互理解协商，最终达成共识。哈贝马斯认为应当用这种平等、合理的“主体间性结构”取代“主客体结构”，将其作为社会进化和社会历史理论的核心范畴。唯有如此，才可以从根本上改变由于工具理性的极度膨胀压倒价值理性、劳动过分合理化导致交往行为不合理化的异常局面，真正扬弃科学技术的异化。

为了使交往理性进一步具体化，哈贝马斯设想了一个“理想话语情境”。在他看来这个“理想话语情境”是:“(1) 话语的参与者均有同等的权利，都可以随时发表任何意见，提出质疑或反驳质疑。(2) 话语参与者都可以提出主张、建议和论证，并对话语的有效性规范提出赞成或反对的理由，任何方式的论证或批评都不应遭到压制。(3) 话语参与者都有同等权利表达他们的好恶、情感和愿望，通过个人陈述空间的相互契合以及行为关联中的情感互补，保证行为者和话语参与者面对自身采取真诚的态度，袒露自己的内心。(4) 话语参与者作为行为人都有同等的权利实施调整性的话语行为：发出命令和拒绝命令，作出允许或禁止、承诺或拒绝承诺、自我辩护或要求别人辩护，只有行为期待的相互性才能排除某种片面要求的行为义务和规范判断，为平等的话语权利提供保证，解除现实强制，过渡到一个独立于经验和行动的话语交往领域。”① 按照哈贝马斯的观点，只要上述条件都得到满足，那么，规范的共识就体现为一种合理的意志。

哈贝马斯提出“理想话语情境”的意义在于，为现实交往与公共讨论提供参考标准，并且论证在个人行为的最基本层面，理性、民主和自由具有内在的必然联系。在理想话语情境之下，个人有权介入讨论之中，每个人在讨论过程中可以不受限制的提出质疑、进行批判和反驳，而这恰恰体现出理性；个人在不受外力强制下作出的认可是理性接受审判的最后法庭，这也意味着个人道德的自主性；话语力量体现以理服人，个人不受外在权力地位的影响，可以自由地进行讨论，这样民主也就包含在这种具有交往理性的共识的形成过程之中了。因此，理想话语情境中所蕴含的理性、民主和自由的这种内在联系使得无需再从它之外引入某

① 章国锋：《关于一个公正世界的“乌托邦”重建》，山东人民出版社 2001 年版，第 152 页。

种合法性判断标准，它自身所蕴涵的这种内在联系性决定了其本身就是保证政治决策合法化的必然条件，可以说，民主实质上就是理想话语情境的制度化。

话语民主理论是交往行为理论在政治领域的延伸。哈贝马斯从交往行为理论出发，通过话语民主理论进一步阐明了政治秩序的合法性和政治权力运作的合法化问题。哈贝马斯"把以符号为媒介的相互作用理解为交往活动"①，"把'民主'理解为制度上得到保障的普遍的和公开的交往形式"②。由此，我们可以看出哈贝马斯已经将民主纳入到言语行为理论的坐标之中进行考察，并且认为民主本质上就是一种交往行为。话语民主即通过语言交往活动解决社会冲突纷争的公共制度，其实质就是确立一种民主对话的交往模式。在这种模式中，公民之间的交往活动普遍公开，并且能够得到制度上的保障。人与人之间彼此平等，能够围绕公共事务展开自由对话。在对话中，人们遵守言语交往行为的三个普遍有效性原则，按照一定的程序，通过话语论证最终达成共识。

近代以来，自由主义和共和主义是西方社会的两种民主传统，哈贝马斯认为他们之间的争论实际上就是人权和人民主权之争。以洛克为代表的自由主义强调个人自由，主张人的生命权、财产权、言论自由权是与生俱来的天赋权利。但他又认为，国家事实上只能由少数人来统治，在现实中人民主权很难得以实现。以卢梭为代表的共和主义则认为，国家权力来自人民，并且是属于人民的，这种权力神圣不可侵犯。所以民主并非"少数人的统治"，而是"大多数人的统治"。国家的权利应掌握在人民手中，由人民执行。自由主义强调普遍道德意义上的人权，共和主义则依赖普遍参与意义上的人民主权。在这两种理论当中，人权和人民主权、法治与民主存在着内在的紧张关系，无法相容。这直接导致了一种尴尬的局面：要么强调人权，要么强调人民主权；强调法治就必须牺牲民主，强调民主就得牺牲法治。而实际上，这两种权利缺少了其中的任何一种，要实现另外一种权利都是不可能的。人权与人民主权、法治与民主不能分离。哈贝马斯指出，这两种传统民主出现如此大的分歧关键在于他们对民主进程作用存在不同的理解，而他从交往行为理论中延伸出的话语民主就是力图克服这种绝对对立，强调

① 哈贝马斯：《作为意识形态的技术与科学》，李黎、郭官义译，学林出版社 1999 年版，第 49 页。

② 哈贝马斯：《作为意识形态的技术和科学》，李黎、郭官义译，学林出版社 1999 年版，第 91 页。

其统一。

哈贝马斯认为，自由主义和共和主义各有其优点，也都存在着片面性。自由主义的优势在于抓住了现代法律的核心——为保护个人自由而制定，现代国家的法律要求必须保护人的自由。但自由主义是将自然法作为自己的哲学基础，根据自然法来解释人权，将个人自由狭隘地理解为自然赋予的权利，把道德和法律之间的关系理解为等级关系。共和主义的优势在于抓住了个人自由对于民主的依赖，强调个人自由与民主社会的关系。但共和主义却忽视了社会生活中，带有个人意愿的公民与具有共同伦理本性的公民同时存在，正是因为拥有人权，公民才能真正参与政治，人权在保障人民的政治权利方面具有不可替代的积极作用。哈贝马斯认为要化解人权与人民主权之间的紧张关系，需要对这两种传统的民主观念进行批判性融合，必须认识到"人权观念既不能只作为外在的障碍而强加于最高立法者，也不能作为立法目标的功能要件而工具化。离开了作为最终立法者的人民立法，现代法就得不到它的合法性；而离开了公民的自由，公民就无法行使其民主权利"①。基于此，哈贝马斯提出了程序主义的民主，也即是他所谓的"话语民主"。

哈贝马斯在交往行为理论基础上建立的话语民主模式，正是为超越自由主义和共和主义的民主理论作出的努力。他说："我想提出第三种民主模式，它正是建立在一些交往前提之上，有了这些交往前提，政治过程就可以预测到它会带来的理性后果，因为它在一种广泛的意义上表现为话语模式。"②哈贝马斯在话语民主模式中提出，民主与法治、个人人权与人民主权并非相互对立，而是相互联系、互相依赖的。

在哈贝马斯看来，人权和人民主权之间的内在关系在于：人权是交往自由的公民实践所必须的条件在法律上的制度化。人权是公民实践所必需的条件，是普遍有效的，但它只能在法律的框架下、在政治共同体中才可能成为现实。宪法规定的人的基本权利不仅不是对民主的消极限制，而是民主得以实现的前提条件。个人权利不是主权者的恩赐，受法律保护的个人同时也是法律的主体，法律的制定者。因此，享受私人权利的个人需要私人自律，同时也离不开公共监督。人权只有在公民参与立法实践所制定的法律中才能实现。法治原则体现

---

① 郑晓松：《技术与合理化》，复旦大学博士学位论文 2005 年，第 179 页。

② Habermas, *The Inclusion of the Other*, The MIT Press, 1998, pp.245-246.

在法律保护公民私人自律的基本权利，人民主权原则体现在法律保护公民在公共监督下的参与权和交往权。哈贝马斯用话语原则解释人权与人民主权之间的互补性，认为人们可以运用遵循严格法律程序的讨论、商谈作为解决政治问题的主要方式。

话语民主中的主体已经不是传统哲学中的绝对主体，而是一种互主体概念。哈贝马斯认为，人们的一切交往活动存在于特定的社会文化历史背景之中，虽然参与交往活动的个人有不同的文化背景、价值观念，但人们之间仍可以通过对话、交流、商谈化解分歧，产生共识，最终实现人民主权。这种观点与自由主义有很大不同。哈贝马斯话语民主中的主体不再是自由主义所说的原子式的个人，他强调的是主体间性，而不是自由主义所体现的单纯的主体性。自由主义的主体性仅仅是不管个人价值观念存在何种差异都必须平等地受到对待，而这种平等对待也不过是具有不同价值观念的主体对其他主体的宽容，无法产生出真正的人民主权。哈贝马斯的话语民主具有强调整体性的共和主义倾向，但它与共和主义也有很大区别。共和主义强调社会以普遍的善为基础，建立在普遍的伦理生活之上，以共同的价值观念维系整个社会生活。而哈贝马斯的交往行为理论虽然强调社会整体和人民主权，但并不要求个人放弃自己的价值观念，也不认为社会必然以某种共同的价值观念为基础，恰恰相反，社会基础正是建立在个人价值观念的差异性之上。

所以，哈贝马斯认为，他的“话语理论吸收了两方面的因素，用一种理想的商谈和决策程序把它们融合了起来。这种民主程序在协商、自我理解的话语以及公正话语之间建立起了一种有机的联系，并证明了这样一种假设，即在这些前提下，合理乃至公正的结果是可以取得的。这样，实践理性就从普遍主义的人权或一定共同体的道德当中抽身出来，还原成为话语原则和论证形式，它们从交往行为的有效性基础，说到底，就是从语言交往结构当中获得了其规范内涵。”①可以说哈贝马斯的社会交往理论是对自由主义和共和主义的超越，克服了自由主义和共和主义中民主与法治、人权和人民主权的对立，既承认了个人在整体中的差异性，赋予个人独立自由平等的权利，同时又强调了主体之间可以通过交往活动进行整合，运用话语民主使“小我”转变为“大我”。

在哈贝马斯看来，没有民主就没有真正的法治，民主是法治的基础。一种法

---

① Habermas, *The Inclusion of the Other*, The MIT Press, 1998, p.246.

律制度自身的合法性，只有在人民本身成为法律的主人的时候才能得以实现。如果一种法律是合法有效的，那么它就必须在立法的起草和讨论过程中为所有相关的人员所同意。哈贝马斯认为源于话语民主的公共舆论是法律合法性的唯一源泉，没有交往行为中分散形式的人民主权，法律的合法性无从谈起；没有建基于民主的法律，真正的法治国家无法建立。离开了民主的法治是危险的，它可能成为“少数人的专制”。自由主义认为人权是首要的，认为只有通过对个人自由的维护，才能避免立法者对个人权利的侵犯，但他们往往离开民主和人民主权来谈论法治原则，这正是它的问题所在。哈贝马斯的话语民主理论就是力图使法律确立在民主的基础上。

哈贝马斯也意识到民主必须依靠法治才能实现。离开了法律，公民的自由权利得不到保障，也就无法通过自由、平等的交往行为实现真正的民主。在交往活动中，需要法律保护每一个人能够自由、平等地参与对话、沟通。交往行为以法律保障的人权为前提，没有人权，就谈不上理想的交往行为，话语民主更是无从实现。离开法治的民主与离开民主的法治同样危险，它可能导致“多数人的暴政”。共和主义认为人民主权是首要的，只有人民基于价值观之上的生活意愿得到了维护，理想的共同社会观念才能被其所接受。但他们往往只强调民主，而忽略了法治，这也是它的问题所在。而哈贝马斯的话语民主克服了这一缺陷。

从形式上来说，话语民主需要遵循一定的程序性操作规则。“真正的共识绝不会否定差异，取消多元性，而是要在多元的价值领域内，对话语论证的形式规则达成主体间认识的合理的一致，并将这一前提引入语言交往。”① 就是说，人们多元化的价值取向、差异性的文化背景、各不相同的利益诉求是不可避免的，要通过对话达成合理的一致，在对话的过程中，就必须遵守建立在合理性之上的统一规则。只有在形式上按照程序规则进行，对话才能得以自由、平等地进行。另外，哈贝马斯在《事实与规范之间》一书中还形象地把民主比喻为一个旋转的陀螺，重要的是旋转的过程，离开了这个旋转的过程，民主政治这个陀螺就会倒下。没有民主政治，个人权利也就无从谈起。话语民主致力于解决政治意志、政治决策和民主权威如何实现合理化和合法化的问题，主要强调的是法律产生的过

---

① 哈贝马斯等：《作为未来的过去——与著名哲学家哈贝马斯对话》，章国锋译，浙江人民出版社 2001 年版，第 12 页。

程是否符合交往理性、是否遵循话语原则，而并没有涉及具体的法律条文和内容，因此，它只是民主立法和统治的程序性理论。

话语民主的实质是一种程序主义民主，批判性地调和了自由主义与共和主义两方面的因素，"商谈论赋予民主过程的规范涵义，比自由主义模式中看到的要强，比共和主义模式中看到的要弱，在这方面它也是从两边各采纳一些成分，并以新的方式把它们结合起来"①。

我们认为，比起自由主义与共和主义的民主观，程序民主观有三大优势：第一，程序主义民主为社会整合提供了一种新的力量。社会的发展不能仅仅依靠货币和权力这两种整合媒介，更需要一种规范性的力量使全社会在精神上形成凝聚力。而这种力量能够在交往行为的基础上形成，经过公共领域的批判性反思，在现代国家的法制化民主程序中得以体现。因为"在程序主义民主那里，交往过程所体现的主体间性不仅仅表现为议会、选举等制度化的商谈形式，而且还包括政治公共领域的交往系统中的商谈形式"②。与自由主义和共和主义不同，哈贝马斯认为合理的商议政治必须是"双轨制"，既需要制度性、公开性较强的组织，如议会，又需要非正式、公开性较弱的社会公共领域中的交往形式。第二，程序主义民主观调和了自由主义和共和主义中人权与人民主权、民主与法治的紧张关系，提供了一种话语合理化的原则。在程序民主概念里，国家的行政权力始终与民主联系在一起。一方面法治国家根据法律行使行政权力，作出国家决策；另一方面公民能够通过交往活动在公共领域就社会问题进行自由、平等的讨论，公共领域具有对公众意见进行整合的功能，并能够运用民主程序将公众讨论结果转化为"交往权力"，通过社会舆论形成压力，影响甚至决定国家政治的走向。第三，程序主义民主将政治与文化传统联系起来，使国家政治系统体现出历史文化传统的延续，国家不再是令人恐惧的怪兽"利维坦"。哈贝马斯认为，话语政治一方面需要依靠制度化的民主；另一方面也离不开生活世界中人与人的交往网络系统，换句话说，话语政治与生活世界有机联系在一起，密不可分。通过这种联系，生活世界中生成更新的历史文化资被源源不断地输送到政治系统之中，必然使得国家政治系统具有了历史文化的意蕴。

---

① Habermas, *Between Facts and Norms*, The MIT Press, 1996, p.298.

② 郑晓松：《技术与合理化》，复旦大学博士学位论文 2005 年，第 180 页。

第三节 对目的理性的合理化改造

哈贝马斯以交往行为理论为基础，以话语民主为核心建立了他的合理化理论。这一理论的独创性和积极的现实意义，不仅体现在对传统实践哲学的问题做了全新的诠释，还体现在对科学技术作用的再评价之中。

哈贝马斯认为，交往行为理论要成为解释和指导发达资本主义社会现实生活的新理论，就必须对科学技术的作用做出中肯的评价。在《作为意识形态的技术与科学》中他就指出，像法兰克福学派的早期代表那样对工具理性和科学技术采取断然否定的态度，显然是不切实际的。他说，“如果我们所说的科学应该叫作现代科学，即对它在技术上的被使用负有责任的科学，或者说，如果没有‘更人道的东西’可以代替科学的功能以及整个科技进步，那么，一种新的技术观念就不会有什么成果；一种新的科学观念就完全不可设想。”① 在哈贝马斯看来，问题首先在于对科学技术的作用作出正确的定位。

康德关于理论理性和实践理性的论述对哈贝马斯有重要启发。在康德看来，理论理性和实践理性都是人类理性的组成部分，理论理性涉及知识问题，实践理性涉及行为问题。理论理性和实践理性虽然分属两个不同的领域，但它们却不是完全对立的，因为归根到底知是为行服务的。康德认为实践理性高于理论理性，因此，不能认为实践理性的一切假设都要以理论理性为依据，相反，理论理性不能拒绝它所不能认识，却与实践理性必然联系在一起的假设。理论理性只不过是参照了实践理性的观点，扩充了它的运用而已。在康德的影响下，哈贝马斯一方面强调科学行为和交往行为的区别，另一方面认为交往行为高于科学行为，应该用交往行为统帅科学行为。当然，哈贝马斯不赞成康德的先验论，他认为，无论是人的知识内容还是人的行为准则，都来自一个共同的基础，这个基础就是胡塞尔所说的生活世界。生活世界是一个无人称的，不断发展的世界，科学只有放到生活世界中，才能得到合理的解释。

哈贝马斯指出，科学技术没有脱离生活世界，相反，它是从这个世界中衍生出来的人类价值的一部分。为了说明这一点，哈贝马斯借鉴了皮尔士的观点。皮

① 哈贝马斯：《作为意识形态的技术与科学》，李黎、郭官义译，学林出版社1999年版，第45页。

尔士认为科学的有效性既不是来自先验的逻辑规则，也不是来自事实的经验陈述，而是来自一种积累性的学习过程，即对实在的普遍陈述在给定的初始条件下，可以根据受条件限制的预测，转化为技术成果。哈贝马斯以赞同的口吻写道："在康德那里，先验意识的规定，知性的直观形式和范畴，决定着认识的客观条件，从而决定着陈述的真实意义。而在皮尔士看来，这个真理概念不是产生于研究过程的逻辑规则，而是首先产生于客观的生活联系，研究过程正是在这种客观的生活联系中完成着可以陈述的任务……"① 换句话说，科学是由生活世界决定的。生活世界不仅提出了科学研究的问题，而且提供了科学研究得以进行的条件。

哈贝马斯认为科学是一种社会行为，但它只是目的理性的活动，因而还不是真正意义上的实践。经验科学本身并没有任何实践意义，它更多地体现为人类的一种理性精神，只有借助于技术进步的实践结果才有意义。所以，给科学赋予交往实践的意义也就意味着经验科学具有了实践哲学的意义。在哈贝马斯看来，问题是"如何能够把技术上可使用的知识转化为社会的生活世界的实践意识。"② 他的观点是，把科学技术放在民主对话的实践哲学的坐标系中进行理解。具体来讲，首先要实现技术与政治之间的对话。其次要把科学和政治的意义放到公共舆论的语境中，在话语交往中加以解决。

哈贝马斯认为，在传统上，科学和政治是两个基本不相干的领域，但是在现代社会，科学和政治却变得难解难分了。一方面，科学研究的重大课题离不开政府资助，而政府又是从社会需要出发确定哪些课题需要资助，哪些课题不需要资助的。这就是说，科学只有满足社会需要才能得到发展；另一方面，政府的决策再也不能像过去那样，只凭政治家或管理者的主观意志行事了，政府决策必须按照科学化原则进行。这就要求政治家或管理者倾听科学家和技术专家的意见。因此，科学和政治的对话是不可避免的。在哈贝马斯看来，这种对话不仅是必要的，而且是有益的。科学家倾听政治家或管理者的意见，会使科学更加富有实践意义，为社会造福，政治家或管理者倾听科学家的意见，会使他们的决策更科学，更具有成功的把握。

---

① Habermas, *Knowledge and Human Interests,* Beacon Press, 1972, p.119.

② 哈贝马斯：《作为意识形态的技术与科学》，李黎、郭官义译，学林出版社 1999 年版，第 87 页。

哈贝马斯认为，在晚期资本主义社会，科学技术与政治的互动表现为合作与冲突两个方面。一方面，科技与政治在经济社会发展、文化系统规范、政治合法化基础构建等方面密切合作；另一方面也存在着政治对科学技术干预过多，科学技术对政治过于依赖等问题。为了解化冲突，科学技术与政治之间必须进行对话，并且需要引入社会公众舆论作为监督力量。哈贝马斯进一步指出，科学与政治的对话既要考虑科技发展的现实水平，又要考虑文化历史传统和社会生活对科技的需要。而这两者，特别是后者与广大公众密切相关。因此，“科学与政治之间的转化过程，最终关系到公众舆论。对转化过程来说，这种关系并不是表面的，它考虑到了宪法的有效规范，这种关系是内在地、令人信服地从技术知识和技术能力同依赖于传统的自我理解的对比的要求中产生的。需求作为目的，可以从依赖于传统的自我理解的角度得到解释，而目的则以价值的形式被实体化。”①哈贝马斯认为尽管科学技术主要体现的是专家的理性意志，但在科学转化为政治意识形态的过程中，专家意志无法替代公众对社会现实状况作出判断。同样，历史文化的传承需要的是公民之间的对话与交流，而不是根据专家理性意志进行再造。因而科学与政治的转化最终关系到公众的舆论，必须接受社会公众舆论的批判性反思。

哈贝马斯批判了现代资本主义社会由于公共领域的结构转型所导致的自由交往和对话机制的扭曲。他指出发达资本主义社会为了统治的需要，能够影响、甚至控制社会公众舆论导向，公共舆论丧失了公民进行理性辩论和表达意志的功能，无法体现生活世界的真实需求，致使公共领域沦为国家执行政治决策的工具。由于公众舆论的缺失，科学与政治之间的自由交往无从谈起。哈贝马斯认为要构建科学信息自由交换的社会，所依赖的基础就是公众舆论。公众舆论应独立于政治建构之外，能够对政治权力进行批判，同时还是政治合法性的基础。这样就可以在国家和社会之间形成一个缓冲带，使国家和社会的关系处于一种合理的张力之中。通过公众舆论，科学与政治之间进行自由交流，科学因此能获得反思的维度，政治也能实现科学化。哈贝马斯还特别强调科学家作为专家和公民双重角色要注重反思自己的研究可能带来的实践后果，有义务和责任向公众告知其工作内容，并接受公共领域的舆论监督。在合理化社会，科学技术的知识应纳入公

① 哈贝马斯：《作为意识形态的技术与科学》，李黎、郭官义译，学林出版社1999年版，第110页。

众言语交往之中，借助公共领域进行辩论，使之与社会生活实践紧密联系。只有这样，科学与政治之间的对话才能合理地进行。

同样，哈贝马斯认为技术也可以通过民主对话的方式纳入到合理化体系之中。在哈贝马斯看来，科学和技术都体现为一种商谈活动，只有按照民主对话的方式，才能将技术转化为社会生活世界的实践意识，才能将技术中潜在的走向合理化的力量释放出来。所以，要消解当今社会特别是晚期资本主义社会的技术化统治，必须建立普遍而自由的民主对话机制，进而形成相应的政治意志。简单来说，唯有通过技术的实践化，才能重建一个合理化的民主政治社会。

哈贝马斯认为，社会生活的“物化”与“文化贫困”是现代社会危机的两种表现形式，而造成这种社会危机的根源，一方面是系统对生活世界的入侵；另一方面是专家文化与交往实践相脱离。哈贝马斯认为，单纯依靠科技进步不能形成一个合理化的社会，要摆脱现代社会面临的困境，只有按照话语民主的模式进行交往实践才行。但是，哈贝马斯并没有对科技进步采取“大拒绝”的态度，他主张既要依靠科学技术，又不能被它所控制和奴役。只有对科学技术不断反思，将技术知识转化为社会生活世界的民主实践意识，才能达到整合社会文化历史传统、建立合法社会规范和个人自由全面发展的合理化目标。

哈贝马斯强调必须将生活世界的再生产置于交往行动的框架之中，纳入到主体间性的范畴之下，才能建立起自由交流、对话的机制，并最终达成相互理解，“交往的合理性，是以语言行为为基础，以交往过程中的相互理解和相互协调为基本机制，旨在达到交往共同体各主体间所共同接受的合理目标的行为关系网络总体。就此意义而言，交往的合理性虽然批评工具性的、合目的的合理性概念，但它并不绝对排斥目的概念；毋宁说，它是包含着达到：（甲）相互理解目的和（乙）共同认定的合理目标两方面的、更为全面的合理性概念。同时，这样理解的合理性，包含着对以往传统的理性概念的批判和扬弃，即克服那种只把理性单纯化理解为认识上的、获致真理的功能和实现成功目的的手段的狭隘观念，而把理性放在人际间的广泛的和相互交往的生动的关系网络中去考察，使理性变成为交往关系的总和。”①

哈贝马斯立足于哲学层面的实践维度和构建合理化社会的高度，辩证地对待和反思当今世界的科学技术，既批判了科学技术导致“合法化危机”，又肯定了

① 高宣扬：《哈贝马斯论》，（台北）远流出版社 1991 年版，第 380 页。

科学技术自身潜在的走向合理化的能力，因而是一种相对合理的态度。更为可贵的是，他在此基础上形成了以交往行为理论为哲学基础，以话语民主为核心的新型合理化理论。哈贝马斯对科学技术的反思和批判是非常必要的，他的合理化理论不仅给人深刻启迪，而且具有重要的理论价值和现实意义，为我们如何看待科学技术的进步对现代社会的影响提供了新的视角，为我们建设合理化社会提供了新的方案。

毋庸置疑，哈贝马斯的合理化理论带有一定的乌托邦色彩。第一，哈贝马斯认为真理是建立在“共识”的基础之上，科学真理就是“共识”的真理。在哈贝马斯看来，真理只能通过言语活动的有效性要求得以澄清，所谓真理，就是话语主体通过言语交往所达成的“共识”，检验真理的标准在于话语主体之间是否能够达成“共识”。但是我们知道，科学除了主体间性的特征以外，更重要的是它还具有客观性和普遍性。哈贝马斯还把科学、政治和社会之间的民主对话看作是科学技术实现合理化的途径。而事实上，民主自身带有强烈的实用主义色彩，如果将科学技术的合理化向度完全寄托于话语民主，这本身就已经背离了科学技术自身的规律和特点，不利于科学技术的健康发展。

第二，哈贝马斯认为，交往活动的实质就是一种言语行为，他将克服生活世界殖民化的重任托付给语言，托付给理想化的语言使用规范的建立。但是，语言能否承载得起如此“重托”?“理想的话语环境”在现实中又是否切实可行？答案显然是否定的。哈贝马斯过分夸大了语言的作用，忽视了承载语言的物质基础。布尔迪厄将哈贝马斯的思想称为“乌托邦现实主义”，并说:“促使哈贝马斯将一切现实交往的尺度和规范作为一种理想来表述的前提，只有在极其有限的条件下才能实现。在我看来，这一前提使他无视那种作为潜在因素内在于一切交往的权力结构和统治形式，而这种统治形式正如迄今为止对人际交往所作的分析，恰恰是通过交往活动并在交往中确立起来的。”① 确实，只要私有制、剥削、竞争存在，要实现完全自由、平等、不受外力强制的对话是不现实的。人们价值观念、自身利益的多元化促使他们不可能完全真实、真诚、正当地说话。而要消灭剥削、消灭贫穷、消除私有制并不是简单地提倡交往理性，进行对话就可以实现的。

---

① 哈贝马斯等:《作为未来的过去——与著名哲学家哈贝马斯对话》，章国锋译，浙江人民出版社 2001 年版，第 193 页。

第三，哈贝马斯认为，要将科学、技术自身内部的合理化潜能转化为现实，就是要把技术知识同人们的意愿和实践统一起来，使技术知识转化为生活世界之中的实践意识。为了达到这一目的，哈贝马斯提出要在科学、政治、社会之间建立公开、自由、平等的对话机制。作为拥有专家和公民双重身份的科学家必须对对自己所从事的科学研究可能带来的实践后果进行深刻的反思。科学家、政治家与社会公众之间要坦诚对话、平等辩论、公开协商，他认为，“开放社会的纲领首先要求科学信息的自由交换”。[①] 但是达到以上这些要求，哈贝马斯将希望寄托于道德伦理规范，期望以道德规范来保障科学信息和技术知识有效的进入到交往实践之中，显然，这是一种道德乌托邦式的幻想，不可能实现。

对于哈贝马斯的“乌托邦”式的理论进行责难是容易的，但是重要的是要看到它的意义和价值。我们认为哈贝马斯的合理化思想其实是一个非常必要的乌托邦。

第一，“乌托邦”精神是当今社会不可或缺的思想力量。哈贝马斯认为人类社会的历史不断向前发展，人类自身有能力与历史同步前进。启蒙并不必然走向神话，理性并不必然沦为控制。因此，哈贝马斯不赞同放弃启蒙运动的“乌托邦精神”，深信异化的解放、人性的全面赎回是永远不能放弃的使命和希望。他还认为，坚持乌托邦理想有其现实意义。现代社会随着科学技术的发展产生的根本问题和矛盾，很大程度是由于乌托邦力量的衰竭，“在这种时代精神中，乌托邦与历史的思想模式继续混同在一起。乌托邦思想早已与历史的和日常的政治思想一体化，以致我们现在明显地感到乌托邦能量已从地平线上消失”。[②] 在他看来，正是现代社会的各种危机使得对美好生活的憧憬显得更有意义，通过交往行为的合理化能够激发出乌托邦的思想力量，使人类社会不断向前发展。

第二，乌托邦式的合理化思想为我们理性的反思和批判当今科学技术对人类社会的影响（特别是其负面效应）提供了一种新的视角，使人们能够始终对科学技术的发展保持批判的张力。尽管哈贝马斯的交往合理化理论有很大的理想化色彩，但仍然不失为克服当今社会危机的一种可能方案。科学技术导致的社会危机，远远超出了科技范畴本身，现代社会的深层危机关联到社会的政治、经济、

---

① 哈贝马斯：《作为“意识形态”的技术和科学》，李黎、郭官义译，学林出版社 1999 年版，第 114 页。

② 哈贝马斯：《现代性的地平线》，李安东等译，上海人民出版社 1997 年版，第 103—104 页。

文化和人的自由全面发展等方面，这些问题的解决不可能单纯依靠科技进步本身，而应该将它们和社会生活的实践联系起来。交往合理化理论正是哈贝马斯在此基础上建立的新型合理化理论，虽然有很多缺陷，但却不失为解决现代社会深层问题的一种可能办法。

第三，随着科学技术日新月异的发展，人类社会迈入了全球化的时代，任何一个国家都无法游离于全球化语境之外，在这种情况下，不同文化传统之间如何进行对话成为了摆在我们面前的问题。哈贝马斯的合理化理论为不同文化之间的相互理解、国际关系协调发展提供了一种可能的途径，为解决不同文明之间的冲突和争端提供了一种可行的办法。通过“话语民主”，不同的文化传统之间可以建立平等共存、自由对话、和谐发展的交往方式，可以通过协商、探讨达成共识，同时又不损害各国文化的独特性。交往行为合理化“使交往者生活在一个美好的，没有任何强制的世界上……把阻碍言语的后工业文化逻辑链条打断，使人们关闭的心灵敞开，在不同文化类型之间实现符合交往理性的话语权利的平等。通过语言使人们的‘争辩’转化为‘对话’。”① 虽然这种“对话”在现实之中很难发生和实现，但它毕竟是一种理论上较为合理的可能方法。

就我国而言，我们不能不承认，哈贝马斯分析的由于目的理性侵入生活世界导致的生活世界殖民化现象在当代中国也是一个值得关注的问题，他关于目的理性不能代替交往理性的论断值得我们认真思考和借鉴。在我国向着现代化迈进的今天，往往片面强调科学技术的决定性作用，而相对忽视了对社会关系和价值形态的研究，致使技术知识在意识形态中日益泛滥。要消除这一现象，需要经历一个漫长而复杂的系统工程，而哈贝马斯的合理化理论对我们解决这一问题具有积极的指导意义。在当代中国同样也面临民主政治建设的问题，哈贝马斯的话语民主理论对于中国的政治民主建设具有重要的借鉴意义。民主的实现是一个历史的过程，一个国家究竟采取什么方式实现民主需要根据各个国家不同的文化历史传统和具体的现实国情来确定，因此，也不能照搬哈贝马斯的话语民主模式。

总之，哈贝马斯的合理化理论为我们展示的不完全是一个乌托邦式的理想化社会，而是一个具有一定合理性和可操作性的理想，对我们相关理论的发展和当今社会建设具有积极的指导意义。

---

① 朱元立：《当代西方文艺理论》，华东师范大学出版社 1997 年版，第 369—370 页。

第十三章

精神的传承与发展：伽达默尔对文明本质的诠释学反思

继胡塞尔现象学与海德格尔存在哲学之后，伽达默尔在重建精神科学的基础方面又迈出了重要一步。依照"回到事情本身"的原则，伽达默尔从精神的存在方式着手考察人类文化现象。在这个过程中，伽达默尔批判了以数学为标志的技术文化，对美学、历史等传统精神科学的意义进行了重新评估，并由此建构了他的哲学诠释学体系。伽达默尔的哲学诠释学不仅是对西方古老的诠释学思想的发展，而且是对整个西方哲学思想的发展。由于伽达默尔的开拓性贡献，人们对文化的本质有了更深入的理解，单纯的科学主义与单纯的人文主义之争完全失去了意义，自然科学和精神科学的关系获得了重新定位，人文精神的合法性和权威性得到了新的肯定。

第一节　技术的诠释学反思

伽达默尔深刻地洞察到技术文化已经成为一种时代特征，他指出，"20 世纪是第一个以技术起决定作用的方式重新确定的时代，并且开始使技术知识从掌握自然力量扩转为掌握社会生活，所有这一切都是我们文明成熟的标志，或者说，是我们文明危机的标志。"①

在伽达默尔看来，希腊人是一个理论的民族，而理论就是"与真实的存在物的纯粹的同在"②。在这种理论精神的推动下，希腊人发明了数学和形而上学，开

① 伽达默尔：《科学时代的理性》，薛华译，国际文化出版公司 1988 年版，第 63 页。

② 伽达默尔：《真理与方法》上卷，洪汉鼎译，商务印书馆 2007 年版，第 175 页。

创了欧洲文明的新纪元。近代自然科学继承并发展了希腊人的数学传统，但是却丢掉了理论的根本精神，以伽利略为代表的近代自然科学家十分注重数学，他们甚至认为凡不能采用数学方法的科学都不是严格意义上的科学，但是他们仅仅把数学当作一种行之有效的工具来看待。在这种认识的引领下，科学的概念也被理解成一种简单的方法论概念，即方法上可知的条件规定了科学的对象，“科学不再是知识的精髓和值得我们认识的东西，而是成了一种方式：一种进入和渗透到未被开发和未被掌握的领域的方式。”① 伽达默尔说，在启蒙时期，人们衡量一切的标准尚且是理性，而现在却是方法。科学技术的空前繁荣使得它的方法在人类生活的各个方面无孔不入，“科学总是要受制于方法上的抽象作用之种种确定的条件，而近代科学的成功，依靠的就是这种抽象作用的方法。”② 尽管近代人文科学在很大程度上力图追随近代科学思想，但在持有科学主义的思想家看来，人文科学仍然不符合他们所谓的科学标准。例如，穆勒把人文科学同当时的气象学相比，认为人文科学的可靠程度就像长期天气预测那样仅仅具有统计学意义上的或然性。所以，在他看来，人文科学至多只具有一种准科学的性质。伽达默尔认为，在这个自然科学占统治地位的时代，要建立和发展真正的人文科学，首要的任务就是要对自然科学的方法论进行批判。

伽达默尔指出，科学技术的普及的确大大增加了社会财富，但是它也造成了文明的危机。技术文化背离了希腊精神，其根本标志是技术文化导致的“在的遗忘”。技术的本质在于为制造的东西而存在，制造这些对象的人并不关心它的目的。技术成就只依赖于生产或制作的方法，而不依赖于掌握这门技术的人是一个什么样的人。人们想当然地认为科技可以决定一切，习惯了让科技来支配自己的日常生活，离开科技就寸步难行，其结果是人们自由的丧失和创造性精神的泯灭。人们的行为已不再符合自己的初衷，而是被科技的力量所牵引。由于科技理性的泛滥，人类的实践理性正在逐步丧失，人们将实践的选择权和决定权完全交付给了科技理性，任由科技来操纵自己的日常生活并乐此不疲。近代以来的知识泛指与自然科学理论关联着的知识，这种知识与它的对象是可以分开的，与此相应，近代的实践概念也抛弃了古希腊实践哲学的丰富含义，只是把自然科学原理应用于生产活动的行为才被称为实践。理论不再是实践过程的一部分，理论总是

---

① 伽达默尔：《科学时代的理性》，薛华等译，国际文化出版公司 1988 年版，第 61 页。

② 伽达默尔：《哲学解释学》，夏镇平、宋建平译，上海译文出版社 2004 年版，第 10 页。

现成性地摆在那里，而实践则是指单纯的“做”。这一切造成的结果是理论与实践的分裂、知与行的隔绝。我们获得了技术，但我们却从根本上放弃了与人类自身休戚相关的自由，人更像一个为了保障机器平稳运行而被安放在某个位置上的零件。我们拥有了现代化的工作和生活条件，却丧失了精神上自由翱翔的整片天空，我们失落了作为人之为人的精神家园，没有了在家的归属感。

在《真理与方法》中，伽达默尔首先指出了自然科学方法的局限性。他说，自然科学是以对规律的不断深化的认识来衡量精神科学的，但是这个标准根本不能把握精神科学的本质。“社会—历史的世界的经验不能因自然科学的归纳程序而提升为科学。无论这里所谓科学有什么意思，并且即使一切历史知识都包含普遍经验对个别研究对象的应用，历史认识也不力求把具体现象看成为某个普遍规则的实例。”① 历史事件在任何时候都是单一的，历史学的任务是在现象的一次性和历史性的具体关系中去理解历史现象本身。在这本书中，伽达默尔还指出了自然科学的经验和人文科学经验的根本不同。他说，谈到经验，人们以为就是自然科学的经验，其实，经验有两种，一种是自然科学式的经验，另一种是“否定的”经验，在自然科学中，经验是不断被证实的，而且这种证实仅仅是靠重复实现的。但是当经验被证实的时候，它已不再是新的经验，因为人们先前已经把握它了。只有预料之外的东西才能增加人们的知识，所以真正的经验只能是“否定的”经验。一个有经验的人不在于有这种或那种经验，而在于意识到经验本身的时间性与历史性。他说：“经验的辩证运动的真正完成并不在于某种封闭的知识，而是在于那种通过经验本身所促成的对于经验的开放性。”② 因此，一个有经验的人是一个彻底的非独断的人，他总是随时准备向新的经验开放，并从中学习。

伽达默尔看到了自然科学方法论对人文精神的侵害，他以康德和狄尔泰为典型列叙了自然科学方法论对人文精神造成的严重后果。伽德默尔指出，受自然科学方法论的影响，康德把真理局限于知识范畴，这样就把美学逐出了真理之外。在康德看来，审美快感只涉及人们的主观情感领域，美学不具有知识所要求的普遍必然性和客观有效性。歌德、席勒等美学家更是把美学主观主义发展到极致，他们不但大力鼓吹审美天才论，而且提出了“审美区分”的口号，把美学和生活世界割裂开来，使美学成了一座远离现实生活的空中楼阁。针对康德所开创的审

① 伽达默尔：《真理与方法》上卷，洪汉鼎译，商务印书馆 2007 年版，第 13 页。

② 伽达默尔：《真理与方法》上卷，洪汉鼎译，商务印书馆 2007 年版，第 483 页。

美主观主义倾向，伽达默尔问道：“艺术中难道不应有认识吗？在艺术经验中难道不存在某种确实是与科学的真理要求不同、但同样确实也不从属于科学的真理要求的真理要求吗？美学的任务难道不是在确立艺术经验是一种独特的认识方式，这种认识方式一方面确实不同于提供给科学以最终数据、而科学则从这些数据出发建立对自然的认识的感性认识，另一方面也确实不同于所有伦理方面的理性认识、而且一般也不同于一切概念的认识，但它确实是一种传导真理的认识，难道不是这样吗？”[①]伽达默尔明确指出，美学不是和认识无关的一块飞地，而是一种特殊的认识形式，在美学中有真理。美学的真理在于它以一种理想化的方式映现生活。他以完全赞同的口吻引述了黑格尔《美学》中的话：“但是，正如那位把摘下来的果实捧出给我们的姑娘超过那个提供它们的条件和元素、树木、空气、日光等并且直接生长它们来的自然界，……同样，把那些艺术作品提供给我们的命运的精神也超过了那个民族的伦理生活的现实性，因为这个精神就是那个外在化于艺术作品中的精神的内在回忆（Er-Innerung）——它是悲剧命运的精神，这命运把所有那些个别的神灵和实体的属性集合到那唯一的万神庙中，集合到那个自己意识到自己作为精神的精神中。”[②]当然，在伽达默尔看来，那个历史地汇集的精神的万神庙不是已经完成了，而是在永远不断的汇集之中。伽达默尔还用“审美无区分”的观点批驳了席勒等人的“审美区分”，从而恢复了艺术与生活的紧密联系。他说：“表演者所表现的东西，观赏者所认识的东西，乃是如同创作者所意指的那样一种塑造活动和行为本身。这里我们具有一种双重的模仿：创作者的表现和表演者的表现。但是这种双重模仿却是一种东西：在它们两者中来到存在的乃是统一的东西。”[③]狄尔泰是人文精神的坚定捍卫者，他以生命和自然的区分为论据试图为人文精神的独立性进行辩护，但这位著名的生命哲学家仍然未能摆脱自然科学方法论的羁绊。狄尔泰认为，读者要理解一篇历史文本，就得放弃他现在的观念，以便进入作品和作者的意境中去。一般来说，这个过程包括三个阶段，一是设身处地地把作者放入作品的环境中；二是重新体验，即体验作者当时的意图、意境和情感；三是重新恢复作者的原意。总之，就是要把握原作的客观精神。狄尔泰断定人类有一种共同的人性，并认为唯有在此基础上，共同的

---

① 伽达默尔：《真理与方法》上卷，洪汉鼎译，商务印书馆 2007 年版，第 137—138 页。

② 伽达默尔：《真理与方法》上卷，洪汉鼎译，商务印书馆 2007 年版，第 236 页。

③ 伽达默尔：《真理与方法》上卷，洪汉鼎译，商务印书馆 2007 年版，第 166 页。

理解才有可能。伽达默尔说："事实上我是从狄尔泰及其为奠定精神科学基础的探究出发的，并通过批判使自己与这种倾向相脱离。当然，通过这种方式，我很艰难才达到从开初就致力研究的诠释学问题的普遍性。"① 在伽达默尔看来，狄尔泰为了追求精神科学的客观性而牺牲了人类精神的历史性。他尖锐地指出，在历史中的理解不存在排除理解者主观认识的客观性，"所谓历史地思维实际上就是说，如果我们试图用过去的概念进行思维，我们就必须进行那种在过去的概念身上所发生过的转化。历史地思维总是已经包含着过去的概念和我们的思想之间的一种中介。企图在解释时避免运用自己的概念，这不仅是不可能的，而且显然也是一种妄想。"② 伽达默尔通过批判人文科学探究中以狄尔泰为代表的方法论辩护主义倾向，不仅深化了对人文科学自我理解问题的研究，将人文科学自我理解问题由方法论的层面导向本体论的层次，而且破解了科学方法论对于人文科学知识合法性论证的局限。

应当指出，伽达默尔并不是否定科学与技术，而只是否定科学与技术对社会生活和人的精神世界的僭越；伽达默尔也并不是一味地反对方法，而只是反对科学方法论上的客观主义和绝对主义，他本人的诠释学就运用了现象学和辩证法。伽达默尔对科学方法论批判的意义是显而易见的。在科学统治人而导致异化出现的现代社会，这种批判揭露了技术理性的局限性，戳穿了科学主义的神话，指出了技术文化和现代生存危机、价值危机以及信仰危机的内在关系。更重要的是，伽达默尔并不满足于对科学方法论的单纯批判，他的批判是为了清除科学主义的障碍，从而打通真正的精神科学之路，使人们重归人类文明的精神家园。伽达默尔的诠释学不是一种有关理解的方法论，而是有关人和世界关系的本体论。这种本体论不仅为我们提供了批判技术文化的思维方式和理解视角，而且为我们提供了重建西方理性主义文化的哲学基础。尽管这种基础在伽达默尔自己看来也不甚完善，但是，正如他所说的那样，"当科学发展到全面的技术统治，并因此而导致'在的遗忘'的'世界黑暗时期'这种尼采曾预言的虚无主义时，难道我们要目送黄昏落日那最后的余晖，而不欣然转身去期望红日重升的第一道朝霞吗？"③

---

① 伽达默尔：《真理与方法》上卷，洪汉鼎译，商务印书馆 2007 年版，第 9 页。

② 伽达默尔：《真理与方法》上卷，洪汉鼎译，商务印书馆 2007 年版，第 535 页。

③ 伽达默尔：《真理与方法》上卷，洪汉鼎译，商务印书馆 2007 年版，第 543 页。

第二节　理解的本体论

伽达默尔深知，要有效抵御自然科学方法论的扩张，如果仅仅像康德和狄尔泰所做的那样，强调精神科学的某种特殊性，为精神科学争得一块地盘是不够的。既然自然科学方法论的根本错误是“在的遗忘”，那么只有返回“存在本身”才能挽救精神科学，达到正本清源的目的。现象学为伽达默尔的构想提供了一条康庄大道。现象学认为，“事情本身”只存在于它的存在方式之中，伽达默尔就是按照这个观点行事的。在《真理与方法》第二版序言中，伽达默尔明确地说：“我的书在方法论上是立足于现象学基础上的，这一点毫无疑义。”① 人们可以清楚地看到，现象学的方法贯穿在伽达默尔《真理与方法》的全书中。当然，伽达默尔所说的现象学基本上不是胡塞尔作为意向和意向对象的认识论意义上的现象学，而是海德格尔作为存在者和存在关系的本体论意义上的现象学。伽达默尔也像海德格尔一样认为，只有从存在者的存在方式着手，存在本身才能使自身显现出来。伽达默尔在《真理与方法》中给自己提出的任务是回答“理解是怎样得以可能?”的问题，从这一问题着手，伽达默尔建立了一种“理解本体论”。这种“理解本体论”不仅突破了施莱尔马赫和狄尔泰诠释学的狭隘的方法论建构，而且大大发展了海德格尔的诠释学本体论思想。海德格尔在《存在与时间》中曾经写道：“通过诠释，存在的本真意义与此在的基本结构就向居于此在本身的存在之领悟宣告出来。此在的现象学就是诠释学［Hermeneutik］。”② 在海德格尔的基础上，伽达默尔提出了自己的诠释学体系。伽达默尔认为，要回答“理解怎样得以可能”的问题，首先需要明确精神是以什么方式存在的。那么，精神究竟是以什么方式存在的呢？他指出：精神以教化的方式存在。按照伽达默尔的理解，所谓教化，就是精神使自身对象化，然后从这种对象化中返回自身。伽达默尔说道：“在异己的东西里认识自身、在异己的东西里感到是在自己的家，这就是精神的基本运动。这种精神的存在只是从他物出发向自己本身的返回。”③ 他接着说道：“由此

① 伽达默尔：《真理与方法》上卷，洪汉鼎译，商务印书馆 2007 年版，第 541 页。

② 海德格尔：《存在与时间》，陈嘉映、王庆节译，生活·读书·新知三联书店 2006 年版，第 44 页。

③ 伽达默尔：《真理与方法》上卷，洪汉鼎译，商务印书馆 2007 年版，第 25 页。

可见，构成教化本质的并不是单纯的异化，而是理所当然以异化为前提的返回自身（Heimkeher zu sich）。因此教化就不仅可以理解为那种使精神历史地向普遍性提升的实现过程，而且同时也是被教化的人得以活动的要素。"①在伽达默尔看来，人所面对的世界不是一个蛮荒的世界，而是一个由人的精神劳作（物质的劳作是从属于精神的劳作的）构成的世界，这世界的存在物可以笼统地称之为精神的对象化物。人的精神一方面表现在这种对象化物中，另一方面通过对这种对象化物的吸收和同化使自身得以传承和发展。理解活动就是吸收和同化对象化物的活动。从这一方面看，理解就不是一个认识方式的问题，而是一个人的存在方式和真理的存在方式的问题。伽达默尔指出，"无论如何，我的探究目的绝不是提供一种关于解释的一般理论和一种关于解释方法的独特学说，有如E.贝蒂卓越地做过的那样，而是要探寻一切理解方式的共同点，并要表明理解（Verstehen）从来就不是一种对于某个被'给定'的对象的主观行为，而是属于效果历史（Wirkungsgeschichte），这就是说，理解属于被理解东西的存在（Sein）"②。在《真理与方法》中，伽达默尔分别从精神审美的、历史的和语言的存在方式三个方面，对他的观点进行了论证。

伽达默尔把"游戏"作为探讨艺术存在方式的出发点。他说："游戏的存在方式就是自我表现"、"游戏最突出的意义就是自我表现"。③游戏本身是由游戏者与观看者共同参与的一个统一的整体。艺术就是表现与被表现，欣赏与被欣赏的游戏。在这种游戏中，游戏的主体既不是艺术品，也不是表现者与欣赏者，而是艺术本身。首先，艺术品的意义作用于表现者和欣赏者，表现者和欣赏者不能脱离艺术文本的意义去表现它和欣赏它；其次，表现者和欣赏者又反作用于艺术品，表现者和欣赏者通过表现和欣赏使艺术文本的意义得到展示和具体化。当然，艺术真理的展示不是一次性的，而是一个不断发展的过程。伽达默尔指出，"艺术的万神庙并非一种把自身呈现给纯粹审美意识的无时间的现实性，而是历史地实现自身的人类精神的集体业绩。所以审美经验也是一种自我理解的方式，但是所有自我理解都是在某个于此理解的他物上实现的，并且包含这个他物的统一性和同一性。只要我们在世界中与艺术作品接触，并在个别艺术作品中与世界

① 伽达默尔：《真理与方法》上卷，洪汉鼎译，商务印书馆2007年版，第26页。

② 伽达默尔：《真理与方法》下卷，洪汉鼎译，商务印书馆2007年版，第535页。

③ 伽达默尔：《真理与方法》上卷，洪汉鼎译，商务印书馆2007年版，第152—153页。

接触，那么这个他物就不会始终是一个我们刹那间陶醉于其间的陌生的宇宙。”① 由此看来，一切艺术作品的再现，或读诗、或看画、或演奏乐曲，或观赏戏剧，如游戏一样，都可看作是向观赏者的呈现，“观赏者隶属于游戏的方式使艺术作为游戏的意义得到了呈现。”② 这种显现既是观赏者的理解过程，同样是这些艺术作品本身的继续存在方式。可以说，艺术作品的真正存在就蕴涵于对它们所作的理解和解释的无限过程之中。

在揭示艺术经验的基础上，伽达默尔把他的观点扩展到历史学。在伽达默尔看来，历史学所涉及的对象是各种历史的流传物，即广义的本文。和艺术的存在方式一样，历史的存在方式在于历史文本和它的理解者或解释者的相互作用。在谈到历史时，伽达默尔经常用“事件”，“效果历史”等词汇来描述。一方面，解释者从属于历史文本，因为他的存在就是他吸收和同化历史文本的结果；另一方面，历史文本同样从属于解释者。因为历史文本的意义只有通过解释者的理解和解释才能得到规定和传承。“真正的历史对象根本就不是对象，而是自己和他者的统一体，或一种关系，在这种关系中同时存在着历史的实在以及历史理解的实在。一种名副其实的解释学必须在理解本身中显示历史的实在性。因此我就把所需要的这样一种东西称为‘效果历史’。理解按其本性乃是一种效果历史事件。”③

在伽达默尔看来，理解总是有限的、相对的，处于“诠释学情境”中的理解。由于理解者必然地裹挟着自己的前理解参与理解过程，这实际上就在理解之前决定了理解者自身的一种“视阈”，不过，文本也有自己的“视阈”。文本的视阈和理解者视阈的不同构成了伽达默尔所说的“诠释学间距”，理解过程就是消融这个间距的过程。在理解过程中，理解者需要不断修正自己的视阈，以同文本的视阈相统一，然而文本的视阈也随着理解者把他的视阈带入其中而不再是“原文本”，它获得了一种“在的扩充”。因此，理解过程就是这两种视阈的交融过程。伽达默尔把它称之为“视阈融合”。

在保留各自视阈的基础上形成的新的视域不仅意味着一种新的理解，而且意味着文本的意义在这种理解中得到了继承和发展。在伽达默尔看来，历史的意义

① 伽达默尔：《真理与方法》上卷，洪汉鼎译，商务印书馆 2007 年版，第 137 页。
② 伽达默尔：《真理与方法》上卷，洪汉鼎译，商务印书馆 2007 年版，第 182 页。
③ 伽达默尔：《真理与方法》上卷，洪汉鼎译，商务印书馆 2007 年版，第 407—408 页。

就是以这种方式彰显出来的。他以对爱斯基摩人历史的理解为例指出：“北美爱斯基摩人部落的历史确实与这个部落是否以及何时编入‘欧洲历史’毫无关系，然而我们却不能真正否认，效果历史的反思就是对于这种历史课题而言也是重要的。谁在半个世纪或一个世纪后重新读我们今天所写成的这个部落的历史，他不仅会发现这个历史已经过时了——因为那时他将知道更多的东西或者更正确地理解原始资料，而且他也会承认我们在 1960 年是以另外一种方式读这些原始资料的，因为我们被另一些问题、另一些前见和另一些兴趣所支配。如果我们想让历史描述和历史研究完全避开效果历史反思的判断权限，那么这就等于取消了历史描述和历史研究。”① 由于意义是在“视域融合”中不断传承和发展的，所以在伽达默尔看来，理解从来就不是一种对于某个被给定的‘对象’的主观行为，而是属于效果历史，这就是说，理解是属于被理解东西的存在。

伽达默尔断言，“能被理解的存在就是语言（Sein, das verstanden Rann, ist Sprache）。”② 在伽达默尔看来，只有深入到语言层面，才能彻底揭示人与世界的关系，诠释学的本体论性质也才能得到彻底的界说。

伽达默尔指出，人和动物的最大不同在于，动物只拥有环境，人则通过拥有语言而拥有一个世界。动物是它的环境的产物，它只能适应环境，人则借助语言超越他的环境而“越向世界”。语言是人的自由的标志，“拥有语言意味着一种同动物的环境束缚性完全不同的存在方式。”③ 语言可以使人同环境保持距离，用一种反思的态度对待环境。他说，从巴门尼德开始，希腊人就把思维和存在联系在一起，思维所思的，就是存在，反过来，存在只有在思中才能成为可理解的。然而思维和存在都离不开语言，语言正是思维和存在的中介。伽达默尔指出，一方面思维只有在语言中才能进行。思维和语言的关系，正如基督教所说的那样，是道成肉身的关系，思维在语言中获得了它的表现；另一方面，存在只有在语言中才能得到显现，获得它的规定性。伽达默尔说：“虽然语言表达的东西是同所说的语词不同的东西，但语词只是通过它所表达的东西才成其为语词。只是为了消失在被说的东西中，语词才有其感性意义的存在。反过来也可以说，语言表达的东西绝非不具语言的先予物，而是唯有在语词之中才感

① 伽达默尔：《真理与方法》下卷，洪汉鼎译，商务印书馆 2007 年版，第 536 页。

② 伽达默尔：《真理与方法》上卷，洪汉鼎译，商务印书馆 2007 年版，第 639 页。

③ 伽达默尔：《真理与方法》上卷，洪汉鼎译，商务印书馆 2007 年版，第 611 页。

受到其自身的规定性。”① 在伽达默尔看来，和神的语言相比，人的语言的最大特点就是它的有限性和相对性。神的语言是一义性的，人的语言则是多义性的。这不仅因为世界上的语言是多种多样的，而且因为在讲话中存在着意义展开和解释的无限性。伽达默尔并不把人的语言的有限性和相对性看作一种缺点，相反他认为，正因为人的语言是有限的和相对的，世界的丰富性才能得到生动的展现。他说，即使哥白尼的日心说对我们来说已经成了熟知的东西，太阳落山对我们来说也仍然是真的。我们关于太阳落山的说法不是任意的，因为我们说出了一种实在的现象。这两种说法并不矛盾，因为语言对世界的展示是多重的。伽达默尔还从语言的有限性和相对性出发论证了诠释学的合法性。他指出，因为一种语言不能把存在者的存在完全展示出来，所以需要不同语言的沟通。同样，因为一种语言表达形式不能把所有的意义都表达出来，所以才存在诠释和再诠释的必要性。思维对存在的认识不是一次完成的，这一点体现在语言上，语言对世界的显示是一个无限的连续性的过程。

伽达默尔指出，希腊人关于思维与存在的看法在黑格尔哲学中得到了十分清晰的表达。黑格尔的辩证法中展示的不仅是思维的逻辑，而且是存在的逻辑。尽管诠释学不是沿着黑格尔的哲学路径进行的——它以人的世界经验作为它的现象学基地，但是在诠释学经验中，也存在着一种和黑格尔的辩证法类似的辩证法，即诠释学的辩证法。他说，“依据由黑格尔证明的语言用法，我们把形而上学辩证法与诠释学辩证法之间的共同点称为思辨性（Spekulative）。”② 他进一步指出，说某人是思辨的，就是说他并不固执于现象的坚实性和所意指的东西的固定规定性，而是能在他物中认识为我之物。说某种思想是思辨的，就是说这种思想并不把它陈述的关系看作是某种单义地指定给某个主体的性质，“而是把它看作是一种反映关系，在这种关系中，反映本身就是被反映事物的纯粹表现，如一就是他者的一，而他者就是一的他者。”③ 伽达默尔把文本和解释者之间的这种辩证关系称为“对话”或者“谈话”，谈话过程是相互了解并取得一致意见的过程。

谈话中的双方不是彼此无关或彼此只有外在的关系，而是彼此具有内在关系的共同体。因此，它们不是我—他关系，而是我—你关系。伽达默尔在《真理与

---

① 伽达默尔：《真理与方法》上卷，洪汉鼎译，商务印书馆 2007 年版，第 640 页。

② 伽达默尔：《真理与方法》上卷，洪汉鼎译，商务印书馆 2007 年版，第 627 页。

③ 伽达默尔：《真理与方法》上卷，洪汉鼎译，商务印书馆 2007 年版，第 628 页。

方法》中区分了三种我—你关系。第一种我—你关系是指“你”被经验为一个类的成员，被期望按照“我”通过经验学的规则去行动，也就是把“你”当成对象，用一种科学的态度来加以考察和把握。第二种我—你关系是“我”承认“你”是另一个主体，不是一个客观的对象，但“我”和“你”都固守自己的意见和观点，都要求对方接受自己的立场，这样的“你”就失去了对“我”提出要求的直接性，“你”永远是从“我”的观点出发被理解的。第三种我—你关系，要求“我”以完全开放的态度承认“你”是一个主体，真正把“你”作为“你”来经验，“我”不仅不能忽视“你”的意见和要求，而且还要倾听“你”对“我”所说的话。伽达默尔认为这才是一种真正的我—你关系，只有在这种关系下对话才可实现。平等是对话存在的基础，如果谈话的一方采取居高临下的方式说话，那么就不可能有真正的谈话。

根据语言的有限性和思辨的辩证法，伽达默尔论述了理解和解释在人类文化传承中的作用。他说，人们所理解的对象通过语言才得到表现，才成为理解对象。文字固定的文本提出了真正的诠释学任务，文字性就是自我陌生性，要克服此种自我陌生性，就必须对文本进行阅读，甚至可以说，只有当我们能够把文本转换成讲话的时候，我们才能正确地理解和解释文本的符号意义。语言性作为诠释学过程之规定，意指人们进行理解和解释的过程是在语言中并通过语言来实现的。因为理解要通过解释表达出来，那么为了能使某一文本的意见以其实际内容表达出来，我们就必须把这种意见翻译成我们的语言，把它置于我们得以进行语言活动的整个可能意见的关系中。这就是说，理解的过程是解释的过程，解释的过程就是以语言为媒介来展现的意义传递过程。解释不是对原来文本的复制，而是一种再现。正如在戏剧演出中的再现是对原型的充实和发展，或者对历史本文的解读是对历史文本的充实和发展一样，对任何异在文本的解释都是对这种文本的充实与发展。反过来说，文本就是在不断的解释和再解释中得到传承与发展的。从现象上看，文本和我们自身的理解都发生了改变，因为我们把自己的理解带入了异在的文本之中，我们自身的理解也随着对异在文本的解读而发生了变化，然而从本质上看，这正是“事情本身”的自我表现。

伽达默尔认为，对文化或文本的诠释被认为是“事情本身”的自我表现可以从两个方面加以说明。一个方面是，解释总是隶属于文本，解释不能脱离文本的意义而重新构造意义，否则诠释就不成其为诠释了；另一方面是，一种解释固然要对文本的意义有所取舍，然而文本中被忽略的意义必然被另一种解释加以补充。伽达默尔说道:“在这种意义上可以说一切解释都受动机推动并从其动机联系中获得它的意义。通过这种片面性,解释就使得事物的某个方面得到了强调,以致为了达到平衡,这同一个事物的另外方面必然会继续地被讲出。正如哲学的辩证法通过矛盾的激化和提升使一切片面的观点得到扬弃,从而使真理的整体得到表现,诠释学的努力也就有这样的任务,即从它所关联的全面性中开辟意义的整体。”①

伽达默尔在《真理与方法》中明确表达了他的本体论诠释学所要达到的目的,那就是为各种文化的相互理解和沟通搭建一个平台。他指出:“世界是这样一种共同性的东西,它不代表任何一方,只代表大家接受的共同基地,这种共同基地把所有说话的人联结在一起。一切人类生活共同体的形式都是语言共同体的形式,甚至可以说:它构成了语言。因为语言按其本质乃是谈话的语言。它只有通过相互理解的过程才能构成自己的现实性。因此,语言绝不仅仅是达到相互理解的手段。”② 反对科学主义对文化的垄断,为非技术文化正名,提倡各种不同文化相互借鉴和共同发展,是伽达默尔创立他的哲学诠释学的最高主旨。可以说,伽达默尔通过对人和世界的关系的本体论论证圆满地完成了这一任务。通过他的论证,技术文化的片面性得到了深刻的揭示,人文文化的意义和价值得到了有力的辩护。从此,精神科学的意义被提升到了最基本的层面上。

第三节　走向实践哲学的诠释学

《真理与方法》对思想界产生了广泛的影响。它在赢得了众多拥护者的同时,也招徕了一些批评者。贝蒂、赫施认为,由于伽达默尔强调每一种理解都必须从解释者的自身处境出发,从而致使个人“视角”标准取代了公共的“有效性”,因此不免陷入历史相对主义。阿佩尔、哈贝马斯等人则认为,伽达默尔过多关注理解的前反思性条件,忽视了对历史传统本身的批判性反思,最终将走向历史保守主义。伽达默尔指出,“尽管这些论证似乎是有说服力的,但它们仍抓不住关

① 伽达默尔:《真理与方法》上卷,洪汉鼎译,商务印书馆 2007 年版,第 635 页。
② 伽达默尔:《真理与方法》上卷,洪汉鼎译,商务印书馆 2007 年版,第 602 页。

键的东西。”① 为了对这些批评做出回应，同时也为了进一步强化自己的哲学诠释学思想，伽达默尔此后陆续发表了一系列以实践为主题的论文，对诠释学作为实践哲学进行了详尽的阐述，突出了诠释学的实践性质。

应当指出，在《真理与方法》中，理解的实践性就被提到了十分重要的地位。伽达默尔在这里谈到的理解本身就包含着应用，应用是一切理解的一个不可或缺的要素。按照伽达默尔的看法，法律的意义只有在法律的应用中才能被理解，法学家不但要考虑法律的规范内容，更要考虑具体案例的特殊性，只有既了解法律的规范内容，又能根据特殊情况灵活处置案例的法官，才能说达到了对法学条款的真正理解。神学也是如此，《圣经》是上帝的言辞，它的权威远远超过布道者对它的解释，但是福音宣告的内容需要具体化于牧师的布道中。伽达默尔说：“在这两种情况里，都包含着这样的事实，即文本——不管是法律还是布道文——如果要正确地被理解，即按照文本所提出的要求被理解，那么它一定要在任何时候，即在任何具体情况里，以不同的方式重新被理解。理解在这里总已经是一种应用。”②

在伽达默尔的后期文章中，亚里士多德关于实践智慧的思想成了伽达默尔强调诠释学实践属性的立论根据。亚里士多德在《尼各马可伦理学》中一方面区分了实践智慧与理论智慧，另一方面区分了实践智慧与技术。亚里士多德指出，理论智慧寻求的是永恒不变的东西，实践智慧和技术寻求的是可变的东西。虽然实践智慧和技术这两种知识的对象都是可变的事物，但二者也有根本的不同。与实践智慧对应的是行动，与技术对应的是制作。行动是运用实践理性以善为取向的选择和权衡，并与行为者的个性品质密切相关；制作则是运用既定的规则生产出某种产品，其目的不是制作本身，而是制作之外的产品。伽达默尔认为亚里士多德实践哲学的意义在于使人类实践上升到一个独立的知识领域，而这个领域恰恰是我们最基本的生存领域。实践哲学肯定了这个领域的合法性，这种合法性在近代几乎丧失，而诠释学哲学就是要重新肯定和突出这种合法性。

在伽达默尔看来，由于实践哲学涉及的是人类生活最基本的方面，所以它具有基础意义和普遍性。他说，“这种实践的科学必须和人类生活中包容一切

① 伽达默尔：《真理与方法》上卷，洪汉鼎译，商务印书馆 2007 年版，第 467 页。

② 伽达默尔：《真理与方法》上卷，洪汉鼎译，商务印书馆 2007 年版，第 420 页。

的善的问题打交道，它不像 Technai（技术学）仅限于某个确定的领域。”[①]1993 年，在与青年助教杜特的谈话中，伽达默尔又一次重申实践的普遍意义。他说：“‘实践’一词，这里不应予以狭隘的理解，例如，不能只是理解为科学理论的实践性运用。……‘实践’还有更多的意味。它是一个整体，其中包括了我们的实践事务，我们所有的活动和行为，我们人类全体在这一世界的自我调整——这因而就是说，它还包括我们的政治、政治协商以及立法活动。我们的实践——它是我们的生活形式。”[②] 实践哲学涉及人类自身对象化的全部领域，在理性概念中所包含的实践普遍性包括了我们的一切，所以它甚至能对理论的要旨最终负责。

伽达默尔指出，实践理性是一种理智性，是人的一种准则，人们采用这种准则以便把建立在共同性标准中的道德和人类秩序不断地重新创造并保护下来。实践理性的德行既不同于科学性的理性，也不同于技术能力的理性，它是具有理智性和责任性的理性。它的理智性是运用性的，它是一种在理论之外，在好奇心之外的真正包容一切的理性。实践理性并不存在于可学的能力之中或盲目的从众主义之中，而是存在于理性的自我责任之中。“实践的真正基础构成人的中心地位和本质特征，亦即人并非受本能驱使，而是有理性地过自己的生活。从人的本质中得出的基本美德就是引导他‘实践’的合理性。对此希腊语的表述是‘Phronesis’（实践智慧）。”[③]

伽达默尔指出，近代以来，实践的概念常常在与理论分离的意义上加以使用，实践仅仅指理论的实际应用。他说，“因为自从科学把它的目标放在对自然和历史事件的因果因素进行抽象分析以来，它就把实践仅仅当作科学的应用。但这是一种根本不需要解释才能的‘实践’。于是，技术概念就取代了实践概念，换句话说，专家的判断能力就取代了政治理性。”[④] 伽达默尔把对“实践”概念的这种曲解斥之为“实践概念的衰亡”。近代科学不仅曲解了实践，同样也曲解了理论。现代科技中所指的理论在伽达默尔看来是抽象的理论。伽达默尔指出，理

---

① 伽达默尔：《真理与方法》下卷，洪汉鼎译，商务印书馆 2007 年版，第 367 页。

② 伽达默尔、杜特：《解释学美学实践哲学——伽达默尔与杜特对谈录》，金惠敏译，商务印书馆 2005 年版，第 67—68 页。

③ 伽达默尔：《真理与方法》下卷，洪汉鼎译，商务印书馆 2007 年版，第 392 页。

④ 伽达默尔：《真理与方法》下卷，洪汉鼎译，商务印书馆 2007 年版，第 551 页。

论绝非是脱离实践的理论，而毋宁说，理论本身是实践的一部分。“在此情境中什么是理性的，什么是应当去做的，恰恰并未在给您的那些关于善恶的总体指向中确定下来，这不像关于如何使用一件工具的技术说明所给出的那样，而是您必须自己决定去做什么。为此您就得理解您的情境，您就得阐释它，这就是伦理学和实践理性的诠释学之维。”① 伽达默尔甚至毫不含糊地说：“应用就不仅仅是对某种理解的‘应用’，它恰恰是理解本身的真正核心。”② 作为实践的诠释学追求理论与实践的统一，这种诠释学既不是一种单纯理论的一般知识，也不是一种仅仅追求应用的技术方法，而是一门综合理论与实践双重任务的哲学。在这一基础上建构的实践哲学也就是对实践的反思理论。

在伽达默尔那里，实践智慧是一种可以为人指明行动方向的智慧，是以善为目的的活动。在实践中脱离作为目的的善，单纯考虑手段，就不再是实践智慧，而只是一种“实践智慧的退化形式”——“聪明”。只有善的目的包含在活动过程之中，才是真正的实践行为。“自由选择”是实践活动的特有品格，“自由选择”意味着“优先选择”，在二者必居其一的情况下有意识地进行抉择，明智地要求一物而不要求另一物，人在这种活动中实现自己选择中实践理性的本质。人的实践智慧具有理性的特征，它要求实践者以伦理、政治知识、经验等为前提条件，这说明实践是建立在理解基础上的行为，实践是一个把过去、将来统一于现在的理解事件。

如果说，伽达默尔在个人的实践智慧中强调的是以善为目的的个人能动的自我选择和行动，那么在集体的实践智慧中，伽达默尔强调的就是以善为目的的主体间的相互对话。在《真理与方法》中，伽达默尔就对对话作过许多论述，不过在那里主要是服务于狭义的诠释学研究。在实践哲学的语境下，伽达默尔要谈的是对话包含的伦理性质。在伽达默尔看来，共同性作为人生存的前提先于主体性存在。在有自我意识之前，“我”已然是一个与他者共在的存在。如果从对话性出发来看待“我”，那就会看到，“我”成为个体之前已然是一种我—你，他者是无法从我中消失的因素。共同存在是我们生存的事实性的东西，我—你关系是确立本体的根本，因而应该以共同体生活为基础来定义人。如此一来，“这种社会

① 伽达默尔、杜特：《解释学美学实践哲学——伽达默尔与杜特对谈录》，金惠敏译，商务印书馆2005年版，第69页。

② 伽达默尔：《科学时代的理性》，薛华等译，国际文化出版公司1988年版，第114页。

生活在最终形式化当中是一个交谈共同体。”[①] 社会生活不能建立在“独白”的基础上，独白只会导致冷漠，人的孤独与异化，只有通过对话、求同存异才能产生“和”，只有这样形成的人类共同体才会真正充满活力和生机。

伽达默尔十分看重“友谊”在古希腊伦理学中的地位，他继承古代的用法，认为友谊是一种可分享的善。友谊超出个人幸福的经验，可以使一个人摆脱自我的狭隘氛围，在人与人之间营造共同生活的公共秩序所需要的共同感。它是一种“博爱”，这种博爱与承认或尊重对方是分不开的。友谊的实现离不开对话，对话是消除矛盾，解决冲突的有效武器。伽达默尔认为对话是达成团结的关键，以对话为基础才能形成团结，友谊是属于实践哲学“本质上的优先性的东西”。[②]

伽达默尔用他的对话伦理回应了来自赫施、阿佩尔和哈贝马斯的责难。在亚里士多德实践哲学的基础上，伽达默尔清晰地阐明了诠释学既反对客观主义又反对相对主义的立场。实践智慧并不追求普遍的、永恒确定的知识，它是一种适应情况变化的，灵活应对的智慧。但是它也不是无原则、无标准的世俗理性，它时时刻刻都以人类行为的最高准则——善——作为自己的旨归。在实践智慧中，普遍性东西必须应用于特殊情境，特殊情境也必须参照普遍性。简言之，实践智慧表明了普遍性与特殊性的辩证法。在伽达默尔看来，指责他的观点为相对主义的人仍然站在科学主义的立场上，因为只有科学主义才把二者对立起来，把强调特殊情况看作脱离普遍性的“相对主义”。诠释学既不同于解释的无政府主义也不同于教条的科学主义，正是因为诠释学是一种亚里士多德意义上的实践哲学，我们可以说它既超越了客观主义又超越了相对主义。[③] 阿佩尔、哈贝马斯主张在对话的基础上建立商谈伦理学，伽达默尔对此并无异议。只是在伽达默尔看来，没有伦理、没有善良意志就不可能有真正意义上的相互理解和沟通。显而易见，伽达默尔是想在对话中融入亚里士多德的伦理精神，来发展人类的交往理性。这种交往理性可以代替科技理性、成为一种真正的、适合人类生活的社会理性或伦理理性。伽达默尔的对话伦理学还隐含着一种未来世界的理想，这就是从理性出发，通过对话建立一个团结、一致、充满友谊的善的人类共同体。他希望全世界

---

① 伽达默尔：《伽达默尔集》，严平、邓安庆译，上海远东出版社 1997 年版，第 230 页。

② 伽达默尔：《伽达默尔集》，严平、邓安庆译，上海远东出版社 1997 年版，第 278 页。

③ 伯恩斯坦在《超越客观主义和相对主义》（光明日报出版社 1992 年版）一书中明确表达了这一论点，具体可见于第 47—61、190—209、278 页以下。

都朝这个方向努力，因为这最终将引导我们走向光明灿烂的未来——世界大同。这种从共同参与以期获得友谊和善的对话，也正是作为实践哲学的诠释学的理想。伽达默尔的对话共同体强调善和友谊，他认为这是对于我们实现共同体的目标最重要的特质，也是作为对话共同体理想的主要表现方面。

无论如何，伽达默尔的对话伦理首先是针对统治着当代文化的科学主义的技术理性的。在现代社会，实践理性受到了科学理性、工具理性的威胁，其表现为科学理性、工具理性代替了实践理性在人类生活中的指导作用。明显地，在我们当前的科学文化中，专家被认为可以代替人们实际的和政治的经验而作决定，通过对公众舆论的形成加以技术化的一种方法的代表，技术渗透对社会产生了一种非常危险的作用，人们的头脑愈来愈为现代技术所控制和操作，个人完全被看作为一种合理化秩序整体中的职能，日益被限制于为职能服务。整个社会的运作与人类的思维完全处于科学理性、工具理性的指导下，而诞生于古希腊的实践知识、实践理性对人类生活的作用则被淹没。伽达默尔认为在今天，重新恢复实践理性的本来面目已成为最为迫切的任务，他的诠释学正是从这一方面表现出实践的维度。

尽管存在着科学理性、工具理性巨大力量的排挤和压制，伽达默尔还是相信实践理性的作用，认为它会使人们重新发现那些即将进入人类未来社会的团结，它会重新取代科学理性、工具理性对人类生活的指导作用。在伽达默尔眼中，实践理性是有力量的，它的力量在于能够支配向人类打开的整个生活空间，当然也能够支配我们的一切科学能力和我们的一切行动。伽达默尔十分坚定地把实践理性的条件置于实践活动之上，他强调，“实践的规范性特点和实践理性的功效在实践中要比理论认为它所是的程度宽泛的多。”① 无疑，这是对近现代以来技术统治论将实践理性置于科学技术之上使实践理性非理性化的抗议和重置。伽达默尔作为实践哲学的诠释学把重建友谊、善的“对话共同体”看成是拯救人类生存危机、化解国际争端、消除文明冲突的重要途径，这一“对话共同体”最终也是他为人类未来发展所设想的理想。我们认为伽达默尔以友谊、善为目标的对话共同体是伽氏诠释学发展的合理创见，也是把诠释学作为实践哲学的理论旨归，对这一问题的回答也就构成了伽达默尔作为实践哲学的诠释学理论的最终结论。

---

① 伽达默尔：《赞美理论——伽达默尔选集》，夏镇平译，上海三联书店1988年版，第138页。

第十四章

对自然之镜的批判与后哲学文化：罗蒂的新实用主义哲学观

罗蒂是美国著名的后现代哲学家。他的思想影响不仅超出了美国，而且超出了哲学界，在整个西方文化领域都引起了强烈震动。罗蒂从分析哲学的发展历程中看到了西方形而上学的困境，并最终抛弃了这种形而上学路径。在罗蒂看来，源于希腊哲学的西方传统形而上学是一种自欺欺人的理论，它是建立在虚幻的绝对主义思维基础上的，这种思维不仅在理论上是荒谬的，而且被分析哲学本身的发展证明是靠不住的。鉴于这种情况，罗蒂像尼采一样给自己提出了重估一切价值的任务。他企图在美国实用主义哲学基础上建立一种新型的文化观，即所谓的“后哲学文化”观，这种文化观不承认思维对存在的认识的任何绝对的基础，从而反对任何绝对真理、绝对价值的说教。罗蒂主张用相对主义和实用主义的观点重新看待各种人类文化，也就是说重新看待哲学、科学、历史、文学等以及它们之间的关系。他认为，由于不存在认识与实在相一致的传统真理标准，所以哲学、科学、历史、文学等都可以看作人类共同的精神财富。它们之间没有真假和高低贵贱之分，只有不同的思维形式和语言表达形式的区分。它们的共同性远远大于它们的差异性。在罗蒂看来，各种不同文化形式的共同职能就是改善人类，促进人类物质和精神文明的发展。用他的话说，它们都属于“教化”的范畴。罗蒂主张用各种文化形式的对话和互补关系取代传统形而上学中的等级关系。由于罗蒂的观点和西方传统哲学观点的巨大落差，所以不可避免地在哲学以及各个人文学科领域引起争论，但是无论我们如何看待罗蒂的观点，有一点是毫无疑问的，那就是，他的观点不是出自他个人的臆断，而是当代西方哲学整体发展的表现形式。罗蒂的主张和欧洲大陆各种后现代主义学说是相互呼应的，它们共同构成了后现代的哲学语境，西方传统思维方式在这种语境下如果说不是被全盘颠覆，那么至少全盘保存下来已经变得不可能了。

第一节　对镜式哲学的批判

罗蒂把哲学分成了两种类型，一种是所谓“系统性”的类型，一种是所谓“教化性”的类型。系统性的哲学以追求真理为己任，它相信人最终能认识作为绝对真理的实在。教化性的哲学则不然，它并不谋求正确映现实在，只谋求在约定意义上建立起共同信念，以指导人的认识和行动。罗蒂认为“系统性”哲学包含了一种认识论的隐喻，即认识的功能就是像镜子一样地映现世界，因此罗蒂把它称之为镜式哲学。在罗蒂看来，这个哲学传统始于柏拉图，成熟于近代的认识论哲学，现象学和早期分析哲学则是这个传统的继续。

罗蒂认为柏拉图是镜式哲学的始作俑者，他不但把世界分成了可见世界和可知世界，而且认为有一条通向可知世界的特殊的认识通道——心灵。心灵能够从变幻不拘的现象中看到本质，把人们引向永恒不变的真理。从柏拉图开始，西方的镜式哲学传统就形成了。但是，罗蒂又指出，柏拉图的视域和近代人的视域毕竟还是有差别的。在柏拉图那里，心灵属于本体论范畴，他把心灵当作最基本的存在者看待，心灵和肉体的关系是一种本体论关系。在柏拉图的视域中，人是宇宙的一部分，应当从宇宙出发去看待人。心灵和肉体也并不为人所专有。在近代，哲学发生了认识论转向，这个时候的心灵与肉体的关系是一种认识论意义上的关系。近代心灵专指人的认识，而肉体则是指作为人的认识对象的世界。在这种认识论哲学中，宇宙是人的一部分，应当从人出发去看待宇宙。

在罗蒂看来，笛卡尔是把本体论的心灵变成认识论的心灵的首创者。笛卡尔通过他的怀疑，确立了一个“明白无误”的精神实体——心灵。这个实体和物质实体形成了鲜明对照。物质实体是有广延的，心灵实体则没有。他认为一切真理都映现在这个纯粹的心灵实体上。在罗蒂看来，笛卡尔开创了一个恶劣的先例，即认为存在着一个内部空间，怀疑、感觉、思想等都被纳入到这个内部空间中，从此以后，这些东西就成了另类的现象。罗蒂指出，笛卡尔的镜式哲学是以自然科学为模式产生并为世界的科学化服务的，它追求的不是智慧而是确定性。他说：“从作为理性的心转向作为内在世界的心的笛卡尔转变，如其说是摆脱了经院哲学枷锁的骄傲的个人主体的胜利，不如说是确定性寻求对智慧寻求的胜利。从那时以后，敞开了哲学家去达到数学家或数学物理学家严格性，或者达到这些领域严格性外表的大道，而不是敞开了帮助人们获得心灵平和的大道。科学，而非生活，成为哲学的主题，而认识论则成为其中心部分。”① 因此罗蒂认为，摆在他面前的首要任务就是对从笛卡尔开始的心灵实体的批判。

笛卡尔为心灵实体辩护的主要理由是非空间性。在笛卡尔看来，像“痛苦”那样的知觉是不能用物理的原因说明的，截肢就是一个证明。如果痛苦有任何空间位置，那么它就存在于胳膊中，但是既然截去了胳膊还有痛苦，那就说明它出自一种非空间的本体，所以非空间性的心灵本体是存在的。“思想”也是如此。

罗蒂指出，笛卡尔的辩护是倒果为因了。他说“我们很难把一种思想或一次痛苦看作不可能有位置的一个事物（一个不同于某人的个别项，而非某人的一个状态），除非已有了一个非广延的实体的概念，而此事物是该实体的一个部分。”② 笛卡尔预设了一个不占有空间的心灵实体，只是基于这种预设，才存在这种意义上的“痛苦”和“思想”。然而这种预设在罗蒂看来是成问题的。罗蒂根据斯特劳森的观点指出：“我的结论是，我们不可能用非空间性作为心的状态的判断，这只是因为‘状态’概念如此之含混，以至于不论是空间状态一词还是非空间状态一词似乎都没有什么作用。作为非空间性的心的实体概念和作为空间性的物的实体概念，如果具有任何意义的话，只是对个体才具有意义，对述谓主体而非对这些主体拥有的属性有意义。”③ 这就是说，只有个体才具有空间意义，离开了个体谈论空间的存在和非存在是没有意义的。在罗蒂看来，其实关于“痛苦”、“思想”之类的概念，完全可以从另外的角度去解释，它们既不是什么实体，也不是什么实体的属性，而是在一定话语整体基础上出现的概念，这个话语整体是由它的社会实践决定的。

罗蒂指出，洛克是笛卡尔哲学的继承者。笛卡尔只谈及心灵，并未谈及心灵和世界的关系，他的二元论阻止了他对这个问题的详尽论述。洛克通过他的“白板说”把心灵和世界联系起来了。洛克认为，心灵犹如一块白板，外部事物在这块白板上刻下了印痕，人们就有了各种观念。心灵对这些观念进行加工，从而形成了各种知识和真理。但是，罗蒂指出，洛克在发展了笛卡尔认识论的同时也歪曲了笛卡尔。

首先，洛克的“白板说”把对知识形成的说明与知识可靠性的证明混淆起来

① 罗蒂：《哲学和自然之镜》，李幼蒸译，商务印书馆 2003 年版，第 48 页。

② 罗蒂：《哲学和自然之镜》，李幼蒸译，商务印书馆 2003 年版，第 49 页。

③ 罗蒂：《哲学和自然之镜》，李幼蒸译，生活・读书・新知三联书店 1987 年版，第 17 页。

了。知识是一种被证明的真信念，这种被证明的真信念只能从人与命题的关系中去考察，它和对知识形成的说明没有任何内在关系。他说："这就是说，知识是命题的集合。然而洛克却把知识说成是人与对象的关系，说成是'关于……的知识'[①]，"这样，他就不可能回答知识和真理何以具有普遍必然性的问题。

其次，罗蒂指出，洛克的"白板"包含着各种不同的含义。按照直接的方式，非物质的白板通过感觉获得事物的印象；按照隐喻的方式，非物质的白板通过心灵获得事物的知识。他说，对于洛克来说，问题不仅是白板始终被永不眨眼的心灵之眼所注视，而且在于一切认知都不是由白板本身来完成的，而是由白板的心灵之眼来完成的。洛克没有揭示这个白板隐喻的意义，而是保持了物体与知识两者之间的含混性。罗蒂认为，"白板"意味着，洛克提出了一种按照感觉——知觉来塑造知识的模式，然而这种模式不可避免地在直接的方式和隐喻的方式之间造成了分歧，因为印象并不等于知识。为了解决印象与知识之间的分歧，洛克不得不承认笛卡尔的心的概念，但是洛克又不希望心灵这个幽灵闯入认识这部准机器中去，他唯一的办法就是不去揭示笛卡尔的心灵实体，而是保持一种含混性。罗蒂认为，洛克的混淆是不可避免的，正如亚里士多德一样，洛克没有明确的途径把理解普遍概念和形成判断联系起来，没有办法使心对形式的接受性与命题的建立联系起来，所以他不得不把"……的知识"与"关于……的知识"混淆起来。

在罗蒂看来，康德是近代认识论的集大成者，认识论意义上的镜式哲学在康德哲学中第一次得到了系统化的表述。他说，"康德通过使外部空间置于内部空间（先验自我的构成性空间）内，然后宣称笛卡尔关于内部的确定性也适用于那些以前认为是外部性事物的法则，从而使哲学踏上了'一门科学的牢靠道路'。"[②]康德克服了洛克认识论中存在的知识的不确定性问题，把"人的科学"从一种经验水平上升到一种先验水平。康德通过论证两种同样确实的表象，即直观和概念，建立和古代哲学的联系，这就使人有可能写出一部近代意义上的"哲学史"。康德还通过为信仰留地盘创立了先验的道德学，从而使他的哲学形成了一个整体，一个"完全的哲学体系"。最后，康德通过论证人和知识都是由人"构成的"，使人们把认识论设想为一门基础学科，这门学科起着纯粹理性法庭的作用，其他学科都要在这个法庭面前接受审判。

---

① Richard Rorty, *Philosophy and the Mirror of Nature*, Princeton University Press, 1980, p.142.

② 罗蒂：《哲学和自然之镜》，李幼蒸译，商务印书馆 2003 年版，第 127 页。

罗蒂认为，尽管康德为我们提供了一种近乎完美的认识论模式，但由于他的哲学始终停留在笛卡尔的框架内，所以同样不可避免地存在着严重的理论问题。康德提出了两种表象（直观和概念），认为前者是杂多的，后者是统一的。在二者的关系上，“杂多是被给与的，统一是被造成的。”[①]认识就是用先验的概念统一直观的杂多。罗蒂认为，康德关于杂多是被给予的、统一性是心灵综合造成的说法是一种假设，实际上是站不住脚的。在罗蒂看来，统一内在地包含着杂多，二者不是先与后的关系，而是一种包含关系。他说，“我们不可能内省并理解它是这样的，因为我们永远不会意识到未经综合的直观，也不会意识到概念，除非当这些概念应用于直观时。”[②]罗蒂指出，当康德提出综合知识不是建立在归纳基础上的时候，他是正确的。知识严格说来是建立在命题上的，从一个命题推出另一个命题是论证而不是归纳。但是康德并没有看到命题的或论证的知识和因果的知识的区别，他仍然把综合知识问题当作认识和世界的关系问题来看待，即用内现象（范畴）统一外现象（知觉表象）。换句话说，康德仍然从因果关系的角度理解知识问题。所以康德没有把对知识问题中的正确看法贯彻到底。当康德提出“知识如何可能”的问题时，他本来是想解决“述谓”（关于客体说些什么）知识和“综合”（将诸表象聚集在内部空间）知识的关系问题，但结果是造成了这两种知识的混淆。不仅如此，当康德谈到“综合”的知识优于“述谓”的知识时，他却不能说明这种优越性的根据。罗蒂说：“因为关于被造成的（被构成的）对象的必然真理知识，比有关被发现的对象的必然真理知识更可理解的主张，取决于笛卡尔的下述假设；我们对构造活动有特殊的认识通道。但对于刚才提出的康德的解释，并不存在朝向我们构成性活动的这种通道。与我们必然真理知识相联系的这种神秘性将依然存在。因为在内部空间内，被假定的理论实体不会是由于内在的而比外部空间的那类实体更有助于说明这类知识怎样得以出现。”[③]

罗蒂指出，笛卡尔、洛克和康德的问题不是孤立的问题，而是一切认识论哲学的共同问题。认识论哲学以解答人如何能正确地认识世界为己任，它追求的是知识的确定性，因此，这种哲学总是试图打磨和擦亮认识之镜。无论是笛卡尔的“心灵”、洛克的“观念”还是康德的认识“形式”，都是这种思路的表现。它们

---

① Richard Rorty, *Philosophy and the Mirror of Nature*, Princeton University Press, 1980, p. 153.

② 罗蒂：《哲学和自然之镜》，李幼蒸译，商务印书馆 2003 年版，第 140 页。

③ 罗蒂：《哲学和自然之镜》，李幼蒸译，商务印书馆 2003 年版，第 141 页。

只有程度的不同而没有本质的不同。只要不放弃对确定性的追求，就不能避免类似的理论问题的出现。在《哲学和自然之镜》第二章，罗蒂列举了行为主义、怀疑论和心身同一论，在他看来，这些理论虽然批评了笛卡尔等人的观点，但是，由于没有和追求确定性彻底划清界限，所以也使自身陷入了不能自拔的理论困境中。

罗蒂说，以赖尔为代表的行为主义试图消解笛卡尔的心灵观念，他们认为作为实体的心灵是不存在的。与此相关，他们也拒绝谈论笛卡尔所谓的“内部状态”。在他们看来，有关“内部状态”的谈论只是关于某种行为状态的谈论的一种简略的甚至是歪曲的形式。因此他们主张用关于行为状态的谈论来代替关于某种“内部状态”的谈论。但是行为主义者对这一命题，即“(p) 不管何时我们做一个有关我们本身的一个状态的不可改变的报道，必然有一种赋予我们的性质，它引导我们去做该报道”深信不疑。在罗蒂看来，这仍然是一种实质上的笛卡尔主义。他批评行为主义者说：“行为主义者放弃了‘没有什么比心本身更好地为心所知’的观念，但他们保持了这样的观念，即某些事物是直接自然可知的，另一些事物则否，并保持了形而上学认为只有第一位的东西是‘真正实在’的结论。”① 他问道，既然行为主义者承认有关我们的行为状态有一个不可改变的报道，他们又有什么理由否认这种外在的行为状态是由一种“内部状态”所引起的呢？所以，行为主义者自认为他们克服了笛卡尔哲学，实际上却没有克服。不但没有克服，反而使自己处于了自相矛盾的境地。罗蒂指出，笛卡尔哲学的要害不是心灵实体，而是“自然所与”，并且把这种“自然所与”看作第一位的东西。不否认“自然所与”论，就不可能彻底抛弃笛卡尔主义。

罗蒂指出，对他人心灵抱怀疑态度的怀疑主义也没有背离笛卡尔的观点，他们所遵从的照样是笛卡尔的认识论逻辑。罗蒂把笛卡尔关于“自然所与物”原则和“内在的心灵之眼”的隐喻概括为以下三个命题：(1) 我们对自己心灵的认识比我们对任何其他的东西更清楚；(2) 我们可以认识有关我们心灵的一切，即使我们不知道任何其他东西；(3) 认识某物是否有心灵，是一个有关认识它如同它认识自己时的问题。② 罗蒂指出，承认这三个命题，便只能导致唯我论，即只承认自己心灵的存在。但是，按照这种观点，我们就会把我们的邻居或朋友看

① 罗蒂：《哲学和自然之镜》，李幼蒸译，商务印书馆 2003 年版，第 97 页。

② 参见罗蒂：《哲学和自然之镜》，李幼蒸译，商务印书馆 2003 年版，第 99 页。

作一个围绕着某个神秘事物的“空壳”，因为我们无从知道他人的心灵。罗蒂认为，怀疑主义的结论是在首先设定了“自然所与物”（心灵之眼）的前提下推出的，他们把不是在“内在的镜子”（心灵之眼）中的都看作是不可靠的东西，因此，怀疑主义无非是“内部眼睛的形象”加上一套为发现“自然所与物”所产生的人为的工具主义的语言而已。罗蒂认为，行为主义者和维特根斯坦为反对笛卡尔的观点而强调行为或语言的社会性是完全正确的，但是像维特根斯坦那样否认个人有通向自身感受的特殊通道未免过于极端。因为我们完全可以承认例如“痛苦”的感受而不去诉诸以上三个命题。他说，开始说话之前的婴儿知道疼痛的方式和自动转换唱片装置知道螺纹已到尽头，或植物知道太阳的方向等的方式并没有什么不同，而且我们可以通过询问一个人是否在痛苦中而了解他对痛苦的特殊感受。

罗蒂把“心身同一论”也看作笛卡尔主义的翻版。“心身同一论”试图用一种中性化的语言对笛卡尔的“自然所与物”作出解释。在罗蒂看来，“心身同一论”的代表有两种，一是斯马特和阿姆斯特朗的“还原论的唯物论”，二是费耶阿本德和奎因的“排除论的唯物论”。“还原论的唯物论”除了认为某种心理事件和人的神经系统相关之外，还力图用一种中性的语言说明为什么会存在这种心理现象。例如，关于疼痛，他们会说疼痛行为是由某种原因（神经系统）引起的，只是因为缺乏精细的神经学的论述，才导致人们说疼痛是一种心理现象。罗蒂认为在这种还原论的解释中包含着两个部分，一个是因果性的部分，另一个是引起这种因果性的心灵之镜的部分。在承认有痛苦的感觉并且这种感觉是真的这一点上他们和笛卡尔毫无二致，只是他们把笛卡尔的心灵换成了神经系统。他们反对心理事件和物理事件不相容，认为当人们谈论疼痛作为心理事件和谈论疼痛作为物理事件并非是不相容的。“排除论的唯物论”则完全否认心理事件的存在，他们主张“心理状态只不过是神经状态”。他们说虽然疼痛正当地被看作是真的，但实际上是不真的。在罗蒂看来，“排除论的唯物论”坚持的非此即彼的思维方式同样是笛卡尔二元论的翻版，即物质的不是心灵的，疼痛既然是物理的所以不是心理的。

罗蒂指出，如果不坚持意义的同一标准，那么可以说还原论的唯物论有效，正如如果不坚持指称的同一标准，排除论的唯物论有效一样。反过来说，还原论的唯物论违反了语言的意义的同一性原则，排除论的唯物论则违反了语言的指称的同一性原则。正是因为从语言学的角度看它们都是有问题的，所以它们都会遇到各种反驳与责难。罗蒂认为，无论如何，“心身同一论”总是带有一种“形而上学的冲动”，它们总认为有一种东西是“不可改变地可报道的”，这种“形而上学的冲动”也是笛卡尔主张镜式哲学的根本原因。如果放弃这种“形而上学的冲动”，则一切问题便烟消云散了。罗蒂用了很大篇幅描述“对跖人”是如何谈论“疼痛”的，就是为了说明不用形而上学的语言，人们仍然能够很好地解释疼痛问题。罗蒂说：“但由于我认为还原型的和排除型的同一论都只是笨拙地企图将我们对与对跖人交遇时的自然反应抛入流行的哲学行话中去，我就不认为应当坚持二者之间的区别。反之，应当把二者都抛弃，并连带着抛弃‘心、身同一性’概念。”①戳穿一切形而上学的神话，反对思维是对存在的正确映现，反对一切绝对真理的说教，是罗蒂对镜式哲学批判的目的。他对近代认识论哲学的批判，仅仅是这个目的的一部分。

第二节　分析哲学的问题与出路

罗蒂指出，在19世纪末和20世纪初，美国的实用主义者和德国的尼采等人曾对哲学认识论提出质疑，对“符合真理说”和“精确表象论”进行批判，他们主张“离弃认识论，离弃对确定性、结构和严格性的寻求，以及离弃使自身成为理性法庭的企图。”②正当哲学追求一种“游戏精神”，从而树立起一种新的文化形象时，以认识论为中心的“镜式哲学”却在“数理逻辑”那里找到了避风港。仍然有大量的哲学家以这样或那样的方式继续从事着大写的哲学研究，他们力图通过发现一些新的特殊表象来挽救传统哲学的危机，继续把哲学研究当作一项“严肃的事业”来追求。在罗蒂看来，这一趋势代表便是胡塞尔和罗素。为找到某种必然的真的东西，罗素发现了“逻辑形式”，胡塞尔发现了“本质”，分析哲学和现象学作为康德哲学的两个新变种发展了起来。

在《语言学的转向》中，罗蒂指出，现代分析哲学用语言哲学作为认识论的替换课题，认为语言的基本特征显示了世界的基本特征，因而研究语言的基本特征是揭示世界本质的有效途径。但是，分析哲学并没有实质性的内容，它只是另

---

① 罗蒂：《哲学和自然之镜》，李幼蒸译，商务印书馆2003年版，第109页。

② Richard Rorty, *Philosophy and the Mirror of Nature*, Princeton University Press, 1980, pp.166-167.

一种形式的康德哲学。分析哲学抛弃了心灵的概念，却没有抛弃心灵的话题，分析哲学家对语言的关注不过是把“心灵”换成了“语言”，把关于思想怎样与世界关联的问题换成了语言怎样与世界关联的问题。语言哲学详细说明的“语言怎样与世界挂钩”与笛卡尔“心灵怎样与世界挂钩”仍然是一种相似的问题，仍未摆脱传统的镜式认识论，这些东西从实质上讲是同一个东西。罗蒂在《语言学的转向》的长篇序言中指出：“语言学的转向”并不是摆脱传统认识论困境的正确选择。语言哲学企图“通过改革语言或是更深入地理解我们的语言，来解决和消除哲学上的各种问题。”①分析哲学只不过是语言构成的自然之镜代替了用心灵构成的自然之镜，使它变成了像心灵一样的东西。“如果说近代认识论哲学史通过理解我们的心灵来寻找发现真理的正确方法，那么在语言哲学中，达到真理的正确方法则被想象在语言中，语言被当作是普遍适用的认识图式。用语言哲学取代‘心的哲学’不过是新瓶装旧酒，换汤不换药”②。

罗蒂认为分析哲学“是一种科学崇拜，因此是一种迟到的19世纪实证主义。”幸运的是，分析哲学自身的发展已经走出了它早期为自己设置的语言学陷阱。虽然分析哲学依然占据着美国哲学的主要舞台，但是其内在的辩证过程“已超越了其实证主义的起源，而达到了一种实用主义的语言和思想观。”③他说，分析哲学后期的主要代表如后期维特根斯坦、塞拉斯、普特南和戴维森“发展出了一种与经验主义和其他任何认识论观点毫无关系的看待语言的方式”④，从而更多地证明哲学的任务不是寻求客观真理，而是提供对生活形式的解释和指引。从这个意义上说，一切哲学甚至一切文化都是实用主义的。

罗蒂一直把维特根斯坦看作20世纪最为重要的哲学家。他认为，维特根斯坦思想的发展历程在一定程度上反映了分析哲学的变化。早期维特根斯坦试图在语言分析中发现一条哲学新路，但是在后期研究中，维特根斯坦摆脱了“那一种把哲学看成是基本的康德式的观点，并不断告诫我们抵制那些他自己早先屈从过的诱惑。”⑤在罗蒂看来，早期维特根斯坦的观点和罗素的观点是基本一致的，只

---

① Richard Rorty, *The Linguistic Turn*, Chicago: The University of Chicago Press, 1967, p.5.

② 江怡：《走向新世纪的西方哲学》，中国社会科学出版社1998年版，第553页。

③ 罗蒂：《后哲学文化》，黄勇译，上海译文出版社2004年版，第6页。

④ 罗蒂：《后哲学文化》，黄勇译，上海译文出版社2004年版，第5页。

⑤ 罗蒂：《哲学和自然之镜》，李幼蒸译，商务印书馆2003年版，第3页。

是在细节上有所补充。分析哲学的奠基者罗素认为世界不是整体，而是由许多独立的原子事实构成的。真理也不是整体，可以分别地发现独立的原子命题。分子命题不过是原子命题的真值函项。这个思想构成了他的逻辑原子主义。罗素的原子主义是基于一种假设，即语言和世界是同构关系，从语言的逻辑分析中可发现世界的逻辑结构，只是他没有对这种同构关系作出论证和说明。维特根斯坦在《逻辑哲学论》中对这个问题进行了具体论证。“语言图式说”通过语言这面公共之镜的再现作用，说明了语言和世界的联系。罗蒂认为，维特根斯坦的观点对当时的认识论研究是有所突破的，但是它仍然停留在寻求确定性的表象论之中。后期维特根斯坦放弃了“准确再现”的真理观，不再把哲学看成有关再现的一般理论，而是看成一种治疗性的理论。也就是说，后期的维特根斯坦不再把语言看成是世界的镜子，而是看成社会生活的工具。他的“语言游戏说”根据语言在社会生活中的作用和有效性对意义问题进行解释，在罗蒂看来，这种观点是立足于整体论和实用主义立场的。

罗蒂十分重视奎因和赛拉斯在分析哲学发展过程中的作用。他指出，传统分析哲学基本上是从康德的观点出发，认为存在着两种表象：直觉和概念，知识的产生有赖于这两者的结合。因此分析哲学家一向重视两种区分，一种是所与之物和心灵补充之物的区分，另一种是偶然真理与必然真理的区分。随着分析哲学的发展，特别是随着奎因《经验主义的两个教条》和赛拉斯《经验主义和心的哲学》的发表，这种传统的区分受到了严重挑战。罗蒂说道：“要描述奎因和赛拉斯攻击逻辑经验主义的共同特点，最简单的方式就是指出，这两个人都提出了关于认识优先性的行为主义问题，这种优先性在逻辑经验主义那里被看作是某些特殊表象报道的论断所具有的。”① 奎因和塞拉斯倡导一种认识论的行为主义，即“参照社会使我们能说的东西来说明合理性与认识的权威性而不是相反”②，他们否认所与和非所与、必然和偶然的区别，强调整体论形式的谈话性证明而非囿于认识论传统的还原论和原子论式的证明。在这种观点看来，知识是谈话和社会实践的问题而不是再现的准确性问题。在罗蒂看来，奎因和赛拉斯所持的行为主义立场是摧毁分析哲学的关键所在。他们的批判摧毁了分析哲学的康德基础，宣告了分析

① Richard Rorty, *Philosophy and the Mirror of Nature*, Princeton University Press, 1980, pp.173–174.

② 罗蒂：《哲学和自然之镜》，李幼蒸译，商务印书馆 2003 年版，第 162 页。

哲学的终结，虽然他们自己并没有意识到这一点。

罗蒂认为，奎因和塞拉斯之后的分析哲学家普特南和戴维森从不同的方面说明了上面的观点。普特南作为一个实在论者最终放弃了形而上学实在论。“普特南对形而上学实在主义理论的放弃可以归结为这样一种看法，即没有办法使某种经验学科完成先验哲学不可能去完成的事，这就是说，我们不会再去阐明表象图式与它所再现的内容之间的关联”①。戴维森则表现得更为突出。罗蒂说，根据戴维森的观点，语言不是一组表象，而是一组声音和符号，人们以多少可预见的方式用它们来协调自己的活动。不存在关于语言和实在的关系问题，没有任何思想不在语言中。“特别是戴维森对模式与内容的区分的攻击概括和综合了维特根斯坦对自己的《逻辑哲学论》的嘲笑、奎因对卡尔纳普的批评和塞拉斯对经验主义的‘给予神话的攻击’”②。在罗蒂看来，戴维森看待语言的方式避免了用语言的实体化来代替思想的实体化，后者是笛卡尔尤其是康德的认识论特征。戴维森的方式使我们不再把语言看作是介于主客体之间的中间物，放弃用语言之镜代替心灵之镜表征外在实在世界的企图，语言也不再是形成实在图画的手段，而是作为人类行为的一部分。“根据这种观点，（大写的）哲学，即想说明什么东西使某些句子为真或使某些行为或态度为善或为合理、从而说明‘语言怎样与世界相关的’企图，乃是不可能的。”③

罗蒂认为，分析哲学运动经过几十年的发展，达到了戴维森的整体论和融贯论所体现的语言观，这种语言观消解了传统哲学的种种预设和假定，因此再也没有理由以传统观念为根据来定义哲学了。哲学必须走实用主义道路，只有以实用主义为基础，哲学才能获得它的新生。实用主义者的关注点有所不同，但是他们在主张自然主义，反对近代哲学传统方面是相同的。詹姆士和杜威要求我们放弃笛卡尔主义对确定性的追求，放弃对“永恒的精神价值”的追求，放弃使哲学成为纯粹理性法庭的期望，放弃力图将思想或文化建立于一个永恒的非历史母体上的计划。他们希望将哲学从形而上学唯心论的泥沼中解救出来，同时也希望使道德和宗教理想免于受到经验主义或实证主义的损害。以皮尔士、詹姆士和杜威为代表的实用主义同奎因、普特南、戴维森的反基础主义、整体论学说殊途同归，

---

① Richard Rorty, *Philosophy and the Mirror of Nature*, Princeton University Press, 1980, p.295.

② 罗蒂：《后哲学文化》，黄勇译，上海译文出版社 2004 年版，第 8 页。

③ 罗蒂：《后哲学文化》，黄勇译，上海译文出版社 2004 年版，第 9 页。

也与后期维特根斯坦的学说具有相似之处。

罗蒂对实用主义理论做了概括。他认为，实用主义有三个特点。

第一个特点是反本质主义。传统哲学认为，人类可以不断地接近真理的本质，而对于实用主义者来说，重要的是，假定一个观念或信念是真的，在于它在实际生活中会引起具体的效果。罗蒂说道，“为了适合我们的目的，最好不要再把真理视为一种深奥的事情，一个哲学的课题，或把‘真实的’视为值得再‘分析’的词语。‘真理的本性’是一个得不偿失的(unprofitable）话题。”① 之所以不能坚持“真理存在那里（truth is out there)”，是因为真理依赖于语句，而语句是人类语言的元素，人类的语言又是人类偶然创造的东西。所以，真理只能被创造，而不能被发现，更不会是对现实的准确再现。真理应该是对于人类的有用性，而不是表象的准确性。

第二个特点是反二元论。他说，实用主义认为“在关于应该是什么的真理和关于实际上是什么的真理之间，没有任何认识论的区别，在事实与价值之间没有任何形而上学的区别，在道德和科学之间没有任何方法论的区别。”② 传统认识论想寻找科学的本质，让理性服从规则，认为只要遵循程序就可以达到真实的信念而无须考虑是否已穷尽了对所有可能状况的描述或说明。与此相反，“对于实用主义者来说，所有研究（不论是科学的还是道德的）模式都是对各种具体替代物的相对引人之处的思考”③。实用主义者所追求的不是按照程序达到真实的信念，而是要尽可能穷尽对特定状况的所有可能的描述和说明。因此在实用主义看来，真的和有价值的是具有同等含义的概念，它们二者并不存在本质上的区别。

第三个特点是用对话的真理取代再现的真理。传统哲学致力于再现的真理，在罗蒂看来，在任何时候，人们都不可能达到对于实在的准确再现，所能达到的“真的”东西都是暂时的和可错的。所谓“准确再现”不过是人们对帮助他们完成了任务的信念所加的无意识的和空洞的赞词而已。实用主义不追求对实在的“准确再现”，只追求在对话中达成的一致性。他说：“这种学说认为，对研究，除了对话的制约以外没有任何别的制约，这不是来自对象或心灵或语言本性的全

① 罗蒂：《偶然、反讽与团结》，商务印书馆 2003 年版，第 18 页。

② 罗蒂：《后哲学文化》，黄勇译，上海译文出版社 2004 年版，第 237 页。

③ 罗蒂：《后哲学文化》，黄勇译，上海译文出版社 2004 年版，第 238 页。

面制约，而只是由我们的研究伙伴的言论所提供的零星制约。”① 实用主义者接受了出发点的偶然性，虽然失去尼采所说的“形而上学安慰”，但可以得到一种新的共同感，这就是对我们的共同体、社会、政治传统、思想遗产的认同。他说：“实用主义告诉我们，重要的是我们对其他团结一致对抗黑暗的人类的忠诚，而不是想把事物弄清楚的希望……我们的荣耀在于我们参与了可错的、暂时的人类计划，而不是在于服从永恒的非人类的制约。”② 在这种受对话制约的研究中，每一个碰巧的结果或观点，都可以称作是真的，但这种真的东西无疑将受到来自“研究伙伴”的质疑和挑战。

实用主义不仅是分析哲学的发展趋势，而且也是大陆哲学的发展趋势。罗蒂说：“在我看来，詹姆斯和杜威不仅早已等在分析哲学所走的辩证道路的尽头，而且也等在（例如）福柯和德鲁兹现在在走的道路的尽头。”③ 在罗蒂看来，尼采就具有鲜明的实用主义特征。尼采反对权威、理性，反对把心灵看作镜子，把知识、真理看作表象，他否认永恒的超时空的本质、实体、高喊“上帝已死”，主张“视野主义”④ 的知识论。尼采和实用主义哲学有许多相通之处。他说：“詹姆斯和尼采在有关认识和真理的性质问题上共享许多重要的实用主义论点。这两个人，在同样的程度上得益于爱默生和达尔文。”按照罗蒂的看法，海德格尔是根据尼采的实用主义才提出对柏拉图和笛卡尔的批评的，而德里达之所以对海德格尔提出批评，正是因为他把这种实用主义推向了比海德格尔所愿意推向的更远的地方。⑤

罗蒂说，在分析哲学运动的早期阶段，它似乎与尼采的观点没什么共同之处，但随着分析哲学自身内在辩证的发展，分析哲学逐渐偏离笛卡尔主义的表象主义，而走向达尔文的自然主义。在20世纪的西方哲学舞台上，分析哲学和欧洲大陆哲学在显得势不两立的情况下，却通过实用主义逐渐走向了聚合。一方面，分析哲学由于后期维特根斯坦以及奎因、塞拉斯、普特南和戴维森等人的工作，放弃了科学崇拜和科学主义的主张，向尼采和实用主义靠拢。另一方面，欧

---

① 罗蒂：《后哲学文化》，黄勇译，上海译文出版社2004年版，第239页。

② 罗蒂：《后哲学文化》，黄勇译，上海译文出版社2004年版，第241页。

③ 罗蒂：《后哲学文化》，黄勇译，上海译文出版社2004年版，第7页。

④ 视野主义，又译透视主义，认为世界可以用不同的眼光，从不同的角度加以观察，从而产生不同的看法，形成对世界的不同概念和信念系统，但没有一个独立的客观标准可以确定哪一种看法或哪一种概念和信念系统更有效。

⑤ 参见罗蒂：《后哲学文化》，黄勇译，上海译文出版社2004年版，第7页。

洲大陆哲学也因遵循尼采路线而向实用主义靠拢。“虽然分析哲学家们通常对后尼采的‘大陆’哲学表示疑惑，我认为在英吉利海峡两岸的哲学之间的这种区别更多地是风格上的区别而不是实质上的区别。”① 这种“实质上”的聚合代表了今后哲学的发展趋势。

第三节　后哲学文化

罗蒂认为，不论是心灵之镜还是语言之镜，它们都有一个共同的信念，就是人具有镜式的本质。和这种镜式哲学相对的是教化哲学。教化哲学不承认人有什么镜式的本质，从而开创了一条全新的哲学路径。在《哲学和自然之镜》中，罗蒂刻意强调了教化的含义，他指出，伽达默尔用 Bildung 概念取代了作为思想目标的知识概念，认为当我们读得更多、谈得更多和写得更多时，我们就会成为不同的人。在罗蒂看来，“教化”（edification）一词代表了发现新的、较好或更有趣的、更富成效的说话方式的构想。因此，教化学和镜式哲学在一系列问题上都是针锋相对的。

罗蒂指出，西方传统哲学的主流哲学家是系统哲学家。在每一种充分反思性的文化中都有这样一些人，他们挑选出一个领域、一套实践，把它看作典型的人类活动，并指出文化的其他部分能从这一典范中获得益处。这些人把这一典范看作是具有被证明的真信念，更准确些说，看作是具有富于内在说服性的信念，以至于使证明不再必要。罗蒂说：“我将把主流的哲学家称作‘系统的’哲学家，而把外围哲学家称作‘教化的’哲学家。这些外围的、重实效的哲学家，首先怀疑的是系统哲学家，怀疑普遍公度性的整个构想。在我们的时代，杜威、维特根斯坦和海德格尔都是伟大的、教化型的外围哲学家。”② 罗蒂认为，系统哲学家是建设性的，他们像科学家一样，是为千秋万代去营建，他们想把他们的主题安置在可靠的科学大道上。教化哲学家则相反，他们知道一旦他们对其施以反作用的时代成为过去，他们的著作就失去了意义。他们是“特意要留在外围的”③。

① 罗蒂：《后哲学文化》，黄勇译，上海译文出版社 2004 年版，第 7 页。

② Richard Rorty, *Philosophy and the Mirror of Nature*, Princeton University Press, 1980, p.368.

③ Richard Rorty, *Philosophy and the Mirror of Nature*, Princeton University Press, 1980, p.369.

在罗蒂看来，系统哲学家把注意力放在不断映现真理，提供关于人和实在的本质的客观性描述上，这是一种抛弃责任的企图，是一种自欺的行为。而教化哲学认为不存在一套可度性的词汇来描述人或实在，它的目的只有一个，就是去履行杜威所谓公“击破习惯外壳”这一社会功能，防止人们自欺地以为他了解自己或其他什么东西。这就是说，教化哲学要人们不迷信、不崇拜现有的一切理论，在谈话中，在与他人的交往中，不断提出新的理论，探索新的应付世界的方式。

如何实现教化哲学的目的呢？罗蒂认为，这要靠后哲学文化。他说，如果说启蒙运动带来的是后神学文化，那么对柏拉图传统的超越将会导致后哲学文化。在这种文化中，人们将像实用主义者那样把标准看作是为了某个特别的功用主义目的而构造的暂时支点，现时所持的任何信念都只适应于特定的目的和愿望。

后哲学文化观从根本上说是反表象主义、反本质主义和反基础主义的。为此，它首先要反对那种大写的哲学。在以往的文化中，以追求真理为目的的哲学不仅是整个文化的基础和核心，而且也是整个文化等级秩序的主宰者。罗蒂指出，这类大写的哲学既不能认识世界的本质，也不能认识认识者本身的本质。因此，后哲学文化要对这类哲学采取淡漠和搁置的态度。罗蒂说，后哲学文化也有哲学，但这种“哲学”不是对柏拉图主义的问题提供一套新的、非柏拉图主义的回答，而是不再问这样的问题。“在这里，没有人，或者至少没有知识分子会相信，在我们内心深处有一个标准可以告诉我们是否与实在相接触，我们什么时候与（大写的）真理相接触……认为在（例如）好的牧师或好的物理学家遵循的现行的学科内的标准之外，还有他们也同样遵循的其他的、跨学科、超文化和非历史的标准，那是完全没有意义的。”①它也不再坚持哲学为科学、道德、艺术或宗教提供认识论的主张。这种“哲学”不再是一门关于永恒主题的学问。相反，它是一种文化类型，一种交流的声音，在某一时间围绕某一话题展开。也就是说，哲学要转身关注和现实的人密切相关的具体问题。在这种文化中，不仅没有不变的话题，甚至在同一时期，在场者所讨论和探究的主题也可以是多元的。

后哲学文化取消了大写的哲学，也取消了大写的哲学家。在罗蒂看来，后哲学文化的哲学家与其叫作哲学家不如叫作“反讽主义者”或“反讽人”。那些传统哲学家宣称他们知道（大写的）奥秘或真理，能够说明文化的某些方面为什么

---

① 罗蒂：《后哲学文化》，黄勇译，上海译文出版社 2004 年版，第 14 页。

和怎样能够具有一种与实在的特别关系。他们所以如此认为是因为他们所继承的语汇给了他们一幅知识图像，相信知识是人类和“实在”（reality）之间的一种关系。只要以适当的方式追问，“实在”就会帮助我们决定什么才是我们的终极语汇。而反讽主义者并不具有这样的观念。他们“没有任何特别的‘问题’需要解决，没有任何特别的‘方法’可以运用，也没有任何特别的学科标准可以遵循，没有任何集体的自我形象可以作为‘专业’……他们是兴趣广泛的知识分子，乐于对任何一个事物提供观点，希望这个事物能与所有其他事物关联。”[①] 反讽主义者认为传统哲学家的语汇只属于“希腊的”或“西方的”特定时空。他们认为诸如“人类有天生的求知欲望”、“真理独立于人类心灵”这样的句子，只是为了灌输一个具有地域性的终极语汇，即常识。当他们寻找一套更好的终极语汇来取代他目前使用的这一套时，他们对自己这个行为的描述所用的主要是隐喻，隐喻是创造而非发现，是追求多样性和新奇性。反讽主义者认为终极语汇是具有诗性的成就。所以，传统哲学家将他们称为“相对主义者”。

罗蒂说，反讽主义者既是唯名论者也是历史主义者。他们认为任何东西都没有内在的本性或真实的本质；因此，像“公正的”、“科学的”、“理性的”等词汇在当前的终极语汇中出现，并不能保障对正义、科学或理性进行苏格拉底式的探讨从而超越当前的语言游戏。反讽主义者在更多的时候使用“世界观”、“观点”、“辩证法”、“历史时代”、“语言游戏”等语汇来说明自己的无限性。[②] 这个差异导致反讽主义者和传统哲学家在对待学科分类上的态度也存在重大分歧。传统的哲学家按照不同学科来划分图书，并认为他们的做法是与不同的知识对象相一致的。反讽人则按习惯来划分图书，认为划分活动是因人而异的。传统哲学家特别注重他们的名分，认为诸如“哲学家”、“诗人”、“小说家”和“科学家”这些称谓是他们的本质。反讽人对著作家则不作分门别类之举，反讽人强调博览群书，强调去读那些有趣味的著作，而不管它们属于哪一个门类，他们无法容忍西方的形而上学见识和终极语汇，强调制作甚于发现，标新立异甚于照搬照抄。

后哲学文化观不但不承认哲学在文化中的中心地位，也不承认科学在文化中的中心地位。罗蒂在追问科学何以能够成为文化中心，何以会有科学哲学这门学科时指出：“人们相信，科学（或至少‘自然科学’）命名了一种自然性，一个文

---

① 罗蒂：《后哲学文化》，黄勇译，上海译文出版社 2004 年版，第 14—15 页。

② Richard Rorty, *Contingency*, Irony and Solidarity, Cambridge University Press, p.75.

化领域。把这种自然性、文化领域区分开来的是其以下两个特征的一个或两个：一个特别的方法，或一种与实在的特别的关系。”[①]因此罗蒂认为，只有对科学主义的“科学方法论”和“科学实在论”进行批判，才能建立起“后哲学文化”。

罗蒂首先批判了科学哲学有关科学的划界标准。他说，“根据麦考利和杜威共同对培根的（熟悉的、如果是辉格党式的）解释，培根主义者称一种文化成为科学的条件是：他们可以看到，到了这个时候，我们有了某些技术的进步。我们预测和控制的能力有所提高。”[②]有了这样一种标准，即使我们很难回答什么是古生物学和粒子物理学所共有的方法，或哪一种与实在的联系是为拓扑学和昆虫学所共有的这类问题，我们仍然可以用“科学”这个词来网罗这四门学科。罗蒂指出，科学的客观性说法在后科学文化里是站不住脚的。因为自然科学预见和支配的成功并不表明，它们比在政治思考和文学批评中的成功更“接近实在”或更“受硬事实制约”。

罗蒂认为传统的认识论为科学划界目的是获得“形而上学安慰”，同时证明“自然科学家通常是某些道德德性的突出样板”。科学所起的形而上学的安慰作用是科学取代神的位置。罗蒂说实证主义批判宗教神学，但是他们只走了一半，他们在其科学观念中仍保留了一个神。在他们那里，文化中的科学部分使我们可以接触到某种不是我们自己的东西，使我们发现与任何描述无关的赤裸裸的真理本身。历史上的科学主义把自然科学推上了“唯我独尊”的地位，哲学家、神学家、历史学家、文学批评家都必须关心他们自己是否是“科学的”，就是说，他们是否有资格把他们的结论看作是“真”的。这种思维方式的一个结果是，人文科学如果想占有一席之地就必须模仿科学。

罗蒂从费耶阿本德的“怎么都行”的多元主义方法论中获得了重要启示，他重申科学与非科学之间没有本质区别。科学并不具有特别的认识论地位，科学与其他文化部门之间的分界不足以构成一个独特的哲学问题。科学只是话语的一种普通形式而已。罗蒂说：“实用主义并不想把科学作为代表上帝的偶像。它认为科学只是一种文学，或者反过来说，认为文学艺术具有与科学研究同样的地位。因此，它不认为伦理学比科学理论较为相对，较为主观，也并不需要变得‘科学’。物理学是试图对付宇宙的不同部分的一种方法，伦理学则试图应付其他部

① 罗蒂：《后哲学文化》，黄勇译，上海译文出版社 2004 年版，第 49 页。

② 罗蒂：《后哲学文化》，黄勇译，上海译文出版社 2004 年版，第 49 页。

分的问题。数学有助于物理学，文学艺术有助于伦理学。其中有些研究产生的是命题，有些是叙说，有些是图画。"①犹如哲学不是未来文化的基础一样，科学也不是未来文化的基础。在罗蒂眼中，无论是科学还是政治、诗歌还是哲学，都不能看作一门超级学科，而应该看作是一种根据过去的知识对目前思想倾向的一种明达的批评活动，他们都有自己的目的。所以我们不能像某些学科一样也为科学规定其"客观度"、"强硬度"。

罗蒂对科学是合理性的说法也进行了批驳。传统观点把理性通常称作合理性。"合理也就是有条理，就是说，拥有事先制定的成功标准"。②这种"强理性"是探索客观真理、认识客观实在的一种能力，科学主义一贯倡导的就是这种理性。③罗蒂说，按照这种说法，自然科学成为合理性的典范是有道理的，人文学科涉及的是目的而不是手段，因此根本无法根据事先得到具体标准来评价它们的成功。但是，这种"有条理"的科学方法是不应该接受和效仿的。罗蒂指出，任何一个科学理论虽然是由事实材料决定的，但它的结构却是由人发明的，它不是发现，因为它是为了适合感性材料的需要而建构的。在科学和现实生活中，很难区分客观性与主观性、真理与娱乐或硬事实与软价值，唯一可行的办法是放弃对客观性的追求而代之以"协同性"，即强调主体间的一致性或文化团体中人们在兴趣、爱好、目标、规则等方面的共识。在罗蒂看来，科学家所做的工作不是发现真理，而是为了某个特定目的去发明描述世界的方法。我们可以称道科学家们建立的并按此工作的制度，但我们决不能因此认为他们比其他文化人更"客观"、"逻辑性更强"。

在罗蒂看来，"合理性"还一种意义，他把它称之为"弱理性"。他说，"在这种意义上，这个词指的是某种'清醒的'、'合情理的'东西而不是'有条理的'东西。它指的是一系列的道德德性：容忍、尊敬别人的观点、乐于倾听、依赖于说服而不是压服。这些是一个文明社会如果要持续下去其成员必须拥有的德性。在'合理性'的这样一种意义上，这个词与其说是指'有条理'不如说是指'有教养'。"④这种弱理性把科学研究看成是不断地编织信念之网，不存在恒定不变的运用于实例的标准。在这样一种较弱的意义上，人文学科作为"理性学科"也

---

① 罗蒂：《后哲学文化》，黄勇译，上海译文出版社2004年版，第70—71页。

② 罗蒂：《后哲学文化》，黄勇译，上海译文出版社2004年版，第21页。

③ 参见罗蒂：《后哲学文化》，黄勇译，上海译文出版社2004年版，第75页。

④ 罗蒂：《后哲学文化》，黄勇译，上海译文出版社2004年版，第76页。

是不成问题的，因为事先知道我们将满足的标准和拥有测量进步的尺度没有多大意义。一旦科学变成了亲和性的样板，我们就无须用它来分类了。罗蒂认为，这是一个模糊主义的时代，对于一个学科的性质和地位已经不必再多加注意了。后哲学文化就像一个共同体，各种学科被允许和鼓励共同发展，各种学科不但能够自我保护，还能够吸取更多的建议自我改进，使得文明得以自我保存和推进。

罗蒂对镜式哲学的批判及其他的后哲学文化在西方思想界产生了强烈的影响。赞扬者有之，但大量的还是批评。海尔曼·J.莎特康普在他编写的论文集《罗蒂和实用主义——哲学家对批评家的回应》中收录了美国哲学界近年来对罗蒂哲学的各种评论。其中的大多数作者似乎有一个共同的倾向，就是认为罗蒂虽然发展了旧实用主义运动中被人忽视的某些方面，但与此同时，也大大歪曲了实用主义运动的基本精神。美国学者法莱尔在《客观性、实在论和后现代主义》中说："罗蒂在他的许多著作中对最近的哲学做出了不可信的考虑。他把一些人物给搞错了，尤其是把戴维森给理解错了。更重要的是，作为那项工作的结果，他把我们带到了一个错误的立场上。"① 陈亚军在《新实用主义鸟瞰》中把罗蒂归为新实用主义的激进派，认为罗蒂的"种族中心主义"不可能导致不同文化之间的真对话，因为这里没有"他们"，一切都只是"我们"。我们认为这些批评都很中肯，但是对罗蒂哲学，还应做进一步深入的分析。

首先应当指出，罗蒂的观点不是孤立的，而是确实反映了西方哲学的新趋势。美国学者诺里兹在《解构和理论趣味》中，把罗蒂当作同美国实用主义文学批评家费什、法国后现代主义者利奥塔和鲍德里亚等人站在同一战线上的盟友看待不是没有道理的。② 利奥塔认为，我们生活在一个所有古老的宏大叙事或自我证明的知识论神话走向终结的时代。在这个时代里，人类终于放弃了到可接受的信念外去寻求理性和真理之根据的企图。鲍德里亚则指出："由于我们关于世界的知识已经被我们的主观世界严重地污染了，因此以为真正的知识在于超越原始材料、信念、意识形态、修辞学、虚假意识等的诱惑而直接同真理打交道的观念是一种早已陈腐的观念。"③ 这些不但是对罗蒂思想的认同也表达了对后哲学文化

---

① 法莱尔：《客观性、实在论和后现代主义》，剑桥大学出版社1994年版，第1页。

② 参见张国清：《罗蒂的后哲学文化思想述评》，《教学与研究》2000年第4期。

③ 海尔曼·J.莎特康普编：《罗蒂和实用主义——哲学家对批评家的回应》，张国清译，商务印书馆2003年版，第27页。

的肯定。还有一些西方学者自称反讽人，他们的兴趣已经从哲学和科学转向诗学和艺术，从真理转向自由。我们看到，反讽哲学是传统哲学衰落之后出现的一种“拟文学”和“拟诗学”的东西。

始于古希腊的西方哲学从产生之日起就致力于探究宇宙万物、纷繁世界背后的源根，追求能解释一切事物、一切现象的终极实在。这种追求绝对的思维模式统治着西方传统文化达两千年之久，但是直到当代，这个幻梦却始终没有实现。柏拉图主义本体论模式被笛卡尔的认识论模式取代，笛卡尔的认识论模式又被分析哲学的语言分析模式取代，而分析哲学的发展则愈来愈趋向于证明，人们的认识和语言是多元的和相对的，它更多地和人们的社会实践有关而不是和绝对真理有关。科学的发展也为这种观点提供了佐证。在当代没有任何科学理论敢于宣称自己的体系是不可证伪的。罗蒂正确地看到了这一点，并且从哲学上进行了系统的论证，仅凭这一点，就说明他是一个不同凡响的哲学家。罗蒂强调文化的多元性，知识的实践性和相对性，主张不同学科、不同文化之间的相互对话和沟通，以此达到求同存异，共同发展的目的，这既出自他对先前理论发展的总结，又反映了他对理论的和社会的发展趋势的展望。至少从罗蒂自己的思维路径看，他的结论是顺理成章的。

但是，这是否说明罗蒂的观点是正确的，以至于事实和价值、实践和理论、自然科学和社会科学，乃至各种不同的文化之间就没有实质的差别了呢？回答当然是否定的。我们认为，罗蒂哲学最大的问题还是他对客观性的否定。严格地说，在罗蒂自己的哲学词典中，是没有客观真理这个字眼的。在他看来，谈论真理的“客观性”，就是在编造一个哲学神话，这个神话使哲学家陷入了错觉，似乎他们长着一双神的眼睛，可以洞察本质与现象、原因与结果、必然与偶然，从而具有凌驾一切的最高裁判权。正因为如此，他才从语言哲学角度出发，主张用“一致性”来取代客观性，即用现时代大家同意的话语替换“客观上的”真、“自在的”真等传统的形而上学话语。针对罗蒂的观点，人们有理由问，如果真的标准果真是解决起问题来方便有效，那么一个巫师用他的巫术为一个病人治好了病，和一个医生用他的医学理论为一个病人治好了病，难道就没有区别吗？如果大家普遍认同的便是真的，那么当大家普遍认同上帝存在的时候是否上帝就存在，大家普遍认同上帝不存在的时候上帝就不存在呢？

罗蒂反对客观性的理由主要有三个：其一是话语并不指称世界而是指称其他话语；其二是既然人都是历史性的，所以真理也是历史性的；其三是理论总是随着实践的发展而发展，所以不可能有什么客观的真理。我们认为罗蒂以上看法的要害，是把认识的形式和认识的内容混淆了。从认识形式上看，认识是主观的、相对的，但是这并不意味着认识的内容也是主观的和相对的。世界是一种客观存在，它不依赖于我们的认识。承认这一点就意味着，我们对世界的认识总有一个超越我们主观性的标准。如果我们对它的认识是对的，哪怕只有一个人有这种认识，那么它也是对的，如果我们的认识是错的，即使所有的人都认为它是对的，那么它也是错的。科学实际上就是从这个标准出发的。"太阳围绕地球转"和"地球围绕太阳转"这两个命题可以说都是真的，前者对我们的感官来说是真的，后者对太阳和地球的实际关系来说是真的。但是这并不是说二者的真实程度是同样的。因为后一个命题不仅可以解释自身的合理性，而且可以解释前一个命题的合理性，即为什么太阳看起来围绕地球转。芬兰哲学家莱摩·托米拉在《科学、行为和实在性》里提出了一个正确性的比较标准。他说："首先，要从这个事实出发，即理论 Ti+1 能对为什么 Ti 的反常性 E1……En 的问题给出一个可以接受的回答，而且这个回答是寓于它的语言和概念图式中的。其次，Ti+1 也必须能够解释 Ti 的成功，并因而令人满意地给出 Ti 被理论所接受的那些为什么的问题的答案。"① 与此同时，托米拉明确指出，科学的真并不只是一种语义学意义上的真，而是一种因果意义上的真。他说："现在我们把图画理论和真理理论结合起来。在我们例示的句子中，这一点是容易的，因为其基本观念是，句子詹姆士比约翰高是真的因为詹姆士比约翰高，并且因为图画说明这种因果关系。"② 从托米拉的观点出发，我们完全可以断言，科学语言并不是没有指称的，而是有指称的，它们真正指称的就是那个客观世界。世界的客观性是科学的客观性的根据，罗蒂否认科学的客观性是没有道理的。

罗蒂用认识的历史性否认客观性是说不通的。如果罗蒂把他的时代和他的社会的标准作为评价标准，那么人们就会问，这种标准是否具有普遍意义？如果答案是不具有普遍意义，那么罗蒂对柏拉图直至现代分析哲学的批判就没有任何意义。因为这些哲学会说，从我们的观点看，我们的结论是完全正确的，正如从你的观点看，你的观点是完全正确的一样。如果没有客观性，罗蒂就没有理由让人们相信为什么他们必须支持一种意见而反对另一种意见。现代民主制度代替过去

① Raimo Tuomela, *Science, Action and Reality*, D.Redel Publishing Campany, 1985, p.187.

② Raimo Tuomela, *Science, Action and Reality*, D.Redel Publishing Campany, 1985, p.118.

的等级制度不是因为很多人赞成这种制度，而是因为这种制度的结果表明它比任何非民主的制度更加适应当代社会的发展。正是因为这种制度在当代是不可替代的，所以人们才赞成它而不是反对。在这种意义上，社会科学和自然科学一样要求客观性。

罗蒂的第三个理由更显得荒谬。这一点可以用科学的发展史来说明。从古希腊起，人们就研究物质的宏观结构和微观结构。在微观结构方面，人们先后提出了元素说、原子说、分子说、基本粒子说等，这些观念虽然是变化的，但又有一个基本特点，即不可逆性。就是说，我们能用后者解释前者，却不能用前者解释后者，这恰好说明人对物质结构的了解具有越来越多的客观性。我们相信后来的人将会拥有比我们现在更好的理论去解释世界，然而新理论如果真正替代了旧理论而为人们所公认，只能说明它具有更多的客观真理性，而不是说明它只是另一个时代的理论并只为另一个时代的人所接受。

我们反对用一致性代替客观性，不仅在于它模糊了科学和非科学的界限，而且在于它模糊了真理和价值的界限。真理是对事实的断定，它注定要受事实的检验。价值则是人对事物是否有用、有益的评价。这些事物既包括真实的也包括虚拟的，可见，价值的外延远远大于真理的外延。真理是价值的一部分，从这个意义上讲，科学永远是有价值的。但是科学只是价值的一种而不是价值的全部。除了科学之外，神话、宗教、哲学、文学、艺术、历史等一切对人有用、有益的东西，也都是有价值的。正因为科学知识是价值的一种，所以我们反对科学主义，即用科学的价值取代上述非科学的价值，因为这样会妨碍人和社会的全面发展，使人变成工具，变得如法兰克福学派所说的“单面化”。不过，基于同样的理由，我们也反对把科学的价值和非科学的价值不加区别地相提并论。如上所述，真理要求客观性而非真理则不要求客观性，它只要求对人有用、有益，一种事物只要对人有用或有益，人们就对它加以肯定，换句话说，它就具有价值。价值的唯一标准就是一致性。如果托勒密的天文学被现代天文学所证伪，则它的科学性便不复存在，但是这不妨碍它作为人类文化史中一部分在历史中继续具有价值，也不妨碍人们因受这种学说的启发而肯定它的价值。

人类超越动物之处在于，人类不只是一个现实的存在物，它还是一个理想的存在物。求真、求善、求美是人类的终极关怀。自从人类进入文明社会以来，人们就把真、善、美作为自己的最高理想和最终奋斗目标。科学主要满足人们求真的要求，神话、宗教、哲学、艺术等主要满足人们求善、求美的要求，它们具有不同的功能，因此它们不能相互代替，但它们又具有相同的旨归，因此它们可以相得益彰。科学主义用科学的价值否定其他的价值显然是不对的，但罗蒂把科学的价值和其他的价值混为一谈同样也是不对的。

第十五章

结构、解构与技术：德里达的解构主义及其对技术的思考

德里达是当代著名的解构主义哲学家，他把对西方传统文化的解构视为自己的中心任务。在德里达看来，无论西方文化以什么形式出现，它们都是建在同一个基本层面上。这个基本层面是一个不在场的在场，但是所有的能指都指向它。西方哲学主要概念的变迁，无非是出自同一种结构中心的替换游戏罢了。德里达在解构索绪尔的能指和所指的对立时指出，二元对立不仅表现在语言中，也表现在所有的哲学范畴甚至是一切西方文化中。他力图消除这种二元对立并揭示造成这种二元对立的根源。在德里达看来，海德格尔对技术的看法仍然是从这种二元对立出发的，基于和海德格尔对基本层面理解的不同，德里达在技术与技术文化上也持和海德格尔相左的看法。德里达认为技术是人类史上一种正常的事情。德里达指出，尼采的反思使我们重新打开了技术这个领域的视野，获得了新的追问的自由。技术不是像海德格尔所说的是一种对本真无蔽的遮蔽，而是一种本真无蔽的表现。

第一节　解构的功能与含义

结构主义是现代西方哲学中的重要流派。按照一般哲学史教科书的说法，结构主义包括索绪尔、拉康、列维-施特劳斯、福柯、阿尔都塞等人[1]。在我们看来这个划分是有问题的。把索绪尔与福柯并列，只能说是出于哲学史家讲述的方便。按照这个划分，德里达、巴特作为后结构主义的代表，恐怕只能让德里达感

① 参见《现代西方哲学辞典》，黄颂杰等编，上海辞书出版社2007年版，第21页。

到无言以对。哲学史上"结构主义"与"后结构主义"的说法正如维特根斯坦在《逻辑哲学论》中关于牛顿力学的评述一样，就像在一张白纸上布满不规则的黑点，"如果我们将一张有充分多的四方网格的网放置在这张纸上，那么，我们就可以说，每一个格子都是黑的或者白的。这样，我们就可以认为：不管这些格子制造出了什么样的图画，我总是能尽可能地得到我想要的描述。"①在我们看来，这种以某种主义来命名的做法，实在是把格子画得太大了，以致因为太大而造成了空疏。这种命名使用了一种宏观的视角，而且把焦距调得很高。结果就是用一种总体化的暴力把思想者的差异给抹掉了。结构与解构到底是什么关系？解构是否摆脱了这种总体化的暴力？我们下面将进行分析。

在当下中国思想界，只要提起"解构"，人们就会把它跟"后现代主义"、"虚无主义"联系在一起，似乎解构就是对传统原则进行破坏。用这种看法看待德里达，他的工作就成了一种艺术上的达达主义。达达主义尽管时髦、新奇，但是却基本上没有留下什么有价值的东西，难怪有许多人认为德里达不值得认真对待。在他们看来，解构像是一个顽皮孩子的游戏。然而这种看法是不正确的，它缺乏对于德里达工作的基本了解与尊重。

德里达的解构不仅仅是否定，它有着厚重的历史积淀。德里达受惠于结构主义，他的"哲学素"概念明显受了列维-施特劳斯"神话素"的影响。对德里达更有影响的是索绪尔，德里达从索绪尔那里继承了大量的思想资源，这些资源构成了德里达展开自己工作的基本的概念。但是把德里达的思想只归结为对结构主义的继承和发展，显然是把问题简单化了。德里达在电影访谈中提到，解构的需要首先在于不满足于一种历史原则或者历史建制制造的知识或者话语的合法性。解构要从这些历史存留的不可还原的原则中脱身而出，并对这些原则的历史渊源做出系谱学的考察。从这一点来看，德里达的解构不是他个人心血来潮的产物，他的活动在尼采的《善恶的彼岸》里被称之为"哲学家的心理学"。在某种意义上，德里达是尼采式酒神的使徒，这是他有别于其他"后结构主义"者思想家之所在。酒神使徒的品行是德里达思想的独特的气质。

我们还可以把康德与胡塞尔看成德里达的先驱。康德在对沃尔夫体系提出批判时谈到，即使这个体系被看作客观的知识体系，它也仍然是一种历史知识。康

① Ludwig Wittgenstein, *Tractatus Logico-pgilosophicus*, Dover Publications, New York, 1999, p.101.

德实际上是把客观性和历史性做了区分，这个区分的意义在于，即使我们把一种不可还原的绝对原则或自明性活动当作客观的，即使我们处在这种自明性之中，觉得似乎这些原则具有不可还原的合法性，这些知识体系实际上还是一种历史的遗存。这些知识只是在主观上是客观的，就像我们住在先辈留下的老房子里，说这就是我们的居所。当我们不去追溯这寓所的来源的时候，我们可以这样认为，但一旦追溯这个寓所的来源，情况就完全不是这样了——它经历了历史的变迁。康德的划分实际上为我们提供了一种解放思想的可能。康德说，即使我们认为是客观的知识，它也仅仅是一种历史的知识，这种历史性使得我们只能与历史的既定结构打交道。历史性妨碍我们的思想与更加原始的思想交流。由此看来，康德实际在主张一种“面向事情本身”的态度。康德对于知识的自身历史性的警惕也是德里达解构工作所赞同的。从这一点上来讲，德里达的解构是对哲学精神的直接继承。

德里达的另一个思想源泉是胡塞尔。德里达的硕士论文与早期论文都是关于胡塞尔的。应该说，德里达习惯于和哲学史上的伟大思想家比肩而行，胡塞尔“面对事情本身”的口号要求与历史知识相脱离。他的括号法所做的就是这个事情。德里达对胡塞尔的工作充满了批评，特别对胡塞尔的“事情”这个概念做了诘难。“事情”在胡塞尔看来是在“本质直观”之下自行展开的。在德里达看来，胡塞尔的本质直观恰恰是成问题的。在《声音与现象》中，德里达认为“事情”、“内心独白”等已经是在西方形而上学的概念链条上活动了，而这正是他展开解构活动的场域。德里达的解构从根本上来讲处于一种“第三者”的位置。然而德里达并不认为因此就可以慢待胡塞尔了。相反，德里达认为他的解构实际上是对胡塞尔的现象学方法严格的推进，他认为他就是胡塞尔现象学方法的继承人。德里达与胡塞尔尽管看上去有着巨大差异，但实际上他们在追问究竟什么是不可还原的问题时是同路人。从这个意义上说，德里达的工作是对胡塞尔哲学精神的严格继承。

解构的工作使德里达既不能悠游在传统的合法性与自明性之中，又不能发明一种隶属于西方形而上学历史概念链条的替补。这样对于德里达来讲解构只能是对一种“对于难解之题（aporia）的经验。”德里达多次引用海德格尔在《阿纳克西曼德断片》中对于“dike”的解释。海德格尔认为在“dike”中，存在与此在发生关联。而德里达则认为：“dike是连结，而adikia是非连结。”[①] 德里达的解构

① Jacques Derrida, *A Taste for The Secret,* Polity Press, 2001, p.7.

更多的是对非连接、断裂的耕耘，这也可以表述为：对于在场的移位 / 移除。

既然德里达的解构是对于难解之题的经验，那么解构也就不能被当成一种简单的游戏了。德里达的反思与批判涉及西方哲学中最为核心的部分，也正是在这个意义上，德里达才用“难题（aporia）”一词来称呼它。解构不是简单的否定，而是对原初的“是（oui）”的肯定。在解构中，德里达经验到“不得不有一个‘不得不’（has to）。人们不得不去（接受）不得不。人们不得不去接受那个‘它’，这个比我更为强大的‘它’。”①

索绪尔能指与所指的差异成为德里达展开自己叙述的重要概念基础。德里达继承了索绪尔能指和所指差异的看法，但又试图清除这个差异，进而清除包含这个差异的传统形而上学以及由此而来的叙述本能。

语言是表意的工具，索绪尔是一直这样认为的。德里达在《延异》中提到了索绪尔的两个原则：任意性与差别性。这两个原则在索绪尔看来是两个有关联的概念：“意义的概念一方只是由关系和差别形成的，这种关系和差别是同语言中的他项的关系和差别。……在语言之中只有差异。……不论是能指还是所指，语言既没有先于语言系统的理念，也没有先于语言系统的声音，而只有来自于该系统的概念和语音上的差异。”②索绪尔在此表达的立场已经与语言哲学，特别是维特根斯坦关于私人语言的分析十分接近了。总是有一个公共的语法在预备好的用法中等待着符号。这样，索绪尔语言是表意的工具的笼统的说法就开始被解构了。这种解构的后果就是原来作为表意工具的符号所具有的差异特征被一个更大的范畴所笼罩，这个范畴就是语言作为工具为之服务的本质性的内容。只有在这个内容被取消之后，符号自己本身的作用才被解放出来。并且在这里，差异性与关系作为单独的主题被提炼出来，占据了研究视野中基础的地位。这种概念的提纯与地位的变动我们可以做一番概念政治学的考察。它们的位置是由于有某些别的概念的退场或者失去影响力之后才成为可能的。德里达认为通过对索绪尔的差异化的主体地位的考察，概念等原先被我们认为是作为这个差异化来源的根据的地方就被颠倒为这个差异化的内容了。所以，德里达认为，索绪尔的这个革新带来了双重的后果：第一，“所有的所指概念绝不会自身出场，不会以指涉自身的方式充分在场。从本质上和法则上来讲，每一个概念都被铭写在一个链条或者系

① Jacques Derrida, *A Taste for The Secret,* Polity Press, 2001, p.64.

② Jacques Derrida, *Margins of Philosophy*, Chicago: University of Chicago Press, 1982, p.11.

统之内。这个链条或者系统，通过系统的差异游戏的途径，指涉着他者，指涉着他性的概念。这个游戏就是延异。这个游戏本身不能被作为一般的概念，而是概念化的可能性，是一般的概念过程和系统的可能性。”① 德里达指出，延异不能被当成一个概念的原因。他通过延异与一般概念的关系指出了延异这种不是词不是概念的可能性。我们也是通过这种差异关系进入到延异的意义中去的。在这里，最为重要的是可能性。可能性高于现实性——海德格尔曾经这样概括现象学的意义。我们也许可以说，德里达对于延异的可能性进行了更为精心的说明。从这个意义上讲，他是现象学的诚实的继承者。第二，德里达认为，原先作为起源的概念现在只能被作为效果来对待了。差异在德里达看来不是从天空中掉下来的成形的东西，而是延异游戏的结果，也只有在这个意义上，我们才能谈“历史”性。这样看来，延异作为使历史成为可能的诸游戏的可能性，“就是非完全的，非单纯的，结构的和差异的差异者的起源。这样，起源这个词就不适合延异了。”这里我们就看到了德里达对于延异用法的又一个否定性的解释。延异不是起源，尽管那样看起来很容易理解。容易理解是因为我们在习惯的图像之内滑动，这种互动不增添新的对于事情本身的观察。而是仅仅把一种内容置换成另一种内容，作为一个预先架构的同一者，但一个知性乐于接受的图像的差异结构没有改变。这样，既然延异不是起源，我们也就不能将延异理解为一个“平静的，在场的，自我指涉的概念与音素的物质统一体”。若这些延异游戏的效果不能“在主体或者物质，在普遍性的物，一个在某处在场的存在”那里找到起因的话，这些效果是如何出现的呢？德里达说，古典的因果结构的诱惑，总使我们认为原因与效果之间存在着两个对称的存在者。但是从延异这个不是词，不是概念，不是起源的东西而来的差异的游戏效果又是从何而来呢？德里达为了摆脱古典结构的封锁，他使用了“痕迹”这个词。这样“痕迹不再是效果，它更没有起因，但是在文本之外，它自在自身地、不够充分地、完成必要的越界活动。”② 这样踪迹也与延异一样，被德里达用否定性描述置于一个差异体系中了，这使得这个词不再是不可理解的。我们必须要去除古老的先入之见附加给我们的知性的诸图像的暗中摆置，而直观到这个词的新的位置与关系。

踪迹就是延异。延异在德里达看来摆脱了任何一种传统的古典的形而上学的

① Jacques Derrida, *Margins of Philosophy*, Chicago: University of Chicago Press, 1982, p.11.

② Jacques Derrida, *Margins of Philosophy*, Chicago: University of Chicago Press, 1982, p.11.

对立。延异既不是静态的也不是生成性的，既不是历史的也不是结构的。这种“不是”，与德里达坚持认为的延异既不是一个词也不是一个概念一样，是对于传统的古典的形而上学内部的遗产——也即作为固定的图像结构的语法的遗产保持警惕。德里达的策略是，使用不同的替代的链条，在不同的语境之中，使用不同的名称。这些名称包括：保留、原—书写、原—踪迹、空间化、替补、药等等。这种对于传统习惯图式的拒绝会让人觉得很不舒服，但这也是所有新思想的一个共同特征。我们看到，德里达为了解决时间化与空间化之间是如何结合在一起的问题时，也求助于这种手法。

德里达继续回到索绪尔，使用索绪尔的理论作为他的迂回。既然所有的概念或者意义都是语言的差异游戏的产物、效果，没有任何概念是脱离于这个差异系统之外的，那么就有这样一个契机，即重新思考传统的主体性概念。这是一个主体被抹消的时刻。不过德里达在这里没有展开，他只是提出了这样一个很大的问题。

德里达在继承索绪尔的差异系统之后，对于索绪尔理论内的形而上学存留也进行了批评。他指出，索绪尔坚持的语言与言语的对立是“同延异主旨不相称的坚定的形而上学预设”。德里达在讨论符号问题的时候，已经包含了这一个对于言语与语言的对立的抹消。他的书写的概念，使得任何一种在语言内部的体制划分都成为临时性的或者局部性的。索绪尔的区分不被接受的根本原因还在于索绪尔本人理论视野的外延没有包含德里达思考的问题，这样索绪尔的区分就被德里达在继承了他的差异系统之后取消掉了。言语与语言之间的差异造成的等级制，不能使一般的差异概念或者文迹概念施展开来，只有取消掉这个差异，德里达的文迹才能成为一个更为根本的基础性的概念。在这个意义上，德里达认为只有回复到了原—书写的原—，符号学才能成为一种文迹学。

德里达在完成了对索绪尔的收编之后——他将语言与言语之间的差异仍然作为延异游戏的结果对待——又着手应对另外一个质疑的可能。这个可能来自现象学。问题可以这样提出来：“人们不能在声音与符号之前设想一个在场吗？一个对主体的自我呈现吗？一个对主体来讲是在寂静与直觉的良知之中的自身的在场吗？”① 这个反对正是现象学的方法所呈现出来的反对。在这里，我们主要看德里达对于现象学方法的反对对于他呈示延异一词的用法的帮助。这里的问题关涉到

① Jacques Derrida, *Margins of Philosophy*, Chicago: University of Chicago Press, 1982, p.16.

现象学语言甚至是人与语言的根本关系。到底是人说话还是语言说话？是不是在场者都来自于一个充分的丰沛的在场的指示呢？若这个指示是作为礼物赠与我们的，那么在这里这个给予者就被赋予了良知或者意识（consciousness）。在西方形而上学的历史中，从笛卡尔以来，都在从事哲学之先首先进行以“方法论”为名的递推，直到找到一个不可递推性的地平线。这个地平线最终给予我们确定性的资源。不管是笛卡尔还是斯宾诺莎，都将这种不可递推性给予的自明性作为所有可以信任的知识的标准与特征。而给予这个特征以判断的标准，在德里达看来就是“赋予意识以特权就是赋予在场以特权。”德里达反对这种在场的特权，或者说在场的神话。对德里达而言成问题的是，“那么意识又是什么呢？”这个自动接收器对它来讲更像是一个神话。在德里达看来这种活的在场，恰恰是踪迹的综合的力量的结果。作为胡塞尔主张的现象学方法的方法，原则的原则是给予在场之在的无蔽活动本身。对于这个原则的信任，或者在场的特权，在德里达看来是形而上学的以太。这个特权成为形而上学方法的稳定的漂浮于其中的空间的基本元素。而形而上学可以在这种以太之中获得自己的舒适与运动感。然而这个空间的边缘却是德里达更为感兴趣的。这种特权，构成了一种形而上学的闭合（closure）。这个空间是有界而无限的一个空间。德里达的延异概念所构成的威胁对这种闭合着的无限来讲是颠覆性的。因为，对于德里达来讲这种在场的特权恰恰是延异本身间隔化的“结果”，而不是开端。开端与结果在这儿被彻底颠覆了。这也就意味着，在别人中止的地方，恰恰是德里达要重新开始的地方。这是德里达的更深入的思考还是就是一种僭越？不管怎么样，德里达开始了他的冒险。

德里达在这里似乎觉得自己比较孤独，是不是自己走的路就一定对呢？他在历史上找到了同路人，这两个同路人就是尼采和弗洛伊德。从某种意义上来说，德里达的思考路线与尼采更为接近，当然这种接近不是在运思的内容上的接近，而是僭越与解构的力度。尼采的主词是权力意志，所有的表象，所有的思考的选择，都是权力意志实现自身目的的迂回的策略。尼采在《权力意志》一书中就已经注意到了语言学的区分对于思想的影响。比如，主谓词的区分对于我们需要假设一个主体的影响。德里达在《延异》的讲演中使用了尼采“力”这个概念。德里达引用尼采的话：“伟大的原则性的活力是无意识的。”在德里达看来，意识就是这个不在场的力的效果，力本身不在场，只有差异和量的游戏在场。在这里，德里达认为延异这个词就已经隐含在尼采的文本中间了。对尼采来讲，这个不在场的力就是那个同一者（the sameness）。我们所经验的都是这个同一者的轮回而已。虽然有各种各样的形形色色的不同的实体与实存被我们接纳下来，但是，如果我们不将之作为一个绝对的无限，而将之作为不在场的力，或者同一者游戏的效果的话，那么这些形形色色的东西越光怪陆离就越能证明这个同一者的隐秘的游戏。而在德里达看来，尼采所做的一切，都是抗拒哲学对于差异的漠不关心。在德里达看来，这个不在场的同一就是延异。“延异就是从一个差异物到另一个他性，从对立项中的一个向另外一个的置换与模棱两可的过渡。这样人们就得以重新考虑所有使得哲学成为可能的二元对立了，这些二元对立也使得我们的话语生存出来。考虑这些二元对立不是为了观察这些对立如何抹去自身，而是为了看出，每一个对立项都显现为他性项的延异，在同一的经济学中，显现为他性的差异者与他性的延搁。”① 这样所有对立，即智性物与感性物、理念与直觉、文化与自然、技术与自然等都是这个延异的游戏。而延异就是这个同一者，这个力。当然这里的力不能被理解为实体性的力，而仍然是上文提到的纯粹可能性。在这个意义上，轮回就是延异的轮回，就是永恒回归中的重复。

第二节　对列维–施特劳斯结构的解构

列维–施特劳斯是一位极具人文品位的人类学家，他的《忧郁的热带》以及《野性思维》都是人类学的代表作，其人类学视野也是难能可贵的。他的作品总是带着一种寻求西方文明以外的异国情调的色彩。这种寻求我们可以从法国画家高更等人对于原始部落的向往得到旁证。他们的工作使得西方文明能够寻求到一个他者，而对自身有新的认识。或者，为那些所谓的“文明的不满者”获得一个寻找“在别处的”生活提供了浪漫的满足。然而，在德里达看来，包括列维–施特劳斯在内的这些工作，甚至是那些对于西方文明进行批判的工作，也是一种西方中心主义的变种。这种变种不单单是一种态度，而是使得这些话语成为可能的基本差异体系与基本叙述的势能仍旧是形而上学的。在《人文科学中的结构、符号与游戏》中，德里达集中展开了与列维–施特劳斯的对话。

在这篇演讲的开始，德里达就结构主义所认同的主体的去中心化展开了论述。主体的去中心化，意味着“主体不是认识的中心，而是结构中的一个项。……

① Jacques Derrida, *Margins of Philosophy*, Chicago: University of Chicago Press, 1982, p.17.

主体只是许多项中的一项，认识中心只是相对的暂时的。”[1]这里的中心化是一个很值得我们注意的现象。在这个问题上，我们可以看到德里达的立场以及他的立场与结构主义对中心信仰之间的对比造成的难解之题。主体去中心化是当代结构主义的一种有益的尝试，这种尝试将人或者主体作为本位或者中心的叙述习惯及理论构建的传统打破了。人不再是我们构造理论的核心，应当说，这一趋势是当代其他哲学家更进一步思考主体问题的前奏。“主体在哪儿?”“主体之后有什么?”的问题旋即出现。不过，在德里达看来，人类学或者当代的结构主义的主体去中心化仍然不够彻底。这里的关键问题是，是不是我们取消主体的中心之后，这个中心就消失了？在德里达看来，当然不是。德里达的看法显示了他更具勇气的思辨。不过，难题也在这儿出现了。

德里达认为，“一种本身丧失任何中心的结构在今天仍然是不可思议的。”[2]我们可以用康德的概念说，中心是知性展开的纯形式。没有中心，知性就不能获得自身的图像构造，就不能行使自身的功能。中心的这个功能也几乎是所有语言的日常形式都具备的，它看起来就是我们语言运作所必备的条件之一。只要我们要展开我们的理论话语、人文科学话语，那么这个来自日常语言的结构或者形式就一定会起作用。不过，德里达的观察也是正确的，只要有中心，那么这个中心所带动的话语，就具有自身的封闭性。“关闭”、“再现的关闭”是德里达用来描述一种话语在具有中心或者自明的合法性的地基之后自在自为地展开自身的游戏所作出的描述。我们可以说，在这种游戏中，具有内部的无限性，但是就它的原则与自明性来讲，这个再现或者这个能指的游戏已经封闭于自身的语法自明性之中了。

不过问题也是出现在这里。我们在这里面临着一个悖论，或者用德里达的话说，一个悖谬。结构主义所声称的去中心化只是将占据中心的某一个存在者驱逐了出去。但是这种驱逐丝毫没有动摇这个中心的地位。我们只要从事于人文科学的游戏，就不可能摆脱这种需要。所以，结构主义的去中心化在德里达看来就不过是用新的存在者置换 / 替代原来的主体。这个不断的替换的链条就是西方形而上学的历史。“结构概念的整个历史在我们所说的那种断裂之前，就应当被当做某种属于以及为了中心置换的系列、某种中心确定的链条来思考。接下来，在一

① 黄颂杰等编：《现代西方哲学辞典》，上海辞书出版社 2007 年版，第 391 页。

② 德里达：《书写与差异》，张宁译，生活 · 读书 · 新知三联书店 2001 年版，第 503 页。

种调节性的风格里，这个中心接受了不同的命名或者形式。整个西方形而上学历史，就像西方历史一样，就是这些隐喻与换喻的历史。”① 在这里，无疑德里达没有将结构这个概念在一般知性的意义上来使用，而是把这个词放到了认识论的基础本体的地位了。这种放置就是德里达进行下一步对结构这个概念进行批判的必备步骤，也是在这个步骤上，德里达完全走上了与日常结构概念完全不同的道路。

在这里我们遇到了一个德里达思辨工作中的分岔点。有两条道路摆在我们面前，一条道路是，对于结构的日常使用。也就是自在自为地服从知性的需要，它可以使我们安然于这个中心化的图像，并且它的前景是无限的。另外一条道路就是德里达选择的道路。他将结构进行了换名，将结构不是当成一种我们可以安然享用的馈赠和礼物，而是将它投射到了基础存在论的层面上去。这种投射的后果就是我们完全将结构以及西方形而上学历史先天地理解成了一种结构的替换游戏。这种投射是合法的吗？我们对此依然充满困惑，到底哪儿是我们应该依归的处所呢？是在知性封闭而无限的自由图像给予的空间里还是在德里达的同质化之后进行的思辨冒险中？我们遇到的是一个 aporia、难解之题。

德里达在选择了自己的道路以后，接下来就将几乎所有的西方哲学的主题词都作为一种结构中心的替换序列来对待了。这些词包括爱多斯、元力、终极目的、能量、本质、实存、实体、主体、解蔽、超验性、意识、上帝、人等等。在德里达罗列的这个序列里我们发现的都是一个个时代中最伟大的思想者苦心寻求到的稳定性。或者说，是他们苦心寻求的避难所。比如笛卡尔的主体概念。这是他在长期的怀疑与沉思之后发现的最后的避难所。我们在看到德里达把它们视为同质中心替代链条的一环时，也不能忘记，对于笛卡尔以及追寻实体的莱布尼茨、洛克以及休谟来说，事情来的绝非是这么简单。我们看待这段历史时，需要像法官一样公平地对待双方。这里的问题仍然值得我们深思：这种最后的避难所以及最后的依归如何成为我们思考问题不能怀疑的部分呢？德里达的命名是不是就已经是忽略过这些问题之后作出的飞跃？这里是不是有一种语言的历史性的命运？

无论如何，德里达就这样将结构概念放到了基础存在论层面上来思考了。在这种无中心的中心化之中，德里达很自然地将西方哲学史上的主要概念更迭都当

① J.Derrida，*Writing and Difference*, trans. by Allen Bass Routledge Press, 2010, London, p.353.

作“重复”看待了。在这里有明显的尼采气息。尼采把“永恒的回归”作为权力意志的表征。不过德里达所说的不是尼采的“权力意志”，也不是任何一种意义上的存在者。德里达的思考倾向在此显示得非常明显，他不愿意给出一个命名。或者说，不能给出一个命名。否则，思考将重新被西方形而上学的语言所接管。这里的问题是，命名到底意味着什么？这个问题一直纠缠着德里达。直到《论命名》，德里达也仍然在追问，到底给出一个名称意味着什么？

在德里达看来，这个结构的中心，就不是一种存在者，不是“一种固定的中心，而是一种功能，一种非中心，在这种非中心之中，无限数量的符号一替代进入游戏之中。”① 在这里德里达重新表达了他在《声音与现象》中的立场：绝对没有一个在场是在差异系统之外出现的。这里的差异，也成为德里达的延异出场的准备。在做了这些思考之后，德里达对于结构主义试图超越传统的做法作出了评判。德里达认为，不可能有任何新的游戏能够超越于这种替代之链的重复。“任何一种拆解性的话语以及他们的类推都不可能不掉进这个循环的陷阱。”② 因为：“我们没有语言——没有句法与词汇——能够外在于历史。”③ 在中心化的同质性语法的笼罩之下，我们将任何一种结构的游戏视作为同质的。那么，任何一种对于这个中心的符号给予在德里达看来都是同一游戏方式不同的变式。这里德里达又发明了一种吞噬其他体系的方法。不过，在这个无法命名之地，我们获得的或者将要获得的视野又是怎么样的呢？我们是服从于生存论的需要还是服从于思辨的冒险呢？

德里达看得很清楚。对于结构，以及对于中心的需要是一种“不可递推的需要”。他也很谨慎地提出了我们需要一种解构的经济学与策略。对于这种“比柏拉图都古老的”二元对立以及差异系统，既是我们展开思辨所必需的，又在解构中被析出为游戏的规则。这里就已经到了不可思考之处的思考以及德里达所谓的对不可能性的思考了。

列维-施特劳斯的结构人类学工作在基础存在论层面上看来也是不可能跳出这种“循环的陷阱”的。德里达所描述的这种循环已经像尼采的“永恒回归”一样成为一个谜阵。包括尼采在内，他们都认为自己已经站在了人类精神的高峰之

---

① J.Derrida, *Writing and Difference*, trans. by Allen Bass Routledge Press, 2010, London, p.354.

② J.Derrida, *Writing and Difference*, trans. by Allen Bass Routledge Press, 2010, London, p.354.

③ J.Derrida, *Writing and Difference*, trans. by Allen Bass Routledge Press, 2010, London, p.354.

上，并且寻求更为“自由与高贵的”精神、寻找“超人”。这种结果，是同一化之后的结果，用德里达的话来讲，是总体化之后的结果。列维-施特劳斯的工作一方面寻求一种出离于西方话语中心主义之外的话语可能性，另外一方面，他的工作的基本概念与赖以展开的基础差异系统不可能脱离传统的西方形而上学语言。德里达找到的例子是列维-施特劳斯的“打零工”的方法。包括列维-施特劳斯的“神话素”概念在内，虽然他已经作出了寻求新的话语基础的努力，但是在德里达看来还远远不够。“打零工”就是指向某种多少带连贯性的、或者被破坏了的遗产的文本借用概念的必要性。只要我们借用，那么我们就仍然是在这个循环的游戏之中。只不过，在德里达看来，这个我们去主体化的中心依然在主体不在场的情况之下起着作用。“能指的过分承担，它的替补的特征就是一种有限的结果，也就是说，是一种必然要被替补的缺失的结果。”① 这种去主体的中心化的结果，在德里达看来就是一种符号作为中心的替补出现。而这种符号必然有一种超出自身的作用，以及这个中心，这个被符号命名的中心也同时超出了自身而被符号 / 能指本身的外在力量所胁迫了。这就是德里达称之为的“过度承担的能指。”我们在这里基本上可以看到德里达思维的出路了。

既然作为人文学科的游戏不可能摆脱这种中心、语言以及替补的链条的命运，那么在德里达看来只有两种态度：一种是卢梭式的怀乡态度，另一种就是尼采式的强人意志，来实现对这种无中心的舞蹈般的接受。在德里达看来，他的任务是接着去思考那些“比柏拉图都古老的”差异的延异。这当然是一条思想的道路。不过我们在这里也许可以大胆地说，还有其他思辨的可能，这就是去思考同质化的力量，思考的本质以及命名的问题。而这些问题可以归结为，哲学的哲学性是什么？我们分析的界限是什么以及该在什么地方停止我们命名的脚步？这些命名难道不已经是一种知性语法的污染了吗？

第三节　解构与技术

在讨论了德里达的结构概念之后，看起来能够推出他对于技术一定也会采取一种敌视的态度。技术难道不是一种去主体化的中心主义吗？不过这样的猜测与

① J.Derrida, *Writing and Difference*, trans. by Allen Bass Routledge Press, 2010, London, p.367.

德里达对技术的立场相反。与当代西方哲学对于技术的批判成为主流相反，德里达对技术采取了保留的态度。他甚至说："生命就是一种自我取代的过程，生命的传递是一种机械，一种技术的形式。"①德里达对于技术的批评更多是从对海德格尔的技术之思中展开的。

在当代哲学中有许多哲学家对于技术时代和科学技术持批判态度。维特根斯坦多次强调，他的哲学活动不属于这个建构成为主流的时代。在《文化与价值》中，维特根斯坦说他是一个逆着潮流费力游泳的人。维特根斯坦对于任何"理论"的构造都没有好感，他认为理论不能对哲学困惑有任何帮助。哲学问题不是靠发明几个新理论就能解决的。所以，在最后的课堂上，他对学生们说，我们的兴趣并不是发明一种新的理论，而只是描述。石里克对此也有记载。当石里克在维也纳见到维特根斯坦的时候，他认为维特根斯坦跟他一样都是逻辑实证主义者。但是石里克发现自己错了，维特根斯坦对理论根本不感兴趣。只要是理论就已经是一种"解释"了，而哲学所能做的仅只是描述，描述并不是再现。在石里克看来，思考着的维特根斯坦更像是一位先知或者是视灵者。②维特根斯坦不断地将自己放逐，更愿意过隐居的生活。应该说，对于技术的不信任以及科学技术占据统治地位之后，哲学家们的乡愁越来越浓密了。而这种乡愁的表达在海德格尔那里表现得最为明显。

技术被海德格尔看成是存在命运的当代居有事件，也即是人类的命运在当代的展开。海德格尔关于存在历史命运的分析向我们大体勾画了一条西方当代形而上学的路线图。这条路线从笛卡尔开始。科学技术的发生，只有在人的主体性确立之后才成为可能。这里首要的问题就是笛卡尔的"我思故我在"的哲学史意义。笛卡尔对我思的单纯确信的确让近代哲学"找到了新的地基"（黑格尔语）。正是笛卡尔对于神学的脱离，以及在这个基础之上展开的数学研究，使得新的方法开始贯彻到近代以来的理智活动中去了。笛卡尔的发现具有双重意义：一是笛卡尔的主体性的确立，使得主客二分成为近代哲学的基本概念。主体性与客体性的对立真正成为主题出现，并在这个对立的基础上，符合论的真理观最终成为占统治地位的真理观念。在海德格尔看来也正是这一真理观，使得古希腊以来的真理观念更加被遗忘了。笛卡尔，以及以后的莱布尼茨等人逐步地将一般主体普遍化

---

① J. Derrida, *Negotiations*, Stanford University Press, 2002, p.244.

② Ray Monk, Ludwig Wittgenstein, *Duty of Genius*, Penguin Press, 1990, p.244.

了，并且成为近代哲学图像的基本构型。而在康德那里，客观性进一步成为存在的别名。也是在这个基础之上，当代占统治地位的科学技术才真正发展出来。其次是笛卡尔的方法使得体系化的再现方式成为基本的话语方式，这一话语方式恰恰就是现代性之基本特征之一。也正是这一基本特征，使得科学技术成为主流意识形态，而哲学与科学技术的关系恰恰就像哲学在中世纪与神学的关系一样。从这两点看来，技术与结构的概念都是现代性的产物，都是笛卡尔以及哲学近代化以来的体系化的理解方式。所以，技术与结构都可以被我们看作是现代性的基本特征。对于两者的分析，势必关联到对现代性以及笛卡尔以来哲学发展的认识。

海德格尔对于技术的批判态度众所周知。在《为什么我们更愿意待在乡土之地》中，海德格尔说："哲学劳作并不是一个怪异之人用来消磨时间的癖好。它实在是内属地处于农人劳作的中心。"①海德格尔的这种怀乡是技术占据统治地位之后我们普遍感受到的。海德格尔将技术思考为"集—置"。"集—置一词用来命名那种催逼着的要求，那种把人聚集起来、去订造作为持存物的自行解蔽者的要求。"②集—置被海德格尔思考为人的命运，"现代技术之本质居于集—置之中。集—置归属于解蔽之命运。"③海德格尔认为技术可以被用来诅咒，或者简单地反抗这种作为解蔽的最高命运。海德格尔所担忧的是，我们迎接这种命运的时候，更多地感受到的是一种自由空间的敞开。我们没有任何不适感，相反，这个对无蔽的分有，与结构主义的结构一样，提供出了一种人们可以安然而居的世界图像。这种世界图像本身并非首先就是危险。危险的是，在海德格尔看来，我们忘记了无蔽本身，而只看到了被命令与催逼着的订造持存者的活动，甚至将人自身也当成一种持存者来对待了。"催逼着的集—置不仅遮蔽着一种先前的解蔽方式，即产出，而且还遮蔽着解蔽本身，与之相随，还遮蔽着无蔽状态，也即是真理在其中发生的那个东西。"④在这里我们可以看到海德格尔存在与存在者两分的影子。不管如何，海德格尔将技术的本质思考为集—置，并且这种集—置作为命运自由的展开，对这个命运并不是简单反对或者反抗的问题。面对这个危险，海德格尔的解答很有一些佛教里"转识成智"的味道。哪里有危险哪里就有救赎。

---

① 海德格尔：《思的经验》，陈春文译，人民出版社 2008 年版，第 8 页。

② 海德格尔：《演讲与论文集》，孙周兴译，生活·读书·新知三联书店 2005 年版，第 18 页。

③ 海德格尔：《演讲与论文集》，孙周兴译，生活·读书·新知三联书店 2005 年版，第 25 页。

④ 海德格尔：《演讲与论文集》，孙周兴译，生活·读书·新知三联书店 2005 年版，第 28 页。

也是在这种集—置之中，它自身展开的越充分，则我们所从属的无蔽的赠予就越多。我们越危险，则获得救赎的机会也就越大。这里的关键是，我们需要从持存物与存在者的注视中调转我们的目光，去注视无蔽本身。

从海德格尔对于技术本质的思考中我们可以很明显地看到有一种本质与现象或者本真与非本真的区分在隐隐起着作用。集—置是对更为本真的解蔽的褫夺。所以，在德里达以及其他批评者看来这里仍然有一种“存在的特权”，或者关于以存—在、无蔽本身之最本质的处所的等级制的要求。这个问题也是德里达不同意海德格尔关于技术的论述，并展开自身论述的主要切入点。

德里达认为，physis 与 techne 之间并不存在简单的对立。它们之间的二元区分是一个值得警惕的传统差异。在这个差异之中我们当然可以建构自己的话语。但是，在德里达看来，这里从一开始就存在着“工具化”。德里达提到了尼采，在尼采看来，在生命与技术之间不存在对立，生命就是一种技术。德里达通过尼采重新思考技术。在德里达看来，是尼采将这个领域重新打开了。尼采的强力思考将传统的任何一种二分的偏见都放逐掉了，技术与生命的二分也不例外。这种来自于非哲学语言的区分起着哲学话语中的主题化的作用。与海德格尔的无蔽、解蔽、命运、集—置的等级序列不一样，尼采使用了不同的同一性策略。这样，海德格尔那儿的等级制或者说差异的纵向序列就被另外一种视角所覆盖了。德里达使用尼采的一个论述来贯彻这样的策略。这个论述就是：一切都已经是一种解释了。这个命题只有在尼采权力意志的背景之下才能被理解。在《权力意志》这本最后笔记中，尼采认为，任何一种实体的假设，一种因果的序列都是权力意志的表达。有权力意志这个基底，其他的任何存在者存在出来，不管是技术还是精神，也都被放在同一个表征的层面上了。在这个意义上，尼采取消了一般的技术与生命的二分。在“一切都已经是解释”的命题之下，技术不会被单独拿出来当成一个恶或者危险来对待。这好像是给这个词找到了一个新的概念家族，在别的概念家族里它是异类或者是不受欢迎的，但是在另外的家族内它就变成是合法的继承者了。这也是尼采、德里达和海德格尔采取不同的哲学之思的结果。我们在这儿可以用概念使用的现象学来描述这种不同。

德里达更多的是一个尼采式的酒神的追随者。虽然在延异问题上，我们看到他更多地与海德格尔的存在历史性分析保持了对话。但是，德里达最终思路的选择与意趣都更多地倾向了尼采，包括技术问题。

对于尼采来说，既然一切都是权力意志自身实现自身的手段，那么技术本身也是权力意志显示自身的必然。这样，技术就从一种从属的衍生物变成了一种目的的实现所要必然经历的途径了。所以技术就是重估价值的一种必要，而不是一种异化。德里达再次重申，尼采的反思使我们重新打开了技术这个领域，获得了新的追问的自由。“技术既是主动的又是反应式的（active and reactive）。”① 这样，技术就不是一种简单的实现无蔽的手段，一种对于本真无蔽的纯粹反映了。技术本身就是权力意志。

然而，关于技术问题，德里达与海德格尔之间最为重要的交锋现在才开始。在尼采这个命题的引导之下，德里达开始再次反思技术的本质与这个被称之为“本质”的处所之间的关系。不管这个本质处所被称之为无蔽还是存—在。德里达与海德格尔之间争论的基本问题是：技术的本质在对存在的分有之时是不是依然是一种对于本真状态的染污了？

海德格尔对于作为技术本质的“集—置”的表达是这样的：“集—置（das Ge-stell）。一是作为求意志的意志的本质——在普遍持存者意义上的‘本质’——基本特征（Grund-Zug）——根据之通行（Durchzug）——普遍建基（Grunden）。二是作为压抑着的和声。（Anklang）被遗忘状态：存在（打叉）的法则（Ge-Setz）。三是作为本有之面纱，对在订造中极端的、最隐蔽的需用的首次闪光。”② 这里，海德格尔将集—置的位置指出来了。这个位置，我们在海德格尔的存在—历史性分析中看得最为清楚。集—置并不仅仅是一种异化，这里的概念序列明晰地将技术本质与本有之间的关系表达了出来。集—置首先是作为求意志的意志的本质。这里我们又到了一个思想的路口。或者说，又看到了德里达在人文科学的游戏中提到的，哲学家之间的互相破坏。这种哲学家之间的互诠是我们在经验思想史的时候会经常遇到的现象。互诠就是概念的解释性是相互的，可以互相包含。在这儿，我们可以说，对于本有的设置本身就是一种权力意志的需要，也可以像海德格尔所说的那样，权力意志本身就是本有的震动之后被命名的产物。我们看到，对于技术本质的思考，最终受困于这种深度的哲学话语的分歧，而不仅仅是一种观点上的分歧。这里是一种更为根本的思想道路上的分歧。在海德格尔看来，集—置本身就是一种对于无蔽的遗忘。集—置自身就成为建基、根据，成为话语流变的根据。这种根据本身，在海德格尔看来只是本有的“面纱”。技术的本质

---

① J. Derrida, *Negotiations*, Stanford University Press, 2002, p.245.

② 海德格尔：《演讲与论文集》，孙周兴译，生活·读书·新知三联书店 2005 年版，第 18 页。

本身作为一种对于分有于无蔽的遗忘，只能是本有或者存—在震动的面纱。这层区分对于海德格尔来讲从属于他对于存—在之震动的无—底、之—间的思考。只有在无—敞中，存—在的震动才开始，时—空才开始游戏出来，自由才成为可能。

对于技术问题的不同态度，从根本上来讲，是德里达与海德格尔之间对于存在—历史分析或者比存在更为古老的延异之间不同道路的反映。

海德格尔认为，只有在无—敞的时—空化游戏之中，最后的神才出现。德里达则认为，比存在更为古老的是延异，延异作为差异，使得时—空化成为可能。德里达对于技术的态度也是由此而来，他不像海德格尔那样，认为有比技术本身更为古老的这么许多个层次。更为重要的是，在德里达看来，海德格尔在存在—历史分析中首次对于存—在之震动的接受——德里达称之为那个"是"（The Yes）。"这个'是'一定也是一个回应，一个以承诺的形式出现的回应。"① 而"说这个'是'本身就是一种默许，一种许诺，因此也是一种重复了。说'是'本身就是一种重复的义务。……因此，说'是'本身就立即是一种双重的'是'，立即是一种'是—是'。"② 这种重复被德里达称之为"可重述性"。而这种可重述性本身就是任何一种染污的来源。这样，在德里达看来，存在本身的肯定也不能说就是完全一种对于本有的本真映现，而已经就是一种"重复"。在这种重复之中，就已经不是一种纯粹的本有了。既然如此，技术的本质，就更不应当受到被染污这样的指控。我们可以看到，德里达与海德格尔之间的对话并不是对称的。这个也许是当代思想史上最为重要的对话展现出来的是一幅复杂的地质图。没有一种简单的对与错是适合他们的。而根本在于，在持存物或者技术本质的产物之后，我们的眼光能延伸多远呢？

德里达对于技术本质的思考是为数不多的对于技术不简单持一种批评态度的立场。然而，通过上面的分析，我们发现，我们并没有得到任何关于技术本身的结论。也可以说，我们又被带入了被他们的争论所开启的根本问题的序列之中了。

在对待德里达与海德格尔关于技术本质问题的争论时，我们不能不又一次触及到他们关于存在、关于基础本体论等更为基础的争论。而这个争论无疑打开了

---

① J. Derrida, *Negotiations*, Stanford University Press, 2002, p.247.

② J. Derrida, *Negotiations*, Stanford University Press, 2002, p.247.

另外一个巨大的问题空间，在这儿暂时还不能处理。这里的问题归根到底是海德格尔的存在历史分析与德里达对于形而上学暴力的分析之间的分歧。这个问题不能简单说谁对谁错，只能说我们对于这个问题的思考，把我们带进了西方哲学的当代前沿之中了，带进了西方思想的命运性之中了。具体落实到技术本质问题的思考上来，我们可以看到德里达与海德格尔之间不同的思想道路的停止与行进。对海德格尔来讲，作为技术本质的“ge-stell”（集一置）只能是：“带一出的聚集，让一前出一至此的聚集，是进入到作为包括着的构型的裂隙一布局中。”① 在海德格尔引述了这个词的古希腊文本之后，他进一步指出，“这个语境是本质性的，因为关系到存在的命运。集置作为现代技术的本质是从古希腊关于让一置一前的经验，关于 logos 的经验以及关于 poiesie 和 thesis 的经验而来的。”② 这里的说明进一步将我们带到了海德格尔关于集置概念的语法位置中。这个词的位置告诉我们，集置不能简单地理解为存在者整体的自行运动，那样这个词就仍然是在一个结构主义的概念方式中被理解了，也是又一次成为现代性的表象式思考所遮盖的对象了。只有将之作为存在的历史命运的给出，作为给出、前置的聚集与 logos 才是海德格尔对于集置一词所期待能够担当的角色。这个命运性本身已经是不能再去进一步思考与命名的了。作为 logos，我们承担了这样的命运，并且作为礼物接受下来。海德格尔的这个思考不可谓不深沉。我们在沉思技术之本质的时候，就已经将人之本质交付给这个自行聚集并且发送出来的存在之命运了。人的本质自然而然地退居到第二位上去，或者说，被存在之命运所取代，人的历史性也同样深藏在这个游戏“戏出”的深渊与 ab-grund 之中了。人类的命运也就被存在之命运所居有。我们注意到在这里，我们已经到了一个语言的界限上，在这个界限上，我们的游戏只能找到其开端所开启的空间，并且在这个不可还原性之后开始自身的自由游戏。

然而，只要有这样的不可还原之处，也就有德里达的解构所插手之处。通过前面的分析，通过对于解构策略的了解，我们可以意识到德里达往往是在这些不可还原之处进行进一步的追问与解析。也就是说，德里达在海德格尔停止之处又开始了探究。那么这里就有正反两方面的问题。首先，正如上文所引德里达对于原初之肯定的怀疑一样。在对技术本质的论述之中，德里达论说的关键之处在

① Poetry, *Language, Thnking*, Harper&row, NewYork, 2001, p.83.

② Poetry, *Language, Thnking*, Harper&row, NewYork, 2001, p.83.

于，他认为不存在什么纯净的存在之本质，只要是在原始地肯定，也就是说 yes 的时候，就已经有染污了。染污这个词，或者这个比喻营造的策略从德里达的早期工作就已经开始了。在德里达《胡塞尔哲学中起源问题》的序之中，德里达指出，染污这个词从他学生时代就已经成为一个关键词了。在存在之历史的命运中，德里达的分析指出，不可能脱离文本—语境的差异秩序而产生意义。在这些作为礼物的馈赠与无—底地游戏着的居有之中，也不可能缺少文本或者符号差异的作用。即使我们在认为承受作为集置的技术之本质时，这里这个承受是不是没有时间感？或者说，这里存不存在一个之—间呢？显然，德里达的回答与海德格尔并不相同。这种对于命运承受的瞬时性，并不能否定这个瞬时性是在不在场的文本—语境之中存有的。俄狄浦斯承受命运之时，迎接这个命运是他对于神的追问。不同的语境之中，存在者有着不同的迎接方式。德里达无疑就已经认定，这里的瞬时性，仍然是可以还原的。命运的呈现方式与人的接应之间，并不是无—间的。当然，在维特根斯坦看来，这里的追问已经到了语言的界限上，不能再问了。这里的追问也让我们对于海德格尔的追问方式以及以存在之命运来命名技术本质之问题带来的局限有了意识。在存在之语境之中，技术之本质只能如此被放置。德里达的追问使我们进入到对于海德格尔思想的进一步发问之中了。然而我们同样可以问，德里达的发问是不是一种外在的发问呢？这种比喻的植入是不是一种外在形式带来的必然的差异秩序，而这种秩序又使得我们陷入到了一种对于染污，或者说他性的期待之中呢？我们这样的问题实际上又陷入了维特根斯坦的环。一些当代英美大陆哲学学者坚持认为，德里达的批判方式，比如对于存在之特权的批判，光之暴力的批判，都太过形式化了。比如，戴维·伍德就认为他的批评是外在的，他在其早期论文中明确表示过这一点。形式化的批判对我们来说意味着，这个批评的语言结构是外在的，对于存在问题的思索不是从海德格尔的思想本身内部所展开的。应该说，形式化的批评并不是随意的。

在这个问题上，我们实际上陷入到了海德格尔、德里达与维特根斯坦的环之中了。这个问题并不是能够简单回答的。西方思想的命运所在，以及西方哲学的未来可能性都与这个环的解答与出路息息相关。而关于技术之本质的思考，恰恰就坐落在这个难题的中心。我们首先呼唤的是一种对于未来思想与决断时刻的期待，而不是简单给出一个解答。

第十六章

走向他者的存在：列维纳斯和他的他者的哲学

列维纳斯是当代法国异类哲学精神之父，是对存在论提出挑战的具有代表性的哲学家。他的目的在于颠覆西方传统的存在论，并开放一个“异域”，在这个“异域”中安放自我和他人。在列维纳斯看来，西方传统存在论是一种强权哲学，这种哲学无视他者的他性，不仅是一种不真的哲学，而且包含着对他者和他人的暴力。列维纳斯反对存在论却主张形而上学。不过他认为，伦理学才是真正的形而上学。伦理学的信条——不杀人、不奸淫、不偷窃等源于对存在的深刻觉悟，这个存在不是西方传统存在论所说的存在者的全体，而是任何存在论和知识学都无法企及的“无限”——一个绝对的他者。列维纳斯论证了他者的不可还原性和在哲学上的优先性。在他看来，他人就是这个绝对他者的显现。尊重他人就是尊重绝对的他者，爱护他人就是爱护绝对的他者，对他人的爱护和尊重代表着一种“高度”，即对于存在这个绝对他者的无可替代的“向往”。这种“向往”不是表现在认识上而是表现在行动上，因此自我对于他人的关系从本质上说是一种伦理关系而非认识关系。这样，伦理学在列维纳斯那里就成了第一哲学。

包括海德格尔在内的传统存在论都是“返乡”的哲学，无论走得多远，它最终都要返回它的故乡——希腊哲学。而列维纳斯的哲学则是一种“超越”的哲学，它从希腊哲学的源头出发走向作为绝对无限的他者，走向任何理性之光都无法照亮和无法测度的深渊。列维纳斯是一个义无反顾的探索者，他勇敢地弃绝了绵延数千载的希腊哲学，走向希腊哲学的光照之外，在远离希腊存在论的光照之外，在存在的黑暗之中，他看到了真正闪亮的东西——他者的面孔。这些面孔就像茫茫天宇中闪烁的繁星召唤着他，而他也在召唤着西方人和世界上所有的人：存在的真理存在于存在论的真理之外，面向他者才能成为真正的自我。

第一节　他者和自我的形而上学

列维纳斯是从对传统存在论的挑战开始他的哲学进程的。表面上，列维纳斯提出的仍然是传统存在论的问题：什么是本真的存在？实际上，他对存在的理解却和传统存在论迥然不同。在《存在与存在者》和《时间与他者》中，列维纳斯既没有把存在描述为实体，也没有把存在描述为主体，也没有从现象学的意义上把存在描述为一种本质的现象，而是把它描述为ilya，即"在此"(there is)。"在此"仅仅意味着动词意义上的"存在着"（existing），而不意味着名词意义上的存在者（exist）和存在（existence）。在列维纳斯看来，这个"在此"无形无相，无始无终，变动不居，是任何认识范畴都无法把握的"神秘"。如果说这个"存在着"和什么相似，那么它类似于赫拉克利特的河流。他说："如果一定要把在此和传统哲学的伟大命题相比较，我会想到赫拉克利特；不是在人不能两次涉入同一条河流的神秘上，而是在克拉底鲁的人甚至一次也不能涉入它的神秘上，在那里，唯一固定的单元，每个存在者的存在形式，是不能被构成的；在那条河里，那最终是固定的元素，相对它而言，消失了。"①

列维纳斯认为，"在此"，这个最基本的存在，处于人的认识之外，但是有一种特殊的现象足以显示它的存在，这就是死亡。死亡是不可预知的，没有人知道他自己什么时候会死，怎样去死，死亡对人来说，始终是一种神秘。在死亡面前，人完全是被动的，人不再是传统哲学所说的主体，他说，"关于死亡的来临，重要的是，在某一个时刻，我们不再能够能其所能（nous ne‘povons plus pouvoirr'）。"②死亡把人带向了一个他所不是的他者，因为在人死之后，他不是变成了无，只是变成了他所不是的存在。死亡昭示了他者的无限性与人的有限性。

在列维纳斯看来，既然"在此"是最基本的存在，那么人和"在此"的关系就是最基本的关系。不过他认为，这种关系不是本体论的，而是形而上学的。所谓本体论（ontology），在西方传统语汇中就是关于"存在"的学说。这种"存在"或者说"是"已经预先设定了存在和存在者的同一性。西方哲学至少在巴门尼德以后，就是这种"同"的哲学。西方哲学把存在者都归入到那个唯一、永恒、不

① Levinas, *Time and Others*, trans. by Richard A .Cohn, Duqeesne University Press, 1987, p.49.

② Levinas, *Time and Others*, trans. by Richard A .Cohn, Duqeesne University Press, 1987, p.74.

变的“存在”，一切存在者都源于这个“存在”并将回到这个“存在”。此外，存在和存在者的同一性还和“光”有关。在柏拉图那里，最高的存在就被看作一种发光的实体，即太阳，在太阳的光照下，一切才能被照亮，才能显现其是其所是。胡塞尔和海德格尔的现象学也是这样的一种“光学”。列维纳斯指出，胡塞尔和海德格尔的不同仅仅在于，在胡塞尔看来，这种光来自先验的自我，而海德格尔则认为这种光来自存在本身。列维纳斯指出，在海德格尔那里似乎是中性的光实际上还是人之光，因为真正的存在并不是光。他说：“这个不可知的死意味着同死的真实关系不能发生在光亮中，意味着这个主体处在不是出自它本身的关系中。我们可以说，它是同神秘的关系。”①

列维纳斯把“在此”和人的关系看作一种形而上学的关系。“形而上学”（metaphysic）在西方语汇中就是元物理的意思。在列维纳斯看来，“在此”和人的关系就是一种“元（meta）—物理（physic）”的关系。

首先，人是从无形无相、无始无终、变动不居的“在此”（存在）中脱颖而出的存在者。人的存在意味着从无限的、连续的“在此”中生发出一个片段，这个片段以它的同一性的身体把它同无形无相、无始无终、变动不居的“在此”隔离开来。由于人的存在，“存在着”才变成了“存在者”。“存在者”来自人对“存在着”的各个片段的“认同”（identity）。列维纳斯说，“为了使在这个匿名的在此中有一个存在者在这里存在，就必须从自我出发并回到自我，这就是说，这个真实的认同工作——变得可能。”②“认同”包括对“存在着”的各个片段的分离和组合，在列维纳斯看来，无论在劳动中对物的塑形还是在认识中对物的命名都属于认同的范围。总之，物是被人认同的产物。但是，列维纳斯指出，物的本质不在于它被人认同，而在于它根源于“在此”之中。在《整体与无限》中列维纳斯谈到，物只有在变成废物的时候，它的真正本性才能显现出来。这个时候的物已不再是物，它还原为“元素”。例如，桌子燃烧以后就不再是桌子，它变成了火，变成了气，变成了灰，而火、气、灰则会进一步融汇在那个无形无相、无始无终、变动不居的“在此”中。

其次，人生存在“在此”之中。在《整体与无限》中，列维纳斯对这一点做了详尽的说明。他指出，自从人从“在此”中脱颖而出以后，人就成了一个孤

① Levinas, *Time and Others*, trans. by Richard A .Cohn, Duqeesne University Press, 1987, p.70.

② Levinas, *Time and Others*, trans. by Richard A .Cohn, Duqeesne University Press, 1987, p.52.

独的存在者。人的孤独性表现在人在家中栖居，家的四壁把人同他所从出的存在隔离开来，人成了名副其实的“孤独者”。有了人这个“自我”，“非我”才被认为是他者。但是，自我与他者并不是绝对分离的，实际上，自我始终处于他者的包围之中。列维纳斯以“我们靠什么生活?”为题展开他的论述。他说，我们靠“元素”（element）生活。元素是“在此”和人的中介。“元素”包括大地、海洋、天空、日照，也就是古人所说的土、水、气、火。这些东西从实质上说不是有限的，而是无限的，不是有形的而是无形的，不是固定不变的，而是永恒变化的。元素出自那条“赫拉克利特之河”。列维纳斯形象地说道，我们的任何生活形式都离不开元素，我们是“沐浴”在元素中，即使是在被“家”隔离的情况下也是如此。

列维纳斯指出，人和“在此”的原初关系是内在性（interiority）和外在性（exteriority）的关系，而不是认识的关系。“内在性”是通过“内在化”实现的。所谓“内在化”，就是去掉元素的他性，使元素成为人的自我的一部分。列维纳斯用“享受”一词意指这种内在化活动。牙齿之于食物，就是内在化的表现。人通过饮食改变食物，消灭食物，使这个他物成为我的营养，最后成为我的身体。这种意义上的内在化也是同化。他说：“营养，作为一种养生手段，就是他者变成相同，这件事包括在享受的本质中：能量是一个他者，被认为是一个他者，我们看到，被认为是支持一种指向它的活动，在享受中，能量变成了我自己的能量，我的力量，我。在这种意义上，一切享受都是同化。”①

内在化不仅表现在饮食（同化）上，也表现在劳动、拥有和栖居上。劳动在形式上是一种外在化的活动，因为劳动指向作为他者的元素。但是劳动的本质却是一种内在化的活动。这不仅指劳动总是人的劳动，而且指劳动通过给无形无相的元素塑形，使元素变成物而为我所用。劳动把元素带出作为非我的他者而带向自我的世界。有了劳动，才有了拥有。拥有的意义在于使物属于我并长期的为我所用。在列维纳斯看来，与劳动和拥有相比，栖居更加具有元（meta）物理（physic）的性质。栖居是内在化的表现，也是一切内在化的根本条件。他说：“他内在于他拥有的东西中，就此我们可以说，栖居，所有财产的前提，让内在生活得以可能。”② 栖居是人在大地上建立一个场所，从这个场所出发，人才能进

① Levinas, *Totality and Infinity*, trans. by Alphonso Lingis, Martinus Nijhoff Publishers, 1979, p.111.

② Levinas, *Totality and Infinity*, trans. by Alphonso Lingis, Martinus Nijhoff Publishers, 1979, p.132.

行劳动，即把元素带出它所从出的“在此”并带回人的世界。有了这个场所，人才能把物带回家，从而使物被我拥有并长期的为我所用。同时，栖居也把人封闭在家中，使他成为一个孤独者。

在列维纳斯看来，内在性并不能否定和代替外在性。外在性是指那些不能通过内在化而成为人的内在性的东西。他说，航海家能够利用海和风这些元素航行，但是他不能把这些元素变成物。同样地，人能开垦土地，在森林中伐木，但是人不能把大地变成物。元素永远是和内在性相对的外在性，因为元素从出于并且返回到“在此”，也就是从出于并返回到那个无形无相、无始无终、变动不居的绝对的他者。关于内在性和外在性的关系，列维纳斯说道：“认定外在性是为了进入一种关系，由于这种关系，那种决定他者的相同同时也为他者所决定。”① 在劳动中，元素抵抗着人的内在化；在视觉中，元素呈现给人的永远是它的一个方面或一个表面，它的深层内容永远在人的视野之外。更重要的是，元素的不确定性始终是人的不安全感的原因。列维纳斯说，“元素的将来由于元素神秘的神性而作为不安全具体地被生活依靠着。”② 物终将不再在场，物终将变成“无物”(nothingness)，人也不例外。作为存在者的人的将来同样也会是一个“无物”，人的死已经向人昭示了这一点。人终有一死，人就是作为终有一死者而逗留或栖居在大地上的。

但是列维纳斯又指出，外在性对内在性的关系并不只具有消极的意义，正是外在性成全了人的内在性。没有作为外在性的他者，人作为内在性是不可想象的。这里的意思不单是说，相对于外在性，相对于他者，人才成为自我，成为“主体”；而且还指外在性对人特别亲切一面。列维纳斯说：“外在性具有肯定的一面。它是在温顺（douceur）或亲密的温暖中产生的，它不是心灵的主观状态，而是全部存在中的一个事件——一种本体论秩序的愉快的‘堕落’。按照它的意向结构，温顺从他者来到那个隔离的存在那里。这个他者不是以否定我的冲突的形式，而是以温顺的原初现象的形式在他的他性中鲜明地展示他自身。”③ 这个他者就是女人。

在列维纳斯看来，当这个作为外在性、作为他者的女人进入自我的领地——

① Levinas, *Totality and Infinity*, trans. by Alphonso Lingis, Martinus Nijhoff Publishers, 1979, p.128.

② Levinas, *Totality and Infinity*, trans. by Alphonso Lingis, Martinus Nijhoff Publishers, 1979, p.142.

③ Levinas, *Totality and Infinity*, trans. by Alphonso Lingis, Martinus Nijhoff Publishers, 1979, p.150.

家——之后，她会以她的温情在这个自我中产生一种不同于需要（need）的东西——欲望（desire）。需要指向享受，吃的享受、栖居的享受、拥有的享受，甚至是劳动的享受。因为人们可以把劳动过程当作舞蹈和游戏来对待，即把它当作享受。享受仍然停留自我的范围中，列维纳斯说，“人并不知，人感觉性的生活：那些叶子之绿，这个夕阳之红。对象在它们的有限中满足我，没有在无限的根基上出现在我面前。这个没有无限的有限只是由于满足才是可能的。作为满足的有限是感性。感性不组建世界，因为号称可感的世界没有功能去组建一个表象——而是组建存在的真实满足，因为它的理性的缺乏甚至不出现在它诱使我的享受中。”①欲望产生于对他者的向往，需要是有限的，欲望则是无限的。列维纳斯指出，欲望的本质是爱欲“Eros”。爱欲是不可言说的语言，是不能处于光照之中的黑暗，是不能变成现实的“尚未”（not yet），爱欲指向神秘的将来。但是，和享受把人带向死亡的将来不同，爱欲把人带向重生。爱欲导致自我和他者即男人和女人的结合，这种结合的结果就是婴儿。婴儿是自我的未来。他是一个作为他者出现的自我。从本质上说，人的存在不是在享受中延续的，而是在爱欲中延续的。享受只是延迟人的死亡，爱欲则把人带向重生。

列维纳斯认为，人和存在的关系就是这样的一种形而上学关系。在列维纳斯看来，这种关系显然是西方传统的本体论所不能容纳的。形而上学既不是本体论，也不是认识论；既不是理论哲学，也不是实践哲学；而是超出本体论和认识论，超出理论哲学和实践哲学范畴的超越的哲学。列维纳斯的著作中经常使用“超出”（overflowing）这个词。他指出，“超出”是指液体漫过容器的意思。这个意思同样适合于形而上学和传统哲学的关系。形而上学“超出”传统哲学，因为本真的存在是无形无相、无始无终、变动不居的“存在着”，因此，无论把这个“存在着”理解为存在者还是理解为存在，都是错失了形而上学这个词的本真含义。他说：“无限是作为超越的超越着的存在的特性，无限是绝对的他者。”②正是从这个视角出发，列维纳斯展开了对传统哲学的批判。关于列维纳斯对传统哲学的批判，我们将放到第三节加以讨论。

---

① Levinas, *Totality and Infinity*, trans. by Alphonso Lingis, Martinus Nijhoff Publishers, 1979, p.135.

② Levinas, *Totality and Infinity*, trans. by Alphonso Lingis, Martinus Nijhoff Publishers, 1979, p.49.

第二节　作为形而上学的伦理学

列维纳斯认为存在和人的关系是形而上学的基本问题。在这个问题中也包含着人和人的关系，前面所说的男人和女人的关系就是一种人和人的关系。但是，人和人的关系并不局限于男人和女人的关系，即使是男人和女人的关系，也不仅仅是一种性的，或者说“爱欲”的关系。列维纳斯把人和人的关系当作特殊的形而上学来看待，这种特殊的形而上学就是伦理学。在列维纳斯看来，伦理学不是形而上学之下的一门二级学科，不是形而上学的附属物，而是最高形式的形而上学，是形而上学的最高表现，他说：“形而上学是在伦理关系中设立的。”① 在这个意义上，伦理学是第一哲学。

列维纳斯认为，他人也是一个他者。他人和自我、和作为中介者的元素以及和作为元素的变形——物一样，都来自那个无形无相、无始无终、变动不居的“在此”。因此，他人带有自我永远不能同化、不能还原的“他性”（alterity, otherness）。不过，作为他人的他者和作为中介的元素以及作为元素的变形——物，有显著的区别。这种区别表现在，元素或物呈献给自我的只是它的一个面（facade），或者说一个方面或一个表面，而他人呈现给自我的却是他的面孔或者说面貌（face, visage）。从表象上看，面和面孔没有什么不同，面孔是赤裸的，面也可以在比喻的意义上这样说，譬如，“光墙”（bare walls）、“赤裸的风景”（naked landscapes）。但是，列维纳斯指出，问题在于，面孔和面的不同根本不能从表象上加以理解，他说，“因此，面孔不是眼睛的颜色，鼻子的形状，面颊的红润等等。”② 那么，面孔和面的区别又在哪里呢？列维纳斯指出，面只是显现，而面孔则是表达，元素和物只能显现给我们，它们不是表达，只有人的面孔才是表达，因为只有人，而且只有活人才有面孔，死人的面孔已经不再是面孔，那是一副僵死的面具。

面孔是一个他人对我的言说。他人把他的面孔直接呈现给我，没有任何的虚饰和敷衍。他人通过面孔的表达向我说话，我和他人的关系首先表现为一种语言

---

① Levinas, *Totality and Infinity*, trans. by Alphonso Lingis, Martinus Nijhoff Publishers, 1979, p.79.

② Levinas, *On Thinking –of the-Oher Entre Nous*, trans. by Michael B.Smith and Barbara Harshav, Columbia University Press, New York, 1998, p.232.

关系。列维纳斯说："面孔，仍然是物中之物的面孔，突破了死乞白赖地限定它的形式。这具体地意味着：面孔向我说并因而把我带到一种权力的行使所无法测度的关系中，不管这种权力是享受还是知识。"① 面孔的表达是一种不诉诸符号的语言。在列维纳斯看来，语言不一定诉诸符号，不诉诸符号，人同样可以言说，而且和诉诸符号的语言相比，这种不诉诸符号的语言才是最原始的语言。

那么，他人的面孔到底向我表达了什么呢？在列维纳斯看来，这张面孔向我表达的最重要的事情就是："不可杀人"。当我要杀害他的时候，他人的面孔会告诉我："你不可杀人！""不可杀人"的信条不是来自他人的抵抗，抵抗也是一种权利，如果是抵抗，那就是权利对权力的关系，但是这并不是他人的面孔所表达的东西。相反，他人的面孔表达的是无依无靠的眼神，这种眼神也是一种抵抗，不过不是权利的抵抗，而是伦理的抵抗。他人诉诸的是一种"非暴力"的力量。

列维纳斯指出，"不可杀人"只是他人无依无靠的眼神的一种否定的言说，除此之外，他人无依无靠的眼神还会表达一种肯定的言说，那就是饥饿、贫穷和孤独。我们从穷人、弱者、寡妇、孤儿的眼神里，可以读出这些词汇。那么这些词汇意味着什么呢？在列维纳斯看来，它们意味着人的与生俱来的特性。如前所述，人是一种有需要的动物，需要就意味着贫穷或者说缺乏。正因为人生来是贫穷的，所以他才进行生产，人一生都贫穷，所以人一生都要生产。此外，人也是孤独的，人的劳动、人的拥有、人的栖居都不能使他摆脱孤独，相反，正是劳动、拥有和栖居才把他带入孤独。人是名副其实的孤独者。穷人、弱者、寡妇和孤儿的面孔所告诉我们的，就是这些东西。在面孔中显现出一种神圣，因为面孔所表达的是人性。

他人以他的面孔表达了他的贫穷和孤独，这意味着向我提出恳求，这种恳求同时也是一种教导，因为面孔表达了人的人性。那么我应该如何对待这种既是恳求又是教导的面孔呢？列维纳斯说："他来到我这里。但是他是为了帮助自己来到我这里的；他命令我作为主人。只有在我可以对自己做主的情况下，这个命令才关乎我，所以，这个命令命令我发令。"② 列维纳斯指出，自己可以对自己做主，这意味着人的自由。但是只有在自我能对他人的表达作出回应的时候，自我才能表明他是真正自由的。自我可以对他人的恳求和教导充耳不闻，这只能说明

① Levinas, *Totality and Infinity*, trans. by Alphonso Lingis, Martinus Nijhoff Publishers, 1979, p.198.

② Levinas, *Totality and Infinity*, trans. by Alphonso Lingis, Martinus Nijhoff Publishers, 1979, p.213.

自我还不能对自己做主。自由不是天生的，自由来自他者的呼唤，自由是他者唤醒的。列维纳斯说："那个表达的存在者自己放置了自己，但它恰恰是以它的贫穷和赤裸——它的饥饿——来请求我的方式放置自己的，容不得我对这种请求充耳不闻。因此，这个存在者在表达中通过唤醒我的善性，不是限制，而是提升了我的自由。"① 面对他者的恳求和教导，自我处在阿伯拉罕面对上帝命令时的情景。上帝命令阿伯拉罕奉献自己的独子，阿伯拉罕痛苦万分，但是他相信上帝，他执行了上帝的命令，结果他得到了上帝的信赖。

列维纳斯指出，面对他人的恳求和教导，自我作出了回应，而回应（response）则意味着责任（responsibility）。只有自我对他人的呼声作出回应，也就是自我能够承担起对他者的责任的时候，自我和他人才建立起真正意义上的"面对面"（face to face）的关系。自我对他人的请求置之不理，不作出回应，这时自我和他人就不是面对面的关系。"面对面"首先代表一种距离，但是这种距离不能用地理学的概念来测度，对他人呼声的呼应拉近了自我和他人的生命关系，面对面是一个生命和另一个生命的接近。此外，面对面也是对他人的真诚的表现。他人把他的面孔直接呈现给我，没有任何的虚饰和敷衍，我对他的回应当然只能是以我的面孔回应他的面孔，也就是说用我的真诚回应他的真诚。列维纳斯说："当我保持伦理关系时，我拒绝认为我是在扮演一场戏剧中的角色，我不是这出剧的作者或者别人先于我就知道了这场戏剧的结果；我拒绝在一场不是因为我并游戏我而安排的戏剧中担任拯救的或者是诅咒的角色。"②

在列维纳斯看来，在自我对他人呼声的回应中，自我和他人建立起了亲密的兄弟关系。但即使是这样，也不能说自我了解了他人。他人独立于自我对他的了解，他人永远带有他的他性，即使他在把面孔呈现给我时也是如此。"他者的方式独特，一方面寻求我的认可，另一方面却同时隐匿自己的身份，既想在赞同中寻找庇护，又蔑视我同谋般的暗示，这种暴露迹象却不现身，千呼万唤不出来被我们称之为……Enigma 谜团。"③ 与他人相处就是与这个谜团相处，"这个谜团本身是超验的，他者若即若离。……这个谜团是绝对的；而绝对的东西是认知

---

① Levinas, *Totality and Infinity*, trans. by Alphonso Lingis, Martinus Nijhoff Publishers, 1979, p.200.

② Levinas, *Totality and Infinity*, trans. by Alphonso Lingis, Martinus Nijhoff Publishers, 1979, p.79.

③ 参见列维纳斯：《他者的踪迹》，载《法意哲学家圆桌》，华夏出版社 2004 年版，第 159—175 页。

无法触及的。”[1] 当我们想到列维纳斯在谈到元素呈现给我们的仅仅是它的一个面或一个方面，一个表面时，我们就会理解列维纳斯关于面孔既显现又隐藏的深刻含义了。在列维纳斯看来，显现并不意味着不真实、不真诚，但是这种真实或真诚同时又是建立在一种更大的真实或真诚之上的，它就是那个无限的超越者——“在此”。

因此，他人面孔是一种高度，甚至是神圣的高度。自我越是贴近他人的面孔，就越是超出自我的自我主义（egoism），只有超出了自我的自我主义，才能达到真正的我性，即我的唯一性。然而我的唯一性无非是指我对他人的责任的自觉。我为他人服务绝不是为了我的享受，我的荣誉，相反，我为他人服务正是在牺牲了我的享受，我的荣誉的情况下才实现的。我的唯一性就是我对他者的“人质”意识。列维纳斯说：“人类本质首先不是冲动，而是人质，他人的人质”。[2] 在我与他人的关系中，我像是个“受传讯者”（assigne），“自我被他人的传讯，是对我们甚至不认识的人们的一种责任心”。[3] 在为他者的责任心中，原来一向以“主体”自居的自我颓然失色，“我的自我的港湾是‘为他人’，也就是说，我对他人的赎罪。主体就这样成了失去地位的主体”。[4] 于是，那个“主体——建立在自我之上的著名主体——被他者，一种迫切需要或一种没有话语的指控拉下马来，而对那种指控，我虽不能够用话语来回答，但我不能回避对他的责任心。”[5]

在列维纳斯看来，自我对他人的责任心，不仅表现在自我对待穷人、弱者、寡妇、孤儿身上，也表现在自我对待那些冒犯过我，甚至侵犯过我的人们身上。对于冒犯过我甚至侵犯过我的人，我的应对是“原谅”。原谅是一个我不能也不会指望获得馈赠和恩赐的行为，但是原谅他人也是一种自我救赎的行为。造就我与过去的伦理关系中断的形式之一就是原谅。原谅他人意味着我对我过去的罪恶

---

① 参见列维纳斯：《他者的踪迹》，载《法意哲学家圆桌》，华夏出版社 2004 年版。

② 列维纳斯：《上帝、死亡和时间》，余中先译，生活·读书·新知三联书店 1997 年版，第 19 页。

③ 列维纳斯：《上帝、死亡和时间》，余中先译，生活·读书·新知三联书店 1997 年版，第 210 页。

④ 列维纳斯：《上帝、死亡和时间》，余中先译，生活·读书·新知三联书店 1997 年版，第 188—189 页。

⑤ 列维纳斯：《上帝、死亡和时间》，余中先译，生活·读书·新知三联书店 1997 年版，第 222 页。

意识的中断，因为他人很可能是曾经遭受过我伤害的人。正因为我能原谅他人，所以我才能以不同的态度看待我的过去，我的看法也就是那个原谅我的他人的看法。这个他人的介入也使我的当下时间成为一个富于伦理意蕴的崭新时间。他人允许或迫使我开始过一种与我以前生活迥然相异的生活。

在《总体与无限》中，列维纳斯就说过，绝对的他者是上帝，在《塔木德四讲》中，他更加明确地说，“上帝是最杰出的他者，作为他者的他者，绝对的他者。”①但是列维纳斯所说的上帝与其说是一个神学的上帝，不如说是一个伦理学的上帝。他说：“神——不论其最终的也可以说不加掩饰的意义是什么——在人类意识中（与其在犹太人的经验中），显露出价值的‘衣着’，而且这种衣着与他的本性或超本性别无二致。……因此，我认为，不论神明（divin）的终极经验及其宗教的或哲学的终极意义是什么，它们都不能脱离倒数第二个音节（即 divin 中的 vie，指生命或生活——译者引）。”②

列维纳斯把他者他性提升到神圣的高度，是因为在他看来，正视他者的他性是存在指引给人的另一种救赎方式。如果说同女人的结合是自我在身体意义上的救赎，那么同他人在面孔上的贴近则意味着自我在精神上的救赎。没有这种救赎，即使人在肉体上能够延续它的存在，在精神上仍然达不到人的高度，一个没有他者的自我只是一个没有灵魂的身体，这个身体实际上不能称之为人，至多只能称之为行尸走肉。行尸走肉已经是一种不错的评价了，因为有些人在“人”的名义下所做的一切恶行恶事，证明他们连行尸走肉都不如。

第三节　对存在论的批判

自从希腊哲学诞生以来，对存在的追问就是西方哲学的中心内容，整个西方文化就是建基在对存在的不同看法之上的。巴门尼德把存在作为真理的唯一形式，并且提出思想所思的就是那个唯一的作为真理的存在。自此以后，西方哲学的道路就确定下来了。所有对万物，即对存在者的认识，都属于对存在的认识，并且人们相信，他们可以认识那个作为存在的存在。在列维纳斯看来，西方哲学

① 列维纳斯：《塔木德四讲》，关宝艳译，商务印书馆 2002 年版，第 19 页。

② 列维纳斯：《塔木德四讲》，关宝艳译，商务印书馆 2002 年版，第 17 页。

在巴门尼德以后就是存在论的哲学，虽然“存在论”（ontology）这个词是在近代才产生的。存在论不仅统治了西方社会两千多年，而且从近代开始它正在统治世界。列维纳斯认为，当代世界发生的一切，包括使无数生灵涂炭的两次世界大战，都和存在论的统治有关，以至现在到了不得不对存在论说一声“不”的时候了。列维纳斯正是以一个犹太人的身份，以一个受压迫、受欺凌、受迫害的他者的身份，对存在论提出了批判。他很清楚，对存在论的批判也就是对以希腊哲学为源头的西方文明的批判。列维纳斯的哲学实际上是犹太文化和西方文化在现代语境下的一次真正意义上的“面对面”。

在说明列维纳斯对存在论的批判以前，有必要先对列维纳斯个人作一个简短的介绍。

列维纳斯 1906 年出生于一个犹太裔小业主家庭。资产阶级和无产阶级几次急风暴雨式的革命伴他度过了动荡的童年。第一次世界大战期间，他随父母迁居俄国，在那里恰好赶上了十月革命。1923 年他们全家移居法国，在法国过上了相对安宁的生活。1933 年纳粹上台，欧洲又开始动荡。第二次世界大战期间，加入法国籍的列维纳斯应征入伍，1940 年被德国军队俘虏，在纳粹集中营中熬到了战争结束。法国的军服保护了这个犹太裔青年，但他的家人却在战争中吃尽了苦头，除他的妻子被法国朋友收留幸免于难之外，避居立陶宛的其他亲属全被纳粹杀害。犹太人的历史命运使他悟出了“人类人质”的滋味，兵连祸结的战争加深了他对人类德行的哲学思考。残酷的生存选择促成了他对历史命运的深刻领悟。

列维纳斯很早就受到了希伯来文化的熏陶，并接受了基督教文化的教育。16 岁之前便有了良好的文学基础，不仅喜欢读陀斯妥耶夫斯基、果戈里、托尔斯泰等俄国文学巨匠的书，而且阅读了不少西欧文学作品。他在法国斯特拉斯堡大学哲学系就读期间，就对迪尔凯姆的社会学和柏格森的生命哲学有过深入的研究。查尔·布隆代尔、莫里斯·哈勒布瓦希、莫里斯·普拉迪纳、亨利·卡尔特龙等教授对他的哲学基础起了重要的启蒙作用。1928 年他到德国弗赖堡追随现象学大师胡塞尔，认真地研修了胡塞尔的“现象学心理学”和“主体间性的构成”等课程。弗赖堡期间的一件令他终生难忘的事，是有幸巧遇海德格尔在那里讲学。《存在与时间》给他的影响长久而深远。海氏深邃的思想和后来与纳粹合作的事实，都在他的思想中留下了不同性质的震惊。他一生思考伦理哲学，会通道德文章，与这些经历有着深刻的联系。

列维纳斯的整个哲学都带有犹太血统的痕迹。他受过犹太教法典解读的科班训练，不是简单地在思想上皈依宗教，而是从宗教信仰中获取根本的推动力。他的哲学直接根植于犹太民族自我理解的语境中：希伯莱和 ibhrim 的本意为“河对岸的人”，犹太人的存在是“被放逐后的散居”（Diaspora），它的主要特征就是无家可归。异乡、漂泊和一个永远无法实现的憧憬属于犹太人自我意识。犹太思想即不同的思想、异端的思想——或曰：他者的思想。这种边缘状态注定了犹太人的精神要承担一种带有特殊性质的角色。

列维纳斯实际上将西方哲学重新置于犹太文化的背景前。犹太文化是一种他者的文化。在列维纳斯看来，这个他者的他性正是西方哲学着力掩盖和抹煞的东西。而强调他者的他性则意味着一个新的立足点的建立，这个立足点使他者不再落入西方文化的理性、认知或者理解的统治之中，只有强调他者的他性，才能免除对他者的“统治关系……奴役关系，主动或者被动的关系”。①“我们与他者交往，当然想要理解他者，但是这种关系超越了理解。对他者的认识与好奇无关，它要求善解人意和喜爱，要求一种存在方式，它不同于不掺杂利益的观察。不仅如此，而且还因为他者在我们与他的关系当中，无法在概念的基础上给我们刺激。他……理应这般。”②

列维纳斯对存在论批判集中于四个方面，即批判存在论的在场性、同一性、自我性、暴力性。

第一，列维纳斯指出，存在论是一种在场的哲学。“在场”（presence）首先是一个时间概念，它意指现在（present）。存在论是从在场，也就是从现在出发去看问题的。过去对它来说并不是不在场，而是过去的在场，人可以通过回忆把过去拉到现在，即拉到在场。将来也不是不在场，而是将要在场。人可以通过期望把将来拉到现在，即拉到在场。列维纳斯在《纵的时间和在场》一文中说：对于存在论来说，“理解现在和将来的他性就是把过去和将来归结和带回到在场——就是说要表象它们。”③

与此同时，在场也是一个空间概念，它意指一个场域，事物就是在这个场域中现身。表象（representation）就是在视觉之光中再现在场（presence）。在场和光有关，柏拉图那个“光”的隐喻开辟了存在论的场域，列维纳斯说：“光驱散

---

① 参见列维纳斯：《他者的踪迹》，载《法意哲学家圆桌》，华夏出版社 2004 年版。

② 参见列维纳斯：《他者的踪迹》，载《法意哲学家圆桌》，华夏出版社 2004 年版。

③ Levinas, *Time and Others*, trans. by Richard A . Cohn, Duqeesne University Press, 1987, p.99.

了阴影使物显现；它腾空了空间，它让空间专门作为空的空间出现。……这样对于视觉和触觉来说，存在者就好像是凭空出现的，而这里正是传统哲学特权的安身之地。这样凭空出现就成了从源头出现，这种经验的'开放'或者说开放的经验解释了客观性的特权以及与所谓的存在者真正存在的一致性。"①

第二，列维纳斯指出，存在论是一种"同"的哲学。强调同是存在论的显著特征。同一性来自自我的自我主义。身体、住房、劳动、拥有都指向自我，自我让存在者在自我那里同一。列维纳斯说，"同的同一性既不是重言式的空洞也不是与他者辩证的对立，而是自我主义的具体化。"②存在论就是维护自我的自我主义的学说。存在论总是强调同而否认异，黑格尔就是一个显著的例子。黑格尔把存在理解为同一的绝对精神，他也承认异的存在，但是他认为异只是同的一种片面的形式。异出自同并且将回归到同。从同到异再从异到同是同一的绝对精神的自我表现。如果说从同到异是黑格尔存在论的伊利亚特，那么从异到同就是它的奥德赛。

在列维纳斯看来，同样也表现在胡塞尔的现象学中。胡塞尔用意识和意识对象的关系代替了黑格尔的绝对精神。胡塞尔虽然声称意识对象有别于意识，可是这个对象的意义仍然是由意识赋予的。对象作为表象的对象，它的可理解性不是在对象中，而是在意识中，在意识清空了对象的不可理解性，即表象之外的东西之后，被表象的东西才以"清楚明白"的形式对我呈现出来。列维纳斯说："可理解性，表象的真实发生，对他者来说就是被不受规定，无须把他性引进其中的同规定的可能性；它是同的自由运作。它是与我相对的非我消失在同中。"③在胡塞尔那里，对象表面上不是意识创造的，实际上意识仍然是对象的主人。只是在意识建构了它的对象以后意识隐身而去，对象才以"事情本身"的样子呈现在人们面前。他说，"在意识中，肯定性、实证性和原初地主题化了的实体性被'存活'和被认同；在一开始就是匿名的、前反思的意识的假象中，意识伪装自身，并且在一些情况下，意识在它所固定的'对象领域'缺席时也是如此。"④

---

① Levinas, *Totality and Infinity*, trans. by Alphonso Lingis, Martinus Nijhoff Publishers, 1979, p.189.

② Levinas, *Totality and Infinity*, trans. by Alphonso Lingis, Martinus Nijhoff Publishers, 1979, p.38.

③ Levinas, *Totality and Infinity*, trans. by Alphonso Lingis, Martinus Nijhoff Publishers, 1979, p.124.

④ Levinas, *On Thinking–of the-Oher Entre Nous*, trans. by Michael B.Smith and Barbara Harshav, Columbia University Press, New York, 1998, p.68.

在列维纳斯看来，强调同一性就是抹煞他者的他性。在存在论哲学里异可以归结到同，但同不可以归结到异。自我和他者处于完全不平等的地位。他说：“本体论，把他者还原为同，提升了自由——这种自由是相同的同化的自由，而不允许自己被他者所异化。”①

第三，列维纳斯指出，存在论是一种“自我主义”的哲学、存在论哲学不仅是在场的哲学和同一的哲学，而且是唯我的哲学。他说，“所有的哲学都是我学(Egologie)”②，他把“我”与“学”结合在一起，强调了存在论执著于自我的实质。

在列维纳斯看来，苏格拉底开创了自我主义的先河。“认识你自己”这个德尔斐神庙的箴言在苏格拉底身上得到了很好的体现。在苏格拉底那里，认识就是知识。而所谓知，就是把他者放在一个视域中，让它暴露在这个视域的光亮下，以便让它被把握，被拥有，被同化。一句话，就是去掉他者的他性。列维纳斯说：“所以苏格拉底的真理观是建立在本质性的同，在 ipseity 中的同一，它的自我主义的自足性上的。”③

自我主义哲学在近代的代表是贝克莱的唯心主义。贝克莱的名言“存在就是被感知”说出了一切存在论的真谛。在贝克莱看来，对象的那些性质，只有当被我把握的时候才能提供给我。在认识中，连对象最远离我的性质都被跨越过去了，贝克莱表明生动的经验与它本身的一致性就是思想与存在者的一致性。在贝克莱哲学里，自我和他者是没有距离的，因为一切他者都被这个自我放平了。

列维纳斯说，现象学也是一种自我的哲学。诚然，在胡塞尔的现象学中，他我是间接呈现的。他我不是自我。但是，他我的构成开始于先验还原内部。先验还原排除了所有以他我为依据的意义，限定他我的领域，在此基础上他我才出现。进入现象领域的他我是通过“自己移入”而形成的。他者的出现就等于在“我”的知觉的领域中“物体”的出现。这样，出现在“我”面前的他者就作为与“我”相同的“自我”，即另一个自我。列维纳斯说：“现象学停留在光的世界中，这个自我独居的世界中没有作为他人的他者，对于自我来说，他者是另一个我，是一个可以通过同情来得知的他我（alter ego），即通过回到你自身而得知的他我”。④

---

① Levinas, *Totality and Infinity*, trans. by Alphonso Lingis, Martinus Nijhoff Publishers, 1979, p.42.

② Levinas, *Totality and Infinity*, trans. by Alphonso Lingis, Martinus Nijhoff Publishers, 1979, p.189.

③ Levinas, *Totality and Infinity*, trans. by Alphonso Lingis, Martinus Nijhoff Publishers, 1979, p.44.

④ Levinas,*Totality and Infinity*, trans. by Alphonso Lingis, Martinus Nijhoff Publishers, 1979, p.104.

在列维纳斯看来，自我主义同样表现在海德格尔哲学中，列维纳斯一方面赞扬海德格尔的《存在与时间》是一部杰出的著作，说它是哲学史上“最伟大的著作之一，即使对于拒绝它和与它争论的人来说也是如此”①；另一方面又尖锐指出，《存在与时间》是自我主义的典型。在这部著作里，海德格尔用死来表明自我的唯一性。海德格尔认为自己为别人牺牲不可能使别人不朽，每一个人的死都只能是自己死，死是不能异化的同！“向死而在”就是本真的生存。列维纳斯说：“一种原初的本真性，而且仅此而已，对于海德格尔来说，在那里所有‘与他者的关系’都被解除或者‘被遮蔽了’，在那里，此在的意义就是截止（cut short）。畏本真性！。”② 列维纳斯指出，不错，海德格尔是反对技术哲学的，他主张天、地、人、神的和谐统一。在海德格尔那里，存在论变成了自然哲学，无面孔的自然成了存在者之母。不过，他说，这种自然哲学不可避免地导致对另一种权力的屈从，导致专制，这种力量就是大地。一种根植于大地的“异教”情绪，一种赞美被奴役者忠于他的主人的异教情绪促使他向大地寻根。主人—奴隶情结始终存在在海德格尔心目中。

第四，列维纳斯指出，存在论是一种暴力哲学。存在论追问存在者的存在，但是在列维纳斯看来，这种追问不是呼唤存在，倾听存在的呼声，而是要拥有存在，把存在掌握在自己手中。存在论试图通过追问存在而控制存在、扼杀存在，它是通过对存在的否定而彰显对自我的肯定。

列维纳斯指出，把存在者主题化或概念化看起来是把存在者当成了一个中性的东西，以客观的方式对待它，实际上却是对存在实施暴力。“我思”来自“我能”。“我能”是人使存在物化的方式来对待存在，“我能”的终极目的是使物为我所有，为我所用，它通过压制物的他性来拥有物。而“我思”则是把存在作为思的对象，以思想、概念的方式来对待存在。它是通过思想、概念压制存在者的他性，但它的目的同样是使物为我所有，为我所用。

在谈到存在的暴力性时，列维纳斯特别谈到了海德格尔。列维纳斯指出，海德格尔把此在的生存方式称之为理解，这还是停留在存在论的范围之内，因为理解

① Levinas, *On Thinking–of the-Oher Entre Nous*, trans..by Michael B.Smith and Barbara Harshav, Columbia University Press, New York, 1998, p.225.

② Levinas, *On Thinking–of the-Oher Entre Nous*, trans. by Michael B.Smith and Barbara Harshav, Columbia University Press, New York, 1998, p.226.

是以存在的敞开性为前提的。“通过在存在的敞开性中与存在者建立关系，理解从存在出发为存在者找到一种意义。在这种意义下，理解并没有对之保佑，只是命名它们。这样，理解对存在者来说便行使了一种暴力和一种否定行为。一种片面的否定，就是暴力。这种片面性可以由这个事实来描述，存在者没有消失，存在者在我的权力中。这种片面的否定是一种暴力，否定存在者的独立：它们属于我。”①

对列维纳斯来说，在西方哲学中，自我同他者的关系始终都带着暴力的印记，他说，整个欧洲历史都基于将他者缩减成自我的想法。这无处不在：本体论上，存在被屈从于概念；认识论上，世界被主观的标准削足适履；启蒙中，现实被强制套用在理性的法则当中。到处都是用已知代替未知，用牵强附会代替不解之谜，用揭秘代替隐秘。他者的他性被归并和处置，以便能够将其命名，使之符合自身的范畴和标准。存在论哲学通过各种手段让存在者屈从于存在，通过概念化、主题化、客体化，压制他者或占有他者。普遍性把自己呈现为无人称，这是另一种非人性，也是总体性的暴力。列维纳斯明确说道：“作为第一哲学的存在论就是权力哲学。”② 本体论通过“谋杀和篡权”的方式，实现了用人来征服存在。物听命于人的自由，成为客体，客体被掠夺，被掌握，并最终被规训和被吞并。同时这种“我学”又形成了不和的因素，造成了对他人的公开专制。在自我之学中，尼采提出的普遍性的“权力意志”才得以实现。

列维纳斯指出，对于存在论，纠正的方式就是逆转存在论的轨迹，即揭示他者的优先性和不可还原性。

针对存在论的第一个方面，列维纳斯指出，由于存在论从在场的角度看问题，所以它看到的只是存在的一个点（现在）和一个面（在场），它只能平面地看而不能立体地看，它达到的最大范围就是总体性，存在的无限性是它所无法企及的。然而，本真的存在恰恰在于它是无限的。他说：“无限性是作为超越的超越者的特征；无限性就是绝对的他者。这种超越是唯一的 ideatum，我们对它只能有一个观念；它无限地从它的观念，即外在性，远去，因为它是无限的。”③ 与在场的存在论相反，列维纳斯提出存在是神秘，关于神秘的存在的认识不能是存在论，只能是

---

① Levinas, *On Thinking–of the-Oher Entre Nous*, trans. by Michael B.Smith and Barbara Harshav, Columbia University Press, New York, 1998, p.9.

② Levinas, *Totality and Infinity*, trans. by Alphonso Lingis, Martinus Nijhoff Publishers, 1979, p.46.

③ Levinas, *Totality and Infinity*, trans. by Alphonso Lingis, Martinus Nijhoff Publishers, 1979, p.189.

启示论，我们只能从诸如死亡、爱欲等现象的启示中去领悟存在。在这方面，笛卡尔为我们作出了榜样。笛卡尔从自我的有限性中领悟到有一个无限的实体存在，他用上帝的无限性来担保人的认识的正确性，而没有把人的认识当作正确性的源泉。启示的形而上学是一种立体的哲学，也可以说是一种高度和深度的哲学。

列维纳斯说，从时间方面说，领悟到时间的无限性有重要的伦理意义。什么是过去，过去就是在先。然而这种在先是一种对他人不可推诿的责任感的在先。它先于一切记忆，先于一切理性唤起的逻辑沉思，“在这种责任性里，我被抛回到决不是我的缺点或成绩的东西，决不属于我的权利或我的自由的东西，绝不是我的在场的东西，决不能通过记忆来到我的东西上。”① 什么是将来？将来就是在后。列维纳斯说，它出自一种比我的死还要在后的权威，一种超出我的死的吩咐(order)，这种将来是向着无限者的欲望——为他者而死！他说：“权威的意义意味着后于并无视我的死，意味着对于有限的我，终有一死的我，一个有意义的吩咐超过了这种死。”② 做他人的人质直到为他者而死就是我的将来性的最高体现。

从空间方面说，在场的本体论只能达到对存在的表面的认识，而不能达到对存在的深层的认识。在《从存在到存在者》中列维纳斯就谈到，比光更真实的是黑暗，在黑暗中似乎一无所有，但是一切都在这里存在。只有在黑夜中人才裸体，在白天人们是看不到人的裸体的。裸体的人是没有经过修饰的、真实的人，在白天，“人类已经对其外表进行了最起码的修饰。他已经照过镜子，看到了自己的模样。他已经梳理完毕，从脸上抹去了夜和一切本能持久的痕迹——他现在干净而抽象。”③ 列维纳斯说，在表象中一个意识的直接与料（immediate datum）被给出，然而“一个意识的直接与料被给出在用语上是矛盾的。被给出就是暴露在知识的狡计中，就是被概念，被一般的存在之光的中介间接地、以曲折的方式，捉住；就是意味着根据它所不是的东西被给出。”④ 他者正是在这种直接的被

① Levinas, *On Thinking–of the-Oher Entre Nous*, trans. by Michael B.Smith and Barbara Harshav, Columbia University Press, New York, 1998, p.170.

② Levinas, *On Thinking–of the-Oher Entre Nous*, trans. by Michael B.Smith and Barbara Harshav, Columbia University Press, New York, 1998, pp.172-173.

③ Levinas, *On Thinking–of the-Oher Entre Nous*, trans. by Michael B.Smith and Barbara Harshav, Columbia University Press, New York, 1998, p.37.

④ Levinas, *On Thinking–of the-Oher Entre Nous*, trans. by Michael B.Smith and Barbara Harshav, Columbia University Press, New York, 1998, p.10.

给出中失去了它的他性。他者在存在论的在场中隐身而去。

针对存在论的第二个和第三个方面，列维纳斯认为，对这种同的哲学和自我的哲学的批判就是强调他者的他性的不可还原性。我们在前面已经指出，无论是作为中介的元素，还是作为元素的变形——物，都永远带有自我所不能同化的他性。自我对物的表面上的拥有只能掩盖而不能消灭他者的他性。他人更不能还原为我，他人作为呈现在自我面前的物，当然是可以消灭的——他人可以被杀死。但是当我杀死他人的时候，他人也就同时消失了。自我可以通过杀死猎物和砍伐森林而拥有食物和木材，但是人不能通过杀死人而拥有人。

列维纳斯说，他人也是不可理解的。海德格尔所谈的理解最多只适用于对用具的使用，当然，一个人可以理解另一个人的历史、周围环境、生活习惯，但是他不能理解另一个人的存在，无论是感性的还是理性的理解。我和他人的关系不是理解关系，他人根本不是我的对象。我和他人的关系是以一种先于理解的关系为前提的。在我对他人理解之前，我已经和他人相遇了。我和他的关系是伦理关系。列维纳斯说："人是那我不向他表达这相遇本身就不能与他相遇的唯一的存在者。正是在这里，相遇把自身和认知分别开来。"① 我和他人相遇，这种面对面的过程本身就是我对他人的恳请进而听从他人的召唤。听从这种召唤就是去尽我对他人的"人质"的责任。这种责任是不可代替、不可推脱的。只有树立对他人的责任意识，自我才能不断地超出自身，才能从根本上克服自我的自我主义。

针对存在论的第四方面，列维纳斯指出，他的形而上学的伦理学并不是反自我，反真理的，它只是从一个更原初的层面来追问它们。因此，它不是用对存在论进行粗暴否定的方式对待存在论的暴力，而是把他的形而上学的伦理学置于存在论之前，通过拷问的方式与存在论对话。他说："由于它不是用暴力对待自我，这种不是哲学的关系并不是从外边强加于这个我，轻视它，或者把它当做意见置之不理；更准确地说，它把一种超越一切暴力的暴力强加在我上，那就是对它做全盘的拷问。同认同自由和权力的第一哲学相反，这种伦理关系不反真理，它以绝对的外在性进入存在，并且成就这种真正的意向，即振兴进入真理的运动。"② 列维纳斯继续说道："这种'对他者的说'——这种作为对话者与他者的关系，

---

① Levinas, *On Thinking–of the-Oher Entre Nous*, trans. by Michael B.Smith and Barbara Harshav, Columbia University Press, New York, 1998, p.7.

② Levinas, *Totality and Infinity*, trans. by Alphonso Lingis, Martinus Nijhoff Publishers, 1979, p.47.

这种与某个存在者的关系——先于一切存在论；它是存在中的最高关系。存在论预设形而上学。"①

对存在论的批判和解构成了后现代哲学的中心议题。福柯、德里达等哲学家也都在全力以赴地从事这项工作。在从尼采开始并由海德格尔推进解构浪潮中，列维纳斯理所当然地占有一席之地。列维纳斯的哲学是解构协奏曲中的强劲乐章，但是和福柯、德里达等哲学家不同的是，列维纳斯在解构存在论的同时力求把西方哲学引领到一个新的方向——把存在问题建基在他者的伦理学上。他认为，为了与存在论彻底决裂，就必须超出存在论而与他者建立联系。他者既不是投影自我的屏幕，也不是自我的不相关的衬托，"他者是那唯一的存在者，对他的否定只能是整体地宣告：谋杀。"②

康德在他的《关于诸天体的一般发展史和一般理论》（中译本名为《宇宙发展史概论》）中引用一个讽刺故事来嘲笑一些人的无知："那些生长在乞丐头上的虱子长期以来一直把它们的住处当作一个无比广大的世界，而把自己当作造化的杰作。后来其中一个意外地看到了一个贵族的头，它随即把所有的邻居都叫在一起，狂喜地告诉它们：我们不是唯一的生物，你们看，这里有一个新大陆，这里住着更多的虱子。"③如果去掉这个故事的讽刺意味，那么我们说，那个最先发现"新大陆"的虱子是值得赞扬的。列维纳斯也发现了一块新大陆，那就是作为无形无相，无始无终，变动不居的存在——"在此"，一个对欧洲人来说"绝对的他者"。列维纳斯的哲学确有不少值得商榷的地方，譬如对于存在和他人的关系的论证还不太严谨，对爱欲的过分渲染，对于理性的过分否定，以及对于海德格尔的评价不够中肯，等等。但是，他至少给自信的西方哲学家开辟了一条通向他者的精神航道。他指出无论是对待无限浩渺的宇宙还是对待陌生的他人，单有知识是远远不够的，比知识更重要的是虔诚和真诚，爱和尊重才是我们的立身之本。敬畏他者是一种最高的精神境界。

---

① Levinas, *Totality and Infinity*, trans. by Alphonso Lingis, Martinus Nijhoff Publishers, 1979, p.49.

② 倪梁康：《面对事实本身》，东方出版社 2000 年版，第 687 页。

③ 转引自古留加：《康德传》，贾泽林等译，商务印书馆 1981 年版，第 24 页。

第十七章

权力、人类本质与技术：其他法国后现代哲学家的技术之思

法国文化是多种文化的交汇点，加之自身的文化特色，形成了其思想上的独特性和异质性，这是我们在研究技术哲学时所不可忽视的。除了前面提到的德里达之外，还有许多法国哲学家对技术有着独到的见解，法国后现代哲学家让-弗朗索瓦·利奥塔从自主化的技术视角出发，指出了技术对于人类社会生活的复杂化变迁的影响；米歇尔·福柯从权力的纬度入手，深刻剖析了技术的支撑体系；让· 鲍德里亚从技术仿真和虚像的角度，对技术哲学的深层次问题进行了反思，同时他对技术媒体的分析为人们思考当今社会中大众媒体的功能提供了重要参考；贝尔纳·斯蒂格勒则通过对传统的人类学的技术进化论的研究，指出人与技术的关系是双向的，在人类文化和技术发展中存在着一种延迟的时间关系，提出了自己关于技术本质和人的本质关系的不同理解。这几位法国学者虽都有自身研究的侧重点，但都从不同的视角出发关注着技术这一不断深入人们生活甚至在控制人类发展中起到特殊作用的事物，并且提出了技术与哲学、技术与社会、技术与人的关系等值得我们认真反思的问题，所以我们有必要梳理一下这些学者对于技术问题的思考。

第一节　技术：自主复杂化的技术科学

让-弗朗索瓦·利奥塔（Jean-Francois Lyotard，1924—1998）以“元叙事”为突破口，提出了技术的本性以及面对技术人类不得已的变化。在“知识合法性”的主题之下，他触及到了现代技术问题，并对技术给予了一种后现代的“叙事”。

利奥塔认为技术科学的发展是地球演化过程中的一种“负熵”（nég-entropie），

即表现为一切自然系统走向“复杂化”（complexification）的演化过程。他说：“人类学家和生物学家承认，活的机体，哪怕是最简单的如纤毛虫纲，水坑旁的藻类，都是几百万年以前由阳光合成的，已经是一种技术装置了。无论什么样的物质体系，只要能过滤出有益于生存的信息，储存，处理，调整欲求，归纳行为，就是说至少能归纳调整，对保证其生存的周遭进行干预，就是技术。”①它们遵从一个原则，即优化行为原则（principle of optimal performance）。以最小的投入（花费在过程中的能量）获得最大的产出（获得的信息和改变）。所以，“技术不属于与真善相关的一种游戏，而属于与效率相关的一种游戏；当一个技术‘活动’比另一个做得更好并且（或者）消耗更少的能量时，它就是‘好的’。”②

从这样的角度看，地球上的一切生命组织都是一种技术，人不是技术的原动力，相反却是技术发展的结果。他得出结论：不是人类欲望而是宇宙自我认识和演进的动力推动技术科学。“召唤［技术科学的］发展进步已不再可能。它似乎以一种力量，以一种独立于我们之外的自主运动性（autonomous motoricity）来自动地前进。对于来自人类需要的要求，它并不做出回应。相反，人类实体——无论是社会的还是个体的——似乎总是被发展的后果和影响所动摇，……无论是它的智力和精神后果还是它的物质后果，都是如此。”③

但是，随着现代化进程加快和技术的迅速扩张，现代人的整个生活模式也被“技术化”了，在以机器的模式组织起来的人类活动中，生活的意义和目的丧失了。“没有意义的活动被根据机器的模式组织起来，这一模式的目的在其自身之外，它并不对这一目的提出疑问。”④一种机械论的经济学标准被强加在所有活动之上，其原则是寻求投入与产出之间的最佳关系。由此，生殖成了分娩的技术，其目的是以尽可能少的付出，生育出在所有方面都最有希望成功的孩子；工作成为对严格工序的执行，它服从于与其内容无关的标准的命令，这些标准服从于最佳成本 / 利润比；在体育竞技中，人们被客体化、对象化，被作为一种特殊的、

---

① 让-弗朗索瓦·利奥塔：《非人——时间漫谈》，罗国祥译，商务印馆 2001 年版，第 12 页。

② 冯俊等：《后现代主义哲学讲演录》，商务印书馆 2003 年版，第 96—102 页。

③ Jean-Francious Lyotard, *The Postmodern Explained: Correspondence 1982–1985*, trans. Julian Pefanis and Morgan, Minneap, Olis: University of Minnesota Press, 1993, p.7.

④ 让-弗朗索瓦·利奥塔：《后现代性与公正游戏》，谈瀛洲译，上海人民出版社 1997 年版，第 105 页。

可分析、可计算的机械物来加工处理；甚至在娱乐、休息、饮食和居住方面也是依据客观化的标准而使人类不断被“机械化”。

“我们可以说，人类的条件已经变成这样一种条件了：追求新对象已经变成这样一种条件（无论是实践的还是思想的）的积累过程……我们可以说，存在一种宿命，或者不情愿地以一种日益复杂的条件为目的地。对安全、同一性和快乐的需求起源于我们作为生命存在、作为社会存在的直接条件，而现在这些需求似乎与我们被迫使每一个对象复杂化，使其处于附属地位、对其进行量度、对其加以综合并修改其大小的活动毫不相关。”① 人类的活动已经明显基于技术而被动化了，而这一明显的机械化更进一步由于计算机的产生和发展而不断强化，甚至使一切丧失了其原本的位置。

在利奥塔看来，以计算机为代表的信息技术是后现代语用学的开端。现代整个时期都是资本对知识和财富的无限追逐过程，也是资本在无限性理念支配下对“力量”的获取过程。进入后工业化时期，这种无限性的意志扩张开始侵犯到了语言本身，究其原因是由于计算机通信技术在全社会的普及应用。借助于计算机通信技术，资本把语言转化成了各式各样的商品。“首先，句子被看做讯息，要被编码、解码、传送、安排（包装）、再生产、保存、保持可得到的（记忆）、组合与作出结论（计算）、对立起来（游戏、冲突、控制论）。其次，量度的单位——信息——被确立了起来。在市场的扩展和新的工业政策的伪装之下，未来的一个世纪是在语言方面，根据最佳表现的标准对无限的欲望投资的世纪。”② 利奥塔认为，语言是“社会契约”的全部，在语言交往实践中产生着社会结合的规则，也产生着各种知识合法化的形式。然而，计算机信息技术向社会各领域的扩张渗透，使“资本在语言里的投资”破坏了社会生活中有生命力的创造本身。

对于利奥塔来说，计算机对语言干预的直接后果就是知识性质与形态的改变，即知识要保持其普适性、可传递性和可储存性特征，就必须被转译为计算机信息语言，成为计算机可操作的对象，否则就会被拒斥在知识殿堂的大门之外。这里计算机发挥着双重功能：既是一种技术装置又是一种文化转换器。一方面它

---

① Jean-Francious Lyotard, *The Postmodern Explained: Correspondence 1982–1985*, trans. Julian Pefanis and Morgan, Minneap, Olis: University of Minnesota Press, 1993, pp.78–79.

② 让-弗朗索瓦·利奥塔：《后现代性与公正游戏》，谈瀛洲译，上海人民出版社 1997 年版，第 150 页。

使认知行为变成非人化的和机械化的，知识因而成为一种社会功能要素，成为一种技术和商品；另一方面它也使知识的产生、获取、传递、理解、支配等这些构成文化的因素发生转变，成为一种新的工业文化。在这种文化工业中，知识的产生是脱离此时此地的情境的，是“去语境化”的，所有的“现实”要想通过知识表达出来就只能是以计算机所接受的语言被重新编码。“当我们和比特打交道时，就不存在任何在此时此地赋予敏感性和想象力的自由形式的问题了。相反，它们是由计算机工程学构想的、在所有的语言层次——词汇、句法、修辞和其他上都可以定义的信息单位。”①可以看出，这是一个明显的知识外在化过程，知识不再以其自身为最高目的，相对于“知者”而言，不论他处在认识过程的哪一点上，皆是如此。

随着现代技术的应用，现代知识的本质发生了变化，知识与语言的关系日益密切，彻底改变了传统知识的两大功能，即研究与传播的功能。同时随着计算机语言霸权的形成，传统教育重视知识教育价值和政治价值的观念已经改变，以计算机为代表的信息技术时代改变着人类研究和传播知识的模式，使得知识本身、知识创造者和接受者改变了其本身的固有位置，甚至丧失了其原初的秩序关系。利奥塔揭示了当今西方社会知识特别是自然科学知识的危机。这一危机表现为如下特征：第一，知识的功利化。过去高等教育主要是培养为社会系统所需要的能力即提供专家，它的目的是功能性质的。可是随着知识本质的变化，大学和高等学术研究机构不再是制造理想、追求真理，而是制造技术；不再是训练精英人物，而是为社会造就技术专家。第二，知识的商品化。在以技术创新为新经济增长点的经济机制中，科学为生产新技术服务，而新技术无疑为经济服务，科学与经济利益密切关联。科学从属于经济，在一定程度上丧失其自身独立性，从而带来知识的商品化和市场化。他认为，“知识的供应者和使用者与知识的这种关系，渐渐趋向商品生产者和消费者与他们所生产和使用的商品的关系所具有的形态，而且日益强化，即价值形态。”②知识有什么用，它是否可以出售、是否有效，成为知识的商业化语境中人们优先考虑的问题。最大效益原则就是以最少的投入获得最大的收获，这也是知识商品化过程中人们普遍的追逐。第三，知识的权力

---

① 让-弗朗索瓦·利奥塔：《后现代性与公正游戏》，谈瀛洲译，上海人民出版社1997年版，第165页。

② 让-弗朗索瓦·利奥塔：《后现代状况》，岛子译，湖南美术出版社1996年版，第3页。

化。利奥塔特别注意当代知识与权力的结合，他把科学知识与政治、经济权力联系在一起，并把这种关系作为后现代社会的主要特征，认为科学在后现代社会中已经丧失了其认识论的功能，而仅仅变成了一种权力，一种服务于所依附的意识形态的工具。知识与权力的结合表现在知识与商业、经济实力挂钩，投资知识和支付知识的诞生。知识和权力的结合逐渐成为一种压迫，一种控制，这是一种当代新话语。利奥塔指出，科学知识在后现代比过去任何时候更依附于权力。谁拥有金钱、技术，谁就占有科学。如果我们沉思当今社会的贫富不均以及各种各样新式武器的生产和在战争中的使用，就会发现这些科技的负面产物像恶魔般地缠绕着人类，有时甚至让人类感受到灭亡的恐惧。这里的人类已经在科技竞争的车轮上失去理性地狂奔，在疯狂地追求科技的权力化和商品化中不能自拔。“科学语言的竞赛规则成了有钱人的规则。钱财愈多，可能有理的机会就愈大。财富、效率、真理之间在这里是可以画等号的。”① 如今的知识成了有钱人的游戏，人们不是在追求真理，而是在追求权力。“用当今研究基金的投资者的说法，唯一可信的目标是权力。在科学家、技师和设备方面的投入，不是为了追求真理，而是为了争取加大权力的砝码。”②

不过，利奥塔并没有全盘否认计算机通信技术，他认为在计算机通信技术中也蕴含着后现代的“解放”潜力。计算机网络通信技术的普及将为多重合理性的实现奠定基础。他说：“我们终于看到了社会信息化对上述问题的影响。信息化可以成为控制并调节市场系统的‘梦想的’工具，这个市场一直扩展到知识本身，而且仅由性能原则支配。此时的信息化不可避免地包含着恐怖，但它还可以为那些讨论元规定的组织服务，提供它们在需要依据情况作出决定时往往缺少的信息。它为了转入这个方向而要遵循的路线在原则上是极其简单的：让公众自由地通往存储器和数据库。这样，各种语言游戏将在特定的时刻成为信息完全的游戏，但它们也将是总和不等于零的游戏，讨论永远不会由于赌注耗尽而停留在最低限度的平衡位置上。”③

后现代社会使技术，特别是通信、信息和计算机技术变成决定社会生活的正义性和合理性的主要依据，但后现代社会的技术本身的正当性却成为了问题。怎

① 让-弗朗索瓦·利奥塔：《后现代状况》，岛子译，湖南美术出版社 1996 年版，第 137 页。
② 让-弗朗索瓦·利奥塔：《后现代状况》，岛子译，湖南美术出版社 1996 年版，第 139 页。
③ 让-弗朗索瓦·利奥塔：《后现代状况》，岛子译，湖南美术出版社 1996 年版，第 140 页。

么办？利奥塔提出的唯一办法是诉诸艺术。在他看来，艺术之为艺术，其灵魂并非已经凝固成艺术作品的那种固定不变的外形和主题内容，而是艺术家在创作进行中的一切变动中的可能性因素。只有在艺术创作中，在艺术活动作为一种最自然的游戏中，才能实现人的绝对自由的理想。

第二节　技术：权力的支撑系统

法国哲学家米歇尔·福柯（Michel Foucault, 1926—1984）是20世纪最具原创性的哲学家之一。福柯的权力—知识概念涵盖了整个现代技术领域，而从空间视角对现代技术的权力分析则更具特色。福柯通过对自身技术（technologies of the Self）的分析，来为其没有边界的权力理论提供一种以“规训”（discipline）为主题的技术支撑系统。最终，对于权力—技术，福柯以一种基于“生存美学”形成的未来技术伦理建构，使得其技术哲学具有了明显的整体论意义。①

从福柯关于权力的论述中我们可以明确地看出：权力无处不在，无时无刻不在发挥着作用，它是社会的基本的生命线和基本动力，是社会的基本构成要素。那么权力究竟是如何在社会中运作的呢？福柯在肯定马克思对于权力实施机制和技术的分析时说：“最重要的观点是必须把权力的机制和权力的贯彻程序看做是技术，看做是始终不停地发展、不断地被发明和不断地被完善化的程序。因此存在着一种真正的权力技术，存在着一种展现这些权力技术的实际历史。这里，在《资本论》的字里行间，人们可以很容易地发现贯彻于各种工场和各种工厂的权力贯彻技术的分析以及关于这些技术的简史。我正是跟随着这些最重要的指示，并在有关‘性’的问题上尝试不再把权力从单纯政治法律的观点、而是从技术的观点去看待。”②

福柯对权力的研究显示了其独特的学术进路。他没有像传统的本质主义者那样去追问权力的本质，而是关心权力是怎么样，即它的实施策略与运行机制是什么，它的技术支撑是什么等问题。这样在权力与技术之间便有了一种内在的联

---

① 参见李三虎：《技术、空间和权力——米歇尔·福柯的技术政治哲学》，《公共管理学报》2006年第3期，第34—43页。

② M.Foucault, *Dits et Ecrits*, I–IV, Paris: Gallimard, 1994, Vol. III, p.189.

系：权力构造技术，技术支撑权力。福柯曾这样说："不应当对权力进行推演，从其中心出发……我认为应当相反。要对权力做上升的分析，也就是说，从最细微的机制入手，它们有自己的历史，自己的轨道，自己的技术和策略，然后再观察越来越普遍的机制和整体统治形式怎样对权力机制进行投资、殖民、利用、转向、改变、移位、展开等等。"①

福柯进一步从对监狱到整个社会的分析中，由外部的形式到内部的功能，由简单的结构到运行的机制，不断阐释着权力是何以在技术的支撑下深入到人类生活的方方面面的福柯说："宏大的'监狱连续统一体'造成了规训权力与法律之间的沟通，并且从最轻微的强制不间断地延展到时间最长的刑事拘留，从而构建了与那种胡诌的授权相反的具有直接物质性的技术现实。"②福柯的谱系学和考古学方法强调把"差异时间"（heterochronies）开放给"差异地点"（heterotopias）。福柯首先把目光投注到了建筑上，认为建筑自 18 世纪末以来逐渐被列入到人口、健康与城市问题中，变成了为达到某种经济—政治目标的空间布置，并把全景建筑或圆形监狱（panopticon）作为权力运作的理想空间模式。

在福柯看来，监狱从它诞生之日起，就不仅仅是一个简单的空间概念，它更是一种权力符号，它很好地体现了支撑惩罚权力的微观技术的存在。早在司法改革之时，监狱的雏形就已具备，那时法案所提出的严厉刑罚实际上有三种拘留形式：黑牢、管制和监禁，它们应被看作监狱发展早期的雏形；而真正体现监狱职能的却是教养所，由此才发展出比较成熟的监狱。监狱的诞生意味着权力的微观技术支撑系统构建的完成，同时也指涉了权力在此支撑下向全社会蔓延的渗透方式的形成。

这样监狱就形成了一种隔离区（block）——"按照适当程式，技术能力运用、交往游戏和权力关系彼此都能得到调整的特殊区域"③，而在其中真正起作用的就是权力—知识之网，福柯将这种隔离区称为规训（discipline）：权力与技术发生作用的情景化空间。他正是由此将权力—知识关系的讨论引向了现代监狱这

① M.Foucault, *Dits et Ecrits*, I–IV, Paris:Gallimard, 1994, Vol.III, p.179.

② 米歇尔·福柯：《规训与惩罚》，刘北成、杨远婴译，生活·读书·新知三联书店 1999 年版，第 348 页。

③ M.Foucault, *Beyound Structuralism and Hermeneutics*, Chicago: Chicago University Press, 1982, pp.218–219.

类人类制度平台，注意到现代监狱的重要特点在于“刽子手这种痛苦的直接制造者被一个技术人员大军所取代”。① 规训是监狱的核心，而这种技术支撑上的权力运作又在不断强化着个人、群体乃至社会对于这种权力的实现。规训作为一种普适权力，之所以能在大范围内实现，是因为在规训的背后还有许多技术手段支撑着这个庞大权力体系的存在。首先，规训的实施必须有一种借助监视而实行的强制机制，因此层级监视就成了支撑规训的一种必要手段。支撑规训的第二种技术手段是规范化裁决。规范化裁决的意义在于整个边际模糊的不规则领域都属于惩罚之列，规训惩罚所特有的一个理由是不规范，即不符合准则、偏离准则等状况。规范化的裁决就是实际观察，制定微观标准，使之更注重细节、更具可操作性，于细微之处体现规训的权力，最终直接完成规训的矫正效应。还有一项支撑规训权力得以实现的关键技术决不能省略，那就是检查技术。这样一来，规训权力就得到了一个严谨的、符合逻辑的、由几种技术手段相互配合的技术系统的支撑，同时也使得权力变得日渐隐蔽、日渐有效。对此福柯曾不无嘲讽地说道：“从规训的这种小诡计中谋取这种权力，难道不是做得有些过分吗？ 这些诡计怎么会产生这么大范围的影响呢？”②

福柯把边沁的圆形监狱或全景建筑阐释为一切权力—知识关系的理想空间模式，即所谓全景敞视主义（panopticism）。在福柯看来，全景敞视建筑是规训个人的技术的抽象概括。“它之所以不受称赞的原因很多，最明显的原因是，它所产生的话语除了在学术分类表中之外，很少获得科学地位。但是，实际原因无疑是，它所运用和加强的权力是一种人对人直接行使的物理权力。不光彩的显赫有一种不情愿承认的起源。但是，把规训技术与诸如蒸汽机或阿米奇（Amici）的显微镜的发明相比较，是不公正的。规训技术远远不如它们，但在某种意义上又远远超过它们。”③ 这种空间组织不仅包括诸如观察、质问、判断以及追踪、记录、汇编和保存先前观察和检查结果这类作为权力运作方式的监视技术，也包

① 米歇尔·福柯：《规训与惩罚》，刘北成、杨远婴译，生活·读书·新知三联书店 1999 年版，第 11—12 页。

② 米歇尔·福柯：《规训与惩罚》，刘北成、杨远婴译，生活·读书·新知三联书店 1999 年版，第 218 页。

③ 米歇尔·福柯：《规训与惩罚》，刘北成、杨远婴译，生活·读书·新知三联书店 1999 年版，第 251—252 页。

括空间分割、封闭、名目分类、描述和解释及其相互结合的规范化管理和组织技术。

在此基础上，福柯考察了学校、医院、收容所、军营、城市、居住区、临床医学等权力—知识关系的空间组织，并且对现代技术形成和发展的大工厂内部的权力关系进行透视。福柯指出，最早出现于18世纪中期的规训社会其指向在于提高社会生产力和效用，然而各种纪律的发展“标志着属于另一种截然不同的经济的基本技术出现了。权力机制不是被缩减，而是被整合进出自内部的机构的生产效率中，这种效率的增长及它的产物的效用中。各种纪律用‘温和—生产—利润’原则取代了支配权力经济学的‘征用—暴力’原则。这些技术使得人们有可能调整复杂的人群和生产机构的繁衍。”① 这意味着用全景敞视主义可以围绕人类身体的生产性和实用性，解释一切现代技术发展的规训或控制作用。

“全景敞视模式没有自生自灭，也没有被磨损掉任何基本特征，而是注定要传遍整个社会机体。它的使命就是变成一种普遍功能。……它的目的是加强社会力量——增加生产、发展经济、传播教育，提高公共道德水准，使社会力量得到增强。”② 这样，“规训体制网络开始覆盖越来越大的社会表面，尤其占据了越来越不是社会边缘的位置。规训体制的扩散证明，原来所谓的孤岛、特殊场所、权宜之计或独特的模式已变成一般的程式。”③

美国学者J．盖尔（Jim Gerrie）在《福柯是一位技术哲学家吗?》一文中认为，福柯对权力的沉思罕有地提供了一种能为绝大多数技术哲学家所认同的立场，依据这种立场，技术不仅仅是一系列伦理上中性的人工物，不仅仅是人对自然界施加的一种权力，它更是一套我们人类不可避免的施加权力于自身的结构化的行为方式。④ 这种认知和福柯自身对于权力的认识是一致的，而这也验证了福柯关注权力的核心不仅仅是要了解权力的实际运作过程，更是要了解权力对于人的规训

---

① 米歇尔·福柯:《规训与惩罚》，刘北成、杨远婴译，生活·读书·新知三联书店1999年版，第245页。

② 米歇尔·福柯:《规训与惩罚》，刘北成、杨远婴译，生活·读书·新知三联书店1999年版，第233页。

③ 米歇尔·福柯:《规训与惩罚》，刘北成、杨远婴译，生活·读书·新知三联书店1999年版，第235页。

④ Jim Gerrie,“Was Focault a Philosophier of Technology?”, *Journal of the Society for Philosophy and Technology,* Winter 2003, Volume 7.

和塑造过程。

"为了控制和使用人，经过古典时代，对细节的仔细观察和对小事的政治敏感同时出现了，与之相伴的是一整套技术，一整套方法、知识、描述、方案和数据。而且，毫无疑问，正是从这种细枝末节中产生了现代人道主义意义上的人。"[①]福柯认为权力作为一种话语和符码具有扩张自身边界的效应，它从最初的酷刑发展为惩罚，再到规训，是通过技术系统的调整与构造向社会的每个角落渗透的过程，在这一过程中作为技术主体的人不断地被塑造成形。按照权力的意志被精心策划的技术和被驯服的人反过来对权力形成有力的支撑。

每个人都要成为知识、权力和道德主体，同时又要成为知识、权力和道德的客体和对象。所以，现代知识为此创建了非常巧妙的游戏策略，使每个人在培养自己成为知识主体的同时，都能够"自律"地进行自我规训。这就是"自身技术"。福柯对自身技术的定义是"允许个人运用他自己的办法或借他人之帮助对自己的躯体、灵魂、思想、行为、存在方式施加某种影响，改变自我，以达到某种愉悦、纯洁、智慧或永恒状态"[②]的实践。

现代技术直接是用来考问人类的身体，把人还原为机械的一部分，把人控制在某种特定情景或空间中。现代技术正是通过这种途径使传统方法让位给了明确的强制性规定，"在肉体与其对象之间的整个接触表面，权力被引进，使两者啮合得更紧。权力造就了一种肉体—武器、肉体—工具、肉体—机器复合"，因此"规训权力的功能看上去与其说是简化不如说是综合，与其说是剥削产品不如说是与生产机构建立一种强制联系"。[③]这表明，在一个机器社会中，正是权力—知识的相互交织使机器系统成了驯服人体的机械化方式，并取代道德把人体造就成为一种新客体。这种新客体作为肉体可以接纳特定的程序、步骤、条件和结构因素的操作，作为新的权力机制目标又可以呈现给新技术形式并成为可操作的肉体，即" 肉体—机器"(body-machines)。

---

① 米歇尔·福柯：《规训与惩罚》，刘北成、杨远婴译，生活·读书·新知三联书店 1999 年版，第 160 页。

② M.Foucault, *Technologies of the Self*, in Luther M. Martin, Huck Gutman, and Patrick H.Hutton (eds.), Technologies of the Self, University of Massachusetts Press, 1988, p.18.

③ 米歇尔·福柯：《规训与惩罚》，刘北成、杨远婴译，生活·读书·新知三联书店 1999 年版，第 173 页。

这种在“自我规训”和“被社会规训”同时进行条件下所完成的自身形成过程，也就是福柯所说的“自身历史本体论”（the historical ontology of the self），而这一以考古学和谱系学为基础的“关于我们自身的历史本体论”，实际上又是为了要在想象所可能允许的范围内，设想出有可能摆脱现在这样状况的理想生存模式——“生存美学”（esthétique de I’existence）[①]：和技术规训造成的社会对个人的压抑不同，生存美学主张通过一系列可操作性的技术、技巧、技艺、策略和程序，在个人实际生活中具体地实施“关怀自身”的原则。正如福柯所说：“我要在更一般的层面上说明自身的文化的问题。自身的文化实际上是一整套严密组织起来的价值体系，同时还包括与之相关的行为要求，以及其他相关的实践技巧和理论。”[②]这种自身的文化就是“关怀自身”所涉及的对自身、对他人对世界的态度。

这里，福柯强调的是个体通过确立自己的生存风格而寻求通向美好生活方式的伦理途径。福柯从古希腊那里发现了个体的生存伦理，并试图发掘其当代意义。生存美学，就是引导我们自身摆脱传统主体性约束的困境，创造自身真正充满审美快感的幸福美好生活的实践原则。这种努力就是把道德从与社会的关系转向与自身的关系，把伦理实践与自由相连：“伦理，如果不是自由实践、不是有意识的自由实践，还能是什么呢？”[③]福柯把美学与伦理学结合起来强调伦理实践，其对技术发展的重要意义就在于要以人的生存质量提高为目标对技术进行一种崭新的伦理建构。

在福柯那里，科技话语早已深深地打上了权力的印记。在对疯狂病史的研究中，福柯最后指出，古典时期对疯狂的更进一步压抑，最根本的是由科学理性走上垄断地位造成的。他批判了现代知识论的鼻祖笛卡尔、牛顿等把科学理性和逻辑原则抬到无以复加的地位，要求人们的思想和行为都要遵循科学理性，如果背弃了科学理性，人的行为就会被打上不合理的无效的甚至是违反社会规则的标记。权力与科技知识的结盟是整个现代社会的病症的根源。在福柯看来“真理意志”与“权力意志”在根底上是二位一体的：真理的产生与认定渗透着权力因素；权力的运作又来自真理话语的确立。就这样，人的主体性消失在语言与权力的共

① M.Foucault, *Dits et Écrits*, Vol. IV. Paris, Gallimard, 1994, pp.388–732.

② Hadot, *La Philosophie Comme Manière de Vivre*, Paris:Albin Michel, 2001, p.174.

③ M.Foucault, *Ethics: Subjectivity and Truth*, NewYork: New Press, 1997, p.284.

同强暴之下，消失在了技术理性的主客二分之中。

第三节　“超现实”的技术

让·鲍德里亚（Jean Baudrillard），知识的“恐怖主义者”，在“消费社会理论”和“后现代性的命运”方面卓有建树。在20世纪80年代这个被叫作“后现代”的年代，让·鲍德里亚在某些特定的圈子里，作为最先进的媒介和社会理论家，一直被推崇为新的麦克卢汉。

鲍德里亚早期主要研究当今信息消费时代资本主义社会中商业逻辑影响下技术异化的多种复杂的形式样态，探讨西方消费文明中作用于技术物品的繁衍和人的生存之中的命定机制。

鲍德里亚将索绪尔的符号学与马克思的批判理论作为分析消费社会中物的存在方式的理论基础。在对“物”的分析上，鲍德里亚运用的是马克思主义立场上的批判性逻辑。他站在现实的角度，侧重分析消费社会中“物”的存在方式，认为物（商品）是以符号为中介的。“物品身上患着一个癌症：非结构性配件的大量繁衍，虽然促成了物品的扬扬必胜的状态，却是一种癌症。然而，也就是在这些非结构性的元素上（自动化主义、配件、非基本需要的分化），组成了流行和引导性消费的社会通路。也就是在它们身上，技术的演进才会倾向于停顿。也就是在它们身上，外表一层不断变形的惊人健康色下，出现前就已呈饱和的物品，虚脱于形式的痉挛抽搐和不停变换中。”① 以至于到现在所有的欲望、计划、要求、所有的激情和所有的关系，都被抽象化为符号与商品，以便购买和消费，人的生存模式发生着命定化的改变。

鲍德里亚认为，人和技术、需要和物品，在任何情况下都是相互关联的。我们不应只关注技术物品的功能性，还应该探讨人究竟是透过何种程序和物产生关联的，以及由此而来的人的行为及人际关系系统。他在分析齐格飞·基第翁（Siegfried Giedion）的作品《机械化程序夺权主宰的无名史》时，认为“其作品同时是物品功能性、形式及结构性的历史演变分析；这是一篇技术物品的史诗，并且能标明和技术沿革相应的社会结构变化，然而却不回应人对物的真实生活体

---

① 让·鲍德里亚：《物体系》，林志明译，上海人民出版社2001年版，第144页。

验问题，及物如何回应功能性需求以外的其他需求的问题，最后它也不能分析和［物的］功能相牵绊又相抵触的究竟是何种心智结构，也就是不能圆满回答我们对物的日常生活经验究竟是建立在何种文化的、亚文化的或超文化的系统上。”① 鲍德里亚指出，技术发展的道路不是“纯洁无瑕、不受干扰”的，技术演化当然首先建立在“技术元”的排列组合的基础上，但大量技术物品在生活中由于被心理能量所投注，被商业化、个性化，然后进入使用，也就必然地进入文化体系，因此对技术的语言结构分析需要在其需求及实用的心理或社会学层面上进行深层解读，即对现代技术的深入了解需要理解处于消费社会中的技术体的演化所必需的社会环境。

鲍德里亚中期的思想，随着西方学术界的后现代转向，也从 20 世纪 80 年代开始被纳入后现代视野。这一时期的鲍德里亚作为后马克思思潮的领军人物，根据高科技电子媒介的发展所造成的社会变化，对当代资本主义社会进行了多视角的批判。②

鲍德里亚认为，由于技术时代的来临，整个社会的生产方式发生了根本性的改变。技术已经提供了足够的复制手段和能力，使得人们被淹没在复制品的汪洋大海之中。他还更为深入地意识到，生产性质所发生的变化，绝不仅仅是技术革命的产物，而是由于整个社会在强大技术理性的诱导下发生了根本性的观念和思想的变革。从这一意义上说，生产不再具有真实的价值，生产被再生产彻底征服。我们在再生产的氛围中寻找产品，与产品打交道，再也难以找到昔日的真实理念，“超真实”成为一种再生产的结果和目的，所有这一切都化为一种时代的理念。

“被牵涉进来的是真实主义的狂欢（orgy of realism），是生产的狂欢。这样一种狂热……即在符号的审判之前召唤所有事情。让所有事物根据符号、根据可见的能量来得到解释。让所有言语得到解放并宣布欲望。我们在这种解放中纵情狂欢，事实上，这种解放只不过标志着淫荡的发展进程。所有被掩盖并且被迫在事实面前低头。真实永远在扩张，终有一天整个宇宙都将是真实的，而当真实成为普遍时，死亡就来临了。”③ 鲍德里亚认为“真实主义的狂欢”最终达到

① 让·鲍德里亚：《物体系》，林志明译，上海人民出版社 2001 年版，第 2 页。

② 参见苏楠、张岩：《鲍德里亚的技术观》，《理论界》2006 年第 10 期，第 166—167 页。

③ Jeans Baudrillard, *Seduction*, trans. by Brian Singer, New York: St. Martins Press, 1990, p.32.

的是真实被超越和屈服。它屈服于超真实（hyperreal），它因比真实事物本身更“真实”从而是不真实的。

鲍德里亚认为，当代社会的媒介在“内爆”中消解了本真的信念，形成了超真实循环，也因此而产生了比真实还真实的“超真实”。“传媒它的确就是革命，它们仅凭借其自身的技术结构，便独立地制造出了它们的内容。在语音字母和印刷书籍之后到来的是收音机和电影，在收音机之后到来的是电视。在此时此地，我们生活在一个瞬时即达的全球通讯的时代”。[①] 这就是说“信码”逐步成为当代社会技术活动的支配性因素。这种编码技术不同于传统技术的仿造与复制，通过编码过程而制造出来的复制品不再是某种原件的复件，而是又一个“原件”。信码制造了最初的复制品，但这些复制品不再反过来意味着任何原件。现代技术复制出来的东西更具有“真实性”，它使一切现实的存在黯然失色。现代的电影、电视、电脑、MTV 等大众传媒都是制造这种“超真实”事物的技术手段。在“超现实”（或“超真实”）中，事物与符号、对象与再现、现实与幻觉之间的界线不复存在，存在的只是高技术生产出来的没有原型、虚拟复制的符码。在这个既没有中心，也没有事物，有的只是游戏的世界里，人们好像享有比以往更大的自由，事实上，人们比以往任何时候都不自由了。当人们自由地选购商品时，他已经受到了广告的诱导；当他作为选举人自由行使权利的时候，他也已经受到了电视宣传的操纵。面对大众传媒铺天盖地的“拟象”轰炸，鲍德里亚提出的解决方式只有“沉默和拒绝回应”。

“我们与这个体系的关系是一种不可克服的双重约束——确切来说就是儿童与成人世界的要求之间的那种双重约束。他们被告知将自身构成为自主的主体，是负责的、自由的和有意识的；同时又被告知将自身构成为服从的客体，是迟钝的、恭顺的和遵从的。儿童在所有的层面上进行抗拒，对于这些相互矛盾的要求，他或她对之以所有不恭顺的活动、反抗的活动和解放的活动；总之，采取那种主体的策略。当我们要求儿童作主体时，他或她恰如反抗作客体那样反抗得固执和成功；也就是说，采取恰恰相反的策略。——这正是大众的活动。对于一个主张压制和镇压的体系来说，策略性的抗拒就是要求主体的解放权利。但这似乎毋宁是反映了这个体系的较早阶段；并且即使我们仍然面对它，它也不再是一个策略性的领域了；这个体系在当前的主张是最大化言论，最大化意义的生产和参

① 玛格丽特·A．罗斯：《后现代与后工业》，张月译，辽宁教育出版社 2002 年版，第 31 页。

与生产。因此，策略性的抗拒就是抗拒意义的拒绝和言论的拒绝；抗拒这个体系的机制所做的超遵从的模仿——这是过度接受（overacceptance）所做的另一种形式的拒绝。这是大众的现实策略。这个策略并不排除其他的策略，但它是今天能够取胜的策略，因为它最适应这个体系的当前阶段。"①

80年代后期，鲍德里亚的思想发生了明显的转折，他由原来对大众媒体的哲学反思转向了对物的命定策略的思考。在《命定策略》中，"物"一改以往受人役使，受人摆布的被动命运，开始变成主动，向人进行反击，对主体进行"报复"，也就是他所谓的"水晶复仇"。那么物报复的形式又是什么呢？鲍德里亚提到，物品通过漠然的"热情"，通过它的惰性、调侃似的沉默和认同，等等，通过这些"戏弄"方式，物品使得主体迷失了方向，失去了其固有的理性的中心地位，从而达到报复的目的。到20世纪90年代，鲍德里亚《完美的罪行》的问世，标志着他后期技术哲学思想的完善。

鲍德里亚所谓的"完美"，显然是和人类对生活中各种形式的极限追求联系在一起的，最主要就是由于高科技的发展而达到的至善至美。比如，当今世界人们总是通过高科技的外科美容术追求脸形和体型的完美、通过克隆来消除人的自然遗传的疾病，等等。因此，把完美和高科技的发展和进步相联系，是鲍德里亚技术哲学思想的又一个重要特征。人们正是通过发展最新技术来追求物本身的完美、人本身的完美和我们生活世界的完美。那么，对完美的追求的过程及其结果，其结局是否也完美呢？鲍德里亚对此给出了一个完全否定的回答。完美的追求，非但没有一个完美的结局，而且是"有罪的"。为什么呢？因为完美的追求必然导致绝对的同一性的出现，以及差异性的消失，而这一结果是人对"完美"的追求所未曾料到的。按照鲍德里亚的解释，"假如没有表面现象，万物就会是一桩完美的罪行，既无罪犯，也无受害者，也无动机的罪行。其实情会永远地隐退，其秘密也永远不会被发现"。② 完美只是人们美好的幻想，因为凡事物皆有表象。鲍德里亚又说："完美的罪行就是创造一个无缺陷的世界并不留痕迹地离开这个世界的罪行。但是，在这方面，我们没有成功。我们仍然到处留下痕

---

① Jean Baudrillard, "The Masses:the Implosion of the Social in the Media", trans. by *Marie Maclean, in Jean Baudrillard, Selected Writings,* （eds.）Mark Poster, Stanford Univerdity Press, 1988, pp.218–219.

② 让·鲍德里亚:《完美的罪行》，王为民译，商务出版社2002年版，第6页。

迹——病毒、笔误、病菌和灾难。”① 显然，这里所谓的“留下痕迹——病毒、笔误、病菌和灾难”等等，其实指的就是人类在追求技术进步、技术和工艺上的完美进程中所付出的代价。通俗地讲，它指的就是技术对人类的报复，或技术进步所带来的副作用。

在鲍德里亚看来，完美的罪行就是对“实在的谋杀”。在该书的前言中，鲍德里亚开宗明义地说到：“本书写的是一桩罪行——谋杀实在罪的始末。也是消除一种幻觉——根本的幻觉，对世界的根本性的幻觉的经过，实在不会在幻觉中消失，而是幻觉消失在全部的实在中。”② 因此，按照鲍德里亚的说法，“谋杀实在”的罪名，就只能罩在“完美”的头上了。那么，完美是如何谋杀实在的呢？在鲍德里亚看来，完美是通过技术，特别是数字技术的方式，使实在消失了。他说：“最终的解决办法是通过克隆实在和以现实的复制品消灭现实的实物，使世界提前分解。”③ 现代技术使一切都虚拟化了，数字化了，然后是虚拟的实在化。“带着虚拟的实在及其所有的后果，我们走到了技术的尽头，在尽头的那一边，不再有可逆性、痕迹，甚至对先前世界的怀念。”④

第四节 技术与人类本质

贝尔纳·斯蒂格勒（Bernard Stiegler，1952— ）是法国现代技术哲学家，《技术与时间》概括了他本人的核心哲学思想。他认为技术在哲学的历史中被压制，技术作为一种有组织的无序物，本质上是以一种记忆的形式，在人类的短暂存在中具有构成意义的。

斯蒂格勒在该书中明确指出：“技术代表着一切即将来临的可能性和未来性之前景”。⑤ 他首先将技术放入传统的时间框架中来考察，主要论述的是一般性

① 让·鲍德里亚：《完美的罪行》，王为民译，商务印书馆 2002 年版，第 43 页。

② 让·鲍德里亚：《完美的罪行》，王为民译，商务印书馆 2002 年版，第 4 页。

③ 让·鲍德里亚：《完美的罪行》，王为民译，商务印书馆 2002 年版，第 29 页。

④ 让·鲍德里亚：《完美的罪行》，王为民译，商务印书馆 2002 年版，第 36 页。

⑤ 贝尔纳·斯蒂格勒：《技术与时间——爱比米修斯的过失》，裴程译，译林出版社 2000 年版，第 1 页。

的技术学研究对于技术的看法。他考察了吉尔《技术史》制定的“技术体系”的概念和勒鲁瓦·古兰、西蒙栋的思想。我们都知道，对有关技术问题的反思，往往始于经验研究。比如吉尔为了解决特定的技术史问题，提出了技术系统概念；勒鲁瓦·古兰为了考古学和民族学研究，提出了操作链概念；西蒙栋始终将具体的技术史研究和技术哲学研究结合在一起。斯蒂格勒赞同勒鲁瓦·古兰将技术视为体系的观点，但对其运用生物学的方法将技术当做一种有生命的物体来看待存有疑问。斯蒂格勒认为机器的诞生，动摇了人与技术的传统的关系，为了理解这种新型关系，就必须建立一种新的技术学来促进对技术的认识。他的新技术学在于建立一个技术整体，提出作为过程的技术观点。在这种作为过程的技术或技术的过程中，机器作为过程的机械装置的产物，已经脱离了人的用具的身份，机器自身具有进化的动力。相应地，人不再持有工具，也不再是技术个体，因而机器本身就成了工具的持有者，人只是服务于机器，与机器共同组成了技术的一个部分。这样，技术与文化的关系也就发生了变革，“技术体系”不再是人的内环境的一个子体系，现代技术的发展速度已经大大地领先和超越了文化发展的速度。技术的超前和文化的落后成为我们这个时代的问题。

在此基础上，斯蒂格勒在书中大量探讨海德格尔对技术本质的看法。斯蒂格勒对技术变化的认识，对人的本质的重新认识，融入了海德格尔的生存论思想。但他发现海德格尔对于人和技术两者本质的解答中遗忘了最关键的一点——起源。因此，斯蒂格勒带着我们走进古希腊神话。古希腊的技术神话给欧洲语言留下了两个得自神的共同概念：普罗米修斯原则和爱比米修斯原则。他们代表着人类起源的缺陷，这使我们触摸到人的限度：其一，在与动物的比较中，就起源而言，人没有任何与生俱来的属性，它的属性是一种因过失、缺陷而致的被给予，人是一个有缺陷的存在。其二，人必须远离缺陷，远离的方式就借助普罗米修斯的火与技术创造技能。所以说没有技术就没有人。

西蒙栋也曾经说过“如果说技术会带来人或文化的异化，那么其原因并不在于机器，而在于人们对技术的本性及实质不理解”。① 认识机器的本质，并进而认识一般意义下的技术，就是认识人在“技术整体”中的位置。斯蒂格勒认为，

① 西蒙栋：《技术物体的存在形式》，转引自贝尔纳·斯蒂格勒：《技术与时间——爱比米修斯的过失》，裴程译，译林出版社 2000 年版，第 79 页。

事实上，普罗米修斯和爱比米修斯两原则标志着人的代具性存在。“代具并不取代任何东西，它并不代替某个先于它存在，而后又丧失的肌体器官。它的实质是加入。……（时空）……代具不是人体的一个简单延伸，它构成‘人类’的身体，它不是人的一种‘手段’或‘方法’，而是人的目的。”① 这种代具性简而言之，即指失去某个肢体的躯体对某种不属于躯体本身的外部条件的依赖。

这样，我们就获得一个新的世界图景：人是一种有缺陷的存在，技术弥补、承担了这一缺陷；依附于技术并与技术共存的人的本性就是时间；每一天都带来新的技术并不可避免地淘汰一批老化、过时的东西，是技术（工具）给人类提供了一个不属于任何个体的记忆时空，这就是人类自身。

斯蒂格勒在探讨人与技术关系的问题上，引用了德里达的延异思想，但是由于译者的原因，在《技术与时间——爱比米修斯的过失》一书中，将过去人们常用的“延异”一词，翻译为“相关差异”。如果我们参阅相关文献后附的中法概念对照表，就会发现这个词就是德里达发明的 différance。斯蒂格勒通过“延异”这一概念想要表达这样一种观点：生命的延异就是死亡。“对死亡的理解起始于对生命的预先理解。当生命同时为非生命，也就是说它不再单单为生命，而是通过其他‘手段’继续时，死就是生。问题就在于作为切入手段的代具性。因此，先于一切生物学（之可能性）的是根本性的本体论和预备性的生存分析，但是这种领先在此同样意味着：作为后种系生成模式思考的、由‘技术学’构成的分析的领先。”②

此在时间性的基本因素是“已经在此”，过去是此在没有经历过的。但它属于此在的过去。海德格尔的已经在此的前提是：“钟表将我们指向它处。然而这里的技术仪器并不是偶然的，因为在其中构成了现象，即时间。更确切地说，没有偶然性就没有时间性。时间构成于技术中，或者作为技术性而构成，而技术性又是本质上的偶然性。读巴尔特的书让我们领悟到通达已经在此的技术条件为何能够决定超前的可能性。技术给予时间，如同照片中透着一种交织着时间与技术的客观的忧伤，观看的历史也一贯如此——这些观看只能形成于折射时空的仪器

① 贝尔纳·斯蒂格勒：《技术与时间——爱比米修斯的过失》，裴程译，译林出版社 2000 年版，第 179 页。

② 贝尔纳·斯蒂格勒：《技术与时间——爱比米修斯的过失》，裴程译，译林出版社 2000 年版，第 289 页。

与技术的表面，因为相关差异既是时间的又是空间的。”①

相关差异又是这样一种过程，是作为进化和分化的生命以生命以外的其他方式得以延续的过程。在此过程中，技术的不断进化促使社会其他因素的淘汰或生成，这个技术的进化就是技术的差异性，没有技术的差异性，技术的革新就无从谈起，简言之，有差异的存在才有演进和变革。在此，我们还需进一步分析。技术在发生变化或差异中又常常表现为一种滞留，或者为延迟，在此我们也可以这样理解，我们在使用文字或某一词汇时，总是可以不假思索地运用它，因为这样的技术是已被证明或不证自明的，过去的人们就是这样使用它。所以这样的技术遗留对于当前使用的技术过程中是一种延迟，因而说技术既是差异的，又是延迟的，技术就是相关差异的技术。

技术产生了各种各样前所未有的新型装置并应用于流通、交往、视、声、娱乐、计算、工作、“思维”等一切领域。“但是却存在着这样一个矛盾现象：一方面是普遍化的机器系统所具有的巨大活力，它以每天产生的新体系回答在工业经济中占统治地位的不断革新的规律；另一方面是技术主导一切的平稳景象的彻底破产，技术装置带来了数不胜数的问题。”②技术发展最耸人听闻的成果无疑是遗传操控。遗传基因的操控直接影响到人类个体的生理组织，人特有的记忆和基因的未来，也就是影响到人类“最自然”的实体和本性。而“明确澄清人类学和技术学之间的关系的紧迫性，这种紧迫感虽然尚未形成清楚的意识，但已被普遍地感受到了。如今，它第一次直接从根本上触及了‘什么是人类的本性’这一类问题本身的提问方式。”③这就触及了当代技术的悖论：技术既是人类自身的力量也是人类自我毁灭的力量。当今技术的高速发展引起了时间化内部的断裂，伴随而来的是非地域化的过程，在此时代境遇中，技术和时间问题的结合得以凸显。

“技术的时间是一种公众的时间。正是在这种公众化的、共同的时间中，并依照其每一次再生的独特的可能性，才构成了并非‘私有’而是相关差异化的时

---

① 贝尔纳·斯蒂格勒：《技术与时间——2. 迷失方向》，赵和平、印螺译，译林出版社 2010 年版，第 20 页。

② 贝尔纳·斯蒂格勒：《技术与时间——爱比米修斯的过失》，裴程译，译林出版社 2000 年版，第 101 页。

③ 贝尔纳·斯蒂格勒：《技术与时间——爱比米修斯的过失》，裴程译，译林出版社 2000 年版，第 103 页。

间。对时间的度量并不意味着根本性时间的沉沦，因为在存在的历史中，正是这个度量本身，以字母和数字的形式，为进入相关差异提供了切实的通道。”①

斯蒂格勒用延异来概括一般性的生命历史。其在他看来，生命的历史是在遗传的内在因素和外在环境的互相影响和互相领先中实现的。人的发明是“谁”和被“什么”的双向运动，延异就是指这种双向运动，交错反射，通过反射的双向运动，“谁”和被“什么”共同构成了一个现象的两个侧面。一方面是“谁”发明了“什么”，另一方面是“谁”被“什么”所发明。在斯蒂格勒那里的“谁”究其最终还是人，但并不是“我”而是“我们”：“‘我’和‘我们’不是一回事。‘我们’由人类群体和文明组成。与‘我’不一样，‘我们’既不活着的，也不是死去的。”②我与我们也是一种具有相关差异的但能够共时性存在的。而“什么”更是先于“谁”的。“技术在思考。技术所思考的与未来的关系难道不应重复技术思考的内容吗？由于技术在思考，我们难道不该想一想技术让我们思考哪些内容吗？技术在我们之前思考，因为技术从来是我们之前的已经在此，存在于我们之前的存在者——因为‘什么’先于且总是提前于早熟的‘谁’。未来，即，‘思维的任务’，则尽在技术的思考及对技术的思考中——这两种思考的重叠处造就了时间。思考技术就是思考时间。”③这样，人与技术的问题就是人与时间的问题，人与技术就是一种相关差异性的共时性存在，时间性的思考才是技术的本质。

斯蒂格勒通过海德格尔未能掌握的大量古生物学、历史学和民族学领域的原始技术资料，从技术之上进入技术之内，用延异将被海德格尔割裂开来的技术与人联系起来，提出了一种新的此在生存论。他不是把技术当作外在于人性的东西，而是当作人性内生的一种本质。把技术与人生的关系，比成一种普罗米修斯原则（工具理性原则）与爱比米修斯原则（复归原则）相混合的人性自身的矛盾。技术既是去蔽，又是遮蔽，既成就时间，又遗忘时间，即使记忆成为可能，又导致记忆的丧失。质言之，技术和知性一样，是一种有待还原到本源的本质。人们

① 贝尔纳·斯蒂格勒：《技术与时间——爱比米修斯的过失》，裴程译，译林出版社2000年版，第283页。

② 贝尔纳·斯蒂格勒：《技术与时间——电影的时间与存在之痛的问题》，方尔平译，译林出版社2010年版，第126页。

③ 贝尔纳·斯蒂格勒：《技术与时间——2.迷失方向》，赵和平、印螺译，译林出版社2010年版，第3页。

努力完善手段，甚至把自己都当作了手段，在增进人的本质的同时，遗失了本质之上的目的。人们为了自由而不自由，甚至忘记自由。

面对技术我们应该怎么办？这几位法国技术哲学思想家都不同程度地提出了解决的办法。他们都强调人类对技术的反思，强调技术和人，技术和文化，技术和社会的关系。利奥塔和福柯以解构的视角，从后现代的思想背景来谈问题的解决。利奥塔最终把问题的解决归于艺术问题，福柯提出了一种“生存美学”的思想，最终把问题的解决交给了伦理。鲍德里亚面对技术对人的压迫，提出只有“沉默”。贝尔纳·斯蒂格勒用了十年的时间思索技术的发展体系和技术的根源，引入了古希腊神话故事人物普罗米修斯和爱比米修斯，并以此来分析技术的超前和人们的被遗忘，最终要解决面对技术的我们该如何认识我们自身的深刻困境。我们可以看到，他们对技术的反思都被安置在一个更大的哲学背景框架之中，技术不仅仅是技术学的问题也不仅仅是科学技术的问题，它被上升至了人类命运。实质上，这就是要迫使我们所有的人都去反思，到底如何我们才能真正地找到人类面对技术的自由之路呢，也许人类对于技术的觉醒要比简单的面对更重要得多。

主要参考文献

中文文献

1. 阿伦·布洛克:《西方人文主义传统》，董乐山译，生活·读书·新知三联书店1997年版。

2. 阿佩尔:《哲学的改造》，孙周兴、陆兴华译，上海译文出版社2005年版。

3. 艾克哈特:《论自我认识》，北京大学出版社1986年版。

4. 艾四林:《哈贝马斯对韦伯合理性理论的改造》，《求是学刊》1994年第1期。

5. 爱克曼:《辑录，哥德谈话录》，朱光潜译，人民文学出版社1978年版。

6. 昂惹热·克勤默·马里埃蒂:《实证主义》，管震湖译，商务印书馆2001年版。

7. 柏拉图:《理想国》，郭斌和、张竹明译，商务印书馆1996年版。

8. 北京大学哲学系/外国哲学史教研室:《十八世纪末——十九世纪初德国古典哲学》，商务印书馆1975年版。

9. 贝尔纳·斯蒂格勒:《技术与时间——爱比米修斯的过失》，裴程译，译林出版社2000年版。

10. 贝尔纳·斯蒂格勒:《技术与时间——电影的时间与存在之痛的问题》，方尔平译，译林出版社2010年版。

11. 贝尔纳·斯蒂格勒:《技术与时间——2.迷失方向》，赵和平、印螺译，译林出版社2010年版。

12. 比梅尔:《海德格尔》，刘鑫、刘英译，商务印书馆1996年版。

13. 勃兰兑斯:《十九世纪文学主流》，刘半九译，人民文学出版社1997年版。

14. 布林顿:《西方近代思想史》，王德昭译，华东师范大学出版社2005年版。

15. 布伦坦诺·F:《关于哲学领域失败的原因》，重印于《关于哲学的未来》,O.克劳斯编莱比锡，1929年，转引自汉斯·D.斯鲁格:《弗雷格》，江怡译，中国社会科学出版社 1989 年版。
16. 策勒尔：《古希腊哲学史纲》，翁绍军译，山东人民出版社 1996 年版。
17. 陈修斋：《欧洲哲学史上的经验主义和理性主义》，人民出版社 2007 年版。
18. 程倩春：《论科学与道德的统一》，《学术交流》2010 年第 10 期。
19. 达米特 · M ：《形而上学的逻辑基础》，任晓明、李国山译，人民大学出版社 2004 年版。
20. 丹皮尔，W. C ：《科学史及其与哲学和宗教的关系》，李珩译，张今校，广西师范大学出版社 2009 年版。
21. 德 · 斯太尔夫人：《德国的文学与艺术》，丁世中译，人民出版社 1981 年版。
22. 德勒兹：《解读尼采》，张唤民译，百花文艺出版社 2000 年版。
23. 德里达：《书写与差异》，张宁译，生活 · 读书 · 新知三联书店 2001 年版。
24. 狄尔泰：《人文科学导论》，赵稀方译，华夏出版社 2004 年版。
25. 杜任之：《现代西方著名哲学家评传》续集，生活 · 读书 · 新知三联书店 1983 年版。
26. 范大灿编：《冯至全集》，河北教育出版社 1999 年版。
27. 范大灿编：《卢卡奇文学论文选》，人民文学出版社 1986 年版。
28. 冯俊：《法国近代哲学》，同济大学出版社 2004 年版。
29. 冯俊等：《后现代主义哲学讲演录》，商务印书馆 2003 年版。
30. 弗 · 施莱格尔：《雅典娜神殿断片集》，生活 · 读书 · 新知三联书店 2003 年版。
31. 弗 · 施莱格尔：《浪漫派风格》，李伯杰译，华夏出版社 2005 年版。
32.《弗雷格哲学论著选集》，王路译、王炳文校，商务印书馆 1994 年版。
33. 伽达默尔、德里达：《德法之争：伽达默尔与德里达的对话》，孙周兴、孙善春译，同济大学出版社 2004 年版。
34. 伽达默尔、杜特：《解释学美学实践哲学——伽达默尔与杜特对谈录》，金惠敏译，商务印书馆 2005 年版。
35.《伽达默尔集》，严平、邓安庆译，上海远东出版社 1997 年版。
36. 伽达默尔：《科学时代的理性》，薛华等译，国际文化出版公司 1988 年版。
37. 伽达默尔：《美的现实性：作为游戏、象征、节日的艺术》，张志扬译，上海三联书店 1991 年版。
38. 伽达默尔：《赞美理论——伽达默尔选集》，夏镇平译，生活 · 读书 · 新知三联书店 1988 年版。
39. 伽达默尔：《哲学解释学》，夏镇平、宋建平译，上海译文出版社 2004 年版。
40. 伽达默尔：《哲学生涯：我的回顾》，陈春文译，商务印书馆 2003 年版。
41. 伽达默尔：《真理与方法》上卷，洪汉鼎译，上海译文出版社 1999 年版。

42. 伽达默尔：《真理与方法》上卷，洪汉鼎译，商务印书馆 2007 年版。

43. 伽达默尔：《真理与方法》下卷，洪汉鼎译，商务印书馆 2007 年版。

44.《简明不列颠百科全书》第 6 卷，中国大百科全书出版社 1986 年版。

45. 冈察雷斯：《基督教思想史》，金陵协和神学院 2002 年版。

46. 冈特·绍伊博尔德：《海德格尔分析新时代的科技》，宋祖良译，中国社会科学出版社。

47. 港道隆：《列维纳斯法外的思想》，张杰、李勇华译，河北教育出版社 2002 年版。

48. 高广孚：《哲学概论》，五南图书出版公司 1988 年版。

49. 高宣扬：《哈贝马斯论》，（台北）远流出版社 1991 年版。

50. 古留加：《康德传》，贾泽林等译，商务印书馆 1981 年版。

51. 哈贝马斯：《包容他》，曹卫东译，上海人民出版社 2002 年版。

52. 哈贝马斯：《对话伦理学与真理的问题》，沈清楷译，中国人民大学出版社 2005 年版。

53. 哈贝马斯：《合法化危机》，刘北成译，上海人民出版社 2000 年版。

54. 哈贝马斯：《交往行动理论》第二卷，洪佩郁译，重庆出版社 1994 年版。

55. 哈贝马斯：《认识与兴趣》，李黎、郭官义译，学林出版社 1999 年版。

56. 哈贝马斯：《现代性的地平线》，李安东等译，上海人民出版社 1997 年版。

57. 哈贝马斯：《在事实与规范之间》，童世骏译，生活·读书·新知三联书店 2003 年版。

58. 哈贝马斯：《作为意识形态的技术与科学》，李黎、郭官义译，学林出版社 1999 年版。

59. 哈贝马斯：《后形而上学思想》，曹卫东、付根德译，译林出版社 2001 年版。

60. 哈贝马斯：《交往行为理论》（第一卷：行为合理性与社会合理化），曹卫东译，上海人民出版社 2004 年版。

61. 哈贝马斯等：《作为未来的过去——与著名哲学家哈贝马斯对话》，章国锋译，浙江人民出版社 2001 年版。

62. 哈勒：《新实证主义》，韩林合译，商务印书馆 1998 年版。

63. 海德格尔、卡西尔：《卡西尔与海德格尔之间的达沃斯论辩》，辛启悟译，载《中国现象学与哲学评论》第五辑，上海译文出版社 2003 年版。

64. 海德格尔：《存在与时间》，陈嘉映、王庆节译，生活·读书·新知三联书店 2006 年版。

65. 孙周兴选编：《海德格尔选集》，上海三联书店 1996 年版。

66. 海德格尔：《荷尔德林和诗歌的本质》，《海德格尔选集》上卷，孙周兴选编，上海三联书店 1996 年版。

67. 海德格尔：《技术的追问》，《海德格尔选集》下卷，孙周兴选编，上海三联书店 1996 年版。

68. 海德格尔：《科学与沉思》，《海德格尔选集》下卷，孙周兴选编，上海三联书店 1996 年版。

69. 海德格尔：《尼采》，孙周兴译，商务印书馆 2008 年版。

70. 海德格尔：《尼采的话“上帝死了”》，《海德格尔选集》下卷，孙周兴选编，上海三联书店 1996 年版。

71. 海德格尔：《世界图像的时代》，《海德格尔选集》下卷，孙周兴选编，上海三联书店 1996 年版。

72. 海德格尔：《思的经验》，陈春文译，人民出版社 2008 年版。

73. 海德格尔：《泰然任之》，《海德格尔选集》下卷，孙周兴选编，上海三联书店 1996 年版。

74. 海德格尔：《现代科学、形而上学和数学》，《海德格尔选集》下卷，孙周兴选编，上海三联书店 1996 年版。

75. 海德格尔：《形而上学导论》，熊伟、王庆杰译，商务印书馆 1996 年版。

76. 海德格尔：《演讲与论文集》，孙周兴译，生活·读书·新知三联书店 2005 年版。

77. 海德格尔：《语言的本质》，《海德格尔选集》下卷，孙周兴选编，上海三联书店 1996 年版。

78. 海德格尔：《哲学的终结和思的任务》，《海德格尔选集》下卷，孙周兴选编，上海三联书店 1996 年版。

79. 海尔曼·J. 莎特康普编：《罗蒂和实用主义——哲学家对批评家的回应》，张国清译，商务印书馆 2003 年版。

80. 海涅：《论浪漫派》，张玉书译，人民文学出版社 1979 年版。

81. 海森伯·W：《物理学和哲学》，范岱年译，商务印书馆 1981 年版。

82. 赫伯特·斯皮格伯格：《现象学史》，李良贵译，（台湾）中正书局 1971 年版。

83. 黑格尔：《美学》，朱光潜译，商务印书馆 1979 年版。

84. 黑格尔：《小逻辑》，贺麟译，商务印书馆 1980 年版。

85. 黑格尔：《哲学史演讲录》，贺麟、王太庆译，商务印书馆 1978 年版。

86. 亨普尔：《经验主义的认识意义标准：问题与变化》，转引自洪谦林主编：《逻辑经验主义》，商务印书馆 1989 年版。

87. 亨普尔：《自然科学的哲学》，张华夏译，中国人民大学出版社 2006 年版。

88. 洪谦主编：《西方现代资产阶级哲学论著选辑》，商务印书馆 1964 年版。

89. 胡塞尔：《逻辑研究》第二卷，倪梁康译，上海译文出版社 1999 年版。

90. 胡塞尔：《欧洲科学的危机与超越论的现象学》，王炳文译，商务印书馆 2001

年版。

91. 胡塞尔:《现象学与哲学的危机》,吕祥译,国际文化出版社 1988 年版。

92. 黄颂杰等编:《现代西方哲学辞典》,上海辞书出版社 2007 年版。

93. 霍克海默、阿多诺:《启蒙辩证法》,渠敬东、曹卫东译,上海人民出版社 2006 年版。

94. 贾可·辛提卡:《维特根斯坦》,方旭东译,中华书局 2002 年版。

95. 江怡:《走向新世纪的西方哲学》,中国社会科学出版社 1998 年版。

96. 靳希平、吴增定:《十九世纪德国非主流哲学——现象学史前史札记》,北京大学出版社 2004 年版。

97. 卡尔纳普:《理论概念的方法论性质》,转引自洪谦主编:《逻辑经验主义》,商务印书馆 1989 年版。

98. 卡尔纳普:《使用物理语言的心理学》,转引自洪谦主编:《逻辑经验主义》,商务印书馆 1989 年版。

99. 卡尔纳普:《世界的逻辑构造》,陈启伟译,上海译文出版社 1999 年版。

100. 卡尔纳普:《通过语言的逻辑分析清除形而上学》,转引自陈波、韩林合主编:《逻辑与语言》,东方出版社 2005 年版。

101. 卡西尔:《符号·神话·文化》,李小兵译,东方出版社 1988 年版。

102. 卡西尔:《启蒙哲学》,顾伟铭、杨光仲、郑楚宣译,山东人民出版社 1988 年版。

103. 卡西尔:《人文科学的逻辑》,关之尹译,上海译文出版社 2004 年版。

104. 卡西尔:《语言与神话》,于晓等译,生活·读书·新知三联书店 1988 年版。

105. 卡西尔:《人论》,甘阳译,上海译文出版社 2004 年版。

106. 康德:《实践理性批判》,邓晓芒译,人民出版社 2003 年版。

107. 柯林·戴维斯:《列维纳斯》,李瑞华译,凤凰出版传媒集团、江苏出版社 2006 年版。

108. 克拉夫特:《维也纳学派》,李步楼、陈维杭译,商务印书馆 1999 年版。

109. 孔德:《论实证精神》,黄建华译,商务印书馆 1996 年版。

110. 奎因:《本体论的相对性》,转引自陈波、韩林合主编:《逻辑与语言》,东方出版社 2005 年版。

111. 奎因:《经验论的两个教条》,转引自洪谦主编:《逻辑经验主义》,商务印书馆 1989 年版。

112. 赖欣巴赫:《概率概念的逻辑基础》,转引自洪谦主编:《逻辑经验主义》,商务印书馆 1989 年版。

113. 雷·蒙克、弗雷德里克-拉斐尔等:《大哲学家》,韩震、王成兵等译,内蒙古人民出版社 2004 年版。

114. 李凯尔特：《李凯尔特的历史哲学》，涂纪亮译，北京大学出版社 2007 年版。
115. 李凯尔特：《文化科学与自然科学》，涂纪亮译，商务印书馆 1986 年版。
116. 李三虎：《技术、空间和权力——米歇尔·福柯的技术政治哲学》，《公共管理学报》2006 年第 3 期。
117. 李泽厚：《批判哲学的批判》，人民出版社 1989 年版。
118. 利昂·庞帕编：《维柯著作选》，陆晓禾译，商务印书馆 1997 年版。
119. 利连·弗斯特：《浪漫主义》，李今译，昆仑出版社 1992 年版。
120. 利文斯顿：《现代基督教思想》，何光沪译，四川人民出版社 1999 年版。
121. 列维纳斯：《上帝、死亡和时间》，余中先译，生活·读书·新知三联书店 1997 年版。
122. 列维纳斯：《他者的踪迹》，弗莱堡 / 慕尼黑 1987 年版。
123. 列维纳斯：《塔木德四讲》，关宝艳译，商务印书馆 2002 年版。
124. 刘大基：《人类文化及生命形式——恩·卡西勒、苏珊·朗格研究》，中国社会科学出版社 1990 年版。
125. 刘放桐：《新编现代西方哲学》，人民出版社 2005 年版。
126. 刘小枫选编：《舍勒选集》上卷，上海三联书店 1999 年版。
127. 刘小枫：《诗化哲学》，华东师范大学出版社 2007 年版。
128. 刘小枫选编：《德语诗学文选》，华东师范大学出版社 2006 年版。
129. 卢梭：《论科学与艺术》，何兆武译，商务印书馆 1963 年版。
130. 罗蒂：《哲学和自然之镜》，李幼蒸译，商务印书馆 2004 年版。
131. 罗蒂：《后哲学文化》，黄勇译，上海译文出版社 2004 年版。
132. 罗蒂：《偶然、反讽与团结》，徐文瑞译，商务印书馆 2003 年版。
133. 罗蒂：《哲学和自然之镜》，李幼蒸译，商务印书馆 2003 年版。
134. 罗素：《逻辑与知识》，苑莉均译，商务印书馆 1996 年版。
135. 罗素：《我们关于外在世界的知识》，任晓明译，东方出版社 1992 年版。
136. 罗素：《西方哲学史》下卷，何兆武、李约瑟译，商务印书馆 1982 年版。
137. 罗素：《西方哲学史》，何兆武、李约瑟译，商务印书馆 1976 年版。
138. 罗素：《心的分析》，李季译，商务印书馆 1964 年版。
139. 洛克：《人类理解论》上册，关文运译，商务印书馆 1959 年版。
140. 洛维特：《尼采的敌基督都登山训众》，刘小枫编，吴增定译，道风书社 2001 年版。
141. 马尔库塞：《爱欲与文明》，黄勇、薛民译，上海译文出版社 2005 年版。
142. 马尔库塞：《单向度的人》，刘继译，上海译文出版社 2006 年版。
143. 马赫：《感觉的分析》，洪谦等译，商务印书馆 1986 年版。
144. 马赫：《认识与谬误》，洪佩郁译，译林出版社 2011 年版。

145. 玛格丽特・A.罗斯:《后现代与后工业》，张月译，辽宁教育出版社 2002 年版。

146. 米歇尔・福柯:《词与物》，莫伟民译，上海三联书店 2001 年版。

147. 米歇尔・福柯:《规训与惩罚》，刘北成、杨远婴译，生活・读书・新知三联书店 1999 年版。

148. 苗力田等:《西方哲学史新编》，人民出版社 1990 年版。

149. 穆尼茨・M.K:《当代分析哲学》，张汝伦译，复旦大学出版社 1986 年版。

150. 尼采:《历史的用途与滥用》，陈涛译，上海人民出版社 2000 年版。

151. 尼采:《悲剧的诞生》，周国平译，生活・读书・新知三联书店 1982 年版。

152. 尼采:《查拉图斯特拉如是说》，楚图南译，湖南人民出版社 1987 年版。

153. 尼采:《查拉图斯特拉如是说》，杨恒达译，译林出版社 2007 年版。

154. 尼采:《道德的谱系》，谢地坤译，漓江出版社 2000 年版。

155. 尼采:《快乐的科学》，黄明嘉译，漓江出版社 2000 年版。

156. 尼采:《历史对于人生的利弊》，姚可昆译，商务印书馆 2000 年版。

157. 尼采:《尼采反对瓦格纳》，卫茂平译，华东师范大学出版社 2007 年版。

158. 尼采:《尼采文集》，第 1、2、3 卷，周国平译，青海人民出版社 1995 年版。

159. 尼采:《尼采与形而上学》，周国平译，湖南教育出版社 1990 年版。

160. 尼采:《偶像的黄昏》，周国平译，湖南人民出版社 1987 年版。

161. 尼采:《瞧，这个人》，余鸿荣译，中国和平出版社 1986 年版。

162. 尼采:《权力意志》，孙周兴译，商务印书馆 2007 年版。

163. 尼采:《权力意志》，张念东译，商务印书馆 1998 年版。

164. 尼格尔・多德:《社会理论与现代性》，陶传进译，社会科学文献出版社 2002 年版。

165. 尼古拉斯・布宁、余纪元编:《西方哲学英汉对照辞典》，人民出版社 2001 年版。

166. 倪梁康主编:《面对实事本身》，东方出版社 2000 年版。

167. 诺尔曼・马尔康姆:《回忆维特根斯坦》，李步楼、贺绍甲译，商务印书馆 1984 年版。

168. 培根:《新工具》，许宝骙译，商务印书馆 1997 年版。

169. 乔治娅・沃恩克:《伽达默尔——诠释学、传统和理性》，洪汉鼎译，商务印书馆 2009 年版。

170. 让・鲍德里亚:《物体系》，林志明译，上海人民出版社 2001 年版。

171. 让・鲍德里亚:《完美的罪行》，王为民译，商务印书馆 2002 年版。

172. 让・格朗丹:《哲学解释学导论》，何卫平译，商务印书馆 2009 年版。

173. 让-弗朗索瓦・利奥塔:《非人——时间漫谈》，罗国祥译，商务印馆 2001

年版。

174. 让-弗朗索瓦·利奥塔:《后现代性与公正游戏》，谈瀛洲译，上海人民出版社1997年版。

175. 让-弗朗索瓦·利奥塔:《后现代状况》，岛子译，湖南美术出版社1996年版。

176. 萨特:《存在与虚无》，陈宣良等译，生活·读书·新知三联书店1987年版。

177. 沈恒炎、燕宏远主编:《国外学者论人和人道主义》第1集，社会科学文献出版社1991年版。

178. 施太格缪勒:《当代哲学主流》上册，王炳文、燕宏远、张金言等译，商务印书馆1986年版。

179. 石里克:《意义与证实》，转引自陈波、韩林合主编:《逻辑与语言》，东方出版社2005年版。

180. 石里克:《哲学家》，《自然辩证法通讯》1988年第1期。

181. 叔本华:《作为意志和表象的世界》，石冲白译，商务印书馆1982年版。

182. 斯宾诺莎:《伦理学》，贺麟译，商务印书馆1997年版。

183. 斯蒂芬·贝斯特、道格拉斯·科尔纳:《后现代的转向》，陈刚等译，南京大学出版社2004年版。

184. 苏楠、张岩:《鲍德里亚的技术观》，《理论界》2006年第10期。

185. 孙凤城编选:《德国浪漫主义作品选》，人民文学出版社1997年版。

186. 孙周兴:《说不可说之神秘——海德格尔后期思想研究》，上海三联书店1994年版。

187. 泰奥多·德布尔:《胡塞尔思想的发展》，李河译，生活·读书·新知三联书店1995年版。

188. 汪堂家等:《十七世纪形而上学》，人民出版社2005年版。

189. 王威海:《摆脱现代性社会两难困境》，辽海出版社1999年版。

190. 王养冲:《西方近代社会学思想的演进》，华东师范大学出版社1996年版。

191. 王玉樑:《价值哲学——从自发到自觉》，人民出版社2006年版。

192. 维柯:《新科学》，朱光潜译，安徽教育出版社2006年版。

193. 维特根斯坦:《维特根斯坦全集》第12卷，江怡译，河北教育出版社2003年版。

194. 文德尔班:《哲学史教程》下卷，罗达仁译，商务印书馆1997年版。

195. 吴国盛:《科学的历程》，北京大学出版社2002年版。

196. 吴晓明:《二十世纪哲学经典文本序卷》，复旦大学出版社1999年版。

197. 吴增定:《尼采与柏拉图主义》，上海人民出版社2006年版。

198. 西蒙栋:《技术物体的存在形式》，转引自贝尔纳·斯蒂格勒:《技术与时间——爱比米修斯的过失》，裴程译，译林出版社2000年版。

199. 夏尔・吉尼翁:《剑桥哲学研究指针・海德格尔》,生活・读书・新知三联书店 2006 年版。

200. 谢林:《先验唯心论体系》,梁志学、石泉译,商务印书馆 1977 年版。

201. 休谟:《人性论》,关文运译,商务印书馆 1983 年版。

202. 休谟:《休谟经典文库》,上海大学出版社 2002 年版。

203. 休谟:《休谟散文集》,肖聿译,中国社会科学出版社 2002 年版。

204. 休谟:《人类理解研究》,关文运译,商务印书馆 1981 年版。

205. 徐瑞康:《欧洲近代经验论和唯理论哲学发展史》,武汉大学出版社 2007 年版。

206. 雅斯贝尔斯:《尼采其人其说》,鲁路译,社会科学文献出版社 2001 年版。

207. 亚・沃尔夫:《十六、十七世纪科学、技术和哲学史》,周昌忠等译,商务印书馆 1985 年版。

208. 亚里士多德:《尼各马可伦理学》,廖申白译,商务印书馆 2003 年版。

209. 亚里士多德:《尼各马可伦理学》,苗力田译,中国人民大学出版社 2003 年版。

210. 亚里士多德:《诗学》,杨周翰译,人民文学出版社 1997 年版。

211. 杨寿堪等:《20 世纪西方哲学科学主义与人文主义》,北京师范大学出版社 2003 年版。

212. 叶秀山、王树人主编:《西方哲学史》第四卷,江苏人民出版社 2004 年版。

213. 衣俊卿:《历史与乌托邦》,黑龙江教育出版社 1995 年版。

214. 衣俊卿:《20 世纪的文化批判》,中央编译出版社 2003 年版。

215. 于海:《西方社会思想史》,复旦大学出版社 1993 年版。

216. 余友辉、黄河:《实证主义如何失去其历史性纬度》,《前沿》2012 年第 21 期。

217. 约翰・科廷汉:《理性主义者》,江怡译,辽宁教育出版社 1998 年版。

218. 张国清:《罗蒂的后哲学文化思想述评》,《教学与研究》2000 年第 4 期。

219. 张小山:《孔德实证主义论略》,《汉江论坛》1996 年第 6 期。

220. 章国锋:《关于一个公正世界的"乌托邦"重建》,山东人民出版社 2001 年版。

221. 赵敦华:《西方哲学简史》,北京大学出版社 2001 年版。

222. 周国平:《诗人哲学家》,上海人民出版社 1987 年版。

223. 朱光潜:《悲剧心理学》,人民文学出版社 1983 年版。

224. 朱光潜:《西方美学史》,商务印书馆 1963 年版。

225. 郑晓松:《技术与合理化——哈贝马斯技术哲学研究》,齐鲁书社 2007 年版。

英文文献

1. Aristotle, *On rhetoric,* trans. by George, A. Kennedy, Oxford University Press, 2007.

2. Francis Bacon, *Bacon's Novum Organum,* edited with Introduction, Notes, etc., By Fowler, Thomas, D.D., F.S.A. Oxford, 1888.

3. Derrida J., *The Problem of Genesis in Husserl's Philosophy,* University of Chicago Press, 2003.

4. Dewey J., Ratner J., *Intelligence in the Modern World: John Dewey's Philosophy,* Modern Library, 1939.

5. Dewey J., *The Philosophy of John Dewey,* Chicago: University of Chicago Press, 1981.

6. Douglas Kellner, *Herbert Marcuse and the Crisis of Marxism,* Berkeley University of California Press, 1984.

7. E. Hermmann Cohn, *Religion of Reason, Out of the Sources of Judaism,* trans. by Simon Kaplan, Scholars Press, Atlanta Georgia, America, 1995.

8. E. Mach, *Knowledge and Error,* D.Reidel, Dordrecht-Holland, 1976.

9. Edmund Husserl, *Ideas Pertaining to a Pure Phenomenology and to a Phenomenological Philosophy,* First Book, trans. by Fkersten, Martinus Nijhoff Publishers, 1981.

10. Ernst Cassirer, *An Essay on Man, New Haven,* Yale University Press, 1947.

11. Ernst Cassirer, *The Philosophy of Symbolic Forms,* Vol.3: The Phenomenon of Knowledge, New Haven, Yale University Press, 1985.

12. Ernst Cassirer, *The Philosophy of Symbolic Forms,* Vol.1: Language, trans. by Ralph Manheim, New Haven, Yale University Press, 1953.

13. Ernst Cassirer, *The Philosophy of Symbolic Forms,* Vol.4: The Metaphysics of Symbolic Forms, (eds.) John Michael Krois and Donald Phillip Verene, trans. by Krois, New Haven and London, Yale University Press, 1996.

14. Foucaul, *Technologies of the Self, in Luther M.Martin, Huck Gutman, and Patrick H.Hutton* (eds.), Technologies of the Self, University of Massachusetts Press, 1988.

15. Foucault M., *Beyound Structuralism and Hermeneutics,* Chicago: Chicago University Press, 1982.

16. Foucault M., *Dits et écrits,* Vol. IV. Paris: Gallimard, 1994.

17. Foucault M., *Ethics: Subjectivity and Truth,* NewYork: New Press, 1997.

18. Francis Bacon, *The New organon and Related Writings,* edited with Introduction by

Fulton H. Anderson, New York, 1960.

19. G.W. Leibniz, *The Monadology and other Philosopisal Writings,* translate With introduction and notes by Robert latta, M.A., D.Phil. (Edin.), London: Publisher to The University of Oxford, 1898.

20. George Pattison, *Routledge Philosophy Guidebook to the Later Heidegger,* Routledge, 2000.

21. H.-G, Gadamer, *Hermeneutic Versus Science?* trans. by John M. Connolly and Thomas Keutner, University of Notre Dame Press, 1988.

22. H.-G. Gadamer, *Dialogue and Dialectic: Eight Hermeneutical Studies on Plato,* trans. by P. Christopher Smith, Yale University Press, 1980.

23. H.-G. Gadamer, *Hegel's Dialectic: Five Hermeneutical Studies,* trans. by P. Christopher Smith, Yale University Press, 1976.

24. H.-G. Gadamer, *Heidegger's Way,* trans. by John W.Stanley, State University of New York Press, 1994.

25. H.-G. Gadamer, *Philosophical Hermeneutics,* trans. by David E. Linge, University of California Press, 1977.

26. H.-G. Gadamer, *The Enigma of Health,* trans. by Jason Gaiger and Nichols Walker, Polity Press, 1996.

27. H.-G. Gadamer, *The Relevance of the Beautiful and Other Essays,* trans. by Nicholas Walker, Cambridge University Press, 1977.

28. Habermas, *Between Facts and Norms,* The MIT Press, 1996.

29. Habermas, *Knowledge and Human Interests,* Beacon Press, 1972.

30. Habermas, *The Inclusion of the Other,* The MIT Press, 1998.

31. Habermas, *The Theory of Communication Action,* Beacon Press, 1984.

32. Hadot, *La philosophie Comme Manière de Vivre,* Paris: Albin Michel, 2001.

33. Hans-Georg Gadamer, *Heidegger's Ways,* trans. by John W. Stanley, State University of New York Press, 1994.

34. Hinrich Rickert, *The Limits of Concept Formation in Natural Science,* eds. and trans. by Guy Oakes, Combridge Univeisity Press, 1986.

35. Immanuel Kant, *Critique of Pure Reason,* trans. by Norman Kemp Smith, China Social Sciences Publishing House, Chengcheng Books LTD., 1933.

36. J. Derrida, *Negotiations,* Stanford University Press, 2002.

37. J. Derrida, *Writing and Difference,* trans. by Allen Bass Routledge Press, London, 2010.

38. J.A.Simpsion, E.S.Weiner, *The Oxford English Dictionary,* Vol.17, Oxford: Oxford

University Press, 1989.

39. J.T.Black More, *Ernst Mach: His Work, Life, and Influence,* University of California Press, 1972.

40. Jacques Derrida, *A Taste for The Secret,* Polity Press, 2001.

41. Jacques Derrida, *Margins of Philosophy,* Chicago: University of Chicago Press, 1982

42. Jacques Ellulm, *The Technological System,* trans. by Joachim Neugroschel, New York: The Continuum Publishing Corporation, 1980.

43. Jean Baudrillard, *The Masses: the Implosion of the Social in the Media,* trans. by Marie Maclean, in Jean Baudrillard: Selected Writings, (eds.) Mark Poster, Stanford Univerdity Press, 1988.

44. Jean-Francious Lyotard, *The Postmodern Explained: Correspondence 1982—1985,* trans. by Julian Pefanis and Morgan, Minneapolis: University of Minnesota Press, 1993.

45. Jeans Baudrillard, *Seduction,* trans. by Brian Singer by New York: St. Martins Press, 1990.

46. Jim Gerrie, *Was Focault a Philosophier of Technology?* Journal of the Society for Philosophy and Technology, Winter 2003, Volume 7.

47. Joel C., *Weinsheimer: Gadamer's Hermeneutics: a Reading of Truth and Method,* Yale University Press, 1985.

48. John Dewey, *Arts As Experience,* Miniton Balch & Company, New York, 1934.

49. John Dewey, *Common Faith,* New Haven: Yale University Press, 1934.

50. John Dewey, *Ethics,* Henry Holt and Company, New York, 1936.

51. John Dewey, *Experience and Nature,* Open Court Publishing Company, Chiaco: London, 1926.

52. John Dewey, *Human Nature and Conduct,* Carlton House, New York, 1922.

53. John Dewey, *The Influence of Darwin on Philosophy,* Henry holt and Company, New York, 1910.

54. John Patrick Diggins, *The Promise of Pragmatism,* the University of Chicago press, 1994.

55. Jon Barwise, John Etchemendy, *Language,Proof and Logic*, New York, London: Seven Bridges Press, 1999.

56. L.Wittgenstein, *Tractatus Logico-Philosophicus,* London: Routledge and Kegan Paul, H.Hermes, Nachgelassene Schriften, Hamburge, 1969.

57. Levinas, *Of God Who Comes to Mind,* trans. by Bettina Bergo, Standford: Stanford University Press, 1998.

58. Levinas, *On Thinking–of the-Oher Entre Nous,* trans. by Michael B.Smith and Barbara Harshav, Columbia University press, New York, 1998.

59. Levinas, *Outside the Subject,* trans. by Amic-haelb Smith, Standford: Standford University Press, 1993.

60. Levinas, *The Prolbem of Ethical,* Martinus Nijhoff/the Hague, 1974.

61. Levinas, *Time and Others,* trans. by Richard A. Cohn, Duqeesne University press, 1987.

62. Levinas, *Totality and Infinity,* trans. by Alphonso Lingis, Martinus Nijhoff Pablishers, 1979.

63. Ludwig Wittgenstein, *Philosophical Investigations,* trans. by G. E. M. Anscombe, USA, 2001.

64. M.Foucault, *Dits et Ecrits,* I-IV, Paris: Gallimard, Vol.III 1994 .

65. Martin Heidegger, *Being and Time,* trans. by John Macquarrie & Edward Robinson, Harper & Row Publishers, 1962.

66. Martin Heidegger, *Pathmarks,* (eds.) William McNeill, Cambridge University Press, 1998.

67. Martin Heidegger, *Poetry, Language, Thought,* trans. by Albert Hofstadter, Harper & Row Publishers, 1975.

68. Moritz Schlick, *General Theory of Knowledge,* trans. by Albert E. Blumberg, New York, 1974.

69. *Hermann Cohen's Critical Idealism,* Vol. 10, (eds.) Munk, Reinier, Springer, 2006.

70. Nietzsche, *Beyond Good and Evil,* New York, 1937.

71. Nietzsche, *The Antichrist,* Reprinted in The Portable Nietzsche, Penguin, 1954.

72. Nietzsche, *The birth of Tragedy and the Genealogy of Morals,* trans. by Francis Golling, Garden city New York, 1956.

73. Nietzsche, *The Will to Power,* trans. by Anthony M. Ludovici, London: George and Unwin Ltd., 1924.

74. Nietzsche, *Thus Spake Zarathustra,* trans. by Thomas Common, Boni and Liveright, Inc., 1917.

75. Philip Babcock Cove, *Websterer's Third New Dictionary,* Merriam Webster, 1976.

76. Raimo Tuomela, *Science, Action and Reality,* D.Redel Publishing Campany, 1985.

77. Ray Monk, *Ludwig Wittgenstein: Duty of Genius,* Penguin Press, 1990.

78. René Descartes, *Discourse on Method,* English trans. by Donald A. Cress, America: Hackett Publishing Company, 1980.

79. René Descartes, *The method, meditations and philosophy of Descartes,* Collected

by Veitch, John, New York: Aladdin, 1901.

80. Richard E. Palmer, Hermeneutics, *Interpretation Theory in Schleiermacher, Dilthey, Heidegger, and Gadamer,* Northwestern University Press, 1969.

81. Richard Rorty, *Philosophy and the Mirror of Nature,* Princeton University Press, 1980.

82. Richard Rorty, *The Linguistic Turn,* Chicago: The University of Chicago Press, 1967.

83. Rudolf Carnap, *The Logical Structure of the World,* trans. by Rolf A. George, California, 1969.

84. Theodorw, Adorno, *Negative Dialectics,* trans. by E.B.Ashton, Seabury Press London and New York, 1973.

85. Thomas Hobbes, Sir William Molesworth, *Opera Philosophica Quae Latine Scripsit Omnia: in Unum Corpus Nunc Primum Collecta Studio et...* (Volume 1) , collected by John Bohn, Henrietta Street, Covent Garden, London, 1966.

86. Tractatus Logico-philosophicus, *Ludwig Wittgenstein,* Dover Publications, New York, 1999.

87. W.K.C.Guthrie, *A History of Greek Philosophy,* Vol,4, London: Cambridge University Press, 1975.

88. Wilhelm Windelband, *An Introduction to Philosophy,* trans. by Joseph McCabe, London: T. Fisher Unwin Ltd., 1921.

89. William Kelley, *A History of Modern Philosophy,* The Macmillan Company, New York, 1941.

结束语

我们从事的工作从一种意义上说是在“炒冷饭”，因为这里所涉及的哲学家和哲学派别基本上都是人们所熟悉的。从另一种意义上说，我们的工作又是在“做新饭”。因为我们力求从一个新的角度对这些哲学家和哲学流派的思想进行梳理，从中得出一些新的结论。

自从17世纪以后，世界就进入了以科学技术为主导的时代。科学技术的发展不但改变了世界的面貌，也改变了人们的生活方式和思想方式。无论人们是否愿意，他们都得在这个时代生活，都得分享科学技术带来的幸福与痛苦，喜悦与悲伤。科学技术时代出现的所有问题都和科学技术有关，其中最重要的问题就是科学技术和人文价值的关系问题。科学技术是否可以作为终极价值尺度？如果不能，那么它和人文价值到底是一种什么关系？我们发现，几乎所有现代西方哲学家和哲学流派都把这个问题带入了他们的研究视野，在许多哲学家那里，这些问题还构成了他们的研究主题。

在现代西方哲学家中，对科学技术和人文文化的关系大体上有两种态度：一种是主张用科学技术统帅人文文化，把人文文化变成一种技术文化。另一种态度是主张用人文文化统帅科学技术，使科学技术服务于人文文化。持前一种观点的哲学家和哲学流派看重的是科学技术带来的物质文明，而持后一种观点的哲学家和哲学流派则更加看重人类的精神文明，他们从人类学的、形而上学的甚至是宗教的高度来看待科学技术与人文文化的关系。我们看到，实证主义、逻辑实证主义、杜威以及罗素等人的分析哲学，属于前一种；尼采、胡塞尔、海德格尔、伽达默尔、哈贝马斯、列维纳斯等人，属于后一种。应当说，无论持哪种态度的哲学家对这个问题都是做了深入思考的，对此，我们不能用简单的肯定和否定的二分法对待其中的任何一方。但是，从总的方面看，持后一种态度的哲学家和哲学流派显然看得更全面一些，更深刻一些。

我们认为，科学技术是人的一种思维方式和行为方式，科学技术的思维方式和行为方式对于人们认识世界和改造世界的确具有巨大的作用，利用科学技术的成果为人的目的服务，使人们生活得更幸福、更快乐，在当代已经成了人们的共识，并且做到这一点已经不是十分困难的事情了。但是，科学技术之思不能代替人们的价值之思，科学技术之行也不能以技术文化的方式成为主导的社会生活方式。我们同意哈贝马斯的说法，即工具理性不能取代价值理性，只有在价值理性的指引下，工具理性才能对人类发挥建设性的作用。诚然，科学之思和价值之思都是来自现实生活，我们从科学的抽象中能得到的是一般形式即规律，而我们从价值抽象中得到的则是内容即生活的意义。价值对于人来说是理想、是目的，逻辑化、量化的思是不可能思出理想的生活内容来的。价值既来自过去的生活传统，也来自现实中的利益博弈，更来自对将来的向往。一般来说，价值是以理想的形式同现实发生关系，它对现实起着批判和引导的作用。把科学之思纳入价值之思是必要的，但是价值之思也不能代替科学之思。它们只能是相互补充的关系而不能是彼此取代的关系。

人作为人当然习惯于用人类中心主义的眼光看待自己和自然的关系，无论是主张科学主义还是主张人文主义的哲学家在这一点上一般也是没有争议的。但是，更深刻的思想家，例如海德格尔和列维纳斯，则是超出人类中心主义的视角，从一个更广大的层面来思这个问题。他们不是把人放在第一位而是把大地或宇宙放在第一位。他们认为人应当听从大地或宇宙的呼声。在我们看来，只有对大地或宇宙保持敬畏的态度，才能更好地规范人的行为，使人不至于把自己当成上帝而为所欲为。从这个意义上说，信仰比认知更加重要。

在本书中，我们只选取了一部分哲学家和哲学流派的观点。我们既不认为我们选取的哲学家和哲学流派是全面的，也不认为这些哲学家和哲学流派的观点是有代表性的。老实说，每一个哲学家都有自己的独特视角，他们的观点不是另外一个哲学家所能够代表的。选取他们只是因为在我们看来他们具有较大影响并且我们掌握的材料能够对他们的观点作出比较中肯的叙述。因此，本书无论从内容上看还是从观点上看，都绝不是对现代西方哲学有关这个问题的完整把握。这是本书的缺点所在，也将是今后我们的努力方向所在。在今后的研究中，我们将涉及更多的哲学家的观点，并努力对他们的观点进行分析和评论。

我国现在也正处于工业化时代，西方哲学家思考的问题在我国也同样存在，而且有些还十分尖锐。我们的哲学家和思想家也在思考这些问题，“他山之石，可以攻玉”。西方现代哲学家对科学技术文化和人文文化关系的反思，至少是值得我们借鉴的。如果我们选取的哲学家和哲学流派的观点能够为我们解决自己面临的问题提供一定的帮助，那么我们的目的也就达到了。

本书是我们课题组集体努力的成果，课题组成员为刘开会、李晓蓓、李为学，顾问为李创同；此外一些在校研究生也参加了本书的编写工作。本书各章作者如下：引言刘开会；第一章刘开会、王雄刚；第二章王晶亮、刘开会；第三章刘开会、丁璐；第四章刘开会、罗勇；第五章刘开会、景续晖；第六章刘开会；第七章刘开会；第八章刘开会、丁璐；第九章高云鹏、刘开会；第十章刘开会、史俊杰；第十一章曹西萍、黄金龙；第十二章谢莹、李晓蓓、刘开会；第十三章李静辉、刘开会；第十四章刘开会、高馨；第十五章李为学；第十六章刘开会、李晓蓓；第十七章李晓蓓。由刘开会负责统稿。

感谢国家社科基金对本课题的支持。

感谢研究生黄金龙、季南南、顾晓菲同学在资料收集、编辑、校对过程中付出的辛勤劳动。

感谢本书责任编辑杜文丽同志在本书编辑出版过程中提供的宝贵指导和认真负责的编辑校对。

感谢所有为本书作出贡献的人。